Santo Agostinho

Peter Brown

Santo Agostinho

Uma biografia

Tradução de
Vera Ribeiro

17ª edição

EDITORA RECORD
RIO DE JANEIRO • SÃO PAULO
2025

CIP-BRASIL. CATALOGAÇÃO NA PUBLICAÇÃO
SINDICATO NACIONAL DOS EDITORES DE LIVROS, RJ

B897s   Brown, Peter
         Santo Agostinho : uma biografia / Peter Brown ; tradução Vera Ribeiro. - 17. ed. - Rio de Janeiro : Record, 2025.

         Tradução de: Augustine of Hippo : a biography
         ISBN 978-85-01-06423-3

         1. Agostinho, Santo, Bispo de Hipona, 354-430. 2. Santos cristãos - Biografia. I. Ribeiro, Vera. II. Título.

25-97722.0   CDD: 270.2092
                  CDU: 27-36:929

Meri Gleice Rodrigues de Souza - Bibliotecária - CRB-7/6439

Copyright © Peter Brown, 1967, 2000

Título original em inglês:
AUGUSTINE OF HIPPO

Todos os direitos reservados. Proibida a reprodução, armazenamento ou transmissão de partes deste livro, através de quaisquer meios, sem prévia autorização por escrito.

Texto revisado segundo o Acordo Ortográfico da Língua Portuguesa de 1990.

Direitos exclusivos de publicação em língua portuguesa para o Brasil
adquiridos pela EDITORA RECORD LTDA.
Rua Argentina, 171 – 20921-380 – Rio de Janeiro, RJ – Tel.: (21) 2585-2000, que se reserva a propriedade literária desta tradução.

Impresso no Brasil

ISBN 978-85-01-06423-3

Seja um leitor preferencial Record.
Cadastre-se em www.record.com.br
e receba informações sobre nossos
lançamentos e nossas promoções.

Atendimento e venda direta ao leitor:
sac@record.com.br

Sumário

Prefácio à nova edição … 9

Prefácio … 13

PARTE I — 354-385
Tabela cronológica A

1. África … 27
2. Mônica … 37
3. Educação … 44
4. "Sabedoria" … 50
5. Maniqueísmo … 56
6. Amigos … 72
7. Sucesso … 76

PARTE II — 386-395
Tabela cronológica B

8. Ambrósio … 91
9. Os platônicos … 101
10. "Filosofia" … 115
11. *Christianae Vitae Otium*: Cassicíaco … 131
12. Óstia … 145
13. *Servus Dei*: Tagaste … 149
14. *Presbyter Ecclesiae Catholicae*: Hipona … 155
15. O futuro perdido … 164
16. As "Confissões" … 177

PARTE III — 395-410
Tabela cronológica C

17. Hipona Régia	211
18. *Saluberrima consilia*	227
19. *Ubi Ecclesia?*	236
20. *Instantia*	251
21. *Disciplina*	259
22. *Populus Dei*	271
23. *Doctrina Christiana*	287
24. "Buscai mais e mais a sua face"	299

PARTE IV — 410-420
Tabela cronológica D

25. *Senectus Mundi*	319
26. *Magnum opus et arduum*	331
27. *Civitas peregrina*	346
28. A conquista da unidade	364
29. Pelágio e o pelagianismo	374
30. *Causa Gratiae*	388
31. *Fundatissima Fides*	401

PARTE V — 421-430
Tabela cronológica E

32. Juliano de Eclano	417
33. Predestinação	435
34. Velhice	446
35. O fim da África romana	458
36. Morte	466

EPÍLOGO

1. Novas provas	475
2. Novas direções	517
Notas	559
Bibliografia	665
Índice	687

PREFÁCIO À NOVA EDIÇÃO

Duas considerações levaram-me a acrescentar um Epílogo em duas partes a esta reedição de minha biografia de Agostinho. Desejo fazer justiça à recente descoberta de várias cartas e sermões agostinianos antes desconhecidos. Quero também indicar de que maneira os estudos agostinianos modificaram-se nos últimos trinta anos. Resolvi não tentar incorporar nenhuma mudança ao texto original da biografia. Fazê-lo teria sido complicado e, além disso, pretensioso. A biografia nunca pretendeu ser um estudo abrangente de Agostinho, válido para todas as épocas e, por conseguinte, exigindo ser atualizado, como se fosse um manual científico. Trata-se de um livro escrito, em determinada época, por um rapaz num momento particular de seus estudos. Ao anexar um Epílogo a um texto redigido na década de 1960, pretendi como que esbarrar naquele rapaz — um rapaz com metade da minha idade —, como se topasse com ele inesperadamente, ao virar uma esquina. Creio que ele ficaria emocionado ao me encontrar e ao saber quantas outras coisas foram descobertas. Alguns incidentes da vida de Agostinho, sobre os quais ele nada sabia, estão agora claramente documentados. Os estudos modernos sobre temas em que o jovem tinha enorme interesse existem hoje numa abundância com que ele não se atreveria a sonhar. Abriram-se perspectivas inteiramente novas sobre o estudo de Agostinho, as quais complementam ou corrigem o que ele escrevera inicialmente. Espero que os leitores modernos também experimentem uma surpresa similar, apesar de se deslocarem no sentido inverso. Eles sairão de um texto escrito nos anos 1960, para ler sobre aspectos da vida de Agostinho que só se tornaram conhecidos a partir do momento em que as novas cartas e sermões foram publicados, em 1981 e, novamente, entre 1992 e 1996. Encontrarão também um resumo dos modernos estudos agostinianos, que lhes permitirá voltar os olhos, muitas vezes de um ponto de vista bastante diferente, para o livro que acabaram de ler.

Deixei como estavam as tabelas cronológicas inseridas no texto. O leitor, no entanto, deve tomar ciência de que hoje existem outras traduções em inglês de muitos dos textos nelas mencionados. A datação de algumas obras de Agostinho foi questionada ou efetivamente modificada. Em si mesmas, essas mudanças têm pouca importância, mas devemos nos lembrar de que as mudanças de data, até mesmo de pequenos textos, cartas e sermões de Agostinho, afetam, inevitavelmente, nosso julgamento de sua situação e das alterações de seu pensamento. Não registrei essas mudanças nas tabelas cronológicas existentes, das quais o leitor depende para acompanhar minha narrativa. Faço isto confiando em que os trabalhos modernos a que me refiro no Epílogo darão ampla indicação das traduções hoje existentes e deixarão claro, para o leitor, as áreas em que ocorreram mudanças na cronologia da vida e da obra agostinianas e a importância que tais alterações podem ter.

Por fim, num campo que se modifica com a rapidez do estudo de Agostinho (e especialmente nestes dias afortunados em que entra em jogo a interpretação de dados recém-descobertos), é preciso deixar claro que, nesse Epílogo, só pude levar em conta os textos disponíveis nos Estados Unidos até 1998 e início de 1999.

Tal como ocorreu em todas as etapas de meu estudo sobre Agostinho, desde seus primórdios, por volta de 1960, até os dias atuais, esse Epílogo não teria sido o que é se eu não tivesse podido recorrer à esplêndida generosidade de outros estudiosos como eu. Muitas notas de rodapé que, para o leitor descuidado, talvez não se afigurem mais do que expressões rotineiras de erudição, constituem, para mim, muito mais do que isso: estão carregadas de lembranças calorosas de gratidão e admiração. Meu agradecimento particular, neste momento, vai para Goulven Madec e

PREFÁCIO À NOVA EDIÇÃO

François Dolbeau, que usaram seu conhecimento ímpar e sua habilidade crítica no exame do manuscrito final do Epílogo, e para Mark Vessey, que o leu atentamente em todos os estágios. Os erros, tanto no Epílogo quanto no livro em si, continuam a ser meus.

Universidade de Princeton,
Princeton, Nova Jersey
17 de março de 1999

PREFÁCIO

Neste livro, procurei transmitir algo do curso e da qualidade da vida de Agostinho. Este não apenas viveu numa era de mudanças rápidas e dramáticas, como estava, ele próprio, em constante mudança. O historiador do Império Romano em declínio pode fazer por intermédio da vida de Agostinho um levantamento dos movimentos que levariam o menino de escola que chorava com a antiga história de Dido e Eneias a terminar sua vida como bispo católico de um porto da África setentrional submetido a um bloqueio pelos bandos guerreiros de uma tribo recém-chegada do sul da Suécia. Poderá também perceber algumas das mudanças mais sutis no homem em si: será constantemente lembrado, amiúde por um detalhe acidental — nada mais, talvez, do que a construção de uma frase usada para se dirigir a um amigo —, das longas viagens interiores de Agostinho. Mais difícil de tudo, e o mais recompensador, o historiador poderá tentar captar aquela área crucial em que as mudanças externas e internas se tocam. Agostinho enfrentou os desafios de novos ambientes; seu estilo de vida foi inconscientemente transformado por longas rotinas; e circunstâncias externas, por sua vez, assumiram sentidos diferentes em diferentes épocas, sendo sutilmente perpassadas por suas preocupações pessoais. Escrevendo, agindo e influenciando um corpo cada vez maior de homens, ele ajudaria a precipitar mudanças no mundo que o cercava, e que foram não menos impetuosas do que suas próprias transformações internas. Ficarei mais do que satisfeito se transmitir uma impressão da superposição sutil desses diferentes níveis de mudança e se, ao fazê-lo, incentivar outras pessoas a crerem que dessa maneira é possível vislumbrar um personagem de um passado tão distante.

Como seria inevitável, esta perspectiva levou-me a me concentrar mais em alguns aspectos da vida de Agostinho do que em outros. Buscando rastrear as mudanças que levantei, tenho aguda consciência de ter sido conduzido pela vertente de uma montanha: por exemplo, descobri-me acima das planícies dos deveres rotineiros de Agostinho como bispo e muito abaixo dos píncaros de suas especulações sobre a Trindade. Entretanto, confio em que minha perspectiva não será tida como excluindo deliberadamente áreas inteiras da sua vida, e menos ainda apequenando a riqueza de seu pensamento. Pelo menos, posso estar confiante de que Agostinho foi tão esplendidamente estudado nas últimas gerações, que, se eu houver deixado de fazer justiça a muitas facetas de sua vida, a seu pensamento e a sua personalidade, haverá outros à mão para remediar minhas omissões. Assim, o leitor deve estar ciente de que muitos autores a quem me refiro com frequência são, para mim, muito mais do que nomes cujas ideias corroboram ou complementam as minhas: são os gigantes em cujos ombros tive a honra de subir.

O estudo de Agostinho é interminável — embora, felizmente, bem demarcado pelas modernas coleções bibliográficas.* Só se pode emergir delas, como emergiu Agostinho de seus estudos, ponderando que, *"Depois que termina, o homem começa"* (Eclo. 18, 6). Assim, sempre que possível, optei por me referir às abordagens atualizadas que me pareceram versar mais exaustivamente sobre as implicações e as visões divergentes que cercavam cada questão em que precisei tocar. Estou ciente, por isso, de ter omitido o trabalho de alguns estudiosos, porque suas contribuições, por mais importantes que sejam, foram agora incorporadas aos moder-

---

* Em particular, C. Andresen, *Bibliographia Augustiniana*, 1962; T. Van Bavel, *Répertoire bibliographique de S. Augustin, 1950-1960* (Instrumenta Patristica, III), 1963 — 5.502 títulos! —; e E. Lamirande, "Un siècle et demi d'études sur l'ecclésiologie de S. Augustin", *Revue des études augustiniennes*, viii, 1962, p. 1-124, 988 títulos. A cada ano, a *Revue des études augustiniennes* produz um "Bulletin augustinien" exaustivo, com cerca de 400 títulos.

PREFÁCIO

nos estudos agostinianos. Isso também significou deixar de lado muitas controvérsias, posto que fazer justiça a uma só delas poderia ter exigido um volume inteiro. Acredito que os livros e artigos que incluí serão como plantas que, uma vez arrancadas, revelarão todas as ramificações do sistema de raízes dos estudos modernos sobre Agostinho e sua época.

Meu agradecimento se dirige, antes e acima de tudo, ao diretor e ao corpo docente do All Souls College, em Oxford. Somente a rara tranquilidade de uma faculdade como essa poderia permitir a ideia de eu embarcar neste trabalho; somente sua atmosfera singular poderia revigorar-me e estimular-me até sua conclusão. Tentei, ao longo de todo o trabalho, fazer justiça aos elevados padrões de erudição sobre o baixo Império Romano que caracterizam o professor A. Momigliano. Sou extremamente grato aos muitos amigos doutos que me incentivaram na redação e se esforçaram por me corrigir, depois de redigido o texto, especialmente a meu professor, o reverendo dr. T. M. Parker, ao reverendo professor H. Chadwick e a Robert Markus. Tirei enorme proveito da erudição de John Matthews e de seus comentários sagazes sobre algumas facetas da época de Agostinho. Tenho também plena consciência da dívida para com meus alunos, que é menos fácil de particularizar. A cada ano, o entusiasmo e o interesse renovado com que um punhado de alunos de graduação da Escola de História Moderna de Oxford cruzou a solitária e precária ponte lançada por seu currículo entre a história antiga e a medieval, entre as disciplinas do historiador, do teólogo e do filósofo, reforçaram meu próprio fascínio por Agostinho e sua época.

Os rigores de finalmente colocar este livro no papel teriam sido infinitos se eu não tivesse podido confiar no cuidado escrupuloso, no interesse e na perspicácia bibliográfica de Michael Walsh. O leitor há de lhe agradecer, como faço eu calorosamente, pelas tabelas cronológicas e pelo inventário inestimável das traduções de obras de Agostinho para o inglês. Devo o índice ao padre Charlier, do Heythrop College. Tive a felicidade de poder recorrer à sra. Sheila Clayton para uma datilografia denodada e sumamente inteligente. Por último, minha esposa permitiu-

-me valorizar, em nossa labuta comum ao longo de todo o processo, a força da observação agostiniana de que "amigo (...) é aquele com quem se pode atrever-se a compartilhar os segredos do coração".

All Souls College,
Oxford,
junho de 1966

TRADUÇÕES DE TEXTOS DE SANTO AGOSTINHO

Os textos de Santo Agostinho foram ou estão sendo traduzidos nas seguintes séries:

A Library of the Fathers of the Holy Catholic Church, Oxford, 1838-1858.
The Works of Aurelius Augustinus, Edimburgo, 1871-1876.
The Fathers of the Church, Nova York, 1947-.
Ancient Christian Writers, Westminster, Maryland & Longmans, Londres, 1946-.
Library of Christian Classics, Londres, 1953-1955.

A Select Library of Nicene and Post-Nicene Fathers, Nova York, 1887-1902. (Extraído das traduções de Oxford e Edimburgo. Foram indicadas nas tabelas apenas as traduções adicionais.)

Alguns sermões selecionados foram assim traduzidos:

Sermons on Select Lessons of the New Testament, Oxford, 1844-1845.
Commentary on the Sermon on the Mount with seventeen related Sermons, Nova York, 1951.
Sermons for Christmas and the Epiphany, Londres, 1952.
Sermons 184-265, Nova York, 1959.

Algumas cartas selecionadas foram assim publicadas:

Edimburgo, 1872-1873 (edição quase completa); Londres, 1919 (somente pequenas seleções); Londres, 1953 (coleção maior, mas de modo algum completa); Nova York, 1951- (deverá ser uma série completa).

NOTA: Algumas das traduções listadas nas tabelas cronológicas como publicadas em Londres foram simultaneamente publicadas no Reino Unido e nos Estados Unidos.

ABREVIATURAS

Em minhas notas, usei habitualmente as seguintes abreviaturas de títulos e edições consagradas:

Misc. Agostin. i = Morin, Sermones post Maurinos Reperti, *Miscellanea Agostiniana*, i, 1930.

P.L. = J. P. Migne, *Patrologiae Cursus Completus, Series Latina* (número do volume em algarismos romanos, número da coluna em algarismos arábicos).

Vita = *Sancti Augustini Vita a Possidio episcopo*
(especialmente *infra*, p. 640, n. 10).

PARTE I

354-385

PART B1

354-385

TABELA CRONOLÓGICA A

354		Nasce Agostinho, em Tagaste.
361	Juliano torna-se imperador (até 363).	
364	Cisma rogatista.	
367	Ausônio torna-se tutor de Graciano em Trier.	
370		Agostinho volta de Madaura para Tagaste.
371		Vai a Cartago pela primeira vez.
372	Revolta de Firmo.	Morre Patrício. Agostinho liga-se a uma concubina.
373	1/12: Consagração de Ambrósio.	Leitura de *Hortensius*. ? Nascimento de Adeodato.
374	Morte de Firmo.	
375	17/11: Morte de Valentiniano I.	Volta de Cartago para lecionar em Tagaste.
376		Morte de um amigo; retorna a Cartago.
378	9/8: Derrota para os visigodos e morte de Valente em Adrianópolis.	
379	Ascensão de Teodósio I. Consulado de Ausônio.	
380	? Vindiciano é procônsul em Cartago.	Escreve *De Pulchro et Apto* (não preservado).
383	Revolta de Máximo (junho). Fausto de Milevis chega a Cartago. Ambrósio em Trier (de outubro a janeiro do ano seguinte). Fome em Roma.	Embarca para Roma.
384	Símaco torna-se prefeito de Roma. Controvérsia do Altar da Vitória (verão). Data dramática da *Saturnalia* de Macróbio.	Nomeado professor de retórica em Milão (outono).
385	Jerônimo (347-?420) parte de Óstia para o Oriente (agosto).	Mônica chega a Milão (fim da primavera).

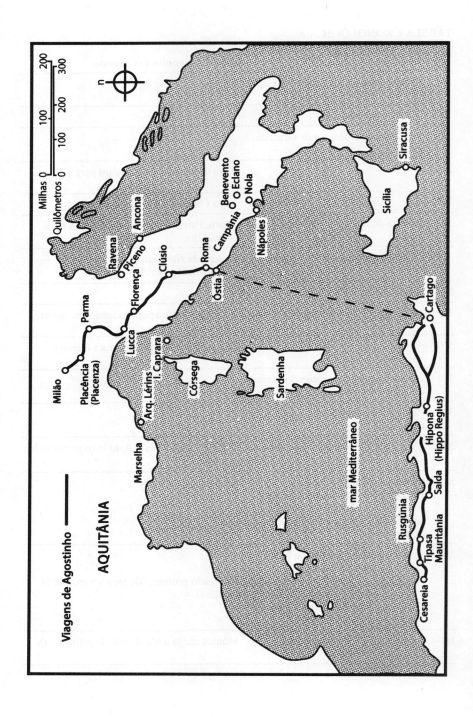

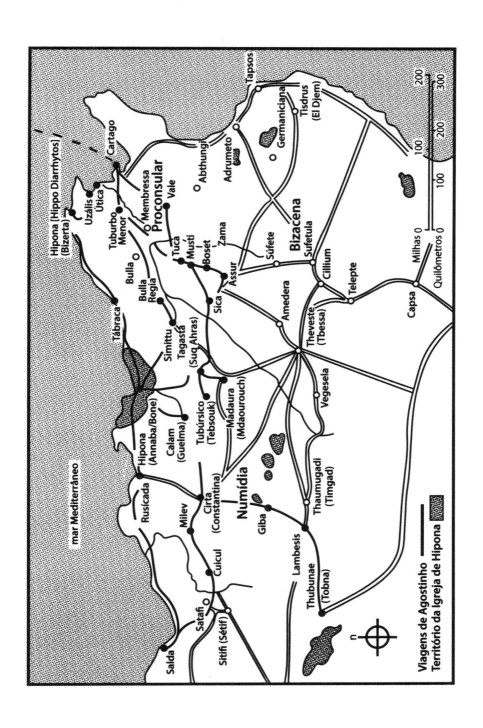

1
ÁFRICA[1]

Quando Agostinho ali nasceu, em 354, a cidade de Tagaste (moderna Suq Ahras, na Argélia) tinha 300 anos. Era um dos muitos núcleos de flagrante amor-próprio que os romanos haviam espalhado por todo o norte da África: dava a si mesma o nome de "mui resplandecente" conselho de Tagaste.[2]

Desde o século I a.C., um "milagre econômico" havia transformado a região interiorana da África setentrional.[3] Nunca mais a prosperidade voltaria a se estender de maneira tão eficaz por uma área tão vasta. No século III d.C., as campinas e vales do planalto — a antiga Numídia — em que Agostinho nascera tinham sido cultivados com cereais, atravessados por uma rede de estradas e povoados por cidades. Mais ao sul, além das montanhas Aures, uma cadeia de fortes guardava a fronteira entre o cultivo intensivo e a ausência dele, bem na orla do Saara. Nessa época de fartura, os habitantes da área de Thysdrus, a moderna El-Djem, haviam instalado no meio da planície aberta um anfiteatro quase do tamanho do Coliseu de Roma; porém o memorial mais típico desse período de "surto de crescimento" é uma inscrição em Timgad, cidade bem ao sul de Tagaste, no que hoje são as desoladas terras altas do sul da Argélia: "A caça, os banhos, os jogos e o riso: eis a vida para mim!"[4]

No século IV, a expansão original chegara a uma estagnação sinistra. Os projetos de construção haviam cessado, os velhos monumentos públicos começavam a ruir e "favelas" tão caóticas quanto as ruelas sinuosas dos bazares das cidades árabes haviam começado a se comprimir em torno do xadrez de avenidas das antigas cidades romanas. A riqueza da África mudara-se para longe de seus antigos centros. Florestas de oliveiras passaram a cobrir as encostas das montanhas da Numídia meridional. Na África, Agostinho podia trabalhar a noite inteira, abastecendo sua lamparina com um estoque abundante do tosco óleo africano — um conforto do qual sentiria falta durante sua temporada na Itália.[5] Esse óleo vinha de homens humildes, de aldeias que não tinham a presunção das cidades romanas. Esses lavradores vigorosos, desconfiados do mundo externo e vivendo em comunidades muito unidas, cujos hábitos pouco se haviam alterado desde tempos pré-históricos, haviam-se tornado os árbitros da prosperidade da África: "Aqui jaz Dion, um homem devoto; viveu 80 anos e plantou 4.000 árvores."[6]

A Tagaste de Agostinho empoleirava-se num planalto na orla dessa nova África. Era administrada a partir de Cartago, mas havia pertencido ao antigo reino da Numídia. Nossa imaginação é dominada pela África de Cartago, a África da costa do Mediterrâneo. Agostinho, entretanto, cresceu a mais de 300 quilômetros do mar e 610 metros acima dele, separado do Mediterrâneo por grandes florestas de pinheiros e por vales altos, cobertos de milharais e olivais. Quando menino, só lhe era possível imaginar como seria o mar olhando para o interior de um copo d'água.[7]

Era um mundo de lavradores. A cidade era um símbolo de civilização; não era uma unidade distinta da zona rural. Apesar de todo o seu orgulho, essas pequenas Romas deviam ter populações de apenas alguns milhares de habitantes, que viviam da terra, exatamente do mesmo modo que os atuais habitantes de um *pueblo* espanhol ou de um município do sul da Itália. Era na terra que se buscavam os prazeres da vida, quando se dispunha de meios para custeá-los. Nos mosaicos podemos ver as grandes casas de campo dos romanos africanos: mansões de dois andares, cercadas por campos de pasto para os cavalos, lagos para criação de peixes e bosques ornamentais de ciprestes. Seus donos são mostrados, nos mantos esvoaçantes da época, caçando a cavalo e recebendo homenagens de camponeses subservientes. Esses homens eram os *patroni*, os "protetores" de suas comunidades, tanto na cidade quanto no campo. Quando perambulavam pelo foro com seus grandes séquitos, convinha ao homem pobre erguer-se e curvar-se numa profunda reverência a seu senhor.[8]

A miséria também fazia parte da terra: a miséria das "costas recurvadas", da quase inanição, de uma brutalidade semelhante à da Rússia czarista. Dez anos antes do nascimento de Agostinho, a Numídia meridional havia assistido a uma revolta de camponeses, matizada, significativamente, por uma forma combativa de cristianismo. Agostinho, como membro respeitável de uma cidade romana, foi protegido dessa miséria.

Aliás, como diretor de escola e, mais tarde, na condição de bispo, ele fazia parte de uma pequeníssima classe de homens que não tinham contato direto com a terra: podia até dar-se ao luxo de falar com nostalgia da criação de hortas e de encarar a agricultura como um "exercício revigorante".[9] Preso a sua escrivaninha em anos posteriores, pôde abrigar apenas lembranças distantes dos longos dias em que havia perambulado pelo campo, à caça de passarinhos.[10]

Para ser membro pleno de uma cidade romana, Agostinho tinha que ser livre e civilizado: não precisava ser rico. Seu pai, Patrício, era um homem pobre, um *tenuis municeps*, cidadão de recursos escassos.[11] Agostinho cresceria num mundo duro e competitivo, em meio a membros orgulhosos e empobrecidos da classe alta. A educação clássica era um dos únicos passaportes para o sucesso entre esses homens, e por pouco ele não perdeu até este. Seu começo de vida seria marcado pelos sacrifícios feitos por seu pai para lhe dar essa educação vital: Patrício e sua família andavam malvestidos;[12] ele era obrigado a raspar o fundo do tacho para sobreviver; durante um ano desastroso, Agostinho viu-se condenado a abandonar os estudos numa agradável "cidade universitária", Madaura (ou Madauros, a moderna Mdaourouch), e a crescer sem instrução na primitiva Tagaste.[13] Seus primos tiveram menos sorte: continuaram sem instrução adequada,[14] e devem ter enfrentado a pobreza e o tédio de um mundo tacanho, feito de pequenos proprietários iletrados.

Mas Patrício, talvez na condição de parente, pôde reivindicar a proteção de um poderoso do lugar, Romaniano.[15] Romaniano costumava ir com frequência à Itália para defender sua propriedade na corte imperial. Voltava a Tagaste para exibir seu poder, oferecendo espetáculos com animais selvagens e protegendo rapazes como Agostinho. Ganhava discursos e estátuas de seus concidadãos. E podia esperar títulos e cargos administrativos do imperador.[16] No mundo muito flexível do século IV, a sorte e o talento podiam eliminar o abismo entre um Patrício e um Romaniano. Em 385, Agostinho seria professor de retórica em Milão; estaria em condições de acalentar a perspectiva de desposar uma herdeira rica e obter um cargo de governador provincial.[17] Nessa época, é bem possível que tenha refletido como outro africano bem-sucedido de sua idade: "Cresci no interior, filho de pai pobre e sem instrução: com o tempo, graças à minha busca de educação, passei a levar a vida de um nobre."[18]

Pois não era à toa que homens como Patrício e Romaniano pensavam em si mesmos como "romanos". É sumamente improvável que Agostinho falasse qualquer língua que não o latim. Entre a cultura exclusivamente latina em que fora educado com tanto sucesso e qualquer tradição "nativa" preexistente, estendia-se o incomensurável abismo qualitativo que separa a civilização de sua ausência. O que não era romano na África só podia ser concebido por um desses homens em termos romanos. Agostinho usaria a palavra "púnicos" para descrever os dialetos nativos que muitos homens do campo deviam falar, em caráter exclusivo, e que muitos cidadãos urbanos compartilhavam com o latim. Não que esses homens falassem a língua dos antigos cartagineses. Antes, que Agostinho, como homem instruído, aplicava instintivamente esse termo tradicional e indiferenciado a qualquer língua falada no norte da África que não fosse o latim.[19]

Todavia, até o africano plenamente latinizado do século IV continuava um tanto estrangeiro. A opinião do mundo externo era unânime: a África, em sua visão, era desperdiçada com os africanos.[20]

ÁFRICA

Na época de sua opulência, nos séculos II e III, a cultura romana tomara um rumo significativamente diferente. Eles mais nos parecem "barrocos" do que homens da era clássica.[21] O africano de talento, por exemplo, comprazia-se com o simples jogo de palavras, com trocadilhos, rimas e charadas: como bispo, Agostinho seria imensamente admirado por sua congregação por ser esplendidamente capaz de proporcionar uma exibição de fogos de artifício verbais.[22] Um homem assim precisava da controvérsia. Prosperava na justificação de si mesmo. Almejava impressionar seus companheiros por intermédio de formulações excêntricas, de símiles vívidos e exagerados. Aos 70 anos de idade, essa mesma fogueira africana ainda arderia com vigor em Agostinho: um adversário lhe dera a impressão de admitir algo por puro embaraço, e ele retrucou: "Ora, parece que sua própria tinta transformou-se em carmesim!"[23] Os mosaicos encomendados por tais homens eram luminosos, cheios de detalhes minuciosamente observados da vida cotidiana, um tanto grotescos.[24] Homens desse tipo eram capazes de escrever romances: o olho infalível para o detalhe, para o picaresco, assim como o interesse pelos alvoroços do coração, fizeram com que os dois únicos livros de literatura latina que o homem moderno é capaz de situar com facilidade ao lado da ficção de hoje fossem escritos por africanos — *O asno de ouro*, de Apuleio, e... as *Confissões* de Agostinho. Agostinho fora levado a chorar aos borbotões ao ouvir a história de Dido e Eneias, um interlúdio sumamente africano na vida do honrado fundador de Roma;[25] e seria um poeta africano que iria retificar as omissões de Virgílio, escrevendo as cartas de amor da rainha abandonada.[26]

Os grandes escritores africanos, contudo, foram meteoros repentinos. O africano médio era mais célebre como advogado. Agostinho poderia ter seguido essa carreira: "é esplêndido dispor da eloquência que exerce grande poder, manter os clientes atados a cada palavra do discurso bem formulado de seu protetor, a lhe fixar na boca as esperanças que alimentam..."[27] Como os litigiosos fidalgos rurais da era elisabetana, o "bom fazendeiro" da África também precisava ser "versado na lei dos tribunais";²⁸ e, tal como entre os elisabetanos, o legalismo seco e selvagem, a dedicação apaixonada à manipulação das formas públicas da vida pela argumentação nos tribunais era um complemento eficiente, na maioria desses homens, para a fantasia e a sensibilidade da minoria. Exatamente na mesma época, os líderes da Igreja cristã na África haviam incorporado esse vigor a suas controvérsias. Uma cultura jurídica, obstinada e implacável, havia proliferado em seu novo ambiente clerical. Visto por um bispo italiano que o conhecia bem e era intensamente avesso a sua teologia, Agostinho era meramente o exemplo mais recente de uma figura conhecidíssima — o *Poenus orator*, "o jurista africano".²⁹

Agostinho, entretanto, decidiu que preferia ser professor. Também nisso os africanos haviam mostrado seu entusiasmo característico. Adoravam a instrução: homens simples cobriam seus túmulos de inscrições em versos precários; o neto de um soldado mouro gabava-se de agora ser "professor de letras romanas"; outro se denominara "o Cícero" de sua cidadezinha. Na África, a educação romana significava *status* para uma multidão de homens insignificantes. Era uma atmosfera hostil ao talento verdadeiro. Na Aquitânia e no Alto Egito, os séculos IV e V foram marcados por súbitas "explosões" de talento literário.³⁰ Na África, em contraste, a poeira da erudição depositava-se pesadamente em inúmeros livros didáticos clássicos, escritos por professores africanos.³¹ Esses homens eram capazes de pronunciar "*homo*" corretamente;³² um deles escreveu um livro sobre "*O casamento de Mercúrio com a filologia*"; outro provou sua superioridade a Agostinho ao censurá-lo por ter escrito "donatista", quando o homem educado dizia "donaciano".³³ De algum modo, a abundância de energia dos séculos II e III tinha sido interrompida: a África do século IV tornara-se um remanso de estagnação e riqueza.³⁴

Em Tagaste, pelo menos, esses filhos de uma pequena aristocracia austera e empobrecida uniam-se, logo no início da vida, numa busca comum de progresso. Por trás da biografia singular de Agostinho podemos também vislumbrar essa "biografia plural" — os destinos de um grupo notável de jovens, decididos a escapar da inércia de uma cidadezinha africana. Muitos desses amigos costumavam ficar juntos vida afora; o grupinho de estudantes sérios iria se tornar, na meia-idade, um impressionante grupo de bispos, que controlavam os destinos da Igreja católica na África. *Dulcissimus concivis*, "meu dulcíssimo concidadão":[35] essa expressão, usada por Agostinho quando bispo, levaria a antiga linguagem da vida pública romana para o novo mundo da hierarquia católica.

No entanto, na geração de Agostinho, esses antigos padrões não estavam conseguindo satisfazer os homens. O rico senhor de terras, o estudante aventureiro e o bispo litigioso ainda tinham que "zarpar" para a Itália de tempos em tempos: *navigare* é um tema constante nos textos de Agostinho.[36] Mas suas ambições não eram satisfeitas com tanta facilidade. Todos os jovens ambiciosos de Tagaste retornariam, passando o resto de suas vidas num ambiente totalmente provinciano, como bispos de pequenas cidades africanas. Pois os imperadores não necessitavam dos serviços desses sulistas. Eles precisavam guardar uma fronteira setentrional ameaçada. Sua corte mudava-se com os exércitos entre a Gália, o norte da Itália e as províncias do Danúbio. Para eles, a África era simplesmente uma fonte confiável de impostos, o celeiro pesadamente administrado de Roma. Os homens de Tagaste, Romaniano e seu grupinho de clientes, viriam a se descobrir indesejados: como os anglo-irlandeses do fim do século XVIII, esses representantes de uma sociedade altamente civilizada e próspera descobriram-se condenados a ver seu país mergulhar na condição de mera "colônia", administrada por estrangeiros do outro lado do oceano.[37]

Os tempos haviam mudado. No século IV, o Império Romano enfrentava as tensões da guerra perpétua.[38] Caía presa de bandos de bárbaros ao norte e era contestado pelo reino bem organizado e militarista da Pérsia, no Leste. Os imperadores patrulhavam suas fronteiras à frente de regimentos de cavalaria pesada. Eram aclamados, com um entusiasmo que aumentava a cada desgraça, como "os Sempre Vitoriosos", "os Restauradores do Mundo". Os impostos haviam duplicado ou até triplicado em tempos ainda vivos na memória. Os pobres eram vitimados por uma inflação insana. Os ricos se defendiam promovendo uma acumulação ímpar de propriedades. O próprio imperador tornou-se uma figura distante que inspirava reverência. Seus editos eram redigidos em papel dourado ou púrpura; eram recebidos com as mãos reverentemente cobertas, "adorados" e, em geral, contornados. Seus servidores só podiam governar pelo terror. Um homem dotado de respeito próprio, como Patrício, vindo de uma classe acostumada a ser líder inconteste de sua localidade, via-se apequenado pelos grandes *nouveaux riches* e importunado pelos funcionários imperiais. E era ameaçado pelo mais ominoso de todos os sintomas numa sociedade civilizada: um embrutecimento espetacular do código penal. Ele poderia ser açoitado. Uma ofensa ao imperador ou a seus servidores podia acarretar a destruição para toda uma comunidade de aldeães respeitáveis: poderia deixá-los mutilados pela tortura ou reduzidos à condição de mendigos por multas incapacitantes.[39]

Todavia, como muitas vezes acontece, esse mundo à beira da dissolução acostumara-se a acreditar que duraria para sempre. Os Jeremias do Império Romano em declínio só viriam a surgir na velhice de Agostinho; e não há como não nos impressionarmos com o otimismo dos homens da juventude de Agostinho. As inscrições da África falavam em "tempos dourados por toda parte",[40] no "vigor juvenil do nome romano".[41] Um bispo cristão encararia o cristianismo e a civilização romana como coextensivos: como se alguma virtude cristã pudesse existir entre os bárbaros![42] Um administrador poético pôde escrever que Roma, "por ter vivido muito, aprendeu a desdenhar da finalidade".[43] Roma, com efeito, ainda era o "Império do Meio". É que, tal como na antiga China, os homens cultos não conheciam nenhum outro Estado civilizado. O Império Romano ainda era sustentado pela lealdade indubitável de uma classe que se assemelhava aos "mandarins" da China imperial, por senadores cultos e por burocratas a cujas fileiras Agostinho tinha a esperança de se ligar.

Mas foi exatamente nesse aspecto da vida romana que se deu a mudança mais profunda de todas. Os antigos padrões da vida civilizada romana já não satisfaziam inteiramente os homens cultos. Eles chegavam até a se vestir de maneira diferente. A impecável toga romana, por exemplo, ainda aparecia nas estátuas de autoridades e de grandes homens. Mas os grandes homens, eles mesmos, usavam um traje tão vistoso quanto qualquer dos usados nas *Mil e uma noites*: uma túnica justa que chegava aos joelhos, ricamente bordada nas barras; meias brilhantes; uma enorme capa, presa no alto do ombro direito com um broche de origem bárbara, com sua seda ondeante costurada com fios de ouro e decorada com faixas de cor apropriada à categoria do portador, ou com figuras, dragões voadores e, no caso dos cristãos devotos, cenas da Bíblia. Eles tampouco viviam nas casas do passado, construídas num quadrado perfeito em torno de um pátio, mas em palácios intricados, que reluziam com incrustações de mármore e mosaicos nas cores do arco-íris, construídos de dentro para fora, a fim de transmitir, com suas galerias, seus salões em níveis diferentes, seus tetos abobadados e uma proliferação de cortinas pesadas, uma nova ideia de privacidade e de mistério opulento. As expressões dos homens do baixo Império Romano, em suas estátuas, amiúde deixam transparecer a mais profunda de todas as mudanças. Esses já não são retratos realistas: seus olhos erguidos e imóveis e suas feições alongadas mostram uma preocupação com o outro mundo, com a vida interior, que teríamos mais facilidade de associar a um santo romanesco.

Para o jovem Agostinho, a vida tradicional seria apenas um verniz. No auge de sua carreira de professor de retórica clássica, parte dele, pelo menos, daria ouvidos aos ensinamentos de Mani, um visionário persa. Sua vida seria modificada pela leitura das obras de Plotino, um filósofo "(que) parecia envergonhar-se de estar no corpo".[44] Um grande senador pagão, Pretextato, falaria de seus títulos romanos tradicionais como "falidos" e de sua iniciação mística como "a verdadeira bênção".[45]

Ambrósio, enviado a Milão como governador romano, seria ordenado como o bispo católico da cidade. Outro nobre, Paulino, desapareceria subitamente da vida protegida da Aquitânia para se tornar monge, deixando intrigado seu amigo e antigo professor, Ausônio. Esses incidentes foram presságios do futuro de Agostinho; ele seria um professor tradicional durante onze anos de sua vida, e monge e bispo pelos 44 restantes. Como escreveu São Jerônimo sobre uma criança pequena nessa nova era, "Em tal mundo nasceu Pacatula. Os desastres a cercam enquanto ela brinca. Ela conhecerá o choro antes do riso. (...) Esquece-se do passado, foge do presente e espera com ansiedade pela vida que virá".[46]

2
MÔNICA

Há sempre algo de desafiador na maneira como Agostinho via as coisas, inclusive para seu biógrafo. É que sua própria obra-prima é uma autobiografia: as *Confissões*, que ele escreveu por volta dos 43 anos de idade, depois de se tornar bispo de Hipona. Ela abrange seus primeiros trinta e três anos de vida, e é desse livro que recebemos a maior parte de nossos conhecimentos sobre a juventude de Agostinho. No entanto, nenhum livro subverte com tamanho talento artístico os pressupostos de uma biografia convencional. Ao longo das *Confissões*, Agostinho deixa claro que a evolução do "coração" é a verdadeira matéria da autobiografia;[1] e, observada do ponto de vista do coração, boa parte dos detalhes superficiais que um historiador buscaria na juventude do autor desaparece no pano de fundo. Quando jovem, por exemplo, Agostinho perdeu um amigo. Nem sequer sabemos seu nome: o que sabemos é que "Com a dor, cobriu-se-me de trevas o coração e, para onde quer que olhasse, tudo o que eu via era a morte. A pátria tornou-se para mim um tormento, e minha própria casa, uma grotesca morada do martírio. Tudo o que fizéramos juntos converteu-se, sem ele, em sombria provação. Meus olhos buscavam-no por toda parte, mas ele não se fazia visível. Eu odiava todos os lugares em que estivéramos juntos, pois que nenhum o continha, e já não me podiam avisar 'Ali vem ele!'."[2]

Entretanto, ao considerar que um detalhe é relevante para sua análise do "coração", Agostinho aferrava-se a ele com espantosa perspicácia.

Não via razão para que os homens esquecessem como se haviam portado inicialmente, quando bebês. É evidente que seus pais lhe haviam impingido estereótipos devotos, e era assim que o bispo de meia-idade sairia em busca de si mesmo.[3] O que viu não foi um "pequeno inocente": lançara-se sobre o seio com voracidade perturbadora; explodira de ódio sempre que não conseguira comunicar seus desejos; "É a debilidade física do bebê que o faz parecer 'inocente', não a natureza de sua vida íntima. Eu mesmo observei uma criança enciumada: era pequena demais para falar, mas ficou lívida de cólera ao observar outro bebê mamando no seio."[4] Todavia, ele também observaria momentos de desanuviada bem-aventurança: "Recebeu-me neste mundo a consolação das doçuras do leite materno. (...) O meu bem, delas recebido, era também para elas um bem. (...) Mais tarde, comecei a rir, primeiro enquanto dormia, depois, acordado."[5] As *Confissões* são pontilhadas de tais rasgos de luz calorosa.

Entretanto, apenas por intermédio de referências de passagem nas *Confissões* e noutros textos é que sabemos que Agostinho teve pelo menos um irmão, Navígio, talvez duas irmãs, e que sua mãe, Mônica, devia ter 23 anos quando ele nasceu. O que ele relembrou nas *Confissões* foi sua vida íntima; e essa vida íntima era dominada por uma figura — sua mãe, Mônica.

Poucas mães conseguem sobreviver a nos serem apresentadas exclusivamente em termos do que passaram a significar para seus filhos, e muito menos para um filho tão complexo quanto Agostinho. A relação entre mãe e filho que permeia as *Confissões* constitui o fio pelo qual o livro é justificadamente famoso. No entanto, é preciso haver duas pessoas para estabelecer esse tipo de relação. O que Agostinho diz sobre Mônica lança tanta luz sobre seu próprio caráter quanto sobre o de sua mãe; e o que ele diz é menos importante do que a maneira como o diz. Vez por outra, vislumbramos uma mulher autenticamente impressionante — exatamente o que seu filho gostaria de ser quando bispo: contida, digna, alheia aos mexericos, uma pacificadora firme entre os conhecidos e, tal como o filho, capaz de um sarcasmo eficaz.[6] Fora criada com austeridade numa família cristã;⁷ era apegada às práticas tradicionais da Igreja africana, que os homens cultos sempre haviam descartado como "primitiva", aos jejuns do sabá⁸ e às refeições feitas nos túmulos dos mortos.⁹ Todavia, é possível que não fosse uma alma inteiramente simples: acreditava, por exemplo, que uma boa educação clássica, embora pagã, acabaria tornando seu filho um cristão melhor.¹⁰ Acima de tudo, era uma mulher de profundos recursos internos; suas certezas eram irritantes; os sonhos por intermédio dos quais previa o curso da vida do filho eram impressionantes, e ela confiava em sua capacidade de saber, instintivamente, qual desses sonhos era autêntico.¹¹

No entanto, a imagem equilibrada de Mônica que Agostinho nos fornece no Livro IX de suas *Confissões* desfaz-se na maioria dos livros anteriores. Na descrição agostiniana sobre seus primeiros anos de vida, Mônica aparece sobretudo como uma figura implacável: "Ela desejava ter-me sempre a seu lado, como é costume das mães, porém muito mais do que a maioria das outras."¹² Sempre que um de seus filhos se desviava, "Ela agia como se de novo sofresse as dores do parto".¹³ Essa mãe absorvente, profundamente magoada com as rebeldias do filho, é a Mônica que costumamos ver pelos olhos de Agostinho. Aos 28 anos, jovem de sucesso e consciencioso, ele enganaria a mãe, esgueirando-se à noite a fim de zarpar para Roma, em vez de enfrentar a culpa por deixá-la: "Não tenho palavras", escreveu, "para expressar o amor que ela nutria por mim, nem quão maior era a angústia que então sofria para me partejar o espírito do que quando me dera à luz fisicamente. Não vejo como pudesse curar sua ferida, se minha morte em pecado trespassasse as entranhas de seu amor."¹⁴ "Se as almas dos mortos participavam dos assuntos dos vivos, se de fato eram eles mesmos que nos dirigiam a palavra quando os víamos durante o sono, (...) minha piedosa mãe não deixaria de visitar-me todas as noites, essa mãe que me seguiu por terra e por mar para poder estar comigo."¹⁵ Tempos depois, Agostinho percebeu que tinha havido um componente de "desejo não espiritual"¹⁶ no amor devorador que Mônica nutria por ele, mas, apesar disso, ela sempre tivera razão; fora a voz de Deus em sua primeira infância,[17] e ele nunca havia conseguido dizer-lhe uma palavra ríspida[18] — nem mesmo quando ela o expulsou de casa, na época em que ele se tornou um herege maniqueu, ou quando, em decorrência dos arranjos de Mônica, viu-se obrigado a se afastar de uma mulher com quem vivera durante quinze anos.

Em contraste, o pai de Agostinho, Patrício, escapa-nos por completo. Agostinho, homem de muitos silêncios significativos, calaria friamente sobre ele. Patrício era generoso, mas "exaltado".[19] Orgulhava-se exageradamente do filho: era admirado por todos pelos sacrifícios que fazia para levar a cabo a educação de Agostinho.[20] Este registrou uma cena, nas termas, na qual seu pai se deleitara ao constatar que o filho havia atingido a puberdade.[21] Tudo o que o filho diria, em contrapartida, era que "ele só via em mim ambições vãs".[22] Patrício morreu pouco depois de haver conseguido juntar dinheiro suficiente para mandar seu filho brilhante para Cartago: Agostinho, que não tardaria a sentir e a expressar uma tristeza profunda pela perda de um amigo, só mencionou a morte do pai de passagem.[23]

O que Agostinho recordou mais vividamente sobre os pais foi uma tensão subterrânea. Mônica julgava o caráter de Patrício. Dizia às amigas, em tom sarcástico, que, afinal, elas eram "escravas" dos maridos: não lhes cabia "erguer-se contra seu amo e senhor".[24] Patrício nunca a surrava, como faziam outros maridos com suas mulheres: ela esperava que a raiva do marido se abrandasse, sem dizer uma palavra que pudesse provocá-lo. Depois ela explicara a ele que estava certa. Patrício lhe era infiel; também nisso ela esperava em silêncio, até que ele pudesse transformar-se num cristão.[25] O cristianismo da infância de Agostinho fazia parte dessa tensão: "Tinha eu verdadeira fé, como todos os de casa, exceto meu pai, mas ele não pôde cancelar em mim os direitos da devoção de minha mãe (...). Pois ela desejava ardentemente que Vós, meu Deus, fôsseis meu pai, e não ele (...)."[26]

Por comentários como esse, Agostinho fez recaírem sobre sua cabeça, merecidamente, as atenções dos modernos intérpretes psicológicos. Entretanto, uma coisa é registrar devidamente uma flagrante tensão havida durante a infância, que ainda estava vivíssima na mente de Agostinho ao escrever as *Confissões*, já na meia-idade, e outra bem diferente é acompanhar todo o curso dessa tensão, a partir de suas raízes na infância e ao longo de toda uma vida extensa e variada. Escapam ao historiador as combinações, ramificações e resoluções inesperadas que um conhecimento adequadamente sofisticado da psicologia moderna nos levaria a esperar.[27]

Os pais, contudo, tinham uma qualidade em comum: a determinação. Patrício demonstrou uma "determinação obstinada" de proporcionar instrução ao filho;[28] Mônica viveria mais nove anos, igualmente convencida, à sua maneira, de que "era impossível perecer o fruto de tantas lágrimas".[29] Agostinho soube tornar sua essa qualidade. E tê-lo feito foi uma proeza nada insignificante. Podemos ver o resultado, acima de tudo, na maneira como ele caçou seus adversários eclesiásticos e se apegou com firmeza às próprias ideias: Patrício e Mônica, percebe-se, foram pais sumamente adequados para um bispo católico da África do século IV.

Em linhas gerais, Agostinho cresceria entre homens cujas relações pessoais nos parecem singularmente veementes. Os habitantes de Tagaste pareciam viver fora de casa, em público. O marido que se dava mal com a mulher passava o dia inteiro no fórum, cercado por amigos e clientes, sentindo o coração abater-se com o cair do sol, ao se aproximar o momento de voltar para casa. "Usufruí do sol claro durante a maioria de meus dias. (...) Fui sempre gentil com todos; por que não haveriam todos de prantear-me?"[30]

Tratava-se de uma vida pública, na qual o homem tinha sobretudo o compromisso de manter sua reputação: "viver eternamente na boca do povo"[31] era a ambição do africano de sucesso. Ao ler as inscrições de seus túmulos, percebemos que só Agostinho, um romano da África, poderia achar que "o amor ao louvor" tinha sido suficiente para instigar os primeiros romanos a seguirem adiante.[32] Essa fachada pública era excepcionalmente frágil. Os africanos eram peritos em desmascarar seus companheiros. O próprio Agostinho era um mestre rematado da ironia seca. Como africanos típicos, Mônica e Alípio, amigo de Agostinho, tiveram suas vidas modificadas por uma ironia casual que subitamente esvaziou seu imenso sentimento de dignidade.[33]

A vida de uma cidadezinha podia ser dilacerada por desavenças prolongadas e rancorosas. Um homem empalidecia de raiva ao ouvir cantada nos Salmos a expressão "meu inimigo".[34] Não surpreende que a "inveja" tenha sido uma das emoções que Agostinho compreendeu mais a fundo. Podemos aquilatar a força dela entre seus companheiros africanos pelas dezenas de amuletos para evitar o mau-olhado.[35]

Sumamente irritadiços, esses homens eram também ferozmente leais uns aos outros. Agostinho, como veremos, raramente passaria um momento da vida sem ter bem junto de si um amigo ou um parente consanguíneo. Nenhum pensador da Igreja primitiva preocupou-se tanto com a natureza das relações humanas; mas, por outro lado, poucos ambientes teriam deixado tão vividamente impressa em Agostinho a sua importância quanto o mundo estreitamente unido em que ele cresceu.

Os padrões mais profundos da imaginação desses homens podem ser discernidos em suas crenças religiosas. Os habitantes numídicos das terras altas eram parentes próximos dos berberes modernos, grupo que sempre conservou um estilo de vida característico. Até o próprio nome de Mônica pode ter sido fruto das crenças anteriores de sua família, derivado que é de uma divindade local, a deusa Mon.[36] Como os cartagineses, os númidas nunca adoraram os deuses humanos e olímpicos da Grécia e da Roma clássicas. Seus deuses tinham sido "Deuses das Alturas", cultuados em montanhas sagradas e, por intermédio dos fenícios, parentes próximos do aterrador Jeová. O Deus Supremo da África era Saturno: o "Pai Supremo", o "Sagrado", o "Eterno". Sua religião era uma religião do medo, da expiação sacrifical, da pureza dos rituais. Ele transmitia suas ordens em sonhos. *Grosso modo*, era um pai exigente e mal definido, chamado, em meio a um pavor reverente, de "O Velho". Em Cartago, porém, esse pai aterrorizante era obscurecido por uma grande divindade feminina, a *Dea Caelestis*, "Deusa dos Céus" — uma figura absorvente e maternal a quem até os pais cristãos tinham a sensatez de dedicar seus filhos.[37]

A religião dos cristãos da África também era drástica. Buscavam-se experiências de êxtase por intermédio da embriaguez, do canto e de danças impetuosas.[38] O alcoolismo, aliás, era muito disseminado nas congregações africanas.[39] Os sonhos e transes eram comuns:[40] camponeses simples eram capazes de passar dias em coma;[41] e Mônica, como vimos, depositava grande confiança em seus sonhos.[42] Tais sonhos eram tidos como vislumbres diretos de um outro mundo, um mundo que, de maneira muito física, exercia pressão para dirigir e inspirar os homens em seu sono:[43] eram sonhos "grandiosos", particularmente voltados para combates temíveis.[44] Por duas gerações, a maioria dos cristãos africanos havia aderido a uma casta de bispos "puros", que rejeitavam o mundo externo como "impuro": um grupo de seus adeptos celebrizou-se por sua combinação de agressão contra as pessoas de fora e tradições de suicídios ritualizados em seu seio.[45] Igualmente drásticos, Agostinho e seus amigos julgaram fácil acreditar, durante o período em que foram maniqueístas, que seus corpos dividiam-se entre o bem absoluto e o mal incontrolável.[46]

É fácil falar com desembaraço desse "temperamento africano".[47] Mas seria superficial desconhecer a força dos padrões de conduta severos e exigentes que vigoravam numa sociedade provinciana. Aos 30 anos de idade, essas normas não afetariam Agostinho. Nessa época, sua vida primitiva havia atingido o zênite: ele era um retórico clássico em Milão e pretendia residir na Itália. Seria como um russo ocidentalizado que se estabelecesse na Paris no século XIX. Mas Agostinho não tardaria a voltar para casa, a fim de passar o resto de sua vida como recluso, depois como padre e, mais tarde, como bispo entre a gente simples da África: tal como a "Sagrada Rússia" do século XIX, esse mundo se fecharia em torno dele e, como é frequente acontecer com os homens cultos, fechar-se-ia com eficácia ainda maior por ter sido rejeitado anteriormente.

3
EDUCAÇÃO

Agostinho cresceu como um menino sensível, ansioso por ser aceito, competir com sucesso e evitar ser envergonhado, e apavorado com a humilhação de apanhar na escola.[1] Costumava brincar nos campos ao redor de Tagaste. Neles, caçava pássaros,[2] observava as caudas arrancadas dos lagartos se contorcerem[3] e pensava no trovão como o chacoalhar das rodas pesadas dos carros romanos, no áspero calçamento de pedras das nuvens.[4] No entanto, ele nunca menciona as esplêndidas flores primaveris da África. Seu olfato não era particularmente aguçado.[5] As montanhas aparecem com mais frequência em sua obra: a luz do sol nascente escorrendo pelos vales,[6] a súbita visão de uma cidade distante, contemplada das encostas arborizadas de um desfiladeiro.[7] Acima de tudo, ele se via cercado de luz. A luz do sol africano era "a própria rainha das cores, a se derramar sobre todas as coisas".[8] Agostinho era especialmente sensível aos efeitos da luz. Seu único poema enaltece a luminosidade cálida do círio pascal.[9]

Grosso modo, são poucas as paisagens naturais ao redor de Agostinho. Em vez delas, rostos: rostos animados, com os olhos imponentes de um mosaico do baixo Império Romano: olhos que deixavam transparecer a vida íntima de um homem, escondida, exceto neles, pelo denso envoltório da carne.[10] Acima de tudo, muitas vozes. O mundo de Agostinho é repleto de sons: o cântico dos salmos, as canções da colheita e, mais encantador do que tudo, a fala arrebatadora de seus semelhantes: "... as palavras, vasos preciosos de significação".[11] O que era uma coisa boa? "O rosto de um homem: feições regulares, a tez luminosa, a expressão iluminada pelo bom humor"; e, é claro, "A fala, transmitindo sua mensagem com encanto, ajustada para comover os sentimentos dos ouvintes; os ritmos melodiosos e os sentimentos elevados de um bom poema."[12]

Agostinho seria educado para se tornar um mestre da palavra falada. O conteúdo de sua instrução foi árido. E francamente pagão. Era surpreendentemente escasso: ele deve ter lido muito menos autores clássicos do que um estudante moderno. Virgílio, Cícero, Salústio e Terêncio eram os únicos autores detidamente estudados. Tratava-se de um ensino exclusivamente literário: filosofia, ciência e história eram ignoradas.[13] Um fardo esmagador era imposto à memória: um amigo de Agostinho sabia de cor a íntegra de Virgílio e grande parte de Cícero.[14] O professor explicava cada texto, palavra por palavra, como um perito em pintura examinaria cuidadosamente um quadro com sua lente de aumento. Era completamente impossível ensinar uma língua estrangeira, como o grego, segundo tais métodos. Dá arrepios pensar no modo como devem ter ensinado Homero a Agostinho em Tagaste. Agostinho constatou entediar-se aflitivamente com o grego, exatamente na mesma época em que começou a se "deleitar" com os clássicos latinos.[15] Sua incapacidade de aprender grego foi um grande desastre do sistema educacional do baixo Império Romano: ele se tornaria o único filósofo latino da Antiguidade a virtualmente ignorar o grego.[16] Quando rapaz, pateticamente despreparado, lançou-se na tradicional busca filosófica do saber. Uma plateia grega culta trataria esse estudante da universidade de Cartago, fluente exclusivamente em latim, como um "perfeito idiota", familiarizado que estava apenas "com as opiniões dos filósofos gregos, ou melhor, com pequenos retalhos dessas opiniões, catados aqui e ali nos diálogos latinos de Cícero", e não "com esses sistemas filosóficos do modo como se apresentam, plenamente desenvolvidos, nos livros gregos".[17]

Entretanto, o conteúdo desse ensino era menos importante do que seu objetivo. Este se mantivera inalterado por cerca de oitocentos anos.

Ainda era vigorosamente buscado no século IV, nas salas de aula apinhadas e ruidosas dos professores de retórica,[18] em lugares tão distantes quanto Bordeaux e Antioquia: tratava-se de "aprender a arte das palavras, de adquirir a eloquência tão necessária para persuadir e expressar os pensamentos".[19] O produto ideal dessa educação era o orador, ou seja, o homem capaz de "ser agradável na argumentação, por sua vivacidade, pelo domínio das emoções e por sua facilidade de falar, perfeitamente apto a transmitir sua mensagem com estilo".[20]

A grande vantagem da educação recebida por Agostinho foi que, dentro de seus limites estreitos, ela era perfeccionista. O objetivo era ficar à altura da perfeição atemporal de um antigo clássico. Virgílio, para essas pessoas, não apenas "jamais cometera um erro, como nunca havia escrito uma linha que não fosse admirável".[21] Cada palavra, cada construção de frase desses clássicos, portanto, era significativa. O escritor não fazia meramente escrever: "tecia" seu discurso,[22] era um homem que havia "pesado o significado exato de cada palavra".[23] Para avaliar o efeito duradouro de tal educação, basta vermos como Agostinho, quando bispo, iria interpretar a Bíblia, como se tudo nela estivesse "dito exatamente como convinha".[24] Agostinho iria citar seu novo "clássico" cristão 42.816 vezes (amiúde, de memória), e escolheria cada palavra a ser escrita em qualquer anotação breve:[25] era um homem que fora ensinado a manobrar com infinita precisão no meio restrito, mas sumamente bem mapeado, de uma antiquíssima tradição. Um homem assim seria capaz de transmitir sua mensagem a um latino educado no outro extremo do mundo romano, por intermédio da simples menção de uma figura clássica, ou citando meio verso de um poeta clássico.[26] Não admira que o grupo de homens que, por seu preparo, ajustara-se com tanto êxito a esse padrão tradicional de perfeição rigidamente definido viesse, no século IV, a se distinguir como uma casta singular. A despeito da origem humilde de muitos deles, o domínio comum da literatura latina elevou essa classe "acima do lote comum dos homens"[27] com a mesma eficácia daquela outra classe de "homens superiores" — os mandarins da China imperial.

Acima de tudo, essa educação deve ter ensinado Agostinho a se expressar. Ele era incentivado a chorar e a fazer os outros chorarem. Viria a receber um prêmio na escola por reviver, num discurso, a "cólera e a dor" de Juno ao ver Eneias zarpar de Cartago para a Itália. "Que proveito me trouxe tudo isso?", escreveria o bispo Agostinho aos 43 anos; "Decerto, tudo não passa de fumaça e brisa."[28] Contudo, vinte anos depois, ainda voltaria a essa sua primeira vitória: sem dúvida, ninguém que conhecesse Virgílio, "lido um dia na meninice, de tal modo que o grande poeta, tido como destacadamente o melhor, fora absorvido na mais precoce oportunidade", poderia deixar de recordar essa cena.[29]

Aos 15 anos, Agostinho havia passado por todas as terríveis surras de sua escola em Tagaste. Emergira como um rapazola talentoso, duramente exigido pelos pais e capaz de amar o que aprendia. Graças a essa educação, desenvolvera uma memória fenomenal, uma atenção tenaz para com os detalhes e uma arte de abrir o coração que ainda nos comove ao lermos suas *Confissões*. Nessa época, encontrava-se em Madaura. Esta era uma cidade universitária de clima singular. Gabava-se de ser a cidade natal do grande platônico e orador do século II, Apuleio (que nos é conhecido sobretudo por seu livro *O asno de ouro*, mas que, para Agostinho, era um filósofo excêntrico, que se interessara pelas artes da magia,[30] autor de "*Do Deus de Sócrates*"[31]). Os professores de Madaura eram pagãos: amavam o fórum, com suas estátuas dos deuses, tanto quanto qualquer pátio universitário;[32] e produziram o maior número de epitáfios em verso já descobertos na África romana.[33]

No ano seguinte, entretanto, Agostinho havia retornado a Tagaste. Teve de esperar um ano até Patrício economizar dinheiro suficiente para que ele pudesse concluir sua formação em Cartago.[34] Foi um ano desolador, marcado por um ato inquietante de vandalismo[35] e toldado pelo súbito ataque de uma adolescência atrasada contra um jovenzinho ambicioso que até então sofrera uma pressão constante para se sair bem na escola.[36] Essa situação não foi facilitada pela "enorme angústia" com que Mônica o alertara contra o convívio com as mulheres.[37] Um filho de pais menos ambiciosos talvez se casasse nessa idade. Tempos depois, Agostinho censuraria Mônica e Patrício (também é possível que se haja ressentido deles na época) por não lhe haverem arranjado um casamento a fim de "embotar os espinhos"[38] de sentimentos que claramente o afligiam enormemente.

Não chega a surpreender, portanto, que sua chegada a Cartago, em 371, aos 17 anos de idade, tenha sido tão memorável. "Vim para Cartago, onde por todos os lados borbulhava a sertã de amores ilícitos."[39] A fervura da sertã era sobretudo do próprio Agostinho. A vida decerto era mais excitante em Cartago. Os estudantes eram turbulentos, como se poderia esperar de rapazes vindos de pequenas cidades provincianas espalhadas por toda a África, tendo sua primeira experiência de liberdade numa cidade grande. Os calouros e os mestres eram aterrorizados pelas fraternidades de "veteranos", os *Eversores* [demolidores]. Agostinho, como lhe era característico, ficou a um tempo chocado com a violência deles e ansioso por parecer "fazer parte" de seu grupo: é que ser um "demolidor" era "um notável distintivo de elegância".[40]

Entretanto, a vida da cidade grande pouco significava para Agostinho, comparada à crise longamente adiada de sua adolescência. "Eu ainda não amava, mas já gostava de amar. Impelido por uma necessidade secreta, enraivecia-me contra mim mesmo por não me sentir mais faminto de amor. (...) O que mais me faltava era amar e ser amado, sobretudo se podia gozar do corpo da pessoa amada. (...) Precipitei-me no amor em que ansiava ser apanhado. (...) Enredei-me com alegria nos laços das tribulações, para ser açoitado pelas férreas e abrasadoras varas do ciúme, da desconfiança, dos temores, dos ódios e das contendas."[41]

Foi uma época em que Agostinho pôde enfim permitir-se o deleite de seus sentimentos. Descobriu o teatro: era um mundo "cheio de imagens das minhas misérias e de alimento para o fogo de minhas paixões".[42] Acima de tudo, ele adorava assistir à separação dos amantes: "Eu, jovem miserável, gostava então de me condoer, e de tudo fazia para encontrar motivos de dor."[43]

No entanto, em menos de um ano, tudo isso se modificaria. Longe de ser o libertino que alguns autores imaginaram, convertido aos 32 anos após uma vida de irrefreada sensualidade, Agostinho foi, na verdade, um jovem que abreviou perigosamente a ebulição de sua adolescência. Nos dois anos seguintes, ele foi rigoroso com seus sentimentos. Patrício veio a falecer, provavelmente no fim do primeiro ano da estada do filho em Cartago; Mônica tomaria a si o pesado encargo de levar a termo a educação do filho — mais uma fibra a se estirar no coração.[44] Agostinho resvalou para um casamento "de segunda classe" mais ou menos nessa época. Tomou por concubina uma mulher sem nome durante os quinze anos seguintes: era um arranjo perfeitamente respeitável para um professor iniciante no baixo Império Romano.[45] Desse modo, ele obteve o que queria: havia enfim "dado à praia do matrimônio".[46] Se desfrutou particularmente dessa experiência, já é uma outra história. Em seguida nasceu seu filho, Adeodato: é bem possível que esse acontecimento, mal recebido na época,[47] tenha surtido o efeito "moderador" que, mais tarde, Agostinho recomendaria aos jovens maridos.[48]

Por fim, no ano de 373, aos 19 anos, ele vivenciaria uma mudança profunda em sua vida: passaria por sua primeira "conversão" religiosa.

4
"SABEDORIA"

"Seguindo o programa do curso, cheguei a um livro de Cícero, cujo estilo era louvado por quase todos, ainda que sua mensagem fosse ignorada. Esse livro contém uma exortação ao estudo da filosofia: chama-se *Hortênsio*. Ele mudou todo o alvo de minhas afeições e encaminhou para Vós, Senhor, as minhas preces; transformou por completo meus desejos e aspirações. Subitamente, perderam o atrativo todas as minhas vãs esperanças de carreira, e me restou ambicionar, com incrível ardor do coração, as imortais qualidades da Sabedoria. Eu principiava a levantar-me para retornar a Vós. (...) Como eu ardia, Senhor, como ardia em desejos de voar das coisas terrenas para Vós!"[1]

Já se iam séculos que a ideia da filosofia era cercada por uma aura religiosa. Ela implicava muito mais do que uma disciplina intelectual. Era um amor à "Sabedoria". A "Sabedoria" consolava e purificava seus devotos; em troca, exigia abnegação e ajustes morais. O sábio reconhecia quem era, onde se situava no universo, e de que modo sua parcela divina, sua alma racional, poderia transcender a luxúria do corpo e as ambições ilusórias da vida cotidiana; pois, como disse Cícero no *Hortênsio*, "se as almas que possuímos são eternas e divinas, devemos concluir que, quanto mais lhes dermos a dianteira em sua atividade natural, isto é, no raciocínio e na busca do conhecimento, e quanto menos elas forem apanhadas nos vícios e erros da humanidade, mais fácil lhes será ascender e retornar ao Paraíso".[2] A exortação a amar a "Sabedoria" sempre fora expressa nesses termos fortemente religiosos. Não admira que, no século IV, tenha passado a funcionar, na cultura tradicional, como a cabeça de ponte da ideia de uma conversão religiosa, e até da conversão à vida monástica.[3]

Cícero havia instigado Agostinho a buscar a Sabedoria: "Eu haveria de amar, buscar, conquistar, reter e abraçar, com todas as minhas forças, não esta ou aquela seita filosófica, mas a própria Sabedoria, fosse ela qual fosse. Foi isto que esse discurso despertou em mim, exortando-me e acendendo meu desejo."[4]

A forma exata de "Sabedoria" que ele iria buscar diferiria muito, é claro, do que Cícero reconheceria como tal. Agostinho vinha de uma família cristã. Numa era da qual foram preservados apenas textos de adultos, é extremamente difícil apreender a natureza do cristianismo "residual" de um jovem. Mas uma coisa é certa: um saber pagão, um saber sem "o nome de Cristo", estava totalmente fora de cogitação.[5] O paganismo nada significava para Agostinho. Em Cartago, ele assistiria aos grandiosos festivais que ainda eram celebrados no grande templo de Dea Caelestis, mas haveria de fazê-lo à maneira de um protestante inglês que presenciasse as solenes procissões católicas da Itália: elas eram esplêndidas e interessantes, mas nada tinham a ver com a religião tal como ele a conhecia.[6] Além disso, Agostinho cresceu numa época em que os homens julgavam compartilhar o mundo físico com demônios maléficos. Sentiam-no com a mesma intensidade com que sentimos a presença de miríades de bactérias perigosas. O "nome de Cristo" era aplicado aos cristãos qual uma vacina. Só existia essa garantia de segurança. Quando menino, Agostinho fora "condimentado com sal divino" para afastar os demônios; ao ser subitamente acometido por uma doença, ainda na infância, havia implorado o batismo.[7] É claro que esses ritos cristãos poderiam ter tão pouca influência na conduta de um homem adulto quanto a posse de um atestado de vacina, mas expressavam uma mentalidade que havia cortado pela raiz, como decididamente "anti-higiênica", a religião pagã do passado clássico. Em Cartago, Agostinho se manteve fiel à Igreja católica. Já havia passado a gostar das solenes vigílias pascais das grandes basílicas.[8] Como estrangeiro oriundo da província, é claro que frequentava a igreja para buscar uma namorada,[9] do mesmo modo que um outro estrangeiro, Cristóvão Colombo, viria a conhecer sua mulher na Catedral de Sevilha.

Acima de tudo, o cristianismo do século IV deve ter sido apresentado a um menino desse tipo como uma forma de "Verdadeira Sabedoria". O Cristo da imaginação popular não era um Salvador agonizante. Não havia crucifixos no século IV. Ele era, antes, "a Grande Palavra de Deus, a Sabedoria Divina".[10] Nos sarcófagos da época, Cristo é sempre exibido como um Mestre, ensinando Sua Sabedoria a um séquito de filósofos novatos. Para um homem culto, a essência do cristianismo estava justamente nisso. Cristo, como a "Sabedoria Divina", havia criado um monopólio do saber: a patente revelação cristã havia suplantado e substituído as opiniões conflitantes dos filósofos pagãos: "Vede, eis aquilo que todos os filósofos buscaram durante toda a sua vida, mas nem uma só vez conseguiram capturar, abraçar, reter com firmeza. (...) Aquele que quiser ser sábio, um homem completo, deixai-o ouvir a voz de Deus."[11]

Assim, como era muito natural, Agostinho voltou-se para a Bíblia à procura de sua "Sabedoria".[12] Foi uma grande decepção. Ele fora criado na expectativa de que os livros fossem "cultos e burilados";[13] recebera uma formação criteriosa para se comunicar com homens instruídos da única maneira admissível: num latim escrupulosamente moldado nos autores da Antiguidade.[14] Para um homem desse feitio, o linguajar coloquial e os dialetos incompreensíveis eram igualmente abomináveis; e a Bíblia latina da África, traduzida séculos antes por autores humildes e anônimos, estava repleta de ambos. E mais, o que Agostinho leu na Bíblia parecia ter pouco a ver com a Sabedoria altamente espiritual que Cícero lhe dissera para amar. Ela estava repleta de histórias mundanas e imorais do Velho Testamento[15] e, até no Novo Testamento, Cristo, a própria Sabedoria, era apresentado por genealogias longas e contraditórias.[16]

No entanto, essa Bíblia era a pedra angular das comunidades cristãs da África. Essa Igreja africana era excepcionalmente tacanha e conservadora: é possível que muitas de suas instituições e práticas houvessem provindo diretamente das sinagogas judaicas; era fácil encarar a religião de suas congregações como uma contemporização pouco entusiástica com o Velho Testamento.[17] Os bispos eram excepcionalmente sensíveis a qualquer questionamento de sua autoridade. E não se tratava de uma vaga autoridade "na fé e na moral", muito menos do direito altamente sofisticado de persuadir e proteger aquele que buscasse a verdade, coisa em que mais tarde Agostinho a transformaria. Nos anos 370, como acontecera antes, a autoridade dos bispos emanava diretamente de sua posse da "Lei Divina", as Escrituras Sagradas, e de seu dever de preservá-las e expô-las. Na África, a Bíblia era a espinha dorsal da Igreja cristã, tão rígida e exigente quanto a antiga lei judaica, e "a alteração de uma só de suas palavras deveria ser computada como o maior dos sacrilégios".[18] Era tratada como um manancial de decisões legais rigorosas; e ser um verdadeiro cristão significava, em termos muito simples, aceitar na íntegra essa "Lei", sem fazer perguntas embaraçosas.[19]

Esse ambiente opressivo sempre tendera a produzir reações extremadas entre alguns cristãos africanos. Uma forte corrente de cristianismo "novo" e "espiritual" sempre se opusera à literalidade maciça da Igreja tradicional.[20] Esse "novo" cristianismo desfizera-se do Velho Testamento como não espiritual e repulsivo.[21] Nele, Cristo não precisava do testemunho dos profetas hebreus: Ele mesmo falava diretamente à alma, através de Sua mensagem elevada, de Sua Sabedoria e Seus milagres.[22] Deus não precisava de outro altar senão a mente, sobretudo uma mente como a do jovem Agostinho: "Uma mente imbuída das boas artes e da educação."[23] Tais eram as concepções de um grupo que foi particularmente atuante entre os estudantes semicristãos e a intelectualidade de Cartago.[24] Seus missionários eram "excepcionalmente fluentes e elegantes".[25] Gostavam dos debates públicos e sabiam lidar com os que faziam apartes inoportunos como oradores consumados do Hyde Park.[26] Sua demolição das

Escrituras cristãs tradicionais era inteligente e persistente. Eles afirmavam que, "deixando de lado o terror das imposições autoritárias da fé, conduziriam a Deus todos os homens que se dessem ao trabalho de ouvi-los, e os libertariam do erro mediante um uso notavelmente direto da razão".[27] Acima de tudo, eles compunham um grupo de cristãos radicais.[28] A seu ver, os católicos eram meros "semicristãos".[29] Cristo era uma figura central em seu sistema, e aparecia precisamente como Agostinho fora levado a esperar: como o princípio da Sabedoria por excelência.[30] Esse Cristo esclarecia os homens; levava-os ao conhecimento verdadeiro de si mesmos; despertara Adão de sua modorra embriagada, para lhe dizer exatamente o que lhe diria Cícero em termos mais clássicos: a saber, que sua alma era divina.[31] "Esse nome, Jesus, é circundado pela graça."[32] "Ele veio, Ele nos apartou do Erro do Mundo; trouxe-nos um espelho, nós o fitamos e nele vimos o universo."[33]

Esses homens eram conhecidos como maniqueus. Seu fundador fora Mani, "O Apóstolo de Jesus Cristo". Na Mesopotâmia, Mani havia recebido uma mensagem inspirada e, no ano de 276, fora executado pelo governo persa.[34] A disseminação de sua religião no mundo cristão romano foi um sintoma notável da turbulência religiosa da época. A expansão posterior do maniqueísmo para o Extremo Oriente é ainda mais espantosa.[35] No século VIII, existia um Estado maniqueísta na fronteira com o império chinês[36] e, mais tarde, no próspero oásis de Turfan, que ligava a Pérsia e o Ocidente à China. Em Turfan, os maniqueus deixaram grandes mosteiros, afrescos exibindo Mani e seus austeros seguidores, e manuscritos preciosos cujas iluminuras mostram rituais maniqueístas anteriormente só conhecidos por nós a partir dos textos de Agostinho.[37] No século XIII ainda havia maniqueus em Fu-Kien.[38] Alguns dos mais reveladores documentos maniqueístas descobertos foram escritos em chinês.[39]

Os missionários maniqueístas haviam recebido de seu fundador uma revelação direta da verdadeira natureza de Deus, do homem e do universo, registrada em grandes livros — como Maomé e o Alcorão. Mani os havia despachado mundo afora para que fundassem a única Igreja verdadeiramente universal. Só eles poderiam ensinar uma Sabedoria que combinava e transcendia as intuições parciais e descuidadas de todas as "seitas" anteriores — dos evangelistas cristãos, no mundo romano, de Zoroastro, na Pérsia, e de Buda, na Ásia central.[40]

Esses missionários haviam chegado a Cartago no ano de 297. Eram os "Eleitos", um grupo de homens e mulheres empalidecidos pelo jejum e cercados por tabus complexos. Reuniram a seu redor congregações de "Ouvintes" (o equivalente dos "catecúmenos" cristãos), que se contentavam em admirar a austeridade de seus heróis espirituais, os "Eleitos", a uma distância segura. Esses homens levavam em si um irresistível ar de mistério:[41] complexas orações secretas,[42] os escritos de Mani, guardados em magníficos volumes em pergaminho,[43] e a sugestão de uma mensagem mais profunda, velada sob seu discurso a respeito da "Luz" e da "Escuridão".[44] Eles haveriam de oferecer a Agostinho "a verdade franca e sem mistura".[45]

> *Provei um doce sabor. Nada encontrei*
> *Mais doce do que a palavra da Verdade.*
> *Prova-a. Provei um doce sabor. Nada encontrei mais doce do*
> *que o sabor de Deus. Prova-o.*
> *Provei um doce sabor. Nada encontrei mais doce do que Cristo.*
> *A sabedoria te convida, para que possas cear com teu Espírito.*[46]

Mas o que a "Sabedoria" significa para um jovem de 20 anos não é, necessariamente, a "Sabedoria" do homem de meia-idade. "A comida, nos sonhos", comentaria Agostinho tempos depois, "é exatamente como a comida real, mas não nos alimenta, porque estamos apenas sonhando."[47]

5
MANIQUEÍSMO

DUALISMO¹

Agostinho foi "Ouvinte" entre os maniqueus por cerca de nove anos. Não poderia ter encontrado sua Sabedoria num grupo mais extremado de homens. Os maniqueus eram uma pequena seita de reputação sinistra. Eram ilegais e, mais tarde, seriam selvagemente perseguidos. Tinham a aura de uma sociedade secreta: nas cidades estrangeiras, só se hospedavam na casa de membros de sua própria seita;² seus líderes viajavam por uma rede de "células" espalhadas por todo o mundo romano. Os pagãos viam-nos com horror,³ os cristãos ortodoxos, com temor e ódio. Eles eram os "bolcheviques" do século IV: uma "quinta-coluna" de origem estrangeira, determinada a se infiltrar na Igreja cristã e portadora de uma solução singularmente radical para os problemas religiosos da época.

Somente esse grupo, julgou Agostinho, poderia responder à pergunta que começara a "atormentá-lo" tão logo sua "conversão" à filosofia o levara a pensar com seriedade: "Qual é a causa de praticarmos o mal?"⁴ A resposta maniqueísta para o problema do mal foi o cerne do maniqueísmo do jovem Agostinho. Era simples e drástica, é-nos plenamente conhecida a partir dos textos agostinianos e, neste século, pudemos novamente penetrar nos sentimentos religiosos íntimos dos maniqueus graças à descoberta, em regiões tão distantes quanto o Egito e Xinjiang, das liturgias apaixonadas das comunidades maniqueístas.⁵

MANIQUEÍSMO

Agostinho frequentou os conventículos dos maniqueístas para ouvir a grande "Carta de Fundação" de Mani. Nessa ocasião solene, os "ouvintes" eram "enchidos de luz".[6] Essa "iluminação" era a experiência religiosa inicial e básica de um maniqueu: era um homem que se haveria tornado agudamente cônscio de sua condição. Era como se tivesse sido despertado de um sono profundo por um grito distante: "(...) Um homem ergueu a voz para o mundo, dizendo: Abençoado aquele que conhecer sua alma."[7]

Assim despertado, o maniqueu percebia vividamente que não era livre. Podia identificar-se apenas com uma parte de si mesmo, sua "alma boa".[8] Claramente, grande parte dele não pertencia a esse oásis de pureza: as tensões de suas paixões, sua cólera, sua sexualidade, seu corpo poluído e o vasto mundo da "natureza de rubros dentes e garras" que existia fora dele.[9] Tudo isso o oprimia. Era patente que o que havia de bom nele ansiava por ser "libertado", por "retornar", fundir-se outra vez com um sereno estado original de perfeição — um "Reino da Luz" — do qual se sentia isolado. No entanto, era igualmente claro que os homens não haviam conseguido realizar isto, que constituía o único desejo possível do que de melhor havia em sua natureza. Portanto, essa "alma boa" obviamente agia sob pressão: por alguma razão misteriosa, via-se "aprisionada", "retida", confinada e "violada", empurrada de um lado para outro por uma força que, temporariamente, era mais forte do que ela.[10] "Pois é fato que *realmente* pecamos contra nossa vontade (...) por essa razão, buscamos o conhecimento da razão das coisas."[11]

Foi esse "conhecimento da razão das coisas" que os maniqueus deixaram claro para Agostinho. Em suma, conquanto todos tivessem consciência da mescla íntima de bem e mal dentro de cada um e no mundo ao redor, era ao mesmo tempo, profundamente repugnante para o homem religioso, assim como absurdo para o pensador racional, que esse mal pudesse provir de Deus. Deus era bom, totalmente inocente. Devia ser protegido da mais tênue suspeita de responsabilidade direta ou indireta pelo mal. Essa desesperada "piedade para com o Ser Divino"[12] explica a natureza drástica do sistema religioso dos maniqueus. Eles eram dualistas: tão convencidos estavam de que o mal não podia provir de um Deus bom, que acreditavam ser ele proveniente de uma invasão do bem — o "Reino da Luz" — por uma força ou demônio hostil, de poder igual, eterno e totalmente distinto: o "Reino das Trevas". "A primeira coisa que o homem deve fazer", dizia o catecismo maniqueísta chinês, "é distinguir os Dois Princípios (o Bem e o Mal). Aquele que deseja ingressar em nossa religião deve saber que os Dois Princípios têm naturezas absolutamente distintas: como pode quem não traz viva em si essa distinção pôr em prática a doutrina?"[13]

No tocante a essa questão, os maniqueus eram racionalistas inflexíveis. Agostinho confiava em que, como maniqueísta, seria capaz de sustentar o dogma fundamental de sua religião unicamente por intermédio da razão:[14] "De onde vieram esses pecados?", perguntaria; "De onde proveio o mal? (...) Se foi de um homem, de onde veio esse homem? Se de um anjo, de onde veio o anjo? E, se disserdes 'De Deus...', então, será como se todo o pecado e todo o mal estivessem ligados, numa cadeia ininterrupta, ao próprio Deus. É com esse problema que os maniqueus acreditam poder solucionar tudo, mediante sua simples enunciação — como se fazer uma pergunta embaraçosa significasse saber alguma coisa. Se assim fosse, não haveria ninguém mais douto do que eu."[15]

Assim municiados, Agostinho e os colegas estudantes que ele havia atraído para sua nova "Sabedoria", "jovens extremamente inteligentes e excepcionalmente argumentativos",[16] deviam sentir-se imbatíveis: "Eu sempre vencia mais discussões do que me seria conveniente, debatendo com cristãos despreparados que tentavam defender sua crença com a argumentação. Com essa rápida sucessão de triunfos, a impetuosidade do jovem não tardou a se cristalizar na obstinação. Quanto a essa técnica de discussão, por lhe haver dado início depois de me tornar 'ouvinte' (entre os maniqueus), tudo o que eu apreendia por minha própria inteligência, ou através da leitura, de bom grado o atribuía aos efeitos dos ensinamentos deles. E assim, a partir de sua pregação, entusiasmei-me pela controvérsia religiosa e, a partir desta, passei a gostar mais e mais dos maniqueus a cada dia. E foi assim que, numa medida surpreendente, passei a aprovar tudo o que eles diziam — não porque o soubesse, eu mesmo, mas por querer que fosse verdade."[17]

Agostinho, o jovem maniqueísta, era um rapaz de grande sagacidade. Sua conversão ao maniqueísmo coincidiu com um alargamento repentino e dramático de seus horizontes intelectuais. Em decorrência de sua "conversão à filosofia", ele havia abandonado qualquer intenção de se tornar advogado profissional. Patrício e o protetor de Agostinho, Romaniano, haviam claramente almejado grandes conquistas para o rapaz: pretendiam que, na condição de advogado, ele se integrasse no quadro de servidores do império.[18] Entretanto, dos 20 anos em diante, Agostinho foi um professor dedicado,[19] um austero devoto da "Sabedoria", ansioso por aumentar seus poderes de filósofo. Assim, sua "emancipação" religiosa da religião tradicional, quando ele se tornou maniqueísta, coincidiu exatamente com uma emancipação intelectual dos mais velhos e de seus superiores na universidade de Cartago, daqueles professores pretensiosos que ele secretamente desprezava.[20] Para assombro de seus colegas, ele dominou sozinho um livro inteiro de lógica aristotélica, o chamado *Dez categorias*. Vinha ocorrendo um ressurgimento dos estudos aristotélicos em Roma, num círculo de aristocratas cultos supervisionados por um erudito professor de grego.[21] A intelectualidade de uma cidade provinciana como Cartago havia-se contentado em falar dessa obra de Aristóteles como "algo de sublime e divino";[22] somente o jovem Agostinho aceitou o desafio de estudá-la por conta própria. Assim, não chega a surpreender que tenha adotado uma religião que afirmava descartar toda e qualquer crença que ameaçasse a independência de seu cérebro sumamente ativo.[23]

É que, como maniqueísta, ele pôde livrar-se prontamente das ideias que cumulavam a religião do cristão convencional. Estava tomado por uma certeza divina:

Conheci minh'alma e o corpo que nela se assenta,
Sabendo que são inimigos desde a criação dos mundos.[24]

Não era preciso "enfraquecer" um conhecimento tão íntimo,[25] obscurecê-lo com o desajeitado arcabouço de profecias hebraicas que a Igreja católica havia erigido em torno da simples verdade. O maniqueísta não precisava que lhe ordenassem acreditar.[26] Era capaz de apreender sozinho a essência da religião. A apreensão imediata era o que mais importava. Para um homem assim, a crucificação de Cristo evidenciava diretamente os sofrimentos de sua própria alma.[27] Seu herói era o cético Tomé, homem cujo anseio de um contato direto e imediato com os segredos divinos não fora rechaçado por Cristo.[28]

Acima de tudo, como jovem sério e sensível, Agostinho pôde abandonar a terrível figura paterna do Velho Testamento. O sistema de Mani evitava criteriosamente a aguda ambivalência que, mais tarde, viria a ser tão importante na imagem que o velho Agostinho contemplou de seu Deus — a saber, a de um Pai que podia ser, a um só tempo, fonte de terna generosidade, mas também de castigo, vingança e sofrimento.[29] No maniqueísmo, o severo Jeová dos judeus era rejeitado como um demônio maléfico, e os patriarcas, como velhos sórdidos: "*'estendei vossa mão sobre meu ventre, matai e comei, crescei e multiplicai-vos'*, eu sabia, sabia que sempre odiaste essa história", escreveria um maniqueísta a Agostinho, tempos depois. "Sabia que eras daqueles que amam as coisas elevadas, coisas que se distanciam da terra, que buscam os céus, que mortificam o corpo e dão vida à alma."[30]

Com efeito, o maniqueísmo permitiu a Agostinho ser um rapaz muito austero e "espiritualizado". Podemos suspeitar de que precisasse sentir-se "altivo". É que havia muita coisa em sua vida que continuava a lhe causar intensa culpa. Cícero, por exemplo, havia escrito categoricamente no *Hortênsio* (e, como é significativo, Agostinho recordaria essa passagem pelo resto da vida): "Caberá buscar os prazeres da alma que Platão descreve, com toda a seriedade, como 'armadilhas e fonte de todos os males'? (...) As instigações da sensualidade são de todas as mais fortes e, portanto, as mais hostis à filosofia. (...) Nas garras dessa que é a mais forte das emoções, qual é o homem que pode curvar sua mente ao pensamento, recobrar a razão, ou, a rigor, concentrar-se no que quer que seja (...)?"[31] "E eu, jovem tão miserável, desolado no limiar de minha vida adulta, costumava rezar: 'Senhor, dai-me a castidade e a continência, porém não me concedais já.'"[32]

A evitação elaborada de qualquer sentimento íntimo de culpa viria, mais tarde, a se afigurar a Agostinho como o traço mais evidente de sua fase maniqueísta. Os maniqueus eram homens austeros. Na época, eram reconhecidos por seus rostos pálidos, e, na literatura moderna, foram apresentados como provedores do mais soturno pessimismo. No entanto, reservavam esse pessimismo apenas para um lado de si mesmos. Viam o outro lado, sua "mente", sua "alma boa", como algo imaculado: tratava-se de uma migalha da substância divina.[33] Sua religião destinava-se a garantir que essa parte boa deles permanecesse essencialmente intacta, não afetada por sua natureza mais vil. Essa natureza mais vil acabaria sendo "cindida e impelida para longe de nós, e, no fim desta vida, será derrotada e confinada, toda ela, numa grande massa separada, como que numa prisão eterna".[34] Portanto, a força sumamente alheia do mal jamais poderia fazer outra coisa senão impor-se de fora para dentro a um eu bondoso, que para sempre se manteria separado dela:

a veste fútil desta carne despi, em segurança e puro;
com os limpos pés de minh'alma pisoteei-a, confiante.[35]

Como maniqueísta, portanto, Agostinho pôde desfrutar do consolo muito real de que, apesar de toda a sua intensa ambição, do inquietante envolvimento com sua concubina e do sentimento invasivo de culpa que tantas vezes vinha toldar suas relações com a mãe, ao menos a parte boa dele permanecia integralmente não conspurcada:

*curvei minha cabeça sob o jugo da virtude,
quando na juventude me surgiu a rebelião.*[36]

Essa não foi a última vez, na história do sentimento religioso, em que um rapaz sensível expressou seus sentimentos em termos tão drásticos: "Uma raiva breve o acossava com frequência", escreveria James Joyce sobre seu herói, "mas ele nunca havia conseguido transformá-la numa paixão duradoura, e sempre se sentira, ao sair dela, como se seu próprio corpo fosse facilmente despojado de uma casca ou pele externa. Ele sentia uma presença sutil, tenebrosa e murmurante penetrar em seu ser e incendiá-lo com uma breve e iníqua lascívia: também esta lhe escapava por entre os dedos, deixando-lhe a mente lúcida e indiferente."[37]

Para Agostinho, a necessidade de salvar um oásis imaculado de perfeição dentro de si talvez tenha constituído o liame mais profundo de sua adesão aos maniqueus. Muito depois de haver começado a aquilatar as dificuldades intelectuais do sistema maniqueísta, a postura moral deste ainda o atraía. Após uma assustadora experiência de doença em Roma, que coincidiu com um crescendo de culpa em suas relações com Mônica, Agostinho, então com 29 anos de idade e prestes a se lançar numa carreira grandiosa, ainda ansiaria por ouvir os "Eleitos" maniqueístas: "Ainda então me parecia que não era eu quem pecava, mas não sei que outra natureza dentro de mim. (...) Preferia desculpar-me e acusar outra coisa que havia em mim, mas não era eu. Na verdade, porém", acrescentaria o bispo católico, "tudo aquilo era eu: a impiedade é que me dividira contra mim mesmo."[38]

O preço que os maniqueus pareceram pagar por essa completa renegação do mal foi tornar o bem singularmente passivo e ineficaz. Quando bispo, Agostinho enfatizaria esse aspecto do maniqueísmo, pois foi o único componente do sistema de Mani que ele veio a rejeitar da maneira mais vigorosa.[39] Todos os escritos de Mani ilustram essa atitude, na qual o bem é essencialmente passivo, impingido pela atividade violenta do mal.[40] Para o maniqueísta, o universo existente, no qual bem e mal se mesclavam de maneira tão desastrosa, brotara de uma invasão frontal do bem — o "Reino da Luz" — pelo mal — o "Reino das Trevas". Esse "Reino da Luz" estivera em absoluto repouso, totalmente ignorante de qualquer tensão entre o bem e o mal. Tão separado do mal era o "governante" do "Reino", o "Pai da Luz", que se via indefeso contra ele: não podia sequer entrar em confronto com os invasores sem sofrer uma transformação drástica e tardia de seu ser.[41] Em contraste, o "Reino das Trevas" era a força ativa; impingia, violava, era impelido para a "Terra da Luz"; seus poderes vorazes eram cegos; dirigiam-nos unicamente os incontroláveis gritos de ganância emitidos por seus companheiros.[42] Ao escrever um tratado de estética, aos 26 anos, Agostinho reproduziu, sob uma forma clássica aceitável, esse mito exótico e poderoso. Nesse texto, mais uma vez, o bem é uma "mônada", "como a alma sem a tensão do masculino e do feminino", enquanto o mal, ativo, é "uma díade", "insensato", "ira e voluptuosidade".[43]

Portanto, em todo o maniqueísmo, o bem é que estava condenado a ser passivo. O Cristo do maniqueu era, acima de tudo, o "Jesus Sofredor",[44] "crucificado por todo o universo visível".[45] O auge da devoção maniqueísta era o indivíduo perceber que sua parte boa estava totalmente fundida e identificada com essa essência divina profanada, identificar inteiramente seu destino com um Salvador que também estava sendo salvo.[46] "Estou em toda parte; sustento o firmamento; sou a base; sou a vida do mundo; sou a seiva de todas as árvores; sou a água doce que subjaz aos filhos da matéria."[47] Todavia, fora desse envolvimento íntimo e sensível, as forças do mal campeariam inalteradas e (para horror posterior de Agostinho), aparentemente, não controladas por nenhuma força do bem: "Choro por minha alma, dizendo: possa eu ser poupado disto e do terror das feras que se entredevoram."[48]

O maniqueísta via-se num agudo dilema. Sua religião prometia ao fiel que, uma vez "despertado", ele teria o controle completo de sua identidade essencial e estaria apto a garantir sua libertação. Dizia-lhe que parte dele sempre se manteria imaculada; e oferecia um ritual severo, que "precipitaria" mais a matéria boa e irredutível de sua alma. Contudo, essa confiança era constantemente desgastada pelos mitos poderosos da própria seita, mitos estes que faziam o bem parecer profundamente abandonado e indefeso diante do ataque do mal: faziam parecer oprimido, violado e aturdido o seu Deus, de inocência tão imaculada que ficava perigosamente despojado de Sua onipotência. Já mais velho, o bispo católico conheceria muito bem o seu maniqueísmo. Poria o dedo nesse ponto fraco e o usaria para levar um antigo amigo maniqueísta a perder o controle num debate público.[49]

No entanto, justamente esse maniqueísmo é que foi a religião de Agostinho na passagem para a idade adulta. Ele lhe forneceu um molde extremo e singular para seus sentimentos. Talvez mais do que tudo, permitiu ao jovem Agostinho renegar por algum tempo, e a um preço elevado, certas características inquietantes que só mais tarde viria a aceitar, tanto em seu Deus quanto, ao que podemos suspeitar, em si mesmo. Tratava-se das severas características "paternas" associadas ao Pai onipotente da fé católica: um Pai capaz de justificada cólera e de infligir castigos, cuja bondade singular separava-se da culpa íntima de Seus filhos por um abismo intransponível.

GNOSE

Em 375, Agostinho voltou de Cartago para lecionar literatura em sua cidade natal. Levou consigo sua nova "Sabedoria". Para um católico africano, os maniqueus eram os "hereges" por excelência. Mônica ficou estarrecida. Expulsou o filho de sua casa.[50] Como era típico dela, só se abrandou depois de se haver certificado, através de um sonho, de que, a longo prazo, o filho retornaria a sua religião. Um bispo a quem consultou também se mostrou seguro de que Agostinho não continuaria maniqueísta por muito tempo. Ele próprio, segundo lhe disse, fora criado como maniqueísta; havia copiado religiosamente os grandes livros abalizados de Mani e não tardara a descobrir que seu conteúdo era impossível de aceitar.[51]

Esses grandes livros, num total de sete, constituíam a espinha dorsal do maniqueísmo. Preservariam a identidade da seita durante cerca de 1.200 anos, em meios tão diferentes quanto Cartago e Fu-Kien.[52] Mas, para um homem educado no mundo do fim da era clássica, as revelações que eles continham eram irredutivelmente exóticas: correspondiam a um "conto de fadas persa".[53]

Em 375, todavia, Agostinho pôde propagar em confiança sua "Sabedoria" maniqueísta entre romanos cultos. É que o maniqueísmo da África, na década de 370 e início da de 380, assemelhava-se bastante ao comunismo da Inglaterra no fim dos anos 1930: disseminara-se rapidamente e, a despeito de um núcleo pitoresco e sumamente doutrinário, ainda podia significar muita coisa para muitas pessoas. O maniqueísmo de Agostinho era o de um grupo específico: da intelectualidade culta da universidade de Cartago e dos provincianos ilustres de Tagaste. Muitos de seus companheiros de estudos juntaram-se prontamente a ele em Cartago, e, numa cidadezinha como Tagaste, longe do olhar vigilante das autoridades católicas, foi-lhe fácil granjear a adesão do eminente Romaniano e de seu parente Alípio. Esses homens eram os "Companheiros de Viagem" do maniqueísmo. Claramente, Romaniano não viu nada de estranho em apoiar essa seita ilegal e, ao mesmo tempo, litigar no foro dos imperadores católicos que a haviam banido.[54] Muitos desses "Companheiros de Viagem" tinham saído diretamente do paganismo. O maniqueísmo afirmava ser a verdadeira "Igreja dos gentios" na África: atraía pagãos inquietos com a ascensão do cristianismo, pois repudiava os métodos autoritários da Igreja estabelecida e os traços de crueza do Velho Testamento.[55] Enquadrava-se com facilidade na vasta penumbra de cristianismo em que os homens instruídos ponderavam sobre o que tomavam por oráculos da Sibila que havia profetizado a vinda de Cristo.[56] Nos anos 370, esse maniqueísmo de homens cultos parece haver-se destacado na África, tendo em Agostinho e seus amigos seus representantes mais ativos. Os homens a quem Agostinho mais tarde escreveria, para desfazer as crenças que ele mesmo havia propagado, são um tributo ao sucesso dessa ala do movimento maniqueísta. Todos eram professores intransigentes, surdos a qualquer outro apelo que não o da razão, e capazes de compreender a ideia de autoridade unicamente se ela lhes fosse apresentada com tato, em termos de sua utilização profissional de manuais abalizados como um recurso auxiliar de ensino.[57]

Mas é possível que esse grupo tenha sido meio periférico no movimento como um todo. Outros maniqueus eram muito mais doutrinários. Viam-se exclusivamente como reformadores do cristianismo. Alguns, aliás, conseguiram manter-se secretamente católicos. Tempos depois, quando bispo, Agostinho viria a descobrir que um de seus diáconos continuara inclusive a comparecer aos ofícios maniqueístas como "ouvinte",[58] e, certa feita, um rapaz ingressou no mosteiro agostiniano em Hipona depois de se impressionar com as ideias ascéticas contidas nas Escrituras apócrifas circuladas pelos maniqueus.[59] Outros desses "reformadores" eram menos furtivos. Quando Agostinho se tornou bispo, costumavam questioná-lo abertamente em seu próprio território, como intérpretes de São Paulo, e não como expoentes de uma "Sabedoria" de base racional. Tais homens compunham o núcleo do maniqueísmo africano: vieram para o primeiro plano assim que uma nova perseguição (em 386) e a deserção de Agostinho e seu círculo portentoso abalaram a confiança dos "Companheiros de Viagem".[60]

Ambos os grupos continham homens instruídos. Outros maniqueístas não o eram. O movimento havia atraído muitos homens humildes, artesãos e mercadores respeitáveis.[61] Aliás, os mercadores eram os missionários mais eficientes da seita: na China e na Ásia central, o maniqueísmo não tardou a vacilar depois que os mongóis destruíram os grandes impérios comerciais dos oásis do deserto de Gobi.[62] Também no Império Romano, é bem possível que a disseminação do maniqueísmo tenha estagnado com a recessão comercial.[63]

MANIQUEÍSMO

Pessoas como essas tinham mais facilidade que seus semelhantes mais cultos para aceitar como verdades literais as rebuscadas revelações de Mani. Muitos desses seguidores simplórios eram excepcionalmente austeros. Como membros dos "Eleitos", equivaliam, nas comunidades maniqueístas, aos resolutos felás egípcios que, como eremitas, haviam-se tornado a maravilha do mundo cristão. "Incultos e primitivos", esses homens eram os mais dedicados de todos, e não surpreende que, num movimento dessa natureza, fossem particularmente admirados por intelectuais sofisticados.[64] A desilusão de Agostinho com os maniqueus teve início assim que ele entrou em contato com esses grupos "fundamentalistas". Eles é que haviam sustentado, de maneira intransigente, as revelações que lhes tinham sido confiadas nos grandes livros de Mani.

Mani foi um gênio da religião. Compartilhou com todos os pensadores gnósticos que o antecederam um vívido sentimento do homem como uma mistura vergonhosa de duas forças opostas, mas explicou essa mistura em termos de uma descrição plenamente detalhada do universo físico. Para Mani, o universo em si tinha resultado dessa mistura, e a boa nova trazida pelos maniqueus era que o mundo visível era uma gigantesca "farmácia", na qual seria "destilada" a essência pura dos fragmentos destroçados do Reino da Luz.[65] O maniqueísta, portanto, estava inteiramente inserido no mundo visível. Todos os processos físicos a seu redor aconteciam para sua salvação. Talvez ele parecesse cultuar o Sol como um pagão,[66] ajoelhando-se diante dele[67] ou voltando-se para ele ao fazer suas preces.[68] Mas um pagão se sentiria muito inferior ao Sol. Para os pagãos, os homens eram criaturas "atadas a corpos humanos e sujeitas ao desejo, à tristeza, à ira (...), as últimas a nascer, prejudicadas por inúmeros desejos";[69] já o Sol era claramente um "deus visível", uma mente sobre-humana, girando em ritmo perfeito muito acima do mundo.[70] Um maniqueísta veria no Sol nada menos do que o brilho visível de uma parte de si mesmo, um fragmento de sua própria substância boa no estágio final de destilação, pronta a se fundir novamente no "Reino da Luz".[71] Ele sentiria a emoção de estar envolvido num processo inelutável, "objetivo", "cientificamente" descrito nos livros de Mani:

> *A Luz irá para a Luz,*
> *A fragrância para a fragrância (...)*
>
> . . . .
>
> *(...) A Luz retornará a seu*
> *lugar, as Trevas cairão e não tornarão a se elevar.*[72]

Nenhum outro "Apóstolo de Jesus Cristo" poderia dizer aos fiéis "de que maneira o universo visível fora construído e o que realmente acontecia em todo ele".[73] A rigor, nenhum sistema religioso jamais tratara o mundo visível de maneira tão drástica, e com tanta literalidade, como a externalização de um conflito espiritual íntimo.[74]

A imagem de universo que emergia, é claro, não era a do mundo a que estava acostumado o romano instruído, pois fora drasticamente distorcida pelas preocupações religiosas de Mani.[75] O choque entre o conteúdo dos livros maniqueístas e os fatos observáveis do universo físico era quase inevitável. É que os maniqueus jamais admitiriam que sua visão do universo era um "mito" que simbolizava uma verdade mais profunda.[76] Os quartos crescente e minguante da Lua, por exemplo, não eram a mera imagem distante de um evento espiritual: eram literalmente causados pelo afluxo de fragmentos libertos de "Luz" que ascendiam do mundo. A disciplina moral de um maniqueísta, seu sentimento de estar apto a conduzir uma luta espiritual até seu desfecho glorioso, dependia de ele aceitar como verdade literal a explicação de Mani sobre os movimentos do universo físico.

Agostinho vinha voltando sua atenção para o universo físico justamente na época em que se firmou como maniqueísta. Estava decidido a continuar seus estudos como filósofo.[77] Não demorou a voltar de Tagaste para Cartago e, em 380, havia escrito seu primeiro livro — *Do belo e do apto*. Continuou a beber informações filosóficas na fonte da obra de Cícero.[78] Até o *Hortênsio*, caso Agostinho houvesse notado, continha informações sobre a natureza dos eclipses que poderiam contradizer os maniqueístas.[79] Ele também se interessou pela astrologia. Quando jovem ansioso, esta lhe proporcionara uma "arte" contida em livros impressionantemente "científicos", capazes de colocá-lo em contato com as forças impessoais e onipotentes que regiam seu destino.[80] No século IV, assim como no Renascimento, a ciência e a "pseudociência" caminhavam de mãos dadas: um médico ilustre e sagaz que Agostinho conheceu nessa ocasião também havia, em certa época, julgado esses livros de astrologia uma alternativa viável aos textos de Hipócrates.[81] As informações contidas nesses livros sobre os movimentos dos astros eram perfeitamente exatas. Os astrólogos do baixo Império Romano precisavam de observações empíricas para formular horóscopos corretos, assim como Rodolfo II da Boêmia precisaria das tabelas de Tycho Brahe e como o exigente imperador da China precisaria dos astrolábios superiores dos jesuítas.[82] Os maniqueus condenavam a astrologia: ela seria um trabalho amadorístico, se comparada à Sabedoria "objetiva" de seus próprios livros.[83] Mas Agostinho não tardou a perceber que os cálculos astronômicos dos astrólogos eram verdadeiros; e ele era um homem que não queria nada além da verdade.[84]

Disseram-lhe que só o mais espetacular dentre os líderes dos maniqueus, Fausto de Milevo, poderia ajudá-lo. A julgar pelos textos desse homem, ele havia endereçado seus apelos ao grupo instruído a que pertencia o próprio Agostinho:[85] ganhara uma vasta reputação como erudito, convenientemente mantida por suas ausências frequentes em viagens missionárias.[86] Ali estava, de fato, um "Alto Membro do Partido", que tudo explicaria. Quando Fausto chegou a Cartago, em 383, Agostinho pôde ver por si o tipo de homem que controlava o movimento no mundo latino: "Logo constatei que, das artes liberais, era preparado tão somente na literatura, e, mesmo nesta, não era extraordinariamente douto (...)."[87]

Fausto não estava grandemente interessado nas minudências das revelações de Mani.[88] Representava a ala do maniqueísmo que defendia um cristianismo "reformado": dizia estar levando a vida de um "verdadeiro" cristão, por seguir tão drasticamente o exemplo de Cristo quanto viria a fazê-lo São Francisco.⁸⁹ Na verdade, Fausto é um exemplo notável do tipo de líder criado pela turbulência religiosa do século IV. Era filho de um homem pobre de Milevo⁹⁰ e, por conseguinte, autodidata. Tendo Agostinho por tutor, tratou de estudar melhor os clássicos. É que estes viriam a ser seu passaporte para os homens cultos e influentes que poderiam apoiar seu movimento.⁹¹ Mas Fausto havia praticamente perdido o apoio de Agostinho como maniqueísta. No ano seguinte, Agostinho mudou-se de Cartago para Roma.⁹² As ideias morais do maniqueísmo talvez ainda o atraíssem, mas ele pretendia buscar sua "Sabedoria" numa fonte mais convincente e mais puramente clássica.

Contudo, estava em jogo algo mais do que um conflito entre um sistema religioso "persa" e uma visão greco-romana do mundo físico. Muitos latinos instruídos do século IV descobriam-se aceitando mitos não clássicos como parte de sua religião. Tal como visto por um pagão conservador, Agostinho havia apenas saltado da cruz para a caldeira ao passar dos contos populares mesopotâmicos e hebraicos do Velho Testamento para as revelações mesopotâmicas de Mani.⁹³ Num plano mais profundo, o maniqueísmo decepcionou Agostinho por ser uma religião essencialmente estática. "Era-me impossível progredir nela":⁹⁴ proferida pelo velho Agostinho, essa foi a condenação definitiva do sistema maniqueísta. Os maniqueístas tinham evitado as tensões do crescimento em todos os níveis. Moralmente, afirmavam não fazer mais do que "libertar" a parte boa que traziam em si, dissociando-se do que quer que entrasse em conflito com sua imagem reconfortante de um fragmento de perfeição imaculada alojado neles. Assim, a disciplina maniqueísta baseava-se numa visão excessivamente *simplista* da maneira como os homens agem. Era de um otimismo extremo, pois presumia que nenhum homem racional, uma vez "despertado" para sua verdadeira condição, poderia deixar de procurar libertar sua alma, seguindo as rotinas solenes dos maniqueus:⁹⁵ "Se souber observar os rituais, ele despertará: o fragmento de alma luminosa que existe nele retornará a sua pureza plena; e a natureza 'estrangeira' do bem que reside temporariamente em seu corpo se libertará de todos os perigos. (...)"⁹⁶ As complexidades da dúvida e da ignorância, as tensões profundamente arraigadas na própria cidadela da vontade, tudo isso era deliberadamente desconhecido no maniqueísmo. Apesar de todo o seu discurso sobre a "libertação", não havia espaço, na linguagem religiosa dos maniqueus, para processos mais sutis de crescimento — para a "cura" ou a "renovação".⁹⁷

O mesmo se dava no plano intelectual. Para um homem da era clássica, a "Sabedoria" era fruto de uma prolongada disciplina intelectual e do crescimento pessoal. Comparada a esse ideal, ficou claro para Agostinho, à medida que foi envelhecendo, que os maniqueístas lhe apresentavam meramente uma *gnose* em sua forma mais tosca: ele havia deparado com uma revelação "secreta" esotérica e exótica, que afirmava contornar as exigências e as emoções da busca da verdade por um filósofo clássico.⁹⁸

Como maniqueísta, Agostinho fora um jovem austero, que havia encontrado um uso imediato para sua enorme inteligência. Sua religião inspirou o primeiro livro que escreveu. Ele fora criado em contato com uma autêntica preocupação metafísica a respeito da natureza do mal. Deve ter continuado a se considerar um bom cristão. Mas teria de passar pela "Sabedoria" de um expoente pagão do pensamento platônico — o grande Plotino — para vir a escrever a seus antigos mestres: "Que lidem duramente convosco aqueles que não sabem com que esforço se descobre a verdade (...), que não sabem com quanta dor se cura a visão íntima de um homem, para que ele possa vislumbrar seu Sol."⁹⁹

6
AMIGOS

Agostinho nunca estaria só. Ao voltar para Tagaste, formou um núcleo de amizades duradouras. Os meninos que haviam crescido com ele como colegas de escola cercaram-no então como maniqueístas.[1] Era um grupo de jovens singularmente inteligente e pedante. Tinham sido atraídos pela austeridade dos maniqueístas:[2] um deles, de fato, consideraria sua adesão ao maniqueísmo, quando rapaz, como o único período de sua vida em que fora casto.[3] Agostinho, que havia resvalado para a monogamia, era uma raridade entre esses celibatários. Eles julgavam a música uma dádiva divina;[4] debatiam juntos a natureza da beleza;[5] sentiam-se superiores ao circo.[6] Agostinho sabia à perfeição preservar essas amizades, "aquecidas ao calor dos entusiasmos compartilhados".[7] "Toda sorte de prazeres rejubilava minha alma na companhia deles: conversar e rir; prestar obséquios uns aos outros, com amabilidade; ler em conjunto livros deleitosos; passar do mais leve gracejo à conversa sobre o que havia de mais profundo, e vice-versa; divergir sem rancor, como um homem discordaria de si mesmo, e, nas raríssimas ocasiões em que surgia a discórdia, julgar ainda mais doce a nossa harmonia usual; ensinar e aprender reciprocamente qualquer coisa; aguardar com impaciência a volta dos ausentes e acolhê-los com alegria em sua chegada. Estes e outros sinais similares, procedendo de nossos corações no dar e receber afeição, e manifestos no rosto, na voz, nos olhos e em mil gestos cheios de prazer, alimentavam uma centelha que nos fundia as próprias almas e de muitos fazia um só."[8]

Nisso tudo, é claro, uma figura faz-se notar pela ausência — a concubina de Agostinho. Nossa curiosidade sobre ela é uma preocupação muito moderna, que Agostinho e seus amigos cultos considerariam estranha. Afinal, por que teria Deus optado por criar uma mulher para viver com Adão? "Se era de companhia e conversa prazerosa que necessitava Adão", responderia Agostinho, "bem melhor teria sido reunir dois homens como amigos, e não um homem e uma mulher."[9] Eva poderia gerar os filhos de Adão; a concubina sem nome gerou o filho de Agostinho — Adeodato. É somente deste que tomamos conhecimento. Temos um vislumbre dele alguns anos depois de sua mãe haver desaparecido. Aos 16 anos, "Sua inteligência enchia-me de uma espécie de assombro". Quando, pouco depois, esse jovem morreu, não mais houve nenhum eco seu nos escritos de Agostinho: "Nada de meu havia nesse menino senão o pecado."[10]

Essa mulher viveu com Agostinho até 385, ano em que ele a dispensou, ao ficar noivo de uma jovem herdeira. Esse tipo de concubinato era uma característica tradicional da vida romana. Até a Igreja católica dispunha-se a reconhecê-lo, desde que o casal mantivesse a fidelidade recíproca.[11] É que o matrimônio pleno era proibitivamente complicado: exigia que os parceiros tivessem a mesma posição social e envolvia complexos arranjos dinásticos. Como professor provinciano "em busca do sucesso", Agostinho não desejava outra coisa senão um casamento "de segunda" com uma concubina. Sentia-se pouco inclinado a se prender por laços prematuros a uma família de aristocratas empobrecidos de Tagaste[12] e a se descobrir tendo que trabalhar como membro do conselho municipal, coletar impostos, organizar espetáculos no circo e certificar-se de que as termas públicas fossem adequadamente aquecidas. Afinal, o maior dos retóricos do Oriente grego nessa época, Libânio de Antioquia, estava muito satisfeito com um arranjo dessa natureza: "uma mulher excelente, ainda que não livremente nascida", "mãe de meu filho e melhor do que qualquer criada (!)".[13]

É claro que um arranjo respeitável não precisa ser particularmente civilizado. Nenhum cavalheiro do baixo Império Romano, por exemplo, escrevia poemas para sua concubina. Esta cuidava de sua casa e era mãe de seus filhos, sendo de classe consideravelmente inferior à dele. Ao longo dos arroubos maniqueístas de seu companheiro, é possível que a concubina de Agostinho tenha continuado a ser uma catecúmena católica;[14] o filho do casal recebeu o nome de Adeodato, "dado por Deus". Essa era a forma latina do nome púnico Iatanbaal; com suas associações religiosas, era um nome popular entre os cristãos cartagineses.[15] Agostinho também não parecia particularmente satisfeito com as carências que o prendiam a essa mulher: recordaria seu relacionamento como "o mero pacto do amor sensual".[16] Num clima carregado pela presença de Mônica, que morou com o filho durante boa parte desse período, a inquietação de Agostinho talvez não fosse tão surpreendente: "Que diferença faz?", diria ele a outro jovem oprimido pela mãe: "Seja numa esposa ou na mãe, continua a ser Eva (a tentadora) que devemos temer em qualquer mulher."[17]

Em 385, todavia, não foram os escrúpulos morais que o levaram a abandonar sua concubina. Foi a ambição. Ele tinha que se casar com uma herdeira. Um homem como Libânio podia dar-se ao luxo de ser fiel a sua concubina até a morte desta, pois era um personagem respeitável, oriundo de uma família rica e solidamente postado como o porta-voz dos interesses dos grupos privilegiados da grande cidade oriental de Antioquia. Agostinho, construindo sua carreira no Ocidente latino, nunca teria a esperança de atingir essa posição segura. Numa pequena cidade provinciana da África, a única alternativa para uma carreira que o distanciasse de seu ambiente original seria a pobreza, aliada ao tédio; e a única chance de sucesso permanente seria a aliança com as grandes famílias que, na distante Roma e em Milão, controlavam os destinos dos homens de talento saídos das províncias.[18] A concubina anônima foi mandada de volta para a África, vítima obscura dos elevados princípios católicos e do grande esnobismo dos milaneses.[19]

De fato, a vidinha provinciana de Tagaste jamais satisfaria Agostinho. Mas o que o abalou e o fez afastar-se de sua cidade natal foi um assunto puramente particular — o golpe terrível da morte de um amigo. Esse seu amigo se tornara maniqueísta: "(...) em suas ideias, ele andava comigo, errante, e minha alma já não podia passar sem ele."[20] É que Agostinho era imperialista em suas amizades. Ser seu amigo significava, não raro, tornar-se parte dele mesmo: "dependíamos em demasia um do outro."[21] Quando esse amigo jazia inconsciente, sua família católica o batizou. Agostinho, que velava à sua cabeceira, não se inquietou com essas precauções primitivas. Confiava em que o amigo viria a rir com ele dessa cerimônia; mas, ao recobrar a consciência, "ele reagiu como se eu fosse seu inimigo mortal e, numa súbita e inesperada manifestação de independência, avisou-me que, se eu quisesse continuar a ser seu amigo, acabasse com tais modos de falar."[22] Dias depois, o rapaz teve morte repentina, quando Agostinho estava ausente. A dupla rejeição do falecimento do amigo e de sua aceitação do batismo católico abateram-no profundamente: "Fugi de minha pátria."[23] Tão desesperado foi seu desejo de retornar a Cartago que ele passou por cima dos desejos de seu protetor, Romaniano.[24] Dessa vez, não estaria indo para uma "sertã": em 376, aos 22 anos, Agostinho chegou a Cartago, capital da África, o trampolim para uma carreira.

7
SUCESSO

"O tempo não descansa nem rola ociosamente pelos sentidos, mas através deles produz na alma efeitos admiráveis. O tempo vinha e passava, dia após dia; vindo e passando, inspirava-me novas esperanças e novas recordações. (...)"[1]

Cartago, em 376, ainda era a segunda cidade do Império Ocidental.[2] Seu maravilhoso porto artificial era cercado de colunatas, suas avenidas simétricas, ensombrecidas pelas árvores, e sua zona portuária, aberta para o vasto mundo.[3] No "Desfile marítimo", Agostinho pôde ver uma ossada de baleia grande o bastante para abrigar doze homens,[4] e um mosaico que exibia ciópodes, os estranhos habitantes de terras situadas muito além do Império Romano;[5] nas bancas de livros que se enfileiravam pelas ruas, ele podia comprar obras de hereges gnósticos com séculos de idade — mais tarde, uma fonte de aflição para o bispo já mais velho, porém uma descoberta empolgante para as multidões de observadores curiosos que folheavam as páginas.[6]

Agostinho viria a ensinar retórica no centro da vida pública da cidade. Sua sala de aulas devia ser protegida do alvoroço do fórum apenas por uma cortina. Era pública demais para ele. Seus alunos eram, em sua maioria, jovens herdeiros alvoroçados, mandados de toda a África para Cartago por suas famílias abastadas (e até, num dos casos, do Oriente grego)[7] para receber uma educação "adequada" — isto é, algumas tinturas de Cícero. Para ir além de Cartago em sua carreira, Agostinho teria que erguer os olhos para a colina acima do fórum, a Byrsa. Era lá que ficava o palácio dos procônsules. Chegando de além-mar por breves períodos, esses homens eram figuras importantes na vida da cidade. E uma visão tranquilizadora para um jovem professor de retórica, pois esses aristocratas eram conhecedores de literatura, patronos influentes que viam na boa formação clássica a melhor qualificação para os altos cargos.

O baixo Império Romano era uma autocracia militar. Nesse exato momento da carreira de Agostinho, entretanto, os aristocratas cultos da Gália e da Itália estavam desfrutando de um "degelo" momentâneo. O imperador anterior, Valentiniano I, fora um soldado soturno. Cercara-se de administradores profissionais que pouco simpatizavam com as antigas tradições; dizia-se que o imperador alimentava seus ursos de estimação com as vítimas dos expurgos, tinha explosões em que mandava decepar cabeças e havia permitido que seus comandantes militares vitimassem as classes altas da África.[8] No entanto, esse homem simples havia ansiado por que seu filho tivesse uma boa educação. Quando da morte de Valentiniano, Ausônio, um idoso professor de retórica oriundo de Bordeuax, descobrira-se o favorito de um imperador menino de quem tinha sido tutor e, com isso, tornara-se a figura de proa de uma aliança de conservadores letrados, decididos a tirar o máximo proveito da nova situação. O filho e o genro de Ausônio visitaram Cartago, na condição de procônsules, durante os anos em que Agostinho começou a dar suas aulas de retórica.[9] E ele não poderia ter tido melhor presságio para sua carreira.

Também em Roma, os grandes senadores ansiavam por ter em seu círculo de amizades "homens que fossem entusiastas do saber". Símaco, por exemplo, era um senador que devia sua reputação e influência a seus talentos literários. Também fora para Cartago como procônsul no mesmo ano em que Agostinho, ainda estudante, havia passado por sua conversão à "Sabedoria".[10] Homens como Símaco e seus amigos romanos viam-se como a "elite da raça humana". Estavam dispostos a proteger e, eventualmente, a cooptar homens como Agostinho. Precisavam de mestres para seus filhos, de porta-vozes bem preparados para suas queixas e de administradores amadores devidamente impressionados com o vasto prestígio de seu estilo de vida tradicional. Esses homens representavam o ápice da ambição de Agostinho quando jovem: "um pedaço de terra no interior, uma casa, jardins regados por riachos cristalinos e o brilho suave do mármore em sombras contrastantes. Viver dessa maneira contribui para me levar a uma velhice tranquila, folheando os doutos escritos dos antigos mestres."[11] Sem esses homens, Agostinho poderia muito bem ter permanecido em Cartago e, num momento crucial de sua carreira, nunca teria ido de Roma a Milão, a pedido de Símaco, para conhecer a versão cristã desses grandes homens — o primo do próprio Símaco, Santo Ambrósio.[12]

Em Cartago, Agostinho não tardou a estabelecer contato com estrangeiros ilustres. Recebeu um prêmio por um poema formal e fez amizade com o procônsul que o havia laureado, Vindiciano.[13] Este era um bem-sucedido médico da corte (o que não chega a surpreender, considerando-se que era especialista em curar indigestões e evitava as cirurgias dolorosas).[14] Não era um orador refinado, mas jovial e vigoroso: um exemplo animador do homem que havia ascendido por seu talento. Esse "velho arguto"[15] estava disposto a relaxar diante de Agostinho, alertando-o "como um pai" contra a astrologia;[16] unidos pelo amor comum aos clássicos, o poeta e o procônsul puderam encontrar-se como iguais.

Para tais homens, todos os caminhos ainda levavam a Roma. Por volta de 380, Agostinho dedicaria seu primeiro livro, um tratado sobre a estética, a Hierius, um orador em Roma. Agostinho só o conhecia por sua fama. Como ele, Hierius era um provinciano (a rigor, era inclusive um sírio que falava grego) que se tornara mestre no latim. Também como Agostinho, afirmava-se filósofo, além de retórico.[17] Ele e seu irmão costumavam gravitar em torno do círculo pagão de Símaco, como fariam Agostinho e seus alunos por um breve período.[18]

Os dois amigos mais íntimos de Agostinho — Alípio e Nebrídio — representaram os diferentes aspectos de sua vida. Alípio, amigo de infância, oriundo de uma família ilustre de Tagaste, era o homem de ação.[19]

Fora talhado para exercer o direito administrativo.[20] Sentia uma atração poderosa pela matança dos espetáculos de gladiadores. Como era típico, admirava os maniqueístas sobretudo por sua castidade, depois de ter passado por uma infeliz experiência sexual na juventude.[21] Mais tarde, em Milão, não se deixaria afetar pelas incertezas intelectuais de Agostinho e se afiguraria, ao contrário, um defensor persistente de uma "vida abençoada" de retidão. Ao converter-se finalmente da vida mundana, tomaria sua decisão com serenidade[22] e andaria descalço no chão enregelado, como a consequência lógica de sua adesão a esse seu novo curso de ação.[23] Solene, famoso por sua cortesia, dado a decisões calmas e obstinadas, um autoritário, Alípio se manteria como o *alter ego* de Agostinho pelo resto de suas vidas.

O outro amigo de Agostinho, Nebrídio, vinha de um mundo diferente, mais relaxado e mais gentil. Encantou Agostinho, que sempre se referiu a ele como *dulcis*, seu doce amigo.[24] Ao contrário de Alípio e Agostinho, Nebrídio não precisava perseguir uma carreira. Como rico pagão cartaginês, podia dar-se ao luxo de levar uma vida de retiro dedicada aos estudos, sem diferir muito dos senadores diletantes de Roma. Acompanhou Agostinho na transferência de Cartago para Milão apenas para viver na companhia de seu brilhante amigo.[25] Viria a falecer em 390, depois de Agostinho e ele se haverem retirado, como reclusos, para suas respectivas residências em Tagaste e Cartago. Foi o fim de uma amizade verdadeiramente íntima. Dezessete anos depois, Agostinho o relembraria: "Enquanto lia tua carta", disse a um bispo, "e ponderava sobre seu conteúdo, tanto quanto mo permitia meu tempo limitado, voltou-me a recordação de meu amigo Nebrídio. Conquanto fosse um estudioso diligentíssimo e sério de problemas difíceis, tinha ele grande aversão a dar respostas curtas a grandes questões. Quando alguém insistia em fazê-lo, mostrava-se extraordinariamente agastado: e, quando o respeito pela idade ou posição da pessoa em causa não o impediam, repreendia o indagador, indignado, com olhares e palavras severos, pois considerava indigno de investigar tais questões quem não soubesse o quanto se poderia dizer, ou deveria dizer, sobre um tema de importância capital."[26]

Em 382, era chegado o momento de Agostinho mudar-se de Cartago. Estava decepcionado com os maniqueístas: afinal, eles eram uma seita perseguida, que vivia temerosa de denúncias.[27] Desagradava-lhe lecionar para estudantes tão desordeiros. Alípio já partira para Roma antes dele, como advogado do governo.[28] Amigos bem relacionados então prometeram a Agostinho "maiores lucros" e "grandes honrarias".[29] Acima de tudo, os estudantes romanos pareciam ser disciplinados. Em Roma, eram conscientizados de estar no augusto limiar do serviço público imperial e, como recrutas potenciais, os alunos (especialmente os muitos africanos que afluíam em bando a Roma) eram rigorosamente supervisionados pelo imperador.[30]

Agostinho não havia contado com Mônica. "Ela chorou amargamente a minha partida e me seguiu até o porto. Como me agarrasse apaixonadamente, determinada a me fazer voltar para casa ou levá-la comigo para Roma, enganei-a, fingindo não querer separar-me de um amigo até que, soprando um vento favorável, ele pudesse zarpar. Assim, menti para minha mãe — e que mãe! (...) Ela se recusou a voltar sem mim, porém, com certa dificuldade, persuadi-a a passar a noite num local próximo do navio, onde havia um oratório consagrado à memória de São Cipriano. Nessa noite, escapei furtivamente, enquanto ela permanecia rezando e vertendo lágrimas. (...) Soprou o vento, que nos enfunou as velas, e em pouco tempo a praia desapareceu de nossa visão. Ela voltou para casa, enquanto eu seguia para Roma."[31]

Depois desse incidente, não chega a surpreender que Roma tenha sido uma decepção. Agostinho passou um ano deplorável na Cidade Eterna. Logo à chegada, adoeceu perigosamente: tal como o recordou nas *Confissões*, esse "flagelo da doença" fundiu-se com o relato de seu abandono de Mônica, num trecho de crescente desespero.[32] Quanto aos estudantes, eles tinham o hábito de ludibriar os professores, simplesmente abandonando-os quando chegava o momento de lhes pagar os honorários.[33]

Apesar disso, Agostinho não sofreu uma decepção completa. Decorrido um ano, havia chamado a atenção de Símaco. Amiano Marcelino, de Antioquia, outro provinciano que fora para Roma a fim de fazer fortuna, do mesmo modo que Agostinho, não teve a mesma sorte. Esse homem, o último grande historiador de Roma, viu-se excluído do mundo encantado em que Agostinho conseguiu penetrar: os aristocratas romanos pareceram-lhe campônios pomposos, com suas bibliotecas "fechadas como túmulos". Quando houve uma escassez de alimentos, esses homens dispuseram-se a deportar todos os "mestres das artes liberais" vindos do exterior, embora conservassem três mil dançarinas![34]

Mas Agostinho evitou o destino de Amiano, menos afortunado. É que Símaco, como prefeito da cidade, recebera ordens de escolher um professor de retórica para a cidade de Milão.[35] Visto que a corte imperial residia em Milão, tratava-se de uma nomeação importante. O professor de retórica deveria proferir os panegíricos oficiais sobre o imperador e os cônsules do ano. Esses discursos seriam criteriosamente preparados para divulgar os projetos da corte, de modo que o retórico de sucesso se descobriria, sob muitos aspectos, um "ministro da Propaganda".[36]

Símaco escolheu Agostinho para esse cargo vital. A escolha foi feita com base num discurso que lhe foi apresentado, mas Símaco já fora instado por amigos maniqueístas a nomear seu protegido.[37] Até o fim, os maniqueístas cuidavam dos seus: Agostinho ficara hospedado na casa de um "ouvinte" maniqueu e, como vimos, tivera bons motivos pessoais, em seu estado de ânimo abatido, para frequentar os austeros "eleitos".[38]

Os maniqueístas romanos bem podiam aproximar-se de um pagão conservador como Símaco na condição de aliado potencial. O crescimento de um catolicismo intolerante havia aproximado os representantes da antiga religião e esses novos hereges. Secundino, um maniqueu romano que mais tarde escreveria a Agostinho, obviamente considerava os romanos filosóficos dos *Diálogos* de Cícero preferíveis às repulsivas superstições judaicas do catolicismo.[39] Numa cidade em que, por exemplo, cenas do Velho Testamento tinham acentuado predomínio no mausoléu familiar de um senador cristão, rejeitar o Velho Testamento, como faziam os maniqueístas, bem podia parecer equivalente a uma oposição ao cristianismo tal como Símaco o conhecia.[40]

No outono de 384, Símaco tinha todas as razões para acolher de bom grado um não católico num cargo tão importante.⁴¹ No início daquele ano, requerera ao imperador que anulasse a decisão, tomada anos antes, de retirar o caráter oficial da tradicional religião pagã de Roma — na realidade, de aboli-la, rompendo o elo vital entre as cerimônias pagãs e seu financiamento pelo Estado. A petição de Símaco fora um apelo, cuidadosamente enunciado, à tolerância: "Não é por um só caminho que o homem pode alcançar tão grande mistério."⁴² Mas ele tinha sido derrotado por seu próprio parente, Ambrósio, instalado no umbral da corte como bispo de Milão; Ambrósio escrevera diretamente ao imperador menino, Valentiniano II, lembrando-lhe que era catecúmeno da Igreja católica, que "os deuses das nações são demônios" e que ele seria impedido de frequentar a igreja de Ambrósio se atendesse às solicitações de Símaco.⁴³ Ressentido diante de tão dramática afronta à religião tradicional, é bem possível que Símaco tenha-se comprazido em garantir que um homem como Agostinho, que conhecia como membro de uma seita violentamente anticatólica, ficasse em condições de discursar perante o imperador.

Agostinho foi para Milão como protegido de Símaco. É possível que tenha dado aulas ao filho de um amigo de infância do prefeito.⁴⁴ Mais ou menos nessa época, sua ambição seria fomentada por um correspondente típico de Símaco — Marciano, um poeta, estudioso de grego, futuro prefeito de Roma e, quem sabe, até um futuro apóstata do cristianismo.⁴⁵ É bem possível que ele tenha lido e pelo menos admirado o estilo do célebre apelo de Símaco à tolerância.⁴⁶ É certo que proferiu o panegírico de um amigo de Símaco, Bauto, um general franco que era pagão.⁴⁷ A rede de Símaco estendia-se por uma vasta área: até Ponticiano, o servidor público africano cujo encontro com Agostinho provocaria a "conversão" deste e de Alípio, afastando-os do "mundo", era, a despeito de toda a sua devoção e suas histórias sobre a vida dos eremitas, mais um exitoso protegido de Símaco!⁴⁸

Símaco também não desconhecia a vantagem que havia concedido ao jovem africano: "a via direta para os cargos públicos", escreveu certa vez, "é aberta, com frequência, pelo sucesso literário".[49] Milão era a capital política de uma parte importante do Império Ocidental.[50] Residência típica dos imperadores nessa época de emergências constantes, devia sua importância à localização estratégica nas estradas que atravessavam os Alpes. Diplomatas e agentes secretos ali chegavam de locais tão distantes quanto Trier, ao norte, e a Pérsia, a leste. Os soldados bárbaros que cercavam o palácio deviam ser um lembrete sinistro do mundo estranho e indomado que ficava além dos Alpes. Apenas algumas paliçadas de madeira nos desfiladeiros que levavam à moderna Iugoslávia erguiam-se entre essa próspera cidade nova e os bandos de guerreiros bárbaros que logo perambulariam com impunidade por toda a região dos Bálcãs.

Uma sociedade brilhante se desenvolvera em torno da corte. De lugares remotos como Alexandria chegavam poetas a Milão,[51] e as obras dos filósofos gregos eram lidas pelo clero da Igreja milanesa e pelos grandes senhores de terras, em vivendas com vista para os Alpes. Tais homens costumavam estudar a filosofia ressurgida de Platão e escreviam sobre a métrica clássica e a natureza do universo.[52] Até o catolicismo da cidade era eminentemente respeitável: os sermões de Ambrósio eram "doutos",[53] seu livro principal moldava-se cuidadosamente em Cícero[54] e suas ideias deixavam transparecer a influência de expoentes contemporâneos de Platão.[55] Até os sarcófagos desses cristãos exibiam um requintado gosto clássico.[56]

Para Agostinho, Milão significou novos interesses, uma nova aprendizagem e grandes possibilidades de êxito. Durante um ano, ele se lançou na vida da cidade com vigor e entusiástica ambição. A longo prazo, entretanto, Milão transformou-se para ele numa cidade simbólica, tendo ao centro uma figura inesperada. Em suas *Confissões*, Cartago afigurara-se inicialmente a Agostinho como sua "sertã" — o termo latino *sartago* ecoava *Cartago* deliberadamente.[57] Nesse momento, Milão ganharia sua própria significação peculiar: *et veni Mediolanum ad Ambrosium episcopum:*

— "A Milão cheguei, para visitar o bispo Ambrósio."[58]

PARTE II

386-395

TABELA CRONOLÓGICA B

386	Caso das Basílicas de Milão (fev.). 17/6: Descoberta de S. Gervásio e S. Protásio. Ambrósio em Trier (verão ou outono). Expurgo dos maniqueus em Cartago.	Agostinho lê os *libri Platonicorum* (junho?) É visitado por Ponticiano. Conversão (fim de agosto). Vai a Cassicíaco (setembro). *Contra Academicos* (novembro). *De Beata Vita.* *De Ordine* (dezembro). *Soliloquia* (inverno).
387		Volta a Milão (início de março). 24/4: Batismo. *De immortalitate animae.*
	Máximo invade a Itália (outono).	Inicia o *De Musica.* Visão de Óstia. Morte de Mônica.
388		Vai de Óstia a Roma. Fica em Roma até o fim do ano. *De quantitate animae.* *De libero arbitrio* (Liv. 1). /90 *De moribus ecclesiae catholicae et de moribus Manichaeorum.* Volta a Cartago e a Tagaste. /89 *De Genesi contra Manichaeos.* /90 *De diversis quaestionibus.*
389	Batismo de Paulino de Nola.	*De Magistro.* /91 *De vera religione.*
390		? Mortes de Adeodato e Nebrídio.
391	24/11: Edito geral contra o paganismo (*Cod. Theod.* xvi, 10, 10). Aurélio torna-se bispo de Cartago.	Chega a Hipona para fundar o mosteiro (primavera). É ordenado padre. /92 *De utilitate credendi.* /92 *De duabus animabus contra Manichaeos.* /95 *De libero arbitrio* (Liv. 2-3).
392	15/5: Morte de Valentiniano II. Eugênio é proclamado imperador (agosto).	28-29/8: Debate com Fortunato em Hipona. *Acta contra Fortunatum Manichaeum.* Escreve a Jerônimo pedindo traduções latinas de comentários gregos sobre a Bíblia. /420 *Ennarrationes in Psalmos* (os comentários sobre os primeiros 32 salmos foram escritos em 392).
393	24/6: Concílio donatista em Cebarsussa; Maximiano entra no cisma. Optato torna-se bispo donatista de Timgad.	3/12: Concílio de Hipona. Prega *De fide et symbolo.* *De Genesi ad litteram imperfectus liber.*

P.L. VOL.	COL.	TRADUÇÕES PARA O INGLÊS
32	905	*Against the Academicians*, Milwaukee, 1942; *Answer to Sceptics*, Nova York, 1948; *St. Augustine against the Academicians*, Londres, 1950.
32	959	*The Happy Life*, St. Louis, 1939 & Nova York, 1948. *Divine Providence and the problem of evil*, Nova York, 1948.
32	977	*Soliloquies of St. Augustine*, Londres, 1910; *Soliloquies of St. Augustine*,
32	869	Edimburgo, 1912; *Soliloquies*, Nova York, 1948; (*in*) *Basic Writings of St. Augustine I*, Nova York, 1948; (*in*) *Augustine: earlier writings*, Londres, 1953.
32	1021	*The immortality of the soul*, Nova York, 1938; *The immortality of the soul*, Nova York, 1947; (*in*) *Basic Writings I*, Nova York, 1948.
32	1081	*On Music*, Nova York, 1947.
32	1035	*The magnitude of the soul*, Nova York, 1947; *The greatness of the soul*, Londres, 1950.
32	1221	(*in*) *Augustine: earlier writings*, Londres, 1953; *The problem of free choice*, Londres, 1955.
32	1309	(*in*) *On the Manichaean Heresy*, Edimburgo, 1872; (*in*) *Basic Writings I*, Nova York, 1948 (apenas a primeira parte); *The Catholic and Manichaean ways of Life*, Nova York, 1966.
34	173	
40	11	
32	1193	*Concerning the Teacher*, Nova York, 1938; *The teacher*, Londres, 1950; (*in*) *Augustine: earlier writings*, Londres, 1953; (*in*) *Basic Writings I*, Nova York, 1948.
34	121	*Augustine: earlier writings*, Londres, 1953.
42	65	(*in*) *Seventeen short treatises of St. Augustine*, Oxford, 1847; *On the advantage of believing*, Oxford, 1885; *The advantage of believing*, Nova York, 1947; (*in*) *Basic Writings I*, Nova York, 1948.
42	93	(*in*) *Nicene and Post-Nicene Fathers*, 4, Nova York, 1901. VER ACIMA no ano de 388.
42	111	(*in*) *Nicene and Post-Nicene Fathers*, 4, Nova York, 1901.
36	67 &	*Expositions on the Book of the Psalms* (6 vols.), Oxford, 1847-57; 37. 1
37	1	*St. Augustine on the Psalms* (2 vols. até o presente), Londres, 1960-.
40	181	(*in*) *Seventeen short treatises*, Oxford, 1847; *On Faith and the Creed*, Edimburgo, 1873; *On Faith and the Creed*, Oxford, 1886; (*in*) *Augustine: earlier writings*, Londres, 1953; *Faith and the Creed*, Nova York, 1955.
34	219	

TABELA CRONOLÓGICA B *(cont.)*

394	Concílio donatista em Bagai. Repressão do cisma de Maximiano. 06/9: Derrota de Eugênio. 25/12: Ordenação de Paulino. Morte de Ausônio *c*. 394.	Repressão da *Laetitia* em Hipona. *Psalmus contra partem Donati.* *De sermone Domini in monte.* 26/6: I Concílio de Cartago. Leciona sobre a Epístola aos romanos em Cartago. /95 *Expositio 84 propositionum epistolae ad Romanos.* *Epistolae ad Romanos inchoata expositio.* *Expositio epistolae ad Galatas.* *De Mendacio.*
394	17/1: Morte de Teodósio. Imperadores: Arcádio (Oriente). Honório (Ocidente).	Agostinho é consagrado como sucessor do bispo Valério.
395-404	Floresce o poeta Claudiano.	

P.L. VOL.	COL.	
43	23	
34	1229	*The sermon on the mount expounded*, Edimburgo, 1873; *The Lord's sermon on the mount*, Londres, 1948; *Commentary on the Lord's sermon on the mount*, Nova York, 1951.
35	2063	
35	2087	
35	2105	
40	487	(*in*) *Seventeen short treatises*, Oxford, 1847; *Lying*, Nova York, 1952.

8
AMBRÓSIO[1]

Ao chegar a Milão, no outono de 384, Agostinho era um homem desiludido. As certezas de sua juventude haviam-se desfeito. Nesse estado de espírito, mais uma vez ele se voltou para Cícero.[2] Em seus diálogos filosóficos, Cícero tornara disponíveis em latim as concepções céticas da "Nova Academia". Essas doutrinas tinham sido elaboradas no século II a.C. por Carnéades, um admirável lógico grego, em oposição aos estoicos. Os estoicos haviam afirmado que o homem era capaz de conhecer com exatidão a natureza do mundo que o cercava e, desse modo, agir sabiamente e com perfeita certeza, à luz desse conhecimento.[3] Os céticos — chamados de *Academici*, "os acadêmicos" — haviam negado que o conhecimento pudesse ser conquistado com tamanha facilidade.[4] O sábio, na opinião de Cícero, deveria aprender a andar com mais cautela: sua maior virtude estava na suspensão do juízo, e seu maior perigo, na adesão desatenta a qualquer opinião isolada.

Nenhum movimento religioso do século IV ficou mais exposto a essa crítica arguta que o dos maniqueístas. Eles haviam afirmado oferecer a certeza absoluta, direta e inambígua a qualquer homem racional.[5] A "Sabedoria" contida em seus livros descrevia a realidade exata do universo: tudo o que o homem precisava fazer era agir de acordo com esse saber. Assim, ao apoiar com tanto fervor os maniqueístas, Agostinho cometera a suprema temeridade descrita por Cícero: a parcialidade impetuosa do colegial por uma seita.[6] Não chega a surpreender, portanto, que a "Nova

Academia" de Cícero, durante algum tempo, tenha conferido respeitabilidade intelectual à decepção de Agostinho.

Posteriormente, Agostinho transcenderia essa postura e lidaria duramente com ela.[7] No entanto, esse período comparativamente curto de incerteza foi um dos momentos decisivos mais cruciais e menos conhecidos de sua vida, porque o fez compreender com clareza o ideal da "Sabedoria" como uma busca prolongada. Cícero nunca havia abandonado esse ideal. Longe disso: a busca de saber do estudioso era ainda mais heroica por ser uma esperança desesperançada:

> Sobre montanha imensa,
> De íngremes penhascos, ergue-se a Verdade, e quem desejar
> Alcançá-la, voltas e mais voltas há de dar.[8]

Os maniqueístas haviam oferecido a Agostinho uma Sabedoria "pronta". Mas agora ele começava a apreciar os grandes atrativos de uma vida inteira de disciplina filosófica, passada na modesta rejeição das opiniões falsas.[9]

Uma vez percebido o caminho para a Sabedoria como uma busca, Agostinho foi levado a se indagar de que maneira tal busca poderia ser empreendida. Os acadêmicos lhe haviam parecido negar que a mente humana pudesse jamais atingir a verdade. Agostinho nunca adotou com entusiasmo essa visão radical. A alternativa que continuou a considerar durante todo esse período lhe era mais natural: a de que os homens poderiam usar uma "autoridade" para apontar o caminho da verdade.[10]

A leitura agostiniana de Cícero pode até tê-lo ajudado a chegar a essa conclusão. É que Cícero só havia manifestado seu ceticismo contra os filósofos doutrinários de sua época: era por demais romano para atacar a religião estabelecida de seus ancestrais.[11] Do mesmo modo, o ceticismo de Agostinho há de ter varrido para longe as afirmações doutrinárias dos maniqueístas, porém deixando intacto o leito rochoso submerso de *sua* religião ancestral — o catolicismo de Mônica. Talvez isso explique a facilidade com que ele decidiu tornar-se catecúmeno da Igreja de Milão.¹² É possível que tenha tomado essa decisão quando sua mãe chegou à cidade, no fim da primavera de 385.¹³ Ele não tinha nenhuma razão para resistir às intensas pressões externas por esse ato de conformidade política. Tinha uma carreira por construir, e Mônica estava arranjando para ele um casamento com uma herdeira católica.¹⁴ A corte era cristã; Ambrósio, como bispo católico, dominava Milão; ao mesmo tempo, ser catecúmeno, nessa época, não comprometeria Agostinho muito profundamente com a Igreja católica. Era um gesto político de conformidade e, uma vez catecúmeno, ele poderia adiar indefinidamente o passo decisivo de ser batizado.

Agostinho havia perdido sua confiança. Como disse a um amigo maniqueísta, sete anos depois: "Naquela época, não havia ninguém mais receptivo do que eu a receber ensinamentos (...)."¹⁵ Era um momento significativo para que qualquer homem travasse conhecimento com Santo Ambrósio.

Ambrósio era uns quatorze anos mais velho que Agostinho e fazia onze anos que era bispo de Milão. À primeira vista, era o mais notável representante da classe dirigente romana de sua época — isto é, dos homens cuja posição dependia menos de seu nascimento patrício que de sua capacidade de agarrar e conservar o poder numa sociedade implacável. Filho de um administrador, Ambrósio estava residindo em Milão como governador da província (Ligúria) na ocasião em que foi subitamente convocado a ser bispo da cidade. A plebe católica de Milão aferrou-se a sua escolha. Já Agostinho devera sua nomeação à corte. Mas essa corte ficava isolada em Milão: estava repleta de estrangeiros suspeitos, godos, hereges arianos e homens que toleravam os pagãos. No Ocidente, sua autoridade era empanada pela usurpação de um outro imperador, e, na cidade em si, pelo portentoso Ambrósio. Durante o ano de 386, Ambrósio demonstrou seu poder à sua maneira inimitável. Em fevereiro, Justina, a mãe do imperador, ordenara ao bispo que cedesse uma igreja para que fosse usada pelos membros arianos da corte. Ambrósio mostrou-se muito menos inibido do que seu primo Símaco na defesa da propriedade tradicional de sua religião. Com afetada deferência, recusou-se taxativamente a ceder a igreja. O assunto tornou-se uma questão da "corte" contra a "cidade", enquanto Ambrósio pouco se esforçava por conter o ódio dos milaneses por sua guarnição de godos. Os cortesãos mais ilustres foram submetidos a um toque de recolher, para que não se aliassem a esse "usurpador"; e, quando as tropas góticas cercaram a basílica em que se encontrava Ambrósio com sua congregação, houve indícios de que poderia seguir-se um massacre. Mas a corte perdeu a coragem e desistiu. Enquanto as crianças brincavam com as tiras esfarrapadas das faixas que marcavam a basílica como propriedade imperial confiscada, o menino Valentiniano atacou seus seguidores, dizendo-lhes que, "Se Ambrósio assim vos ordenasse, vós me entregaríeis a ele, acorrentado". "Nós, os sacerdotes", dissera Ambrósio, "temos nossas próprias maneiras de ascender ao império. Nossa debilidade é nosso caminho para o trono. Pois *é ao ser fraco que sou poderoso*."[16]

Em 17 de junho, a vitória de Ambrósio estava consumada. Ele havia construído uma basílica. Um "certo sentimento ardente" deu-lhe a certeza de que encontraria os restos de algum mártir a quem dedicar o prédio. Depois de uma breve busca, os cadáveres completos de São Gervásio e São Protásio foram desenterrados e levados em triunfo para a nova igreja. Tomado pela emoção que ele mesmo havia provocado, Ambrósio mal pôde falar. Quando o fez, disse à multidão que os mártires jazeriam nos grandes sarcófagos que, como um típico romano, mandara preparar para si mesmo sob o altar dessa sua basílica — a *Basílica Ambrosiana*. "É desse tipo de homens influentes que busco o apoio."[17]

Um homem assim teria pouco interesse em Agostinho. Conhecia bem demais o seu tipo: o indivíduo que se tornava cristão para contrair matrimônio e se ajoelhava na igreja para obter algum cargo da corte cristã.[18] Saudou Agostinho formalmente em sua chegada, como convinha a um bispo, mas talvez com mais afabilidade do que Agostinho teria esperado dessa distante figura paterna: "e comecei a amá-lo, a princípio, (...) como um homem que se mostrou benevolente comigo."[19] Mas quando os sermões de Ambrósio começaram a inquietá-lo, foi impossível abordar o bispo. Ambrósio estava sempre ocupado com pessoas importantes (em certa ocasião, ao que parece, dois nobres da Pérsia deslocaram-se até a Itália para conversar com esse grande homem).[20] Quando Agostinho conseguia abrir caminho por entre essas multidões, Ambrósio lhe parecia desconcertantemente distante — subitamente fechado em si mesmo ao fim do dia, lendo um livro em completo silêncio: "Quando lia, seus olhos vagavam pelas páginas e seu coração lhes desvendava o sentido, mas a voz e a língua guardavam silêncio. A ninguém era proibido aproximar-se dele, nem era seu costume exigir que os visitantes fossem anunciados, mas, quando chegávamos a ele, sempre o víamos a ler em silêncio, ensimesmado; e, depois de nos sentarmos longamente, calados, sem ousar interrompê-lo num trabalho em que tanto se empenhava, tornávamos a partir."[21]

Era na igreja, aos domingos, que Agostinho costumava ver esse homenzinho apaixonado, exatamente como ainda podemos vê-lo num mosaico:[22] uma figura frágil, segurando o *codex* das Sagradas Escrituras, com a testa larga, rosto comprido e melancólico, e olhos enormes.[23] Temos aí o outro lado de Ambrósio, um lado muito menos conhecido que o do homem de ação. Era esse outro lado que estava destinado a influenciar Agostinho.[24] Nele, a estudada veemência da vida política de Ambrósio aparece com uma intensidade feminina. Nessa época, Ambrósio havia introduzido novas melodias orientais emocionantes, a fim de que sua congregação pudesse cantar os Salmos enquanto era sitiada pelas tropas imperiais.[25] Ele havia "enfeitiçado" os católicos com seus novos hinos.[26] Era o mais entusiástico defensor da virgindade absoluta, "a única coisa que nos separa dos animais".[27] Seus sermões eram pontilhados do linguajar do Cântico dos Cânticos: o "beijo", tão raramente mencionado por Agostinho, reaparece com frequência em Ambrósio:[28] "Que vem, pois, a ser isto: *'Deixai-o oscular-me com os beijos de sua boca'*? Pensai na Igreja, agora aguardando há tantas eras a vinda de seu Senhor (...), ou na alma, ascendendo, liberta do corpo, após voltar as costas à sensualidade e aos doces prazeres da carne e se desfazer das preocupações desta vida mundana. Agora, ela roga por um sopro pleno da Presença Divina e se atormenta, temendo que este venha tarde demais, e se perturba, sentindo a ferida profunda da caridade (...), e assim declara a causa de sua impaciência, dizendo: *Deixai-o oscular-me com os beijos de sua boca.* Não é apenas um beijo que deseja, porém muitos, para satisfazer o seu anseio."[29] Ambrósio sabia descrever o mar aplacado: "Quando não mais quebra sobre a praia, porém a conquista e a saúda, como a um amigo, com carícias serenas."[30]

Agostinho, na condição de "profissional", estava ansioso por ouvir essa oratória singular. Considerou-a um deleite: menos "suave e divertida" que a de Fausto, porém "muito mais erudita".[31] Era uma diferença significativa. Ambrósio desfrutara de todas as vantagens de uma instrução de classe alta na própria Roma. Não havia nele nada de "provinciano". Assim, ao contrário de Agostinho, lia fluentemente o grego. Era capaz de esquadrinhar os livros de uma brilhante nova geração de bispos gregos e toda uma tradição de erudição cristã grega a fim de oferecer a sua congregação alguns dos sermões mais doutos e atualizados do mundo latino.[32] E também não tinha escrúpulos de fazer empréstimos dos pagãos: vangloriava-se de saber exibir no púlpito as suas pilhagens — aquele "ouro dos egípcios" era uma bela presa.[33]

É possível que Agostinho tenha ouvido seus sermões iniciais sobre o livro do Gênesis. Deve ter-se impressionado com a extraordinária autoconfiança do homem. Ele próprio mal devera sua emancipação dos maniqueístas às opiniões dos "filósofos", penosamente arrebanhadas dos manuais e dos textos de Cícero.[34] Nesse campo, entretanto, Ambrósio mostrava-se um mestre rematado da situação:[35] podia desfilar todos os grandes "nomes" e suas opiniões, unicamente para descartá-los com desdém: como era possível que aqueles frágeis subterfúgios se contrapusessem à palavra de Moisés, que havia falado "de boca a boca" com Deus? Como quer que fosse, o que havia de verdade nesses filósofos fora meramente plagiado de seus predecessores temporais, os profetas hebraicos.[36] Ambrósio impressionou Agostinho, inicialmente, por ser capaz de defender o Velho Testamento das críticas maniqueístas.[37] Com certo alívio, Agostinho ouviu então que era possível ver os Patriarcas sob um prisma diferente: o que um dia lhe parecera, quando maniqueísta, uma coleção de *bons pères de famille*,[38] impressionantes e repulsivos, foi-lhe apresentado por Ambrósio como uma procissão majestosa de autênticos "filósofos", cada qual simbolizando o estado de uma alma purificada pela sabedoria.

Tempos depois, Agostinho parece haver percebido qual era a chave da atitude de Ambrósio: "Notei repetidas vezes, nos sermões de nosso bispo, (...) que, quando se pensa em Deus, nossos pensamentos não devem deter-se em nenhuma realidade material, nem tampouco no caso da alma, que é aquilo que mais se aproxima de Deus no universo."[39]

A religião de Ambrósio era radicalmente extramundana. Para ele, o homem era sua "alma". Seu corpo não passava de "vestes esfarrapadas": "Somos diferentes daquilo que apenas possuímos."[40] Ao se colocar contra sua "alma", o homem deixava de existir: ao "retornar" para seu Deus, a "alma" devia desfazer-se de tudo o mais, como ao se lavar o lodo do ouro. Nada mais importava: nosso corpo era apenas o instrumento passivo da alma. "O inimigo está bem dentro de vós, a causa de vossos erros está aí, do lado de dentro, encerrada, digo eu, unicamente em nós."[41] Há uma ideia que perpassa toda a pregação ambrosiana: por baixo da "letra" opaca e rebarbativa do Velho Testamento, esse "espírito", o sentido oculto, convoca nosso espírito a ascender e a voar para um outro mundo.[42]

É difícil, hoje em dia, avaliar a que ponto esse caráter extramundano deve ter-se afigurado revolucionário a Agostinho.[43] Com exceção dos platônicos, a maioria dos pensadores do mundo antigo, inclusive os mais religiosos, compunha-se de "materialistas", no sentido estrito. Para eles, o divino também era um "elemento", embora infinitamente mais "sutil", mais "nobre" e menos "mutável".[44]

O homem aparentava-se com essa força viva que parecia permear o universo; e portanto, era sua situação num mundo físico, impregnado de energia divina, que interessava à maioria dos pensadores, e não as profundezas intangíveis de sua alma. Esses pressupostos levavam filósofos tradicionais, como os estoicos, ao mesmo campo de ideias dos maniqueus e até, ao que parece, de católicos perfeitamente ortodoxos, na África e noutros lugares.[45] Antes dessa época, Agostinho só havia conhecido os católicos nesse plano: julgava que eles só conseguiam pensar em Deus como sendo toscamente limitado a uma forma humana, e portanto, que seu próprio materialismo parecia mais "avançado", porquanto ele considerava o "Reino da Luz" como matéria viva sutil, contida no mundo inteiro como uma "força".[46] Já agora, estava desiludido com a cosmologia maniqueísta e sobretudo com sua explicação da "mistura" dos dois Reinos.[47] Já não queria pensar nessa "força" benigna como tendo sido invadida e violada por um elemento oposto, mas ainda se sentia impossibilitado ou sem disposição de abandonar uma postura materialista. Por um momento, aproximou-se da solução dos estoicos, segundo a qual um "fogo" divino inviolável permeava o universo, que se banhava nesse elemento qual uma esponja nas profundezas de um oceano sem fim.[48]

Ambrósio, portanto, apresentou Agostinho a algumas ideias totalmente novas. Este último descobriu-se na situação do homem "influenciado por uma afirmação abalizada e disposto a dizer que havia algo de 'imaterial', mas incapaz de pensar de outra maneira que não em termos das coisas materiais".[49] Era um problema em que Cícero e, com ele, a maior parte da antiga tradição filosófica não podiam prestar-lhe nenhuma ajuda.[50] A história narrada por Agostinho nas Confissões, a propósito de seus dilemas para lidar com esse problema, é uma das evocações mais dramáticas e extensas que já se escreveram sobre a evolução de um metafísico; e sua "conversão" final à ideia de uma realidade puramente espiritual, tal como sustentada pelos cristãos sofisticados de Milão, foi um passo decisivo e fatídico na evolução de nossas ideias sobre o espírito e a matéria.[51]

Mas estamo-nos adiantando. É bem possível que Agostinho tenha chegado a essas ideias pouco a pouco, e é excepcionalmente difícil aquilatar a influência exata de Ambrósio no deflagrar dessa evolução. É impossível datar com suficiente segurança os sermões ambrosianos que chegaram até nós (uma pequena parcela dos que ele efetivamente proferiu).[52] Talvez seja até enganoso limitar implicitamente a doutrinas específicas, assim como a declarações extraídas de determinados sermões, a influência que Ambrósio exerceu em Agostinho.[53] Mas o que este faz nas *Confissões* é uma descrição sedutoramente autêntica do estado de espírito em que Ambrósio o lançou: "Amanhã a encontrarei: a verdade me ficará evidente e eu a apreenderei. Fausto virá e me explicará tudo. E aqueles grandes homens da Academia! Será verdade que nada se pode conceber com certeza para a condução da vida? Não: busquemos com mais diligência, sem desesperar. Nas Escrituras Sagradas já não é absurdo o que parecia absurdo. (...) Fixarei os pés naquele degrau em que meus pais me colocaram quando criança, até encontrar com clareza a verdade. Mas, onde haverei de buscá-la, e quando? Ambrósio está ocupado, e eu mesmo estou atarefado demais para ler. E, de qualquer modo, onde haveria de encontrar os livros? Quem os possui, ou quando poderei obtê-los? Posso pedi-los emprestados a alguém? Repartamos o tempo, reservemos algumas horas para a salvação de minha alma. Despontou uma grande esperança: a fé católica não ensina aquilo que eu supunha e de que levianamente a acusava. (...) E hesitarei eu em bater, para que nos sejam abertas outras verdades? Meus discípulos ocupam-me as horas da manhã, mas que faço das restantes? Por que não consagrá-las a isto? Se o fizer, porém, quando terei tempo para visitar os amigos poderosos de cujo favor necessito, ou quando hei de preparar as lições por que meus discípulos me pagam? Quando hei de renovar minhas forças, descansando o espírito da preocupação excessiva com meus pesados afazeres?"[54]

Quando Mônica chegou, as relações de Agostinho com a figura distante e desafiadora de Ambrósio complicaram-se ainda mais: "ela corria para a igreja, com mais diligência do que nunca, e sorvia as palavras de

Ambrósio como se saídas de uma fonte (...). Amava esse homem como a um anjo de Deus, pois soubera ter sido por intermédio dele que eu fora levado ao estado de hesitação em que então me encontrava (...)."[55]

Lidamos aí com uma relação entre duas pessoas cujas inclinações talvez escapem ao historiador. A influência de Ambrósio em Agostinho foi sumamente desproporcional a qualquer contato direto que pudesse ter havido entre os dois. Só nos é possível ter um vislumbre da natureza densa de sua relação numa cena que não é mencionada nas *Confissões*: "Quando minha mãe foi atrás de mim em Milão", disse ele a um correspondente, certa vez, "descobriu que a igreja de lá não jejuava aos sábados. Começou a se inquietar e a hesitar quanto ao que deveria fazer, ao que eu, embora não tivesse interesse pessoal nessas coisas, procurei Ambrósio em nome dela, à procura de orientação. Ele me respondeu que 'só podia ensinar-me a fazer o que ele mesmo fazia, pois, se conhecesse uma regra melhor, haveria de observá-la'. Pareceu-me que apenas pretendia dizer-nos que abandonássemos o jejum aos sábados por um mero apelo à autoridade, sem fornecer nenhuma razão real [e, é claro, Agostinho se retirou, sentindo-se desconsiderado] (...). Mas ele veio atrás de mim e disse: 'Quando vou a Roma, também jejuo aos sábados; aqui não o faço. Quando fores a uma igreja qualquer, observa os costumes locais. (...)' De minha parte, ao rememorar com frequência essa afirmação, sempre a tratei como se fosse um oráculo dos céus."[56]

9
OS PLATÔNICOS

Agostinho tinha todos os motivos para se sentir deslocado em Milão. Até seu sotaque africano fazia-se notar,[1] e Ambrósio era apenas um dentre os muitos homens extremamente cultos que estariam aptos a fazer com que esse provinciano percebesse que suas opiniões anteriores eram infundadas e equivocadas. Ambrósio também não lhe fora de grande ajuda. Em seus sermões, havia recorrido à obra dos filósofos pagãos como quem recorria a uma antologia espiritual, adaptando as conclusões destes para frisar uma ou outra questão como orador e mestre de moral.[2] Os maniqueístas, entretanto, haviam transformado Agostinho num metafísico tenaz, se bem que com pouca leitura. Talvez ele tivesse "ouvido falar" que o homem era o único responsável por suas más ações,[3] mas, como maniqueísta, fora incentivado a indagar *por que* aconteciam essas más ações — o que era uma questão muito diferente e mais fundamental.[4]

Durante algum tempo, Agostinho parece haver-se contentado apenas em suspender o juízo. Seu primeiro ano em Milão deve ter sido dedicado a promover seus interesses como *rhetor*, cercado por amigos que haviam acabado de chegar aos centros do poder e tinham começado a experimentar as emoções e os pesares do sucesso.

A concubina de Agostinho foi a primeira baixa dessa vida nova e empolgante: cedeu seu lugar a uma herdeira que a mãe de Agostinho conseguiu para ele; "foi um golpe que me dilacerou o coração a ponto de fazê-lo sangrar, pois que a amava muito."[5]

Em Milão, no entanto, as pessoas abastadas davam pouca importância a essas coisas. Abandonar uma concubina para tomar uma esposa em legítimo matrimônio "não era bigamia, mas um sinal de aprimoramento moral".[6] (Tais foram as palavras do romaníssimo papa Leão.) Ambrósio também sabia dirigir-se aos grandes latifundiários de sua congregação a respeito desse tema delicado: Abraão, dizia ele, tivera o bom senso de se desfazer de sua concubina de origem humilde; porventura esses homens iriam querer "casamentos abaixo de sua classe" e "filhos a quem não pudessem transmitir suas terras", tendo suas nobres esposas desdenhadas por serviçais?[7] A família que se preparava para aceitar Agostinho como genro não estava disposta a correr esse tipo de risco: a concubina do professor teria de deixar Milão, uns bons dois anos antes da data marcada para o casamento.[8]

Assim, essa mulher anônima retornaria à África, "fazendo voto de jamais conviver com outro homem".[9] É muito provável que se houvesse mantido uma boa católica durante toda a sua vida com Agostinho e, com esse voto, pretendia habilitar-se ao batismo ou ser readmitida na Eucaristia.[10] O homem bem-educado não mencionava sua concubina. Posteriormente, ao anunciar sua "conversão" a seus protetores milaneses, Agostinho mencionaria apenas ter abandonado um casamento vantajoso.[11] Levaria uma boa década para novamente se permitir algum sentimento em relação a ela, ao escrever a seu respeito nas *Confissões* e ao examiná-la noutro texto:

"Este problema surge com frequência: quando homem e mulher convivem sem estar legitimamente unidos, não para conceber filhos, mas por não poderem observar a continência, e quando concordam entre si em não manter relações com nenhuma outra pessoa, pode chamar-se a isto casamento? Talvez, mas somente se eles houverem decidido manter até a morte a boa-fé com que se prometeram um ao outro, ainda que essa união não se haja fundamentado no desejo de ter filhos. (...) Mas, quando falta uma ou outra dessas condições, não vejo como se possa dar à aliança entre eles o nome de casamento. Na verdade, se um homem tomasse uma mulher apenas por algum tempo, até encontrar outra que melhor se ajustasse a sua classe e sua fortuna, e se viesse a casar-se com esta mulher por ser ela da mesma classe, tal homem cometeria adultério em seu coração, não perante aquela a quem houvesse desposado, mas perante aquela com quem tivesse convivido sem ser legitimamente casado. O mesmo se pode dizer sobre a mulher. (...) Não obstante, se ela lhe fosse fiel e se, após esse casamento com outra, não mais pensasse em matrimônio, porém se abstivesse de toda e qualquer relação sexual, eu não me atreveria a acusá-la de adultério — ainda que ela pudesse ter tido a culpa de viver com um homem que não era seu marido."[12]

Circulando com tato pelas fímbrias de uma grande corte, Agostinho e seus amigos comoviam-se com sentimentos apropriados aos cortesãos do baixo Império Romano, como noutras ocasiões: remorso por suas ambições fúteis e uma admiração estudada pela vida ociosa. Ao preparar um discurso de propaganda em homenagem ao imperador, Agostinho e seu círculo haveriam, é claro, de admirar a ventura mais natural de um mendigo embriagado,[13] e, segundo um modismo corrente, brincariam com a ideia de levar uma "vida perfeita", uma *beata vita*, numa comunidade filosófica.[14] Assim, dez deles, inclusive Romaniano, resolveram juntar seus recursos consideráveis a fim de viver todos juntos, como amigos, retirados das inquietações do mundo.[15] O projeto fracassou, ante a oposição das esposas (!) dos reclusos em potencial, e a vida destes em Milão prosseguiu exatamente como antes, durante o ano de 385 e boa parte de 386. Agostinho continuou a circular entre os professores locais; um deles, Verecundo, ficou feliz em empregar Nebrídio como seu assistente. Alípio dedicou-se a prestar assessoria em casos particulares, após seu terceiro mandato como advogado da administração do tesouro.[16] O grande processo judicial que levara Romaniano a Milão continuou a se arrastar, deixando Romaniano cada vez mais angustiado.

O litígio, no baixo Império Romano, implicava uma busca assídua de protetores, e Romaniano deve ter contado com o apoio de eminentes cidadãos milaneses para obter uma decisão favorável nos tribunais do

Império. Talvez tenha sido assim, como *protégé* de Romaniano e tutor de Licêncio, filho deste, que Agostinho travou seu primeiro contato com essas pessoas ilustres.

Sabemos delas pelas cartas e livros que Agostinho escreveu no fim de 386: são eles Zenóbio,[17] Hermogeniano[18] e Mânlio Teodoro.[19] O mais notável deles, Mânlio Teodoro, era um homem particularmente culto e influente. Retirara-se da vida ativa cerca de três anos antes, por volta de 383, e, em seu retiro campestre, havia começado a escrever livros de filosofia e um tratado sobre a métrica clássica. Mais tarde, tornaria a emergir para se tornar cônsul, em 399.[20]

Esses homens estavam unidos por interesses intelectuais de que Agostinho viria a partilhar. A descoberta da natureza e da extensão de seus interesses é um dos acontecimentos mais empolgantes das pesquisas modernas sobre Agostinho: fez nada menos do que inserir num panorama mais amplo a sua famosa "conversão", uma história solitária e íntima, tal como narrada nas *Confissões*, situando-a como um dentre muitos acontecimentos na vida intelectual de uma capital brilhante.

Tais homens viam-se como participantes de um renascimento da filosofia. Um século antes, havia-se redescoberto a doutrina autêntica de Platão: as nuvens se haviam desfeito e este, que era o ensinamento "mais refinado e esclarecido" da filosofia, pudera reluzir com todo o seu brilho nos textos de Plotino — uma alma tão próxima de seu antigo mestre que, nele, Platão parecia reviver.[21] Esses homens chegavam mesmo a ter sonhos em que os filósofos lhes expunham "máximas platônicas" durante seu sono.[22] Damos a esse movimento o nome de "neoplatonismo", porém os participantes davam-se o nome de "platônicos" — *Platonici* puros e simples, ou seja, herdeiros diretos de Platão.

Plotino, um grego egípcio, havia lecionado em Roma e falecido em 270. Seus discursos difíceis e alusivos, hoje conhecidos como *Enéadas*,[23] foram organizados por seu discípulo Porfírio, também grego, proveniente de Tiro. Eram dois homens muito diferentes. Plotino fora um amador: um homem sumamente intuitivo, que debatia com intensidade mas de maneira obscura entre acadêmicos estéreis. Aborrecia seus alunos ao insistir em esquadrinhar cada problema por seus próprios méritos, à medida que ele surgia, durante dias a fio, se necessário, em vez de lhes dar a série costumeira de aulas prontas sobre os sistemas filosóficos.[24] Sendo homem de extremo desprendimento, um dia Plotino havia chocado e encantado seus escrupulosos amigos ao lhes dizer, a propósito de um festejo religioso, que "Cabe a esses seres virem a mim, e não a mim ir até eles".[25]

Porfírio, ao contrário, era um acadêmico de formação rigorosa,[26] a quem Agostinho sempre chamou de "*doctissimus*" e de "o mais notável dos filósofos pagãos". Porfírio transformou a descoberta plotiniana de Platão em manuais didáticos e construiu a partir deles um sistema coerente, intensamente religioso e extramundano. Foi o primeiro teólogo sistemático na história do pensamento.[27] O título de um de seus livros perdidos, que gozava de grande popularidade na época, *De Regressu Animae, O retorno da alma (ao Paraíso)*, bem poderia ser o lema da vida religiosa de Milão: trata-se de um lema resumido num verso que Mânlio Teodoro escreveu para sua irmã, uma freira sepultada na Basílica Ambrosiana: "Alguém que, não tendo um só pensamento sobre coisas mortais em sua mente mortal, sempre amou a estrada que conduz ao Paraíso."[28]

Diversamente de Plotino, Porfírio era um homem inquieto e inconstante. Sentira-se atraído pelo cristianismo e, mais tarde, escrevera *Contra os cristãos*, livro pelo qual ganhara má fama no século seguinte. Aos 70 anos, esse autor de um tratado *Sobre a abstinência*, que um dia "concebera um ódio pelo corpo humano", de repente desposara uma viúva, mãe de oito filhos. Durante sua vida inteira ele se incomodara com a insuficiência de uma busca puramente racional de Deus. Estudara informalmente uma coletânea de enunciados de médiuns, os chamados "oráculos caldeus",[29] e, em certa época, tivera a esperança de encontrar, em fenômenos tão distintos quanto sessões de espiritismo e iogues indianos, um "caminho universal" que viesse a libertar a alma.[30]

Voltando os olhos para esses dois homens, Agostinho viu em Plotino um espírito grandioso e impessoal, "que extraiu o sentido oculto de Platão".³¹ Ele e seus contemporâneos, tanto pagãos quanto cristãos, sentiam-se muito mais próximos das inquietações de Porfírio. Este parecia ser um microcosmo das tensões dos intelectuais pagãos sérios. Agostinho o apresentaria como uma figura semelhante a Fausto, com um sentimento premente da necessidade de um libertador divino da alma, o qual estivera na má companhia do fascínio pelo oculto.³²

Mas os novos conhecidos de Agostinho pertenciam a uma era diferente da desses dois gregos pagãos.³³ Em Milão, grande parte do platonismo desenvolto e elegante era cristão. Essa mudança, sumamente significativa, tivera início em Roma, em meados do século. Ali, um professor africano de retórica, Mário Vitorino, ligara-se subitamente à Igreja cristã. Havia também traduzido Plotino e outros escritos neoplatônicos para o latim.³⁴ Assim, os livros que a tradução colocara à disposição de homens menos instruídos, como Agostinho, tinham sido fornecidos por um homem que sabidamente morrera como cristão.³⁵ Vitorino havia inclusive conhecido um padre milanês, Simpliciano, que a essa altura era um homem idoso e experiente.³⁶ Como Simpliciano parecia haver orientado os estudos teológicos de Ambrósio, o bispo católico da cidade tinha ficado ao alcance desse movimento, e Simpliciano, como "pai espiritual" de Ambrósio, passara a funcionar como a eminência parda de uma tentativa extremamente audaciosa de combinar o platonismo com o cristianismo.³⁷

Como todos os movimentos instigantes e autoconfiantes, esses platônicos cristãos tinham sua própria visão do passado, uma visão que, em retrospectiva, parece ingênua e bizarra, mas que foi capaz de descortinar horizontes intrigantes para Agostinho. Após uma longa vida esotérica, a filosofia de Platão, reconciliada com a de Aristóteles, havia despontado como "a única cultura filosófica absolutamente verdadeira".³⁸ Para um platônico cristão, a história do platonismo parecia convergir muito naturalmente com o cristianismo. Ambos apontavam na mesma direção.

Ambos eram radicalmente extramundanos. Cristo dissera: "*Meu Reino não é deste mundo*"; Platão dissera a mesma coisa sobre seu reino das ideias.[39] Para Ambrósio, os seguidores de Platão eram os "aristocratas do pensamento".[40]

Era nesse movimento que Agostinho estava prestes a ingressar. Tratava-se de um movimento com traços distintivos entre os que falavam latim. No Ocidente, o platonismo tornara-se uma filosofia para amadores: muitas vezes, as obras dos platônicos eram lidas apenas em traduções, como viria a fazer Agostinho.[41] Vitorino e Agostinho tinham semelhanças notáveis: ambos eram produto de uma cultura exclusivamente literária; para ambos, a filosofia era um interesse "externo", que se aprofundava *pari passu* com seu interesse pela religião.[42] Aos dois faltavam a cautela e a exclusividade dos professores estabelecidos de filosofia, como os que continuavam a existir em Atenas e Alexandria.[43] Como fizera Cícero antes deles, esses amadores latinos nunca se comprometiam por completo com as ideias que manipulavam. Sentiam, por mais que isso lhes fosse obscuro, que havia mais na vida do que os sistemas metafísicos, e, tal como Cícero, quer fossem católicos, quer pagãos, tentavam conciliar as ideias que haviam recolhido nos gregos com a religião tradicional de seus ancestrais.

Em algum momento, talvez no início do verão de 386,[44] Agostinho foi apresentado a essas novas ideias. Obteve "através de certo homem, inflado por uma altivez arrogante, (...) alguns livros dos platônicos".[45] É típico de Agostinho que, em suas *Confissões*, essa mudança profunda em seu pensamento seja meramente sugerida em tais pinceladas pouco envaidecedoras. Não sabemos quem foi esse homem. Não sabemos se Agostinho evitou declinar seu nome por ele ainda estar vivo.[46] E esses ideogramas reticentes tampouco nos fornecem qualquer pista sobre o que teria levado Agostinho a obter os livros. Sugeriu-se, de maneira engenhosa mas sem base suficiente, que ele teria sido instigado a conseguir os escritos dos platônicos por haver observado o tom especificamente platônico de alguns dos sermões de Ambrósio.[47] É até possível que, quando ele e seus amigos anunciaram sua intenção de levar uma vida de retiro como uma comunidade de intelectuais, algum colega tenha-se certificado de que passassem o tempo lendo os livros "certos".

Só nos é possível reconstituir com dificuldade quais teriam sido esses livros e quem os escreveu. Ao que parece, estariam incluídos muitos tratados de Plotino, na tradução de Mário Vitorino para o latim, e, possivelmente, pelo menos um livro de Porfírio, hoje perdido.[48] Mas Agostinho, com um toque de artista, parece ter deliberadamente apequenado o número de livros que recebeu e o tempo que levou para absorvê-los, pois, desse modo, em suas *Confissões*, pôde dar a impressão do impacto desproporcional que esses poucos escritos, levados a ele pela providência divina, como agora lhe parecia, através de um agente tão pouco promissor, haviam exercido em suas ideias religiosas.

Como acontece com muitos pensadores imensamente férteis, é difícil imaginar Agostinho como leitor. No entanto, o que aconteceu nesse momento crucial e nos anos que se seguiram foi um período de longa e paciente leitura, aparentemente auxiliada por alguns debates.[49] Tal leitura incluiu tratados de Plotino, um dos autores mais notoriamente difíceis do mundo antigo. Foi uma leitura tão intensa e minuciosa que as ideias de Plotino foram cabalmente absorvidas, "digeridas" e transformadas por Agostinho. Ambrósio, que também lera Plotino, havia patentemente saqueado esse autor: nos sermões do bispo podemos identificar empréstimos literais do filósofo grego. No caso de Agostinho, contudo, Plotino e Porfírio encontram-se enxertados de maneira quase imperceptível em seus escritos, como a base sempre presente de seu pensamento. A tal ponto ele tornou seus esses mestres e com tão insólita perspicácia captou-lhes as preocupações principais que se sentiu apto a elaborar o pensamento deles em termos muito diversos. Assim, Agostinho, um filósofo amador que não falava grego, surge como um dos poucos pensadores que foram capazes de dominar os autores neoplatônicos com originalidade e independência de espírito ímpares, numa época em que diversos homens de instrução muito superior orgulhavam-se de ser "platônicos".

Entre os tratados de Plotino, é bem possível que Agostinho tenha lido um texto curto, intitulado *Sobre a beleza*. Este há de tê-lo afetado intimamente, pois versava sobre um tema a respeito do qual ele havia escrito, sete anos antes, no *De pulchro et apto*; e, nos parágrafos iniciais, Plotino descartava a teoria específica da beleza que Agostinho havia defendido.[50] A partir desse início desconcertante, a entusiástica exposição plotiniana deve tê-lo arrastado para o cerne do sistema platônico: "A mais sublime beleza que ainda possa haver, nossa argumentação há de trazer à luz."[51]

Plotino começou questionando o óbvio: "(...) Que atrai o olhar daqueles a quem se apresenta algo de belo (...)?

"Quase todos declaram [como fizera o próprio Agostinho] que a simetria das partes entre si e em relação a um todo (...) constitui a beleza reconhecida pelo olhar, e que, nas coisas visíveis, como a rigor em tudo o mais, universalmente, o belo é essencialmente simétrico, padronizado.

"Mas, refleti sobre o que isso significa. (...) Todo o encanto das cores e até da luz do Sol, sendo desprovido de partes e, portanto, não belo segundo a simetria, deve ser excluído desse reino da beleza. E como vem o ouro a ser algo de belo? E o relâmpago noturno e as estrelas, por que são tão belos?

"Ademais, já que o rosto de simetria constante ora se afigura belo, ora não, podemos nós duvidar de que a beleza é algo mais que a simetria, e de que a própria simetria deve sua beleza a um princípio mais remoto?"[52]

Essa nova maneira de ver as coisas, defendida de modo persistente e apaixonado por Plotino, causou profunda impressão em Agostinho. Em suas *Confissões*, ele escreveu um resumo monumental dessa linha de pensamento, em sua própria linguagem mais sóbria e direta.

"Pois eu me indagava como podia apreciar a beleza nas coisas materiais (...) e o que é que me tornava capaz de formular julgamentos corretos sobre as coisas mutáveis, dizendo que isto devia ser assim, aquilo não devia ser assim. Perguntava-me como podia ser capaz de julgá-las dessa maneira, e assim percebi que, acima de minha inteligência sujeita à mudança, havia a imutável e verdadeira eternidade da verdade. (...)

"O poder da razão, ao perceber que também em mim era passível de mudança, levou-me a considerar a fonte de seu próprio entendimento. Afastou-me o pensamento de suas cogitações habituais (...), para desvendar qual era a luz que o esclarecia quando proclamava, sem a menor sombra de dúvida, que o imutável era superior ao passível de mudança, e de onde provinha seu conhecimento do próprio imutável. Pois, a menos que de algum modo conhecesse o imutável, não poderia estar seguro de ser este preferível ao mutável. E foi assim que, num instante de assombro, minha mente logrou a visão do Deus que *é*."[53]

Agostinho insistiria nessa linha de pensamento. Em poucos meses de leitura dos textos platônicos, descrevê-la-ia a Nebrídio como o "argumento excepcionalmente conhecido".[54]

Pois o que havia obcecado Plotino fora o contraste entre o mutável e o imutável. No "aqui" do mundo conhecido por seus sentidos, ele era assediado pela qualidade intemporal de um "lá" extramundano, que sua mente era capaz de captar com segurança permanente, ao julgar qualidades como a bondade e a beleza. Esse outro mundo proporcionava a base do mundo dos sentidos. Infundia no espetáculo passageiro das coisas materiais uma intensidade e uma permanência que elas não poderiam possuir por si mesmas. Pois as coisas conhecidas pelos sentidos também podiam ser julgadas "boas" e "belas", e, ao perceber nelas essa característica, Agostinho passou a vê-las com os olhos de um platônico, ou seja, como dependendo de princípios eternos em sua existência.

Por que era tão superficial, tão efêmera a beleza do mundo físico, por que constituía ela uma depauperação tão entristecedora, um "esgotamento" de uma fonte "interna" e concentrada de beleza, acessível apenas a seu espírito? Era esse o problema que Plotino havia julgado compartilhar com os filósofos de todas as eras. Para ele, a própria alma espelhava esse processo de esvaziamento. É que a alma "caía": perdia o contato com sua atividade mais profunda e buscava no mundo externo a beleza que já não conseguia encontrar em si. Portanto, o mundo transitório dos sentidos impunha-se à atenção da alma; esta, "decaída", sobrecarregava este mundo de uma concretude especiosa, ao se concentrar muito estreitamente nele em detrimento dos ecos profundos e esquivos de sua própria beleza interior. Aquilo que podia ser "internamente" apreendido, intacto e simples num instante de discernimento, tinha que ser dolorosamente buscado no mundo externo, vez após outra, em todos os níveis da atividade mental. Era tateantemente buscado pelos processos longos e prosaicos do raciocínio discursivo. Era também exteriorizado pelo artista, em sua luta para impor uma forma duradoura à pedra material e transitória de uma estátua. Até o estadista, ao impor a ordem a sua cidade, era, para Plotino, mais um desses filósofos falhos, pois também buscava no mundo mutável que lhe era externo uma satisfação que somente seu mundo interior podia oferecer.[55]

O universo de Plotino, portanto, tinha um centro que a mente mal conseguia tocar: "Tudo flui, por assim dizer, de uma só fonte, que não se deve conceber como um sopro ou um calor, mas como uma qualidade que engloba e salvaguarda todas as qualidades — a doçura com a fragrância, a qualidade do vinho e os sabores de tudo o que se pode provar, todas as cores visíveis, tudo o que o tato conhece, tudo o que o ouvido pode escutar, todas as melodias, todos os ritmos."[56] O que vemos à nossa volta seria uma comunicação desintegrada dessa concentração do todo. É como se um artista, confrontado com a execução de um único tema, perdesse sua "segurança": ele se tornaria cada vez mais difuso, mais literal; a intensidade inicial desapareceria. A visão ter-se-ia dispersado, mas era justamente a visão que ele se esforçava por transmitir.

O sentimento pungente de que o homem comum, preso ao mundo óbvio dos sentidos, move-se na penumbra e de que o saber que ele afirma possuir é meramente o estado obscuro e derradeiro de uma progressão ineluctável de estágios decadentes de consciência é a marca da visão plotiniana do universo. No entanto, esses estágios decadentes têm uma estreita relação entre si: cada qual depende de um estágio "superior", pois esse estágio "superior" lhe é fundamental como fonte de sua consciência. O estágio "inferior" é diferente de seu predecessor. Não pode "conhecê-lo", do mesmo modo que um homem de raciocínio literal nunca é realmente capaz de apreender o pensamento de um homem intuitivo. Instintivamente, porém, cada estágio procura completar-se, "tocando" em seu superior, fonte alheia mas aparentada de sua própria consciência. Assim, a difusão exteriorizante do Um coincide com um esforço contínuo de todas as partes para "retornar" à fonte de sua consciência. Esse esforço de completude é o que vincula diretamente o Um a cada manifestação de Sua intensidade e, sobretudo para Plotino e seu discípulo Agostinho, à mente humana que anseia por se completar.

É essa, em termos sucintos, a doutrina neoplatônica da *"procissão"* para fora, e de seu corolário, o *"voltar-se"* para dentro.[57] Essa era uma ideia tão básica para o pensamento da época de Agostinho quanto é, para a nossa, a ideia da evolução.[58] Ela unia pensadores pagãos e cristãos num único horizonte de ideias. Para Plotino, o Intelecto era um Princípio Mediador de suprema importância: ao "tocar" no Um, ele se voltava para fora, ao mesmo tempo, como fonte do Muitos. Era fácil ver nesse Princípio Mediador fundamental uma exploração filosófica do *"Verbo"* do Evangelho de São João, e era assim que Plotino era lido pelos cristãos cultos de Milão: "(...) Nestes li — não, é claro, com estas exatas palavras, embora o sentido fosse o mesmo e corroborado por toda sorte de argumentos diferentes — que 'no princípio era o Verbo, e o Verbo existia em Deus e Deus era o Verbo (...)'."[59]

"Os livros também nos dizem que Vosso Filho Unigênito permanece para sempre convosco na eternidade, imutável antes de todos os séculos e para além de todos os séculos; que de Sua plenitude nossas almas recebem sua parcela e dela derivam sua bem-aventurança; e que são renovadas pela participação na Sabedoria que nelas permanece e que é a fonte de seu saber (...)."[60]

Agostinho leu os livros dos platônicos quando ainda se desligava dos modos de pensar que o tinham levado a favorecer os maniqueístas. Havia considerado impossível, por exemplo, pensar em Deus como presente nele e, ao mesmo tempo, separado.[61] Como maniqueísta, ele havia privilegiado uma resposta particularmente drástica a esse problema: o indivíduo fundia-se inteiramente com a "substância" de um Deus bondoso, e tudo o que não pudesse ser identificado com esse fragmento de perfeição era cindido como absoluta e irredimivelmente maléfico.[62] Plotino pôde ajudá-lo a sair de seu dilema. Um de seus mais laboriosos tratados fora dedicado a transmitir a ideia de que o mundo espiritual era fundamental para o mundo do lugar e do tempo, embora continuasse distinto dele.[63] Ainda mais importante para Agostinho, Plotino havia afirmado, ao longo de todo o texto das *Enéadas*, constante e apaixonadamente, que o poder do Bem sempre mantinha a iniciativa: o Um fluía para fora, tocando em tudo, moldando e dando sentido à matéria passiva, sem ser violado ou diminuído de nenhum modo. A faceta mais sombria da visão maniqueísta do mundo — a convicção de que o poder do Bem era essencialmente passivo, de que ele só podia suportar a invasão violenta de uma força maléfica ativa e poluidora — foi eloquentemente refutada por Plotino: "O Mal não existe sozinho: em virtude da natureza do Bem, do poder do Bem, ele não é apenas Mal: aparece necessariamente atado por correntes de Beleza, como um prisioneiro acorrentado por grilhões de ouro: e se oculta sob estes, a fim de que, embora deva existir, não seja visto pelos deuses, e de que os homens nem sempre precisem tê-lo diante dos olhos, mas de que, quando o Mal lhes aparecer, eles não fiquem desprovidos de imagens do Bem e do Belo das quais se recordar."[64]

É que o universo de Plotino era um todo contínuo e ativo, que não podia admitir clivagens brutais e irrupções violentas. Cada um de seus seres extraía força e sentido de sua dependência desse *continuum* vivo. Assim, o mal era apenas uma guinada para a separação: sua própria existência presumia a existência de uma ordem que era desdenhada, mas continuava não menos real e provida de sentido. A parte voluntariosa é que era diminuída, ao perder o contato com algo maior e mais vital do que ela mesma.[65]

Essa visão do mal superpõe-se à elaboração posterior de Agostinho, sem coincidir com ela. Mas Plotino fora provocado por um desafio similar (havia escrito contra os gnósticos cristãos, ancestrais espirituais diretos dos maniqueístas); e, para um ex-maniqueísta como Agostinho, suas ideias foram mais do que suficientes para provocar uma drástica mudança de perspectiva.[66]

Essa revolução é o que talvez constitua o resultado mais profundo e duradouro da absorção agostiniana do neoplatonismo. Ela não fez nada menos do que deslocar o centro de gravidade da vida espiritual de Agostinho. Ele não mais se identificou com seu Deus: esse Deus era completamente transcendental — Sua natureza separada tinha de ser aceita. E, ao se dar conta disso, Agostinho teve de admitir que também ele era separado e diferente de Deus: "Percebi estar muito longe de Vós, numa terra em que tudo Vos era dessemelhante, e ouvi Vossa voz a me dizer: 'Sou o pão dos homens maduros. Cresce e te alimentarás de mim. Mas não Me transformarás em ti (...), tu é que te mudarás em Mim.'"[67]

Assim como não mais podia identificar-se com o bem, Agostinho não mais podia rejeitar tudo o que não ficasse à altura de seus ideais como uma força maléfica absoluta e agressiva. Foi-lhe possível distanciar-se: o sentimento de estar íntima e passivamente envolvido em todo o bem e todo o mal do mundo deu lugar, sob a influência dos livros platônicos, a uma visão de que o mal era apenas um pequeno aspecto de um universo muito maior, muito mais diferenciado, de finalidades mais misteriosas e com um Deus muito mais elástico que o de Mani. "(...) Eu já não desejava um mundo melhor, pois que pensava na criação como um todo: e, à luz desse discernimento mais equilibrado, via que as coisas superiores eram melhores que as inferiores, mas a soma de toda a criação valia mais do que as coisas superiores, tomadas isoladamente."[68]

10
"FILOSOFIA"

Alguns meses depois, no outono de 386, Agostinho pôde escrever a Romaniano: "Nunca deixamos de suspirar pela filosofia e não pensávamos noutra coisa senão na forma de vida que concordáramos em levar entre nós. Era o que fazíamos continuamente, se bem que com menos ardor, julgando ser o bastante apenas contemplar essa perspectiva. Posto que a chama que nos viria a consumir por completo ainda não se incendiara, pensávamos que o brilho que nos aquecia lentamente era o maior que poderia haver. De repente, surgiram alguns livros substanciais (...) que espargiram sobre essa pequena chama algumas gotículas de precioso unguento. Elas deflagraram um incrível fulgor, inacreditável, Romaniano, deveras inacreditável, mais do que poderias crer, talvez, se eu te dissesse. Que posso dizer? Foi mais poderoso do que eu mesmo podia acreditar. Depois disso, como poderiam comover-me as honrarias, a pompa humana, o desejo da fama vazia, os consolos e atrativos desta vida agonizante? Rápido, voltei-me por inteiro para mim mesmo."[1]

A leitura agostiniana dos livros platônicos fez uma coisa que todos puderam compreender: levou Agostinho a uma "conversão" final e definitiva de uma carreira literária para uma vida "na Filosofia". Era fatal que essa conversão lhe afetasse a vida pública e privada. Afora isso, não se poderia ter certeza de nada. Se, na Cartago da década de 370, fora possível a um jovem ler uma exortação ciceroniana à filosofia (...) e se transformar prontamente num maniqueísta, as repercussões da leitura de Plotino em

Milão não poderiam ser menos imprevisíveis. "Conversão" é um termo muito vasto: quão drasticamente viria essa reorientação a alterar a vida de Agostinho? Também "Filosofia" poderia significar muitas coisas: qual era a natureza exata dessa "Filosofia"? Como se viu, a "conversão" de Agostinho à "Filosofia" é um dos registros mais plenamente documentados desse tipo de mudança no mundo antigo; seu curso foi dos mais complexos, e a forma final que emergiu, das mais idiossincráticas.

Uma coisa era certa: Agostinho podia renunciar à postura cética da Nova Academia. O primeiro livro que escreveu em seu "retiro" filosófico em Cassicíaco voltou-se contra esse ceticismo. Ao declarar desse modo que era possível encontrar uma "filosofia verdadeira", é bem possível que Agostinho tenha-se posicionado contra muitos homens puramente letrados de Milão. Isso porque, no fim do século IV, o *rhetor* latino profissional, apanhado entre o cristianismo e o paganismo, ficaria contente, como um dia se alegrara Agostinho, em ter em Cícero um refúgio contra os ventos gélidos do dogmatismo filosófico e da ortodoxia clerical.[2]

Ao abandonar sua posição de neutralidade, contudo, Agostinho iria se descobrir em águas revoltas. A ideia dos homens sofisticados de Milão correspondia aos "pós-plotinianos", assim como, em nossa época, corresponde aos "pós-freudianos". Essas ideias comuns, longe de promoverem uma aproximação maior entre pagãos e cristãos, haviam-nos apartado com toda a amargura de uma briga de família: durante bem mais de um século, eles haviam combatido por uma parcela da herança de Platão.[3] Os cristãos acolhiam com prazer nos platônicos uma bela descrição da estrutura do universo espiritual, mas os platônicos pagãos encaravam o mito cristão da redenção — a encarnação, a crucificação e a ressurreição do corpo — como uma inovação bárbara nos ensinamentos autênticos de seu mestre. Para eles, era como se um vândalo houvesse instalado uma escultura barroca vulgar e histriônica sob a cúpula etérea de uma igreja bizantina. Os platônicos pagãos mais "liberais" haviam esperado "civilizar" as igrejas cristãs, escrevendo em letras douradas em suas paredes que "*No princípio era o Verbo*", mas não toleravam nem mesmo São João em seu dito de que *"O Verbo se fez carne"*.⁴ Em Milão, haviam instigado Ambrósio a escrever um panfleto, ao afirmarem que Cristo derivara tudo o que havia de bom em Seus ensinamentos da leitura de Platão!⁵

Essas diferenças, contudo, eram apenas sintomas de uma tensão ainda mais profunda acerca de uma questão que coincidia apenas em parte com a cisão religiosa entre pagãos e cristãos. Tratava-se da questão da autonomia espiritual: até que ponto se podia esperar que um homem elaborasse sua salvação unicamente através de seu próprio poder? Plotino fora claro quanto a isso — suas últimas palavras tinham sido: "Esforço-me por devolver o divino que há em mim ao divino que há no Todo."⁶ "Esse eu divino tampouco espera a libertação (...); espera apenas a descoberta; não existe um 'drama da redenção'."⁷ Os platônicos sempre se haviam sentido aptos a oferecer uma visão de Deus que o homem poderia conquistar por si e para si, por intermédio da "ascensão" racional e desassistida de sua mente ao campo das ideias. Essa afirmação de uma conquista imediata havia fascinado um convertido cristão anterior, o filósofo Justino, no século II;⁸ e eis que, por um momento, pareceu fascinar Agostinho.

A tradição da autonomia individual podia produzir "cristãos" meramente tolerantes para com a vida organizada de sua Igreja. Durante algum tempo, Mário Vitorino passara por uma fase assim: "Não às claras, mas na intimidade e familiarmente, dizia ele a Simpliciano: 'Sabes que já sou cristão?' E Simpliciano lhe respondia: 'Não acreditarei em ti nem te contarei entre os cristãos enquanto não te vir na Igreja de Cristo.' Vitorino sorria, dizendo: 'Então, são as paredes da igreja que nos fazem cristãos?'"⁹ É interessante que Simpliciano tenha escolhido justamente essa historieta para contar a Agostinho na primeira vez que este o procurou. É lícito suspeitarmos que o padre idoso e sagaz tenha aquilatado seu visitante: viu em Agostinho um homem como Vitorino — um professor de retórica, admirador dos platônicos pagãos e, quando muito, meramente tolerante para com o catolicismo.

Naquele exato momento, em Milão, em 386, as paredes por certo faziam os cristãos. Em fevereiro, a mãe de Agostinho, juntamente com seu bispo, ficara sitiada entre os muros da basílica católica,[10] e, de sua cátedra, Ambrósio desafiara os eunucos da corte a executá-lo, preferindo isto a lhes entregar aqueles preciosos muros. Em junho, porém, enquanto coisas assombrosas aconteciam na nova basílica de Ambrósio, enquanto homens possessos uivavam ante as relíquias de São Gervásio e São Protásio, Agostinho manteve-se alheio:[11] "Há homens", escreveu posteriormente, "que se consideram capazes de se aprimorar sozinhos, a fim de contemplar e permanecer em Deus. (...) Podem prometer-se tal aperfeiçoamento por seus esforços próprios, porque alguns realmente conseguiram levar suas mentes mais longe do que todas as criaturas e, ainda que em parte, tocar a luz da verdade imutável. Por conseguinte, desdenham da massa de cristãos que vivem unicamente da fé, por não serem ainda capazes de fazer o que eles fazem (...)."[12]

Assim, no verão de 386, Agostinho recusou-se, pela última vez na vida, a resistir às tentações de uma completa autonomia espiritual. Como um dia os maniqueístas haviam afirmado fazer, realmente parecia que essa filosofia seria capaz de solucionar as angústias metafísicas de Agostinho e proporcionar uma via de realização pessoal independente de uma autoridade externa. "Eu tagarelava à boca cheia", escreveu ele, "como um sabichão." *Garriebam quasi peritus.* "Se houvesse continuado a ser tamanho perito, haveria perecido."[13] *Peritus... periturus:** tal é o julgamento intrigantemente sucinto do bispo Agostinho sobre esse momento crucial. Esse estado de ânimo desfez-se em questão de meses. Mas estava longe de ser inevitável que Agostinho finalmente optasse pelo catolicismo. O platonismo pagão era uma força respeitável na década de 380, e a grande alternativa considerada por Agostinho nesse breve período continuou a persegui-lo por toda a vida. Ela aparece em sua fascinação contínua pelo dilema dos platônicos pagãos, em sua insistência ansiosa numa disciplina da autoridade como pré-requisito da contemplação, e em sua

---

* No jogo de palavras entre *peritus* (perito) e *periturus* (perituro), o segundo termo designa o perecedouro, aquele que está fadado a perecer. [N. da T.]

aguda consciência dos riscos espirituais do místico fracassado.¹⁴ Tudo isso mostra que o caráter de um homem é decidido não só pelo que de fato acontece em sua vida, mas também por aquilo que ele se recusa a deixar acontecer.

Mas Agostinho jamais seria outro Plotino; talvez lhe faltasse a portentosa tranquilidade do grande pagão. Assim como a "Sabedoria" maniqueísta não lhe chegara apenas como um saber "íntimo", mas também como um sofisticado regime moral que, durante muitos anos, permitiu-lhe dominar seu sentimento de culpa e sua implicação com a carne,¹⁵ ele recorreu, nesse momento, à busca de uma disciplina que complementasse a lúcida espiritualidade dos platônicos.

Não chega realmente a surpreender que ele se tenha voltado para os escritos de São Paulo.¹⁶ Ambrósio havia assegurado que Agostinho poderia tornar a considerar as Escrituras Sagradas cristãs uma fonte abalizada de Sabedoria. E, de qualquer modo, Paulo estava no ar: Simpliciano tentaria atrair Ambrósio a entrar em contato com esses interesses, pregando sobre Paulo e sobre os mistérios do Velho Testamento.¹⁷ Os maniqueus africanos haviam apelado constantemente para Paulo como o profeta de Mani por excelência, embora o lessem mais como uma Escritura apócrifa, selecionando apenas o que se harmonizava com o abalizado cânone de Mani sobre os Livros Sagrados.¹⁸ Como quer que fosse, Agostinho sempre vivera suficientemente inserido na esfera do cristianismo para que sua imaginação fosse captada tanto por um apóstolo quanto por um sábio pagão: para ele, ambos eram *viri magni*, os "Grandes Homens" de seu passado curiosamente misto.¹⁹ Assim, ao ler Paulo nessa época, Agostinho lia um texto do qual, quando maniqueísta, havia tomado conhecimento em fragmentos dispersos. Agora, era chegado o momento de vê-lo como uma unidade; e, como seria inevitável, a unidade que emergiu foi tingida pelas preocupações agostinianas. "Pois, ainda que um homem *'se deleite na lei de Deus, em seu eu interior'*, que fará com *'esta outra lei que vê em seus membros'*? Que fazer do *'homem infeliz'* que ele é? Quem o haverá de *'libertar'*?"²⁰

Quando Agostinho finalmente se aproximou do padre Simpliciano (talvez no fim de julho de 386), já se havia deslocado imperceptivelmente para o cristianismo católico. Com efeito, era um convertido entusiástico à "Filosofia", mas essa "Filosofia" já deixara de ser um platonismo inteiramente independente. Fora "fortalecida", de maneira sumamente individual, pelos ensinamentos mais sombrios de São Paulo e, num nível muito mais profundo, passara a se identificar com "a religião entranhada em nossos ossos na infância" — ou seja, com a sólida devoção católica de Mônica.[21]

Agostinho tentara "manter-se parado".[22] Queria uma certa garantia de permanência e estabilidade. Isso explica o traço principal de sua "Filosofia": era um platonismo cujos lucros imediatos deveriam tornar-se permanentes, e tal permanência só poderia ser conquistada mediante a abdicação de uma grande dose de autoconfiança. Os métodos, os objetivos e as satisfações finais do sábio continuavam a ser os sustentados pelos platônicos. Mas Agostinho embarcaria como convalescente em sua vida "na Filosofia": a terapia que a tradição platônica sempre exigira de quem quisesse elevar-se acima do mundo dos sentidos não mais dependeria apenas dele, mas de um "médico invisível",[23] ou seja, de Deus. E esse Deus não era um aristocrata solitário: a terapia fora posta à disposição da massa de homens por um ato de *popularis clementia*[24] — isto é, pela encarnação de Cristo e pela preservação das escrituras divinas numa Igreja universal.

Essas considerações formaram o primeiro esboço da ideia agostiniana da Igreja católica. No entanto, tão rica em paradoxos foi essa etapa crucial da vida de Agostinho que seria plausível sugerir, mesmo sem completa convicção, que ele poderia ter visto seu próprio dilema e a solução deste refletidos como que num espelho distante, nas obras daquela outra alma inquieta, Porfírio, o grande inimigo dos cristãos. É que também Porfírio tivera a esperança de uma "Via Universal", aberta à massa dos homens.[25] Essas e outras considerações similares levaram Agostinho a procurar Simpliciano: "Já estava ele idoso e julguei que, em todos os seus longos anos, seguindo com zelo ardoroso o Vosso caminho, devia ter acumulado grande experiência e conhecimento. Tive a esperança de que, se lhe expusesse meus problemas, ele recorreria a sua experiência e seu saber para mostrar o melhor modo de uma alma agitada como a minha poder trilhar o Vosso caminho.

"Eu via a igreja repleta, mas cada um de seus membros trilhava um caminho diferente. Desagradava-me a vida que eu mesmo levava no mundo (...)."[26] Na verdade, Agostinho teria de enfrentar a perspectiva de algumas renúncias dolorosas se quisesse tornar-se, a um só tempo, católico batizado e filósofo. Em Milão, certas ideias sobre as formas de vida, que hoje temos o costume de manter separadas, superpunham-se e se mesclavam inextricavelmente na imaginação de Agostinho e seus amigos. O ideal do retiro filosófico era tão rigoroso quanto qualquer vocação para a vida monástica: significaria romper com sua carreira, seu casamento e todas as formas de relações sexuais; já as renúncias exigidas pela Igreja católica em seus mistérios do batismo eram também vistas como heroicas, como nada menos que a morte de uma vida antiga. Verecundo, por exemplo, um amigo de Agostinho, recusou-se a ser batizado como cristão simplesmente por ser casado, embora sua esposa fosse cristã.[27] O rompimento heroico com o mundo era tudo o que esses entusiastas conseguiam imaginar para si ao se batizarem. Não é de admirar, portanto, que a maioria dos cristãos do baixo Império Romano lutasse por escapar do batismo; que Constantino, o primeiro imperador cristão, e com ele muitos outros, só fossem batizados em seu leito de morte; e que Ambrósio pregasse em vão, com uma premência macabra, para que seu rebanho passasse por essa "morte" espiritual para o mundo: "Até quando ficareis com vossos *deleites*, até quando com vossos *prazeres*? Aproxima-se mais e mais o dia do juízo: enquanto adiais esta graça, a morte se aproxima. Quem então dirá: 'Agora não posso, estou ocupado' (...)?"[28]

"(...) as únicas respostas que eu Vos podia dar eram as palavras sonolentas de um preguiçoso: 'Num instante'. 'Daqui a pouquinho.' 'Deixai-me esperar mais um pouco.' Mas esse 'instante' não tinha fim e o 'mais um pouco' prolongava-se por muito mais tempo."[29]

No fim de agosto, esse pequeno grupo recebeu uma visita que estivera na corte de Tréveris: Ponticiano, um compatriota africano, membro da reserva imperial de Agentes Especiais.³⁰ Esse homem devoto surpreendeu-se ao encontrar um exemplar do livro de São Paulo na mesa de Agostinho. Passou a falar a este e a Alípio sobre os monges do Egito e a lhes dizer como a história de seu fundador, Santo Antônio, levara dois de seus companheiros de Tréveris a abandonar o mundo:³¹

"Isto nos contava Ponticiano. Mas Vós, Senhor, enquanto ele falava, fazíeis-me refletir sobre mim mesmo (...). Tudo vi e me horrorizei, mas não havia para onde pudesse escapar de mim mesmo. (...)

"Muitos anos de minha vida já tinham decorrido — doze, se não me engano — desde que, aos dezenove anos, lera o *Hortênsio* de Cícero e ele me havia inspirado o estudo da filosofia. Mas continuava a adiar minha renúncia às alegrias terrenas (...).

"Precipitei-me para Alípio e exclamei, com a perturbação do espírito estampada em meu rosto: 'Que há conosco? Que significa essa história? Esses homens, que não têm nossa instrução, levantam-se e invadem os portões do céu, enquanto nós, com todo o nosso saber, aqui rastejamos neste mundo de carne e de sangue! (...)'³²

"(...) Interrompi-me e me afastei, deixando Alípio a me fitar, calado e atônito. (...) Havia um pequeno jardim ligado à casa em que nos hospedávamos. Para lá me levou o tumulto que me agitava o peito, a procurar refúgio ali onde ninguém pudesse interromper a luta feroz que eu travava comigo mesmo, até que ela chegasse a sua conclusão (...). Arranquei os cabelos e feri minha fronte com os punhos; entrelacei os dedos entre meus joelhos apertados (...).³³

"Retinham-me preso meras bagatelas, as mais insignificantes tolices, todos os meus velhos apegos. Sacudiam-me as vestes carnais e murmuravam: 'Então, pretendes despedir-nos? Daqui por diante, nunca mais estaremos contigo, por todo o sempre. A partir deste momento, nunca mais te será lícito fazer isto ou aquilo.' E que eram, Deus meu, as coisas que elas murmuravam, ao dizer 'isto' ou 'aquilo'? Coisas tão sórdidas e vergonhosas, que eu Vos rogo, por misericórdia, que as afasteis da alma de Vosso servo. (...)

"De novo, a continência parecia dizer-me: 'Ensurdece-te para os murmúrios imundos de teu corpo. Eles te falam de deleites, mas não daquilo que é conforme à lei do Senhor teu Deus.'

"E assim lutava eu comigo mesmo, em meu coração, a meu próprio respeito. Entrementes, Alípio permanecia a meu lado, aguardando em silêncio o desenlace dessa minha agitação. (...)[34]

"Quando, vasculhando as profundezas ocultas de minh'alma, delas arranquei seus míseros segredos e os reuni a todos perante os olhos de meu coração, levantou-se em mim enorme tempestade, que arrastou consigo uma chuva torrencial de lágrimas. Ergui-me e deixei Alípio, para melhor derramá-las e soltar meus gemidos. (...) Afastei-me o suficiente para que sua presença não me fosse embaraçosa.

"Deixei-me cair sob uma figueira e dei vazão às lágrimas que se me prorrompiam dos olhos, num sacrifício que Vos era aceitável. (...) Sentia-me ainda cativo de minhas iniquidades e, em minha miséria, clamava: 'Por quanto tempo hei de continuar a dizer: amanhã, amanhã? Por que não agora? Por que não pôr termo a minhas sórdidas torpezas neste exato momento?'

"Formulava a mim mesmo essas perguntas, sempre pranteando a mais amarga dor no coração, quando, de repente, ouvi o cantarolar de uma voz de criança numa casa próxima. Não sei dizer se era de menino ou menina, mas ela repetia vez após outra o refrão: 'Toma e lê, toma e lê.' Erguendo os olhos, empenhei-me em considerar se havia algum jogo em que as crianças costumassem cantar essas palavras, mas não consegui lembrar-me de jamais as ter ouvido. Refreei o jorrar das lágrimas e me levantei, dizendo a mim mesmo que isso só poderia ser uma ordem divina, que me mandava abrir o livro das Escrituras e ler o primeiro trecho em que meus olhos pousassem. Pois eu ouvira dizer que Antão, ao entrar por acaso numa igreja quando se lia o Evangelho, tomara como se lhe fosse pessoalmente dirigido o conselho contido nestas palavras: *Vai e vende tudo o que possuis* (...).

"Apressei-me a voltar ao lugar em que se sentava Alípio, pois ali, quando me levantara para me afastar, havia deixado o livro que continha as Epístolas de Paulo. Agarrei-o, abri-o e li, em silêncio, o primeiro trecho em que pus os olhos: '*Não caminheis em glutonarias e embriaguez, nem na lascívia e nas dissoluções, nem em contendas e rivalidades, mas muni--vos do Senhor Jesus Cristo e não mais penseis na carne e nos apetites da natureza.*' Não quis ler mais, nem me foi necessário. Num instante, mal cheguei ao fim dessas frases, foi como se a luz da confiança me inundasse o coração e todas as trevas da dúvida se dissipassem.

"Então, marquei essa passagem com o dedo, ou outro sinal qualquer, e fechei o livro. Já com o rosto sereno, contei a Alípio o que me sucedera. Também ele me revelou o que vinha sentindo e que, é claro, eu desconhecia. Pediu-me para ver o que eu tinha lido. Mostrei-lhe a passagem e ele prosseguiu na leitura, indo além do trecho lido por mim. Eu ignorava esse trecho seguinte, que era este: *Encontrai espaço entre vós para o homem de consciência excepcionalmente delicada.* (...)

"Em seguida, fomos ter com minha mãe e lhe contar o sucedido, e ela ficou radiante. E, quando lhe descrevemos como o caso se passara, ela exultou e triunfou, bendizendo a Vós, Senhor, *que sois poderoso, mais do que poderoso para realizar Vossos propósitos muito além de todas as nossas esperanças e sonhos.* (...) De tal forma me convertestes a Vós, que não mais desejei uma esposa nem depositei esperança alguma neste mundo, mas permaneci firme na regra de fé conforme, muitos anos antes, Vós havíeis mostrado a minha mãe em sonho. E *transformastes em júbilo a tristeza dela*, um júbilo muito mais pleno do que ela jamais havia desejado, muito mais doce e casto do que ela esperara encontrar nos filhos de minha carne."[35]

De qualquer modo, Agostinho havia chegado ao fim de sua carreira. Durante o verão, contraiu alguma doença peitoral, uma *dolor pectoris*, que lhe afetou a voz e teria impossibilitado a continuação de seu trabalho.[36] Seria de grande importância conhecermos a natureza exata desse fenômeno repentino: tal conhecimento poderia revelar a tensão em que

"FILOSOFIA"

Agostinho estava vivendo.[37] Houve quem sugerisse, por exemplo, que essa "dor" teria sido um acesso de asma, que não raro é uma doença psicossomática;[38] e é mais que provável que, durante esses meses de tensão, Agostinho tenha desenvolvido as manifestações físicas de um colapso nervoso. Talvez seja mais revelador que, embora ele tenha sofrido de frequentes distúrbios de saúde em épocas posteriores, essa "dor no peito" — uma dor que pareceu atingi-lo no exato momento em que ele estava mais implicado em sua carreira de orador público, e justamente na parte do corpo que depois viria a considerar a sede simbólica do orgulho masculino[39] — nunca mais foi mencionada.

E foi assim que, na época das Férias Vindimais, as *Feriae Vindemiales*, período sempre acolhido de bom grado pelos professores como um repouso a ser dedicado ao ócio criativo, Agostinho e um pequeno grupo estranhamente diversificado — seu filho, sua mãe, seu irmão e primos, Alípio, Licêncio e Trigécio, um jovem nobre — retiraram-se para uma quinta que lhes foi emprestada por Verecundo em Cassicíaco, talvez, a moderna Cassiago, perto do lago Como, nas belas encostas dos Alpes.[40]

Agostinho estava doente, mas sua convalescença não afetou a torrente de livros que anunciou aos círculos cultos de Milão os deleites de sua recém-descoberta vida "na Filosofia": um livro contra os acadêmicos, para Romaniano; um discurso religioso sobre a *Vida perfeita*, para Mânlio Teodoro; e, para Zenóbio, um ensaio pitagórico sobre a *Ordem* das artes liberais, como trampolim para uma contemplação da ordem do universo.[41]

Esses livros foram minuciosamente vasculhados em busca de indícios da evolução agostiniana nos meses anteriores, mas é fácil esquecer que também lançam luz sobre um aspecto mais profundo da evolução de um homem, isto é, sobre a natureza do futuro que Agostinho julgou ter conquistado para si.

A essa altura ele havia descoberto um campo de atividade intelectual que lhe assegurava um progresso fecundo: como disse a um amigo, "rompi os grilhões mais odiosos que me mantinham longe do seio da

Filosofia — na desesperança de encontrar a Verdade, Verdade que é o alimento nutridor da alma".[42] E esse intelecto voraz sentiu que havia conquistado seu futuro por intermédio da religião materna: "Foi por tuas preces — sei disso e o admito sem hesitação — que Deus me concedeu a ideia de situar a descoberta da Verdade acima de tudo, de não ambicionar nada mais, não pensar noutra coisa, não amar nada senão a ela. E nunca deixei de acreditar que hão de ser tuas preces que nos permitirão atingir tão grande bem (...)."[43]

Agostinho sentiu estar explorando uma "Filosofia" plenamente integrada e bem demarcada: os *sacra* e os *mysteria*, os ritos e dogmas da Igreja católica, resumiam na íntegra as verdades que a mente do filósofo um dia poderia apreender.[44] O universo platônico de Agostinho não admitia cisões abruptas entre a autoridade tradicional da religião católica e sua própria razão. Tal como *Monsieur* Jourdain,* que falou em prosa a vida inteira sem se aperceber, o filósofo agostiniano, com seus "raciocínios sutilíssimos", na verdade falaria a linguagem da teologia.[45]

Podemos aquilatar a sensação de confiança que essa visão deu a Agostinho ao lermos um pequeno discurso, *"De Beata Vita"*, por ele dedicado a Mânlio Teodoro. Este era conhecido como admirador de Plotino.[46] Era também um bom católico. Ao dedicar a esse homem "uma de minhas obras mais religiosas"[47] — um livro impecavelmente ortodoxo sobre a Trindade e prefaciado por advertências solenes contra a arrogância acadêmica[48] —, é bem possível que Agostinho tenha procurado redimir-se de maneira honrosa, perante os homens que cercavam Ambrósio, por seus flertes com intelectuais mais duvidosos, entre eles "o homem inflado por uma altivez arrogante" do verão anterior.[49] O discurso se encerra com o público percebendo que, ao definir as fontes da Vida Feliz, na verdade descrevera a Trindade católica;[50] e assim, Mônica pôde encerrar uma tarde de devoção entoando um hino de Santo Ambrósio, *Fove*

---

* Personagem principal de *O burguês fidalgo*, de Molière (1670). Ingênuo e vaidoso, sonha tornar-se um aristocrata (bem-vestido, conhecedor da gramática e da esgrima e exímio dançarino); o conflito entre seu bom senso e seu ridículo, também característico de seus mestres, aumenta sua comicidade. [*N. da T.*]

precantes Trinitas.⁵¹ No começo desse mesmo ano, tais hinos deviam ter sido cantados pela população católica durante sua resistência à corte.⁵² Na história do pensamento, não é frequente um diálogo filosófico poder culminar dessa maneira num cântico de batalha.

Agostinho havia recuperado o sentimento de ter um propósito. "Acredita em mim", escreveu a Romaniano, "ou melhor, acredita n'Aquele que disse 'Procura e encontrarás': não se deve perder a esperança dessa compreensão; e ela se tornará mais evidente do que são as propriedades dos números."⁵³ *"Procura e encontrarás"* é uma das pouquíssimas citações das Escrituras usadas nos primeiros trabalhos de Agostinho. Essa citação, em particular, fora um refrão comum entre os maniqueístas⁵⁴ e, desse modo, aparece com toda a naturalidade numa obra escrita para Romaniano e seus compatriotas africanos, todos antigos simpatizantes do maniqueísmo.⁵⁵ *Plus ça change, plus c'est la même chose** o que menos surpreende em Agostinho, nessa época, é ele ter identificado a Filosofia com uma forma de cristianismo. Desde sua primeira e abortada "conversão à Filosofia", em Cartago, Agostinho havia circulado num horizonte em que se considerava que o cristianismo e a Sabedoria eram coincidentes. Mas a diferença entre uma versão maniqueísta do cristianismo e esse platonismo cristão é enorme: os maniqueístas excluíam qualquer processo de crescimento e terapia intelectual; afirmavam oferecer-lhe uma "Sabedoria" esotérica que o purificaria.⁵⁶ Agostinho descobriu que essa "Sabedoria" não lhe permitira "fazer nenhum progresso",⁵⁷ ao passo que agora sentia haver entrado numa vida "na Filosofia" em que o progresso estava garantido.

Esse sentimento confiante de poder desenvolver criativamente seu intelecto no âmbito da Igreja católica é que teria feito Agostinho parecer estranho até para um bispo tão culto quanto Ambrósio. A leitura dos livros platônicos havia assegurado uma coisa: Agostinho, que chegara a Milão como um carreirista desiludido, não avesso a recair na religião estabelecida de seus pais, acabou não praticando um ato de rendição incondicional ao bispo católico. Definitivamente, não era um *type croyant*, como se mostrara comum entre os homens instruídos do mundo latino antes de sua época. Não acreditava que a filosofia se houvesse revelado estéril e, portanto, que os métodos dos filósofos pudessem ser substituídos por uma Sabedoria revelada. Ambrósio, apesar de todo o seu uso de autores pagãos, parece haver adotado essa ideia antiquada. Antes e acima de tudo, via-se como um bispo cujo dever era compreender e transmitir a seu rebanho o "mar" das Escrituras. Tudo o que não podia ser vertido nesse molde único era desprovido de valor. Certa vez, escrevendo a um filósofo perplexo com o problema da natureza da alma, problema que viria a obcecar Agostinho em Cassicíaco, ele lhe disse que lesse o Livro de Esdras.[58] À carta em que Agostinho, pedindo para ser batizado, também expôs às claras as suas perplexidades (ah, se essa carta tivesse sido preservada!), ele respondeu recomendando-lhe a leitura do Livro de Isaías. E Agostinho considerou esse livro incompreensível![59] Tempos depois, Ambrósio chegou mesmo a acreditar que o apóstata Juliano desviara-se do cristianismo ao "se entregar à Filosofia";[60] e isso era exatamente o que Agostinho, numa série de livros e cartas, proclamava orgulhosamente estar fazendo em Cassicíaco! A diferença entre esses dois homens foi o sintoma de uma mudança de consequências momentosas na cultura da Igreja cristã. Ambrósio, o bispo sumamente instruído que lia grego, ainda pertencia ao mundo antigo. Sentia-se intimamente ligado ao vasto prestígio da erudição cristã do mundo grego, sobretudo ao grande Orígenes de Alexandria. Agostinho, o amador, sentia-se muito mais livre para seguir seu próprio rumo, e, paradoxalmente, ao fazê-lo, aproximou-se mais do que Ambrósio do espírito das primeiras escolas cristãs de Alexandria,[61] e portanto, de uma sólida crença em que a mente treinada nos métodos filosóficos poderia pensar de maneira criativa dentro da ortodoxia tradicional da Igreja. Essa revolução foi ainda mais radical porque, na época, Agostinho parece haver considerado inteiramente verdadeira a sua posição: "pois sou tão só o tipo de homem que se impacienta em seu anseio de não apenas aceitar em confiança o que é verdadeiro, mas também de vir a compreendê-lo."[62]

"FILOSOFIA"

A noção de objetivo e continuidade é o traço mais marcante da "conversão" agostiniana. Vista em seus textos de Cassicíaco, essa "conversão" parece ter sido um processo espantosamente tranquilo. A vida de Agostinho "na Filosofia" foi perpassada por São Paulo, mas ainda poderia ser transmitida em termos clássicos. As mais altas recompensas de uma vida desse tipo estavam reservadas, quase que automaticamente, àqueles que haviam recebido uma formação clássica tradicional.[63]

Essa noção de continuidade é ainda mais surpreendente na medida em que Agostinho já ouvira falar de uma alternativa a uma vida clássica "na Filosofia": a dos monges do Egito. O ascetismo desses homens envolvera muita mortificação puramente física e uma ruptura decisiva com as formas da cultura clássica. Mas o exemplo heroico de Santo Antônio havia deixado intacto o projeto intelectual de Agostinho. Ele tencionava continuar a ser um homem culto: como escreveu a Zenóbio, alguns homens lidavam com as feridas que lhes eram infligidas pelos sentidos "cauterizando-as na solidão", enquanto outros "lhes aplicavam unguento" por meio das artes liberais.[64] Fica patente que Agostinho, cercado por parentes e amigos e com sua biblioteca em Cassicíaco bem suprida de livros tradicionais,[65] optou pela abordagem mais delicada das artes liberais.

O moderno historiador da cultura do baixo Império Romano encontra-se em melhor posição do que seus predecessores para compreender a síntese tranquila de grandes tradições que constitui um traço tão marcante das obras escritas por Agostinho em Cassicíaco: elas refletem as preferências católicas e as simpatias gerais de um grupo de cristãos milaneses. A tranquilidade de espírito do próprio Agostinho, contudo, talvez tivesse profundas raízes pessoais. Estas só foram reveladas dez anos depois, em suas *Confissões*, obra de profunda autenticidade psicológica, e não nos textos literários e formais da época de sua "conversão". Em seus livros formais, Agostinho escreveu como uma figura pública para outros homens públicos: era um professor em retiro, e portanto, sua doença, razão desse recolhimento, é mencionada,[66] tal como o são os efeitos de seu afastamento da carreira pública, isto é, de seu abandono de um casamento rico e da perspectiva de um cargo no governo; mas a cena clássica num jardim de Milão permanece envolta em silêncio. No entanto, é somente nessa cena que podemos vislumbrar a profundeza da reorientação que vinha ocorrendo em Agostinho. Esta afetou partes dele que pouca relação tinham com sua vida pública de literato: afetou a natureza de seus envolvimentos dolorosos com as mulheres e, é claro, de sua relação ainda mais íntima com a mãe.

Quando Agostinho se recolheu a Cassicíaco, já tinha havido nele uma mudança nesse nível profundo. Por causa desta, ele tornou a se sentir livre, apto a ir em busca de seus interesses com energia e segurança renovadas. Uma transformação tão íntima não precisava expressar-se em gestos histriônicos, como os que tinham estado em moda entre os admiradores menos equilibrados dos monges, dentre eles o douto Jerônimo.[67] Tem-se, antes, a impressão de que a criatividade súbita e otimista da nova vida agostiniana "na Filosofia" espelhou os sentimentos de um homem que, por alguns anos preciosos, pôde enfim sentir que havia recuperado a inocência perdida.

11
CHRISTIANAE VITAE OTIUM: CASSICÍACO¹

Quando Agostinho recolheu-se a Cassicíaco, em setembro de 386, parecia estar seguindo uma tradição veneranda e encantadora: livre das preocupações de uma carreira pública, estava prestes a ingressar numa vida de ócio criativo, dedicada a uma vocação séria. Tratava-se do antigo ideal do *otium liberale*, de um "retiro cultural",² e, ao rememorar essa fase de sua vida, Agostinho pôde falar dela como uma época de *Christianae vitae otium*, um "ócio da vida cristã".³ Esse ideal viria a constituir o pano de fundo de sua vida a partir desse momento, até sua ordenação como padre, em 391.

No fim do século IV, a tradição do *otium* havia adquirido um novo alento. Tornara-se mais complexa e, com frequência, muito mais séria. Em suas vastas propriedades na Sicília, os últimos senadores pagãos continuavam a reeditar manuscritos dos clássicos (como fez Agostinho, durante parte do tempo, em Cassicíaco). Uma dessas quintas do interior chegou até a ficar conhecida como "A Vivenda dos Filósofos".⁴ E a elas foram juntar-se algumas figuras mais problemáticas: um século antes, Porfírio se recolhera à mesma ilha para se recuperar de um colapso nervoso e redigir seu amargo tratado "Contra os cristãos".⁵ Muitos haviam passado a julgar que essa vida essencialmente privada poderia organizar-se como uma comunidade. Agostinho e Romaniano já haviam contemplado essa ideia;⁶ em certa época, Plotino havia planejado uma "Cidade dos Filósofos", chamada Platonópolis.[7] Tempos depois, na meia-idade de Agostinho, Dárdano, um prefeito aposentado, viria a transformar sua propriedade nos Baixos Alpes em uma versão cristã dessa Utopia dos filósofos, chamada "Teópolis" — "Cidade de Deus".[8] Aliás, alguns dos primeiros mosteiros do Ocidente foram esses "mosteiros leigos" de pagãos e cristãos sensíveis.

Durante pelo menos um ano, Agostinho havia considerado alguma forma de vida "na Filosofia" como a única que lhe seria possível.[9] Mas tencionara recolher-se a tal vida de maneira refinada: casar-se-ia com uma herdeira rica e, esperava, instruída. Cumpriria o curto período de administração rotineira exigido de um culto governador local. Apoiado pelas posses da esposa[10] e protegido pelos privilégios senatoriais dos ex-administradores, ver-se-ia livre, em poucos anos, para seguir seu sonho.[11] Mas a vida revelou-se mais complicada. O recolhimento do pequeno grupo a Cassicíaco foi muito precipitado: em poucos meses, Agostinho abandonou o casamento, o cargo público e as esperanças de segurança financeira e prestígio social. É muito possível que seus amigos tenham ficado intrigados, em especial Romaniano, seu protetor. Há um leve tom de embaraço na linguagem sumamente formal da dedicatória que Agostinho lhe fez em seu primeiro livro. É bem possível que tenha sido difícil transmitir aquilo que também havia sido uma tumultuada conversão religiosa como sendo uma retirada elegante da vida pública, como teria agradado a Cícero.

Talvez a antiga tradição do *otium liberale* tenha atraído Agostinho pelo simples fato de, nos últimos tempos, sua vida estar sendo demasiadamente complicada. Ele precisava de um sólido estilo tradicional de vida, tal como o proporcionado em Cassicíaco, que fosse digno e explicável aos olhos dos círculos cultos de Milão. A propriedade pertencia a Verecundo, um professor que partilhava do entusiasmo da época pela vida em retiro. Um precedente ilustre desse tipo de retiro fora estabelecido por Mânlio Teodoro.[12] Mais tarde, esse período de recolhimento pôde ser tido como um tema adequado para um poema medíocre: pôde ser descrito como um idílio no campo, passado em meio a livros escolares e tendo os Alpes como cenário.[13]

Também os escritos de Agostinho ligaram-se estreitamente a sua vida passada. Seria uma temeridade os vasculharmos em busca de traços do futuro bispo. Eles representaram o pagamento de dívidas intelectuais contraídas em Milão no ano anterior:[14] o *De Beata Vita* retomou debates que talvez se houvessem realizado na casa de Mânlio Teodoro;[15] o *De Ordine* foi escrito em resposta a um poema de Zenóbio.[16] Assim, as primeiras obras agostinianas que sobreviveram, originalmente preservadas nas prateleiras de sua biblioteca episcopal na distante Hipona, são os únicos fragmentos que restam dessa maravilhosa sociedade de leigos cristãos de Milão. Os leitores de Agostinho confiavam em que a história da filosofia havia culminado em seu próprio movimento.[17] Orgulhavam-se das realizações literárias de sua época.[18] Eles mesmos eram capazes de redigir diálogos à maneira de Cícero.[19] Entre eles havia estetas[20] capazes de apreciar as técnicas dos mosaicos[21] e poetas que escreviam sobre temas filosóficos, como a beleza do universo,[22] e que se anteciparam a Boécio ao procurarem, na filosofia, exorcizar o medo da morte;[23] e também sabiam o que era aspirar os aromas de um roseiral.[24]

Esse ambiente conferiu aos primeiros trabalhos de Agostinho uma qualidade ímpar em sua vida: seus diálogos contentam-se em mostrar a superfície ensolarada de seu pensamento e o encanto artificioso de suas relações pessoais. Nesse estado de espírito, ele estava pronto a pensar o melhor das pessoas. Romaniano fora derrotado num processo judicial, mas Agostinho pôde estender sua simpatia até mesmo ao rival de Romaniano, outro *grand seigneur*: "Devo confessar que há nele uma certa grandeza adormecida da alma (...). Desta provém sua maneira de manter abertas as portas de casa, a cativante perspicácia que dá vida a suas reuniões sociais, sua elegância, seu porte grandioso, seu bom gosto impecável. (...) Crede que não devemos perder a esperança em ninguém, menos ainda em homens como esse (...)."[25] Quanto a Romaniano, ele era como uma nuvem plúmbea de tempestade: volta e meia, seus amigos tinham a oportunidade de vê-lo iluminar-se com um repentino clarão de luz; se ao menos sua alma estivesse livre para luzir na plenitude de seu brilho, assombraria a todos![26]

Mas era Agostinho, e não Romaniano, que se mostrava opaco. Era um homem fatigado e enfermo. Precisava falar com vagar e de maneira deliberada, para evitar a agitação.[27] Refletia na escuridão até altas horas[28] e, pela manhã, orava com frequência, à maneira passional dos homens do baixo Império Romano, "em lágrimas".[29] Era receptivo, como raras vezes lhe ocorreu depois, às belezas naturais que o cercavam: ao ritmo da água corrente na casa de banhos,[30] a dois galos brigando sob a luz matutina do sol,[31] aos céus límpidos do outono italiano: "o dia", escreveu, "era de tão límpida claridade, que nada parecia convir mais perfeitamente à serenidade que viria a despontar em nossas mentes."[32] Nesse frágil estado de espírito, o mal-estar físico de uma dor de dente era uma degradação suprema; com isso, o corpo se recusava a deixá-lo em paz com seus pensamentos.[33]

Já no fim de sua temporada, a franqueza dos diálogos foi substituída por um clima de autoexame íntimo nos *Soliloquia* agostinianos, suas "Conversas comigo mesmo". "Súbito, alguém dirigiu-se a mim — talvez fosse eu mesmo, talvez um outro, fora ou dentro de mim, não sei dizer. (Pois isso é o que me esforço acima de tudo por conhecer.)"[34] O autorretrato que emerge daí foi traçado por um exame sombrio de suas fraquezas: "Quão sórdidos, imundos e terríveis te pareciam os abraços de uma mulher, quando discutíamos o desejo de uma esposa. Mas, nessa mesma noite, quando te deitavas, desperto, revolvendo essa questão em tua mente, a coisa era diferente do que havias suposto. (...) Mas, não chores! Anima-te: já choraste demais, o que só fez agravar a doença em teu peito."[35] Apenas alguns personagens do círculo de Agostinho emergem nos diálogos. Mônica encarregava-se da casa. Era estupenda como sempre, parecendo beber num manancial de recursos ocultos de certeza absoluta. Era capaz de descartar toda uma escola filosófica com um simples termo vulgar;[36] e seu filho a havia situado, com grande intensidade, como um oráculo da devoção católica primitiva.[37] O irmão mais velho de Agostinho, Navígio, faz uma aparição singular e surpreendente: sofria do fígado[38] e era o único do grupo a se recusar persistentemente a compreender o sentido do que dizia seu irmão menor.[39] A única relação claramente iluminada nessas páginas é a que havia com Licêncio, o filho de Romaniano. É que Licêncio era a "estrela" entre os discípulos, aquele cujo aprimoramento intelectual interessava aos principais leitores de Agostinho, os amigos do pai do rapaz.[40] Assim, enquanto Adeodato, seu próprio filho, só aparece rapidamente nesses diálogos, Licêncio sentiu a plenitude do peso da intensidade agostiniana.

Não foi uma relação inteiramente feliz. Licêncio era um jovem com um sentido apurado da superfície das coisas. Era um poeta entusiástico: obcecava-se com o ritmo inusitado dos cânticos ambrosianos (e chocou Mônica ao cantar um salmo no lavatório).[41] Sabia observar e descrever com minúcia o modo como as folhas de outono obstruíam o curso de um riacho, fato que passara totalmente despercebido a Agostinho.[42] O impacto da mente abstrata e dialética deste parecia apenas inibi-lo, "como uma ducha fria".[43] O toque ocasional de sarcasmo, que tornava Agostinho tão assustador, deixava-o abatido.[44] Os dois acabaram por se afastar. Uma carta apaixonada que Agostinho escreveu a Licêncio, cerca de oito anos depois, mostra que o ideal austero de uma vida "na Filosofia" não conseguira reter esse poeta florescente.[45] Ele pretendia fazer fortuna em Roma, com o apoio de senadores pagãos, e era capaz de sonhar — tal era a força do mundo antigo — que se tornaria cônsul e pontífice pagão. O poema que escreveu para Agostinho exibe traços da influência de outro autor, muito mais brilhante — Claudiano, um grego de Alexandria que se mudara para a Itália e viria a se firmar como o maior poeta latino da "Era Argêntea" de Roma.[46] Claudiano era também admirador de Mânlio Teodoro e, durante algum tempo, iria residir em Milão. Sua carreira brilhante, assim como a influência que sua arte era capaz de exercer em homens mais moços, como Licêncio, mostram que, ao advogar uma vida "na Filosofia", Agostinho não estava desertando de uma cultura literária esgotada: ao contrário, estava tentando nadar contra uma corrente igualmente forte e confiante da vida do baixo Império Romano. Podemos indagar-nos que tipo de poesia Licêncio teria escrito sob a influência de Agostinho. Seria uma poesia filosófica, completamente espiritualizada, de modo que a história dos amantes Píramo e Tisbe se afiguraria uma alegoria refinada do amor do sábio pelo saber.[47]

O grupo vivia num estado de contínua empolgação intelectual. Um dia, os rapazes encontraram uma centopeia e o grupo inteiro juntou-se ao redor dela, para ver como suas partes seccionadas continuavam a se mexer sozinhas numa tábua de escrever. Os problemas acorreram de imediato à reflexão: seria também divisível a alma que animava o bicho? Seria ela, pois, uma coisa material, passível de ser picotada? Deus os livrasse de que "um vermezinho" viesse assim refutar a doutrina platônica da natureza imaterial da alma! Os rapazes foram despachados para seus estudos, a fim de aguçar a mente para tais problemas, e Alípio e Agostinho conversaram a tarde inteira sobre as implicações do que tinham acabado de ver.[48]

No cômputo geral, entretanto, Agostinho havia reunido um grupo heterogêneo para uma vida de *otium* filosófico: uma senhora devota, dois primos sem instrução[49] e dois alunos particulares, ambos com cerca de 16 anos.[50] Os diálogos que emergem desse grupo mostram com muita clareza um dos principais dons de Agostinho como artista: a capacidade instintiva de criar uma forma nova e interessante a partir dos materiais mais improváveis. Foi um golpe magistral de espetáculo literário transformar esse estranho grupo em veículo perfeitamente apto a transmitir um ideal de filosofia pelo e para o amador. É que a "verdadeira Filosofia" agostiniana era também a religião de uma Igreja universal. Por conseguinte, precisava ser ampliada para acolher toda sorte de mentalidades: era preciso criar uma espécie de viabilização universal do saber. E o círculo de Agostinho foi escolhido a dedo para transmitir exatamente essa mensagem — a de que o "mais alto cume" da sabedoria estava ao alcance de qualquer mente moderadamente instruída e séria.

Como mestre entre os alunos, Agostinho podia ditar o ritmo de qualquer discussão, bem como enfatizar a seus jovens a necessidade de uma formação preliminar rigorosa.[51] Nesses diálogos, aliás, Agostinho emerge como um dos muitos pensadores que optaram por expressar seus ideais como parte de um programa de educação moral. Seus pupilos eram exortados a não passar o dia inteiro entre os livros, mas a reservar algum tempo para estarem "consigo mesmos", apenas refletindo.[52] Com isso, Agostinho insistia em que aprendessem a valorizar sua própria capacidade de pensar, seu *ingenium*;[53] esse foi o primeiro sinal, na primeira obra agostiniana, do grande respeito que ele nutria pela faculdade do puro e rigoroso raciocínio. Os alunos "aprimorariam" essa faculdade "brincando com a filosofia".[54] Os textos produzidos por essa formação viriam a ser lidos em Milão não como obras originais de filosofia, mas como *apéritifs*,[55] como "douradas portas pintadas abrindo-se para o pátio interior da sabedoria".[56]

Como seria inevitável, portanto, esses diálogos exibem todos os vícios de suas virtudes. O grupinho de Cassicíaco não era imune a um esnobismo às avessas: os jovens proclamavam orgulhosamente seu completo desconhecimento dos pensadores gregos![57] Os diálogos que deixam transparecer o trabalho de filósofos amadores podem constituir uma leitura muito penosa. Há digressões, linhas de pensamento inconsequentes e uma má utilização geral da argumentação.[58] Não obstante, esses diálogos conseguem transmitir coerentemente a jovial confiança em que "as coisas realmente grandiosas, quando discutidas por homens pequenos, em geral conseguem fazê-los crescer".[59]

É fácil descartar esses textos como imaturos. Entretanto, em parte o fazemos porque o próprio Agostinho amadureceu muito depressa e, ao segui-lo, deixamos seus primeiros trabalhos para trás. É patente que os métodos que ele propunha na época — uma formação preliminar rigorosa, que culminaria numa contemplação da Trindade e da bela ordem do universo — só podiam fornecer chaves que dariam acesso a um número restrito de problemas, e, ao postular problemas totalmente novos, Agostinho teria que adotar métodos inteiramente novos.⁶⁰ Mas nem todos cresceram com a mesma rapidez que ele: quando, já no fim de sua vida, *A cidade de Deus* — um livro sumamente diferente! — estava começando a circular, os homens cultos ainda ansiavam por obter um exemplar de *Contra os acadêmicos*.⁶¹

De Cassicíaco, Agostinho advogou nada menos do que um programa intelectual, que se afigurava a seus admiradores como "uma visão verdadeiramente grandiosa do trabalho de uma vida".⁶² Não era um programa original.⁶³ Foi apenas proposto de forma particularmente extremada. O primeiro requisito de Agostinho era a disciplina. Para responder a indagações metafísicas e contemplar "tal Deus",⁶⁴ a mente precisava receber uma formação adequada, uma *eruditio*. Conseguir fazê-lo sem tal formação seria "um golpe de sorte dificilmente digno de crédito".⁶⁵ Vemos aí um eco da sensação agostiniana de seus próprios humilhantes tropeços intelectuais⁶⁶ e de sua consciência do padrão elevado de seus leitores milaneses.⁶⁷ Mas essa angústia era aguçada pelo fanatismo do verdadeiro filósofo — a paixão por um método único, dentro do qual todos os problemas pudessem ser fecundamente formulados e respondidos, e fora do qual não existiria problema algum. Foi típico de Agostinho, entretanto, que, em questão de dois anos, esse método viesse a ser parcialmente abandonado em favor de outros meios de disciplinar sua mente irrequieta.

O programa agostiniano foi integralmente esboçado no diálogo *Sobre a ordem*. O ensino tradicional deveria expandir-se até seu alcance pleno, com isso incluindo as ciências abstratas, a geometria e os fundamentos matemáticos da astronomia. Mas essas artes liberais eram tratadas meramente como um estágio preparatório para a contemplação filosófica. Tal contemplação, é claro, seria inteiramente religiosa: os alunos de Agostinho poderiam ocupar-se com Virgílio e com os manuais de Varrão sobre as artes liberais, mas ele também havia encontrado um lugar para Mônica. Sua austeridade natural, reforçada pela velhice, permitir-lhe-ia captar a "alma" desse saber, deixando seu "corpo" para os pedantes.⁶⁸ Foi em sua argúcia e seu senso de objetividade preponderante que Agostinho prenunciou o mundo medieval.[69] Todo esse conhecimento, que um dia pudera ser tratado como o rico complemento da vida dos nobres cultos, passou a ser visto por ele como uma estrutura pura e desencarnada, sujeita às leis absolutas da verdade, todas as quais apontavam para uma certeza final:

"Há um tipo de homens bem formados nas ciências liberais a quem isso não contenta. Eles não se detêm enquanto não fitam, em sua suprema extensão e perfeição, o pleno fulgor da Verdade, cujo esplendor já bruxuleia sob a superfície dessas ciências."[70]

A "alma bem formada"[71] manejaria confiantemente os problemas que um dia haviam desconcertado Agostinho. Compreenderia o significado do mal no universo; "ousaria" provar a imortalidade da alma; contemplaria a "riqueza de sentido" da Trindade; por intermédio dos mistérios da Igreja católica, seria "mais secreta e firmemente" fortalecido[72] (isto é, numa linguagem diferente, porém com a mesma finalidade) nas verdades que um dia poderia apreender, com a mesma perfeita satisfação intelectual da qualidade dos números.[73] A vida da filosofia, que os céticos haviam considerado um caminho de sombras, passou a ser vista como repleta de luz. Esse foi o cerne da mensagem agostiniana de Cassicíaco: "Eis a Filosofia que promete demonstrar com límpida clareza o Deus mais verdadeiro e oculto, e que se digna trazê-Lo à tona passo a passo, como que através de nuvens inundadas de luz."[74]

Nesses diálogos, ainda nos encontramos apenas na superfície do pensamento agostiniano. Ele tinha de escolher temas de discussão fáceis.[75] Mas não era um mero divulgador: passava boa parte de seu tempo às voltas com os problemas suscitados pelos livros neoplatônicos. Estava decidido a decifrar pelo raciocínio a natureza da alma; e esse problema era uma autêntica obsessão metafísica, que iria conduzir seu trabalho nos quatro anos seguintes.[76] É surpreendente quão pouco conhecemos esse aspecto da vida de Agostinho em Cassicíaco. Ele deve ter continuado a ler os neoplatônicos, mas as etapas dessa absorção se nos ficaram inacessíveis. Todavia, tal leitura culminou no esboço de uma série de provas da imortalidade da alma, o *De Immortalitate Animae*.[77] Só que era apenas um esboço e, ao relê-lo em sua velhice, Agostinho confessou que, "Numa primeira leitura, o raciocínio é tão intricado e compacto que chega a ser obscuro. Ainda não consigo concentrar-me ao lê-lo, e eu mesmo mal consigo dar-lhe sentido!"[78] Esse livro foi o primeiro dos muitos "restos" de Agostinho. Ele nunca seria um pensador sistemático, como Porfírio: sua vida seria perpassada por linhas de raciocínio não elaboradas até a conclusão e por iniciativas literárias abandonadas. Foi esse o alto preço que ele pagou por ser um escritor muito pródigo e flexível.

Essa demonstração abortada viria a coroar uma ousada inovação literária, os *Solilóquios*.[79] Até o título do livro era inovador. Foi o primeiro autorretrato íntimo de Agostinho, escrito para um círculo de amigos. Tipicamente, começa por uma longa oração; de modo igualmente típico, prossegue com uma longa discussão entre sua *Razão* e sua *Alma*, na qual Agostinho finalmente sente-se livre para aplicar em si mesmo a sova intelectual que sabia ser impossível aplicar num adversário sem ofender suas suscetibilidades.[80]

Ele valorizou e rememorou esse trabalho mais do que qualquer outro da época. O texto deixa transparecer as tensões entre os dois componentes de seu pensamento, que permaneceriam sem solução por inúmeros anos. Seu Deus era o deus dos filósofos: era o fundador das harmonias do universo, e Sua relação com os homens era tão absoluta e necessária quanto a forma de um teorema geométrico. "(...) Deus, cujo reino é o mundo do qual os sentidos nada sabem (...), de quem o afastar-se é decair, o voltar-se para Ele é tornar a ascender, e o permanecer n'Ele é estar imóvel (...) Deus, que homem algum perde senão ao ser enganado, que ninguém busca senão ao ser lembrado, que ninguém encontra senão ao se purificar." Mas Ele é também o Deus de São Paulo, "através de quem *superamos o Inimigo* (...) através de quem não cedemos à adversidade (...) através de quem *a Morte é tragada na vitória* (...)".[81] Temos nessa oração um sinal inconfundível do que viria a ser característico da postura religiosa de Agostinho — um toque nítido de angústia não mitigada a respeito de si mesmo e uma dependência de seu Deus, expressa de maneira mais seca do que na linguagem das *Confissões*, mas, ainda assim, perfeitamente reconhecível: "Hei de empenhar-me", diz a Alma, "com diligência e rigorosa atenção — se nenhuma sombra infiltrar-se em mim, ou, o que temo mais profundamente do que a tudo, se essas sombras despertarem meu prazer." "Crê em Deus", diz a Razão: "entrega-te a Ele tanto quanto puderes. Não desejes que tua vontade te pertença e esteja a teu dispor, mas proclama-te Seu escravo — escravo de um Senhor misericordioso e capaz."[82] Foi esse medo persistente das trevas que levou Agostinho, quando o outono se ia transformando num tenebroso inverno nórdico, a retornar a Milão, a fim de procurar lavar seus pecados no batismo.

Em Milão, Agostinho, Adeodato e Alípio tornaram-se *competentes*, ou seja, uniram-se aos que "rogaram" o batismo nas mãos de Ambrósio, na Páscoa seguinte (na noite de 24-25 de abril de 387). Na condição de *competens*, Agostinho deve ter recebido instruções solenes do próprio Ambrósio. Este nunca se furtava a dirigir essa iniciação momentosa,[83] e é perceptível que Agostinho foi profundamente afetado pelo que ouviu, quando, após a celebração principal da liturgia, os *competentes* reuniram-se no batistério anexo à grande basílica para ouvir seu bispo:[84] "Teremos perdido o contato com nossos próprios sentimentos a ponto de não recordarmos com que consciensiosidade e angústia ouvimos os sentimentos que nos ensinaram o catecismo serem expostos diante de nós, ao implorarmos os sacramentos daquela fonte de vida?"[85]

O catecismo de Milão ainda era uma disciplina assustadora, projetada para transmitir aos pagãos convertidos certos mistérios que, até aquele momento, haviam sido mantidos ocultos do mundo externo: nem mesmo a Oração do Senhor era "entregue" ao fiel antes de ele passar por sua iniciação.[86] Agostinho ouviu e recordou as advertências solenes contra o politeísmo e a idolatria;[87] a maneira exata como Deus havia assumido forma humana deve ter sido exposta;[88] e a difícil doutrina da punição ou da recompensa após a morte, estranha para muitos pagãos, há de ter sido repetidamente ensinada aos ouvintes. Na Páscoa, o próprio rito do batismo enfatizou a natureza momentosa da transformação por que Agostinho vinha passando. Na véspera da Ressurreição, Agostinho e a multidão de outros *competentes*, de todas as idades e de ambos os sexos, marcharam para o batistério ao lado da grande basílica de Ambrósio. Passando por trás das cortinas, Agostinho desceu, só e inteiramente nu, para um lago de águas profundas. Ali, por três vezes, Ambrósio segurou-lhe os ombros sob a fonte borbulhante. Depois, vestindo um manto branco e puro, ele deve ter entrado na grande basílica, profusamente iluminada pelas velas; e, em meio às aclamações da congregação, ele e seus companheiros neófitos tomaram seu lugar num tablado ligeiramente elevado[89] junto ao altar, para uma primeira participação nos mistérios do Cristo Ressuscitado. O tema do "despir o antigo" e "vestir o novo", do renascer e do reerguer-se dos mortos, e da consequente ascensão da alma aos céus, possibilitada pela vinda de Cristo à Terra, reverberou na imaginação de Agostinho. Nos anos seguintes, ele teceu sua própria doutrina platônica aperfeiçoada da ascensão da alma a partir do "ancião" dos sentidos em torno desse ato fundamental e misterioso.[90]

Visto de fora, Agostinho era um tipo raro, mas bastante reconhecível. Podemos vê-lo espelhado no conselho que mais tarde daria a um padre em Cartago: "Decerto não devo omitir outro caso, o do homem inteiramente instruído que resolve tornar-se cristão e se acerca de nós para ser transformado em tal (através do batismo). Ele deve ter-se familiarizado com a maior parte das Escrituras Sagradas e dos textos cristãos e ter sido instruído por essa leitura. Agora estará vindo meramente para poder participar dos Sacramentos. É que tais homens têm o hábito de indagar sobre as questões religiosas e de comunicar a terceiros e discutir com eles o que pensam de antemão, e não apenas na época em que vêm ser batizados como cristãos plenos."[91]

Nesse momento, um novo mundo fechou-se em torno do devoto da filosofia.[92] Contaram-lhe como um porteiro da Basílica fora curado pelo corpo de São Gervásio.[93] Agostinho foi visitar o mosteiro nas imediações da cidade, dirigido por um padre erudito e santo.[94] Viu Ambrósio cercado pelos bispos da vizinhança, homens severos que dirigiam pequenas comunidades acanhadas. Entre eles estava Filástrio, o bispo de Brescia, ancião que vinha compilando um catálogo de 156 heresias. Dentre estas apareciam "aqueles que dizem existir um número infinito de mundos".[95] Tal doutrina podia ter sido popularizada em Milão, em época recente, por ninguém menos do que Mânlio Teodoro:[96] era essa a distância entre os dois polos da vida de Agostinho.

Os laços de Agostinho com Ambrósio continuaram a ser mantidos em dois níveis, um representado por Mônica, o outro por platônicos cristãos como Mânlio Teodoro, perante quem Agostinho referiu-se a Ambrósio como "nosso bispo".[97] O fato de Mânlio Teodoro ter precedido Agostinho num retiro filosófico e não ter ocultado sua admiração por Plotino[98] assegurou que Agostinho não fosse o único a ler as *Enéadas* naqueles anos. É bem possível que Ambrósio tenha levado em conta esse novo movimento, exatamente na mesma época que Agostinho. É possível que tenha pregado sua série de sermões "Sobre Isaac e a alma" e "Sobre Jacó e a vida feliz" nos primeiros meses de 387.[99] Nesses sermões, Ambrósio recorreu maciçamente a muitos dos mesmos tratados de Plotino lidos por Agostinho. Para os *cognoscenti* de sua plateia, tais sermões impressionantes devem ter equivalido a um batismo público de Plotino e sua filosofia.

Ao rememorar seus últimos dias em Milão, Agostinho deixou que a perspectiva de suas emoções tivesse predominância exclusiva. Nas *Confissões* temos as palavras autênticas de um convertido: "Mal duravam os dias o bastante para eu meditar e me deleitar esplendidamente em meditar sobre a profundeza de Vossos planos para a salvação da humanidade. Quanto não chorei ante a beleza de Vossos hinos e cânticos e quanto não me comovi ao ouvi-los ressoarem maviosamente em Vossa igreja! Essas vozes fluíam-me para os ouvidos e com a verdade orvalhavam meu coração, donde transbordava meu sentimento de fé, e as lágrimas corriam-me dos olhos, mas nelas eu me sentia feliz."[100]

No entanto, exatamente na mesma ocasião, Agostinho perseguia obstinadamente seu grande projeto intelectual: "Tentava escrever manuais sobre as ciências, questionando os que não objetavam a tal ensino, na ânsia de atingir, de desembocar numa estrada com etapas fáceis e definidas, que conduzisse a mente das coisas materiais para as imateriais."[101] Tudo o que nos chegou dessa estranha aventura foi o livro *De Musica*, um tratado que não concerne à música, mas constitui um exame literário e técnico da métrica. Esses textos estavam na moda em Milão: Mânlio Teodoro escrevera um deles,[102] e os primeiros cinco livros que levaram à conclusão impressionante do próprio Agostinho, no livro final, eram tão corriqueiros que talvez tenham sido adotados por professores e abreviados sob a forma de um manual.[103] Portanto, um livro didático foi a última contribuição de um futuro bispo à vida intelectual de Milão.

Àquela altura, porém, os planos de Agostinho para o futuro já se haviam tornado mais claros. Os africanos tinham formado um grupo fechado e quase monástico: Alípio já ganhara fama por sua austeridade.[104] Em Milão, a eles foi juntar-se outro futuro bispo e concidadão — Evódio (futuro bispo de Uzalis), um integrante aposentado da polícia secreta, cujos deveres (como não é de surpreender) o haviam levado a rejeitar o mundo.[105] Agostinho tencionava voltar para sua cidade natal. Ali levaria uma vida reclusa, em companhia da mãe, do filho e de alguns amigos de dedicação similar, presumivelmente apoiado por uma pequena propriedade familiar, administrada por seu irmão mais velho e por Mônica. Fora longo o caminho percorrido desde o grandioso projeto comunitário que um dia atraíra Romaniano. A natureza exata desses planos nos é desconhecida, e é provável que eles fossem incertos na época.[106] E foi assim que Agostinho, seu filho, sua mãe e alguns amigos enveredaram pela estrada rumo ao Sul que, num espaço de dois anos, fora seguida por sua amante rejeitada, também ela retornando a uma vida de continência em sua inóspita terra natal.

12
ÓSTIA

Enquanto o grupo rumava para o mar, a guerra civil distante, que por anos havia toldado a vida pública de Milão, finalmente chegou à Itália. A frota do usurpador, Máximo, um general que estivera em comando em Cernarvon, estava bloqueando os portos de Roma; o imperador Teodósio, um devoto general da Galícia que governava Constantinopla, preparava-se para esmagar seu rival. Em virtude desse bloqueio, o pequeno grupo de africanos ficou retido em Óstia.

Óstia é uma das poucas cidades cuja vida no século IV foi-nos revelada pelos arqueólogos.[1] A vida movimentada e vulgar do antigo império havia entrado em declínio, deixando a cidade na miséria e esvaziada. As grandiosas residências ocasionais de nobres romanos projetavam-se incongruentemente em meio às ruas desertas. É bem possível que Agostinho tenha-se hospedado nas casas de membros cristãos dessa nobreza, longe das multidões da área portuária de Porto.[2] Uma certa Itálica, a quem mais tarde ele escreveria sobre a Visão de Deus,[3] aparece ali como um nome gravado num cano de escoamento feito de chumbo;[4] tempos depois, um cônsul escreveria um epitáfio para Mônica.[5] Essa temporada em Óstia bem pode ter sido o primeiro contato de Agostinho com um portentoso clã de cristãos, os Anicii, a família mais rica do império, cujo palácio era uma das maravilhas de Roma.[6] Se assim foi, isso nos dá uma indicação da posição de Agostinho e seus amigos aos olhos do mundo externo. Era considerável: eles eram protegidos do grande Ambrósio e todos haviam deixado cargos de governo na capital do império.

Numa das casas de Óstia, um aposento, talvez um salão para debates filosóficos, fora decorado, um século antes, com estátuas de um filósofo. É muito possível que se tratasse do próprio Plotino.[7] Ali estava uma figura que se adequava ao estado de espírito de Agostinho: um contemplativo, de olhos erguidos e rosto retesado com o movimento ascendente da alma.

Foi contra esse pano de fundo que ocorreram alguns grandes acontecimentos na vida íntima de Agostinho. Um dia, ele e a mãe se encontravam "sozinhos, apoiados a uma janela cuja vista dava para o jardim interno da casa em que estávamos hospedados. Ali conversamos, apenas ela e eu, em profunda alegria. (...) E enquanto assim falávamos de Vossa Sabedoria e anelávamos por ela, com todo o esforço de nosso coração, atingimo-la por um momento; então, suspirando e ali deixando atadas as primícias de nosso espírito, voltamos ao som de nossa própria língua, em que as palavras hão de ter começo e fim. (...) Dizíamos, pois: 'Se num homem qualquer o tumulto da carne silenciasse, assim como as imagens da terra, do mar e do ar; e se nos céus houvesse silêncio e a própria alma guardasse silêncio consigo mesma e, não pensando em si, se elevasse para além de si; se todos os sonhos e imagens se calassem, assim como toda palavra e todo símbolo, enfim, tudo o que sucede passageiramente (...), e se, em seu silêncio, apenas Ele nos falasse, não por essas criaturas, mas por Si mesmo, então ouviríamos Sua palavra, não pronunciada por qualquer língua corpórea, nem pela voz de um anjo, nem pelo estrondo do trovão, nem pela obscuridade de uma parábola, mas o ouviríamos a Ele mesmo (...), a Ele ouviríamos, e não a essas criaturas.'"[8]

Em menos de duas semanas, Mônica estava morta. Nos nove dias de sua doença, ela se retraiu por inteiro em si mesma; emergiu apenas para abençoar os filhos, para dizer a Agostinho que em toda a sua vida nunca ouvira dele uma palavra áspera, e para dizer a Navígio que já não se importava em não ser enterrada ao lado de Patrício, em sua terra natal.[9]

"Cerrei-lhe os olhos. Apoderou-se-me do coração uma tristeza incomensurável, que se teria desfeito em torrentes de lágrimas. Mas meus olhos, sob a coerção vigorosa da mente, contiveram-lhes o fluxo e se mantiveram secos. Foi uma luta duríssima comigo mesmo. Quando ela exalou o último suspiro, Adeodato, meu filho, rebentou em lamentações. Nós o contivemos e o fizemos calar (...).[10]

"Por me sentir então perdendo o grande lenitivo que era ela, ficou-me a alma em chagas e minha própria vida dilacerada, pois que fora uma só vida, unindo a dela e a minha.[11] (...) Acalmado o menino e estancado o seu pranto, Evódio, tomando um saltério, começou a entoar um salmo a que toda a casa respondia: *'Cantar-Vos-ei, Senhor, a misericórdia e a justiça.'* Informados do que se passava, muitos dos irmãos e das mulheres devotas achegaram-se a nós — aqueles cujo ofício era se encarregarem dos funerais; entrementes, numa outra parte da casa, onde a boa educação mo permitia, conversava eu com amigos que não me queriam deixar só. (...) Escutando-me atentamente, julgavam que me faltava qualquer sentimento de tristeza (...) mas eu sabia o que me apertava o coração. É que muito me envergonhava que tais emoções humanas pudessem ter sobre mim tamanho poder (...) e minha dor suscitava-me uma nova dor, afligindo-me eu por uma dupla tristeza.[12]

"Quando o corpo foi conduzido à sepultura, fui e voltei sem derramar uma lágrima. Durante as preces (...), quando o cadáver já estava depositado junto ao sepulcro, antes de o enterrarem, como ali é costume, nem mesmo durante essas preces eu chorei. Mas durante todo aquele dia senti uma tristeza oprimente e, com o espírito agitado, supliquei-Vos a meu modo que sarásseis minha dor. Mas não mo concedestes (...). Ocorreu-me ir ao banho, pois ouvira dizer que esse nome — *balanêion*, como o chamam os gregos — lhe fora dado por ele 'expulsar as angústias do espírito' [uma das termas de Óstia ainda traz uma inscrição da época, que anuncia uma 'lavagem tranquilizante'[13]] (...) [Mas] o amargor de minha tristeza não me foi expulso do coração. Depois, adormeci e tornei a acordar, descobrindo minha dor bastante mitigada. E, estando só em meu leito, sem ninguém por perto, repeti os versos verídicos que Vosso servo Ambrósio escreveu sobre Vós: *Deus creator omnium* (...).

"E assim, pouco a pouco, comecei a recuperar meus sentimentos anteriores sobre Vossa serva, recordando quão amorosa e devota era a sua conversa Convosco, quão afável e atencioso era seu convívio comigo, do qual eu fora repentinamente privado. E encontrei consolação em chorar, diante de Vossa presença, sobre ela e por ela, sobre mim e por mim. (...)"[14]

E assim, Mônica foi enterrada em Óstia. Peregrinos medievais copiaram o epitáfio em forma de versos gravado em sua lápide; um deles, Walter, um cônego de Arrouaise, no Nordeste da França, foi autorizado a levar parte do corpo dela para casa — "São tantos os santos naquele ermo", escreveu, "que não nos era fácil decidir onde deixá-los repousar como convinha."[15] "No verão de 1945, dois meninos que brincavam num quintalzinho ao lado da igreja de Santa Áurea, em Óstia, começaram a cavar um buraco a fim de fincar uma trave para seu jogo. Depararam com um fragmento de mármore: ele continha parte da inscrição original."[16]

Agostinho e Evódio voltaram a Roma, a fim de esperar pela suspensão do bloqueio. No final de 388, chegaram a Cartago. Ali, entre muitos antigos conhecidos e novos admiradores católicos, Agostinho conheceu um aluno, um certo Eulógio Favônio. Eulógio havia permanecido em sua terra e se tornara professor das escolas de Cartago. Ao preparar uma aula sobre um livro padrão de Cícero, ficou perplexo com uma passagem obscura: nessa noite, sonhou com Agostinho e, em seu sonho, este resolveu o problema para ele.[17] O professor Eulógio estivera levando a antiga vida, no estilo antigo; é estranho pensar que apenas quatro anos se haviam passado desde a ocasião em que Agostinho fizera a mesma coisa, na mesmíssima cidade.

13
SERVUS DEI: TAGASTE

Tagaste jamais poderia ser outra Cassicíaco. Mesmo durante sua temporada em Roma, os escritos de Agostinho exibiam uma nova determinação.[1] Desse momento em diante, ele não mais pretendia levar uma vida reclusa, como em Milão, na periferia de uma sociedade de intelectuais leigos, mas levá-la à sombra da vida organizada da Igreja católica. Assim, quando Alípio e Agostinho chegaram a Cartago, no fim de 388, já faziam parte de um grupo de homens mal definido, mas bastante reconhecível: eram os *servi Dei*, os "Servos de Deus". Nessa condição eram visitados pelo clero local, e foram hospedados com honras na casa de um funcionário devoto;[2] e os bons leigos católicos costumavam escrever-lhes, pedindo suas orações.[3] Esses *servi Dei* deviam sua posição na Igreja latina menos a alguma ligação com a vida monástica organizada do que à pressão de uma moda de perfeccionismo. Produziram alguns dos homens mais notáveis de sua época. Tinham entre si diferenças vastas — tão vastas, aliás, que, uma geração depois, Pelágio, o grande contestador de Agostinho, chegaria a Cartago exatamente com a mesma aparência com que chegara o primeiro: na descrição que Agostinho faz dele, podemos ver o que ele próprio fora, um dia: um *servus Dei*,[4] um leigo batizado e dedicado, decidido a levar, na companhia de bispos, padres e protetores nobres, a vida plena de um cristão.[5]

O grupinho finalmente se instalou na parte da propriedade familiar que pertencia a Agostinho, em Tagaste.[6] Sua comunidade ainda podia significar muitas coisas para muitas pessoas. Para Nebrídio, que retornara à África e estava morando com a mãe em sua casa de campo, perto de Cartago, o círculo de Agostinho continuava a ser uma congregação de filósofos: "Dá-me o mais extremo prazer conservar tuas cartas, como se fossem meus próprios olhos. Umas me falam de Cristo, outras de Platão, outras de Plotino."[7] Os dois homens permaneceram separados pela doença, que impossibilitava a qualquer deles viajar pela estafante estrada do vale do Mejerda; como filósofos, porém, orgulhavam-se de poder viver felizes com suas próprias mentes.[8] Nem mesmo a ameaça da morte — uma ameaça muito próxima, para Nebrídio — podia afigurar-se de qualquer importância para os dois.[9] O ideal que Agostinho defendia perante Nebrídio era o "deificar-se no ócio", *deificari in otio*, expressão talvez retirada das obras de Porfírio.[10] Uma "Antologia espiritual", composta por seus amigos da época, pôde incluir o trabalho de um sábio pagão, Fonteius de Cartago, que depois seria batizado como cristão: "Agi, ó pobres mortais", disse ele, "para que o espírito maléfico não venha conspurcar esta morada; para que, misturando-se aos sentidos, não venha macular a santidade da alma e empanar a luz do espírito (...)."[11] Esse trecho austero mostra o quanto Agostinho e seu círculo ainda se moviam bem perto da fronteira entre o sentimento religioso cristão e o pagão.

Entretanto, embora o ideal de Agostinho pudesse ser o de um recluso neoplatônico, a única alternativa que agora lhe era possível imaginar para esse ideal era a vida ativa de um bispo católico.[12] Isso porque, em Tagaste, ele se viu frente a frente com a vida organizada da Igreja africana. Em Milão, isso não havia acontecido: ele era um estrangeiro, circulando entre as muitas rodas intelectuais de uma cidade grande. Agora, essa distância média de neutralidade havia desaparecido: em Tagaste, Agostinho era um cidadão do lugar, que retornara para uma pequena comunidade numa província em que a Igreja católica estava particularmente cônscia de sua posição entre inimigos poderosos — pagãos, maniqueístas e donatistas cismáticos. A qualquer momento, essas pequenas comunidades poderiam tentar recrutar seu "talento" local. Alípio não tardaria a se tornar bispo de Tagaste, sua cidade natal. Numa sociedade provinciana, sempre seria uma figura mais imponente do que Agostinho, e, em certo sentido, meramente substituiu seu parente Romaniano[13] como um "protetor" ilustre de Tagaste. Agostinho tomou o cuidado de evitar as cidades em que o bispado estava vago, por medo de uma "convocação" similar. Na época, disse a um correspondente, em tom áspero, que este devia lembrar-se de que ele era "um africano escrevendo para africanos, nós dois vivendo na África".[14] O lembrete era igualmente aplicável a Agostinho: sempre sensível ao "ambiente", ele estava, mais uma vez, mudando seu estilo de vida.

Em Tagaste, Agostinho viu-se às voltas com seu passado africano de maniqueu. A tensão entre católicos e maniqueístas tinha sido particularmente aguda na África: eles eram os "hereges" por excelência. Assim, não é de surpreender que os textos agostinianos contra os maniqueístas tenham-se tornado mais decididamente "eclesiásticos" nesse meio: seu primeiro comentário sobre o Gênesis, "contra os maniqueus", foi também seu primeiro panfleto eclesiástico; ele o escreveu num estilo simples e fácil de entender.[15] O admirável resumo de sua posição, "Da religião verdadeira", foi cuidadosamente redigido e produzido[16] para impressionar os simpatizantes maniqueístas da classe alta, como Romaniano. Agostinho parece haver-se empenhado em fazer com que ele circulasse e ter redobrado os esforços para provocar debates.[17] As relações entre a Igreja católica e os maniqueístas pareciam ter chegado a uma crise nesses anos. O sintoma mais patente dessa crise foi um "expurgo" oficial dos maniqueus em Cartago, no ano de 386.[18] Assim, o fato de Agostinho e seus amigos de Tagaste serem ex-maniqueístas, propondo energicamente sua própria solução para o problema dos maniqueus, deve ter-lhes dado uma importância considerável aos olhos das autoridades da Igreja africana.

O centro de gravidade do pensamento agostiniano havia começado a mudar. Ele retornara à África sem seus livros didáticos[19] e, àquela altura, seus projetos de uma formação intelectual pautada pelas artes liberais pareciam distantes. Até as conclusões de seu diálogo com Adeodato,

"Do Mestre", foram imediatamente aplicadas, em sua defesa da Igreja católica, ao dogma da Encarnação:[20] esse dogma viria a formar o eixo da religião do filósofo.[21] Podemos observar essa mudança com extrema clareza na correspondência de Agostinho com Nebrídio. Este, com seu passado pagão, ainda era fascinado por problemas suscitados nas fronteiras do neoplatonismo e do ocultismo: teria a alma um "veículo"?[22] Poderiam os poderes celestes influenciar nossos pensamentos?[23] Agostinho logo passou a encarar essa "curiosidade" como a linha demarcatória entre o platonismo pagão e o cristão.[24] Suas especulações já estavam subordinadas a uma sólida escala de prioridades: com grande severidade, ele remeteu as indagações de Nebrídio aos mistérios centrais da fé cristã;[25] seu pequeno grupo deveria repudiar tudo o que, na filosofia, não fosse compatível com o credo católico, ao mesmo tempo acreditando não haver nada nesse credo que não pudesse ser contemplado por um filósofo.[26] Agostinho rejeitaria, com considerável mau humor, as abordagens tolerantes de um pagão "liberal" — Máximo, professor de sua antiga escola em Madaura;[27] aliás, no cômputo geral, esse novo *platonicus* que retornara de Milão deve ter-se afigurado um homem com uma impressionante unidade de propósitos.

Os dois anos passados por Agostinho em Tagaste foram marcados por mudanças ainda mais significativas, se bem que mais misteriosas. Nessa época, ele era um contemplativo. Sua visão dos Dias da Criação, em seu comentário sobre o Gênesis, é um espelho fiel de seu próprio estado de espírito: ele continuava a contemplar as "luzes no firmamento", os "sentidos espirituais" que reluziam perante a mente, claros e distantes; lá fora, contudo, estavam as "feras do mar e do ar", uma vida de ação mais plena que ainda não alvorecera para ele, com as "baleias" das grandes obras singrando as águas revoltas do mundo, e as palavras dos pregadores "voando" pelo ar.[28]

Mas essa vida incorpórea e tranquila não tardaria a parecer muito vazia. No final desses anos, a morte fizera sua intervenção. Nebrídio e Adeodato estavam mortos. Não sabemos quando isso ocorreu: esse golpe duplo é um dos hiatos mais significativos na biografia de Agostinho. Em seu diálogo "Do Mestre", Adeodato havia parecido muito semelhante a seu pai: inteligente, bastante atrevido e muito mais bem preparado do que estivera Licêncio para descobrir as armadilhas dialéticas que o pai lhe preparava.[29] No último livro que escreveu, Agostinho viria a citar um trecho de Cícero que talvez deixe transparecer a dor de sua perda: "Por certo vem diretamente do coração de todo pai o que diz Cícero, ao escrever: *'És o único dentre todos os homens que eu desejaria ver superar-me em tudo.'*"[30] É bem possível que esse luto, aliado a uma sensação de vazio, tenha então pressionado Agostinho a buscar uma vida mais ativa. Ele não mais se contentou em "manter um convívio prazeroso com a mente".[31] "Deixemos de lado todos os deveres vazios e assumamos outros que sejam úteis. Quanto à isenção das inquietações, creio que não se pode esperar nenhuma neste mundo."[32] No ano que antecedeu sua ordenação como padre em Hipona, é possível que ele já houvesse procurado preencher sua vida — organizar sua comunidade, pautar as relações pessoais dentro dela por um código de conduta permanente, responsabilizar-se pelo bem-estar espiritual de muitas outras pessoas e exercer sobre elas um certo grau de verdadeira autoridade. Como resultado, o grupo de entusiastas de mentalidade similar que se congregara ao redor dele em seu retiro passou a se assemelhar, através de etapas lentas e sutis, a um "mosteiro", tendo em Agostinho seu "pai espiritual".

É inevitável que haja uma grande parcela de especulação nessa visão de Agostinho. Suas relações com o movimento monástico dessa época são mais obscuras. Em Milão e em Roma, ele visitara os primeiros "mosteiros"[33] e ouvira histórias distantes e meio românticas sobre as grandes comunidades do Egito.[34] Mas é improvável que tenha pensado em "fundar" um "mosteiro" imediatamente ao chegar a Tagaste: as velhas formas de uma vida de erudição em retiro, reforçadas por sua postura eclesiástica de *servus Dei*, provavelmente lhe pareceram suficientes. O que sabemos, no entanto, é como a vida monástica veio a atraí-lo: os monges lhe pareciam ter conseguido viver em comunidades permanentes nas quais todas as relações pessoais eram moldadas pelos ditames da caridade cristã,³⁵ presididas por homens que exerciam uma autoridade paternal e permanente sobre seus pupilos voluntários.³⁶

Esse tipo de vida já começara a influenciar Agostinho em seu primeiro ano em Tagaste. Instintivamente, ele queria ser algo mais do que um contemplativo; Nebrídio podia exortá-lo a viver unicamente com Deus, mas Agostinho estava decidido a se encarregar plenamente de sua comunidade e se deixou prender a Tagaste por "aqueles a quem, a meu ver, seria um erro abandonar".³⁷ Em 391, a transformação estava completa. Agostinho, que, um ano antes, recusara-se a viajar para visitar seu amigo Nebrídio, então moribundo, tomou a estrada que descia das montanhas para o antigo porto marítimo de Hipona. Um conhecido que era integrante da polícia secreta, Evódio, manifestara o desejo de conversar com ele sobre abandonar o mundo.³⁸ E Agostinho dispôs-se a fazer o possível e o impossível para conquistar um novo recruta. Até mesmo chegar a Hipona "à procura de um lugar em que fundar um mosteiro".³⁹ Pretendia que a vida desse "mosteiro" fosse dedicada à leitura das Escrituras Sagradas.⁴⁰ A imersão nas Escrituras o prepararia mais plenamente, assim como a seus seguidores, para uma vida ativa na Igreja africana. Haveria de deixá-los de acordo com a cultura do clérigo médio. Essa não foi a primeira vez na vida de Agostinho em que o luto e alguma insatisfação íntima o impeliram da sociedade pequena e unida de sua cidade natal para um mundo maior e mais agitado.

Muitas coisas se haviam modificado nos três anos anteriores. Quando chegou a Hipona, na primavera de 391, Agostinho era um homem solitário, entrando na meia-idade, que havia perdido muito de seu passado e tateava, de maneira semiconsciente, em busca de novos campos a conquistar.

14
PRESBYTER ECCLESIAE CATHOLICAE: HIPONA

Trinta e cinco anos depois, Agostinho contou a sua congregação o que lhe sucedera em sua chegada a Hipona:

"Eu, a quem vedes, com a graça de Deus, como vosso bispo, cheguei a esta cidade quando moço, como sabem muitos de vós. Estava à procura de um local em que instalar um mosteiro, para viver com meus 'irmãos'. Havia perdido toda a esperança neste mundo. O que poderia ter sido, eu não o queria ser, e nem tampouco buscava ser o que sou agora. Pois eu preferia *ser humilde na casa de meu Senhor* a *viver nas tendas dos pecadores*. Mantinha-me afastado de todos os que amavam o mundo, mas não me considerava à altura dos que presidiam congregações. Na Festa do Senhor, não ocupei uma posição mais elevada, porém escolhi um lugar inferior e mais retirado; e aprouve ao Senhor dizer: 'Levanta-te.'

"Eu tinha tanto medo do ofício de bispo que, tão logo minha reputação veio a ter algum peso entre os 'servos de Deus', recusava-me a ir a qualquer lugar em que soubesse não haver um bispo. Precavia-me contra isto: fazia todo o possível para buscar a salvação numa posição humilde, em vez de correr o perigo dos altos cargos. Mas, como afirmei, um escravo não pode contradizer seu Senhor. Cheguei a esta cidade para visitar um amigo a quem julgava poder conquistar para Deus, a fim de que ele pudesse viver conosco no mosteiro. Sentia-me seguro, pois já havia um bispo no local. Fui agarrado. Ordenaram-me padre (...) e, a partir daí, tornei-me vosso bispo."[1]

Esse era um tipo de incidente comum no baixo Império Romano.² E transcorreu muito depressa: num sermão, o bispo Valério falou em tom incisivo sobre as necessidades urgentes de sua igreja;³ a congregação virou-se e, como esperava, descobriu Agostinho postado em meio a ela, na nave; com a gritaria persistente que o método exigia, as pessoas empurraram-no até o trono elevado do bispo e os bancos dos padres, que se alinhavam na abside recurvada ao fundo da basílica. Os cidadãos católicos mais eminentes de Hipona devem ter-se reunido em torno dele, enquanto o bispo aceitava sua concordância forçada em se tornar padre na cidade.⁴ Tal ocorrência era perfeitamente natural para esses fiéis: vinte anos depois, eles tentariam sem sucesso sequestrar da mesma maneira um outro "astro" de passagem.⁵ E meramente presumiram que Agostinho prorrompeu em lágrimas porque queria ser bispo e se viu condenado à categoria inferior de presbítero.⁶ Como era característico, a reação imediata de Agostinho foi sentir-se condenado: seu Deus havia *"escarnecido dele"*, que chorou de vergonha por haver pensado mal dos clérigos e suas congregações, em certa época.⁷

O homem responsável por essa guinada da sorte, o bispo Valério, era uma figura tão excêntrica quanto o próprio Agostinho. Era um grego idoso, que falava latim com dificuldade⁸ e não conseguia entender o dialeto púnico dos camponeses de sua diocese.⁹ Sua comunidade precisava desesperadamente de uma voz. Os católicos de Hipona eram uma minoria perseguida. A Igreja rival, a do "partido de Donato", predominava na cidade e na zona rural circundante. Contava com o apoio de proeminentes senhores de terras da região¹⁰ e gozava do reconhecimento tácito das autoridades locais. Mais ou menos nessa época, seu bispo havia conseguido impor um boicote a seus rivais: proibira os padeiros de fornecer pão aos católicos.¹¹ (Quem já esteve numa cidade do Mediterrâneo sabe da importância do forno situado no centro de cada pequeno bairro.) E mais, os maniqueístas tinham-se estabelecido com grande sucesso na periferia da desalentada congregação católica. Seu "padre", Fortunato, inclusive conhecera Agostinho em Cartago.¹² Esse simples fato já teria destacado Agostinho para a consideração do preocupado bispo.

A situação reclamava medidas sem precedentes, e Valério exibiu a coragem de sua excentricidade. Não só impôs a Agostinho um "recrutamento forçado", para que se tornasse seu padre, como insistiu em que ele fizesse pregações. Em menos de dois anos, a nova aquisição de Valério estava explicando pacientemente o Credo aos bispos católicos reunidos da África! Ao permitir que Agostinho pregasse, Valério infringiu um privilégio zelosamente guardado da hierarquia africana — o de que somente o bispo, sentado em seu trono elevado, devia expor as Escrituras católicas.[13] Tempos depois, Valério mostrou-se capaz de intrigas vigorosas para manter o controle de seu protegido. Em 395, escreveu cartas secretas ao primaz de Cartago, para que Agostinho fosse consagrado como seu coadjutor:[14] mais uma vez, seu ato foi um desafio aos cânones e, desta feita, aos cânones de nada menos que o Concílio de Niceia, dos quais seria esperável que justamente ele, na condição de grego, tivesse conhecimento.[15] Antes disso, em certa ocasião, Valério havia escondido Agostinho, temendo que uma delegação de uma cidade vizinha pudesse sequestrá-lo para ser seu novo bispo.[16] Ele acolheu de bom grado a proposta agostiniana de fundar um mosteiro e pôs à disposição do padre o átrio do jardim da igreja principal.[17] Com isso, assegurou que essa instituição sem precedentes fosse oficialmente reconhecida na África e que um grupo de homens extraordinários — ex-maniqueístas, muitos deles[18] — se instalasse em sua cidade. Valério agiu como grego: estava acostumado a monges e padres capazes de pregar. Mas suas manobras obstinadas e complexas não eram do tipo que pudesse granjear popularidade para ele ou seu brilhante novo padre entre os bispos locais mais conservadores. Quando da consagração de Agostinho como bispo coadjutor, em 395, a borrasca de irritação que se vinha armando desde longa data eclodiu de repente, como veremos mais adiante.[19]

É possível atribuir a Valério a perspicácia do estrangeiro. A Igreja católica local da África tinha chegado a um impasse: divididos pelo cisma e expostos à heresia maniqueísta, seus bispos haviam-se acomodado como dignitários locais com dons e ambições limitadas.[20] Contentavam-se em obter privilégios oficiais e só pareciam capazes de demonstrar energia nos litígios. (Para Agostinho, em Tagaste, a vida dos bispos parecia consistir inteiramente em viagens de negócios, enquanto os deveres dos padres pareciam ser mais ou menos os de um representante legal.)[21] Na igreja, eles se contentavam em celebrar a liturgia; fora dela, serviam de árbitros em processos judiciais. Em todos os aspectos, a Igreja rival dos donatistas era mais atuante. O maior dos exegetas africanos era um donatista, Ticônio, homem cuja obra iria influenciar Agostinho profundamente.[22] Só os donatistas pareciam ter empreendido a difícil tarefa de converter os vilarejos das montanhas próximas de Hipona e os do interior.[23]

Nessa Igreja "muda", o novo padre de Valério era nada menos do que um mestre da palavra. Agostinho começou ensinando o catecismo. Pequenos discursos, complexos e densos, saíam-lhe facilmente da boca.[24] Não tardou a chamar a atenção do público. Em 28 de agosto de 392, postou-se em frente a seu antigo amigo Fortunato, o maniqueísta, no saguão de uma casa pública de banhos, para um debate formal.[25] Perante uma grande plateia, formada por pessoas de todos os credos,[26] Agostinho começou com as seguintes palavras:

"Creio agora ter sido um erro aquilo que antes julgava ser a verdade. Se estou correto em minha opinião, quero ouvi-lo de vós."[27]

Ao cabo de dois dias, Agostinho havia atormentado Fortunato até deixá-lo sem ter o que dizer, sendo forçado a abandonar a cidade para sempre.[28] Os maniqueístas depositavam grande confiança nesses encontros públicos[29] e, nessa ocasião, Agostinho derrotou os antigos mestres no próprio jogo deles. Não tardou a tentar, com muito menos sucesso, empregar esses métodos com os bispos donatistas, desafiando-os para um debate. Mais prudentes, contudo, eles se mantiveram fora do caminho de um "profissional",[30] e é possível que tenham visto com autêntica desconfiança essa nova tática. Como movimento do povo, o donatismo confiava nas canções populares.[31] Em 394, foi justamente com uma destas que Agostinho foi ao encontro deles: seu *"A.B.C. contra os donatistas"*, mais uma de suas obras sumamente anticonvencionais. A canção era um simples *jingle*: cada dístico começava por uma letra do alfabeto e terminava num refrão constante: "Vós que aceitais em paz vossa alegria, agora é a hora de julgar o que é verdade."[32] Até o ritmo era popular: Agostinho abandonou deliberadamente a métrica do poema clássico e, em vez dela, adotou um estilo que mostra o quanto o latim das ruas passara a se assemelhar a uma língua românica na pronúncia.[33] Vinte anos antes, Agostinho fora laureado por escrever uma peça formal clássica, um *carmen theatricum*.[34] E agora, um abismo que viria a separar duas civilizações, quase duas línguas, abriu-se entre o estudante e o padre católico. O poema foi um sintoma da maleabilidade e do extremo anticonvencionalismo que Agostinho demonstraria como promotor de campanhas eclesiásticas.

Em dezembro de 393, o Concílio Geral da África reuniu-se pela primeira e última vez em Hipona. Foi uma ocasião importante.[35] Os bispos reunidos devem ter tido sua primeira oportunidade de ver Agostinho. No dia 3 de dezembro, ele lhes expôs o Credo. Esse discurso — "*Sobre a fé e o credo*" — era o *Da religião verdadeira*, de Agostinho, tal como apresentado não mais a um leigo desinteressado, como Romaniano, mas a uma assembleia de bispos. Foi condensado, muito simplificado e reforçado com citações das Escrituras, porém marcado pelo mesmo toque certeiro precoce. As dificuldades dos homens simples — e, a julgar por alguns dos problemas abordados de passagem, a plateia de Agostinho devia incluir alguns bispos realmente simplicíssimos — foram confiantemente resolvidas. O Credo foi apresentado como um todo coerente, perfeitamente satisfatório e inteligível. Agostinho continuava a se inspirar numa grande esperança: a de que a inteligência potente e devota ainda pudesse agir de tal modo sobre esse documento altamente condensado que cada afirmação dele fosse de compreensão cristalina.

O ideal de Agostinho, nessa época, era a "lamparina": um intelecto refulgente de verdade, instalado num corpo reduzido à completa submissão.[36] Para sua congregação, ele era e continuou a ser o homem que sabia. Sabia dizer-lhes os sentidos ocultos da Bíblia.[37] Sabia desenredar o significado de um número.[38] Sabia cumprir imediatamente a promessa de responder às críticas maniqueístas ao Velho Testamento.[39] Mantinha-se sempre claro, questionando e gesticulando para transmitir seu significado mais íntimo, sem que nunca lhe faltassem palavras: "Devemos compreender o que significa este Salmo. Entoá-lo com a razão humana, e não como os pássaros. O tordo, o papagaio, o corvo, a pega e outras aves similares são comumente ensinados a dizer aquilo que não compreendem. Saber o que estamos dizendo, eis o que foi concedido à natureza humana pela vontade de Deus. Sabemos muito bem como cantam os homens maus e de vida desregrada, conforme lhes convém aos ouvidos e ao coração. Eles são ainda piores por saberem perfeitamente o que estão cantando. Sabem estar cantando canções obscenas — porém, quanto mais obscenas são estas, mais se comprazem em fazê-lo. (...) E nós, que aprendemos na igreja a entoar as palavras de Deus, devemos ter o mesmo ardor. (...) Agora, meus amigos, devemos conhecer e discernir com a mente límpida aquilo que todos cantamos em uníssono."[40] Vez por outra, como ao pregar sobre o casamento, Agostinho dava um toque gélido, que lembrava à plateia encantada que seu padre era também um neoplatônico que vivia entre monges, capaz de esperar seriamente que eles só amassem a sexualidade de suas esposas e os laços físicos de suas famílias como um cristão devia amar seus inimigos.[41]

Agostinho nunca moraria sozinho em Hipona. Como padre, costumava retornar de suas obrigações para dirigir o Mosteiro do Jardim.[42] Mais tarde, quando plenamente ocupado como bispo, invejava nos monges a vida regular de orações, leitura e trabalhos manuais.[43] Adão e Eva tinham tido a felicidade de trabalhar numa horta: "No cômputo final, haverá visão mais deslumbrante, momento em que a razão humana mais se aproxime de uma espécie de conversa com a natureza das coisas, do que o deitar as sementes, plantar as mudas, transplantar os arbustos, enxertar os rebentos? É como se fosse possível indagar à força vital de cada raiz e cada broto o que ela pode e o que não pode fazer, e por quê."[44]

Esse mosteiro ainda encontrou seus recrutas entre os antigos amigos de Agostinho. Lá estavam Evódio e Alípio. Mas, como seria inevitável, uma instituição permanente como um mosteiro viria a atrair homens mais jovens, cujas predileções, cultura e história pregressa não se assemelhavam às de Agostinho e seus amigos. Um desses homens foi Possídio — um discípulo honesto e pertinaz. É paradoxal que Possídio tenha escrito a única biografia contemporânea de Agostinho, e que tenha optado por apresentar seu herói complexo sobretudo em termos da vida tranquila e descomplicada que ele havia criado para os outros.[45]

Como seria inevitável, esses *servi Dei* passaram a formar um grupo influente na Igreja africana. Seu mais destacado protetor foi Aurélio, que Agostinho conhecera como diácono em Cartago, em 388, e que se tornou bispo dessa cidade em 392. Como presidente da primeira série regular e prolongada de concílios "totais" na história da Igreja africana, Aurélio veio a usar ao máximo sua autoridade como "primaz" da África. Agostinho sempre tomou o cuidado de se dirigir a ele como *Auctoritas tua*, "Vossa Autoridade". Essa figura vigorosa e dominante estava fadada a dar "uma espada" às reformas agostinianas.[46]

Aurélio não só protegeu a comunidade agostiniana,[47] como incentivou Agostinho ativamente a formar um centro de homens brilhantes na província eclesiástica da Numídia. Mostrou-se satisfeito por Alípio ter permanecido em Hipona, "como um exemplo para os que desejam afastar-se do mundo".[48] Seu estímulo foi amplamente recompensado. O *monasterium* agostiniano em Hipona converteu-se num "seminário", na verdadeira acepção da palavra: uma "sementeira" da qual os protegidos de Agostinho foram "transplantados" como bispos para as principais cidades da Numídia.[49]

Esse súbito afluxo de novos homens deve ter afetado drasticamente o equilíbrio de forças na província. Continuava pequeno o mundo eclesiástico da África, onde a maioria dos bispos se conhecia e o bispo era uma personalidade famosa nas cidadezinhas. Os homens saídos do mosteiro de Agostinho eram não apenas figuras dedicadas, sensíveis à inspiração dele, como muitos tinham sua própria personalidade imponente. A média dos bispos donatistas e católicos continuava a se compor de figuras provincianas: os porta-vozes donatistas da Numídia, por exemplo, eram advogados e professores de cidades do interior.[50] Mas o "mundo" do qual se haviam convertido muitos membros do mosteiro agostiniano era, com frequência, o mundo mais vasto e implacável da burocracia imperial.[51] Na verdade, alguns desses humildes *servi Dei* tinham sido integrantes da temida polícia secreta[52] e, em sua nova vida de pobreza, podiam contar com o apoio de alguns dos maiores latifundiários do Império Romano do Ocidente.

Em pouco tempo, Alípio, cuja característica de *humanitas*[53] e cujo infalível *savoir-faire* permitiam-lhe tomar tais iniciativas, valeu-se de sua ligação com um parente romano de Paulino de Nola para se aproximar desse decano do movimento monástico da época.[54] Paulino era o único herdeiro remanescente de uma das famílias mais antigas e mais ricas de então: fora proprietário de "reinos" formados por herdades na Gália e na Espanha. Juntamente com sua esposa, Therasia, recolhera-se em data recente a sua mansão senatorial de Nola, na Campânia, para um retiro monástico. Mais tarde, Agostinho teve a esperança de que esse "leão" do movimento ascético fizesse uma visita especial à África, para apoiar a causa dos monges: esse desejo mostra a que ponto o novo grupo voltava-se para fora da Igreja provinciana da África em busca de incentivo e inspiração.[55]

No ano de 395, Paulino pôde escrever que o impossível havia acontecido na África. Agostinho tornara-se bispo sem dificuldade, tal como o tinham feito seus outros correspondentes, Aurélio, Alípio, Profúturo e Severo.[56] Todos eram *servi Dei*, todos amigos íntimos de Agostinho. Através desses homens, a *"trombeta da Igreja"* soprou alto, o que constituiu um mau presságio para as *"trombetas dos pecadores"* — os maniqueus e os donatistas.[57] Era o começo de uma revolução dramática na história do cristianismo africano.

Essa súbita constelação de homens competentes numa mesma província foi sintoma de uma mudança ainda mais profunda na vida do

Império Romano. Paulino menciona a elevação de Agostinho e seus amigos no texto de uma carta a Romaniano e Licêncio. Romaniano e seu filho estavam novamente na Itália. Como convinha a um membro da tradicional classe governante romana, ele fora a Roma mexer os pauzinhos para favorecer a sorte de Licêncio. Dez anos antes, tinha sido acompanhado por um grupo inteiro de provincianos sérios e ambiciosos em busca de honrarias e poder na Itália, entre eles Agostinho. Agora, a maioria desses homens recolhera-se para sempre a pequenas cidades provincianas da África. Devia parecer que se haviam condenado a viver num lugar atrasado. No entanto, essa notícia vinda da Itália é a última que temos de Romaniano e seu filho. Eles desapareceram da história, e foram Agostinho, Aurélio e Alípio, bispos que exerciam o poder em cidadezinhas, sobre homens simples, que vieram a influenciar a vida de seus conterrâneos de um modo muito mais íntimo do que jamais teria feito Romaniano, com seus inúmeros processos judiciais e suas ambições distantes. E foi assim que nem todos os caminhos continuaram a levar a Roma.

15
O FUTURO PERDIDO¹

Passou-se uma década entre os primeiros textos de Agostinho subsequentes a sua conversão e a redação de sua mais célebre obra-prima, as *Confissões*. Nessa década, ele se deslocou imperceptivelmente para um novo mundo.

Isso porque, de 386 a 391, na Itália e em Tagaste, Agostinho ainda estava solidamente enraizado no velho mundo. O ideal em que baseava sua vida ainda pertencia à tradição platônica do mundo antigo. Ele pretendia ser um *"sapiens"*, um sábio, levando uma vida de contemplação e decidido, tal como seus contemporâneos pagãos de tradição idêntica, a "deificar-se no ócio".² Encontramos tais filósofos em alguns sarcófagos da época: figuras austeras e tranquilas, sentadas num pequeno círculo de discípulos enlevados, com um livro aberto sobre os joelhos — o mais elevado tipo humano que a cultura clássica da baixa Antiguidade julgava-se capaz de produzir.³ Os cristãos instruídos viam seus santos como pessoas que haviam atingido praticamente os mesmos ideais que os pagãos contemporâneos atribuíam aos filósofos. Assim, quando Agostinho fala da qualidade da vida conquistada por seus heróis, os apóstolos, podemos ver exatamente o que esperava para si mesmo: *"Abençoados os pacificadores."* "Pois são pacificadores em si mesmos aqueles que, vencendo e submetendo à razão (...) todos os movimentos de sua alma, e domando seus próprios desejos carnais, transformam-se, eles próprios, num Reino de Deus. (...) Desfrutam da paz concedida na terra aos homens de boa vontade (...) gozam a vida do sábio rematado e perfeito. (...) Tudo isso pode realizar-se nesta vida atual, como cremos ter sido atingido pelos apóstolos."[4] Essas eram ideias profundamente arraigadas: elas transparecem nos rostos controlados e distantes de qualquer mosaico da época; e, passados cerca de trinta anos, ainda se podia esperar que bispos instruídos se chocassem com a sugestão do velho Agostinho de que até São Paulo teria sido "imensamente maculado por desejos sexuais".[5]

Dez anos depois, essa grande esperança se havia desfeito. "Quem pensa", escreveu então Agostinho, "que, nesta vida mortal, o homem pode dispersar as brumas das fantasias corporais e carnais a ponto de possuir a límpida luz da verdade imutável, e de se apegar a ela com a inabalável constância de um espírito inteiramente alheado dos modos de vida comuns, não compreende nem Aquilo que procura nem quem está procurando."[6]

Com efeito, Agostinho decidiu que nunca chegaria à realização que, a princípio, julgara ser-lhe prometida por um platonismo cristão: jamais imporia uma vitória da mente sobre o corpo em si mesmo, jamais atingiria a absorta contemplação do filósofo ideal. Era a mudança mais drástica que um homem podia ter de aceitar: implicava nada menos do que a renúncia ao futuro brilhante que ele julgava haver conquistado em Cassicíaco.[7]

Reduzir tamanha mudança, como fizeram alguns estudiosos sistemáticos, a uma rejeição do "neoplatonismo" e à descoberta de um cristianismo "autêntico" equivale a banalizá-la. O molde em que Agostinho vertera sua vida de convertido era capaz de abrigar cristãos instruídos de temperamentos diferentes, em diferentes partes do mundo romano, durante toda a vida deles. Agostinho, no entanto, rompeu esse molde em uma década — em parte, suspeita-se, porque tal molde não podia suportar o peso terrível de suas próprias expectativas. Em dez anos, a reflexão séria e a experiência amarga transformaram sutilmente toda a qualidade de sua vida; e, acompanhando essa mudança profunda, podemos avaliar o impacto das novas ideias que se impuseram a

Agostinho quando, por volta de 397, ele se sentou para reexaminar e reinterpretar sua vida pregressa nas *Confissões*. É que Agostinho passaria vorazmente de um problema a outro: o que talvez houvesse começado como a perigosa desilusão de um perfeccionista emergiu, nas *Confissões*, como uma nova visão do homem, uma reavaliação de suas potencialidades, uma descoberta empolgante e profunda das verdadeiras fontes de suas motivações.

Em primeiro lugar, Agostinho passou a reconhecer a simples dificuldade de atingir uma vida ideal. Podemos ver essa consciência impondo-se a ele quando padre, especialmente nos textos que escreveu contra os maniqueístas, entre 392 e 394. Pois seria ingênuo esperar que, diante de uma seita com a qual sempre mantivera um relacionamento particularmente intenso, e tendo a probabilidade de se confrontar, num homem como Fortunato, com lembretes vivos de seu próprio passado de maniqueísta, Agostinho desenvolvesse apenas as partes de seu sistema que contradiziam diretamente seus adversários. Longe disso: por uma atração sutil dos opostos, os maniqueístas conseguiriam trazer para o primeiro plano da mente de Agostinho certos problemas que os platônicos da época não haviam conseguido responder.

Acima de tudo, havia o problema premente da aparente permanência do mal nas ações humanas. Esse problema deixou Agostinho numa posição incômoda. É que, em época anterior, ele se havia posicionado quanto à questão do livre-arbítrio; sua crítica ao maniqueísmo fora a crítica típica do filósofo ao determinismo em geral. Era uma questão de bom senso que os homens fossem responsáveis por seus atos; eles não poderiam ser responsabilizados se não dispusessem do livre-arbítrio; portanto, não se poderia pensar em seu arbítrio como sendo determinado por forças externas — no caso, pelo "Poder das Trevas" dos maniqueístas.[8] É claro que essa era uma linha de argumentação perigosa, pois comprometia Agostinho, pelo menos em tese, com a autodeterminação absoluta da vontade; implicava uma "facilidade de ação", uma *facilitas*[9] que dificilmente convenceria os sombrios observadores da condição humana que eram os maniqueístas. Nessa época, de fato, no texto escrito, Agostinho era mais pelagiano do que Pelágio: este chegaria até a fazer uma citação do livro agostiniano *Do livre-arbítrio* para corroborar suas próprias ideias.[10] Assim, paradoxalmente, o grande adversário da velhice de Agostinho inspirou-se nos tratados do jovem filósofo, nos quais Agostinho defendera o livre-arbítrio contra o determinismo maniqueísta.[11]

Pois o que Agostinho não conseguia explicar com muita facilidade era que, na prática, a vontade humana não gozava de completa liberdade.[12] O homem descobria-se envolvido em padrões de comportamento aparentemente irreversíveis, sujeito a ânsias compulsivas de se conduzir de maneira contrária a suas boas intenções e tristemente incapaz de desfazer hábitos já estabelecidos.

Assim, quando os maniqueístas apontavam para o fato de que, na verdade, a alma não gozava de uma liberdade completa para determinar sua conduta, podiam apelar tanto para o óbvio quanto para a autoridade de São Paulo. Em seu debate público, Fortunato insistiria neste ponto: "A partir daí, vê-se com clareza que a boa alma (...) peca, e não por vontade própria, mas seguindo o modo como '*a carne anseia contra o espírito e aquilo que não desejas é o que fazes*'. E, como diz Paulo noutro lugar, '*Vejo em meus membros uma outra lei*'."[13]

Esse questionamento direto tinha de ser enfrentado. E levou Agostinho a inaugurar uma nova abordagem do problema do mal. Ele explicava a permanência do mal na vontade humana em termos puramente psicológicos: em termos da força compulsiva do hábito, *consuetudo*, que extraía toda a sua força do funcionamento da memória humana. O prazer derivado de atos passados era "infligido" à memória e, desse modo, perpetuado.[14] Mas esse processo de perpetuação não pareceu direto a Agostinho: é que, em razão de "alguma fraqueza misteriosa",[15] o prazer de cada má ação do passado era ampliado e transformado, ao ser rememorado e repetido. Com isso, podia instalar-se rapidamente um hábito compulsivo.

Foi assim que Agostinho viu-se levado a ver o homem como aprisionado pela continuidade de sua vida interior. Num trecho de grande força, ele assemelhou a alma aprisionada pelo peso do hábito a Lázaro, jazendo morto no túmulo por quatro dias.[16] A mudança de ênfase implícita nesse simbolismo tinha um enorme alcance: já não era possível falar do corpo humano como o único "túmulo" de sua alma; Agostinho viu-se forçado a considerar a maneira misteriosa pela qual podia criar seu próprio túmulo em sua memória.

Nessa conscientização crescente dos componentes intratáveis do comportamento, ele foi ajudado por sua experiência de padre em Hipona. É que os africanos eram famosos por suas blasfêmias e imprecações. Os primeiros sermões de Agostinho mostram como ele teve de combater esse vício em sua congregação[17] e refletir pessoalmente sobre ele.[18] Essa campanha contra a blasfêmia, na verdade, deve tê-lo confrontado com a força compulsiva de certos hábitos, exatamente como faria qualquer campanha moderna contra o fumo. Assim, Agostinho pautou-se pela experiência imediata ao responder à pergunta formulada por Fortunato: "Em nossa condição atual, temos efetivamente o poder de fazer ou não fazer seja o que for, enquanto não formos apanhados num hábito. Depois que usamos essa liberdade de fazer algo, a doçura e o prazer do ato nos retêm a alma, que fica aprisionada no tipo de hábito que não consegue romper — um hábito criado para ela por seu próprio ato pecaminoso. Vemos à nossa volta muitos homens que não querem proferir imprecações, mas, como sua língua adquiriu esse hábito, escapam-lhes dos lábios palavras que eles são simplesmente incapazes de controlar. (...) Se quiserdes saber a que me refiro, começai a tentar não praguejar: então vereis como a força do hábito segue seu próprio caminho."[19]

Como uma nuvem isolada que se expande e escurece o céu inteiro, esse sentimento da força dos hábitos passados aprofundou-se em Agostinho.[20] A *consuetudo carnalis*, "força do hábito voltada para as coisas da carne", apareceu como uma tarja negra a emoldurar sua descrição de todas as experiências contemplativas nas *Confissões*. Dez anos antes, tais experiências transitórias de contemplação haviam-se afigurado os estágios iniciais de um desenvolvimento que poderia culminar, nesta vida, num "local de repouso (...) na plena realização do bem verdadeiro e absoluto, respirando o ar puro da serenidade e da eternidade".[21] Agora, Agostinho resignava-se a jamais conhecer senão vislumbres: "Algumas vezes, inundais-me de um sentimento deveras distinto de meu estado normal, uma sensação íntima de prazer que, se em mim atingisse o apogeu, seria inteiramente diferente desta vida. Mas sou arrastado de volta por aflições cujo peso me acabrunha: de novo deixo-me absorver e dominar por minhas imperfeições habituais; choro muito por isso, mas sinto-me muito preso. É pesadíssimo o fardo do costume adquirido!"[22]

A sensação da existência de obstáculos insuperáveis à perfeição levaria Agostinho a uma nova humildade e, talvez, até mesmo a uma certa dose de tolerância:

"Ó almas obstinadas!", exclamara ele aos maniqueístas em 390: "Mostrai-me um homem (...) que confronte destemidamente as sensações da carne e os golpes que ela desfere em profusão na alma; que enfrente o pensar habitual dos homens (...), que 'entalhe seu espírito'." (Esta última exortação foi diretamente extraída de Plotino.)[23] Decorridos dez anos, teve de escrever: "Que sejam severos contigo os que não sabem com que esforço se descobre a verdade e com que dificuldade se evitam os erros; sejam severos contigo os que não sabem quão raro e desgastante é suplantar as fantasias da carne, na serenidade de um intelecto devoto; sejam severos contigo aqueles que não sabem com que dores é sarado o olho interno do homem, para que ele possa vislumbrar seu Sol."[24]

Com tal estado de ânimo avultando dentro de si, Agostinho voltou-se mais uma vez para São Paulo. Em junho de 394, deu "aulas" sobre a Epístola aos Romanos a seus amigos de Cartago.[25] Tencionava inclusive escrever um comentário completo sobre as Epístolas de São Paulo: foi mais um de seus grandes projetos abandonados.[26] Ao voltar a atenção para São Paulo, Agostinho interveio num problema que havia começado a preocupar muitos de seus contemporâneos. Na igreja latina, as últimas décadas do século IV bem poderiam ser chamadas de "a geração de São Paulo": o interesse comum por este último reuniu pensadores muito diferentes e os aproximou mais uns dos outros que de seus predecessores. Na Itália, Paulo já recebera comentários do platônico cristão Mário Vitorino e de um leigo anônimo, provavelmente um burocrata aposentado, conhecido por nós como "Ambrosiastro". Na África, o interesse por Paulo levara o leigo donatista Ticônio a se aproximar mais de Agostinho que de seus próprios bispos. Nessa época, acima de tudo, Agostinho tinha em mente os expositores mais radicais e confiantes de Paulo, os maniqueístas: eles foram responsáveis pela maioria das questões específicas que Agostinho teve de resolver para sua plateia em Cartago.[27] Dado esse interesse generalizado, não admira que, exatamente na mesma época em que Agostinho discorria sobre Paulo em Cartago, seu futuro adversário, Pelágio, apresentasse um Paulo radicalmente diferente a seu círculo de amigos, num dos grandes palácios de Roma.[28]

Agostinho não "descobriu" Paulo nessa época. Apenas o leu de outra maneira. Antes, o interpretara como um platônico: vira nele o expoente de uma ascensão espiritual, da renovação do homem "interno" e da decadência do "externo";[29] e, passado o seu batismo, havia compartilhado o sentimento paulino de triunfo: "Eis que tudo tornou-se novo." A ideia da vida espiritual como uma ascensão vertical, um progresso rumo a um derradeiro e supremo estágio a ser alcançado nesta vida, havia fascinado Agostinho em anos anteriores. Já agora, ele não via em Paulo nada além de uma mesma tensão não resolvida entre a "carne" e o "espírito". As únicas mudanças que pôde constatar foram mudanças nos estados de consciência dessa tensão: desconhecimento de sua existência "antes da Lei", desolado reconhecimento do grau de tensão entre o bem e o mal "na Lei", e um estágio de extrema dependência de um Libertador "na graça". Só depois desta vida é que se resolveria a tensão, "Quando a morte for tragada pela vitória". A paisagem tinha sido uniformizada e nela, para Agostinho, a esperança de progresso espiritual passou a depender cada vez mais da imperscrutável vontade de Deus.

Mas Agostinho travou uma obstinada batalha perdida contra a visão do homem como inteiramente desamparado. Na época em que era padre, insistiu em que os esforços humanos não auxiliados serviam para alguma coisa. Os homens não podiam superar suas limitações, mas podiam tomar a iniciativa, acreditando em Deus e recorrendo a Ele para salvá-los.[30] Quando lhe indagavam qual era o único pecado imperdoável contra o Espírito Santo, Agostinho respondia com firmeza, nessa época, que era o desespero.[31]

Durante alguns anos, ele continuou instavelmente equilibrado entre dois mundos. Não mais se falou em "ascensão" em sua vida. "Lembra-te (...) de que adiaste tua visão."[32] Surgiu uma nova imagem: a de um longo percurso, um *iter*.[33] Os momentos de límpida visão da verdade conquistados pela mente nesta vida eram de valor infinito, mas passaram a ser tidos como os lenitivos de um viajante numa longa viagem: "Enquanto a fazemos, até atingirmos nossa meta, continuamos viajando." Esses momentos não passavam de pontos luminosos "na estrada escurecida".[34] Pessoalmente, Agostinho sempre se ressentiu das viagens: sempre as associou a um sentimento de trabalho protelado e ao adiamento infindável de seus desejos mais diletos, e essas associações viriam a colorir a imagem mais característica que ele tinha da vida espiritual em sua meia-idade.[35]

Ainda assim, houve uma recusa heroica a sancionar o desespero que "corrói os homens". "Não serás censurado por seres ignorante contra a tua vontade, mas por deixares de investigar o que te torna ignorante; não por não conseguires recompor teus membros feridos, mas por rejeitares Aquele que os curaria. Homem algum foi privado da capacidade de saber que é essencial descobrir aquilo cujo desconhecimento é prejudicial, nem de saber que deve confessar suas fraquezas, a fim de que Ele possa ajudar quem se empenha em sua busca e se confessa."[36]

É importante enfatizar as hesitações de Agostinho nessa época. Ele estava cercado de homens mais "agostinianos" do que ele próprio. *Servi Dei* como Paulino e Evódio já haviam criado um culto da fragilidade humana; consideravam-se imprestáveis, "poeira e cinzas", "predestinados" unicamente por Deus. Mas faltava base filosófica a essas expressões de impotência; elas mais faziam parte do mundo da sensibilidade ascética que da teologia.³⁷ Agostinho, porém, era um pensador responsável, ainda preocupado com a necessidade de se definir contra os maniqueístas. Dispôs-se a agir de maneira ainda mais cautelosa. Esquadrinhou Paulo criteriosamente, à procura de seu verdadeiro sentido, e se voltou, de modo bastante significativo, para a tradição africana de São Cipriano e de Ticônio, em busca de "abordagens melhores" que lhe permitissem tomar uma decisão.³⁸ O próprio caráter deliberado de seus primeiros passos viria a tornar ainda mais impressionante a interpretação agostiniana final de Paulo: no decorrer de uma década, ele já havia vasculhado muitas camadas da teologia paulina (e cada camada poderia levar a vida inteira de um homem menos dotado), a fim de produzir sua síntese revolucionária. Nisso podemos ver a marca do gênio: Agostinho exibiu a capacidade inabalável de elaborar, com detalhes precisos e convincentes, uma intuição que já pairava, sob forma parcial e confusa, nos recônditos do pensamento de seus contemporâneos.

Até as circunstâncias de seu último passo foram dramáticas. Por volta de 395, ele foi abordado com um punhado de "problemas" por ninguém menos do que Simpliciano, de Milão. Sua resposta foi excepcionalmente esmerada:³⁹ Agostinho tinha plena consciência de que suas opiniões seriam criteriosamente avaliadas pelo ancião a quem tanto devia.⁴⁰ Mas os dois homens tinham mudado nos dez anos anteriores. Em Milão, Agostinho e Simpliciano haviam-se conhecido como metafísicos: tinham encontrado um campo comum entre os platônicos e São João, em sua descrição da estrutura do universo espiritual.⁴¹ Agora, Simpliciano formulava um tipo de pergunta totalmente diferente: por que teria Deus dito "Odiei Esaú"? Era longa a trajetória que ia da contemplação de um Logos, cuja existência podia ser "sugerida por inúmeras provas racionais", essa postulação contundente da natureza insondável dos destinos individuais. E Agostinho deu a Simpliciano o que Ambrósio não lhe pudera dar. Isso porque, quando Simpliciano abordara seu bispo para lhe pedir opiniões

sobre Paulo, Ambrósio havia meramente respondido que Paulo não constituía problema algum, que era apenas uma questão de "lê-lo em voz alta".⁴²
À mesure qu'on a plus d'esprit, on trouve plus des hommes originaux!*
Ambrósio não era tão brilhante quanto Agostinho, e era, essencialmente, o tradicional bispo instruído de sua época. Para ele, o grande problema continuava a ser a compreensão da mensagem "espiritual" do Velho Testamento, em termos das alegorias desenvolvidas pela escola alexandrina.⁴³ Nos quatro anos seguintes, todavia, Orígenes cairia em desgraça. A Igreja latina se descobriria sem nenhum "clássico" da erudição cristã com que solucionar seus problemas. Foi uma época de fecunda confusão intelectual. Nesse hiato, apenas dois homens viriam a criar sua própria teologia, usando ideias mais correntes no mundo latino do que entre os gregos e expressando-as em termos de suas respectivas meditações sobre São Paulo. Foram Agostinho e outro revolucionário, Pelágio.

Tempos depois, Agostinho viu sua solução do principal problema levantado por Simpliciano como tendo-lhe sido "revelada" por Deus.⁴⁴ "Para resolver a questão, tentei primeiramente e com afinco sustentar a liberdade de escolha do arbítrio humano; mas a Graça Divina predominou. Não houve saída senão concluir que devemos entender que o Apóstolo (Paulo) disse a mais óbvia verdade, ao afirmar: '*Quem te fez diferente? Que é que possuis, que não tenhas primeiro recebido? Se tudo isto recebeste, por que te vanglorias como se não to fora dado?*'"⁴⁵

Com efeito, Agostinho não deixou a Simpliciano "nenhuma saída". Sua resposta à "Segunda Questão" é um clássico de sua implacável técnica dialética. Foi essa capacidade de excluir todas as alternativas a sua própria interpretação, tomando-as por logicamente incoerentes com uma *intentio* única,⁴⁶ um sentido fundamental de São Paulo, que lhe permitiu fazer o que Ambrósio nunca poderia ter feito: derivar de um texto aparentemente nada ambíguo uma complexa síntese da graça, do livre-arbítrio e da predestinação. Pela primeira vez, Agostinho passou a

---

* "Quanto mais se tem espírito, mais se encontram homens originais." [N. da T.]

ver o homem como absolutamente dependente de Deus, até mesmo em sua iniciativa primeira de acreditar n'Ele: *"Empenha-te em descobrir tua salvação no temor e no tremor, pois é Deus quem trabalha em ti para que desejes agir e ajas com boa vontade."*[47]

Agostinho chegou a essa conclusão após uma reavaliação da natureza da motivação humana. Foi essa descoberta psicológica que conferiu poder de convicção a sua interpretação de Paulo. Em resumo, Agostinho analisou a psicologia do "deleite". O "deleite" é a única fonte possível de ação, nada mais é capaz de mover a vontade. Portanto, o homem só pode agir se puder mobilizar seus sentimentos, se for "afetado" por um objeto prazeroso.[48] Dez anos antes, esse elemento estivera visivelmente ausente do projeto agostiniano para uma "alma bem formada": tal alma ascenderia à verdade por intermédio de disciplinas acadêmicas, respaldada em "reluzentes pequenas cadeias de argumentação". Já agora, o "sentimento" havia ocupado seu lugar de direito como aliado do intelecto.[49]

Mas o "deleite" em si já não era uma questão simples. Não era uma reação espontânea, o êxtase natural da alma refinada ao se confrontar com a beleza.[50] Pois era justamente essa capacidade vital de comprometer os próprios sentimentos com um curso de ação, de se "deleitar" com ele, que escapava a nosso poder de autodeterminação: os processos que preparam o coração do homem para se "deleitar" com seu Deus são não apenas ocultos, mas, na verdade, inconscientes e fora de seu controle:[51] "O fato de as coisas que respondem pelo progresso em direção a Deus nos deleitarem não é adquirido por nossas boas intenções, nossa seriedade e o valor de nossa boa vontade, mas depende da inspiração que nos é concedida por Deus. (...) Às vezes, sem dúvida, nossas orações são muito mornas, gélidas, na verdade, e mal chegam a constituir orações: acham-se tão distantes em nossos pensamentos que nem sequer notamos esse fato com dor — pois se ao menos sentíssemos dor, estaríamos novamente orando."[52]

Agostinho passou a encarar o "deleite" como a mola mestra da ação humana; mas esse "deleite" escapava ao autocontrole do homem. Era descontínuo, espantosamente errático: Agostinho passou a se mover num mundo de "amor à primeira vista", de encontros fortuitos e, igualmente importante, de trechos súbitos e igualmente inexplicáveis de apatia: "Quem pode abraçar de todo o coração aquilo que não lhe proporciona prazer? Mas quem é capaz de determinar por si mesmo que aquilo que o deleita surgirá em seu caminho e, quando surgir, de fato o deleitará?"[53] Dali a poucos anos, as *Confissões* agostinianas mostrariam que a obra de arte podia brotar desse dito.

É que ocorrera em Agostinho uma mudança crucial. Dez anos antes, cercado por seus amigos entusiásticos, ele havia desfrutado da mais prazerosa ilusão com que poderia comprazer-se um homem gregário: podia fiar-se em seus amigos; podia reconhecer um bom homem ao vê-lo; deslocava-se num círculo de pares, de espíritos superiores — sérios, íntegros, bem-educados e admiráveis, num ideal único e largamente aceito da perfeição humana. Agora, já não tinha tanta certeza: "É certo que essa escolha divina se nos é oculta. (...) Ainda que fosse discernível por alguns homens, devo admitir que, nesta matéria, sou incapaz de saber. Simplesmente não descubro que critério empregar para decidir quais homens seriam escolhidos para ser salvos pela graça. Se refletisse sobre como ponderar essa escolha, eu mesmo escolheria, instintivamente, os de melhor inteligência ou menos pecados, ou ambas as coisas; presumo que devesse acrescentar uma educação sólida e adequada. (...) E, tão logo me houvesse decidido a esse respeito, Ele escarneceria de mim."[54]

Se Agostinho já não podia fiar-se nos amigos, menos ainda podia compreender a si mesmo em termos de seus antigos ideais. Vimo-lo em Cassicíaco como um homem seguro de seu futuro: todos os seus livros eram programas; até suas reminiscências não passavam de uma lista de obstáculos à perfeição que ele logo esperava superar. Nas *Confissões*, encontramos um homem que perdeu esse futuro certeiro: como veremos, estava obcecado com a necessidade de compreender o que realmente lhe sucedera em seu passado distante.

Um novo estado de espírito passou a permear a vida de Agostinho. Ele era um homem que percebera estar condenado a permanecer incompleto nesta vida, de que aquilo que mais ardentemente havia desejado nunca seria mais do que uma esperança, adiada até a resolução final de todas as tensões, muito além desta vida. Quem pensasse de outro modo, intuía ele, seria moralmente obtuso, ou um doutrinário.[55] Tudo o que o homem podia fazer era "ansiar" por essa perfeição ausente, sentir intensamente sua perda, sofrer por ela. "*Desiderium sinus cordis*": "O desejo aprofunda o coração."[56] Isso marcou o fim de um venerando ideal clássico de perfeição: Agostinho jamais alcançaria a tranquilidade concentrada dos super-homens que ainda nos fitam nos mosaicos das igrejas cristãs e nas estátuas dos sábios pagãos. Se ser "romântico" significa ser um homem agudamente cônscio de estar preso numa vida que lhe recusa a plenitude pela qual ele anseia, sentir que é definido por sua premência de alguma outra coisa, por sua capacidade de fé, esperança e saudade, se é pensar em si mesmo como um andarilho em busca de uma região sempre distante, mas perenemente presentificada nele pela qualidade do amor que "geme" por ela, então Agostinho havia-se transformado imperceptivelmente num "romântico";[57] e as *Confissões* que escreveu pouco depois, na época em que foi bispo católico de Hipona, seriam uma afirmação monumental deste estado de ânimo raríssimo:

"Permiti-me deixá-los fora a soprar o pó e a encher de areia seus próprios olhos, e permiti-me entrar no recinto de meu coração e entoar a Vós meus hinos de amor, soluçando inexprimíveis gemidos em meu desterro distante e recordando Jerusalém, minha Pátria e minha Mãe, com o coração a se altear na ânsia por ela (...)."[58]

16
AS "CONFISSÕES"[1]

Agostinho passou a viver num círculo de homens que compartilhavam uma viva curiosidade sobre outras pessoas. No fim do século IV, era cada vez mais difícil prever corretamente o curso da vida dos semelhantes. Carreiras convencionais e vínculos tradicionais de classe e educação não conseguiam reter muita gente. Paulino de Nola estava entre essas pessoas. De repente, havia abandonado uma vida de aristocrata rural na Aquitânia, que vinha de tempos imemoriais, e se tornara, primeiro, monge, depois, padre e, mais tarde, bispo de uma cidade distante. Ele e seus amigos precisavam explicar e justificar as mudanças drásticas em suas vidas: o que interessava a Paulino num novo amigo não era *"De que família és, de que grande linhagem descendes?"*, mas de que maneira ele fora "distinguido" por Deus, como passara a levar uma vida tão diferente da antiga vida de um romano.[2]

As mudanças ocorridas nesses homens, o curso de sua "conversão" e a qualidade da nova vida por eles adotada seriam objeto de grande interesse para quem quer que houvesse partilhado dessa experiência. A mesa de Agostinho em Hipona vivia cercada de homens assim. Eles não conversavam sobre coisas, mas sobre pessoas. Um dia, chegaram dois amigos de Paulino: vieram "como uma outra espécie de missiva tua, capaz de ouvir e de nos oferecer, em troca, uma parte dulcíssima de tua presença (...) em seu olhar e suas expressões podíamos ler a ti (...), escrito em seus corações".[3] E desse mesmo modo ficara Agostinho absorto, certa vez, nas palavras de um conhecido de Milão, Ponticiano, quando este lhe falara de perfeitos estranhos em extremos opostos do mundo romano: de um eremita no Alto Egito, Santo Antônio, e do impacto que uma descrição de sua vida tivera sobre os cortesãos que faziam uma caminhada vespertina nos arredores de Tréveris.[4]

Agostinho, portanto, já se achava entre um público habituado às biografias íntimas e, por conseguinte, pronto para as autobiografias. As histórias que circulavam sobre as pessoas diziam respeito aos acontecimentos de sua vida interior: na África, por exemplo, uma mulher simples, Santa Perpétua, já havia deixado de suas experiências na prisão um relato que vinha diretamente do coração: "E assim, consegui que meu filho (recém-nascido) ficasse comigo na prisão: melhorei prontamente e fiquei aliviada com a tarefa de cuidar de meu bebê; e, de repente, a prisão transformou-se num palácio para mim, e eu preferia estar lá a estar em qualquer outro lugar."[5]

Os primeiros cristãos, entretanto, tinham sido obscurecidos pela morte: quando escreviam a seu próprio respeito, o martírio, clímax iminente de suas vidas, fazia com que seu passado empalidecesse e se tornasse insignificante. O biógrafo de São Cipriano, por exemplo, pôde deixar de lado os primeiros quarenta anos da vida de seu herói e se concentrar apenas nos últimos quatro anos antes de seu martírio: essa sua "nova" vida, posterior ao batismo, era considerada sua verdadeira vida, e a única que interessaria aos leitores cristãos do século III.[6] Na época de Agostinho, a Igreja se havia estabelecido na sociedade romana. Os piores inimigos do cristão já não podiam ser situados fora dele: estavam em seu interior, como seus pecados e suas dúvidas; e o auge da vida de um homem não era o martírio, mas a conversão que o tirava dos perigos de seu próprio passado.

A divagação, as tentações, as ideias tristonhas sobre a mortalidade e a busca da verdade:[7] estes sempre tinham sido a matéria autobiográfica das almas refinadas, que se recusavam a aceitar a segurança superficial.

Os filósofos pagãos já haviam criado uma tradição de "autobiografia religiosa" dentro desses moldes: ela teria prosseguimento com os cristãos, no século IV, e atingiria seu clímax nas *Confissões* de Santo Agostinho.

Assim, Agostinho não precisou procurar muito para encontrar um público para as *Confissões*. Este tinha sido criado, em data bem recente, pela espantosa disseminação do ascetismo no mundo latino. As *Confissões* foram um livro para os *servi Dei*, os "servos de Deus";[8] trata-se de um documento clássico das preferências de um grupo de homens altamente sofisticados, os *spiritales*, ou "homens do espírito".[9] O texto contava a esses homens justamente o que eles queriam saber sobre... o curso de uma conversão notável;[10] pedia a seus leitores o que eles tinham o hábito de pedir a si mesmos — o apoio de suas preces.[11] Chegava até a conter apelos tocantes aos homens que pudessem unir-se a essa nova elite: ao maniqueísta austero[12] e ao platônico pagão, ainda distantes das basílicas repletas dos cristãos.[13] Sabemos de alguns homens que se impressionaram com as *Confissões* quando elas foram publicadas em Roma pela primeira vez. Eles parecem um grupo heterogêneo: Paulino, Secundino, um maniqueísta culto,[14] e Pelágio.[15] No entanto, estavam unidos pelo laço comum de busca da perfeição que caracterizou a geração admirável do fim do século IV.

Nenhum outro membro desse grupo de *servi Dei*, no entanto, escreveu um livro que se assemelhasse nem mesmo remotamente às *Confissões*. Seu interesse recíproco pareceria prometer as mais íntimas revelações pessoais. Para Paulino de Nola, por exemplo, as amizades cristãs eram "formadas no céu": Deus "predestinava" tais amigos uns para os outros, por seu rompimento comum com o passado; eles só faziam "reconhecer-se" num relâmpago.[16] A alma deles era seu "eu interior",[17] e essa alma podia ser derramada numa só carta a um colega integrante da "Cidade de Deus".[18] Os contemporâneos de Agostinho, todavia, restringiriam esse ideal sedutor e sumamente romântico da amizade à etiqueta da redação de cartas (e, talvez, ao mundo dos boatos clericais). Agostinho, em contraste, agarrou-se a ele desesperadamente. No que lhe dizia respeito, essa era a única maneira de justificar o assombroso ineditismo do livro que estava escrevendo. Ele se sentia obrigado a se revelar: ficava feliz por ter uma plateia cujo ideal de amizade a havia preparado para ouvir, sem nenhum desprezo, sua insistência em lhe contar como era furtar peras na adolescência, desfazer-se de uma amante e continuar em dúvida quanto às tentações a que talvez ainda não pudesse resistir.

Paulino era um homem frio e solitário. Contentava-se em recriar, entre seus novos correspondentes cristãos, uma forma de amizade "instantânea" que estava livre do trabalho (e dos perigos) do conhecimento prolongado,[19] uma intimidade de almas gêmeas que contornava o embaraço das revelações pessoais, e uma ênfase no espírito que, de maneira muito pungente, negava o anseio corporal da presença física dos amigos. Agostinho, mais caloroso, continuava a "ansiar": a "ânsia" é a marca registrada de suas cartas mais calorosas.[20] Como bom platônico, ele podia concordar em que a presença física de um amigo era "uma coisa ínfima", mas tinha a coragem de admitir que "ansiava enormemente"[21] por essa "coisa ínfima" — um rosto, um olhar ainda capaz de falar de uma alma oculta no envoltório da carne,[22] gestos impacientes.[23] No entanto, mesmo quando ocorria esse contato, Agostinho continuava sem esperança de um dia conseguir transmitir a outra pessoa tudo o que sentia: é que, para ele, conversar significava arrastar pensamentos vívidos "pelas veredas longas e sinuosas da fala".[24]

Ele passara a sentir ainda mais profundamente essas tensões. Os homens, pensava agora, talvez fossem frágeis demais para suportar o peso de se revelarem a seus semelhantes. A raça decaída era por demais falha para que seus integrantes se comunicassem livremente.[25] A ideia de uma camaradagem cristã numa "Cidade de Deus", da qual Paulino falava com tanto desembaraço, como se ela já existisse neste mundo, numa elite dispersa de bispos e monges, tornou-se, para Agostinho, uma esperança desesperada, uma esperança adiada para uma vida futura.[26]

Nas *Confissões*, encontramos um homem naturalmente expansivo, bem o filho do "excepcionalmente generoso" Patrício, um homem que precisava estar cercado de amigos, que jamais conseguia contentar-se plenamente com um mundo de almas desencarnadas, afastando-se em desespero da comunicação humana com Deus. Ao menos Lhe diria o que nenhum outro homem da Antiguidade dissera aos outros a seu próprio respeito: "Permiti, pois, que eu, (...) pó e cinzas, Vos fale; sim, deixai-me falar. (...) É a Vossa misericórdia que me dirijo, e não ao homem — ao homem que de mim poderia escarnecer."[27]

Agostinho escreveu suas *Confissões* por volta de 397, isto é, apenas alguns anos depois de se tornar bispo na África. O próprio Mediterrâneo e "uma longa extensão de terra e sal" agora o isolavam, assim como a seu círculo africano de *servi Dei*, dos homens "espirituais" com quem eles se sentiam no direito de travar conhecimento. Haviam-se formado na Itália e tinham sido batizados por ninguém menos do que Santo Ambrósio. Segundo seus padrões, a África era uma província atrasada e isolada; eles precisavam até mesmo de livros das bibliotecas desses homens "espirituais" — Alípio procuraria Paulino de Nola[28] e Agostinho recorreria a Jerônimo em busca de traduções de autores gregos.[29] Acima de tudo, eles sentiam haver perdido o contato com os *servi Dei* comuns ao se tornarem bispos. Uma década antes, Agostinho havia considerado a combinação de monge e bispo quase impossível,[30] e Paulino, um mero padre na época, ainda se impressionava com essa combinação em Alípio.[31] Na verdade, Agostinho e Alípio eram tipos do futuro: o monge-bispo teria importância crescente na Igreja latina e, nas *Confissões*, Agostinho ofereceu a exposição clássica do ideal de tal homem.

As *Confissões* são realmente o livro de um homem que passara a considerar seu passado como um treinamento para sua carreira atual. Assim, Agostinho selecionou como importantes os incidentes e problemas que revelavam imediatamente o novo bispo de Hipona. Havia passado a acreditar que a compreensão e a exposição das Escrituras Sagradas eram o cerne da vida de um bispo.[32] Suas relações com as Escrituras, portanto, vieram a constituir um tema constante em todo o texto das *Confissões*. Sua conversão ao maniqueísmo, por exemplo, é hoje diagnosticada não como uma preocupação filosófica com a origem do mal, mas como uma impossibilidade de aceitar a Bíblia.[33] Vemos Ambrósio pelos olhos de um colega de profissão: vamos conhecê-lo como pregador e exegeta, enfrentando a congregação cristã na basílica,[34] e não como o grande conhecedor de Plotino. Agostinho relembrou como, em seus primeiros tempos em Milão, vira apenas de fora a figura distante de Ambrósio como bispo.[35] Sendo agora ele próprio um bispo, haveria de certificar-se de não ser visto daquela maneira: contaria a seus leitores exatamente o quanto ainda tinha de lutar contra suas tentações; e, nos últimos três livros das *Confissões*, ao meditar sobre as linhas iniciais do livro do Gênesis, carregaria seus leitores consigo para seus pensamentos ao sentar-se também ele em seu gabinete, tal como um dia vira Ambrósio sentado, absorto na contemplação silenciosa de uma página aberta.[36]

Nem todos os bispos, é claro, tinham de suas funções a mesma opinião que Agostinho. Alípio, por exemplo, claramente se valorizava como advogado profissional do episcopado católico; costumava aparecer em Tagaste como juiz investigador da comunidade cristã.[37] E assim, com inesperado senso de humor, Agostinho contaria ao mundo como, na época de estudante, Alípio fora um dia confundido com um ladrão — uma experiência salutar para um futuro juiz.[38]

Por mais que desejasse compartilhar os ideais de um grupo, Agostinho continuava irredutivelmente excêntrico. Ainda tinha muito que explicar a seu próprio respeito. Era conhecido por suas obras contra os maniqueus,[39] mas foi acusado por um colega mais velho de ser secretamente maniqueísta.[40] Fora batizado por Ambrósio,[41] mas seus escritos deixavam transparecer uma profunda familiaridade com os platônicos pagãos. Até mesmo sua conversão, comparada à teatralidade de muitos de seus contemporâneos, fora singularmente desprovida de aparato: ele apenas se retirara escrupulosamente de uma cadeira de retórica em Milão, ao final do período letivo, alegando problemas de saúde.[42] Licêncio, aluno seu na época, ainda pôde escrever sobre a estada dos dois em Cassicíaco como se tivesse sido uma encantadora e clássica temporada no campo.⁴³ Licêncio queria visitar Paulino e, quando Agostinho lhe descreve este último, vemos, talvez, o que ele mesmo gostaria de ser — um homem simples, um "servo de Deus" cuja conversão fora dramática, mas fundamentalmente descomplicada.⁴⁴ A evolução agostiniana não foi muito simples, e ele não a fez parecer como tal. As *Confissões* não devem ter mitigado as dúvidas dos homens devotos e tacanhos que temiam os maniqueus e eram avessos a uma filosofia grega que não conseguiam compreender.⁴⁵ Nenhum livro, por exemplo, transmitiu aos leitores cristãos de maneira tão vívida o impacto da inquietante fascinação dos *Platonici*.⁴⁶ Agostinho, o *servus Dei*, Agostinho, o bispo, continuou a ser essencialmente o mesmo Agostinho, e suas *Confissões* não poderiam ter transmitido isso a seus amigos com maior encanto e persuasão nem com determinação mais incontestável, na medida em que não se dirigiram a um público humano, e sim a Deus.

Embora Agostinho tivesse diversas boas razões para se apresentar a seus companheiros de cristianismo naquele exato momento de sua carreira, somente uma razão muito profunda e íntima o levaria a escrever um livro como as *Confissões*: ele estava entrando na meia-idade. Esse costuma ser considerado um bom momento para se escrever uma autobiografia. Por volta de 397, Agostinho chegou a um divisor de águas em sua vida. Desde 391, tinha sido forçado a se adaptar a uma nova vida como padre e bispo. Essa mudança o afetara profundamente.⁴⁷ Já o tinha impelido a um autoexame angustiado: uma carta escrita a Aurélio de Cartago, após sua ordenação como padre, já traz um tom semelhante ao das *Confissões*;⁴⁸ e, agora que se tornara bispo, ele queria urgentemente desabafar com Paulino de Nola, antes que os "grilhões" de seu cargo lhe "abocanhassem a carne".⁴⁹ Num nível mais profundo, como acabamos de ver, os ideais sobre os quais ele havia esperado construir sua vida tinham sido postos de lado: o otimismo inicial de sua conversão havia desaparecido, deixando-o "atemorizado com o peso de meus pecados".⁵⁰ O tipo de vida que Agostinho se dispusera a viver, quando em seu apogeu, não perduraria até sua velhice. Ele precisava basear seu futuro numa visão diferente de si mesmo; e como poderia conquistá-la senão reinterpretando justamente a parte de seu passado que culminara na conversão, na qual, até época recente, ele havia depositado tão grandes esperanças?

As *Confissões*, portanto, não são um livro de reminiscências. São um voltar-se angustiado para o passado. O tom de urgência é inconfundível. "Permiti-me, eu Vos imploro, concedei-me percorrer em minha memória as espirais passadas de meus erros (...)."[51]

Trata-se também de um livro tocante. Nele, é constante sentirmos a tensão entre o "então" do jovem e o "agora" do bispo. O passado podia chegar muito perto: só recentemente haviam desaparecido suas emoções intensas e complexas; ainda lhes podemos sentir os contornos sob a fina camada de sentimentos novos que crescera sobre elas. Agostinho ainda mal conseguia entender as emoções inesperadas que haviam acompanhado a morte de Mônica — o entorpecimento de todas as sensações, o discurso febril, o autocontrole pouco natural, a vergonha avassaladora de ter chorado tão pouco pela mãe, que "por tantos anos chorou por mim".[52] "Agora, meu coração está sarado dessa ferida",[53] mas é somente depois de a experiência atordoante haver-se avultado diante de nós nas páginas das *Confissões* que Agostinho consegue destilar dela um novo sentimento. Mônica, a figura idealizada que atormentara sua juventude como um oráculo divino, é subitamente transformada, pela análise que Agostinho faz de seus sentimentos ao recordar a morte dela, num ser humano comum, um objeto de interesse, uma pecadora como ele, igualmente necessitada de misericórdia.[54]

A morte se interpusera entre Agostinho e sua juventude. Cassicíaco, um lugar de repouso entre as montanhas, aprofundara-se numa imagem do paraíso. Muitos de seus amigos daquela época haviam-no deixado, rumo ao "*monte abundante, ao Vosso monte, o monte da fertilidade*".[55] Até seu filho era agora apenas um nome num livro: "Vós lhe tirastes a vida da Terra; e agora posso relembrá-lo sem apreensão, pois nada tenho a temer de sua infância, de sua adolescência nem do que ele poderia tornar-se quando adulto."[56]

Agostinho fora forçado a se reconciliar consigo mesmo. A redação das *Confissões* foi um ato de terapia.[57] As muitas tentativas de explicar o livro em termos de uma única provocação externa, ou de uma única *idée fixe* filosófica, ignoram quanto de vida o perpassa. Nessa tentativa agostiniana de encontrar a si mesmo, cada fibra isolada de sua meia-idade cresceu junto com todas as demais, transformando as *Confissões* no que elas são.

A morte e a desilusão (a perigosa desilusão de um antigo perfeccionista) erguiam-se entre Agostinho e seu rico passado. Com muita facilidade, ele poderia ter rompido com isso e se deixado lançar, desamparado, numa eminência solitária da autoridade. Mas preferiu escrever as *Confissões*: e já idoso, com cerca de 74 anos, ainda pôde olhar para trás, percorrendo o severo catálogo de suas obras, e resgatar nos "Treze livros de minhas Confissões" um instante de discernimento e sentimentos de ternura: "de minha parte, quando as leio agora, elas ainda me comovem como me comoveram quando as escrevi."[58]

Nossa apreciação das *Confissões* tem sofrido com o fato de o livro se haver tornado um clássico. Tendemos a aceitá-las ou descartá-las de acordo com nossos próprios padrões, como se Agostinho ainda fosse nosso contemporâneo. Ao lhe fazermos esse elogio, esquecemos que um homem do baixo Império Romano que abrisse pela primeira vez seu exemplar das *Confissões* haveria de julgá-las um livro espantoso: as formas tradicionais de expressão literária tidas por ele como presumíveis se introduziriam no livro, mas transformadas a ponto de se tornarem irreconhecíveis.

À primeira vista, seria fácil situar as *Confissões*: tratou-se, patentemente, do trabalho de um filósofo neoplatônico. Por exemplo, elas foram redigidas sob a forma de uma prece a Deus, comum numa longa tradição de filosofia religiosa. É que o Deus dos platônicos era um Deus Desconhecido, tão acima da mente humana que o filósofo só poderia ampliar seu conhecimento d'Ele comprometendo-se inteiramente com Ele. A investigação filosófica, portanto, beirava a natureza concentrada de um ato de oração, e a busca da sabedoria era impregnada de uma ânsia de esclarecimento que ia buscar sua própria origem na consciência humana — no estabelecimento de uma relação direta com Deus. "Ao arriscar uma resposta, primeiramente invocamos o próprio Deus, não em voz alta, mas naquele tipo de oração que está sempre a nosso alcance, inclinando a alma para Ele numa aspiração, sozinhos perante aquele que é único."[59] A própria enunciação verbal dessa prece íntima era considerada uma terapia: era um "reviramento do coração, uma purgação do olhar interior".[60]

A oração, portanto, era um veículo reconhecido da investigação especulativa. Agostinho havia iniciado um de seus primeiros textos filosóficos, os *Solilóquios*, com uma prece;[61] e terminaria com outra a sua obra-prima especulativa, o *De Trinitate*.[62] As *Confissões* deveriam ser lidas de ponta a ponta dentro desse espírito. Eram uma longa exploração da natureza de Deus, escrita sob a forma de uma prece, a fim de "provocar o intelecto e os sentimentos dos homens em relação a Ele".[63] O fato de o texto ser redigido em forma de oração, longe de relegá-lo à condição de uma obra devota, aumentou seu valor de exercício filosófico: *Da mihi, Domine, scire et intellegere* — "Concedei-me, Senhor, saber e entender".[64] Era assim que o platônico esforçava-se por elevar-se às alturas, acreditando que as fórmulas opacas e "externas" de suas palavras de oração estavam carregadas de sentidos, os quais, na muda contemplação "íntima", tornar-se-iam claros no "alvorecer"[65] da verdade em sua mente. Milton, nos versos iniciais do *Paraíso perdido*, seria o último expoente dessa grande tradição de expressão filosófica:

> *So much the rather, Thou Celestial Light,*
> *Shine inward and the mind through all her powers*
> *Irradiate, there plant eyes, all mist from thence*
> *Purge and disperse, that I may see and tell*
> *Of things invisible to mortal sight.*[66]

Tais orações, porém, costumavam ser vistas como parte de uma etapa preliminar na elevação da mente do filósofo a Deus. Nunca tinham sido usadas, como viria a usá-las Agostinho ao longo das *Confissões*, para encetar uma conversa animada com Ele: "Plotino nunca conversou com o Uno como fez Agostinho nas *Confissões*."[67] Assim como um diálogo constrói uma impressão duradoura dos falantes, Agostinho e seu Deus emergem vividamente das preces das *Confissões*: Deus, nas pequenas expressões com que é abordado — *Deus cordis mei*, "Deus do meu coração",[68] *Deus dulcedo mea*, "Deus, minha doçura",[69] *O tardum gaudium meum*, "Ó, tardio gáudio meu"[70] —, e Agostinho, como o ouvinte atento, ofegante, meticuloso, formulador impenitente de perguntas incômodas[71] e, acima de tudo, gloriosamente egocêntrico. Nenhum outro escritor poderia ter coroado uma surrada tese maniqueísta sobre a origem do mal com uma pergunta como esta: "quem semeou em mim este viveiro de amarguras, em mim, que fui inteiramente criado por Vós, meu dulcíssimo Deus?".[72]

As *Confissões* são uma obra-prima de autobiografia estritamente intelectual. Agostinho transmite tamanho sentimento de um intenso envolvimento pessoal com as ideias que maneja, que somos levados a esquecer que se trata de um livro excepcionalmente difícil. Agostinho fez a seu público de *spiritales* o elogio requintado (e talvez imerecido) de lhes dirigir a palavra como se estivessem tão imbuídos quanto ele da filosofia neoplatônica. Sua fase maniqueísta, por exemplo, é discutida em termos de ideias em que os platônicos se julgavam muito adiantados em relação ao pensamento médio de sua época, as ideias de uma realidade "espiritual" e da onipresença de Deus.[73] Agostinho francamente considerara que esses temas eram difíceis demais para ser discutidos em seus textos comuns contra os maniqueístas.[74] No entanto, embora as *Confissões* sejam marcadas por um tom particularmente austero, essa tradição neoplatônica veio a jogar com incidentes da experiência agostiniana, transmitidos com a vividez de qualquer romance. No decorrer da prece do filósofo, deparamos com um bando de garotos: "Perto de nossa vinha havia uma pereira (...). Brincáramos no campo até muito depois do anoitecer, como era nosso hábito perverso, e lá fomos nós sacudi-la, para lhe tirar os frutos e carregá-los conosco: furtamos uma grande quantidade de peras, não para comê-las, mas para atirá-las aos porcos."[75] Deparamos com Mônica postada no embarcadouro de Cartago: "Soprou o vento e nos enfunou as velas, desapareceu a praia de nossa visão, e nessa praia, à luz do alvorecer, ficou minha mãe, enlouquecida de dor."[76]

Mas esses incidentes são sempre situados em relação aos conceitos filosóficos mais profundos à disposição de um homem da baixa Antiguidade: para Agostinho, eles encarnavam os grandes temas da tradição neoplatônica em sua forma cristã; aparecem impregnados de um sentimento da onipresença de Deus e ilustram o jogo de forças fatal numa alma errante, a tragédia de um homem "desintegrado" pela passagem do tempo.[77] Agostinho permite que seu eu do passado assuma as dimensões de um herói "clássico", pois essas experiências resumiam, para ele, a condição de "minha raça, a raça humana".[78] Cada incidente do livro, portanto, vem carregado da pungência de uma paisagem chinesa — um detalhe vívido que se destaca contra distâncias infinitas: "Ao se aproximar o dia em que ela deixaria este mundo — dia que Vós conhecíeis, mas não nós —, sucedeu, creio que por Vossa disposição, por Vossos desígnios secretos, ficarmos a sós, minha mãe e eu, reclinados numa janela que se abria para o jardim interno da casa em que estávamos hospedados: era em Óstia, às margens do Tibre."[79]

Agostinho gozava da imensa vantagem de estar enraizado numa tradição madura, pois os neoplatônicos lhe haviam fornecido o instrumento essencial para qualquer autobiografia séria: tinham-lhe proporcionado uma teoria sobre a dinâmica da alma que dava sentido a suas experiências.

As *Confissões* são um manifesto do mundo interior: "Ficam os homens boquiabertos com os picos das montanhas, as ondas alterosas do mar, a vasta correnteza dos rios, a amplidão do oceano e os movimentos dos astros: mas se deixam passar despercebidos, não se deslumbram com eles mesmos."[80] O homem não pode ter esperança de encontrar Deus se não encontrar antes a si mesmo: pois esse Deus é "mais profundo que o meu próprio íntimo",[81] e a experiência dele torna-se "melhor" quanto mais é "interior".[82] Acima de tudo, a tragédia do homem é ser impelido a fugir "para o lado de fora", a perder o contato consigo mesmo, a "vagar para longe" de "seu coração": "Estáveis bem diante de mim, porém eu me apartara de mim e, se não podia encontrar a mim mesmo, muito menos encontraria a Vós."[83]

Essa ênfase na queda da alma como um voltar-se para fora, uma perda da identidade, um tornar-se "uma coisa parcial, isolada, cheia de inquietações, atenta ao fragmento, cindida do todo",[84] é um eco inequívoco do pensamento de Plotino. As *Confissões*, com efeito, são o ponto culminante da absorção agostiniana das *Enéadas*: nelas ele falaria a linguagem de seu mestre com mais convicção e talento artístico do que em qualquer de seus outros trabalhos.[85] Mas tudo isso é transformado. A "alma" de Plotino é essencialmente uma alma cósmica, arquetípica; sua "Queda" meramente compõe o obscuro pano de fundo da condição humana, tal como então parecia ao filósofo. Em Agostinho, essa "queda" é intensamente pessoal: ele a vê como um campo de forças no cerne de cada homem, uma fraqueza angustiante que o obriga a fugir de si mesmo, um "declínio", uma "errância" que se mostra numa centena de incidentes precisos de sua vida pregressa.[86] As intuições profundas e abstratas de Plotino passam a fornecer o material para uma nova linguagem clássica do coração inquieto:

"Levava comigo uma alma dilacerada e ensanguentada, que não suportava ser carregada por mim, e não encontrava lugar em que pudesse depositá-la. Não repousava em bosques amenos, nem nos jogos e cânticos, nem nos recantos perfumados dos jardins, nem nos convivas de banquetes, nem nos prazeres do leito, e nem sequer em meus livros e versos. (...) Ela tropeçava no vazio e desabava sobre mim. Eu continuava a ser um lugar assombrado, que não me dava repouso e de onde me era impossível escapar. Pois, para onde fugiria meu coração de meu coração? Onde poderia eu escapar de mim mesmo? Onde não farejaria minhas próprias pegadas? Ainda assim, fugi de minha pátria."[87]

É comum dizer-se que as *Confissões* não são uma "autobiografia" no sentido moderno. É verdade, mas não tem grande serventia. Porque, para um homem do baixo Império Romano, era precisamente essa intensa verve autobiográfica das *Confissões* que as distinguia da tradição intelectual a que Agostinho pertencia.

Mais importante é perceber que as *Confissões* são uma autobiografia a que o autor impôs uma escolha drástica e plenamente consciente do que era significativo. Em termos muito sucintos, são a história do "coração" de Agostinho, ou de seus "sentimentos" — de seu *affectus*. Nelas, um acontecimento intelectual, como a leitura de um novo livro, é registrado apenas como que por dentro, em termos da pura excitação da experiência, de seu impacto nos sentimentos do autor: sobre o *Hortênsio*, de Cícero, por exemplo, Agostinho jamais diria que "ele mudou minha opinião", e sim, caracteristicamente, "ele mudou meu modo de sentir" — *mutavit affectum meum*.[88]

O tom emotivo das *Confissões* impressiona qualquer leitor moderno. O livro deve sua atração permanente à maneira como Agostinho, na meia-idade, atreveu-se a se abrir para os sentimentos de sua juventude. Mas esse tom não era inevitável. É que a intensa consciência agostiniana do papel vital dos "afetos" em sua vida pregressa tinha-se avolumado nele.[89]

Surpreendentemente, portanto, a resposta austera ao *Segundo problema* dos *Problemas diversos para Simpliciano* constitui o mapa intelectual das *Confissões*.[90] É que esses dois livros abordaram de frente o problema central da natureza da motivação humana. Em ambos, a vontade é vista como dependente de uma capacidade de "deleite", e os atos conscientes, como resultado de uma aliança misteriosa entre o intelecto e o afeto: eles são meramente o resultado final de processos ocultos — os processos pelos quais o "coração" é "atiçado", "tocado e disposto" pela mão de Deus.[91]

Houvesse Agostinho escrito sua autobiografia em 386, o livro teria sido muito diferente: diferentes camadas de sua experiência passada ter-se-iam afigurado importantes ao neoplatônico novato. Talvez tivéssemos um livro muito mais circunstanciado: conteria muitas informações que foram descartadas nas *Confissões* como irrelevantes — detalhes mais precisos sobre os livros que ele leu, as opiniões que havia sustentado, os homens fascinantes que conheceu em Milão. Mas é sumamente improvável que tal livro pudesse transmitir de modo tão coerente a simples resistência dos fios internos de afeto que um dia prenderam Agostinho ao mundo que o cercava, a suas opiniões, a seus amigos e aos prazeres de sua vida pregressa. É bem possível que não incluísse a portentosa convulsão afetiva ocorrida no jardim de Milão, e talvez nunca tivéssemos um vislumbre da concubina de Agostinho, no foco brilhante e estreito de seu "coração": "Entrementes, multiplicavam-se os meus pecados: e a mulher com quem eu costumava partilhar meu leito foi arrancada do meu lado, como um empecilho a meu casamento. Meu coração, onde ela estava presa, foi ferido e dilacerado em mim, e jorrava sangue."[92]

A vida afetiva era o que realmente importava no crescimento pessoal. Foi essa convicção que levou Agostinho, no Livro IX das *Confissões*, a perscrutar muito abaixo da superfície de sua vida em Cassicíaco. O que lhe importava agora eram as emoções do convertido, evocadas com clássica autenticidade. Foram esses os "estímulos interiores" que "subjugaram" Agostinho,[93] pois perduraram nele, enquanto as esperanças contidas nos currículos intelectuais da época se desgastaram, e os *Diálogos*, agora "recendendo à sala de aulas",[94] passaram a repousar em sua estante — solitários e desamparados, repletos de nomes de amigos mortos.

Ao vermos que Agostinho escreveu suas *Confissões* "recordando minhas torpezas e repensando-as com amargura",[95] é de admirar que ele tenha deixado tão pouco dessa amargura colorir seus sentimentos do passado. Eles não empalidecem em função do arrependimento: o livro é, claramente, a autobiografia de um homem que, desde menino, sabia o que era ser movido apenas pelo "prazer", entediar-se com os deveres, e que gozara plenamente do que havia desfrutado: "'Um mais um, dois, dois mais dois, quatro' era para mim uma cantilena detestável, e o que mais me encantava era aquela doce ilusão — o cavalo de madeira repleto de guerreiros, o incêndio de Troia, e até o próprio fantasma de Creusa."[96]

Afinal, onde, melhor do que nas *Confissões*, podemos ler sobre o eterno dilema do jovem "divertido e refinado"? "Eu ainda não amava e já gostava de amar. (...) Gostando de amar, procurava um objeto para esse amor."[97]

Agostinho analisa seus antigos afetos com uma franqueza feroz. Estes lhe eram importantes demais para ser falseados por estereótipos sentimentais. Não é que ele houvesse abandonado os sentimentos intensos: apenas acreditava ser possível transformar os afetos, direcioná-los num sentido mais proveitoso. Isso implicava examiná-los atentamente. Por exemplo: em certa época, ele se comprouvera em chorar no teatro; agora, era somente tentando entender por que se havia comportado dessa maneira paradoxal na época de estudante, comprazendo-se em partilhar da dor simulada de dois atores, que ele podia definir de modo convincente como se conduziria como bispo cristão ao se confrontar com o sofrimento verdadeiro: "Caberá, pois, eliminarmos toda a compaixão pelo sofrimento? Decerto que não! Vez por outra, portanto, acolhamos ainda a dor."[98]

Agostinho sentia-se fascinado com o caráter preciso dos afetos humanos. Podemos vê-lo a observar o comportamento de bebês amamentados no seio[99] e, quando ele menciona de passagem as atitudes de seus contemporâneos perante os noivados prolongados, podemos captar, na linguagem desse bispo de Hipona, um eco distante do amor cortês: "É costume, uma vez contraído o noivado, os casais não realizarem imediatamente as bodas, para que o homem, quando marido, não venha a desmerecer a mulher por quem não tenha suspirado durante o longo intervalo da corte."[100]

Acima de tudo, Agostinho abordaria por duas vezes, com um discernimento singular, os mais complexos de todos os sentimentos: a tristeza e o luto. Na ficção romântica, os amigos dispunham-se a morrer juntos: "Mas obcecava-me um misterioso sentimento muito contrário a este: meu próprio desinteresse pela vida assumia a forma de um medo opressivo da morte. Creio que, quanto mais intensamente o amava, mais eu odiava e temia, como um inimigo implacável, a morte que mo havia arrebatado.

Julgava-a capaz de devorar subitamente todos os homens, posto que o fizera com esse ente querido. Era assim que me sentia, se bem me lembro. (...) Sentindo que sua alma e a minha eram uma só em dois corpos, eu tinha horror à vida, pois não queria viver como apenas metade de mim: e talvez por isso receasse a morte, por medo de que, morrendo, viesse a acarretar a completa extinção daquele a quem tanto havia amado."[101]

Nas *Confissões*, porém, a evocação dos sentimentos de Agostinho faz parte do estudo mais amplo da evolução de sua vontade. Cada passo dado em sua carreira, por exemplo, é firmemente inserido numa análise exaustiva de suas motivações. Ao relatar como escreveu seu primeiro livro, ele leva ao desespero os estudiosos modernos, por se recusar a nos dizer o que este continha,[102] e se detém longamente, ao contrário, nos motivos complexos que o levaram a dedicá-lo a um professor desconhecido: "Quem pode mapear as várias forças que agem numa alma, os diferentes tipos de amor? (...) Grande abismo é o homem, Senhor! Contais os fios de seus cabelos (...), porém seus cabelos são muito mais fáceis de contar que os afetos e movimentos de seu coração."[103]

Nada mostra com mais clareza a preocupação de Agostinho com a vontade do que a maneira de narrar sua adolescência. Seus leitores africanos tendiam a achar que um menino era inocente até atingir a puberdade: "como se", disse Agostinho certa vez, "os únicos pecados que se pudesse cometer fossem aqueles em que se usa a genitália."[104] São esses, de fato, os pecados que parecem ter interessado o leitor médio das *Confissões* desde então. Mas Agostinho os tratava como não muito importantes: a seu ver, eles se tornavam insignificantes perante um simples ato de vandalismo. O furto desproposital dos frutos de uma pereira foi o que realmente interessou a esse grande conhecedor da vontade humana:[105] ele analisaria esse incidente isolado com fascinada repulsa, "Pois o que não seria eu capaz de fazer, se me comprazia até mesmo com um ato criminoso gratuito?"[106]

O que nos confronta nas *Confissões* é a plena força da nova consciência agostiniana das limitações da liberdade humana. O "ato gratuito" de um jovem desordeiro é um triste paradigma para o livre-arbítrio. Os homens, a seu ver, eram livres apenas "para se atirar de cabeça".[107] Mediante tais atos de vontade destrutivos, mutilavam até sua capacidade de agir de maneira criativa. Isso porque, quando um homem vinha a querer escolher o bem, descobria-se incapaz de seguir de coração sua escolha consciente, pois seus atos anteriores forjavam uma "cadeia de hábitos" em que ele ficava firmemente preso, "não pelas cadeias de uma vontade alheia, mas pelas férreas cadeias de minha própria vontade".[108] A força dessa "cadeia" obcecou Agostinho ao longo de todo o texto das *Confissões*. Cinco anos de sofrida experiência, batalhando contra a vontade empedernida dos membros de sua congregação, fluíram para esse livro: até nas minibiografias de Alípio e Mônica,[109] os pecados "curados" por Deus são "pecados obsedantes" — casos extremos de hábitos compulsivos.

Assim, no Livro VIII das *Confissões*, entra em foco o problema da vontade. É que ali, com todas as suas dificuldades resolvidas, com um "sentimento claro de doçura" a afirmar sua lealdade à fé católica, encontramos Agostinho ainda atado aos hábitos de uma vida inteira: é como se julgássemos haver chegado a um planalto e descobríssemos um último pico gigantesco a se elevar diante de nós. "O inimigo detinha o controle de minha vontade, e dela forjara uma cadeia com que me apertar. De um ato perverso de vontade nasce a luxúria, e quando se satisfaz a luxúria, cria-se o hábito; e quando não se resiste ao hábito, instaura-se uma necessidade compulsiva: por esses anéis estreitamente entrelaçados era eu contido (...)."[110] "O ir e o chegar a meu objetivo eram apenas uma questão de querer, mas de um querer firme e completo, e não desta vontade tíbia que tropeça daqui para ali, lutando com ele, a se erguer de um lado e cair do outro."[111]

A sombria preocupação de Agostinho com a maneira pela qual o homem podia aprisionar-se numa "segunda natureza" por seus atos passados faz das *Confissões* um livro muito moderno. Em inúmeras biografias antigas e medievais, por exemplo, encontramos heróis descritos em termos de suas qualidades essenciais, ideais. É quase como se eles não tivessem passado: até sua infância é descrita apenas em termos de presságios do futuro "apogeu" de sua vida — Santo Ambrósio brinca de bispo, São Cuthbert recusa-se a dar saltos descrevendo estrelas no ar. Já os encontramos totalmente prontos: é como se eles houvessem descartado no passado tudo o que não apontava diretamente para a imagem de perfeição em que se enquadram.

Em contraste, deparamos duas vezes com Agostinho firmemente preso a seu passado: no jardim de Milão e no dia terrível que se seguiu à morte de sua mãe.[112] É que ele via o passado de um homem como algo muito vivo em seu presente: os homens diferiam uns dos outros precisamente porque sua vontade se diferenciava, em função da soma total de experiências únicas no passado.[113] Quando ele luta consigo mesmo no jardim o que está em jogo não é uma "força maléfica" generalizada, uma "matéria" estranha que houvesse "atirado lama" no metal puro da alma: é uma tensão na própria memória, uma batalha com a natureza exata das experiências pregressas: "O hábito era forte demais em mim quando indagava: 'Julgas que podes prescindir *destas* coisas?'"[114] Assim, quando Agostinho descreve seus amigos, temos a sensação de conhecê-los, nessas breves pinceladas, muito melhor do que inúmeros homens mais famosos da Antiguidade. É que ele lhes vincula o passado ao presente, os vê moldados por experiências precisas, que remontam à própria infância: Mônica teria sido uma bêbada se, aos seis anos de idade, não tivesse sido chamada de "ebriazinha";[115] Alípio não seria tão casto se não houvesse passado por uma experiência sexual insatisfatória na juventude.[116]

Agostinho enfatizou essa experiência da força do hábito por ter passado a achar que tal experiência provava, de maneira conclusiva, que a mudança só podia ocorrer mediante processos que escapavam totalmente a seu controle: "E tudo era só não querer o que eu queria, e querer o que Vós queríeis. Mas onde estava, durante essa fase estafante, o meu livre-arbítrio? De que profundo abismo foi ele chamado naquele momento decisivo em que curvei a cabeça a Vosso suave jugo?"[117]

Não admira que as *Confissões*, impregnadas que estão de um sentimento dramático das intervenções divinas na vida de Agostinho, sejam adornadas com a linguagem dos Salmos. Em si mesma, essa foi uma espantosa inovação literária: pela primeira vez, um livro de arte literária consciente havia incorporado (e de maneira belíssima) o jargão exótico das comunidades cristãs.[118] Para Agostinho, no entanto, o que estava em jogo era muito mais do que uma nova forma literária: ele havia penetrado pouco a pouco num novo mundo de sentimentos religiosos, passara por experiências que só podia expressar na linguagem dos Salmos. Era o linguajar de um homem que se dirigia a um Deus zeloso, um Deus cuja "mão" estava sempre pronta a "se estender" sobre o destino dos homens. Como qualquer cavalheiro dotado de sentimentos no mundo antigo, o salmista tinha "coração",[119] mas tinha também "ossos"[120] — ou seja, aquela parte sua que não era um mero repositório de sentimentos, mas o "cerne da alma",[121] com o qual Deus lidava diretamente, à Sua maneira rude, "exaltando" e "esmagando". Uma descrição clássica do sofisticado descaso pelas questões mundanas terminaria, então, num tom mais ríspido: "Era por isso que *quebráveis os meus ossos* com o cajado de Vossa disciplina."[122]

Agostinho sempre se preocupou em reunir o "Deus de Abraão, Isaac e Jacó" e o "Deus dos Filósofos". Nenhum livro exibe essa fusão com maior beleza literária do que as *Confissões*. Mas em nenhum outro se vê com tanta clareza o que significou essa tensão para Agostinho: significou a capacidade de se deslocar por inúmeros níveis do sentimento religioso, inclusive os mais primitivos. Isso porque, ao usar a linguagem dos Salmos em sua forma mais direta e dramática, ao falar da "mão" de Deus a se "estender" para "pegá-lo", não raro Agostinho está pensando em Mônica.[123] Pois é nas *Confissões* que encontramos a Mônica visionária, e através de seus olhos enxergamos Agostinho — tal como os cristãos africanos sempre tinham visto seus heróis — como um homem "predestinado",[124] com o rumo de sua vida já inelutavelmente traçado por Deus e transmitido a Seus fiéis servos numa série de sonhos vívidos.¹²⁵ Essa antiga tradição abrigaria ao menos algumas das muitas raízes da grandiosa teoria agostiniana da predestinação; e, como sói acontecer com muitas pessoas inteligentíssimas, essas raízes simples eram ainda mais fortes por serem basicamente inconscientes.

As *Confissões* são um dos poucos livros de Agostinho em que o título é significativo. Para ele, *confessio* significava "acusação a si mesmo; louvor a Deus".¹²⁶ Nessa simples palavra ele resumiu sua postura perante a condição humana: o termo foi a nova chave com que, na meia-idade, ele esperava desvendar o enigma do mal. A antiga chave se revelara insuficiente. Na época de sua conversão, seu método se resumira no título de um livro — *De Ordine*, Da ordem:¹²⁷ em 386, Agostinho tivera a esperança de que sua "alma bem treinada" pudesse apreender de que modo o mal se fundia na harmonia do universo, tal como os quadrados negros salientavam o motivo de um piso de mosaicos.¹²⁸ No entanto, ao escrever *Do livre-arbítrio*, poucos anos antes de se voltar para a redação das *Confissões*, ele vira o problema recolocado em termos angustiantes: o homem era responsável por seus atos, mas, ao mesmo tempo, não podia controlá-los, perturbado por uma antiga queda. Como poderia esse estado conciliar-se com a bondade e a onipotência divinas? Uma "alma bem treinada" era incapaz de responder a essa pergunta; o que Agostinho buscava agora era um "investigador devoto".¹²⁹ É que ser "devoto" significava recusar-se a resolver o problema pela simples retirada de um dos polos da tensão. Esses polos passaram a ser vistos como firmemente enraizados na consciência da condição humana do homem de sentimentos religiosos — e, para ele, que melhor maneira haveria de expressá-la senão a linguagem dos Salmos? A consciência primeira do homem, portanto, deveria ser a da necessidade de curar-se: mas isso equivalia a aceitar a responsabilidade pelo que se era e, ao mesmo tempo, acolher de bom grado a dependência de uma terapia que estava fora do próprio controle. "Eles devem exclamar, do âmago de sua experiência mais íntima: '*Eu disse: Senhor, tem piedade de mim, cura minha alma, pois pequei diante de ti.*' Desse modo, pelos caminhos seguros da misericórdia divina, eles serão conduzidos à sabedoria."¹³⁰

Ao redigir as *Confissões*, Agostinho insistiu em que seu leitor fosse "conduzido à sabedoria" por esse seu novo método. O ritmo do livro foi determinado pelo aumento da consciência agostiniana da necessidade de se confessar. Evitar a "confissão" se lhe afigurou, nesse momento, a marca de sua fase maniqueísta: "a minha soberba deleitava-se por estar livre do sentimento de culpa e, quando eu procedia mal, não *confessava* ter sido eu mesmo a cometer o erro, para que Vós me pudésseis *curar a alma*."[131] Em Milão, as coisas tinham sido diferentes: até a linguagem de Agostinho se havia modificado; a imagem bruta das violações externas fora substituída pelos termos mais brandos da dor íntima crescente, a ponto de chegar à linguagem médica da "crise" interna de febre. É que, àquela altura, Agostinho havia aceitado a responsabilidade por seus atos; estava ciente da culpa: "eu não descera àquele inferno tenebroso em que ninguém se *confessa* a Vós."[132] Mas, se a negação da culpa fora o primeiro inimigo, a autoconfiança foi o último. A vasta autonomia de Plotino foi nitidamente destacada pela nova preocupação de Agostinho com a confissão. Em certa época, ele ficara empolgado com o campo comum entre os platônicos e São Paulo; em 386, eles lhe haviam parecido fundir-se naturalmente, formando "o esplêndido semblante da Filosofia".[133] Agora, ele via apenas o perigo de que os platônicos obscurecessem a única "fisionomia" que importava: "a fisionomia da verdadeira devoção, as lágrimas da confissão."[134]

Agostinho escreveu as *Confissões* com o espírito de um médico que se houvesse comprometido recentemente, e portanto, de modo ainda mais fervoroso, com uma nova forma de tratamento. Assim, nos primeiros nove livros, ilustrou o que acontecia quando esse tratamento não era ministrado, a maneira como viera a descobri-lo e, pulando uma década, demonstrou no Livro X a sua aplicação contínua no presente.

Foi esse tema da *confissão* que, aos olhos dos leitores, tornou a abordagem agostiniana de si mesmo diferente de qualquer autobiografia existente na época. Isso porque a insistência na abordagem pela "confissão" havia acompanhado Agostinho até o momento presente de sua vida. O surpreendente Livro X das *Confissões* não é a afirmação de um homem curado: é o autorretrato de um convalescente.

Esse livro das *Confissões*, por si só, deve ter apanhado de surpresa os leitores agostinianos: quando foi lido em Roma, por exemplo, Pelágio ficou "profundamente aborrecido" com seu tom. É que o desejado pelo cristão convencional era a história de uma conversão bem-sucedida. A conversão tinha sido o tema principal da autobiografia religiosa do mundo antigo. Era comum pensar-se nessa conversão como algo tão dramático e simples quanto o "início da abstinência" de um alcoólatra.[135] Como inúmeros desses convertidos, o autor insistia em nos repetir que agora era uma pessoa diferente, que nunca olhava para trás. Visto por esse prisma, o próprio ato de conversão cindia a vida do convertido em duas partes: ele era alguém que conseguira livrar-se de seu passado. A conversão à filosofia ou a um credo religioso era tida como a conquista de uma segurança final, como o navegar de mares tempestuosos para as águas calmas de um porto: São Cipriano apresentou exatamente nesses termos sua conversão ao cristianismo;[136] o mesmo fizera Agostinho em Cassicíaco.[137] Essa é uma ideia tão profundamente arraigada que surge com toda a naturalidade na pena de um "convertido" clássico dos tempos modernos, o cardeal Newman.* Além disso, no fim do século IV, o rito drástico do batismo, que comumente ocorria na meia-idade, só fazia enfatizar mais a ruptura com a identidade anterior, o que era um traço muito acentuado da ideia convencional da conversão.

As preferências da era agostiniana exigiam uma história dramática de conversão, o que o teria levado a encerrar as *Confissões* no Livro IX. Mas Agostinho, em vez disso, acrescentou outros quatro longos livros. É que, para ele, a conversão já não bastava. Esse tipo de experiência dramática não deveria levar seus leitores à ilusão de que poderiam livrar-se de sua identidade anterior com grande facilidade. O "porto" do convertido continuava a ser açoitado por tempestades;[138] Lázaro, imagem viva do

---

* John Henry Newman (1801-1890), teólogo e escritor inglês. [*N. da T.*]

homem antes morto sob a "massa do hábito",[139] fora despertado pela voz de Cristo, mas ainda teria de "se expor", "revelar seu eu mais íntimo na confissão", se quisesse libertar-se.[140] "Quando se ouve um homem confessar, sabe-se que ele ainda não está livre."[141]

No círculo dos *servi Dei* agostinianos, era lugar-comum o homem falar de si mesmo como "pó e cinzas". Mas o Livro X das *Confissões* daria uma dimensão totalmente nova a essas expressões elegantes da fraqueza humana. É que Agostinho se examinaria muito menos em termos de pecados e tentações específicos do que em termos da natureza do mundo íntimo do homem: ele era atormentado por tentações, acima de tudo, porque mal conseguia apreender quem era: "há no homem uma região de que nem mesmo *seu espírito* tem conhecimento."[142]

Agostinho herdara de Plotino a noção da pura dimensão e dinamismo do mundo interno. Os dois homens acreditavam que o conhecimento de Deus podia ser encontrado sob a forma de uma "memória" nesse mundo interior.[143] Para Plotino, entretanto, o mundo interno era um *continuum* tranquilizador. O "verdadeiro eu" do homem estava em sua profundeza, e esse eu verdadeiro era divino, nunca perdera o contato com o mundo das Ideias. A mente consciente apenas se havia separado de sua divindade latente, por se concentrar de um modo estreito demais.[144] Para Agostinho, em contraste, o simples tamanho do mundo interno era tanto fonte de angústia quanto de força. Enquanto Plotino era cheio de serena confiança, Agostinho sentia-se inseguro. "Há, de fato, *uma certa luz nos homens*, mas eles que andem depressa, andem depressa, *para que as trevas não os alcancem.*"[145] A mente consciente era cercada de sombras. Agostinho sentia como que movendo-se por "um bosque imenso, repleto de perigos inesperados".[146] Seu típico deslocamento do interesse para as perenes "enfermidades" da alma,[147] seu escrupuloso sentimento da vida como "*uma contínua provação*",[148] tudo isso colocou ao lado das profundezas místicas de Plotino uma região murmurante: "Grande é a força desta minha memória, ó Deus meu, um vertiginoso mistério, uma profundeza oculta de infinita complexidade: e isto é minha alma, e é o que sou. E o que sou eu, ó meu Deus? Qual é minha verdadeira natureza? Uma coisa viva, que assume inumeráveis formas de imensa amplidão."[149] "Quanto à sedução dos doces aromas", por exemplo, "não me inquieto em demasia. (...) Ao menos assim me parece; talvez eu me engane. Pois há em mim trevas deploráveis em que de mim se ocultam as minhas possibilidades latentes, de tal sorte que meu espírito, ao se interrogar sobre suas próprias forças, sente não poder confiar com acerto no que ele mesmo diz."[150]

Era um tema tradicional expor a alma às ordens de Deus, sabendo que Ele "vasculhava o coração dos homens".[151] Mas era sumamente inusitado insistir, como fez Agostinho, em que nenhum homem jamais conseguiria sondar suficientemente seu coração, em que o "espaço vasto e ilimitado" era tão complexo, tão misterioso, que ninguém jamais poderia conhecer toda a sua personalidade, e portanto, ninguém podia ter a certeza de que a totalidade de si mesmo se submeteria a normas que apenas a mente consciente havia aceitado. O sentimento agostiniano dos perigos da identificação exclusiva com as boas intenções conscientes está por trás do refrão que tanto chocou Pelágio: "Ordenai-me o que quiserdes, mas dai-me o que me ordenares."[152] Pois "não consigo facilmente concentrar minhas forças para melhor me purgar desta infecção: tenho grande receio de minhas partes ocultas, que Vossos olhos conhecem, mas os meus não veem.[153] (...) Eis que me vejo em Vós, ó minha Verdade (...) mas, se posso ou não ser assim, não o sei. (...) Rogo-Vos, ó Deus, que me mostreis a plenitude de mim mesmo."[154]

Nada podia ser mais vívido do que um autorretrato íntimo, traçado por um homem que não se deixara iludir por certezas sobre quem realmente era: "ignoro qual dos lados vencerá (...) simplesmente o ignoro."[155] Ele ainda tinha sonhos sexuais, que o preocupavam pela sensação de consentimento e de culpa subsequente, que ocorria até mesmo em seu sono.[156] Já a ganância era para ele uma fonte muito mais aguda e reveladora de inquietação. Agostinho observara com fascinada simpatia a voracidade insaciável dos bebês.[157] Sentia-se ainda numa encosta escorregadia: falava com a rispidez e o temor de alguém para quem as fronteiras entre o apetite comedido e a sombra da pura e simples voracidade ainda não estavam estabelecidas com segurança.[158] Com o prazer da música, ao contrário, ele se sentia fortalecido por suas próprias experiências positivas. O belo entoar de um salmo podia fazer sua mente perder-se em divagações, mas ele estava disposto (como nunca se disporia à mesa) a correr o risco de se comprazer: "Sinto que todos os variados afetos do coração encontram, na voz e no canto, ritmos que lhes são próprios e através dos quais, por uma misteriosa afinidade, tornam-se mais vivos."[159]

Penetramos no mundo de um homem muito sensível. As cores berrantes do passado esmaeceram; suas tentações chegam quase a parecer, em certos momentos, uma encantadora distração. A "voluptuosidade dos olhos", por exemplo, só abala Agostinho quando ele se senta por um instante sob o límpido sol africano, vendo a paisagem banhada de luz — a luz que era a própria "rainha das cores" — e se descobre lamentando ter que entrar em casa: (...) "sinto falta dela; e se dela sou privado por muito tempo, abate-me a depressão."[160] "Já não vou ao circo ver um cão a perseguir uma lebre, mas, se deparo com a mesma cena ao atravessar o campo, a caçada pode facilmente distrair-me de meu pensamento e, se não chega a me forçar a mudar de caminho para segui-la a cavalo, desvia-me em meu coração. Se não me mostrásseis prontamente a minha fraqueza e não me advertísseis, (...) eu simplesmente ficaria boquiaberto a contemplá-la. Que dizer de mim? Uma lagartixa a caçar moscas ou uma aranha a devorá-las quando se enredam em sua teia ainda são capazes de absorver minha atenção quando me sento em meu quarto."[161]

Mas a angústia mais característica de Agostinho concernia ao tanto que ele ainda se sentia profundamente afetado pelas outras pessoas: "Tenho certa capacidade de me examinar noutras tentações, porém nesta, quase nenhuma."[162] Ao ler a biografia desse homem extremamente introspectivo, de repente percebemos, para nossa surpresa, que ele quase nunca ficou sozinho. Sempre esteve cercado de amigos. Aprendeu a falar "em meio ao carinho das amas, entre os gracejos de rostos sorridentes e o bom humor dos colegas de folguedos".[163] Só um amigo era capaz de fazê-lo perder "metade de minha alma",[164] e somente uma nova amizade poderia curar essa ferida.[165] Raras vezes o encontramos pensando sozinho: em geral, ele está "conversando sobre tais assuntos com meus amigos".[166] Agostinho quase não se havia modificado nesse aspecto: na meia-idade, continuava encantadora e tragicamente exposto à "mais insondável de todas as tentações da alma — a amizade".[167]

Após a tempestade distante no jardim de Milão, após esse exame angustiado das potencialidades tenebrosas, os três livros restantes das *Confissões* constituem um término apropriado para a autorrevelação de um homem dessa cepa: como a luz suave que retorna insidiosamente à paisagem encharcada de chuva, o duro refrão do "Ordenai" — "Ordenai o que quiserdes" — cede lugar ao "Concedei": "Concedei-me o que amo, porque estou inebriado de amor."[168] Para Agostinho, o progresso na sabedoria, já então medido pelo estalão de seu entendimento das Sagradas Escrituras, só poderia decorrer do progresso da consciência de si mesmo:[169] esses "primeiros alvores da iluminação de minha alma",[170] quando ele medita sobre as primeiras linhas do livro do Gênesis, ilustram diretamente os efeitos da terapia por que acabara de passar. Essa terapia de autoexame talvez tenha sido o que mais aproximou Agostinho de algumas das melhores tradições de nossa própria era. Como um planeta em oposição, ele se aproxima tanto de nós, no Livro X das *Confissões*, quanto o poderia permitir o imenso abismo que separa o homem moderno da cultura e da religião do baixo Império Romano: *Ecce enim dilexisti veritatem, quoniam qui facit eam venit ad lucem*. "Pois vede, *Vós amastes a verdade*, e aquele que *a pratica alcança a luz*. Quero *praticar a verdade* em meu coração, confessando-me a Vós e, nos meus escritos, a um grande número de testemunhas (...)."[171]

PARTE III

395-410

TABELA CRONOLÓGICA C

396	Morte de Valério. Romaniano retorna à Itália (início do verão).	*Ad Simplicianum de diversis quaestionibus.* *Contra epistolam quam vocant fundamenti.* *De agone christiano.*
	395-398 Revolta de Gildo, conde da África.	*De doctrina christiana* (concluído em 426).
397		26/6: II Concílio de Cartago. 28/8: III Concílio de Cartago.
	4/4: Morte de Ambrósio. Sucedido por Simpliciano.	Debates com o bispo donatista de Fortunius, em Tubursicubure. /400 *Quaestiones evangeliorum.* /398 *Contra Faustum Manichaeum.* /401 *Confissões.*
398	Derrota de Gildo. Execução de Optatus, bispo donatista de Timgad.	*Contra Felicem Manichaeum* (dezembro).
399	19/3: Agentes imperiais fecham os templos pagãos na África. Consulado de Mânlio Teodoro.	27/4: IV Concílio de Cartago. *De natura boni contra Manichaeos.* *Contra Secundinum Manichaeum.* *Adnotationes in Job.* /400 *De catechizandis rudibus.*
		/419 *De Trinitate.*
400		Prega *De fide rerum quae non videntur.* *De consensu evangelistarum.* *Contra epistolam Parmeniani.* /1 *De baptismo contra Donatistas.* *Ad inquisitiones Januarii* (= Epp. 54-55). *De opere monachorum.*
401	Eleição do papa Inocêncio I (401-março de 417).	15/6: V Concílio de Cartago. Vai a Assuras e Musti investigar o antigo clero maximianista. 13/9: VI Concílio de Cartago. Em Hipona Diarrhytus para a eleição do bispo (fim de setembro). *De bono conjugali.*
	Crispino, bispo donatista de Calama, é responsabilizado pelo ataque a Possídio.	*De sancta virginitate.* /5 *Contra litteras Petiliani.* /14 *De Genesi ad litteram.*
402	Derrota dos godos na Itália. Morte de Símaco.	7/8: Em Milevis, para o VII Concílio.

P.L. VOL. COL.		TRADUÇÕES PARA O INGLÊS
40.	11	(in) Augustine: earlier writings, Londres, 1953 (só o Livro I).
42.	173	(in) On the Manichaean Heresy, Edimburgo, 1872.
40.	289	(in) Seventeen short treatises, Oxford, 1847; The Christian Combat, Nova York, 1947.
34.	15	On Christian Doctrine, Edimburgo, 1873; Christian Instruction, Nova York, 1947.
35.	1321	
42.	207	(in) On the Manichaean Heresy, Edimburgo, 1872. (existem inúmeras traduções, mas a melhor é:) *The Confessions of*
32.	659	*St. Augustine*, trad. F. J. Sheed, Londres e Nova York, 1943 (regularmente reeditada).
42.	519	
42.	551	(in) Basic Writings, I, Nova York, 1948; (in) Augustine: earlier writings, Londres, 1953. (in) Nicene and Post-Nicene Fathers, 4, Nova York, 1901.
42.	577	
34.	825	
40.	309	(in) Seventeen short treatises, Oxford, 1847; On catechizing, Edimburgo, 1873; Instructing the unlearned, Oxford, 1885; A treatise on the manner of catechizing the uninstructed, Londres, 1902; A treatise on the catechizing of the uninstructed, Londres, 1912; St. Augustine's "De catechizandis rudibus", Londres, 1913; The first catechetical instruction, Londres, 1946.
42.	819	On the Trinity, Edimburgo, 1873; (in) Basic Writings, II, Nova York, 1948 (apenas trechos escolhidos); (in) Augustine: Later writings, Londres, 1954; The Trinity, Nova York, 1963.
40.	171	(in) Seventeen short treatises, Oxford, 1874; Concerning faith of things unseen, Oxford, 1885; On faith in things unseen, Nova York, 1947.
34.	1041	The harmony of the evangelists, Edimburgo, 1873.
43.	33	
42.	107	(in) On the Donatist Controversy, Edimburgo, 1872.
33.	199	
40.	547	(in) Seventeen short treatises, Oxford, 1847; The work of monks, Nova York, 1952.
40.	373	(in) Seventeen short treatises, Oxford, 1847; The good of marriage, Nova York, 1955.
40.	397	(in) Seventeen short treatises, Oxford, 1847; Holy Virginity, Nova York, 1955.
43.	245	(in) On the Donatist Controversy, Edimburgo, 1872.
34.	245	

TABELA CRONOLÓGICA C (cont.)

403	O bispo de Bagai é agredido por donatistas e gravemente ferido.	25/8: VIII Concílio de Cartago. Prega em Cartago de tempos em tempos, até 8/11.
404	O bispo de Bagai vai a Ravena pedir providências severas contra os donatistas.	26/6: IX Concílio de Cartago.
405	12/2: "Edito de união" contra os donatistas (Cod. Teod. xvi, 5, 8).	*De unitate ecclesiae.* 23/8: X Concílio de Cartago. /6: *Contra Cresconium grammaticum.*
406	Invasão da Gália pelos vândalos.	/11 *De divinatione daemonum.*
407	Usurpação de Constantino III.	XI Concílio realizado em Tubursicubure (fim de junho). 407-408 Agostinho começa o *Tractatus in Joh. Ev.*
408	Teodósio II torna-se imperador do Oriente (maio). Queda de Estilicão (agosto). Tumulto em Calama, quando Possídio tenta interromper uma procissão pagã. Alarico entra na Itália (outubro).	16/6: XII Concílio de Cartago. 13/10: XIII Concílio de Cartago. (É incerta a presença de Agostinho nesses concílios.) *Epistola 93* a Vicente, bispo donatista de Cartena. /9: *Quaestiones expositae contra paganos* (= *Ep. 102*). /12 *De utilitate jejunii.*
409	Alarico sitia Roma. Os donatistas gozam de tolerância.	15/6: XIV Concílio de Cartago (presença incerta). *Ep. 101* a Memor. Macróbio, bispo donatista, torna a entrar em Hipona.

P.L.	
VOL.	COL.

TRADUÇÕES PARA O INGLÊS

43. 391

43. 445

40. 581   *The divination of demons*, Nova York, 1955.

VER ADIANTE ad. ann. 414.

33. 321
33. 370
40. 707   *The usefulness of fasting*, Nova York, 1952.

33. 367

17
HIPONA RÉGIA[1]

Quando Agostinho tornou-se bispo católico de Hipona [*Hippo Regius*], a cidade existia havia mais de mil anos.[2] Era o segundo porto da África. Para quem chegasse a ela por mar, vindo de Cartago, uma longa linha de penhascos subitamente dava lugar a alguns quilômetros da rica planície do rio Seybouse. Hipona ficaria no extremo oposto dessa planície, abarcando dois morros pequenos, um porto natural formado pela foz do rio, e ao fundo, a oeste, um elevado promontório montanhoso, o Djebel Edough.

Agostinho tinha muito de forasteiro em uma cidade antiga. Nem mesmo as ruas eram as avenidas regulares das "novas" cidades romanas do interior, como sua própria Tagaste: eram ruelas estreitas e serpeantes, pavimentadas pelos fenícios com maciças pedras irregulares.[3] O que havia de romano era esplêndido e já muito antigo. O fórum, excepcionalmente grande, era repleto de estátuas: o nome de um procônsul mencionado por Tácito espalhava-se pelo espaçoso pavimento de lajes;[4] Suetônio, o biógrafo dos primeiros imperadores, figurava entre os nomes ilustres do lugar.[5] Por duzentos anos, a cidade fora uma *civitas Romana*, uma "cidade de cidadãos romanos". A vida romana se estabelecera em escala magnífica: havia um teatro capaz de acomodar de cinco a seis mil pessoas, um grande prédio de termas públicas e um templo clássico que coroava a colina, no local de um antigo santuário de Baal-Hammon. Os valores de uma cidade romana pagã, que Agostinho viria a atacar em sua

Cidade de Deus, devem tê-lo confrontado, cristalizados na pedra, em centenas de inscrições. De algum modo, esse passado pagão havia perdido sua alma no fim do século IV; as obras de Cícero já não eram vendidas nas livrarias da cidade;[6] mas seria impossível ignorar a pura presença física do passado nas construções que cobriam o morro principal, desde o teatro em seu sopé até o fórum e o templo em seu cume. Esses lembretes sólidos da riqueza dos tempos pagãos sobreviveriam ao cristianismo na África setentrional. O núcleo de tijolos das termas públicas continuou de pé muito depois de a velha cidade ter sido assoreada: os viajantes árabes viriam a chamá-lo de "glisia Rumi", "igreja dos romanos", confundindo-o com a catedral de "Augodjin, um grande doutor da religião cristã".[7]

Para chegar à parte da cidade em que Agostinho morou em seu "bairro cristão", composta pela igreja principal e o batistério adjacente, uma capela, a casa do bispo e, talvez, um mosteiro num prédio que dava para o jardim episcopal,[8] seria preciso deixar o morro principal e andar uns bons 800 metros em direção ao porto. A igreja principal fora parcialmente construída na parte abandonada do pátio de uma tinturaria: tinha aproximadamente um terço da área do portentoso fórum e contava menos de cem anos. Essa construção simples, que fora subitamente ampliada quando do reconhecimento oficial do cristianismo, três gerações antes,[9] era uma nova-rica, inserida a uma distância segura do centro tradicional da vida pública de Hipona, do templo e do fórum. Não obstante, Agostinho ficou estrategicamente situado justamente nesse bairro, onde a influência da antiga vida pública de Hipona já estava enfraquecida. É que a apenas um minuto de caminhada ficavam as vivendas dos ricos. Tratava-se dos subúrbios residenciais particulares que davam vista para o porto. Fazia pelo menos um século que ninguém gastava largas somas de dinheiro nos prédios públicos ao redor do fórum, como tinha sido costume na época de "desenvolvimento acelerado" da cidade. Significativamente, ao contrário, agora grandes fortunas eram gastas no interior das casas, em opulentos pisos de mosaico, ricos como os tapetes orientais e retratando a vida de homens que haviam prosperado como senhores de terras particulares, numa época em que as finanças públicas das cidades romanas eram abaladas por repetidas crises econômicas. Alguns proprietários de mansões sequer moravam permanentemente em Hipona: a igreja de Agostinho confinava com uma casa magnífica, administrada por uma dama senatorial que morava em Roma;[10] como devota cristã e ausente, a vida pública do fórum, com suas associações pagãs, interessaria tão pouco a essa senhora quanto a Agostinho.[11]

O porto ficava depois desse bairro. O Mediterrâneo ainda trazia homens do Leste, como na época dos fenícios: marinheiros gregos com estranhas imprecações;[12] um sírio;[13] até o predecessor de Agostinho, Valério.[14] Acima de tudo, os embarques e desembarques no porto deviam permitir a Agostinho manter-se em contato com um mundo muito mais vasto do que se ele houvesse permanecido em Tagaste, na zona rural cercada por terras. As cartas de Agostinho zarpavam com as remessas de milho para a Itália — para Paulino de Nola e, mais tarde, para os bispos de Roma.[15]

No entanto, como muitos homens da Antiguidade, Agostinho temia o mar. Nunca se atreveu a navegar pela costa rochosa até Cartago;[16] sempre considerou os mercadores navais como especuladores que corriam os mais assustadores riscos.[17] Hipona, com efeito, não dependia exclusivamente do mar. Devia sua riqueza à única mercadoria que sempre faltava em quantidades suficientes no Mediterrâneo: alimentos.[18] A congregação de Agostinho compunha-se de "agricultores",[19] homens que possuíam ou lavravam a planície esplendidamente fértil do Seybouse: até os que não possuíam terras dedicavam tempo a pequenas hortas fora da cidade.[20] Os habitantes de Hipona eram prósperos não porque usassem o mar para comerciar, mas porque tinham alimentos mais do que suficientes. Os vinhedos ao longo do vale do Seybouse eram cuidadosamente mantidos;[21] as encostas do Djebel Edough deviam ser sombrias, por causa dos olivais; a planície reluzia com o milho. Agostinho conhecia melhor a técnica de enxerto de azeitonas do que São Paulo,[22] e quando menciona as nuvens e a chuva, sempre se refere a elas como faria um lavrador: como uma graça singular de Deus,[23] tal como a súbita neblina que se formava acima do Djebel Edough após semanas de sol intolerável, num abençoado prenúncio da chuva.

O milho era a base da riqueza de Hipona. Mas depender dele não era uma completa bênção. O milho podia arruinar o pequeno lavrador e fazer a fortuna do grande especulador. Era a base das grandes propriedades da planície, organizado em torno de construções repletas de uma estatuária clássica de bom gosto,[24] cujos proprietários seriam capazes de fazer sacrifícios aos demônios para que houvesse escassez e preços altos.[25] O milho povoava a zona rural com seus elementos mais deprimidos e violentos — os meeiros que funcionavam como servos e os trabalhadores sazonais.[26] Acima de tudo, ele despertava a atenção indesejada do governo imperial. Um funcionário encarregado da compra compulsória de cereais residia em Hipona;[27] uma parte demasiadamente grande da colheita era escoada para os armazéns do Estado, a fim de ser transportada para Roma e para o exército. Até Agostinho, em *A cidade de Deus*, atreveu-se a desejar que houvesse um arranjo melhor das coisas,[28] ao passo que sua congregação, especialmente os comerciantes locais, um dia manifestou sua opinião linchando o comandante da guarnição local.[29]

A zona rural, com efeito, colocaria Agostinho diante de um problema intratável. Dentro de Hipona, podia-se ao menos esperar que existissem a lei e a ordem de uma "cidade romana".[30] Fora dela, os grandes proprietários não hesitavam em usar métodos "de força": Agostinho escreveu a um deles, "recomendando" que se abstivesse de incendiar a igreja de um padre que o havia contrariado num processo judicial.[31]

Pior do que tudo eram os vilarejos montanheses que cercavam a planície, especialmente os da massa de granito do Djebel Edough. Ali se falava o "púnico", e não o latim; ali, os grandes proprietários caçavam javalis e até leões nas matas selvagens;[32] ali, as aldeias de homens pobres, que nunca tinham terra suficiente, haviam adquirido uma sólida identidade contra a vida civilizada da planície. Uma delas, composta de donatistas, espancava e assassinava seus padres católicos;[33] outra formou uma comunidade que jurou continência absoluta e que recrutava seus membros apelando para a adoção de crianças das aldeias vizinhas.[34] Esses miseráveis estavam sempre exercendo pressão sobre a planície: talvez formassem o núcleo dos bandos de fanáticos itinerantes — os circunceliões — cujo grito de guerra, "Louvado seja Deus", era mais temido do que o rugido de seus leões da montanha.[35]

Agostinho fez o que pôde nessa situação. Procurou conseguir padres que falassem o dialeto local,[36] e esses padres, tal como os senhores de terras, podiam agir como porta-vozes e protetores de pequenas comunidades.[37] Cada vez mais, porém, Agostinho foi obrigado a confiar nos que exerciam o verdadeiro poder nessa região rude — os próprios grandes latifundiários: as igrejas católicas estabeleciam-se perto de suas casas[38] e a influência deles, amiúde exercida tão diretamente quanto num bom açoitamento administrado a arrendatários insubordinados,[39] promovia a causa católica. Agostinho, homem consciencioso e moderado no oásis de ordem romana de Hipona, tinha pés de barro na vasta extensão de zona rural que ficou sob seus cuidados.[40]

Hipona era isolada por sua própria prosperidade. Situada numa rica planície costeira, não precisava participar da vida mais primitiva do interior. Agostinho viria a sentir esse isolamento. Hipona era administrada a partir de Cartago; seus amigos leigos residiam preferencialmente em Cartago; ele visitava essa cidade com frequência, para comparecer aos concílios convocados por Aurélio. Não há indícios diretos de que, ao seguir para Cartago pelo vale do Medjerda,[41] ele tenha algum dia feito um desvio pelas montanhas para revisitar sua "pátria da carne", Tagaste:[42] as montanhas elevadas, o clima mais inóspito[43] ou alguma reserva íntima, quem sabe, mantiveram-no afastado.

Todavia, Agostinho foi bispo na antiga província eclesiástica da Numídia. Os negócios de seus colegas obrigaram-no a se interessar por cidades situadas a uma semana de viagem para o interior, como Milevis e Cirta, e por acontecimentos numa zona rural que ele nunca visitou, de cujos costumes permaneceu ignorante[44] e a qual lhe parecia realmente muito selvagem, vista da área protegida de uma "cidade romana" na costa do Mediterrâneo.

Como bispo cristão, Agostinho tornou-se uma figura pública numa cidade em que grande parte da vida era pública, explícita e guiada por longas tradições de comportamento correto. Levava-se a vida a céu aberto. As diferenças acentuadas de riqueza e *status* eram enfatizadas da maneira mais conspícua possível: Agostinho viria a mostrar pouco interesse pelas artes plásticas, mas enfatizaria a importância dos trajes "pelos quais se distinguem as posições dos homens";[45] e, numa era de costumes ostentatórios, a simples túnica negra que ele usava como "servo de Deus", o *birrus*, devia distingui-lo de modo particularmente público.[46] As tensões eram explícitas, até ritualizadas: a cidade dividia-se em "facções" rivais no teatro;[47] uma cidade chegava até a "desabafar as mágoas" encenando anualmente uma batalha campal entre bairros rivais;[48] e os grupos religiosos em guerra, pagãos contra cristãos, donatistas contra católicos, deviam parecer pouco diferentes aos olhos de um homem de fora. Essa vida claramente padronizada continuava depois da morte. O cemitério era apenas mais uma Hipona, situando-se a uma distância decente dos vivos e dominado pelos mausoléus das famílias ricas, feitos de mármore da Numídia, onde os ancestrais ficavam no lugar que lhes convinha e esperavam ser visitados todos os anos para um banquete solene.[49]

Assim, Agostinho ocupava uma posição em que dele se esperavam certas coisas. Um dos aspectos mais importantes e elusivos de sua vida em Hipona é saber até que ponto ele terá ficado à altura das expectativas tradicionais do homem urbano médio, e em que medida as terá desdenhado e transformado. A vida de Agostinho, tal como vista em suas cartas e sermões, parece uma rotina imutável, uma forma de "escravidão" que lhe foi imposta,[50] um "fardo".[51] Apesar de sua rotina pastoral invariável, ele viveu numa geração de mudanças rápidas, muitas das quais foram provocadas por sua própria iniciativa e pela de seus colegas católicos. Durante o episcopado agostiniano, Hipona tornou-se uma cidade cristã;[52] Agostinho expulsou seus rivais cristãos, os donatistas, e sua posição frente aos homens influentes do lugar sofreu uma mudança drástica.[53] Tudo isso foram etapas na ascensão ao poder por parte de um grupo de novos homens, homens com ideias e políticas que frequentemente tangenciavam os pressupostos tradicionais dos cidadãos romanos e que, vez por outra, eram-lhes francamente hostis. Assim, o impacto agostiniano no mundo estritamente controlado de Hipona veio a marcar uma etapa significativa no fim da vida civil de uma cidade antiga.

Os homens do baixo Império Romano tinham a expectativa de ser protegidos por influentes patronos particulares.[54] O Estado era opressivo e corrupto, mas abarcava uma área muito mais estreita da vida dos cidadãos do que hoje. O indivíduo buscava proteção contra o mundo externo, compensação pelos agravos e a obtenção de vantagens, sobretudo na "família"; fora da família, fazia-o submetendo sua sorte a algum homem poderoso, capaz de chefiar um pequeno império de aliados, clientes, dependentes, libertos e escravos que se estendia por todo o Mediterrâneo. Assim, como bispo, Agostinho viu-se à testa de uma "família": a comunidade cristã de sua cidade, à qual ele frequentemente se refere como a *familia Dei*.[55] Desde o reconhecimento oficial do cristianismo, o bispo assumiu seu lugar entre os homens influentes, dos quais se esperava que cuidassem dos seus e que eram efetivamente incentivados a fazê-lo. Agostinho visitava presídios para proteger de maus-tratos os prisioneiros; intervinha, usando de tato, porém com firmeza, para salvar criminosos da tortura judicial e da execução;[56] e, acima de tudo, cabia-lhe manter a paz em sua "família", servindo de árbitro em seus processos judiciais.[57]

Agostinho não herdou uma posição de força já pronta. Um bispo cristão na África do século IV era muito diferente dos magnatas eclesiásticos da era medieval, com suas jurisdições precisas. Ao intervir para proteger os componentes de seu rebanho, ele agia como seria de se esperar de qualquer patrono do baixo Império Romano; e portanto, tinha de competir com rivais bem estabelecidos.[58] Muitas vezes, os cidadãos de Hipona preferiam buscar ajuda junto a um grande senador pagão, como

Símaco,⁵⁹ em vez de recorrer a Agostinho. Ele se via obrigado a esperar a manhã inteira na antessala de um governador.⁶⁰ Na verdade, muitos dos homens ilustres do lugar começaram por hostilizá-lo; alguns eram donatistas,⁶¹ outros eram pagãos. Seria bom se conhecêssemos as opiniões de um certo "latifundiário ilustre de Hipona", um pagão que, em certa ocasião, enalteceu a erudição de Agostinho "com uma pitada de sarcasmo".⁶² *Grosso modo*, Agostinho começou sem nenhum dos privilégios do aristocrata nato e, no correr dos anos, veio a firmar sua posição graças a uma árdua luta por ela.

Portanto, foi apenas em sua condição mais humilde de árbitro de processos judiciais que ele se descobriu uma figura vital na comunidade. Isso porque oferecia aquilo que todos queriam: uma resolução gratuita, rápida e não corrupta dos processos. O bispo cristão estava autorizado a impor acordos por arbitragem às partes consensuais.⁶³ Agostinho viu-se assoberbado: multidões de litigantes, tanto pagãos e hereges quanto cristãos católicos, mantinham-no ocupado desde as primeiras horas da manhã, com frequência até o fim da tarde.⁶⁴ Esse era o aspecto de sua rotina em Hipona de que ele se ressentia mais amargamente: "Ó, com que repulsa pelas multidões ruidosas e insubordinadas e com que anseio se diz: '*Afastai-vos de mim, homens malévolos: e fitarei os mandamentos de meu Deus.*' (...) Quem o afirma por certo se refere àqueles que discutem obstinadamente entre si em nosso tribunal e que, quando determinados a oprimir homens decentes, rejeitam nossos julgamentos e nos fazem desperdiçar um tempo que poderíamos dedicar ao oferecimento de coisas divinas. (...) É como se o salmista os matasse a tabefes, qual moscas que lhe dançassem diante dos olhos. (...)"⁶⁵

No entanto, essa tarefa constante de arbitragem exerceu profunda influência na atitude de Agostinho para com sua própria posição de bispo. A necessidade de chegar rapidamente ao âmago dos casos complexos e de impor um acordo firme e claro, à luz dos princípios cristãos, foi um treinamento nada insignificante para um polemista eclesiástico. Muitas vezes, Agostinho escrevia como se estivesse encerrando um caso em seu tribunal: *causa finita est*.⁶⁶ Acima de tudo, a autoridade com que ele impunha os acordos tinha um toque profundo de claras ideias religiosas. Sentado no *secretarium* adjacente a sua basílica, não muito longe, portanto, do altar sagrado, e tendo à mão um exemplar das Escrituras Sagradas, Agostinho via-se como o sucessor dos íntegros juízes de Israel. E, ao proferir as sentenças, sempre olhava aterrorizado para o futuro, para o Juízo Final.⁶⁷

O Deus dos cristãos africanos era realmente o Juiz inspirador de reverência.⁶⁸ Havia um traço intenso desse terror primitivo em Agostinho; mesmo quando parecera estar muito distante de suas raízes, como um *rhetor* de sucesso em Milão, ele fora acossado por "temores da morte e do Juízo Final".⁶⁹ Agora, na África, esse medo lhe estaria sempre muito próximo: um futuro bispo, um colega de Agostinho que havia fugido com uma freira, fora impedido de deitar-se com ela pelo pavor repentino de Deus, enviado num sonho.⁷⁰ Os homens que se aglomeravam ao redor de Agostinho esperavam sanções dessa ordem. Sensível como sempre, ele não tardaria a lhes captar o estado de espírito. Ao se ver diante de uma briga insolúvel entre dois membros de seu clero, em torno da qual toda a comunidade se dividiu, o bispo mandou ambos para um santuário na Itália, onde os perjuros eram detectados pelo juízo divino: aí nos vemos entrando no mundo medieval das provações.⁷¹

Esse pavor verdadeiro do Juízo Final foi a espinha dorsal da autoridade agostiniana na comunidade cristã. O bispo não usava esse temor com crueldade, para aterrorizar seu rebanho. Mais sutil e mais eficaz, tomava a si todo o ônus da responsabilidade: no dia assustador, Agostinho seria responsável perante Deus pelos pecados de todos eles.⁷² Era uma abordagem perfeitamente adaptada ao paternalismo solene com que ele dirigia sua recalcitrante "família". Dava-lhe também um sentimento esmagador de missão e responsabilidade, marcantemente ausente da sociedade secular do Império Ocidental: não raro, o governador das províncias era uma pessoa insignificante de sangue azul, nomeada apenas por um breve período para agir como chefe nominal de uma equipe de funcionários mal remunerados; em contraste, o bispo cristão destacava-se como uma figura permanente na vida de todas as cidades, um homem dedicado a sua autoridade e responsável unicamente perante um Deus ainda mais presente, por ser invisível: "diante de Quem nosso coração fica aberto e desnudo, cujo Juízo tememos e por cuja ajuda esperamos, nesta vida e na próxima."[73]

Apesar desse elevado sentimento do ofício exercido, todavia, o bispo cristão médio podia ser cooptado com facilidade pelas pequenas oligarquias de grandes senhores de terras, que tinham certo peso na vida de suas cidades.[74] A Igreja africana sempre tivera seus "senhores" leigos,[75] e agora, estes eram senadores, "nobres leigos cristãos". Tais homens costumavam visitar Agostinho e com ele discutir seus problemas nas manhãs de domingo, antes de o bispo ir para a igreja.[76] Agiam como representantes da comunidade: nos momentos de tensão, esses homens importantes iam até a abside e negociavam a sós com o bispo.[77] Ajudavam Agostinho a decidir sobre os casos difíceis.[78] Agostinho precisava de seu apoio e eles precisavam do bispo, pois, como guardião legal dos menores, este podia afetar-lhes a política dinástica.[79] Assim como as esplêndidas mansões dos ricos cercavam a igreja de Agostinho, esse pequeno grupo de homens reivindicou seu lugar como líderes naturais de uma comunidade de lavradores pobres e analfabetos, na época em que Hipona se transformou numa cidade cristã; e assim como, na condição de cristãos, esses homens ainda caminhavam sobre os pisos de mosaico francamente pagãos instalados por seus pais, eles se dispunham a ver em Agostinho apenas mais um homem influente, enraizado nas velhas tradições de sua cidade. Estavam dispostos a transformá-lo em mais um civil ilustre, com deveres religiosos.

A absorção nos padrões de vida já estabelecidos poderia ter ocorrido com extrema facilidade. Muitos bispos eram casados; seus filhos davam continuidade à vida antiga, chegando a ponto de celebrar os jogos públicos que marcavam sua entrada no conselho municipal.[80] Tais bispos tratavam seu cargo como uma "honraria" portadora de privilégios, como qualquer outro título civil;[81] estavam livres para agir como proprietários de terras em larga escala — a igreja de Hipona possuía terras vinte vezes maiores do que o "minúsculo lote" que um dia Agostinho possuíra em Tagaste;[82] e eram homens de formação clássica. Com grande frequência, os dignitários pagãos das cidades vizinhas tentavam aproximar-se de Agostinho como se este fosse um deles, como um homem "escolado em todos os ramos da cultura",[83] "Um grande homem, um homem culto; mas, por que cristão?".[84]

Agostinho rejeitou as expectativas que dele tinham esses homens. Havia escolhido seus companheiros de outro modo. Cercou-se de "servos de Deus" vestidos de túnicas negras. Insistiu em que seus padres morassem com ele num estabelecimento monástico, na residência episcopal. Com isso, eles ficaram deliberadamente isolados da vida da cidade pelos votos de pobreza e celibato e por um rígido código de normas.[85] Eram instruídos unicamente nas Escrituras cristãs.[86] Com o tempo, muitos membros do mosteiro agostiniano vieram a se tornar bispos noutros lugares e, por sua vez, criaram estabelecimentos monásticos semelhantes.[87] Assim fazendo, preservaram o clero católico como uma casta distinta, que não se envolvia na vida das cidades pelo matrimônio nem pelos interesses econômicos; e, indiretamente, introduziram mais uma cunha na antiga unidade das cidades romanas.

As atitudes frente ao uso da riqueza, por exemplo, devem ter mostrado claramente a diferença de visão entre o círculo agostiniano e o romano médio. Para um homem do baixo-império, a fortuna existia para ser gasta com ostentação. Economizar era considerado ignóbil.[88] Agostinho tentaria utilizar essa tradição de doações pródigas em benefício de cristãos pobres;[89] e ele mesmo exibiria *humanitas*, a cortesia liberal, ao oferecer um banquete aos pobres no aniversário de sua ordenação,[90] bem como ao receber seus muitos visitantes.[91] Mas, comparada às ocasiões tradicionais em que se exibia generosidade, a doação de esmolas parecia por demais indiscriminada: não consolidava laços de obrigação recíproca, como na grande troca de presentes entre amigos, clientes e aliados nos festejos das Calendas de janeiro,[92] e não era tão pública nem tão competitiva quanto as extraordinárias exibições apresentadas no circo pelos magnatas locais.[93] Em comparação, Agostinho falava da doação de esmolas como algo tão impessoal quanto a corretagem de ações — como uma judiciosa transferência de capital deste mundo inseguro para o próximo.[94]

Não haveria trégua entre Agostinho e as formas tradicionais de esbanjar riqueza em espetáculos circenses. Esses espetáculos tinham-se tornado um modo de mostrar que o antigo estilo de vida romano havia sobrevivido, da mesma forma que, depois de 1945, famílias ilustres ressurgiram em seus camarotes de ópera nas capitais do Leste Europeu a fim de mostrar que, a despeito das aparências, tudo continuava como antes. No entanto, nos anos de angústia crescente que se seguiram ao saque de Roma em 410, Agostinho fez uma dura pregação contra os ricos que se dispunham a se arruinar para manter tais exibições;[95] disse alegrar-se ao ver um anfiteatro em ruínas[96] e chegou até a acolher de bom grado as calamidades públicas, como um modo de forçar a imposição de uma "austeridade" puritana aos defensores de uma ordem rival.[97] Dentro desse espírito, Agostinho escreveu aos conselheiros municipais e administradores responsáveis mais ilustres, numa época em que estava em jogo nada menos do que a desmoralização de toda uma classe e, com ela, o desaparecimento dos antigos costumes romanos nas cidades africanas. Essas cartas são alguns dos documentos mais desdenhosos das relações entre o cristianismo e a civilização do mundo antigo.

Ao escolher sua companhia tal como o fez, entretanto, Agostinho tomou providências para nunca estar sozinho. Precisava de companhia. Até mesmo sua experiência mais íntima de contemplação, ele a tivera na presença da mãe; e assim, certificou-se de que, em seu palácio episcopal de Hipona, seria sempre o centro de um grupo íntimo de amigos de mentalidade similar. Agostinho manteve até o fim a tendência natural dos africanos a formarem clãs. Sua irmã viúva foi instalar-se em Hipona a fim de se encarregar das "servas de Deus",[98] assim como para lá foram sua sobrinha[99] e seu sobrinho, Patrício.[100]

Ele instituiu uma austera rotina monástica, com uma rigorosa dieta vegetariana[101] e a proibição absoluta de visitantes do sexo feminino.[102] Na velhice, ao considerar quais pecados ainda poderia haver cometido um homem perfeito como Abel, o Justo, Agostinho imaginou que ele poderia "ter rido, vez por outra, com certo excesso de entusiasmo, ou perdido o controle a ponto de fazer travessuras (...); talvez se haja servido de maçãs em demasia, tido uma indigestão por comer demais, ou pensado em outra coisa enquanto orava";[103] estranhos pecadilhos, mas que tinham importância para Agostinho e seus amigos, no clima moral rarefeito de sua instituição.[104]

No entanto, esse mosteiro era diferente das isoladas comunidades ascéticas do deserto egípcio: liam-se livros, faziam-se estudos e havia conversas eruditas num jardim aprazível, numa cidade cujo porto trazia muitos viajantes.[105] No fim da vida de Agostinho, os visitantes haviam-se tornado tão numerosos que se construiu um albergue para alojá-los.[106] Esses visitantes reuniam-se à mesa da residência episcopal; eram eremitas de pequenas ilhas da costa da Sardenha,[107] monges godos[108] e, não fosse pela ausência de Agostinho em certa ocasião, poderia até ter sido o próprio Pelágio.[109] Se soubéssemos o que conversavam esses homens, saberíamos muito mais sobre as relações de Agostinho com o mundo externo. Isso porque, no mundo antigo, o portador de uma carta era tão importante quanto ela mesma: podia ser um amigo íntimo ou um servo fiel e, por conseguinte, cheio de notícias pessoais.[110] Para nossa infelicidade, as cartas que sobreviveram, em si mesmas, amiúde não passam de um cartão de visitas, uma *salutatio* composta de um punhado de frases bem formuladas.

A boa conversa era mais importante do que a comida nessa mesa,[111] ao redor da qual devem ter sido criadas — e destruídas — muitas reputações:

"Ele escreveu os seguintes versos na mesa, advertindo contra o flagelo comum da intriga:

*Quem se julgar capaz
De mordiscar a vida de amigos ausentes
Deve saber que é indigno desta mesa.*

(...) Certa vez, quando alguns de seus amigos íntimos, colegas de episcopado, esqueceram-se de seus versos a ponto de fazer mexericos, Agostinho os repreendeu com tamanha severidade que se destemperou e disse que, ou eles apagavam aqueles versos da mesa ou ele se levantaria e se recolheria a seu quarto, no meio da refeição."[112]

Agostinho precisava da reação e da reafirmação constantes de um círculo de amigos: saber-se querido[113] e saber que havia alguém digno de amar[114] estimulavam-no enormemente a retribuir com seu amor. "Devo confessar que me lanço impetuosamente à caridade deles, sobretudo quando me sinto deprimido pelas tensões mundanas."[115] Nessa época, ele não sentia dificuldade em chamar um amigo de "metade de minha alma".[116] Sua ideia de amizade, uma completa harmonia de mentalidades e propósitos,[117] prestava-se idealmente à manutenção de um grupo coeso de homens dedicados.[118] Uma carta que um dia lhe escreveu Severo de Milevis é um eco melífluo de suas próprias ideias: "Dulcíssimo irmão, é bom estar contigo através de teus escritos. Alegra-me estar mais estreitamente ligado a ti e, se assim posso dizer, apegar-me a ti da maneira mais sincera e retirar forças da riqueza transbordante de teu peito (...)."[119] A resposta de Agostinho foi característica: temperada de humor, fervilhante de problemas, paradoxal, quase coquete, e claramente feliz por estar rodeado de homens tão "gananciosos":[120] "Quanto a mim, quando recebo elogios de alguém muito próximo e dileto para minha alma, sinto-me como se estivesse sendo elogiado por parte de mim mesmo."[121]

Portanto, Agostinho deixava que os amigos o complementassem. Alípio, por exemplo, estaria sempre a seu lado na condução da política eclesiástica da Numídia: dar-lhe-ia instruções sobre questões técnicas,[122] levaria Agostinho consigo por rumos mais drásticos[123] e, mais tarde, usaria seu *savoir-faire* para "recompensar" funcionários da corte imperial.[124] Certa feita, quando os dois amigos divergiram a respeito de um incidente embaraçoso (Alípio fora vaiado pela congregação de Hipona por havê-la impedido de ficar com um milionário instalado em Tagaste, o qual ela esperava atrair para sua cidade, ao ordená-lo padre),[125] vemos em Agostinho o mais fraco dos dois. Alípio mostra-se firme e rigoroso: fundamenta sua posição num princípio claro do direito romano.[126] Agostinho mostra-se comprometido com a necessidade de pacificar seu rebanho e quer discutir o problema em termos gerais, e sua sensibilidade intelectual cheira bastante a casuísmo.[127]

Mas esse grupo se dispersaria pouco a pouco. Severo, Possídio, Evódio, Alípio e Profúturo deixaram Hipona e se tornaram bispos de cidades distantes. Agostinho chegou até a se reconciliar com as viagens, pois só viajando poderia recriar suas antigas relações.[128] Muitas vezes, os amigos combinavam viajar juntos aos muitos concílios realizados em Cartago e na Numídia.[129] Ao menos nessas ocasiões, nas longas horas a cavalo, Agostinho tornava a ver-se conversando com um amigo "como se fora comigo mesmo".[130] No restante do tempo, contudo, ele tinha que permanecer em Hipona. Suas cartas aos amigos são repletas dos pormenores aborrecidos dos negócios eclesiásticos: pequenas rivalidades entre suas comunidades,[131] o comportamento excêntrico do clero da região deles, e Agostinho constata dispor de "apenas gotas de tempo"[132] para responder aos curtos bilhetes dos amigos.[133]

E teve também de se resignar cada vez mais com um círculo puramente africano de colegas de episcopado. Os outros homens a cuja amizade sentia ter direito — Paulino, em Nola, e Jerônimo, em Belém — continuavam muito longe. Agostinho teve de se contentar com "conhecer-lhes a alma em seus livros".[134] Essa expressão talvez fosse um clichê polido para alguns correspondentes do baixo-império, mas, como vimos, obrigou Agostinho a se comprometer com a redação das *Confissões*. É que este livro poderia ao menos transportar-lhe a alma pelo mar até os amigos cuja ausência o atormentava. Foi a reação comovente de um homem que vagava a contragosto por um mundo de relações impessoais.[135]

A lenta dissolução do velho grupo de amigos íntimos foi uma das tragédias silenciosas da meia-idade de Agostinho: "Mas, quando tu mesmo tiveres que ceder alguns dos mais diletos e doces dentre aqueles a quem criaste às necessidades de igrejas situadas longe de ti, compreenderás a dor da saudade que me apunhala, ao perder a presença física de amigos que estiveram unidos a mim na mais estreita e doce intimidade."[136] Na verdade, Agostinho teve de abandonar o cultivo isolado de um grupo de amigos para se transformar numa figura pública. Passaria sua meia-idade numa campanha feroz contra correligionários cristãos, os cismáticos donatistas: e, na adaptação profunda que fez para se tornar uma figura severa e agressiva de autoridade, podemos discernir algumas das fontes mais profundas da atividade agostiniana das décadas seguintes.

18
SALUBERRIMA CONSILIA

Agostinho tornou-se bispo numa terra que era campo fértil de visões extremadas sobre a posição do bispo na comunidade cristã. O herói dos dois grupos de cristãos africanos — católicos e donatistas — era um bispo: Cipriano, de Cartago.[1] O cisma entre católicos e donatistas não ocorreu por qualquer discordância doutrinária profunda, mas pelas afirmações rivais dos dois grupos de bispos de viverem à altura do ideal da função episcopal, tal como exemplificada por São Cipriano. Isso significou que, no ano de 395, mais de trezentos bispos de cada facção enfrentavam-se em pequenas cidades. Cada um chefiava uma comunidade que via em seu bispo um membro de uma casta sacerdotal, como no Velho Testamento;[2] ela lhe oferecia "santuários erguidos sobre escadarias, tronos forrados de tecidos honoríficos, procissões e o cântico de multidões de virgens consagradas".[3] O sentimento de honradez, sempre acentuado nos africanos, parecia particularmente frágil em seu clero: ao saber que não teria permissão para conservar seu cargo como católico, um padre donatista convertido "inflamou-se de indignação e dor (...) até prorromper em soluços";[4] e quando Agostinho chorou lágrimas amargas ao ser ordenado padre, a congregação de Hipona teve certeza de que ele as derramava pela desonra de não ter sido sagrado bispo imediatamente.[5]

Agostinho, um relativo forasteiro, fora obrigado, contra sua intenção consciente, a entrar nesse mundo intenso e espinhoso. Até sua consagração como bispo criou um escândalo. Megálio de Calama, o bispo mais antigo da Numídia, tratou-o como um arrivista suspeito e, por algum tempo, recusou-se a ordená-lo. Agostinho, no dizer dele, era um criptomaniqueísta que enviara poções de amor a uma ilustre senhora casada.[6]

Foi um escândalo célebre. A "ilustre senhora" talvez não tenha sido ninguém menos do que a esposa de Paulino de Nola, a quem Agostinho remetera um pão bento como lembrança. É bem possível que Paulino tenha cortado relações com esse duvidoso amigo novo por algum tempo, em decorrência desses boatos.[7] Felizmente, o incidente foi esquecido. Mas Agostinho ficou profundamente magoado. Mesmo depois da morte de Megálio, continuou a falar dos perigos do "ódio".[8] De quem era o ódio a que se referia? O do velho rabugento e desconfiado, ou seu próprio ressentimento sensível?

Contudo, esse incidente desagradável foi apenas uma das muitas invasões de privacidade a que Agostinho ficou exposto ao se tornar padre e, depois disso, bispo da Igreja africana. O modo como se adaptou não só esclarece vividamente seu caráter, como ajuda a compreender a animosidade pessoal por trás de suas concepções sobre a natureza da Igreja católica e de seus problemas na África. Como sempre, em se tratando de Agostinho, essas ideias não teriam sido tão cuidadosamente consideradas nem tão veementemente mantidas se não fossem, em parte, fruto de um esforço constante de abraçar e resolver tensões de que ele tinha aguda consciência em si mesmo.

É fácil nos concentrarmos nas diferenças mais superficiais entre a vida protegida de Agostinho em Tagaste e sua vida na igreja de Hipona. Agostinho, o filósofo contemplativo, tornou-se padre. A longo prazo, seus interesses intelectuais seriam transformados por seus novos deveres. Mas foi uma mudança lenta. Ao chegar a Hipona, ele já era um pensador cristão maduro. A mudança entre sua vida de leigo e a de sacerdote foi muito menos abrupta que a de muitos de seus contemporâneos. Ambrósio, por exemplo, havia passado diretamente da governadoria para o episcopado, sem nenhum período intermediário de meditação teológica. Em contraste, Agostinho fora adquirindo imperceptivelmente uma posição semieclesiástica ao longo de quatro anos; a qualidade de seu pensamento evoluiu com relativa lentidão, e por razões que estavam apenas parcialmente ligadas a sua repentina mudança de ambiente.[9]

A verdadeira mudança foi mais intensamente pessoal. Em 391, Agostinho foi arrancado de uma vida de contemplação e lançado numa vida de ação.[10] Não só veio a sofrer com a evidente tensão de seus novos deveres e com as constantes novas exigências feitas a seu tempo e suas forças, como teve de enfrentar uma adaptação muito mais penosa do que a simples perda do lazer. Teve de retornar a uma vida que se assemelhava em demasia à de uma pequena figura pública, no estilo da que ele havia rejeitado com grande brusquidão em 386. Sua carreira em Milão tinha sido uma *ventosa professio* — "uma profissão caprichosa como o vento"[11] —, mas era igualmente fácil que a vida de um bispo africano fosse feita de "tempos vazios", *ventosa tempora*.[12] Em Milão, ele havia rejeitado subitamente sua carreira anterior e, com ela, uma parte real de si mesmo, com horror e desprezo. Havia-se isolado de um meio que parecera pôr em jogo emoções que já o afetavam intimamente: uma grande ambição, o amor pelos louvores, a necessidade de dominar os outros e uma imensa sensibilidade para insultar. O menor indício de competitividade entre seus alunos de Cassicíaco provocava uma explosão passional.[13] Quando Agostinho escreveu sobre Adão e Eva, em Tagaste, Eva representou a parte "ativa" da alma: a parte lábil e passional, que podia ser invasiva e buscava os objetos de seu desejo; era justamente o elemento feminino rejeitado, de onde sempre provinha a tentação. Adão, o elemento masculino, uma mente rigidamente senhora de si, numa vida de contemplação, era a parte com que Agostinho desejava identificar-se.[14] Parecia-lhe inconcebível que ele voltasse a se expor, mesmo em nome da Igreja, ao que havia rejeitado com tanto horror em data recente. Os bispos e padres, pensava Agostinho, tinham que ser homens particularmente fortes, para enfrentar a invasão de "homens que não estão curados, mas precisam de cura (...) é sumamente difícil, na posição deles, ater-se ao melhor estilo de vida e manter a alma serena e em paz".[15]

Em Hipona, Agostinho tornou a ficar exposto ao que via como suas torturantes fraquezas anteriores. É que um bispo era uma figura de autoridade. Se quisesse ser eficiente, ele ao menos teria que ser admirado; deveria preocupar-se com sua reputação.[16] Numa comunidade dividida, teria que tomar a iniciativa. Isso significava ser agressivo e sentir raiva: Evódio iria perder a paciência em sua primeira conversa com o bispo donatista de Hipona.[17]

Na verdade, Agostinho teve de recorrer a facetas de seu caráter que sempre havia encarado com infinita inquietação. No Livro X das *Confissões*, enfrentou essa realidade com franqueza excepcional: talvez já não sentisse desejo de vingança ao ser insultado,[18] mas o apreço pelos louvores e a necessidade de se sentir admirado e amado por terceiros ainda o faziam ser "cotidianamente posto à prova na fornalha das palavras dos homens".[19] Percebe-se que as tensões provenientes de suas relações com os outros, sua necessidade de influenciar os homens e sua imensa sensibilidade à reação deles eram muito mais arraigadas e insidiosas do que as tentações mais óbvias da gula e da sexualidade.[20] A aguda consciência agostiniana do "apreço pelo louvor" em seus rivais eclesiásticos, os bispos donatistas,[21] bem como nos antigos romanos pagãos,[22] mostra quão vividamente ele havia experimentado em si mesmo essa emoção e com que rigor a havia reprimido, pois "ninguém que não tenha declarado guerra a esse inimigo é capaz de saber quão forte ele é".[23]

Logo depois de ser ordenado padre, Agostinho escreveu uma carta desesperada a seu bispo, Valério, rogando-lhe tempo para se recolher e estudar as Escrituras. Não o fez para se preparar como teólogo. Isso seria desnecessário. O que ele precisava, naquele momento, era administrar um "remédio" a sua alma.[24] A carta é ainda mais pungente por ter sido escrita pouco depois de Agostinho haver-se lançado entusiasticamente em sua vida ativa de padre. Essa experiência lhe viera como uma revelação exasperante de suas próprias limitações: "Constatei que ela é muito, muito mais do que eu havia pensado. (...) Eu simplesmente não tinha conhecimento de minhas forças: ainda acreditava que elas tinham algum peso. Mas o Senhor escarneceu de mim e, através da experiência real, quis mostrar-me a mim mesmo."[25]

Esse breve período de retiro angustiado[26] foi vital para a vida posterior de Agostinho. Os *saluberrima consilia* — "conselhos salubérrimos"[27] — que ele extraiu das Escrituras iriam, no devido tempo, se cristalizar num ideal de autoridade eclesiástica que lhe dominaria a vida até sua morte. Obviamente, o que ele absorveu nessa ocasião foram as lições da vida atuante de São Paulo. Agostinho iria se identificar apaixonadamente com o ideal de autoridade exibido nas cartas de Paulo a suas comunidades obstinadas: "insistente, dentro e fora do momento propício", com o compromisso de se impor constantemente a seu rebanho e a seus inimigos, e movida pelo "pavor" objetivo das Escrituras Sagradas.

Numa carta que escreveu logo em seguida a Aurélio, em Cartago, ele sentiu que podia "falar consigo mesmo em voz alta".[28] É assombroso o grau da adaptação agostiniana à vida de autoridade que se revela nessa carta. É que Agostinho estava determinado a fazer Aurélio usar a "espada da autoridade"[29] como um reformador ativo. O texto que ele um dia lera só para si, no jardim protegido de Milão, voltou-se para fora e foi aplicado aos hábitos de uma Igreja inteira. "*A embriaguez, a fornicação e o desregramento*" foram especificamente associados ao respeitável costume africano dos banquetes para os mortos.[30]

O que Agostinho discutiu com Aurélio nessa carta não foi nada menos do que a maneira exata de a nova elite espiritual da Igreja africana poder abolir um dos seus costumes mais arraigados: as "comemorações jubilosas" — as *laetitiae* — que ocorriam nos aniversários dos mártires.[31] Para homens da índole de Agostinho e Aurélio, tais costumes recendiam a "licenciosidade e liberdade maléfica".[32] Essa é a primeira vez que vemos como Agostinho e seus colegas se dispuseram a modificar os hábitos de comunidades inteiras, por intermédio de uma mescla cuidadosamente premeditada de firmeza e persuasão.[33]

Em 394, a *laetitia* que acompanhava a festa de São Leôncio de Hipona (o primeiro bispo mártir da cidade) foi suspensa. Agostinho só conseguiu evitar uma grave comoção pregando até ficar exausto. "Não provoquei as lágrimas deles com as minhas, porém, ao dizer as coisas que disse, confesso ter sido apanhado em seu pranto e não ter podido controlar-me."[34] Ele havia planejado criteriosamente uma cena ainda mais drástica, se viesse a falhar em seu primeiro apelo: tendo lido no profeta Ezequiel que

"*A sentinela é absolvida quando dá o grito de alerta*", estava disposto a rasgar suas vestes diante da congregação.³⁵

Àquela altura, porém, essa paixão havia-se tornado impessoal. Não foi o Agostinho dos tempos de *rhetor* ambicioso ou amigo exigente quem disse: "Se houver ameaças, que sejam feitas pelas Escrituras, ameaçando uma futura retaliação; não sejamos nós os que seremos temidos em nosso poder pessoal, mas Deus em nossas palavras."³⁶ "*Voce ecclesiae loquor*" — "Falo com a voz da Igreja".³⁷ Foi uma ominosa evitação das complexidades da raiva e da agressão individuais. Era apenas uma questão de tempo que essa intensidade impessoal viesse a ultrapassar as fronteiras da Igreja católica e a se fazer sentir contra seus rivais. A Igreja donatista afigurou-se a Agostinho mais uma aberração dos "meros costumes humanos".³⁸ Em menos de uma década, ele e seus amigos ver-se-iam provocando a destruição dessa Igreja, por intermédio de rigorosas medidas policiais. "As honrarias deste mundo são passageiras", ouviu um bispo donatista de seu novo vizinho, o bispo católico de Hipona: "o apego aos cargos elevados é passageiro. (...) Não tenciono levar uma vida vazia em posições eclesiásticas: meus pensamentos voltam-se para o dia em que deverei prestar contas pelo rebanho que me foi confiado pelo Príncipe dos Pastores. (...) Compreendei meu temor, (...) pois temo profundamente."³⁹

"Mas é claro que só os que têm personalidade e emoções sabem o que significa querer escapar dessas coisas."⁴⁰ Agostinho era filho de um pai violento e de uma mãe implacável. Era capaz de defender o que julgava ser a verdade objetiva com notável desconhecimento de sua própria agressividade: por exemplo, iria atormentar o idoso e ilustre Jerônimo de um modo singularmente desprovido de humor e de tato.⁴¹ Era capaz de um sarcasmo colossal: chegou até a admirar essa qualidade em São Paulo, considerando-a uma arma legítima do cristão.⁴² Essas qualidades eram necessárias em sua vida de bispo, e de fato vemos Agostinho aceitá-las e aprimorá-las ao máximo de sua capacidade.

Para seu grande alívio, ele constatou que essas qualidades ásperas podiam expressar-se na Igreja católica sem causar danos irreparáveis a seus colegas. Agostinho ficou imensamente impressionado com a resistência da Igreja católica: ela era *desuper texta*, "tecida de alto a baixo";⁴³ a "sólida constituição" de sua paz permitia discussões consideráveis de problemas teológicos centrais, sem perturbar a união do grupo;⁴⁴ e sempre havia uma profusão de inimigos externos a combater.

Acima de tudo, Agostinho conseguiu aceitar seu papel de severo símbolo de autoridade. Não lhe foi fácil. Em seu comentário sobre os versículos do Salmo 54 que dizem *"as trevas apoderam-se de mim. (...) Tivera eu asas como a pomba, voaria para longe e encontraria a paz"*, essas "trevas" não são a suave depressão de um recluso; representam as "nuvens" de pura raiva que se acumulavam na mente de Agostinho ao enfrentar a massa intratável de sua congregação, "ao corrigir os homens deturpados e disformes que, por bem ou por mal, tem-se sob a própria responsabilidade, e com os quais em vão se gastam todo o zelo e insistência humanos."⁴⁵

Para um homem com o grau de exigência de Agostinho consigo mesmo, não era fácil evitar o desprezo pelas massas que estava decidido a regenerar. Mas ele evitou esse desdém. "O homem que não consegues corrigir continua a ser teu: é parte de ti; quer como semelhante, quer, não raro, como membro de tua igreja, ele está dentro de ti; que hás de fazer?"⁴⁶ "Portanto, irmão, nessas situações chocantes, só existe um remédio: não penses mal de teu irmão. Esforça-te humildemente por ser o que gostarias que ele fosse, e não pensarás que ele é o que tu não és."⁴⁷ A animosidade que Agostinho viria a demonstrar contra os líderes da Igreja donatista só fez refletir o rigoroso esforço que ele fizera para dominar suas próprias tendências a desprezar ou renegar seus semelhantes. É que ele mesmo, um dia, tendera a rejeitar a ralé "sensual" da Igreja africana. Vira-a com evidente desagrado, de seu paraíso rarefeito em Tagaste;⁴⁸ e, tomando-se por "mais culto e melhor", permitira-se criticar o clero católico.⁴⁹ Agora, suspeitava que os donatistas haviam tentado atingir uma inocência espúria semelhante, recusando-se a conviver com colegas "impuros".⁵⁰ Foi-lhe difícil perdoá-los por terem feito com franqueza o que ele apenas fora tentado a sentir.

"Conviver" com os semelhantes, no entanto, também significava interessar-se ativamente por lhes corrigir os costumes. Por essa razão, o poder de *correptio* ou admoestação que Agostinho exercia como bispo preocupava-o profundamente. Já em seus primeiros trabalhos como padre, ele tentara constantemente definir a fronteira imprecisa entre a severidade e a agressão. O papel da raiva na aplicação de uma reprimenda, por exemplo, foi examinado com escrupulosa franqueza.[51] "Amai de todo o coração e depois fazei o que quiserdes" é um epigrama que, num prazo de vinte anos, iria aparecer em sua mais dura forma como justificativa da perseguição pela Igreja católica,[52] mas que havia começado como a tentativa sincera, por parte de um homem sensível, de abraçar a complexidade das relações humanas, nas quais a raiva e a agressão haviam passado a ter um lugar necessário.[53]

Mudanças mais ternas haviam ocorrido em Agostinho. Ele já não pensava no amor e na amizade, por exemplo, como apanágio exclusivo de almas de mentalidade semelhante, vivendo juntas como uma elite consciente de si. Em Milão, esse ideal não fora questionado no estreito círculo de cavalheiros cultos a que Agostinho se havia ligado. Assim como a verdade podia ser descoberta pelo homem sincero e culto com a mesma facilidade com que o sol intensificava seu brilho após uma névoa passageira, também o amigo podia ser conhecido "tal como o relâmpago ilumina uma nuvem inteira".[54] O mesmo se dera em Tagaste: ali, Agostinho se familiarizara com os novos conhecidos "como se as ataduras da carne fossem arrancadas".[55] Agora, um vasto horizonte se estenderia para além desses pequenos círculos. Em Hipona, os homens lhe pareciam mais opacos, porém, de algum modo mais reais. É que o amor passara a abarcar uma comunidade inteira e, com isso, a incluir um grau maior de aceitação — do estranho, do pouco promissor, do desconhecido e do incognoscível no caráter humano. Ao se colocar diante de sua congregação, do alto de sua *cathedra*, o bispo pôde perceber quão pouco penetraria no mundo interno daquelas fileiras de rostos: "*Uma profundidade chama outra.*"[56] E a insistência de Agostinho em revelar suas tensões mais íntimas nas Confissões foi, em parte, uma reação a seu isolamento:

e foi também uma resposta deliberada a uma tendência arraigada dos cristãos africanos a idealizar seus bispos. Num mundo de estereótipos clericais estabelecidos desde longa data, ela foi um manifesto em prol das qualidades inesperadas e ocultas do mundo íntimo — a *conscientia*.[57]

Assim, a virtude de coexistir com um grupo misto de homens, cujos méritos e destinos tinham que ser aceitos como ocultos de nós, estava nas qualidades que Agostinho mais passou a valorizar em sua meia-idade — *tolerantia* e *patientia*.[58] Foi como se uma névoa caísse repentinamente sobre a paisagem agostiniana, obscurecendo os contornos óbvios do bem e do mal. Qual um inverno entre o mar e as montanhas, Agostinho viu-se "na chuva e na neblina".[59] Tinha de levar adiante o trabalho de plantar sua semente; e precisava estar disposto a demonstrar infinito respeito por potencialidades que podiam permanecer adormecidas até se revelarem na "estação estival" da vida após a morte.[60]

Agostinho desgostava do inverno tanto[61] quanto abominava viajar. Uma medida razoável de sua mudança de visão é o fato de, em sua meia-idade, essas duas imagens — a da viagem, da *peregrinatio*,[62] e a do mau tempo[63] — haverem passado a resumir a vida do cristão na Terra.

É que o homem que um dia julgara poder atingir o ideal de perfeição que lhe fora ditado pela cultura filosófica de sua época, na companhia de amigos de qualidade reconhecível, inequivocamente destinado a uma vida superior pela educação e pela seriedade de intenções, encheu-se de anseios românticos de estados que nunca atingiria nesta vida, de amigos que jamais conheceria por completo.[64] Na correspondência com os amigos, Agostinho pareceu então esforçar-se por atravessar distâncias vastas. Jamais veria Paulino: "Entristece-me não ver-te, mas encontro algum consolo em minha dor. Não tenho paciência com a espúria 'força de caráter' que suporta pacientemente a ausência das coisas boas. Porventura não ansiamos todos pela futura Jerusalém? (...) Não posso abster-me desta saudade: seria desumano se conseguisse fazê-lo. Na verdade, extraio uma certa doçura de meu próprio descontrole e, neste doce anelo, busco um pequeno consolo."[65]

19
UBI ECCLESIA?[1]

A imaginação dos cristãos africanos da época de Agostinho havia-se fixado na ideia da Igreja. Essa Igreja era a *"mulher forte"*.[2] "Não seria decente", disse Agostinho, "falarmos de qualquer outra mulher."[3] Numa terra que, a julgar por Mônica, tinha uma bela quota de mães imponentes, a *Catholica*, a Igreja católica, era A Mãe: "Uma só Mãe, de prolífica descendência: dela nascemos, por seu leite somos nutridos, por seu espírito ganhamos vida."[4]

Essa Igreja era tida como uma reserva de segurança e limpeza num mundo regido por forças demoníacas.[5] Ela existia para proteger o fiel. O africano frequentava a igreja menos por estar "sedento (...) e oprimido" do que pelo desejo de sobreviver num campo de batalha: os Salmos da libertação das mãos dos inimigos têm um notável predomínio em suas inscrições.[6] O rito do batismo, portanto, era visto como uma purificação drástica: com a "magia" do bispo, Cristo, o "Grande Peixe", deslizava para a água da pia batismal;[7] durante uma semana, depois dele, os iniciados usavam sandálias especiais, para que seus pés "puros" não tocassem o chão.[8] Queriam constatar que sua Igreja era o que dela se dizia no *Cântico dos Cânticos*: moralmente "imaculada e sem jaça"; que haviam chegado a um "jardim fechado, uma fonte selada, um manancial recluso de águas vivas, um paraíso (um oásis) repleto dos frutos da macieira".[9] "Esta é a porta do Senhor", escreveram eles no dintel de uma igreja da Numídia: "os justos por ela entrarão."[10] "Aquele que entra", porém, escreveu Agostinho, "está fadado a ver bêbados, avarentos, trapaceiros, jogadores, adúlteros, fornicadores, usuários de amuletos, clientes assíduos de feiticeiros, astrólogos. (...) Deve estar avisado de que as mesmas multidões que se comprimem nas igrejas nas festas cristãs também lotam os teatros nos festejos pagãos."[11]

Era uma desconcertante imagem dupla. A visão que os africanos tinham da Igreja dependia de conseguirem ver nela um grupo diferente do "mundo", uma alternativa a algo "impuro" e hostil. A disseminação do cristianismo na África, ao encher indiscriminadamente as igrejas, simplesmente fizera desaparecer os claros marcos morais que separavam a "Igreja" do "mundo". Nas condições do século III, São Cipriano pudera esperar que seu convertido ou seu penitente viesse a se descobrir "entre os santos";[12] Agostinho sabia muito bem que tinha a mesma probabilidade de estar lado a lado com o mais notório grileiro de terras da vizinhança.[13]

Desde 311, os cristãos africanos estavam divididos quanto à atitude a ser tomada frente ao contraste entre a santidade ideal da Igreja e a qualidade efetiva de seus membros. Em termos sucintos, a questão era a seguinte: contrariando os católicos, os donatistas haviam afirmado que, como a Igreja era uma fonte única de santidade, nenhum pecador poderia fazer parte dela. A Igreja tinha de sobreviver em sua santidade plena: era uma "videira da verdade" e, como a videira, tinha de ser drasticamente podada.[14] Só poderia sobreviver em sua pureza se os bispos indignos fossem excluídos, pois a culpa de um bispo tornava automaticamente ineficazes as orações com que ele fazia batismos e ordenações.[15] E mais, essa culpa ameaçava efetivamente a identidade da Igreja verdadeira: criava uma anti-Igreja, um *Doppelgänger* sinistro, uma "Igreja de Judas", unida pela "mácula original" de seus fundadores.[16]

Os dois lados haviam recorrido à autoridade de São Cipriano,[17] mas tinham aplicado suas respostas a perguntas muito diferentes. Os tempos haviam mudado. O que estava em jogo no fim do século IV era a atitude que a Igreja devia tomar em relação ao "mundo" em geral, e a preocupação com a composição interna de suas respectivas igrejas só era importante por determinar essa atitude.

O problema era de aguda importância. Os cristãos eram o único grupo religioso que se expandira na sociedade romana. As duas Igrejas haviam desempenhado um papel drástico na promoção do fim do paganismo na África. Viram-se enfrentando o problema fundamental da relação de qualquer grupo com a sociedade em que vive. Sintetizando, os donatistas pensavam em si como um grupo que existia para preservar e proteger uma alternativa à sociedade que os cercava. Sentiam que sua identidade era constantemente ameaçada, primeiramente pela perseguição, depois pela contemporização. A inocência, a pureza dos rituais e o sofrimento meritório predominavam em sua autoimagem. Eles eram únicos, "puros": "a Igreja dos justos que são perseguidos e não perseguem".[18]

O catolicismo de Agostinho, ao contrário, refletia a postura de um grupo confiante em sua capacidade de absorver o mundo sem perder a identidade. Essa identidade existia independentemente da qualidade dos agentes humanos da Igreja: apoiava-se nas promessas "objetivas" de Deus, que se realizavam magnificamente na história, e na eficácia "objetiva" dos sacramentos.[19] Essa Igreja estava faminta de almas: pois que comesse, e indiscriminadamente, se necessário.[20] O grupo já não tinha o compromisso de se defender da sociedade; antes, postava-se pronto a cumprir o que considerava ser sua missão histórica: dominar, absorver, conduzir um império inteiro. "*Pede-Me, e eu te darei as extremidades da terra por Tua possessão.*"[21] Não é de admirar, portanto, que a África, que sempre fora a pátria de visões bem articuladas e extremistas da natureza da Igreja como grupo na sociedade, viesse mais uma vez, na época de Agostinho, a se tornar o "campo de batalha da Europa" nesse último grande debate, cujo desfecho determinaria a forma assumida pela dominação católica do mundo latino até a Reforma.

Até a época de Agostinho, a maré dos sentimentos nesse debate fluíra sistematicamente para a postura donatista. Em termos muito sucintos, a posição deles era esta:[22]

Por volta de 311, as comunidades africanas tinham-se visto numa situação semelhante à dos integrantes de um movimento de resistência cujo país houvesse começado a se dedicar às complexidades e negociações dos tempos de paz. Achava-se que um número excessivamente grande de bispos havia "colaborado" durante a Perseguição de Diocleciano, a última grande perseguição, em 303-305. Eles haviam entregado exemplares das Escrituras Sagradas para serem queimados pelos magistrados pagãos. Esse ato covarde, a *traditio*, a "entrega" dos Livros Sagrados, teria privado o bispo culpado, o *traditor*, de todo o poder espiritual. Acreditava-se que Ceciliano, bispo de Cartago, fora ordenado por um desses *traditores*. Para oitenta bispos númidas, no ano de 311 a questão fora simplesmente declarar inválida a sua ordenação e eleger outro bispo em seu lugar. Esse bispo "puro" de Cartago não tardara a ser sucedido por outro, Donato: e fora este que, como bispo rival de Cartago, dera seu nome ao que chamamos de "Igreja donatista" — o *pars Donati*, ou "partido de Donato".

Ceciliano resistira ao ataque de seus rivais. A alegação dos númidas era extremamente frágil: muitos deles também tinham sido *traditores*. O restante da Igreja latina tinha maior disposição de tolerar "colaboracionistas". Acima de tudo, o próprio imperador romano, Constantino, tornara-se cristão. Ceciliano era o bispo existente; portanto, Constantino o apoiou contra o que, aos olhos dos não africanos, pareciam ser queixas exageradas e provincianas.[23]

Com isso, o apoio de que desfrutava Ceciliano era vasto, porém distante; o de Donato restringia-se à África, mas tinha raízes sólidas. Os dois lados estavam confiantes na vitória; acabaram por se distanciar numa cisão irreconciliável. Por volta de 347, o "partido de Ceciliano" recorreu à violência.[24] Um emissário imperial, o conde Macário, submeteu a África à Igreja católica usando o medo. Foi enaltecido pelos católicos como "agente de uma tarefa sagrada":[25] o manto rasgado da cristandade africana fora "costurado" com decência e rapidez.[26] Mas o cisma nunca voltaria a cicatrizar, exceto por uma renovação da força. Na Numídia, o "tempo de Macário" era lembrado pelos donatistas como o "tempo de Cromwell" foi lembrado na Irlanda. Essa solução baseada na força tinha sido transitória. O breve reinado de um imperador pagão, Juliano, o Apóstata (361-363), a havia perturbado, introduzindo uma nova tolerância para com os donatistas. Chegara então a vez de os católicos serem quase completamente soterrados pela avalanche.

Só depois desse revés os católicos se dignaram debater com seus rivais. *Do cisma donatista*, de Optatus, bispo católico de Milevis,[27] trouxe o primeiro apelo de qualquer dos lados a uma negociação direta entre os bispos rivais. Mas Optatus escreveu com uma geração de atraso. O "tempo de Macário" e a revanche dos donatistas no reinado de Juliano erguiam-se, àquela altura, como um muro entre os contemporâneos de Optatus e a sequência exata dos acontecimentos em Cartago em 311. Os erros e acertos do "caso Ceciliano" jamais conseguiriam influenciar os homens com a mesma força de sua experiência direta da violência nas mãos dos "irmãos" cristãos.[28]

Com isso, a Igreja donatista havia-se tornado a Igreja dominante da Numídia: "Dizeis (a um donatista):

"— Estás perecendo em tua heresia, nesse teu cisma: caminharás diretamente para a condenação eterna.

"— Que tem isso a ver comigo? — responderia ele: — Assim como vivi ontem, viverei hoje; o que meus pais foram é o que pretendo ser."[29]

Agostinho aproximou-se do problema do donatismo vindo de fora. Tagaste era uma fortaleza católica; ele fora maniqueísta;[30] havia retornado à África ainda mais estrangeiro em seu espírito, pois o padrão futuro de sua vida fora estabelecido "do outro lado das águas", em Milão. Ele sequer lia a mesma tradução da Bíblia que seus adversários.[31] Acima de tudo, seu ideal da Igreja católica já havia adquirido proporções majestosas, fora da tradição africana. Desenvolvera-se numa polêmica contra os maniqueístas e os platônicos pagãos, a qual não tivera lugar nos escritos de Cipriano. Agostinho havia defendido a Igreja católica como filósofo: somente a *auctoritas*, a força persuasiva dessa venerável instituição internacional, parecia capaz de cativar e purgar a mente dos homens.[32] A Igreja católica, aliás, era essencial para o que Agostinho mais valorizava em si mesmo: a busca permanente da verdade. E agora ele retornava à África para descobrir que essa Igreja fora dividida por nada de maior importância do que os rancores de seus bispos. "Recobrai o bom senso!", dir-lhes-ia; "não estou lidando com um mistério oculto, que nenhuma ou pouquíssimas mentes humanas sejam capazes de desvendar. A questão é clara como o dia."³³ Os bispos donatistas ensinavam a mesma Bíblia que ele, professavam o mesmo credo, celebravam uma liturgia idêntica, mas se recusavam a enxergar a verdade óbvia da Igreja católica — "*Eles descem ao inferno de olhos abertos.*"³⁴

Simpatizante dos maniqueístas, que acenavam com "a promessa sem retoques da Verdade",³⁵ Agostinho recusou criteriosamente sua simpatia aos donatistas. Nos últimos tempos, virou moda tornar palatável esse acerbo conflito entre correligionários cristãos, minimizando-o com explicações como dizer que as diferenças religiosas foram apenas a expressão das clivagens sociais e étnicas da África setentrional romana, e que os donatistas representavam uma tradição popular que não se poderia esperar que Agostinho, como cidadão urbano romanizado, viesse a compreender.³⁶ Na verdade, nenhuma grande diferença de classe, raça ou educação separava Agostinho dos bispos donatistas cujas opiniões ele caricaturou em seus panfletos. De qualquer modo, essa teoria pouco acrescenta a nossa compreensão do que tinha para Agostinho suprema importância, a saber, o divisor de águas, sob a forma de ideias e pressupostos sumamente pessoais, que o separava, em sua opinião, de seus rivais donatistas.

Agostinho absorveu rapidamente a tradição africana que os católicos compartiam com os donatistas.³⁷ No entanto, abordou-a por um ângulo diferente, com sua formação altamente pessoal de filósofo e com uma atitude que se desenvolvera no decorrer de sua adaptação à experiência de se tornar bispo. Ele iria transformar as ideias sólidas e tacanhas de seus contemporâneos, donde seus escritos contra os donatistas marcariam uma etapa final na evolução das ideias cristãs primitivas sobre a Igreja e sobre a relação dela com a sociedade em geral.

Se quisermos compreender o que era ser donatista, devemos ler as versões que eles deram aos *Atos* dos mártires da Grande Perseguição pagã e suas descrições das perseguições dos católicos,[38] pois esses eram os romances da época de Agostinho.

Nos *Atos*, os donatistas admiravam atitudes como as que tinham os judeus ortodoxos em relação à Torá.[39] Sua religião também era tida como uma "Lei". Como os macabeus, cujo exemplo os comovia profundamente, seus mártires haviam morrido por "suas leis sagradas".[40] "Nada me importa senão a Lei de Deus, que aprendi. A ela guardo e por ela morro; nela serei queimado. Não há nada na vida senão essa Lei."[41]

O sentimento de defender algo precioso, de preservar uma "Lei" que mantém a identidade de um grupo num mundo hostil, é um afeto poderoso. Tais sentimentos haviam preservado e continuariam a preservar a admirável integridade do judaísmo. Nas linhas de qualquer manifesto donatista, ainda podemos sentir a força dessas emoções: elas haviam levado a Igreja cristã — sempre considerada a "Verdadeira Israel" e abraçando em seu passado também Moisés, os profetas e os macabeus — à vitória na África. Tal Igreja era *"católica"* no que os donatistas consideravam o sentido mais profundo da palavra, pois era a única que havia preservado a Lei cristã *"total"*.[42]

Uma Igreja só poderia preservar a "Lei" cristã, em sua íntegra, mantendo-se "pura". Os donatistas não eram "puritanos" no sentido da Europa setentrional. Agostinho (que se aproximava muito mais desse tipo moderno) esperava que seus leitores acreditassem que os donatistas tinham reivindicado para si essa pureza pessoal, e isso deu ensejo a que seus dotes jornalísticos mostrassem que alguns dos principais bispos dessa facção estavam longe de ser "santos".[43]

A ideia donatista de "pureza" tirava sua força de uma fonte diferente. O que importava era a pureza do grupo em sua relação com Deus. Esse grupo, como a antiga Israel, gozava de uma relação especial com Deus, pois somente suas orações eram ouvidas por Ele.[44] O medo que atormentava genuinamente os bispos donatistas era que, se tolerassem qualquer ruptura numa ordem estreita e claramente definida de comportamento ritual, eles viessem a alienar Deus de Sua Igreja.[45] Estavam sempre citando as passagens dos profetas de Israel em que eles narram como Deus havia fechado os ouvidos a Seu povo escolhido por causa de seus pecados.[46]

Qualquer um que leia um texto donatista ou, a rigor, um texto de São Cipriano,[47] ficará impressionado com a força da ideia de pureza ritual que brotava diretamente do Velho Testamento: o medo da perda súbita do poder espiritual pelo contato com uma coisa "impura"[48] e a imagística primária da água "boa" e "má".[49] Tais ideias pouco haviam perdido de sua força na África do século IV. Até os romanos sofisticados ainda encaravam a religião como um código preciso de ritos, concebidos para estabelecer a relação correta da comunidade com seu Deus (ou deuses). Agostinho partilhava essa atitude: o rebatismo chocava-o sinceramente como "sacrilégio", pois "desfigurava" o rito católico correto.[50] Os entusiastas donatistas carregavam um porrete a que chamavam "Israel";[51] "purificavam" as basílicas católicas com demãos de cal e destruíam os altares alheios.[52] Tais homens eram capazes de entender, talvez muito melhor do que Agostinho, com sua sofisticada exegese "espiritual" do Velho Testamento, a necessidade urgente de "separação", de ativa destruição física do "impuro", que perpassa como um refrão constante as páginas da Bíblia.[53]

Logicamente, a ênfase na necessidade de formar um pequeno grupo "puro" talvez parecesse favorecer qualquer minoria que se afirmasse mais santa do que seus vizinhos. Agostinho enfatizaria a existência de "grupos fragmentados" no donatismo, os quais, a seu ver, haviam feito sua Igreja esfacelar-se "numa porção de migalhas".[54]

Esses grupos fragmentados, contudo, não eram muito frequentes no donatismo. A ideia donatista básica era a de um Povo Eleito que preservara sua identidade sem transigir com o mundo "impuro". Longe de fomentar uma "mentalidade de minoria", essa ideia pôde conquistar o apoio resoluto de uma província inteira. Ela continha o segredo de um sucesso ímpar na história da Igreja primitiva. Isso porque, tal como o não conformismo no País de Gales, a Igreja donatista havia conquistado para sua forma de cristianismo uma sociedade provinciana, isolada, dotada de respeito próprio e desconfiada do mundo externo.

É que a Igreja donatista era "pura" num sentido óbvio e não especialmente exigente: mantivera-se purificada *de* um único crime inominável — da *traditio*, do sacrifício da "Lei" cristã, ou seja, de um crime cometido por perfeitos estranhos, num passado convenientemente distante.[55] Sua casta de bispos "puros" compunha-se, muitas vezes, de homens ilustres de cidades romanas que haviam conservado seu prestígio.[56] Aos olhos de suas congregações, esses bispos representavam a sucessão ininterrupta da "Igreja dos Mártires": o padre donatista era informado por um anjo sobre a exata "linha de descendência da cristandade" que havia culminado no bispo de sua cidade.[57] Numa sociedade que valorizava a simples continuidade física entre a vida e a morte (afinal, Mônica um dia desejara "regozijar-se com netos da carne"[58] e tivera a esperança de ser sepultada em sua terra natal),[59] esses bispos eram vistos como os "filhos dos mártires", tão certo quanto os católicos desprezados eram os "filhos de Ceciliano".[60] A memória desses mártires era constantemente revivida, junto a suas sepulturas, em peregrinações e clamorosos festejos que cristalizavam a lealdade tenaz do homem simples aos ancestrais venerados.[61]

O arqueólogo encontra-se na melhor posição para apreciar a força do donatismo na Numídia, pois é no chão, muito apropriadamente, que podemos ver os vestígios das raízes sólidas que uma comunidade de lavradores e cidadãos simples havia criado para sua religião.[62] Havia as "grandes igrejas" de Timgad e Bagai[63] — basílicas imensas, com grandes armazéns, santuários e uma hospedaria para peregrinos.[64] À sombra dessas "cidades sagradas" do donatismo, as encostas das montanhas eram cravejadas de aldeias que haviam adquirido um novo sentimento de importância com a nova religião. Agora podiam gabar-se de ter seu próprio bispo;[65] combinavam-se para construir igrejas,[66] as quais se tornavam o centro de uma intensa lealdade,[67] e com isso se uniam, como só

UBI ECCLESIA?

uma aldeia é capaz de fazer, para repelir os forasteiros.[68] Eram "o rebanho do Senhor", "trazido para repousar no Sul".[69]

Tais eram, resumidamente, as ideias que haviam formado a Igreja donatista. Elas gozavam do apoio generalizado de homens simples, mas, na época de Agostinho, eram também defendidas por homens sofisticados.

Agostinho achou que tais ideias eram insatisfatórias por serem essencialmente estáticas. A Igreja donatista era um grupo na defensiva: estava imobilizada pela angústia de preservar sua identidade. A Igreja, dissera um bispo donatista, era como a Arca de Noé. Era bem revestida por dentro e por fora. Era à prova d'água: guardava em si a boa água do batismo e mantinha do lado de fora as águas corruptoras do mundo.[70]

Para Agostinho, não bastava à Igreja cristã preservar uma "Lei" sagrada. Essa atitude, a seu ver, condenaria o cristianismo, como condenara a Igreja donatista, a permanecer isolado como o antigo Israel, contentando-se em guardar uma aliança estática de "obediência" entre ele e Deus. Agostinho, ao contrário, preservava a Igreja católica como herdeira de um testamento, prestes a tomar posse de uma vasta propriedade.[71] A expansão da Igreja fora predestinada. A opinião donatista de que a indignidade de alguns de seus membros pusera em risco essa expansão, de que havia, ao menos temporariamente, reduzido a "verdadeira" Igreja à África, arrancou de Agostinho algumas de suas explosões mais enraivecidas.[72] É que fazer essa afirmação equivalia a permitir que o livre-arbítrio de frágeis seres humanos obstruísse o caminho da onipotência e da antevisão divinas: "Quem eliminará a predestinação (*praedestinatio*) de Deus?"[73] É nessas explosões que reconhecemos com clareza o futuro expoente da doutrina da predestinação dos eleitos.[74] Agostinho voltaria contra essa grande Igreja rival o ominoso desprezo de um homem que sabia ter do seu lado o curso inelutável da história: "Ribombam as nuvens com o trovão para que a Casa do Senhor seja construída por toda a terra — e esses sapos sentam-se em seu brejo e coaxam: Somos os únicos cristãos!"[75]

Todavia, essa Igreja em rápida expansão jamais poderia afirmar-se "sagrada" em nenhum sentido imediatamente aparente. Nisso, os donatistas podiam recorrer ao óbvio. Se a Igreja era definida como "pura", se era o único corpo no mundo em que residia o Espírito Santo, como poderiam seus membros não ser "puros"? Agostinho, no entanto, era um homem imbuído de modos de pensar neoplatônicos. O mundo inteiro se lhe afigurava um mundo do "devir", uma hierarquia de formas imperfeitamente realizadas, cuja qualidade dependia de sua "participação" num Mundo Inteligível de Formas Ideais. Esse universo achava-se num estado de constante tensão dinâmica, no qual as formas imperfeitas da matéria esforçavam-se por "concretizar" sua estrutura fixa ideal, apreendida apenas pela mente. O mesmo se dava com a visão agostiniana da Igreja. Os ritos eclesiásticos eram inegavelmente "sagrados", por causa da santidade objetiva de uma Igreja que "participava" de Cristo.[76] A "verdadeira Igreja" de Agostinho não era apenas o "corpo de Cristo", a "Jerusalém celestial", mas tinha também toques profundos das ideias metafísicas de Plotino:[77] era a "realidade" da qual a Igreja concreta na Terra era apenas uma sombra imperfeita.[78] Portanto, os homens que recebiam e ministravam esses ritos meramente lutavam de modo imperfeito para realizar essa santidade, "de acordo com uma certa sombra da realidade".[79]

Por isso, os ritos da Igreja adquiriam validade objetiva e permanente. Existiam independentemente das qualidades subjetivas dos que deles "participavam": de um modo que Agostinho nunca afirmou compreender, os ritos físicos do batismo e da ordenação "imprimiam" uma marca permanente naquele que os recebia, quaisquer que fossem suas qualidades conscientes.[80] Ao mesmo tempo que escrevia *Do batismo*, Agostinho escreveu suas *Confissões*. Também nestas, a juventude de um menino católico é retratada como pontilhada de lembretes do poder dos sacramentos: seu amigo maniqueísta, que fora batizado quando estava inconsciente, recobra os sentidos estranhamente mudado;[81] até seu desenvolvimento intelectual passa a ser visto como penetrado a todo momento pela misteriosa força do "Nome de Cristo".[82]

UBI ECCLESIA?

Agostinho dotou os ritos concretos da Igreja católica de uma validade misteriosa e duradoura. Mas o fez para transformar a própria Igreja num campo de inúmeras evoluções pessoais. O indivíduo católico era apenas "protegido" por seus sacramentos: ainda tinha pela frente os longos processos do crescimento espiritual.[83] Uma vez encarada dessa maneira a Igreja visível, o tipo de relacionamento que podia estabelecer-se entre seus membros tornava-se incomensuravelmente mais complexo e dinâmico. Isso porque, tal como entendia Agostinho, os donatistas haviam solucionado o problema do mal nos homens que os cercavam meramente recusando-se a estabelecer qualquer relação com ele. Haviam-se retraído do contato com uma sociedade "impura" entrando num círculo íntimo de pares. Para Agostinho, a inocência não era suficiente. Era apenas "um terço" de toda a gama de relações humanas a que o bom cristão tinha que se expor.[84] Este devia executar uma tarefa tríplice: devia santificar-se, devia coexistir com pecadores na mesma comunidade, tarefa que envolvia humildade e integridade, mas devia também estar ativamente preparado para repreendê-los e corrigi-los.[85] As qualidades severas que os donatistas meramente apontavam aos que estavam fora de seu grupo voltavam-se para dentro na Igreja católica: uma "política externa", dirigida exclusivamente contra "mundo" fora da Igreja, transformava-se numa "frente interna" contra "mundano" dentro da Igreja.

A crítica de Agostinho ao que ele considerava ser a atitude donatista contém pressupostos de amplas consequências. É que ela tratou a comunidade católica, essencialmente, como sendo composta de duas camadas. Essa comunidade sempre abrigaria um componente expressivo ou até predominante de material humano aparentemente intratável, ao redor de um núcleo de membros "verdadeiros". A linha divisória entre os membros "verdadeiros" e os "falsos", obviamente, era invisível: esse núcleo se cristalizaria, mais tarde, no "número definido dos eleitos" de Agostinho.[86] Mas ele tanto imaginava essa elite quanto não tinha dúvidas sobre os deveres práticos a serem cumpridos por todos os padres católicos: diante da massa dos homens, eles deviam não apenas ser inocentes, não apenas tolerar seus semelhantes, mas também estar preparados, sempre que possível, para tomar a ofensiva, com severidade comedida e autoridade paterna atuante, "pois que o cajado tem seu tipo próprio de caridade".[87]

Enquanto a visão donatista da Igreja tinha uma certa consistência de rocha, a Igreja agostiniana parecia uma partícula atômica: era feita de elementos móveis, um campo de tensões dinâmicas, sempre ameaçando explodir.

Sua visão da Igreja a havia colocado à beira de uma guerra de conquista. No pensamento agostiniano, era possível ver sólidos laços que se estendiam dessa instituição por toda a sociedade romana. Os bispos já governavam grandes comunidades, e Agostinho havia praticamente admitido que tais comunidades só responderiam a uma certa dose de severidade.[88] No fim do século IV, era fácil um ideal desse tipo de autoridade ativa ultrapassar as fronteiras das comunidades católicas propriamente ditas. Tentáculos invisíveis — os sacramentos do batismo e da ordenação ministrados no cisma pelos donatistas — já ligavam os cristãos remanescentes da África a seu verdadeiro senhor, a Igreja católica.[89] É que esses sacramentos eram como as tatuagens que os soldados dos exércitos imperiais traziam gravadas no dorso das mãos,[90] a fim de identificar os desertores: do mesmo modo, Cristo, o imperador da Igreja católica, tinha o direito de convocar para as fileiras de Sua Igreja aqueles que haviam recebido Sua marca.[91]

Essa imagem reflete o caráter dos tempos de Agostinho. Era uma época dura, que tendia com extrema facilidade a pensar em termos da disciplina e da uniformidade militares. Os imperadores também eram católicos devotos: seria apenas uma questão de uma década para que decidissem recolher os desertores "espirituais" das fileiras da Igreja católica.[92]

C'est le premier pas qui coûte.* Agostinho já dera um passo decisivo, quase dez anos antes de escrever seus primeiros panfletos contra os donatistas. Em última instância, os donatistas consideravam sua Igreja como

---

* "O primeiro passo é o mais difícil", em francês no original. [N. da T.]

uma alternativa à sociedade, um lugar de refúgio semelhante à Arca. Já Agostinho acreditava que a Igreja podia tornar-se coextensiva à sociedade humana como um todo: podia absorver, transformar e aperfeiçoar os laços existentes das relações humanas. Ele tinha profunda preocupação com a ideia da unidade fundamental da raça humana. Deus fizera todos os homens a partir de um só, Adão, para mostrar que "nada é mais dilacerado pela discórdia do que esta raça humana, em seu estado falível, conquanto nada tenha sido tão claramente destinado por seu Criador a viver em conjunto".[93] A ideia do parentesco comum em Adão foi o molde em que Agostinho, na meia-idade, verteu sua preocupação contínua com a amizade, com as relações verdadeiras entre os seres humanos.[94] O sentimento pungente da necessidade de recuperar a união perdida talvez seja o traço mais característico da mística agostiniana da Igreja católica. Os donatistas podiam contentar-se em ficar na Arca, mas Agostinho estava interessado num problema mais profundo: a raça humana estava dividida, a comunicação entre os semelhantes na sociedade era difícil; a imagem da Divisão das Línguas na Torre de Babel passou a dominar seu pensamento.[95] A Igreja católica era um microcosmo da união restabelecida da raça humana: já unificara todas as línguas dos homens na festa de Pentecostes;[96] e nunca devemos esquecer que Agostinho, ao fundar seu mosteiro, desejava recriar a seu redor exatamente a mesma comunidade que os apóstolos haviam criado ao receberem a dádiva do Espírito Santo.[97] Tal mosteiro deveria ser um microcosmo das relações humanas ideais que poderiam ser parcialmente restabelecidas na Igreja católica.

Aquele que sente intensamente que os laços existentes entre os homens da sociedade estão meio frouxos, mas que o grupo a que pertence pode consolidá-los e purificá-los, encara a sociedade a seu redor como um punhado de matéria-prima a ser absorvida e transformada. É muito diferente do homem que acha poder criar apenas uma alternativa para essa sociedade — um pequeno "Reino dos santos" abrigado sob um bispo, único detentor da Lei divina num mundo hostil ou indiferente.[98]

Os escritos de Agostinho contra os donatistas deixam transparecer sua crescente absorção do repertório comum das ideias disponíveis entre os cristãos africanos — acima de tudo, a ideia da Igreja como um grupo claramente distinto na sociedade, destacado como o único detentor de um corpo de ritos "salvadores". Por trás dessas ideias, porém, ainda espreitava a grande "miragem" do começo de sua meia-idade, com força ainda maior por nunca ter que ser analisada na controvérsia. Tratava-se da imagem da Igreja católica tal como esta lhe aparecera em Milão e em Roma. Não era a velha Igreja de Cipriano, mas a Igreja nova e em expansão de Ambrósio, elevando-se acima do mundo romano qual "uma lua a se encher de brilho".[99] Era um corpo internacional confiante, criado em meio ao respeito dos imperadores cristãos, buscado por nobres e intelectuais[100] e capaz de levar às massas do mundo civilizado conhecido as verdades esotéricas da filosofia de Platão[101] — uma Igreja não mais decidida a desafiar a sociedade, mas a dominá-la. *Ecclesia catholica mater christianorum verissima*: a "Igreja católica, mãe sumamente verdadeira dos cristãos"...

"Vós é que submeteis as esposas a seus maridos (...) pela obediência casta e fiel; instaurais os maridos acima de suas esposas; ligais os filhos aos pais por uma escravidão livremente concedida e colocais os pais acima dos filhos numa dominação piedosa. Unis irmãos uns aos outros, por laços religiosos mais sólidos e estreitos do que os laços de sangue. Ensinais os escravos a serem leais a seus senhores (...) e os senhores (...) a se inclinarem mais a persuadi-los do que a castigá-los. Ligais cidadão a cidadão, nação a nação; na verdade, Vós unis todos os homens na rememoração de seus primeiros pais, não só por laços sociais, mas por um sentimento de seu parentesco comum. Vós ensinais os reis a governarem em benefício de seu povo, e sois Vós que advertis os povos a serem subservientes a seus reis."[102]

20
INSTANTIA

Como bispo, Agostinho passava as manhãs inteiras arbitrando processos judiciais. Devia ter de lidar sobretudo com casos complexos e rancorosos de divisão de heranças. Era raro os irmãos concordarem quanto às propriedades,[1] e Agostinho passava horas escutando, enquanto as famílias de agricultores discutiam apaixonadamente cada detalhe do testamento paterno.

Esse clima de tribunal iria acompanhar Agostinho na igreja, ao pregar contra os donatistas. Ele lia o Testamento de Deus, o de que Cristo e Sua Igreja deviam herdar "as extremidades da Terra como (...) possessão" e, com a mesma confiança irritante com que Mônica um dia ostentara seu contrato nupcial,[2] Agostinho produzia o "contrato nupcial" entre Cristo e Sua Igreja.[3] No cômputo geral, a campanha agostiniana contra os donatistas exibe poucos vestígios de moderação ecumênica. Ela tirou suas forças da acerba obstinação de homens simples, como que comprometidos com um longo processo judicial familiar.

A partir de 393, Agostinho e seus colegas tomaram a ofensiva contra a Igreja donatista. Tinham boas razões para fazê-lo. Em Hipona, os católicos estavam em minoria: fazia pouco tempo que tinham sido boicotados;[4] o primeiro apelo de Agostinho às personalidades ilustres do lugar foi desdenhado.[5] É que a Igreja estabelecida da Numídia era o donatismo, não o catolicismo. Para os donatistas, era como se a "paz da

Igreja" houvesse chegado[6] e fosse preciso apenas fazer algumas concessões para concluir a absorção, por sua Igreja "purificada", da enfraquecida e desprezada "Igreja dos *traditores*".[7] Em Hipona, por exemplo, os casamentos mistos tinham-se tornado comuns entre os grandes latifundiários locais.[8] Era normal os homens se tornarem donatistas para fazer um processo avançar.[9] "Deus está aqui e está lá: que diferença faz? Essa divisão é resultado de querelas passadas entre os homens; Deus pode ser cultuado em toda parte."[10] Até o anterior bispo católico de Cartago, Genétlio, havia aceitado esse impasse. Ganhara entre os donatistas uma reputação de tolerância.[11] Mas tolerância era a única coisa com que Agostinho não podia arcar em Hipona, pois todas as pressões da vida social em sua cidade pareciam favorecer o desgaste gradativo de sua minoria católica por seus irmãos dominantes. Assim, sua campanha foi marcada pelas qualidades extremistas do homem que trava uma batalha desgastante por sua posição, contra as forças do conservadorismo e das emoções humanas comuns.

Agostinho e Aurélio também estavam comprometidos com uma política de reforma interna da Igreja católica. As decisões minutadas em 393 tinham sido impopulares: muitos bispos as haviam ignorado.[12] Quando da eliminação da *laetitia* por Agostinho em 394, a intensidade da reação popular quase havia "virado o barco".[13] Esse "palhiço" de sua congregação bem poderia ser inteiramente soprado para fora da Igreja, na rajada seguinte do vento frio da reforma.[14] Uma política de mudança interna poderia facilmente criar um novo cisma, se não fosse possível vinculá-la à perspectiva de uma campanha contra um rival portentoso.

Em 397, podemos ver a que ponto a determinação de Agostinho havia levado seus colegas. Os laços que uniam o clero católico à sociedade que o cercava foram rompidos: até os filhos varões dos padres foram proibidos de contrair matrimônios mistos,[15] e os próprios sacerdotes foram proibidos de fazer qualquer doação ou deixar qualquer herança para não católicos, inclusive parentes consanguíneos.[16] Esses princípios, francamente confessionais, iriam introduzir uma cunha na sociedade africana. Exatamente nessa ocasião, Agostinho recebeu uma carta de um parente, Severo, um donatista: "Qual é o benefício da boa saúde temporal e dos laços de sangue, se rejeitamos voluntariamente a herança eterna de Cristo? (...) Mas esta não é uma opinião minha, pois que não sou nada. (...) São as palavras do próprio Deus Todo-Poderoso: quem O rejeita neste mundo como Pai há de deparar com Ele no mundo vindouro como Juiz."[17]

Afirmou-se algumas vezes que o donatismo foi um "movimento de protesto" popular, que ameaçou as bases do direito e da ordem romanos na África. Essa visão não faz justiça à situação criada por Agostinho e seus colegas entre 393 e 405. Durante esse período, o único "movimento" veio de cima: foi a autoafirmação repentina da Igreja católica e o endurecimento da autoridade imperial contra todos os não católicos da África. Traçaremos o curso completo de um círculo vicioso que é sumamente familiar na história moderna — perseguição doutrinária vinda de cima, contra a qual, por sua vez, a resistência só pode se dar por intermédio da violência crescente, vinda de baixo.[18]

Agostinho iniciou a campanha como a voz da Igreja católica. Sua polêmica contra os donatistas deixa transparecer um talento insuspeitado para o jornalismo.[19] Sua caricatura do donatismo da época foi montada com um olho tão certeiro para os detalhes circunstanciais que, até hoje, é aceita com demasiada frequência por seu valor aparente. Na ocasião, no entanto, fez parte de um uso da propaganda que não tinha paralelo na história da Igreja africana. É que Agostinho divulgou teses teológicas sob a forma de um comentário de eventos contemporâneos, constantemente repetido e simplificado para um público semianalfabeto.[20] Ele percebeu o tom popular da controvérsia e o explorou com entusiasmo. Iniciou sua campanha escrevendo uma canção popular,[21] e contou a seus leitores, entre muitas outras pérolas do disse-me-disse provincial, como um bispo idoso tivera que dançar em seu próprio altar, certa feita, com cães mortos amarrados ao pescoço.[22]

Foi assim que Agostinho explorou os problemas enfrentados pelos donatistas em sua posição de dominadores. Em 394-395, por exemplo, eles haviam abafado com êxito um cisma em seu próprio meio, o dos seguidores de Maximiano.[23] Ao fazê-lo, haviam recorrido às leis imperiais contra os hereges, a fim de recuperar as basílicas ocupadas por bispos maximianistas, e tinham reabsorvido esses bispos sem rebatizá-los. Agostinho explorou todos os detalhes desse incidente.[24] Enquanto os donatistas não podiam absorver seus dissidentes sem parecer incoerentes, os católicos podiam fazê-lo.[25] A solução forçada que eles tinham dado ao cisma de Maximiano ofereceu a Agostinho um precedente ameaçador: ela fora um "espelho"[26] em que o donatista podia contemplar o destino merecido por sua Igreja nas mãos dos católicos.[27]

As duas Igrejas, nessa época, tinham um histórico de violência. Os católicos estavam fatalmente implicados na história de perseguição do "tempo de Macário", e Agostinho só conseguiu contornar essa lembrança incômoda com a divulgação das brutalidades esporádicas de uma ala extremista da Igreja donatista, os circunceliões.[28] Esse estranho movimento faz lembrar os marabutos ou daroeses da moderna África setentrional: bandos de homens e mulheres santos deslocando-se pelas aldeias do interior, numa peregrinação interminável, mantendo viva a memória dos mártires em assembleias entusiásticas em torno de seus santuários revestidos de cal[29] — uma combinação de ciganos com pregadores evangélicos.[30] Qualquer tentativa de Agostinho e seus colegas de perturbar o *status quo*, mandando pregadores para áreas donatistas e, mais tarde, usando a força contra as igrejas donatistas, era barrada por esses bandos. Comparada à pressão crescente das perseguições católicas, a violência dos circunceliões sempre pareceria incoerente e despropositada; e, pelo menos em Hipona, essa violência só atingiu o clímax em resposta ao uso da força pelos católicos.[31] Mas esses incidentes "viravam manchetes". Garantiam que a descrição agostiniana do donatismo se perpetuasse em histórias de "atrocidades" tão chocantes quanto as noticiadas pelos jornais ingleses, vívida e avidamente, convém acrescentar, na época da agitação dos camponeses da Irlanda, no século passado: celeiros e igrejas destruídos,[32] a mutilação brutal e engenhosa dos apóstatas da "Causa",[33] e ataques de quadrilhas armadas, no meio da noite, a casebres isolados.[34]

O que quer que Agostinho pudesse escrever sobre a Igreja donatista em geral, pelo menos em Hipona ele se confrontou, logo de saída, com uma situação semelhante à Guerra Fria: "Agarra-te ao que possuis; tens tuas ovelhas, eu tenho as minhas; não interfiras com minhas ovelhas e não interferirei com as tuas."[35] Portanto, Agostinho queria tomar a iniciativa sem incorrer no opróbrio de parecer o agressor. É por isso que suas cartas aos bispos donatistas vizinhos são escrupulosamente polidas; mas assemelham-se às notas diplomáticas de uma grande potência a outra numa guerra fria. Agostinho esperava o momento de ter uma queixa legítima; munido dessa queixa, propunha uma conferência, e deixava implícito que, se a conferência fosse recusada, sentir-se-ia livre para dar conhecimento ao mundo de sua versão da história.[36] Não chega a surpreender que os donatistas locais rejeitassem essas abordagens transparentemente diplomáticas.

Numa ocasião, entretanto, no ano de 397, Agostinho e Alípio puderam visitar Fortunius, o idoso bispo donatista de Tubursicubure.[37]

Receberam as boas-vindas de uma multidão alvoroçada e os dois rivais se despediram com cordialidade; e Agostinho admitiu que, "em minha opinião, terás dificuldade de encontrar entre teus bispos um outro cujo juízo e sentimentos sejam tão sensatos quanto os que vimos nesse ancião".[38]

Tais encontros eram raros e só se faziam possíveis no pequeno mundo da diocese de Agostinho. Ele teria que mitigar a desconfiança de seus vizinhos, se quisesse obter algum progresso com seus rivais. Por exemplo, negava solenemente qualquer intenção de recorrer novamente ao uso da força, como no "tempo de Macário".[39] Mais tarde, essa concessão diplomática viria a lhe criar embaraços.[40] Isso porque, nesses anos, e especialmente entre 399 e 401, ele fez visitas frequentes a Cartago. Lá, devia ver-se num mundo menos sereno e circular entre homens mais impiedosos. Acima de tudo, deve ter sido diretamente afetado pelas turbulências políticas da época.

Em 398, um usurpador local, Gildo, o conde mouro da África, foi eliminado pelo imperador Honório. O clima de "expurgo" pairava pesadamente sobre a província reconquistada. Nada que se dissesse sobre o rebelde fracassado e seus comparsas era ruim demais. Um bispo donatista, Optatus de Timgad, deão da Igreja donatista na Numídia, tinha sido um dos adeptos de Gildo.[41] Como bispo de uma cidade de importância militar, não chega a surpreender que Optatus houvesse apresentado seus respeitos a Gildo.[42] Mas é típico do jornalismo implacável de Agostinho ter feito o bispo donatista parecer aliado íntimo de um homem sobre quem, naquele momento, todos podiam fazer eco à propaganda oficial, chamando-o de "monstruoso inimigo da ordem romana".[43]

O imperador vitorioso, Honório, era um católico devoto: seus próprios soldados consideravam-se protegidos pela alma de Santo Ambrósio.[44] Esperava-se que o novo conde da África escolhesse seus amigos com mais cuidado: não um bispo donatista, e sim Severo, bispo católico de Milevis e amigo íntimo de Agostinho, cearia à sua mesa.[45]

O primeiro grupo religioso a sentir os efeitos desse endurecimento repentino da autoridade não foi, porém, o dos donatistas. O paganismo, tanto quanto o donatismo, era um inimigo tradicional dos bispos católicos. No início de 399, agentes especiais do Império chegaram à África para fechar os templos pagãos.[46] Eclodiram tumultos religiosos: em Sufes, cerca de sessenta cristãos foram mortos;[47] na zona rural, as turbas católicas mostraram-se tão violentas no "expurgo" de santuários pagãos das grandes fazendas quanto tinham sido os circunceliões.[48] Agostinho e seus companheiros estiveram no centro dessa tempestade. Em Cartago, ele pregou para grandes multidões, em meio a gritos de "Abaixo os deuses romanos".[49] Essa é a primeira vez que o vemos, um amante da paz intensamente sensível à violência, apanhado na agitação que sua certeza apaixonada tanto contribuíra para provocar. Isso porque, mais uma vez, a Igreja católica havia mostrado ser a única corporação da África a contar com o reconhecimento legal do imperador: "Deveis saber, meus amigos, como os murmúrios (dos pagãos) juntam-se aos dos hereges e judeus. Hereges, judeus e pagãos passaram a formar uma unidade contra a nossa Unidade."[50]

Muitos pagãos ilustres julgaram aconselhável conformar-se à Igreja católica. Um deles, Faustino, pretendia com isso obter um cargo em Cartago. E, num sermão de considerável encanto, Agostinho solicitou a sua congregação que aceitasse até mesmo essa conversão, flagrantemente política.[51] Sermões como esse constituíram um "ensaio geral" para a justificação agostiniana posterior da conversão forçada de comunidades donatistas. Assim, não chega a surpreender que um observador donatista, Petiliano, bispo de Cirta, tenha então descartado as reiteradas ofertas de negociação dos católicos como uma simples "guerra travada com beijos".[52]

Na verdade, essa agitação afetou Agostinho profundamente. Ele sentiu estar vivendo um momento decisivo da história, previsto desde longa data. Durante séculos, os imperadores pagãos haviam perseguido a Igreja; no espaço de uma geração, esses mesmos imperadores haviam erradicado o vasto edifício dos deuses disseminados pelos romanos por todo o mundo.[53] Tudo havia acontecido, disse ele, *"valde velociter"* — "com extrema velocidade".[54] Lendo sua Bíblia, Agostinho passou a ver os acontecimentos que o cercavam como parte de um processo inelutável, previsto mil anos antes por Davi, nos Salmos, e pelos profetas de Israel.[55] A Igreja católica espalhara-se pelo mundo inteiro: "estava escrito; realizou-se."[56] O mesmo se deu em relação aos imperadores romanos. Também eles haviam aprendido a "servir ao Senhor com tremor e medo", eliminando os inimigos de Sua Igreja.[57]

Assim, quando Agostinho publicou seu primeiro longo tratado contra os donatistas, justamente nessa época e provavelmente em Cartago, já percorrera um longo caminho desde seus primeiros gestos cuidadosos como figura local de Hipona. O imperador cristão tinha o direito de punir as "impiedades". A tormentosa nuvem da eliminação forçada do donatismo talvez ainda estivesse distante, mas seus contornos já eram claramente visíveis.⁵⁸ O aspecto mais nefasto desse tratado foi o sentimento mortal de urgência que seu autor deixou transparecer: "A massa dos homens guarda seu coração nos olhos, não no coração. Quando o sangue jorra da carne de um homem mortal, todo aquele que o vê sente repulsa; mas, quando almas decaídas da paz de Cristo morrem nesse sacrilégio de cisma ou heresia (...) — uma morte mais aterradora e mais trágica, uma morte mais verdadeira que qualquer outra, para dizê-lo com clareza —, zomba-se dela, por força do hábito."⁵⁹

21
DISCIPLINA

Trinta anos se haviam passado desde a chegada de Agostinho a Cartago como estudante. Agora, em 403, ele chegava como um homem famoso, odiado por seus inimigos. "Pois, quem sou eu?", disse à congregação católica; "Serei *eu* a Igreja católica? (...) Basta-me estar dentro dela. Vós (os donatistas) difamais meus erros do passado. Porventura isso vos parece grande coisa? Sou mais severo com meus malfeitos do que jamais o fostes. Vós os revolvestes, eu os condenei. Eles pertencem ao passado. São todos conhecidos, especialmente nesta cidade. (...) Tudo o que fui naquela época é passado, em Nome de Cristo. O que agora criticam em mim, disso eles nada sabem. Oh, há em mim muitas coisas a que eles poderiam agarrar-se: ser-lhes-ia emocionante conhecê-las! Muito ainda acontece em meus pensamentos — a luta contra meus impulsos maléficos, tensão cotidiana; o Inimigo que quase ininterruptamente deseja fazer-me cair (...).

"Irmãos, dizei apenas isto aos donatistas: 'Eis Agostinho (...) um bispo da Igreja católica. (...) Aquilo que aprendi a buscar acima de tudo é a Igreja católica. Não depositarei minha confiança em homem algum.'"[1]

Os donatistas foram implacáveis em sua própria defesa. Aqueles do clero convertidos ao catolicismo, em especial, foram tratados sem clemência. O bispo de Bagai foi agredido e abandonado como morto pela congregação que havia desertado para se tornar católico. Por volta do fim de 404, ele mesmo tomou a iniciativa de buscar uma punição por parte da corte imperial.² Confrontados com tamanha violência, muitos companheiros de Agostinho queriam uma solução rápida e firme, semelhante à perseguição do conde Macário.³ É possível até que Alípio tenha-se colocado contra Agostinho nessa questão.⁴

Agostinho não queria ir tão longe. Não era nenhum liberal. Até seus desmentidos iniciais do desejo de perseguir tinham sido mais ditados pela diplomacia do que por princípios. Mas ele era um bispo muito consciencioso e, em 404, ainda não achava que a Igreja católica pudesse absorver as congregações donatistas que viesse a conquistar pela força. Haveria muitos *ficti* — muitos católicos "fingidos".⁵ Em Hipona, ele sentia que a qualidade de sua congregação já fora gravemente diluída pelos semipagãos que se haviam ligado à Igreja em massa quando o cristianismo se tornara a religião oficial.⁶ Eles tinham trazido consigo os ritos primitivos, como festejar os mortos, que Agostinho combatera dez anos antes, quando padre.⁷ Portanto, ele tinha todas as razões para ver com sincera relutância a perspectiva de que esse filete constante de "hipocrisia" pagã se transformasse numa enxurrada de donatistas ressentidos, acostumados a se embriagar solenemente nas datas que festejavam seus mártires.

Esses argumentos prudentes ainda puderam prevalecer no concílio católico de 404:⁸ os bispos solicitaram apenas proteção policial.⁹ Mas o bispo de Bagai já havia chegado à corte imperial com uma história independente de "atrocidades".¹⁰ Em junho de 405, um drástico "Édito da Unidade" foi enviado a Cartago: os donatistas foram rotulados de "hereges" e, com isso, submetidos às leis gerais contra a heresia.¹¹

Apesar de sua linguagem bombástica, esse édito foi fiel ao princípio geral da legislação romana sobre a religião. Tocou apenas em questões externas. Até então, nenhum donatista fora obrigado a se ligar à Igreja católica. Em vez disso, a Igreja donatista foi "dispersada", como se faria com um partido político moderno que fosse declarado ilegal. O bispo donatista deveria ser afastado, sua Igreja seria controlada pelos católicos, e Agostinho viu-se diante da tarefa árdua e desagradável de absorver uma congregação sem líder.¹²

Como lhe era característico, acolheu como um ato da Providência a mudança política acarretada por esse édito.[13] Numa data anterior do mesmo ano, chegara até a escrever a Paulino sobre a maneira como Deus "falava" através de acontecimentos que escapavam ao controle do indivíduo.[14] Na verdade, Agostinho já estava a meio caminho de aceitar a coação como um meio de resolver o cisma donatista, e a nova situação criada pelo édito meramente consolidou uma postura que se vinha desenvolvendo havia muito tempo. Mas a nova política teve de ser agressivamente defendida contra uma bateria de críticas coerentes e fáceis de entender, disparadas com igual ardor por eminentes bispos donatistas[15] e por simples professores:[16] a de que nunca se ouvira falar num cristão que defendesse uma política de perseguição[17] e a de que Agostinho havia descumprido sua palavra.[18] Em resposta a seus críticos persistentes, Agostinho escreveu a única justificação plena, na história da Igreja primitiva, do direito de o Estado eliminar os não católicos.

Algumas mudanças profundas e nefastas haviam ocorrido na postura agostiniana perante a Igreja e a sociedade em seus primeiros dez anos como bispo. Suas ideias da graça e da predestinação, por exemplo, haviam-se tornado ainda mais arraigadas. Nesse momento, ele recaiu nelas, a fim de encontrar um paliativo para a situação em que se achava. Tinha que absorver comunidades de donatistas relutantes, mas pôde tranquilizar-se com a crença em que a graça divina era capaz de promover mudanças de ideia até em homens forçados a ingressar na Igreja católica. Assim, deixaria a cargo de Deus o problema das conversões falsas: objetar à política católica, pelo fato de ela provocar essas falsas conversões, tornou-se equivalente, na opinião dele, a negar o "Poder de Deus",[19] que discerniria os Seus na massa dos que se houvessem conformado a contragosto com a Igreja católica.

A teoria e a prática haviam caminhado de mãos dadas no reforço à mudança da postura agostiniana. Ao retornar da Itália, quinze anos antes, Agostinho julgara repugnantes as comunidades africanas médias e, portanto, "indigeríveis". Porém habituara-se mais aos costumes e hábitos de pensamento comuns à plebe de ambas as Igrejas, de modo que a tarefa de absorção já não lhe parecia tão difícil.[20]

Além disso, na época em que se tornara padre, Agostinho havia preservado um certo otimismo em relação à capacidade humana de livre-arbítrio: o ato de fé continuava a ser um ato de escolha consciente e, por conseguinte, dependia de atos humanos, assim como a instrução correta e sensata. Ele havia tentado reformar a devoção popular nessa ocasião, por acreditar que, com persuasão[21] e a eliminação de hábitos que davam origem a opiniões falsas,[22] poderia transformar uma congregação de cristãos irrefletidos em bons católicos "espirituais".[23] Agora, já não tinha tanta certeza. Parecia haver uma grande disparidade entre as situações e intenções humanas e o propósito invencível de um Deus onipotente. A possibilidade de a Igreja católica expandir-se com rapidez, se necessário pela força, passou a depender menos daquilo que um mero bispo consciencioso pudesse julgar viável. É que a espinha dorsal dessa Igreja passara a consistir numa relação imperscrutável entre Deus e o "número definido" de Seus eleitos: como quer que esses eleitos ingressassem na Igreja concreta e imperfeita na Terra, "*Deus é capaz de nela reintroduzi-los*".[24]

Para um donatista, a postura de Agostinho frente à coação era uma negação flagrante dos ensinamentos cristãos tradicionais: Deus fizera os homens livres para escolherem entre o bem e o mal; uma política que forçasse essa escolha era claramente irreligiosa.[25] Os autores donatistas citavam as mesmas passagens bíblicas que mais tarde seriam citadas por Pelágio em favor do livre-arbítrio.[26] Ao retrucar a eles, Agostinho já lhes deu a mesma resposta que daria aos pelagianos: o ato individual e final de escolha devia ser espontâneo, mas esse ato de escolha podia ser preparado por um longo processo, que os homens não necessariamente escolhiam por si, mas que amiúde lhes era imposto por Deus, contra a sua vontade.[27] Esse era um processo corretivo de "ensinamento", *eruditio*, e admoestação, *admonitio*, que podia até mesmo incluir o medo, a coerção e a inconveniência externa: "Que se encontre a coerção do lado de fora; é dentro que nasce a vontade."[28]

Agostinho convencera-se de que os homens precisavam desse manejo firme. Resumiu sua atitude numa palavra: *disciplina*. E não pensava nessa disciplina como muitos de seus contemporâneos romanos mais tradicionais, como a preservação estática de um "estilo de vida romano".[29] Para ele, tratava-se de um processo essencialmente ativo de punição corretiva, um "processo de abrandamento", uma "instrução pelas inconveniências" — *per molestias eruditio*.[30] No Velho Testamento, Deus ensinara Seu obstinado povo eleito justamente por esse processo de disciplina, contendo e punindo suas tendências malévolas com toda uma série de desgraças ditadas pela Providência.[31] A perseguição aos donatistas era mais uma "catástrofe controlada" imposta por Deus, mediada, na ocasião, pelas leis dos imperadores cristãos;[32] na mente de Agostinho, não era mais do que um exemplo especial da relação da raça humana em geral com seu Pai severo, que era capaz de "açoitar o filho a quem acolhe",[33] aliás de maneira indiscriminada, como faz o homem que surra seus familiares todas as noites de sábado, "por precaução".[34]

Além disso, a situação da Igreja católica na África, forçosamente colocada à testa de comunidades contrariadas, havia-se aproximado daquela do povo de Israel sob o "jugo" da Lei de Moisés. Agostinho insistiu em que a Lei também fora imposta à maioria dos israelitas à força, para falar com franqueza: eles tinham sido obrigados pelo medo a se manter numa união compacta nos termos da Lei, muito embora a importância dessa Lei só fosse compreendida e amada pelos poucos homens "espiritualizados" que havia entre eles.[35] Não obstante, Agostinho julgava que esse regime flagrantemente coercitivo havia cumprido uma função importante, e somente entre os judeus de Jerusalém, centro da união física obrigatória do antigo Israel, é que a unidade "espiritual" da Igreja fora destilada, no Pentecostes.[36]

Quanto à severidade e aos atos violentos com que a Lei fora imposta no Velho Testamento, fazia muito que tais incidentes haviam deixado de chocar Agostinho. Ele os tinha justificado, ao se opor aos maniqueístas, anos antes de citá-los como precedentes da perseguição aos donatistas.[37]

Só havia mudado de ideia a respeito de um ponto. Dez anos antes, julgara que as eras precedentes ao advento do cristianismo tinham pertencido a um "estágio de evolução moral" mais primitivo[38] e que, em sua própria época, o cristianismo já era uma religião puramente "espiritual". Elevara--se inteiramente acima das sanções físicas e da observância forçada desse passado "sombrio".[39] Agora, Agostinho já não tinha tanta certeza. Talvez o componente "espiritual" fosse predominante na Igreja católica, mas, a essa altura, ele achava que a unidade desta passara a abarcar um vasto número de homens "carnais", que viviam exatamente no mesmo nível moral dos antigos israelitas e, portanto, continuavam a reagir tão somente ao medo.[40] Tratava-se de uma conclusão profundamente pessimista. A história da humanidade não exibia agora nenhum sinal óbvio de ascensão irreversível, em "etapas", a uma religião "espiritual": a raça humana ainda continuava, "qual um grande inválido",[41] permanentemente necessitada daquilo que um grande historiador liberal chamou, certa vez, com grande desagrado, de "o gesso da autoridade".[42]

A visão agostiniana da Queda da humanidade determinou sua atitude perante a sociedade. Os homens decaídos tinham passado a necessitar de contenção. Até as maiores realizações do homem só tinham sido possibilitadas pela "camisa de força" da severidade incessante. Agostinho tinha um grande intelecto e um respeito saudável pelas conquistas da razão humana. No entanto, sentia-se obcecado com as dificuldades do pensamento e com os longos processos coercitivos, rememorativos dos horrores de seus próprios tempos de escola que haviam possibilitado essa atividade intelectual, tão "propensa ao descanso"[43] era a mente humana decaída. Ele dizia preferir a morte a voltar a ser criança. Não obstante, os terrores daquela época tinham sido rigorosamente necessários, pois faziam parte da assombrosa disciplina divina — "desde a vergasta dos professores até as agonias dos mártires" — por intermédio da qual os seres humanos eram resgatados de suas inclinações desastrosas pelo sofrimento.[44]

O teste dessa atitude era o que Agostinho achava que aconteceria se um dia se relaxassem as pressões da sociedade: "as rédeas postas na permissividade humana se afrouxariam e seriam atiradas longe: todos os pecados ficariam impunes. Retiradas as barreiras criadas pelas leis, a impudente capacidade humana de prejudicar e sua ânsia de satisfazer os prazeres campeariam à solta. Nenhum rei em seu reino, nenhum general com seus soldados, (...) nenhum marido com sua esposa, nenhum pai com seu filho tentaria deter, com ameaças ou castigos, a liberdade e o puro e doce gosto de pecar."[45] O homem que analisara pouco antes, com evidente fascínio e horror, a força dos motivos que um dia, na adolescência, tinham-no levado ao ato de furtar peras, um ato de vandalismo perfeitamente gratuito, não tendia a subestimar a força perigosa do "doce gosto de pecar".[46]

Esse sentimento opressivo da necessidade de contenção talvez assuste mais o homem moderno do que os contemporâneos de Agostinho. O que chocou os donatistas, porém, foi o modo como Agostinho pareceu disposto a derrubar as barreiras, solidamente fixadas na imaginação do cristão médio da Igreja primitiva, entre o "sagrado" e o "profano", entre as sanções puramente espirituais exercidas pelo bispo cristão na Igreja, e as múltiplas pressões (às vezes, pavorosas) da sociedade romana, administradas pelos imperadores.[47]

Fiéis a sua postura defensiva, os donatistas não hostilizavam o Estado; julgavam apenas poder ignorá-lo no que havia de mais importante: a preservação de uma Lei Divina imaculada.[48] O bispo lhes preenchia os horizontes estreitos: era a única fonte apropriada de esmolas,[49] de exortação e de punições espirituais.[50] Deus, diziam eles, enviara profetas, e não reis, para admoestar o povo de Israel,[51] pois "somente na Igreja os mandamentos da Lei podiam ser ensinados ao povo de Deus".[52]

Agostinho, em contraste, havia praticamente admitido que o homem, em seu estado decaído, exigia mais do que pressões puramente espirituais para se manter longe do mal.[53] Parte de seu poder episcopal de "admoestar" as ovelhas desgarradas entre os cristãos da África transmitiu-se para o "terror" das leis imperiais, e a "disciplina apostólica"[54] do bispo disseminou-se por toda a sociedade, desde os imperadores que promulgavam leis até os chefes de família que surravam seus dependentes donatistas para submetê-los à Igreja católica.[55]

É possível que as primeiras impressões tenham sido as mais duradouras para Agostinho. Seu primeiro contato com os aspectos disciplinares do catolicismo foi o fanatismo leigo de sua mãe: foi Mônica, e não o bispo local, quem o "excomungou" quando jovem maniqueísta, recusando-se a ficar com ele em sua casa.[56] No cômputo geral, a mudança produzida em Agostinho foi nefasta, pois, dada a generalidade deliberada de seus comentários sobre as funções de "refreamento" e "admoestação" da sociedade humana como um todo, seria difícil para seus sucessores distinguir entre as forças estritamente religiosas que compunham a unidade da Igreja católica e as pressões sociais que deviam respaldar essa unidade, numa sociedade nominalmente cristã.

Talvez Agostinho tenha sido o primeiro teórico da Inquisição,[57] mas não estaria em condições de ser um Grande Inquisidor. Isso porque, ao contrário dos bispos da Idade Média, não se empenhava em manter o *status quo* numa sociedade totalmente cristã. Não se confrontava com pequenas seitas, temidas e odiadas pela comunidade inteira, mas com um corpo de cristãos tão grande quanto sua própria congregação e, em muitos aspectos, parecidíssimo com ela. Para Agostinho, portanto, a coação religiosa continuava a ser um tratamento autenticamente corretivo: era uma forma brusca de conquistar rivais "empedernidos", e não uma tentativa de esmagar uma pequena minoria. Ele tinha de manter o tato e os escrúpulos: "Pois, se eles fossem apenas aterrorizados, e não instruídos ao mesmo tempo, seria uma imperdoável tirania de nossa parte."[58] Qualquer outra interpretação de seus deveres nessa situação o chocaria profundamente. Tempos depois, um padre espanhol, Consentius, assustado com uma "quinta-coluna" de heresia em sua igreja, escreveu a Agostinho perguntando se ele aprovaria o uso de *agents provocateurs* para descobrir o nome dos hereges. Agostinho enfureceu-se com essa "caçada engenhosa com mentiras"; "em vez de lhes preparar armadilhas com falsidades, seria mais fácil erradicar-lhes o erro com argumentos verdadeiros, e compete a vós tratar de escrevê-los".[59]

Depois de 405, com efeito, Agostinho praticou o que havia pregado a Consentius. Muitos de seus colegas conseguiram, ao mesmo tempo, ser repressores eficientes do donatismo e grandes patifes.[60] O bispo católico de Hipona Diarrhytos (Bizerta) manteve seu rival na prisão durante anos e tentou mandar executá-lo.[61] Chegou até a construir uma basílica maior, que recebeu seu nome, para comemorar essa célebre vitória; e Agostinho pregou na inauguração da basílica, tamanha era a sua proximidade de homens impiedosos![62] Em Hipona, entretanto, ele tinha liberdade para agir de acordo com sua índole: cobriu as paredes da basílica donatista com cartazes que afirmavam, mais uma vez, o caráter eminentemente razoável de sua posição.[63]

Apesar da conduta escrupulosa de Agostinho, a violência foi inevitável. As leis imperiais caíram aleatoriamente sobre a sociedade africana. Introduziram uma cunha entre ricos e pobres, cidade e campo. Os donatistas perderam seus bispos e o apoio das classes superiores.[64] Um senhor de terras, Célero, mandara gravar poemas em sua homenagem no fórum.[65] Como donatista, descobriu então que não podia ocupar cargos, não podia proteger sua propriedade por intermédio de litígios e não podia transmiti-la a seus herdeiros por um testamento válido.[66] Depois de 405, portanto, homens como esse julgaram prudente conformar-se à religião estabelecida. As pressões da vida social comum, dos casamentos mistos e da respeitabilidade, que em tempos de maior tolerância haviam militado contra Agostinho e a favor dos donatistas, levaram então os cidadãos mais ilustres de Hipona a se inclinarem para o lado de Agostinho, como o bispo católico apoiado por imperadores católicos.[67]

Fora de Hipona, a situação era diferente. Os donatistas haviam criado um clero rural numeroso e turbulento nas fazendas e aldeias que cercavam a cidade. Esses padres aliaram-se então aos circunceliões, para enfrentar a força com a força. O terrorismo dos circunceliões manteve as igrejas donatistas abertas durante os "Dias de Pena".[68] Quando o bispo donatista Macróbio reapareceu em Hipona, por volta de 409, era óbvio que fora obrigado a viver quatro anos como proscrito nas aldeias primitivas de sua diocese: naquele momento, chegou à frente de uma turba de campônios cuja língua sequer falava.[69] Estranho destino para um cidadão respeitável e instruído de Hipona!

Nas cidades, portanto, é possível que a nova política tenha seguido um rumo não muito diferente do que foi delineado por Agostinho de maneira bastante plausível: as leis impunham "inconveniências" externas, do tipo que levava os homens respeitáveis a pensarem duas vezes antes de optar por continuar a ser donatistas; elas apenas faziam a balança pender a favor de Agostinho. Fora de Hipona, entretanto, a coação religiosa foi enfrentada com violência, e a dissociação da Igreja donatista ameaçou degenerar na repressão sangrenta de uma revolta embrionária de camponeses.[70] Os senhores de terras católicos não se davam ao trabalho de entregar os circunceliões a Agostinho, para que fossem "instruídos": meramente lidavam com eles *in loco*, "como bandoleiros comuns".[71] Também os funcionários imperiais, movidos por um primitivo horror romano ao "sacrilégio", impunham automaticamente a pena de morte aos donatistas condenados pela mutilação de padres ou pela destruição de igrejas.[72]

Agostinho opunha-se à pena de morte por princípio, pois ela excluía a possibilidade de arrependimento.[73] Também queria evitá-la por razões táticas: a onda de assassinatos havia proporcionado autênticos mártires aos católicos; ele não tinha o menor desejo de conceder a seus rivais uma oportunidade semelhante de sofrimento honrado.[74] Uma carta apaixonada e sagaz, escrita ao procônsul da África em 408, mostra os princípios elevados de Agostinho, mas também deixa transparecer sua incapacidade de pôr termo a muitas execuções.[75]

As leis imperiais, entretanto, tiveram um resultado inesperado para Agostinho. Obrigaram-no a ganhar visibilidade, pela primeira vez, como personalidade local influente. Como bispo católico, era ele quem administrava os bens das igrejas donatistas, preparava listas de donatistas, recebia-os pessoalmente como convertidos e estava constantemente atarefado em garantir a aplicação das leis.[76] Para alguns de seus colegas, essa era uma eminência solitária e perigosa. Possídio, como veremos, tentou usar sua nova autoridade, conferida pelas leis imperiais, para proibir uma procissão popular pagã em Calama; quando foi atacado por uma multidão de pagãos, sua congregação ficou assistindo, impassível — obviamente, julgou que seu bispo e o clero dele tinham ido longe demais.[77]

Agostinho, ao contrário, beneficiou-se dessa mudança. Já fazia mais de uma década que, como padre, sustentara um debate com o maniqueu Fortunato. Na ocasião, os dois ex-amigos haviam-se encontrado em terreno neutro, nas termas públicas, diante de uma plateia formada por todas as religiões.[78] Agora, quando um outro maniqueísta, Félix, chegou a Hipona, Agostinho o recebeu em seu trono episcopal na abside da basílica católica. Dirigiu-se a ele não como um debatedor, mas como um juiz de paz. "Não há muito que eu possa fazer contra vosso poder", respondeu Félix, "pois a posição do bispo é esplendidamente poderosa (...)."[79]

Agostinho estava mudado. Por volta de 408, foi desafiado por um correspondente distante, Vicente de Cartena (Ténès), a justificar suas ideias atuais sobre a coação.[80] Havia na carta algo mais em jogo do que uma teoria da perseguição: a qualidade do passado distante de Agostinho. É que os dois haviam estudado juntos em Cartago. Agostinho, o maniqueu (pois o único Padre da Igreja a escrever longamente sobre a perseguição tinha sido membro, ele próprio, de uma seita perseguida), tornara-se o bispo católico de Hipona. Vicente havia retornado para uma região ainda mais a Oeste, transformando-se no líder de um grupo dissidente donatista, a seita de Rogatus. "Conheci-te, meu excelente amigo", escreveu ele, "como um homem dedicado à paz e à retidão, quando estavas muito distante da fé cristã. Naquela época, ocupavas-te com interesses literários. Desde tua conversão, porém, dizem-me (...) que passaste a dedicar todo o teu tempo e energia a controvérsias teológicas."[81]

Agostinho estava começando a envelhecer. "Agora sabes", respondeu a Vicente, "que anseio ainda mais por repouso e que o busco com mais seriedade do que quando me conheceste em meus tempos de juventude, em Cartago."[82] Justamente nessa ocasião, temos um vislumbre de Agostinho numa longa e deprimida carta escrita a Paulino de Nola:

"Que hei de dizer quanto à inflição e à remissão do castigo, nos casos em que não temos outro desejo senão promover o bem-estar espiritual daqueles que temos de decidir se devemos ou não castigar? (...) Que tremores sentimos com essas coisas, meu irmão Paulino, santo homem do Senhor! Que tremores, que trevas! Talvez nos seja lícito pensar que foi com referência a tais coisas que se disse: *O medo e o tremor abateram-se sobre mim e fui tomado de horror. E disse: Tivera eu asas de pomba, poderia voar para longe e encontrar repouso!*"[83]

22
POPULUS DEI[1]

Agostinho pregava para homens que julgavam saber em que consistia a vida cristã. O mundo em que eles viviam situava-se "nas profundezas mais inferiores do universo",[2] um minúsculo bolsão de desordem sob as estrelas harmoniosas.[3] Esse mundo era regido por "forças" hostis, acima de tudo pelo "Senhor deste mundo", o demônio.[4] O cristão, portanto, via-se engajado numa luta, numa *agon*. O ringue estava claramente definido: era o "mundo", o *mundus*. O inimigo lhe era específico e externo — o Diabo, seus anjos e seus agentes humanos. A "formação" oferecida pela Igreja preparava o cristão para a devida recompensa pela vitória em qualquer competição — uma "coroa" no outro mundo.[5] Os homens simples da época de Agostinho ainda se dispunham a morrer por suas crenças, inspiradas em ideias como essas; os mártires donatistas tinham visões de coroas,[6] sonhavam travar uma luta de violência terrível[7] e ansiavam por escapar desta "dupla prisão, a carne e o mundo".[8]

Agostinho jamais questionou as linhas gerais dessas crenças. A ideia de um mundo distanciado da perfeição e compartilhado pelos seres humanos com "forças" hostis fazia parte da "topografia religiosa"[9] de todos os homens da baixa Antiguidade. Agostinho apenas internalizou a luta do cristão: seu anfiteatro tornou-se o "coração";[10] tratava-se de uma luta interna contra as forças da alma; o "Senhor deste mundo" foi transformado no "Senhor dos desejos" — dos desejos dos que amam este mundo e, com isso, passam a se assemelhar a demônios comprometidos com as mesmas emoções que eles.[11] "O diabo não deve ser responsabilizado por tudo: há ocasiões em que o homem é seu próprio diabo."[12] Do mesmo modo, a vitória passou a depender da adesão a uma fonte interna de força: a "permanência em Cristo", interpretada como um princípio persistente do eu,[13] pois quando "adormece" esse Cristo "interior" o barco da alma é jogado por desejos mundanos; quando esse Cristo "desperta na alma", ela volta a se acalmar.[14]

Tanto em seus sermões quanto nas *Confissões*, voltamos a encontrar em Agostinho o autêntico seguidor de Plotino. Confrontado com uma visão popular da vida religiosa entre seus companheiros pagãos, Plotino também se voltara para dentro. Havia insistido em que a "ascensão" da alma não era, toscamente, uma jornada física do mundo assolado por demônios para a luz pura da Via Láctea,[15] mas implicava a realização de um princípio latente no mundo interno.[16] Plotino, é claro, chegara a uma conclusão diametralmente oposta à de Agostinho quanto à natureza desse princípio interior: o que era para Plotino o divino dentro da própria alma transformou-se, para Agostinho, em Cristo, um princípio distinto da alma, ou seja, um princípio não só "mais íntimo que o meu próprio íntimo", porém "mais sublime que o ápice de meu ser".[17] Os dois homens, contudo, destacaram-se juntos contra o pano de fundo das ideias religiosas correntes em sua época. E o que Plotino lutara por transmitir a uma turma seleta de alunos em Roma, os cristãos de Hipona e Cartago podiam ouvir em qualquer domingo nos sermões agostinianos. Talvez tenham até lido um livrete, deliberadamente escrito para eles em latim simplificado: "Da luta do cristão", *De Agone Christiano*.[18] Com tamanha influência em ação, a devoção cristã latina nunca mais poderia ser a mesma.

É que os contornos do pensamento de Agostinho em seus sermões foram dados por seu profundo apego ao neoplatonismo. O amor ao mundo, por exemplo, foi condenado não porque o "mundo" fosse o antro dos demônios, mas porque, por definição, para o filósofo neoplatônico, ele era incompleto, transitório e obscurecido pela Eternidade.[19] Toda a tristeza dos antigos filósofos fluía no linguajar de Agostinho quando ele falava dessa transitoriedade. A existência humana era "uma gota de chuva, comparada à eternidade".[20] "Desde que comecei a falar até este momento, percebe-se que se envelheceu: não se pode ver o próprio cabelo crescer, mas, enquanto se anda por aí, enquanto se está aqui, enquanto se faz ou fala alguma coisa, os cabelos continuam a crescer — ainda que nunca com tamanha subitaneidade que se necessite prontamente de um barbeiro: assim vai desbotando nossa existência — estamos passando."[21] "Que se escoem alguns anos: que deslize adiante o grande rio, como sempre faz, passando por muitos lugares, sempre a correr por entre novos túmulos dos mortos."[22]

A visão agostiniana da vida cristã é determinada por essa antítese entre transitoriedade e eternidade. Às vezes, a crucificação aparece sob essa luz, como um lembrete do limite necessário, já traçado com tanta paixão por Plotino,[23] entre a vida incompleta, não realizada e desintegrada do "aqui" e a plenitude, a permanência e a unidade do "lá". "Ele pode ter o desejo de ser feliz aqui, quando aqui não existe a felicidade completa. A felicidade é algo real, bom e grandioso, mas tem sua região própria. Cristo veio dessa região de felicidade; nem mesmo Ele poderia encontrá-la aqui (...)."[24]

Não se podia pensar no cristão, portanto, como alguém que se aproximasse de Deus como um lutador de sucesso podia aproximar-se de um juiz imparcial, para reivindicar seu prêmio.[25] Ele devia chegar com a ânsia de preenchimento do incompleto, com a ânsia de que o transitório ganhasse estabilidade. Esse anseio poderia permear os ritos da Igreja africana e transformar suas associações tradicionais. Os cristãos de Hipona passaram a ser batizados entoando o Salmo *"Como o coração anseia pelos regatos"*.[26] Talvez esperassem que alguém lhes falasse do poder purificador das águas que fluíam da pia batismal. Em vez disso, seu bispo lhes disse como ansiar por algo mais fundamental: por Deus, tomado como uma fonte, assim como Plotino chamara o Uno de "inesgotável fonte em fluxo permanente".[27] E Agostinho lhes falava com a certeza de um contemplador. "Vede, às vezes nos alegramos com uma certa doçura interior. Sim, por um instante fugaz, nosso espírito consegue captar um vislumbre de algo que muda lá no alto. (...) Tenho agora em todo o meu ser a sensação de algo que vai além do tempo."[28] "Ó homens gananciosos, que vos há de satisfazer, se o próprio Deus não vos contentar?"[29]

Agostinho sabia jogar com o temor do inferno que havia em seu público.[30] Mas o sentimento da perda de um ente querido, e não de punição, era o que mais queria transmitir: "Uma donzela pode dizer a seu amado: 'Não uses esse tipo de manto', e ele não o fará. Se no inverno ela lhe disser 'Gosto mais de ti com tua túnica curta', ele preferirá tiritar de frio a ofendê-la. E porventura tem ela algum poder de lhe infligir castigos? (...) Não, há apenas uma coisa que ele teme: 'Nunca mais voltarei a te ver.'"[31]

As congregações que ouviam a pregação agostiniana não eram excepcionalmente pecadoras. Antes, enraizavam-se solidamente em atitudes estabelecidas desde longa data, em estilos de vida e ideias em relação aos quais o cristianismo era periférico. Entre esses homens, a mensagem exigentíssima de Agostinho tinha apenas o destino de um rio que fluísse para um complexo sistema de irrigação: perdia força na mente de seus ouvintes por deparar com inúmeros pequenos diques, por decompor-se numa rede de pequenos compartimentos.[32]

Até a imaginação religiosa desses homens era rigidamente compartimentalizada. Havia dois mundos: este e o próximo. Cada qual era governado por seus dirigentes. Os deuses pagãos, portanto, eram quase impossíveis de banir, pois não eram os deuses olímpicos clássicos, mas "forças" sem rosto. Essas "forças" haviam-se infiltrado mais e mais no abismo que se abrira entre as preocupações cotidianas do homem — suas moléstias, suas angústias, suas ambições, seu agudo sentimento de ser objeto de influências malignas — e um Deus Supremo que tanto os filósofos pagãos quanto os cristãos haviam conspirado para tornar por demais grandioso e remoto para a humilde tarefa de viver em paz neste mundo.[33] Agostinho viu-se em xeque diante dessa clivagem da imaginação de seus ouvintes. O cristianismo, tinham-lhes dito, pertencia ao outro mundo. E eles se dispunham a mantê-lo como tal. Cristo era eminentemente adequado como deus do outro mundo: devia ser adorado pela vida eterna;[34] seus ritos e emblemas — o batismo e o sinal da cruz — seriam senhas infalíveis para abrir as portas da outra vida aos fiéis.[35] Mas este mundo terreno tinha de ser controlado por meios tradicionais e comprovados: por astrólogos, adivinhos e amuletos.

Também no nível da família Agostinho viu seu caminho barrado por atitudes imemoriais. A congregação agostiniana não era singularmente dissoluta. Longe disso: uma cidadezinha africana do século IV podia ser uma comunidade rigorosa e puritana. Compunha-se de famílias estreitamente unidas, nas quais a mãe desempenhava um papel dominante.[36] O desrespeito à mãe chocava profundamente Agostinho e seus ouvintes.[37] O que um homem fazia em sua casa, entretanto, era considerado problema seu. Ele desprezava prostitutas e evitava o adultério, mas (tal como o jovem Agostinho!) não via nada de errado em tomar uma concubina: "'Decerto posso fazer o que quiser em minha própria casa, não?' Digo-vos que não: não podeis. As pessoas que agem assim vão diretamente para o inferno."[38]

Acima de tudo, Agostinho teve de combater a moral dupla que era profundamente arraigada nesses homens. Tratava-se de uma moral dupla fortalecida pelas leis contra a esposa adúltera, que se haviam tornado ainda mais opressivas na era cristã.[39] Agostinho insistiu em que também as esposas deviam esperar que seus maridos lhes fossem fiéis. É a propósito dessa questão, a que mais intimamente afetava a estrutura tradicional da família, que vemos Agostinho e seu rebanho em rota de colisão frontal:

"Não quero que as cristãs casadas submetam-se a isso. Advirto-vos solenemente de que estipulo esta regra e vo-la ordeno. Ordeno-vos como vosso bispo, e é Cristo quem ordena em mim. Disso sabe Deus, em cuja visão meu coração arde. Sim, digo que vos ordeno. (...) Fará agora muitos anos que vimos batizando inúmeros homens sem nenhuma serventia, se não houver aqui nenhum que preserve os votos de castidade que fez. (...) Longe de mim acreditar que assim seja. Melhor seria não ser vosso bispo do que ver isso acontecer. Mas espero e creio no inverso. É parte de minha triste situação ser forçado a saber tudo sobre os adúlteros e não poder ser informado sobre os castos. As virtudes em vós que me dão alegria são-me ocultadas, enquanto aquilo que me aflige é por demais sabido."[40]

Havia nas ideias morais de seus ouvintes outra brecha que Agostinho nada podia fazer para vedar, pois era uma brecha na própria ética cristã. As comunidades cristãs haviam passado a aceitar cada vez mais um perigoso grau de "especialização moral": uma vida destinava-se aos "perfeitos", outra aos cristãos médios.[41] E foi exatamente esse aprofundamento do abismo entre uma elite ascética e uma plebe passiva que paralisou a cristianização do mundo romano.

Agostinho e seus amigos estavam profundamente engajados no movimento em prol da vida "perfeita" no Ocidente. Ele sentia toda a emoção de participar de uma dramática revolução das normas de conduta entre um punhado de eleitos. Notícias de feitos notáveis de renúncia por parte de aristocratas romanos chegavam-lhe de todas as partes do Mediterrâneo.[42] Conquanto a defesa agostiniana da vida matrimonial fosse conscienciosa,[43] seu tratado sobre a virgindade foi bastante lírico,[44] e ele até deixou transparecerem alguns vestígios de galanteria ultrajada ao defender a reputação das freiras violentadas no saque de Roma.[45] Como muitos homens absortos num movimento de sucesso, os rápidos avanços de suas ideias numa frente estreita deviam parecer compensar, ou até obscurecer, o fracasso de sua sociedade como um todo: "'Antigamente', dizeis, 'não havia tamanhos açambarcadores da propriedade alheia'; ah, mas (...) antigamente, nunca houve homens que dessem o que era seu."[46]

Uma sociedade que não admira nada menos do que os santos pode ser desanimadora para o pecador comum. A tendência é contentar-se com uma santidade vicária, isolando e admirando uma casta reconhecível de homens e mulheres "santos" — pessoas cuja vida tem exigências concebidas como tão sobre-humanas, que ficam seguramente desvinculadas da vida do sujeito como homem do mundo. Na igreja de Agostinho, por exemplo, as virgens consagradas eram protegidas por uma balaustrada de puro mármore branco:⁴⁷ claramente, a congregação queria fitar esse talismã visível da santidade, erguido em segurança entre ela e os bancos altos de seus bispos e seu clero "sagrados".⁴⁸ No outro extremo, porém, ficava um outro grupo, a massa sólida e imóvel dos *paenitentes*, excluídos da comunhão pela rigorosa disciplina penitencial da Igreja africana. Estes não demonstravam qualquer inclinação a voltar a se submeter às grandes exigências da vida cristã. Ali estavam os homens médios do baixo-império, antes pagãos e agora batizados como cristãos, mantidos a certa distância, em parte porque podiam consolar-se com a ideia de que o perfeccionismo do bispo e de seus monges só poderia destinar-se a uma pequena minoria: "Achais que estou dizendo o que sempre digo e continuais a fazer o que sempre fizestes. (...) Que hei de fazer, agora que pareço ser para vós apenas uma mera cantilena barata? Mudai, mudai, eu vos suplico. O fim da vida é sempre imprevisível. Todo homem caminha com a possibilidade de cair. Eu vos suplico, irmãos, ainda que vos tenhais esquecido de vós mesmos, ao menos tende piedade de mim."⁴⁹

Um bispo podia aproximar-se de seu rebanho armando-se de muitas sanções. O Juízo Final e o castigo eterno eram, por excelência, as "histórias da carochinha do cristão".⁵⁰ "Raríssimamente ou nunca surge alguém, querendo ser cristão, que não tenha sido intensamente afetado por um temor a Deus."⁵¹ Agostinho usava esse temor; transformou a comemoração do aniversário de sua consagração num acontecimento sombrio: "Não me importa se hoje esperais frases bem-feitas. É meu dever advertir-vos, citando as Escrituras. *Não tardeis a vos voltar para o Senhor, não O postergueis de um dia para outro, pois que a ira d'Ele virá quando não esperardes*. Deus sabe quanto estremeço em meu trono episcopal quando ouço esse aviso. Não posso calar-me; sou forçado a pregá-lo. Repleto de temor, encho de temor também a vós."⁵²

Na verdade, eram raros os momentos em que Agostinho se colocava longe dos membros de sua congregação e os ameaçava dessa maneira. É que ele tinha plena consciência de que, como bispo católico, havia congregado todo um novo grupo a seu redor — os "cristãos" de Hipona⁵³ —, e de que, consciente ou inconscientemente, o pregador precisava manter unida a sua plateia indo a seu encontro em muitas questões.

Agostinho sempre se considerou vivendo em meio a um novo "povo" — o *populus Dei*, "povo de Deus", sucessor direto de uma tribo compacta e distinta, o "povo de Israel". Não lhe competia invectivar contra a sociedade romana como um todo: era seu dever primordial cuidar dos seus, manter a identidade e o moral de seu "povo", a congregação católica.

Assim, tal como o antigo "povo de Israel", a congregação era um corpo misto. As diferenças de riqueza e conduta eram claras entre seus integrantes. Perceptivelmente indiferente à infidelidade e à fornicação,[54] o católico médio vigiava o usurpador de terras, o usurário e o bêbado.[55] Como o salmista da antiga Israel, era menos movido por um "sentimento de classe" moderno, voltado contra o predomínio de um grupo de homens ricos e egoístas na vida social da cidade, do que pelo fato exasperante de que esses pecadores contumazes sempre se safavam: "*Irava-me com os pecadores ao observar sua paz.*"[56]

Agostinho tinha que manter seu rebanho unido, sem deixá-lo ser perturbado pela inveja. Portanto, mais lhe cabia proteger os membros impopulares do que excluí-los. Sua profunda compreensão da força compulsiva do hábito, por exemplo, tornava-o mais tolerante para com os beberrões do que desejaria sua congregação.[57] Acima de tudo, não há dúvida de que sua necessidade de preservar o sentimento de união em seu rebanho, especialmente contra as críticas donatistas, levava-o a passar por cima das divisões muito reais entre ricos e pobres, ou até, quem sabe, a entrar em conluio com elas. Raramente se colocava contra os ricos, à maneira de Ambrósio.[58] Este dizia a seu rebanho, sem rodeios, que "o vinhedo de Nabote pode ser uma história antiga, mas acontece todos os dias".[59] Ambrósio podia invectivar contra os latifundiários locais de Milão na condição de patrício nato, que sabia intimamente o que era ser muito rico no baixo-império e, por isso mesmo, podia desprezar os homens que não pensavam noutra coisa senão em enriquecer ainda mais.[60] Agostinho, ao contrário, muitas vezes pedia uma trégua nessas tensões indesejadas: "A questão não é de renda, mas de desejos. (...) Olhai para o homem rico que se encontra ao vosso lado: talvez ele possua muito dinheiro, mas não abrigue nenhuma avareza, ao passo que vós, que não possuís dinheiro, tendes avareza em abundância."[61] "Lutai pela união, não dividais o povo."[62]

Portanto, sentir-se parte de um grupo era muito mais importante para Agostinho do que censurar sua congregação de fora para dentro. Ele sabia que poderia seguir o exemplo de São Cipriano, tirando proveito de uma fase de calamidade pública para denunciar os pecados de sua congregação.[63] Entretanto, quando veio esse período de calamidade, com o saque de Roma, preferiu juntar-se a seus ouvintes, chamando-os de "concidadãos de Jerusalém", para lhes falar não do castigo que eles mereceriam no Juízo Final, mas de sua vida futura, todos juntos "naquela doce cidade".[64]

É esse o segredo do imenso poder de Agostinho como pregador. Ele tinha como preocupação suprema colocar-se entre os membros de sua congregação,[65] apelar para os sentimentos que estes nutriam por ele, reagir com enorme sensibilidade às emoções que exibiam e, desse modo, à medida que o sermão progredia, arrebatá-los para o seu modo de sentir.[66] Era capaz de se identificar a tal ponto com sua congregação que a instigava a se identificar por completo com ele.

Agostinho sequer devia ficar fisicamente isolado de sua plateia, como faria um pregador moderno, de pé em seu púlpito acima de uma congregação sentada. A congregação de Hipona permanecia de pé durante todo o sermão, enquanto o bispo costumava sentar-se em sua *cathedra*. Assim, a primeira fila devia ficar mais ou menos no nível de seus olhos, a apenas uns 4,5 metros de distância.[67] Agostinho dirigia-se diretamente ao público, de improviso: vez por outra, o fluxo natural do latim puro e vívido resvalava para um termo não clássico, com um acanhamento encantador, ou se lançava numa consonância de frases e trocadilhos rimados, deleitando os ouvidos da plateia analfabeta.[68]

Na abordagem agostiniana, entretanto, não podia haver muito espaço para o estado de ânimo relaxado do contemplador. A plateia só se identifica com o homem empolgado, e Agostinho se empolgava para ela: os anseios veementes de paz,[69] medo[70] e culpa[71] eram emoções a que o público agostiniano reagia com gritos e gemidos.[72] Isso podia ser perigoso.

Quando Agostinho pregou contra o pelagianismo, por exemplo, podemos ver com extrema clareza como Pelágio, o austero defensor da autonomia da mente consciente, foi superado por um homem que sabia entrar em contato com as correntes mais sinistras de sentimento numa grande multidão, carregada de sua culpa sexual difundida[73] e seu terror dos caminhos imperscrutáveis de Deus.[74]

Mas esses sermões costumavam ser apresentações excepcionais perante as multidões alvoroçadas de Cartago. Agostinho estava seguro de seu papel fundamental. Não era despertar emoções: era distribuir alimento. A ideia bíblica de "repartir o pão", de "alimentar a multidão" por intermédio da exposição da Bíblia, uma ideia já rica em associações complexas, era central na visão que Agostinho tinha de si mesmo como pregador.[75] O menino que um dia fornecera a seu "bando" guloseimas furtadas[76] ver-se-ia, quando bispo, ainda constantemente ofertando: "Alimento-me para vos poder dar de comer. Sou o servo, aquele que traz o alimento, e não o dono da casa. Exponho diante de vós aquilo de que também extraio minha vida."[77] Como disse a Jerônimo, ele jamais poderia ser um estudioso "desinteressado" da Bíblia: "Quando adquiro qualquer conhecimento (nas Escrituras), transmito-o imediatamente ao povo de Deus."[78]

Para Agostinho e seus ouvintes, a Bíblia era, literalmente, a "palavra" de Deus. Era vista como uma comunicação única, uma só mensagem num código intricado, e não como uma coletânea sumamente heterogênea de livros distintos. Acima de tudo, tratava-se de uma comunicação tão intrinsecamente além do alcance das mentes humanas, que, para tornar-se acessível a nossos sentidos, essa "Palavra" tinha de ser transmitida por intermédio de um jogo complexo de "sinais" (assim como o terapeuta moderno entra em contato com o mundo interno da criança com base nos padrões significativos que emergem das brincadeiras com areia, água e cubos): "A forma de ensino da sabedoria prefere sugerir de que modo se deve pensar nas coisas divinas, com certas imagens e analogias acessíveis aos sentidos."[79] E assim, por esse método, podia-se tomar os incidentes mais bizarros do Velho Testamento como "sinais" que comunicavam alusivamente algo que se explicitaria no Novo Testamento.[80]

Quando se considera que algo maior do que nossa percepção consciente é passível de comunicação ativa, quer se trate da personalidade "inteira", consciente e inconsciente, do psicanalista moderno, quer da "Palavra" inefável do exegeta cristão primitivo, ocorre com muita naturalidade uma atitude semelhante à de Agostinho. Isso porque tal comunicação é vista como deixando-se revelar por "sinais" — pelas imagens oníricas, por observações bizarras, por lapsos de linguagem: a rigor, por *absurdos*[81] que, tanto para o exegeta quanto para Freud, serviriam de advertência sobre a existência de complexas profundezas ocultas.

Diante da Bíblia, portanto, concebida como esse tipo de comunicação, o exegeta treinava para escutar a "vontade" oculta e única que se haveria expressado na escolha deliberada de cada palavra do texto,[82] pois, num texto sagrado, "tudo foi dito exatamente como precisava ser dito".[83] Logo, a primeira pergunta que ele deveria fazer não era "o quê" — "qual era a natureza exata dessa prática religiosa no antigo Oriente Próximo?" —, mas *"por quê"*: "por que este incidente, esta palavra, e não outra, ocorre nesse momento exato do interminável monólogo de Deus?", e, assim, que aspecto de Sua mensagem mais profunda ele comunica? Como uma criança que formulasse a pergunta fundamental, "Mamãe, *por que* a vaca existe?", Agostinho percorria o texto bíblico de tal modo que todo sermão era pontilhado de *"Quare... quare... quare"* — "Por quê?... Por quê?... Por quê?".

Veremos que a atitude agostiniana perante a alegoria resumia toda uma postura diante do conhecimento.[84] Mas seus ouvintes talvez tivessem razões menos sofisticadas para gostar dos sermões de seu bispo, pois, vista sob esse prisma, a Bíblia transformava-se num gigantesco quebra-cabeças como uma vasta inscrição em caracteres desconhecidos.[85] Tinha todo o atrativo essencial do enigma — daquela forma sumamente primitiva de triunfo sobre o desconhecido que consiste em descobrir o familiar escondido sob um disfarce estranho. Os africanos, em particular, sentiam um amor barroco pela sutileza. Sempre haviam gostado de brincar com as palavras; destacavam-se na redação de acrósticos complexos; a *hilaritas* mescla de excitação intelectual e puro prazer estético, diante de uma exibição notável de espirituosidade — era uma emoção que eles apreciavam imensamente.[86] Agostinho lhes dava justamente isso: era capaz de mantê-los enfeitiçados enquanto explicava por que havia 13 apóstolos e apenas 12 tronos em que se sentavam.[87] Ele conseguia transmitir a uma congregação sua ascensão contemplativa a Deus;[88] sabia reduzir às lágrimas os habitantes de uma cidade inteira,[89] mas devia sua posição de "astro" dos pregadores a seu modo de se acomodar na cadeira e, como professor inspirado que sempre fora, fazer os ouvintes se identificarem com sua própria empolgação ao desvendar um texto difícil: "Permiti-me tentar desvendar os segredos ocultos do Salmo que acabamos de entoar e com eles talhar um sermão que vos satisfaça os ouvidos e o espírito."[90] "Confesso que este *é* um problema. *Batei e ela será aberta*: batei, concentrando-vos profundamente; batei, demonstrando agudo interesse; batei até mesmo por mim, orando por mim, para que disso eu extraia algo que valha a pena dizer-vos."[91]

Na rotina descontraída desses sermões podemos aproximar-nos ao máximo da base das qualidades de Agostinho como pensador. Visto em ação tão de perto, a impressão cumulativa é assombrosa. Ele era o produto perfeito de uma cultura que admirava o domínio completo dos textos, combinado com uma grande sutileza dialética de interpretação.[92] Sua memória, treinada nos textos clássicos, era fenomenalmente ativa.[93] Num único sermão, ele era capaz de se deslocar por toda a Bíblia, de Paulo ao Gênesis, ida e volta, passando pelos Salmos e empilhando um versículo sobre outro. Esse método de exegese, com efeito, que envolvia a criação de toda uma estrutura de ecos verbais ligando todas as partes da Bíblia, era particularmente apropriado para ensinar esse texto, até então desconhecido, a um público acostumado a decorar de ouvido.[94] E, qual um mestre-escola, Agostinho tendia a apresentar a Bíblia como uma série de dilemas. Nunca relaxava, nem por um momento, a impressão de uma mente de agudeza assustadora. Essa qualidade intelectual rigorosa, persistente a ponto de chegar à cavilação, era, obviamente, o que Agostinho mais valorizava em si mesmo e o que transmitia com mais eficiência a seu público. Era o segredo de seu estilo cotidiano — o estilo "despretensioso": "Quando resolve problemas excepcionalmente difíceis, aparece com uma demonstração inesperada, mostra que o orador é capaz de produzir formulações de agudeza singular, como que tiradas do nada, quanto atinge o ponto fraco de um adversário e consegue expor como falacioso um argumento que parecia irretorquível — e tudo com um certo toque de elegância — (...) isso é capaz de provocar um aplauso tão entusiástico que dificilmente poderia ser tomado por 'despretensioso'."[95]

Acima de tudo, porém, havia o admirável poder de integração de Agostinho. Ele conseguia transmitir com perfeição a ideia básica da "Palavra" na Bíblia como um todo orgânico. Seus belos sermões sobre os Salmos são únicos na literatura patrística. É que, para Agostinho, cada Salmo tinha um "corpo singular de sentimento, que vibra a cada sílaba".[96] Cada Salmo, portanto, podia ser apresentado como um microcosmo da Bíblia inteira — a clara essência do cristianismo, refratada no espectro inusitado de um poema hebraico. Agostinho raramente divagava: ele "desdobrava".[97] Um simples incidente, a superposição de Cristo e São João Batista, era "decifrado" de tal modo que as associações do dito de João, "*Ele deve crescer e eu devo diminuir*", espalhavam-se por toda a Bíblia e passavam a se refletir até no ritmo das estações: "Muito se poderia dizer sobre São João Batista, mas eu nunca terminaria de vo-lo expor, nem vós de ouvir. Portanto, deixai-me rematá-lo numa frase. O homem deve humilhar-se, Deus deve ser exaltado."[98]

Essa noção do incidente particular como o veículo pelo qual um todo orgânico pode expressar-se explica a beleza da exegese agostiniana. Isso porque, tal como nos incidentes de sua vida pessoal nas *Confissões*, a significação vem à luz de repente, num detalhe minúsculo. O Pai do Filho Pródigo "recai sobre seus ombros": é Cristo pondo Seu jugo num cristão e, num instante, vemos o incidente tal como Rembrandt o veria, com cada linha da pesada figura do ancião carregada de significação. "Num ou noutro sentido, a Importância deriva da imanência da infinitude no finito."[99]

Agostinho pregou dessa maneira por 39 anos. Essa experiência exerceu nele profunda influência, pois que ele se havia aproximado da posição de pregador com receios consideráveis. Era um contemplativo, na austera tradição de Plotino. Chegava quase a considerar a própria fala como um ato em que a alma se afastava de seu ato íntimo de contemplação.[100] "Nada me pode ser melhor nem mais doce do que fitar o tesouro Divino, sem ruído nem atropelo: é o que há de doce e bom. Ter que pregar, invectivar, admoestar, edificar, sentir-me responsável por cada um de vós, isto é um grande fardo, um ônus pesado para mim, um árduo esforço."[101]

Como muitas vezes lhe sucedia, Agostinho usou com muita criatividade essa tensão, simplesmente por ser capaz de sentir com grande intensidade os polos opostos em seu próprio íntimo. Por isso, a comunicação o fascinava: "Pois meu modo de expressar-me quase sempre me desaponta. Anseio pelo que há de melhor, tal como o intuo em mim antes de começar a trazê-lo à luz em palavras comuns: e, quando vejo que é menos impressionante do que eu o sentira, entristece-me que minha língua não consiga estar à altura de meu coração."[102]

A imensa pressão acumulada pela necessidade de se comunicar não faria nada menos do que varrer para longe o esmerado andaime da antiga retórica, pois, tal como Agostinho passou a vê-la no fim da vida, a retórica consistiria no polimento de um produto final, a própria fala, segundo regras complexas e sumamente formais.[103] Ela desconhecia o problema básico da comunicação: as dificuldades enfrentadas pelo homem ávido de transmitir uma mensagem, ou pelo professor desejoso de que a turma compartilhe suas ideias.[104] O imediatismo tornou-se o novo critério de Agostinho. Havendo algo digno de ser dito, a maneira de dizê-lo seria uma decorrência natural, um acompanhamento inevitável e despretensioso da intensidade do orador:[105] "o fio de nossa fala ganha vida pela própria alegria extraída daquilo de que falamos."[106] Também o impacto era imediato, pois o estilo do orador não era visto como uma montagem harmoniosa de peças pré-fabricadas, que o perito desfaria em pedaços, mas como a solda inseparável entre forma e conteúdo no calor da mensagem, de modo que "é perda de tempo dizer a alguém o que admirar, se ele mesmo já não o sentir".[107] Se lermos nas *Confissões* um trecho de autêntico lirismo e o compararmos à linguagem artificial com que as mesmas ideias se expressam num dos mais "clássicos" diálogos filosóficos agostinianos, perceberemos de imediato que a língua latina entrou em fusão, incendiou-se na chama quase cotidiana dos sermões de Agostinho.[108] Foi justamente essa intensidade que ele passou a amar nos profetas hebreus. Seu ouvido sensibilizou-se para o encanto de uma língua exótica, de uma sintaxe que, afinal, não era tão distante do púnico que ele teria escutado (e ao qual muitas vezes se referiria como uma espécie de substituto por sua ignorância do hebraico),[109] do estranho atrativo das frases reiteradas dos Salmos,[110] dos nomes das cidades de Israel que pontilhavam uma passagem "qual grandes faróis".[111] Mas Agostinho via nos profetas, acima de tudo, homens como ele: homens com uma mensagem a transmitir a um "povo" inteiro — "*um martelo esfacelando pedras*".[112]

Agostinho viveu as emoções a que recorria. Na meia-idade, tornou-se cada vez mais preocupado com a ideia do "corpo místico" de Cristo: um corpo do qual Cristo seria a Cabeça e todos os verdadeiros fiéis seriam os membros.[113] Para um platônico, a unidade do corpo era, acima de tudo, uma unidade das sensações: a alma era o núcleo do corpo, pois só ela era o centro em que todas as emoções corporais eram experimentadas.[114]

Foi essa doutrina que lhe permitiu entrar em contato com as vastas reservas de sentimento contidas nas Escrituras hebraicas.[115] É que, vistos por esse ângulo, os Salmos eram o registro das emoções de Cristo e Seus membros. Assim como havia assumido um corpo humano, Cristo também Se abrira, por Sua própria vontade, aos sentimentos humanos.[116] Tais sentimentos são apenas insinuados nos Evangelhos. Muitas vezes, o Cristo dos sermões agostinianos é a figura pálida e impassível de um mosaico do baixo Império Romano; Sua crucificação é um ato solene e comedido de poder — "o sono de um leão".[117] Mas, ao se voltar para os Salmos, Agostinho extraía deles um depósito imensamente rico de emoções humanas, pois ali estava Cristo, falando diretamente na pessoa do apaixonado rei David. O cântico daquele que foge em desespero da ira de Saul é a história íntima da Paixão: "*Caiu um peso sobre mim e adormeci.*"[118] "A voz d'Ele nos Salmos — uma voz que canta alegremente, uma voz que geme, uma voz que se regozija de esperança e suspira em seu estado atual —, devemos conhecer inteiramente essa voz, senti-la na intimidade, fazê-la nossa."[119]

Também a voz de Agostinho viria a adquirir tons mais ricos no fim de sua meia-idade, especialmente nos admiráveis sermões sobre a "Cidade de Deus", proferidos quando ele tinha 60 anos. Sua noção dos grilhões do sentimento humano se agudizaria e uma consciência maior dos prazeres de sua plateia, de sua capacidade de amar e temer, iria insinuar-se em sua pregação. Nesses sermões, começamos a ouvir os cânticos da África[120] — a "doce melodia" de um Salmo entoado nas ruas,[121] as "serenatas"[122] e, acima de tudo, o estranho canto ritmado dos lavradores nos campos. Esses cânticos do interior é que enfim dariam a Agostinho, o austero bispo neoplatônico, uma imagem digna da plenitude da Visão de Deus: "Portanto, os homens que cantam dessa maneira — na apanha, na colheita da uva, em qualquer tarefa que os absorva por completo — podem começar a mostrar seu contentamento nas letras das canções, mas logo se enchem de tamanha felicidade que já não conseguem verbalizá-la e, deixando de lado as sílabas, entoam um cântico de júbilo sem palavras."[123]

23
DOCTRINA CHRISTIANA[1]

Sentado em sua *cathedra*, com um livro aberto no colo, Agostinho devia sentir-se numa posição não muito diferente daquela a que se acostumara em sua carreira anterior. Era professor outra vez, expondo um texto venerado. No primeiro de seus retratos que chegou até nós, podemos vê-lo sentado, como um típico letrado da época, com os olhos fixos num livro.[2] Mesmo quando corria os olhos pela igreja, ele via nas paredes não as brilhantes inovações dos trabalhos em mosaico do baixo Império Romano, mas apenas outras tantas páginas abertas; as cenas e os versículos que escrevera abaixo delas eram o "livro" de sua congregação.[3] Sendo ele, até a medula, um típico homem de letras do baixo-império, o próprio mundo da natureza parecia-lhe ser apenas o "mudo espetáculo" de Deus:[4] o que lhe interessava muito mais era a palavra falada, a fala de Deus transcrita num livro, "uma eloquência de ensino da salvação perfeitamente ajustada para comover o coração de todos os aprendizes".[5]

É impossível deixarmos de notar a que ponto a "eloquência divina" de Deus é a eloquência de um escritor do baixo Império Romano. Pois ninguém mais teria feito tamanho culto do velamento de seu sentido. Esse homem vivia entre pares que eram especialistas como ele e que, por muito tempo, haviam-se impregnado de um pequeníssimo número de livros.[6] Já não precisava ser explícito: apenas os sentidos ocultos,[7] as palavras raras e difíceis[8] e os circunlóquios cuidadosamente elaborados[9] poderiam salvar seus leitores do tédio, do *fastidium*, da perda de interesse pelo óbvio que aflige o homem excessivamente culto.[10] Ele devia acreditar (com André Gide, entre outros) que a simples dificuldade de uma obra literária a tornava mais valiosa — um triste modo de pensar, numa época em que os homens instruídos tendiam a formar uma casta, rechaçando o não membro por seu domínio dos autores antigos. Acima de tudo, o estreito cânone dos clássicos reconhecidos era sobrecarregado por uma aura de "Sabedoria": era preciso exibir constantemente uma agilidade intelectual muito alheia ao homem moderno, para extrair o tesouro inesgotável que, ao que se supunha, devia estar escondido nessa fonte tão densa.[11]

Assim, quando queria justificar o método interpretativo alegórico mediante o qual extraía significados tão profundos de um texto tão singularmente opaco e de difícil manejo quanto o Velho Testamento, Agostinho sempre podia apelar para o bom gosto de sua plateia. Mas esse bom gosto geral não explica plenamente seu apego ao método alegórico. Isso porque, a despeito de sua penumbra difusa, de um modismo geral de expressão enigmática, o método alegórico propriamente dito havia-se restringido a uma área precisa da cultura antiga — à interpretação filosófica dos textos sagrados, pagãos, judaicos e cristãos.[12]

A ideia da alegoria passara a sintetizar uma postura séria perante as limitações da mente humana e perante a natureza da relação entre o filósofo e os objetos de seu pensamento. Tratava-se de uma relação característica. O filósofo religioso explorava um mundo espiritual que, por sua própria natureza, era "extraordinariamente mais admirável e incomparavelmente mais misterioso".[13] Não deveria tornar-se "verazmente insípido" mediante afirmações insulsas; a mente devia, antes, deslocar-se de um indício para outro, vindo cada descoberta a descortinar outras profundezas ainda maiores. Os piores inimigos dessa investigação, é claro, eram o superficialismo, o peso morto do senso comum, os estereótipos habituais que levavam o homem a deixar de se surpreender e se emocionar, e que, com isso, encobriam as complexidades mais vertiginosas com uma pátina de obviedade. Considere-se o problema do Tempo: "Estamos sempre a falar do tempo e dos tempos (...). Estas são palavras as mais claras e mais comuns, porém, ainda assim, profundamente obscuras, e ainda se está por descobrir seu significado."[14]

A Bíblia fora similarmente "velada" por Deus para "exercitar" o investigador. Era uma prova decisiva, tal como poderia sê-lo um problema filosófico: os superficiais contentavam-se com o óbvio, com a "letra"; somente o homem perspicaz seria capaz de apreender o sentido mais profundo, o "espírito". Ninguém poderia acusar Agostinho do desejo de ser superficial. Enquanto Ambrósio considerava o Salmo 118 "claro como o sol do meio-dia",[15] para Agostinho ele se afigurava "tão mais profundo quanto mais óbvio parece".[16] É que, por trás da enganosa simplicidade das construções hebraicas, ele havia optado por discernir a grande complexidade de suas próprias visões sobre a graça e o livre-arbítrio, vedadas à mente não inquisitiva e fonte de deslumbramento para o filósofo.

Era essa a função que muitos filósofos antigos haviam atribuído à alegoria;[17] ela podia facilmente resvalar para uma justificação do esforço pelo esforço. Agostinho, no entanto, foi mais longe: produziu uma explicação singularmente abrangente de por que a alegoria teria sido necessária, para começo de conversa. A necessidade dessa linguagem de "sinais" era resultado de uma imperfeição específica da consciência humana. Nesse ponto, Agostinho adotou uma postura análoga à de Freud. Também nos sonhos, afirma-se que uma mensagem poderosa e direta é deliberadamente difratada por um mecanismo psíquico numa multiplicidade de "sinais", tão intricados e absurdos mas tão passíveis de interpretação quanto as passagens "absurdas" ou "obscuras" da Bíblia. Os dois homens, portanto, presumiram que a proliferação de imagens devia-se a um acontecimento preciso, ao surgimento de uma falha geológica numa consciência até então não dividida: para Freud, essa clivagem seria a criação do inconsciente pelo recalcamento; para Agostinho, seria efeito da Queda.[18]

É que a Queda, entre muitas outras coisas, fora uma queda do conhecimento direto no conhecimento indireto, por intermédio de sinais. A "fonte interna" de conhecimento havia secado: Adão e Eva descobriram só poder comunicar-se pelo artifício canhestro da linguagem e dos gestos.[19] Agostinho preocupava-se sobretudo com a coexistência desse meio necessário, mas deficiente, do conhecimento por intermédio de "sinais" com os lampejos de ciência direta. Continuava a ser um filósofo inserido na tradição platônica. Os sábios, tanto pagãos quanto cristãos, haviam conseguido alçar-se acima das coisas materiais para "uma realidade inefável, apreendida apenas pela mente", "por um momento, qual uma luz ofuscante, um clarão de relâmpago na densa escuridão".[20] Mas Agostinho tinha considerado dolorosamente transitórias essas experiências: "Deslumbrastes a fraqueza de minha íris, brilhando com veemência sobre mim, e tremi de amor e pavor. (...) E conheci que, *por causa da iniquidade, castigastes o homem, e fizestes emurchecer minha alma qual uma traça.*"[21] A ideia da Visão de Deus, constantemente expressa por Agostinho por intermédio dos Salmos, ganharia um toque de ecos distantes, justamente da mistura de fascínio e terror que, no Oriente Próximo da Antiguidade, sempre havia cercado a "face de Deus".

O remédio era claro: "Por ora, sejam as Escrituras *a face de Deus.*"[22] O abismo que separava o conhecimento direto de Deus da consciência humana confundida, como que "recalcada" pela Queda, fora misericordiosamente cruzado pela Bíblia, por uma proliferação maravilhosa de imagens. Era como se o olho houvesse buscado repouso do ofuscante sol africano no frio brilho do céu noturno.[23]

Foi nesse molde que Agostinho verteu sua vida intelectual na meia-idade: a mente que um dia tivera a esperança de se preparar para a visão de Deus por intermédio das artes liberais repousaria, agora, na massa sólida e intratável da Bíblia cristã. Por essa razão, os três últimos livros de suas *Confissões* são, em muitos sentidos, a parte mais estritamente autobiográfica de todo o livro. Ao assumirem a forma de uma exegese alegórica dos versículos iniciais do Gênesis, eles mostram exatamente o que Agostinho passara a considerar a essência de sua vida como bispo: "Concedei-me, pois, tempo para meditar sobre os segredos de Vossa Lei, e não a fecheis aos que lhe vêm bater à porta. Não foi em vão que quisestes ter escritas tantas páginas densas de mistérios. (...) Completai em mim Vosso trabalho, ó Senhor, e me descortinai essas páginas."[24] Não há dúvida de que, tal como Agostinho usava a Bíblia, ela era o combustível de um alto-forno, pois, ao interpretar tantas de suas partes como uma alegoria, ele encontrava ali tudo o que sempre tinha valorizado em sua atividade intelectual — o trabalho árduo, a excitação da descoberta e a perspectiva de um movimento interminável na busca filosófica da Sabedoria: "A apresentação da verdade por intermédio de sinais tem grande poder de alimentar e atiçar o amor ardente com que, como por uma lei da gravitação, adejamos para o alto ou para dentro, rumo a nosso lugar de repouso. As coisas assim apresentadas comovem e avivam muito mais nossa afeição do que se expostas em afirmações insulsas. (...) É difícil dizer por que é assim: (...) creio que as emoções inflamam-se com menos facilidade quando a alma está totalmente absorta em coisas materiais; mas, quando é levada a sinais materiais de realidades espirituais e destas se desloca para as coisas que elas representam, a alma retira forças do simples ato de passar de uma para outra, qual a chama de uma tocha, que arde com brilho ainda maior ao se mover. (...)"[25] Uns vinte anos depois, Agostinho já havia acumulado um vasto comentário sobre o Gênesis, o *De Genesi ad Litteram*, e vasculhara as Escrituras nos livros iniciais de seu *De Trinitate*. E pôde escrever, por experiência própria: "Pois tamanha é a profundeza das Escrituras cristãs que, tentasse eu estudá-las e a nada mais, da meninice à decrépita velhice, com o mais extremo vagar, o mais incansável zelo e talentos maiores do que os que possuo, continuaria a progredir na descoberta de seus tesouros (...)."[26]

Agostinho escreveu essa frase, no ano de 411, a um jovem pagão imbuído dos clássicos. Era o desafio mais direto que poderia fazer a tal homem, pois deixou implícito que os cristãos também tinham um clássico tão inesgotável e absorvente quanto eram Virgílio ou Homero para os pagãos. Também a Bíblia cristã podia formar um homem, preparando-o para tudo de que precisasse nesta vida. Seu simples texto podia tornar-se o centro de toda uma literatura auxiliar. Numa época em que se pensava na cultura exclusivamente em termos da compreensão dos textos clássicos, a Bíblia era nada menos do que a base de uma "cultura cristã", uma *doctrina christiana*.²⁷

Não só esse tipo de estudo da Bíblia envolvia a especulação teológica por intermédio de um método alegórico, como podia exigir toda uma gama de interesses literários desconhecidos dos leitores clássicos — o conhecimento do hebraico, da história do antigo Oriente Próximo e até de plantas e animais da Palestina.²⁸ E ele também daria continuidade aos antigos métodos: durante toda a Idade Média, o professor clássico, o *grammaticus*, viria a constatar que sua posição vital na cultura, como expoente da interpretação exata dos textos por métodos gramaticais, tinha sido assegurada pelo *imprimatur* do bispo de Hipona.²⁹ Portanto, um programa ambicioso de nova aprendizagem encontra-se latente num texto que Agostinho começou a redigir na meia-idade, o *De Doctrina Christiana*, iniciado em 396, mas que ficou inacabado até 427.³⁰

O *De Doctrina Christiana*, porém, não foi um projeto de longo alcance para estudos bíblicos independentes. Isso porque Agostinho viveu numa época oprimida pela reverência pelo "especialista". Ele acreditava em dragões por ter lido sobre estes nos livros.³¹ A "cultura cristã", para ele, tendeu a se tornar mais do que a aquisição de manuais de "especialistas" reconhecidos.³²

Contudo, esse foi um dos livros mais originais que Agostinho escreveu, pois versou explicitamente sobre os laços que uniam os cristãos instruídos à cultura de sua época. E o fez com tamanha perspicácia intelectual que, pelo menos na mente de Agostinho, cortou para sempre o nó górdio que o havia atado a sua educação anterior. Não é pouca coisa ser capaz de transcender a instrução que se recebeu, especialmente uma instrução que gozava de tão exclusivo prestígio quanto a educação clássica do baixo Império Romano. Em Cassicíaco, cercado por jovens aristocratas e sentindo-se meio deslocado entre os cristãos refinados de Milão, Agostinho não havia sonhado que viesse a transcender essa educação: ela poderia ser subordinada a uma busca da Sabedoria, mas continuaria intacta, imponente e irremovível como os contrafortes do Himalaia.

É que simplesmente não parecia haver alternativa para essa cultura. Naturalmente, era possível ser religioso sem ser instruído: afora Mônica, Agostinho conhecera muitas dessas figuras, projetadas pelo tumulto espiritual da época: Fausto, o maniqueu, é um bom exemplo,[33] assim como foram Santo Antônio e seus seguidores no Egito.[34] Mas ele admirava tais homens com o tipo particular de admiração que os homens sofisticados reservam para pessoas muito diferentes deles. Era-lhe genuinamente difícil imaginar um "sábio" que não fosse um homem de formação clássica; ele reagia como reagiria um médico moderno aos curandeiros: tais atividades ocorreriam fora de uma veneranda tradição de conhecimentos científicos corretos; na melhor das hipóteses, só poderiam ser exercidas por um talento especial, e, na pior, para um homem do baixo Império Romano, pelo comércio com demônios.[35]

Enquanto não havia nada para substituí-la, os críticos cristãos da educação clássica ficavam ainda mais confusos e amargurados com a falta de alternativas construtivas, bem como por estarem presos ao velho mundo por fortes laços semiconscientes. No século IV, cristãos e pagãos viram-se arrastados para esse conflito com igual violência cega. A rejeição cristã dos clássicos defrontou-se com um "fundamentalismo" pagão: os conservadores "divinizavam" sua literatura tradicional e os clássicos eram tratados como uma dádiva dos deuses aos homens.[36] Os cristãos, por seu lado, opunham-se a essa reação, "demonizando" a mesma literatura. Muitos, na verdade, queriam acabar com essa tensão fazendo a negação completa da cultura: inesperadamente, homens sofisticados alegravam-se ao ouvir falar de monges que haviam aprendido a ler unicamente com o Espírito Santo.[37]

Agostinho, surpreendentemente, não se envolveu nessa situação confusa.[38] Considerava esta última solução, a de deixar a educação de lado, completamente ridícula.[39] O grande Jerônimo talvez acordasse trêmulo de um sonho em que Cristo o chamava de "ciceroniano e não cristão",[40] mas Agostinho não era perturbado por pesadelos. Evitava-os de modo característico: pensando com afinco e aplicando algumas fórmulas básicas.

Começou por observar que a cultura era produto da sociedade: era uma extensão natural do fato da linguagem.[41] Era tão claramente obra dos hábitos sociais, que chegava a ser sumamente relativa. Não podia haver padrões absolutos de "purismo" clássico:[42] Agostinho chegou até a notar que, para muitos africanos, o latim estrangeiro dos Salmos, com o decorrer do tempo, passara a parecer um latim "melhor" que o dos clássicos.[43] Do mesmo modo, também a religião era um produto específico da necessidade de comunicação: os ritos e sacrifícios pagãos não passavam de uma "linguagem consensual" similar entre homens e demônios.[44] Fora desse contexto, eles não eram fonte de infecção para o cristão: na *Eneida*, Virgílio pudera "descrever" sacrifícios pagãos sem despertar um tremor de reverência religiosa no pagão nem um horror religioso no cristão devoto.[45] Assim, de um só golpe, grande parte da literatura clássica e, a rigor, os hábitos de uma sociedade inteira foram secularizados. Coerente até o fim, Agostinho chegou mesmo a aplicar suas distinções aos mais ínfimos detalhes do vestuário. Possídio, recém-saído dos costumes austeros do mosteiro agostiniano, havia tentado abolir os brincos em seu rebanho. Esse traço de puritanismo era comum na cristandade africana. Agostinho interveio com firmeza: os amuletos para aplacar demônios teriam de ser banidos, mas os brincos usados para agradar homens humanos podiam ser conservados.[46]

Na verdade, Agostinho foi o grande "secularizador" do passado pagão. Áreas da vida romana em que os deuses ainda pareciam esconder-se, tranquilizando o conservador e assustando o cristão, foram despojadas de sua aura religiosa de ambos os lados. Os deuses foram reduzidos a dimensões puramente humanas: eram apenas "formas tradicionais criadas pelos homens, adaptadas às necessidades da sociedade humana, das quais não podemos prescindir nesta vida".[47] Agostinho tratou dessa maneira até mesmo o Império Romano. Como cristão, poderia ter reagido a ele como a prostituta do Apocalipse;[48] como bispo católico, servindo-se da legislação imperial, poderia ter-se tornado um imperialista histérico.[49] (É frequente termos a sensação de que essas duas atitudes tinham algum tipo de relação na mente de muitos colegas de Agostinho: o império era uma força tamanha que só podia ser totalmente depreciado ou totalmente idealizado.) Em *A cidade de Deus*, contudo, Agostinho julgou o império por seus méritos, como uma instituição puramente humana: reduziu-o ao nível de qualquer outro Estado, a fim de expulsar os deuses de sua história,[50] e discutiu sua contribuição para a vida do cristão em termos muito gerais, a ponto de presumir que a função do império poderia ser assumida por qualquer outro Estado.[51] É raro depararmos com um homem de 60 anos, vivendo no limiar de uma grande mudança, que já tenha passado a encarar uma cultura única e uma instituição política única como substituíveis, pelo menos em tese.

Por trás dessa mudança da postura de Agostinho em relação à cultura estava a mudança de qualidade em sua própria vida. Imensamente sensível ao ambiente e ao contato humano, agora ele circulava num meio em que muitos homens eram inteiramente sem instrução. Em certo sentido, tinha "voltado para casa". Sua instrução, afinal, era apenas metade dele. Nem todos os membros de sua família haviam recebido educação.[52] Além disso, no mosteiro de Hipona ele havia criado um meio em que homens incultos viviam em pé de igualdade com os sofisticados: Possídio, por exemplo, fora "alimentado com o bom pão do Senhor", completamente desconhecedor das artes liberais.[53] Em visita a um bispo idoso em seu leito de morte, Agostinho, caracteristicamente absorto em suas campanhas contra o donatismo, disse-lhe que a Igreja precisava dele, que ele devia continuar vivo: "Se nunca tiver que ser, está bem", respondeu o ancião, "mas, se tiver que ser em algum momento, por que não agora?" "E Agostinho impressionou-se com esse velho e o enalteceu como alguém que era temente a Deus — apesar de ter crescido numa fazenda e ter pouco saber formal."[54]

Como em Cassicíaco, Agostinho estava decidido a ser o educador de seu círculo. Mas esse círculo compunha-se agora do clero e de leigos devotos da África: os filhos da nobreza, que em Milão seriam aprimorados como "almas bem treinadas", foram substituídos por jovens "tementes a Deus, amansados pela devoção e que buscam a vontade do Senhor".[55]

Entretanto, apesar dessa nova liberdade, havia um componente de desapego zelosamente preservado na postura agostiniana. Todo o seu projeto de aprendizagem foi sutilmente moldado pelo medo de recriar, no estudo da Bíblia e na pregação, a mutilante inibição do ensino tradicional. Essa é a razão pela qual *De Doctrina Christiana* parece um livro muito moderno. Agostinho abriu um grande espaço para o "natural" na educação e teve a sincera preocupação de que o homem "talentoso" não fosse entravado por regras e normas. Jogou o "talento" contra a "educação".[56] Acima de tudo, tentou contornar o elemento mais inibidor da educação do baixo Império Romano, a obsessão com as regras de eloquência: um bom ouvido, talento e o fato social de ouvir o bom latim falado era o que Agostinho oferecia à guisa de formação, como substituto das escolas de retórica em que um dia fizera carreira.[57]

Agostinho nunca enfrentou o problema de substituir a educação clássica em todo o mundo romano. Quis apenas criar, para os devotos da verdadeira "Sabedoria", um oásis de cultura literária que se distinguisse por ser descontraído, não acadêmico, não competitivo e dedicado unicamente à compreensão da Bíblia. Aliás, como muitas "retiradas" dessa natureza por parte de Agostinho, esta tomou por certa a resiliência dos antigos costumes. Ele tinha a esperança de conquistar um certo desapego íntimo da cultura tradicional, mas presumiu que ela persistiria. Não se sentiu na obrigação de perpetuar sua atitude, criando um ensino próprio. Tipicamente, recusou-se a codificar suas ideias interessantíssimas sobre o estilo: isso seria, para seus leitores, um lembrete vívido demais de sua antiga carreira de professor.[58] O que Agostinho parece ter esquecido deliberadamente é que uma cultura requer uma estrutura de regras e ensino organizado. Seu próprio estilo "cristão", esplendidamente desprovido de afetação, era, na realidade, uma simplicidade obtida no avesso de uma vasta sofisticação. A eloquência tinha que ser formalmente ensinada, se não se quisesse vê-la partilhar do lento desgaste da civilização latina na África e no Ocidente em geral. Mas Agostinho fizera carreira nas décadas de 370 e 380 nas grandes cidades romanas: em sua atitude para com a cultura romana, tal como em sua postura perante o Império Romano, ele abordou o problema tendo a respaldá-lo quarenta anos de relativa segurança; nunca se deu conta da velocidade com que o Império Ocidental estava desmoronando em sua velhice. As gerações seguintes mostrariam com clareza o preço que Agostinho teve de pagar por haver considerado por certa a sobrevivência da educação: o estilo de Possídio só era simples por ser insípido, e o que temos em outros padres africanos não é a inocência da retórica, mas a linguagem bombástica dos semi-instruídos.[59]

O velho mundo pagão não podia ser tão facilmente ignorado. Os pagãos instruídos continuaram a ver Agostinho exclusivamente em termos de sua carreira anterior.[60] Enquanto redigia seu comentário sobre o Gênesis, ele se pôs constantemente a par do vasto corpo de conhecimentos pagãos para o qual o relato bíblico da criação era absurdo: argumentos sutis de física, "elaborados por homens ociosos",[61] já tinham sido mobilizados por Porfírio contra os cristãos;[62] toda uma bateria desses problemas incômodos, as *quaestiones*, fez parte do clima intelectual do fim do século IV.[63]

Até os hábitos de pensamento que Agostinho havia esperado usar no estudo da Bíblia tinham um percurso muito longo pelos canais pagãos. O simbolismo dos números, por exemplo, era irresistível para "a mente de qualquer gentil-homem".[64] Portanto, o número 10, número dos Dez Mandamentos, deveria ser particularmente edificante. Infelizmente, para o homem culto, o número 10 era um mero arrivista; não apresentava o mínimo interesse, se comparado ao número 9, pois este se fixara em sua mente desde a infância como o número das Musas.[65] Agostinho teria de desfazer esses hábitos. Mas jamais conseguiria obliterá-los. Apenas um fino muro de tijolos, por exemplo, separava seu batistério de uma casa luxuosa, de uns cem anos de idade. No piso de mosaico, o proprietário mandara dispor, como convinha a um homem culto, os símbolos da antiga cultura — os medalhões das Nove Musas;[66] era com essa proximidade que se comprimia o mundo pagão ao redor da "basílica dos cristãos de Hipona".[67] Esse mundo não podia ser ignorado: era preciso refutar abertamente o paganismo. E a meia-idade de Agostinho terminaria em seu compromisso com essa tarefa, no vasto trabalho de sua *Cidade de Deus*.

24
"BUSCAI MAIS E MAIS A SUA FACE"

O traço mais importante da atividade intelectual de Agostinho na meia-idade, tal como ele mesmo a via, foi o fato de ela se dar numa comunidade, a Igreja católica. Essa comunidade, na opinião dele, proporcionava um campo para uma atividade intelectual vigorosa. Potencialmente, era um corpo internacional: à literatura eclesiástica latina de sua biblioteca podiam juntar-se, pelo menos em tradução, livros de autores gregos e até sírios.[1] Ela abarcava um corpo de conhecimentos que estava destinado a se expandir. Ritos como o batismo e mistérios como a Trindade continham profundezas ocultas que só poderiam ser exploradas pouco a pouco por uma sucessão de pensadores.[2] Até as ambiguidades da Bíblia tinham sido nela colocadas, acreditava Agostinho, para dar às futuras gerações facetas sempre novas da verdade a ser descoberta,[3] pois, em virtude da "fertilidade da razão humana", também a verdade iria "crescer e multiplicar-se".[4] Em tal situação, a completa uniformidade de opiniões era privilégio apenas dos anjos.[5] Ao lermos a insistência de Agostinho, em seus textos contra os donatistas sobre a autoridade da Igreja católica, na qualidade objetiva dos poderes sacramentais e nas garantias divinas de sua coesão, devemos recordar que Agostinho precisava enfatizar essas qualidades, em parte para poder acreditar que sua Igreja proporcionava um meio cuja resiliência sobre-humana era capaz de sobreviver às tensões geradas por atividades muito humanas: a diversidade de opiniões, os debates prolongados, as descobertas. Como qualquer outra comunidade, a Igreja católica precisava de uma cultura. Agostinho aborrecia-se com os que, buscando inspiração direta na exposição das Escrituras, afirmavam prescindir dos meios normais da vida intelectual humana — a redação e a crítica de livros. "Tudo poderia perfeitamente ter sido feito por um anjo, mas a estatura da raça humana seria desvalorizada se Deus não se mostrasse disposto a deixar os homens atuarem como agentes de Sua Palavra perante outros homens (...) ademais, a própria caridade que liga os homens no estreito laço da união não teria meios de se expressar, derramando e como que misturando as almas dos homens, se os seres humanos não pudessem aprender nada com seus semelhantes."[6]

Não é de surpreender que Agostinho tivesse uma visão tão robusta de sua atividade intelectual na Igreja católica. Sua meia-idade, como padre e bispo católico, foi o período mais criativo de sua vida: viu a consolidação de suas ideias sobre a graça, a redação das *Confissões* e a lenta acumulação de duas obras-primas — seu vasto comentário sobre o Gênesis, *De Genesi ad Litteram*, e seu *De Trinitate*. A mente de Agostinho foi consolidada por essas realizações, mas elas se deram num "esplêndido isolamento" que teria consequências momentosas para a cultura da Igreja latina.

É que Agostinho continuou a ser um cosmopolita *manqué*.* Suas relações com a cultura cristã internacional, especialmente com os gregos, era meio platônica. Ele dependia de traduções, e a oferta destas era inconstante. Nunca viria a se inspirar em autores cristãos gregos do mesmo modo que se pautava, de maneira constante, profunda e, portanto, quase imperceptível, por suas traduções de filósofos pagãos gregos. Essa é a grande lacuna da meia-idade agostiniana. Só depois de 420, ao se confrontar com um pelagiano, Juliano de Eclano, que afirmava conhecer as tradições da teologia grega muito melhor do que ele, é que Agostinho tentou refutar essa crítica com uma comparação sagaz, embora essencialmente superficial, de alguns textos no original grego e suas traduções.[7]

---

* Falho, fracassado; em francês no original. [*N. da T.*]

Agostinho estava consciente dessa lacuna. Afinal, havia iniciado sua vida em Hipona como presbítero de um bispo grego. Assim, em 392, escreveu a Jerônimo para solicitar traduções de comentaristas gregos da Bíblia, sobretudo Orígenes.[8] Queria criar em Hipona e entre seus amigos da Igreja africana um clima semelhante ao de Milão: a "douta camaradagem das igrejas africanas" se inspiraria rotineiramente no Oriente grego, fonte tradicional de uma elevada cultura cristã. O plano não deu certo. Os comentários não chegaram, porque Orígenes perdera prestígio e Jerônimo se havia irritado.[9] A "douta camaradagem" voltou a depender de seus próprios recursos: o tratado sistemático de exegese que Agostinho passou a recomendar, e do qual extrairia muitos detalhes e algumas ideias básicas, foi o livro de um africano que era, inclusive, donatista: as *"Regras"* de Ticônio. A intervenção de Ticônio nesse momento foi decisiva. É que esse autor, mais do que qualquer outro cuja influência possamos discernir, desviou o pensamento agostiniano para alguns de seus canais mais distintivos, pois também era um intérprete drástico de São Paulo, um homem cujo pensamento era dominado pela ideia da Igreja e que já via a história em termos dos destinos da "Cidade de Deus".[10]

A oportunidade de uma assimilação vagarosa da literatura cristã proveniente de todo o Mediterrâneo acabou cedo demais para Agostinho. A controvérsia donatista apanhou-o desprevenido. Em Tagaste, ele havia debatido com os maniqueístas como filósofo neoplatônico. Nesses debates, a questão da autoridade não fora levantada, pois Agostinho ia ao encontro de seus adversários apelando para a razão,[11] de modo que a literatura tradicional da Igreja católica não era considerada relevante. A partir de 393, no entanto, Agostinho teve de enfrentar os donatistas mergulhando no mundo claustrofóbico dos escritos africanos sobre a natureza da Igreja. O próprio Ambrósio talvez tenha sido esquecido até um ano bem posterior, 418.[12] A absorção repentina de um corpo sumamente individual de autores locais isolaria Agostinho ainda mais de seus contemporâneos: *optimi Punici Christiani*, "os cristãos africanos são os melhores".[13] Foi nessa tradição sólida e estreita que tropeçaram Pelágio e seus adeptos realmente cosmopolitas.

Aos poucos, os "doutos camaradas" deixaram de sentir necessidade de livros gregos. É que contavam com Agostinho. Por mais que ele protestasse preferir ler a escrever,[14] ouvir a falar,[15] Agostinho viu-se doando constantemente. Os estenógrafos estavam sempre à mão, tomando notas ditadas para algum tratado.[16] Os amigos sempre se reuniam em volta dele, fazendo perguntas, precisando de ajuda, pedindo mais e mais livros. Apoderavam-se de suas grandes obras ainda no rascunho inicial: muitos desses manuscritos circularam durante décadas em forma incompleta.[17] Em 416, a biblioteca episcopal de Uzalis estava repleta de livros de Agostinho;[18] os cristãos cultos iam visitá-la[19] e Evódio atormentava seu amigo, pedindo mais e mais tratados.[20] Agostinho sempre cedia a essas pressões. Apesar de sua ânsia de contemplação, tinha o fatídico talento de homem atarefado gerar mais e mais trabalho. A cultura grega não desapareceu aos poucos da África agostiniana por iniciativa própria. O único homem que poderia ter-lhe dado vida ali veio a substituí-la, dando de si e criando constantemente:

"Pelos poucos excertos traduzidos", observou Agostinho sobre os autores gregos que haviam escrito sobre a Trindade, "não tenho dúvida de que eles contêm tudo o que vale a pena tentar descobrir. Não obstante, não consigo resistir a meus irmãos quando me pedem, de acordo com a lei de caridade pela qual tornei-me seu servo, que trabalhe para eles. (...) Ademais, devo confessar que, pessoalmente, aprendi muitas coisas que nunca soubera antes (...) pelo simples escrever."[21]

Se Agostinho estava isolado na África, ao menos levava ali uma vida muito protegida. Era o mestre incontestável de um círculo dedicado. A tempestade internacional da controvérsia originista, na qual os aristocratas cristãos de Roma dividiram-se a favor e contra Jerônimo, passou ao largo dele: a notória ruptura entre Jerônimo e Rufino o intrigou e chocou, "pois quem não há de temer um futuro inimigo em cada amigo, se podem acontecer coisas como as que vemos ocorrer, com tão dolorosa surpresa, entre Rufino e Jerônimo?".[22]

Acima de tudo, ele era um dos líderes de uma Igreja unida contra os inimigos externos. Tinha inúmeros companheiros de armas e nenhum inimigo de calibre igual ao seu. Tratava-se de uma situação que abatia o espírito. Ao combater os donatistas, Agostinho ficou bastante deslumbrado com um jornalismo barato: *"Enchei-lhes os rostos de vergonha"* era o seu lema,[23] e ele o aplicou sem piedade.[24] Isso talvez o tenha animado a ser igualmente rude ao lidar com adversários mais sérios. Uma heresia sobre a natureza da Visão de Deus, corrente entre homens cultos de Roma e da África, foi descartada como "tagarelice indisciplinada";[25] não é de admirar que um colega episcopal católico tenha-se ofendido profundamente com o modo como Agostinho lidou com suas opiniões,[26] e tenha interpretado os protestos agostinianos de querer aprender com qualquer pessoa como nada além de mais uma tirada sarcástica.[27] É um tributo a Pelágio que, chegado o momento, Agostinho o tenha tratado de maneira mais cuidadosa.

Agostinho só mostrava o que tinha de mais encantador na intimidade, entre seus amigos. Sabia escrever cartas requintadas; "Eustásio partiu antes de nós para aquele repouso: nenhuma onda quebra por lá, como em tua pátria insular, nem ele anseia por Caprara, tua Ilha das Cabras, pois já não almeja vestir a túnica monacal de pelo de cabra."[28]

Como bispo, ele sabia ter sido forçado pelas pressões do trabalho a dar respostas rápidas a perguntas importantes.[29] Contudo, sua sensibilidade nunca o abandonou: "Somos seres humanos e vivemos entre homens: devo confessar que ainda não estou entre os que não mais se perturbam com o problema de praticar um mal menor para evitar outro maior; muitas vezes, nesses problemas humanos, sou tomado por meus sentimentos humanos."[30] A homens com pequenos problemas ele relembrou os princípios fundamentais. Esperou que os nobres preocupados com oráculos bem-sucedidos dos demônios mergulhassem nas questões profundas, perguntando-lhes imediatamente por que Deus permitia o mal no universo.[31] Um senador alvoroçado, que procurou Agostinho em busca de uma sentença final, como se a pedisse a um juiz, ouviu como resposta que, "tão logo eu soube da natureza dele em vossa carta, o 'dilema' a que vos referis tornou-se meu. Não é que todos os problemas que levantais perturbem-me como dizeis que vos perturbam. Mas devo confessar que encontrar um modo de um dia eliminar vosso dilema deixa-me agora num dilema".[32]

Somente à distância é que podemos ver a qualidade mais arguta da mente de Agostinho. Sua prolongada correspondência com Jerônimo, por exemplo, é um documento único na Igreja primitiva, pois mostra dois homens altamente civilizados conduzindo com estudada cortesia uma correspondência singularmente rancorosa. Eles se aproximavam um do outro com gestos elaborados de humildade cristã.[33] Mostravam as garras por um instante em alusões clássicas, em citações de poetas que o destinatário completaria sozinho.[34] Nenhum dos dois cedia um milímetro. Não há dúvida de que Agostinho provocou Jerônimo, e este, apesar de tratá-lo com mais respeito do que a outros que o haviam aborrecido, não resistiu a brincar de gato e rato com o homem mais moço. A reação de Agostinho é extremamente reveladora. O tratamento recebido de Jerônimo o magoou: "como é possível termos tal discussão sem ressentimentos se estás decidido a me ofender?"[35] Como muitas pessoas ansiosas por se inocentar de seu próprio comportamento agressivo, Agostinho declarou-se sempre disposto a aceitar críticas: "Eis-me aqui e, se eu tiver dito algo despropositado, espezinha-me com firmeza."[36] Na verdade, ele não se impressionava com a erudição superior de Jerônimo quando esta contrariava suas opiniões. Descartou a imponente lista de autores gregos com que Jerônimo corroborou suas ideias: "Longe de mim sentir-me ofendido, se puderes provar teu ponto de vista com um argumento conclusivo."[37] *Certa ratione*: era isso que Agostinho queria, tipicamente, e há pouca coisa a sugerir que acreditasse a sério que Jerônimo a forneceria, "pois é bem possível que o que pensas não seja idêntico à verdade".[38] E, por fim, quando Jerônimo se ofereceu para fazer as pazes e propôs (com bastante comedimento, dado o seu gosto pelas invectivas) que "brinquemos juntos, inofensivamente, nos campos das Escrituras",

Agostinho não achou graça: "Quanto a mim, prefiro fazer as coisas com seriedade e não 'brincar'. Se escolheste essa palavra para implicar que o que fazemos é um exercício fácil, permite-me dizer, com franqueza, que eu esperava mais de ti. (...) É tua tarefa ajudar os que se empenham em investigações grandiosas e exigentes — como se estudar as Escrituras fosse uma questão de correr e saltar por um terreno plano, e não de bufar e arquejar na subida de uma encosta íngreme."[39]

Com efeito, Agostinho levava muito a sério as suas ideias. Para ele, um bom livro era uma série de "nós de problemas".[40] Seus leitores do baixo-império apreciavam mais essa qualidade "espinhosa" de seus livros do que nós. A retórica sempre estivera ligada à formação jurídica. A forma de exposição que o leitor mais valorizava era a que mais se aproximaria daquela de um advogado moderno. O autor tinha de se mostrar capaz de dominar "um rico fluxo de palavras" e de ser "excepcionalmente sutil" nas minudências.[41] Como o juiz de *Misleading Cases*, de A. P. Herbert, o leitor do baixo-império tinha a expectativa de um "litígio animado".[42] Não é de admirar, portanto, que a maioria dos livros de Agostinho possa ser lida como uma corrida de obstáculos. Acima de tudo, os problemas pareciam interessá-lo muito mais do que as pessoas que os propunham. Ele deixava transparecer seu conhecimento de autores importantes em formulações estudadamente impessoais: "surge um problema", "alguns homens perguntam", "um erudito afirmou..."[43] Podemos suspeitar de uma razão para esse tom vago. Agostinho não era de respeitar muitas pessoas entre seus contemporâneos, mas tinha intensa consciência do risco de parecer que estava criticando seus colegas por motivos pessoais.[44] Com muita frequência, as formulações opacas disfarçavam sua discordância e permitiam que esse pensador sumamente individual seguisse adiante, deixando em seu rastro mais uma opinião descartada de um correligionário católico.[45]

Isso porque, em sua abordagem dos problemas, Agostinho destacava-se de seus contemporâneos em razão de sua formação filosófica. A única lição que tirou da história imediata de sua época foi a de que havia uma aliança histórica entre os platônicos e a Igreja católica. Essa aliança assegurava que "o mais elevado pincaro da razão humana" havia encontrado um lugar reconhecido na "cidadela da autoridade".[46] Agostinho precisava afirmar essa opinião. Poucos de seus contemporâneos latinos a compartilhavam. A ascensão do cristianismo entre homens que nunca se haviam interessado muito pela filosofia grega ameaçava abolir a visão de mundo racional dos antigos. Homens surpreendentemente sofisticados entravam em conluio nessa traição da razão. Não era o caso de Agostinho. Ao abordar o livro do Gênesis, por exemplo, ele teve de assumir uma postura firme contra uma onda crescente de fundamentalismo.[47] "É difícil apreciar devidamente o mal-estar e a tristeza que essas alegações temerárias de conhecimento causam nos irmãos cultos."[48]

Na verdade, a antiga visão de mundo recebeu de Agostinho uma tolerância que se baseava no desinteresse. Ele aceitava as opiniões dos antigos sem pensar, e encontrou no Gênesis sua própria preocupação reiterada com problemas estritamente filosóficos,[49] como a criação simultânea e a relação entre o tempo e a eternidade. Assim, meramente pôs em banho-maria a visão grega do universo físico; entretanto, pelo menos seu sensível horror a se comprometer com conjecturas irrelevantes sobre meros[50] fenômenos físicos legou a Galileu uma bateria de citações extremamente pertinentes.[51]

Além disso, o clérigo latino médio nutria um respeito romano pela autoridade. Como cristãos, os padres podiam basear essa atitude num culto à fragilidade humana e num apelo às duradouras tradições de esnobismo às avessas da Igreja primitiva. Os mistérios, diziam eles, deviam ser "uma nuvem impenetrável" para os homens decaídos; e, de qualquer modo, admitir as afirmações da razão seria admitir o "perito" e, com isso, abrir a liderança da Igreja a "intelectuais" suspeitos, a "oradores e filósofos".[52] Agostinho viria a responder com firmeza a um desses homens: "Longe de nós pensar que Deus nos detestaria naquilo que nos distingue dos animais. (...)[53] Amai de todo o coração o entendimento."[54]

"BUSCAI MAIS E MAIS A SUA FACE"

As duas grandes obras da meia-idade de Agostinho, *De Genesi ad Litteram* e *De Trinitate*, são uma prova notável da sua capacidade especulativa. Até um conhecimento superficial desses dois livros é suficiente para desfazer a impressão simplista de que Agostinho só desenvolveu suas ideias como controversista.[55] Isso porque no *De Genesi* vemos a primeira elaboração descontraída de temas que apareceriam, compactados e monumentais, em *A cidade de Deus*.[56] No *De Trinitate* temos um livro mais radicalmente metafísico que o de qualquer autor grego: ao longo do texto, podemos ver a tensão implícita em abarcar numa única perspectiva o Deus de Abraão e Isaac e o Deus dos filósofos.[57]

As necessidades da controvérsia donatista vieram como uma invasão indesejada na elaboração dessas duas grandes obras. A pressão do trabalho tornou Agostinho ainda mais insistente em suas prioridades.[58] Por exemplo, ele não mais escreveria "brincadeiras":[59] não mais pensaria em construir uma filosofia cristã a partir de um manual de poesia, como fizera certa vez com seu *De Musica*, em Milão. É que sabia que só teria tempo para se haver com os problemas básicos do cristianismo, com a Criação e a doutrina da Trindade. Nesses livros ele se mostraria realmente implacável na exclusão de qualquer problema que não se sentisse apto a responder com sua formação altamente especializada de filósofo e exegeta. Mas no campo da investigação filosófica, os dois livros transmitem toda a empolgação de participar de uma busca em que nenhum problema é evitado, nenhuma tensão é posta de lado, e na qual uma obra-prima da especulação desdobra-se com toda a desenvoltura diante de nós:

"Portanto, que todo aquele que ler estas páginas siga adiante comigo, quando tiver a mesma certeza que eu; que investigue comigo, quando estiver tão hesitante quanto eu; (...) Enveredemos juntos, portanto, pelo caminho da caridade, em busca d'Aquele de quem se disse: *Buscai mais e mais a Sua face.*"[60]

Ninguém analisou tão bem a qualidade da vida intelectual de Agostinho quanto ele próprio. "*Àquele que tem será dado*. Deus dará mais aos que usam (para os outros) o que receberam: completará e encherá até a borda aquilo que deu originalmente. (...) Nossas reflexões se multiplicarão por instigação d'Ele, de tal sorte que, ao servi-Lo, não sofreremos escassez, mas, antes, haveremos de regozijarmo-nos com uma milagrosa profusão de ideias."[61]

Na meia-idade, Agostinho passou a vida a dar de si: entre 395 e 410, escreveu cerca de 33 livros e cartas extensas. Essa conversão à doação é altamente significativa. Em Cassicíaco e Tagaste, ele estivera mais isolado, disposto a escalar sozinho, se necessário, os mais altos pincaros da Sabedoria. Como bispo de Hipona, deprimido com a fraqueza humana, transformou sua criatividade numa forma de dar alimento: sempre a apresentou como um "alimento" oferecido a homens tão necessitados de nutrição quanto ele mesmo se sentia, na época.[62]

Esse fluxo copioso foi como um vasto rio. É fácil observarmos a velocidade com que ele corre e nos impressionarmos com as variações intermináveis de seus redemoinhos — pensar nele, portanto, como algo infinitamente flexível, passível de mudanças ilimitadas. No entanto, no pensamento de Agostinho, seu sentimento de uma labuta incessante, sua aguda sensibilidade às limitações da mente humana, quando confrontada com certos problemas, e seus protestos constantes de se dispor a aprender com os outros estão intimamente relacionados com o sentimento crescente de certeza a respeito das questões essenciais: a própria velocidade e o volume da água desse rio haviam escavado canais profundos e inamovíveis em seu leito.

É que, na meia-idade de Agostinho, seu progresso intelectual passara a envolver o compromisso da personalidade inteira com a Igreja católica. O ideal continuou o mesmo: a "purificação" da mente, na qual as sombras dariam lugar à realidade. *"Pela manhã, postar-me-ei diante de Vós e contemplarei."*[63] Mas o próprio processo de "purificação" tornou-se infinitamente mais complexo. Nos primeiros textos agostinianos, a alma precisava apenas ser "preparada" por métodos óbvios e essencialmente externos, por uma boa educação, pela adoção das demonstrações racionais e pela autoridade, primordialmente concebida como um adjutório da aprendizagem.[64] Na meia-idade de Agostinho, essa "purificação" foi tratada como mais difícil, pois a própria alma, na opinião dele, estava mais gravemente "ferida"; e, acima de tudo, a cura da alma havia passado a envolver mais partes da personalidade.[65] O problema já não era "preparar" o homem para uma tarefa que ele realizaria mais tarde: era dar-lhe mais "largueza", ampliar sua capacidade de ao menos absorver algo que nunca teria a esperança de apreender por completo nesta vida.[66] Ninguém pode realmente compreender um livro, disse Proust, a menos que já tenha conseguido "permitir que os equivalentes amadureçam lentamente em seu coração". Essa verdade profundamente humana é a que Agostinho sempre ensinou a seus leitores: eles deviam "examinar as Escrituras com os olhos do coração no coração dela".[67] Tal "alargamento"[68] só poderia acontecer em se amando o que fosse apenas parcialmente conhecido: "É impossível amar o que é inteiramente desconhecido, mas, quando se ama aquilo que se conhece, por pouco que seja, essa própria capacidade de amar torna-o conhecido de maneira melhor e mais plena."[69]

Em termos muito sucintos, portanto, ninguém ama aquilo de que não tem nenhuma perspectiva de se apropriar através da compreensão: a fé, sem a esperança da compreensão, não seria mais do que a obediência à autoridade. Todavia, não se compreende aquilo que não se está disposto a amar. Separar a "fé" e a "razão", portanto, é contrário ao pensamento agostiniano, pois o que lhe interessava era acionar um processo: "purificar", "curar" a mente danificada. Ele nunca duvidou, nem por um momento, de que esse processo ocorria pela interação constante dos dois elementos: a fé, "*que obra através do amor*",[70] e a compreensão, "para que Ele possa ser conhecido com mais clareza e, assim, amado com mais fervor".[71]

Essa é justamente a visão do homem "engajado". Agostinho tinha aguda consciência de ter assumido essa postura a fim de evitar as alternativas, e de que grandes mentes tinham podido desperdiçar sua vida por terem adotado uma visão superficial da natureza humana.[72] Ele fora maniqueísta; chegara tão perto de um platonismo "autônomo" que essa experiência continuava intensamente viva em seu peito. Não foi à toa que escreveu suas *Confissões*. A sensação do homem de meia-idade de haver-se desvirtuado um dia, o sentimento de pesar por ter descoberto a verdade tão tardiamente, endureceram a postura de Agostinho.[73]

Ele passou a encarar sua atividade intelectual como algo que também dependia de correntes que estavam fora de seu controle. É que, com o desenvolvimento de suas ideias características sobre a graça, a própria capacidade de amar, da qual depende a compreensão, foi vista como uma dádiva divina, fora dos poderes de autodeterminação do homem: nenhuma "formação" seria capaz de criá-la. Agostinho sentia aguda necessidade de um princípio norteador, fora de sua própria mente, que guiasse a turbulenta precipitação de seus pensamentos. A ideia de que Deus "inspirava", "instigava" e até "revelava" ideias ao pensador era comum na baixa Antiguidade;[74] em Agostinho, porém, essas ideias, amiúde expressas de maneira muito tosca por seus contemporâneos, enraizaram-se no profundo sentimento do ímpeto de forças psicológicas que escapavam a seu controle:[75] "Espero que Deus, em Sua misericórdia, faça-me manter a firmeza em todas as verdades que considero certas (...)."[76] Agostinho, o filho da visionária Mônica, havia herdado um pouco da irritante certeza de sua mãe.

As certezas de Agostinho podiam descer a raízes profundas e até primitivas. O "costume da Igreja", por exemplo, quando aliado à razão, podia eliminar um sem-número de objeções puramente racionais.[77] Por exemplo: Agostinho considerava que o sacramento do batismo era carregado de sentimentos instintivos de reverência, sentimentos suficientemente intensos, por si mesmos, para impedir que os homens praticassem o rebatismo.[78] Os pelagianos viriam a se colocar nitidamente contra essa faceta do pensamento agostiniano. Em tempos idos, Agostinho tivera a esperança de compreender o rito do batismo infantil: "A razão o descobrirá."[79] Agora, apelaria não para a razão, mas para os sentimentos arraigados das massas católicas.[80]

"BUSCAI MAIS E MAIS A SUA FACE"

Acima de tudo, a própria certeza de Agostinho nasceu de sua profunda consciência de quão pouco um homem podia vir a conhecer. Podemos acompanhar o desenvolvimento de sua mente, seguindo os tipos de sentimento que ele colheu no livro da Sabedoria. Antes, a Sabedoria iria "alegremente" ao encontro dos homens;[81] agora, esse tipo de sentimento seria toldado, durante o resto da vida de Agostinho, pela melancolia sofisticada de um judeu dos tempos helenísticos: *"Os pensamentos dos homens mortais são temerosos e nossas deliberações são incertas. Pois o corpo corruptível é um fardo para a alma, e a habitante terrena exerce pressão sobre a mente que medita sobre muitas coisas. (...)"*[82]

PARTE IV

410-420

TABELA CRONOLÓGICA D

410	18/8: Alarico entra em Roma. Refugiados romanos na África. Pelágio passa por Hipona. 25/8: Suspensão da tolerância aos donatistas. 14/10: Édito convocando uma *Collatio* em Cartago. Chegada de Marcelino.	14/6: XV Concílio de Cartago. Agostinho em Cartago, a intervalos, desde 19/5 até ir a Útica, em 11/9, e a Hipona Diarrhytus, em 22/9. Recolhe-se a uma propriedade fora de Hipona no inverno, por motivo de saúde. *Epistola CXVIII ad Dioscurum.* *De unico baptismo contra Petilianum* (= Ep. 120).
411	18/5: Os donatistas vão a Cartago para a *Collatio*. 1/6: Sessão inaugural da *Collatio*. 9/6: Julgamento proferido por Marcelino contra os donatistas.	Prega regularmente em Cartago de jan. a mar., assim como em Cirta e Cartago de abr. a jun., contra os donatistas. 1-3-8/6: *Collatio* em Cartago com os donatistas. Caso de Piniano em Hipona. Carta de Marcelino no fim do ano, para dizer que as ideias de Pelágio estavam-se espalhando em Cartago, e para contar sobre a condenação de Celéstio. /12: *Breviculus collationis contra Donatistas.* /12: *De peccatorum meritis et remissione.*
412	30/1: Édito contra os donatistas.	14/6: Sínodo em Cirta. Prega regularmente em Cartago de set. a dez. *Post collationem contra Donatistas.* *De spiritu ed littera.* *De gratia novi testamenti* (= Ep. 140).
413	Revolta de Heracliano. Demétria recebe o véu de Aurélio. Pelágio, *Carta a Demétria*. Derrota de Heracliano. 13/9: Execução de Marcelino.	Em Cartago (meados de jan.) *De videndo Deo ad Paulinam* (= Ep. 147). *De fide et operibus.* Em Cartago no fim de junho, e de novo em ago. e set., na tentativa de salvar Marcelino. *De civitate Dei, I-III* (escritos antes da morte de Marcelino). /15: *De civitate Dei, IV-V.* /15: *De natura et gratia.*
414	Orósio vai a Jerusalém, lá permanecendo por dois anos.	*De bono viduitatis ad Julianum.* O *De Trinitate* é publicado. /16-17: *Tractatus in Joannis evangelium* (talvez iniciado em 407-408).
415	20/12: O sínodo de Dióspolis (Lida) examina Pelágio.	*Ad Orosium contra Priscillianistas et Origenistas.* *De origine animae et de sententia Jacobi ad Hieronymum* (= Epp. 166-167). /16: *Tractatus in epistolam Joannis ad Parthos* (talvez iniciado em 407-408). /16: *De perfectione justitiae hominis.* /17: *De civitate Dei, VI-X.*
416	Orósio chega a Cartago para o concílio sobre Pelágio (setembro). Leva relíquias de Santo Estêvão. Visigodos instalam-se na Espanha.	Comparece ao concílio de Milevis (set.-out.), que condena Pelágio e Celéstio. *Ep.* 177 ao papa Inocêncio.

P.L.		
VOL.	COL.	TRADUÇÕES PARA O INGLÊS

33. 431
43. 595

---

43. 613
44. 109   (in) *The anti-Pelagian writings of St. Augustine, I*, Edimburgo, 1872.

43. 651
44. 201   (in) *The anti-Pelagian writings*, Edimburgo, 1872; *Three anti-Pelagian treatises of St. Augustine*, Londres, 1887; *Basic Writings, I*, Nova York, 1948; *Augustine, the later works*, Londres, 1954; *On the spirit and the letter*, Londres, 1925.
33. 538

33. 596

40. 197   (in) *Seventeen short treatises*, Oxford, 1847; *Faith and Works*, Nova York, 1955.

41. 13   *The City of God* (2 vols.), Edimburgo, 1871; (in) *Basic Writings, II* (apenas trechos escolhidos), Nova York, 1948; *City of God* (7 vols.), Londres, 1952-; *City of God*, Nova York, 1962-; *City of God* (edição resumida), Londres, 1963.
44. 247   (in) *The anti-Pelagian writings, I*, Edimburgo, 1872; *Three anti-Pelagian treatises*, Londres, 1887; *Basic Writings, I*, Nova York, 1948.

40. 429   (in) *Seventeen short treatises*, Oxford, 1847; *The excellence of widowhood*, Nova York, 1952.
35. 1379   *Homilies on the Gospel according to St. John* (2 vols.), Oxford, 1848/9; *On John* (2 vols.), Edimburgo, 1873/4.

42. 669
33. 720

35. 1977   (in) *Homilies on St. John II*, Oxford, 1848; *Augustine: later works*, Londres, 1954.

44. 291   *The anti-Pelagian writings, I*, Edimburgo, 1872.

33. 764

TABELA CRONOLÓGICA D (cont.)

417	12/3: Inocêncio condena Pelágio e Celéstio. 18/3: Eleição de Zózimo. Antes de set., Zózimo escreve aos bispos africanos: *"Magnum pondus..."* Meados de set.: Zózimo examina Pelágio. Escreve aos bispos africanos: *"Postquam..."*	Recebe a *História*, de Orósio. *De gestis Pelagii*. Prega em Cartago em meados de setembro. *De correctione Donatistarum* (= *Ep*. 185). *De presentia Dei ad Dardanum* (= *Ep*. 187). *De patientia*. /18: *De civitate Dei, XI-XIII*.
418	23/3: Terceira carta de Zózimo: Celéstio e Pelágio continuam excomungados. 30/4: Pelágio e Celéstio são expulsos de Roma. Morte de Zózimo (dez.) 29/12: Eleição de Bonifácio.	1/5: XVI Concílio de Cartago. Agostinho ali permanece pelo menos até meados do mês. Recebe carta de Piniano em Jerusalém, que acabara de se encontrar com Pelágio. Envia-lhe *De gratia Christi et de peccato originali*. 20/9: Em Cesareia, na Mauritânia: *Gesta cum Emerito Donatistarum episcopo*. /19: *Contra sermonem Arianorum*. /20: *De civitate Dei, XIV-XVI*. *Ep*. 194 a Sisto.
419	Surge o primeiro livro de Juliano de Eclano.	25/5: XVII Concílio de Cartago. *Locutiones in Heptateuchum*. *Quaestiones in Heptateuchum*. /21: *De nuptiis et concupiscentia*. /21: *De anima et ejus origine*. /21: *De conjugiis adulterinis*.
420	Gaudêncio de Timgad ameaça imolar-se, incendiar sua congregação e sua basílica, na chegada do agente imperial Dulcício.	*Contra mendacium*. /21: *Contra adversarium legis et prophetarum*. /21: *Contra duas epistolas Pelagianorum*. /25: *De civitate Dei, XVII*. ? Entrevista com o tribuno Bonifácio em Tubunae (Tobna).

P.L. VOL.	COL.	TRADUÇÕES PARA O INGLÊS
44.	319	(in) The anti-Pelagian writings, I, Edimburgo, 1872; Three anti-Pelagian treatises, Londres, 1877.
33.	792	On the Donatist controversy, Edimburgo, 1872.
33.	832	
40.	611	(in) Seventeen short treatises, Oxford, 1847; Patience, Nova York, 1952.

44.	359	(in) The anti-Pelagian writings, II, Edimburgo, 1874; Basic Writings, I, Nova York, 1948.
43.	697	
42.	683	
33.	874	

34.	485	
34.	547	
44.	413	(in) The anti-Pelagian writings, II, Edimburgo, 1874.
44.	475	(in) The anti-Pelagian writings, II, Edimburgo, 1874.
40.	451	Adulterous marriage, Nova York, 1955.
40.	517	(in) Seventeen short treatises, Oxford, 1847; Against Lying, Nova York, 1952.
42.	603	
44.	549	(in) The anti-Pelagian writings, III, Edimburgo, 1876.

25
SENECTUS MUNDI

O SAQUE DE ROMA[1]

Mais ou menos no final de 408, Agostinho escreveu uma longa carta a Paulino de Nola.[2] Paulino era um homem de sorte: ainda podia dar-se ao luxo de ser extramundano — era um recluso que vivia uma "morte evangélica" para os assuntos deste mundo.[3] Para o bispo Agostinho, essa antiga tradição de recolhimento já não bastava: ele tinha que "viver *entre* os homens, em benefício deles";[4] e "me parece que a incerteza e a dificuldade com que deparamos (nisto) brota do fato singular de que, em meio à grande variedade dos hábitos e opiniões dos homens, (...) temos de conduzir os negócios de um povo inteiro — não do povo romano da terra, mas dos cidadãos da Jerusalém Celestial".[5]

Ao dizer isso, Agostinho tocou num ponto nevrálgico para os bispos de sua época. Era um truísmo dizer que os cristãos pertenciam a uma Jerusalém Celestial: somente nessa cidade eles "não seriam transeuntes, estrangeiros residentes, mas cidadãos plenos".[6] Ao expressar em termos de "cidadania plena" essa extrema lealdade a um outro mundo, eles haviam escolhido a expressão mais vívida e significativa que os homens antigos podiam usar.[7] Ainda assim, durante o episcopado agostiniano, esse grupo de homens do outro mundo teve um impacto dramático e violento neste aqui. Por mais de uma década, os bispos da África provocaram a destruição dos costumes antigos. O paganismo popular foi abolido; os grandes templos foram fechados e as estátuas, quebradas, amiúde por turbas de cristãos;[8] as orgulhosas inscrições que haviam proclamado a aliança inabalável das cidades antigas com seus deuses protetores foram usadas para pavimentar as vias públicas.[9]

Em algumas ocasiões, a irritação foi grande demais. Em Calama, em 408, Possídio tentou usar seus novos poderes, concedidos por uma lei imperial, para suspender uma procissão tradicional: quase foi morto nos tumultos que se seguiram[10] (Agostinho estava pensando nesse incidente ao escrever a Paulino). Na ocasião, o próprio Agostinho foi procurado por Nectário, um ilustre cidadão de Calama, que lhe pediu sua intercessão para modificar as punições selvagens que poderiam ser infligidas depois desses tumultos.[11] Afinal, o bispo de Hipona era um homem sumamente culto e, como Nectário, havia-se transformado numa figura local de destaque: poderia ele ser tão insensível ao amor pela terra natal, "o único amor que ultrapassa justificadamente o amor aos próprios pais"?[12] Agostinho respondeu em tom categórico, nos termos de Nectário: havia encontrado um país melhor para amar; "Perdoai-nos, por favor", escreveu, "se o *nosso* país, lá em cima, tem que causar problemas para o vosso."[13]

Bastaria uma calamidade pública para levar essa tensão a seu auge. E calamidades eram coisa que não faltava. Essa foi a época das "invasões dos bárbaros". Em 24 de agosto de 410, deu-se o inconcebível: um exército de godos, chefiado por Alarico, entrou em Roma.[14] Em duas ocasiões, nos dois anos anteriores, os godos haviam sitiado a cidade sagrada e levado os habitantes esfaimados ao canibalismo. Roma foi saqueada durante três dias e, como seria inevitável, algumas de suas partes foram incendiadas.

Nos anos seguintes, é claro, houve muitas pessoas ansiosas por minimizar essa desgraça. Poderia ter sido pior. Alarico passara a maior parte de sua vida dentro das fronteiras do Império Romano. Comparado a outros bárbaros, era quase um dignitário do Estado. Havia usado a destrutividade de sua tribo para pleitear pensões e um cargo no alto comando do Estado romano; sua posição e a de seus sucessores dependiam de eles continuarem receptivos às negociações com o governo romano.[15] Nos anos seguintes, os políticos perceberam com alívio que os conquistadores potenciais da Europa nada mais eram, na realidade, do que chantagistas ambiciosos.[16] Mas tudo isso estava no futuro. Os refugiados que apareceram na África naquele inverno não podiam permitir-se a complacência dos políticos e historiadores vindouros, que minimizariam a importância do saque de sua cidade. Pelágio, um monge da Grã-Bretanha, estivera presente na ocasião do saque e assim escreveu a uma dama romana, quando os acontecimentos ainda estavam frescos na memória de ambos:

"Aconteceu muito recentemente, como vós mesma soubestes. Roma, a amante do mundo, estremeceu, tomada de medo, ao som das trombetas estrídulas e da gritaria dos godos. E onde ficou a nobreza? Onde ficaram as fileiras seguras e distintas de dignitários? Todos se misturaram, unidos e abalados pelo medo; cada família teve seu próprio desgosto e um pavor difuso apoderou-se de nós. Escravos e nobres tornaram-se um só. O mesmo espectro da morte nos rondava a todos."[17]

Fazia muito tempo, é claro, que Roma deixara de ser a capital política do império. Como residência de muitos senadores importantes, no entanto, continuara a ser o centro da sociedade ocidental, e seus refugiados eram particularmente vociferantes e influentes.[18] Acima de tudo, Roma era o símbolo de toda uma civilização; foi como se um exército tivesse permissão para saquear a Abadia de Westminster ou o Louvre. Em Roma, a proteção dos deuses ao império era explícita. Para os conservadores do século anterior, Roma fora uma espécie de "Vaticano pagão" — uma cidade meticulosamente protegida, com grandes templos em que a religião que havia assegurado a grandeza do império podia sobreviver e ser vista sobrevivendo.[19] Os cristãos haviam até entrado em conluio com esse mito: assim como Roma tinha reunido deuses de todas as nações para que funcionassem como talismãs, os cristãos romanos haviam passado a acreditar que Pedro e Paulo tinham viajado do Oriente para depositar seus corpos sagrados na cidade.[20] Um talismã fora meramente substituído por outro; e, depois de 410, Agostinho teve de lidar tanto com cristãos desiludidos quanto com pagãos furiosos.[21]

Num nível mais profundo, Roma simbolizava a segurança de todo um estilo de vida civilizado. Para o homem culto, a história do mundo conhecido culminava, de modo muito natural, no Império Romano, do mesmo modo que, para um homem do século XIX, a história da civilização culminava na supremacia da Europa.[22] Assim, o saque de Roma pelos godos foi um sinistro lembrete de que até as sociedades mais valiosas podiam morrer. "Se Roma pode perecer", escreveu Jerônimo, "o que estará a salvo?"[23]

Agostinho é o único contemporâneo que vemos reagir imediatamente a esse desastre: longos sermões, escritos em datas próximas, bem como uma série de cartas a refugiados ilustres, permitem-nos avaliar a complexidade de sua atitude.[24] Esses textos nos permitem ver como um acontecimento cujos contornos e importância tendem a ser presumidos como certos pelos historiadores podia refratar-se num participante, num espectro surpreendentemente rico. Empobreceríamos a reação de Agostinho ao saque de Roma se nos interessássemos apenas por um de seus aspectos, ou seja, pela reação de um cristão ao destino geral do Império Romano. Essa questão raramente vem à baila: ao contrário, na mente de Agostinho há espaço para todas as emoções confusas de qualquer contemporâneo que intuísse, obscuramente, que o mundo em que vivia já não podia ser presumido como líquido e certo. Nos escritos agostinianos dessa época encontramos comentários perspicazes, lado a lado com a expressão de interesses políticos egoístas; a busca calculada de sua própria autoridade, num clima de crise, misturada a uma preocupação crescente com temas fundamentais, com a culpa e o sofrimento, a velhice e a morte.

Agostinho era bispo. Seu contato com o mundo externo dava-se por intermédio de cristãos devotos.[25] Ele desejava "chorar com os que choram" e ficou sinceramente aborrecido com os bispos italianos que não se deram ao trabalho de lhe dar informações sobre a extensão do desastre.[26] Como bispo africano, todavia, ele mesmo já andava suficientemente preocupado com acontecimentos mais próximos de casa. As autoridades de Cartago entraram em pânico nesse momento: para aplacar a insatisfação, proclamaram um precipitado édito de tolerância aos donatistas.[27] Foi esse o ato que dominou a vida de Agostinho na época do saque de Roma. Ele se viu diante de uma crise de autoridade em sua própria cidade. A violência dos donatistas havia recrudescido e com ela viera o ressurgimento da "segregação" religiosa entre os católicos: a congregação agostiniana começou a condenar ao ostracismo os donatistas convertidos.[28] Agostinho foi parcialmente responsável por esse clima ruim. Ausentava-se constantemente: ainda estava em Cartago em 8 de setembro de 410, recebendo cartas que reclamavam com urgência sua volta a Hipona.[29] Ao retornar, viu-se diante de problemas muito mais prementes do que a notícia do distante saque de Roma: um donatista convertido havia abandonado a religião ao ser desdenhado pelos católicos. Isso era o que realmente o comovia: "Diante dessa notícia, eu vos digo, irmãos, meu coração ficou inconsolável: sim, meu coração ficou inconsolável."[30]

Como bispo, ele voltava os olhos para Ravena, onde os imperadores católicos faziam as leis que protegiam sua Igreja, e não para Roma. Assim, enquanto a Grã-Bretanha tornava-se independente e a Gália caía nas mãos dos usurpadores, Agostinho e seus colegas mantiveram-se fiéis ao imperador existente: Honório. O pai dessa "pálida flor dos aposentos femininos", Teodósio, o Grande, viria a ser apresentado como um modelo de príncipe cristão em *A cidade de Deus*.[31] Houve boas razões para esse panegírico superficial: uma lei que reafirmava toda a legislação anterior de repressão dos não católicos emergiu da chancelaria de Ravena quase exatamente na mesma ocasião em que os godos entraram em Roma.[32]

Em contraste, Roma podia ser representada como a ovelha negra de uma família de leais cidades cristianizadas: Cartago, Alexandria e Constantinopla. O cerco havia provocado uma aparatosa reação pagã na cidade; e assim, para um bispo católico, os romanos, que depositavam sua fé em deuses falsos, haviam simplesmente recebido o que mereciam.[33] Cartago, condignamente purgada de seus templos grandiosos por comissários imperiais,[34] ainda se mantinha de pé, *in nomine Christi*, "em nome de Cristo".[35] Essa observação presunçosa denuncia Agostinho como um perfeito provinciano comum do baixo-império; seu patriotismo significava lealdade a um monarca absoluto idealizado; imune à saudade aristocrática da Velha Roma, ele depositava sua confiança em autocratas distantes, que ao menos compartilhavam os mesmos preconceitos cristãos de sua congregação.[36]

Quando há um clima de calamidade pública, os homens querem saber o que fazer. Ao menos Agostinho sabia dizer-lhes isso. Os pagãos tradicionais haviam acusado os cristãos de se afastarem das questões públicas e serem pacifistas em potencial. A vida episcopal de Agostinho foi uma refutação contínua dessa afirmação. Ele sabia o que era exercer o poder com o apoio do governo imperial. Longe de abandonar a sociedade civil, mantivera o que acreditava ser a sua verdadeira base, a religião católica; e, em sua maneira de lidar com a heresia, a ilegalidade e a imoralidade, não demonstrou o menor vestígio de pacifismo.

Ao escrever a membros pagãos e cristãos da classe governante nessa época, ele soube abordá-los como um homem que adquirira experiência numa dura escola sobre os problemas que os afligiam. Como bispo, pôde afirmar que fizera o que nenhum deus pagão tinha feito: encarregara-se da orientação moral de uma comunidade inteira.[37] Nenhum templo pagão jamais havia ressoado com uma oratória como a usada por Agostinho nesse momento, para firmar sua autoridade ameaçada sobre as "ovelhas" católicas de Hipona.[38]

Não havia espaço para imprecisões no projeto agostiniano. Os pagãos conservadores haviam falado nostalgicamente, em termos genéricos, sobre imponderáveis valores do passado, como a "antiga moralidade":[39] Agostinho escreveu de modo inambíguo sobre a imposição pública exata da moral.[40] Eles haviam ansiado pela glória militar de seus ancestrais; Agostinho meramente virou essa beligerância para dentro: o vício e a heresia eram "inimigos internos" que exigiam uma austera "Frente Doméstica".[41] Seu ideal presumia um Estado poderoso e atuante: de nada lhe servia o "enaltecimento vazio do *mos maiorum*, o estilo de vida ancestral"; as leis, reveladas aos homens pela autoridade divina e ativamente impostas, viriam a ser a base de seu império cristão.[42]

Havia muitos homens dispostos a ouvir esse tipo de conselho. Flávio Marcelino, um comissário imperial que chegou a Cartago no fim do ano, era típico de uma nova geração de políticos católicos: batizado, teólogo amador, austero e completamente casto.⁴³ Como Agostinho, esse homem sentira-se "convocado à força" para o serviço público: como Agostinho, podia-se esperar que reagisse a seu cargo sendo duplamente consciencioso; tal como no Evangelho, agora ele deveria "andar duas milhas com aqueles que o haviam forçado a andar uma só".⁴⁴ Há uma verdade sombria no uso agostiniano desse mandamento. Em 410 e a partir de então, um novo tipo de servidor do Império passou a percorrer umas boas milhas em nome dos interesses da Igreja católica. A eliminação final do donatismo na província por esses homens deveu muito ao clima de pânico e à necessidade de medidas vigorosas que acompanharam a queda de Roma.⁴⁵

Mas as angústias mais profundas não podiam ser evitadas pelos chamamentos à ação: Agostinho também precisava dar sentido ao sofrimento e à derrocada política numa escala que tomara de surpresa a sua congregação.

A África era uma terra de oliveiras. Durante todo o verão, as azeitonas pendiam de ramos que balançavam soltos ao sopro da brisa; no fim do ano, eram socadas e esmagadas nas prensas. A imagem conhecida da prensa de azeitonas,⁴⁶ o *torcular*, passou a ressurgir nos sermões de Agostinho:⁴⁷ "Estamos no fim do ano. (...) É hora de sermos prensados."⁴⁸ Essa imagem resume a avaliação agostiniana característica do significado do saque de Roma. As desgraças da época eram as *praessure mundi*, a prensagem de toda a comunidade humana.⁴⁹ Ninguém podia ficar isento dessa prensagem. É típico de Agostinho vincular muito intimamente a culpa e o sofrimento e considerá-los tão disseminados. Sua reação às catástrofes de 410 revela a base fundamental das ideias que ele havia cristalizado ao justificar a "catástrofe controlada" da coerção dos donatistas: a raça humana como um todo precisava de disciplina,⁵⁰ por intermédio de impactos frequentes e indesejados; assim, seu Deus era um pai severo, que *"açoita o filho a quem acolhe"*: "E tu, filho mimado do Senhor, tu queres ser acolhido, mas não surrado."⁵¹

Essa atitude profundamente arraigada também significa que Agostinho recusou-se a ficar fora do desastre, como fizeram muitos cristãos.

Os romanos, por exemplo, não foram castigados por nenhum pecado especial que os distinguisse: ao contrário de moralistas cristãos posteriores, Agostinho não criticou em detalhe os vícios da sociedade romana.[52] Para ele, a culpa profunda da raça humana em geral era razão mais do que suficiente para qualquer de suas tribulações específicas. Menos ainda regozijou-se ele do saque de Roma, como se fora o colapso de uma civilização estrangeira e hostil, o que bem pode ter acontecido entre uma gama periférica de cristãos.[53] Acima de tudo, ele se recusou a ficar passivo. Recusou-se a ver apenas destruição. A "prensagem" era um processo ativo, que almejava resultados positivos; com ela, o azeite bom era liberado para fluir para os tonéis: "O mundo cambaleia sob golpes esmagadores e o ancião se perturba; a carne é prensada e o espírito se transforma em fluido azeite cristalino."[54] A reação de Agostinho ao clima de emergência pública foi um estímulo à ação; sua visão da natureza corretiva das catástrofes admitia um respeito genuíno pelo heroísmo.

Mas é claro que o homem escolhe seus heróis a partir daqueles com quem convive. Agostinho voltava-se para uma pequena elite — os "servos de Deus", que, à semelhança dos justos de Israel, louvavam a Deus e oravam, em meio a seus tormentos, "por seus pecados e pelos pecados de seu povo".[55] Seus heróis eram os membros ascéticos da aristocracia romana que passara a conhecer por intermédio de *Paulinus noster*, Paulino de Nola.[56] Agostinho não tinha ilusões sobre o homem comum: "A congregação de Hipona", escreveu, "a quem o Senhor me ordenou que servisse, é uma grande massa, e quase toda ela de constituição tão fraca que até a pressão de uma aflição relativamente branda pode colocar o seu bem-estar em sério perigo; no momento, porém, ela vem sendo atingida por tão esmagadoras tribulações que, mesmo que fosse forte, dificilmente poderia sobreviver à imposição desse fardo."[57]

Esses nobres cristãos *déracinés* criaram uma grande comoção ao chegarem à África, mas foram de pouca ajuda prática. Perdeu-se uma esplêndida oportunidade. Os membros cristãos de uma família da nobreza que era famosa por sua austeridade — Melania, seu marido, Piniano, e a mãe, Albina — haviam-se recolhido a sua propriedade em

Tagaste.⁵⁸ Agostinho tinha a visível esperança de que uma visita desses heróis da devoção levantasse o moral de seu rebanho;⁵⁹ mas os cidadãos de Hipona impressionam-se mais com as pródigas doações feitas à igreja de Tagaste por seus visitantes fervorosos.⁶⁰ Na igreja, os fiéis assediaram Piniano com "uma gritaria contínua e assustadora",⁶¹ a fim de forçá-lo a permanecer em seu meio como padre. Os visitantes ilustres foram-se de Hipona, chocados por encontrarem tamanha turbulência entre as "ovelhas" de Agostinho.⁶² O povo de Hipona tivera a intenção de escolher Piniano como um patrono rico que os protegesse nas horas de emergência.⁶³ Agostinho não havia partilhado dessa opinião: estava disposto a deixar que Piniano fosse embora da cidade, se um dia Hipona viesse a ser atacada pelos godos.⁶⁴ Nem Piniano nem Agostinho consideraram uma aliança entre o grande senhor de terras e o bispo contra os bárbaros, do tipo que viria a ser importantíssimo noutras províncias. Para Agostinho, a "prensagem do azeite" continuava a ser um processo secreto, e o heroísmo era o heroísmo do sofredor fiel a sua distante cidade celestial, e não o do defensor de qualquer cidade terrena.⁶⁵

Na verdade, Agostinho considerava certa a sobrevivência do Império Romano. Para ele, este era "o mundo", o *mundus* em que ele havia crescido e vivido por sessenta anos. O bispo estava perfeitamente disposto a considerar o saque de Roma um desastre sem precedentes;⁶⁶ não fez nenhuma tentativa de atenuar as notícias aterradoras de "massacres, incêndios, pilhagens, homens assassinados e torturados".⁶⁷ Tinha o desapreço do homem civilizado pelos godos: entre estes, o cativeiro "se dava ao menos entre seres humanos, *ainda que* (!) entre bárbaros".⁶⁸ Ele era capaz de aceitar a mortalidade de todas as instituições humanas.⁶⁹ Mas toda a sua visão implicava a crença na resistência do Império como um todo. O tratamento corretivo fracassava em seu propósito quando exterminava seu sujeito:⁷⁰ Roma, na visão agostiniana madura, fora "castigada, mas não substituída".⁷¹ Muitas vezes, falar da inevitabilidade da morte pode ser deliberadamente usado para desconhecer uma questão precisa e desagradável: saber se essa morte inevitável está ocorrendo. Agostinho foi franco com seu público: "Não desanimeis, irmãos; todos os reinos terrenos terão fim. Se este é o fim, Deus o está vendo. Talvez as coisas ainda não tenham chegado a esse ponto: por alguma razão — chamemo-la fraqueza, misericórdia ou simples mesquinhez —, todos temos a esperança de que o fim ainda não tenha chegado."[72]

Mas os homens não são puramente passivos naquilo que optam por considerar verdadeiro ou provável: é muito frequente insistirem em tratar certos temas como "muito naturais", para não serem embaraçados por eles. Os comentários de Agostinho sobre o Império Romano, em seus sermões e em *A cidade de Deus*, têm justamente essa característica. Como pensador cristão, ele havia tomado por certas muitas coisas sobre o passado pagão, em seu estilo deliberado e distintivo.[73] Havia descartado a extrema inibição que cercava a língua latina, instilada pelas escolas de retórica, afirmando que o bom latim podia ser "aprendido" da maneira mais natural.[74] Do mesmo modo e pelas mesmas razões, ele considerou certeira a sobrevivência do Império Romano, por medo de que, em meio à angústia, sua congregação tornasse a ser hipnotizada pelo mito de Roma. Esse símbolo tão poderoso de empenho puramente terreno tinha que ser neutralizado, para que lhe fosse possível interessar os homens num outro tema, que para ele se tornara importantíssimo: "*Dominus aedificans Jerusalem*", "o Senhor construindo Jerusalém".[75]

Em 417, ele teve diante de si um livro que mostrava, sob uma aparência cristã, o imenso poder do mito de Roma. Era a *História contra os pagãos*, do padre espanhol Orósio. O livro era humildemente dedicado ao próprio Agostinho.[76] Mas, apesar dessa cortesia, Orósio havia chegado a suas próprias conclusões, que eram bem diferentes das agostinianas.[77] Agostinho não compartilhava seu interesse em minimizar as invasões dos bárbaros, tampouco seus pressupostos básicos sobre o papel providencial do Império Romano. A *História* dedicada a ele foi juntar-se aos muitos livros de seus contemporâneos que Agostinho ignorava de modo contundente.[78] É que seu pensamento passara a repousar no futuro: "*Deixai-me conhecer meu fim.*"[79]

Agostinho considerava-se vivendo na Sexta e última Idade do Mundo, a velhice.[80] Não pensava nisso como um homem que vivesse à sombra de um acontecimento iminente, mas, antes, com a tristeza de alguém para quem nada de novo poderia acontecer. Tudo o que precisava ser dito já fora dito: o homem estava velho aos 60 anos, achava Agostinho, mesmo que se arrastasse, como tinham feito alguns, até os 120.[81] Era uma futilidade calcular o fim do mundo, pois até o prazo mais curto pareceria longo demais para os que ansiavam por ele.[82]

Nas épocas de calamidade, os homens são capazes de viver ainda mais avidamente no futuro do que no passado e no presente; e foi no futuro que Agostinho insistiu em todos os seus sermões desses anos. Ele dava às autoridades católicas a "miragem" de uma Cidade Celestial, pela qual elas poderiam trabalhar nesta vida;[83] aos desiludidos, dava o sentimento de que os acontecimentos do presente tinham sido previstos muito antes;[84] às comunidades cristãs, o sentimento indispensável de que elas ainda eram um grupo pequeno, privilegiado por participar de uma experiência predestinada de sofrimento.[85]

Ao compararmos esses sermões com as opiniões de um pagão como Nectário de Calama, podemos apreender a intensidade dessa preocupação com o futuro que estava reservado para o mundo em sua velhice. Agostinho não era o único "extramundano": também Nectário tinha espaço para um outro mundo e até para uma "cidade celestial".[86] Mas, de algum modo, a cidade celestial de Nectário existia acima e além do presente estático e tranquilo do conservador. Os cidadãos que tivessem vivido da maneira tradicional, cumprindo seus deveres tradicionais nas antigas cidades em que eram nascidos e criados, seriam "promovidos" para essa outra cidade.[87] Os dois mundos pareciam distintos, autônomos e imperturbáveis, e a "promoção" que os ligava era uma coisa ordeira. A velhice e a morte não eram ordeiras; ligavam o presente ao futuro por longos processos destrutivos. Tais processos ligavam o velho "mundo" de Agostinho a sua "cidade" celestial, e a própria vida era apresentada como uma adaptação gradativa e dolorosa a um novo crescimento milagroso, que poderia acontecer em meio aos horrores da velhice.

A destruição ficou patente demais no mundo depois do ano de 410. No trajeto de volta de Cartago naquele outono, Agostinho passou por anfiteatros cujo estilo megalomaníaco assombra-nos até hoje. Nectário e, a rigor, muitos integrantes da plateia do próprio Agostinho deviam achar que aqueles monumentos espantosos tinham sido construídos pela "devoção".[88] a *pietas* que resumia a tenacidade sobrenatural com que os romanos, na África e noutros lugares, haviam procurado transmitir de pai para filho o padrão de um estilo de vida firmemente arraigado no mundo terreno. Mas as crises recentes do Estado romano tinham-se feito sentir na África. O dinheiro andava escasso; essas construções públicas haviam cessado e os poderosos anfiteatros já haviam começado a desmoronar.[89] Agostinho não ficou surpreso ao ver essas ruínas. Aquele passado podia morrer.

Agostinho envelhecera. Sua saúde estava debilitada.[90] Seus sermões sobre o futuro da Cidade Celestial têm o tom próprio do homem que entrou em contato com esperanças e temores fundamentais:

"Ficais surpresos ao ver que o mundo está perdendo sua força, que envelheceu? Pensai no homem: ele nasce, cresce, envelhece. A velhice tem suas inúmeras mazelas: a tosse, os tremores, a vista enfraquecida, a angústia, o terrível cansaço. O homem envelhece e fica cheio de queixas. O mundo está velho, repleto de tribulações prementes. (...) Não vos apegueis a esse velho, o mundo; não vos recuseis a recuperar vossa mocidade em Cristo, que vos diz: 'O mundo está morrendo, o mundo perde suas forças, o mundo está arquejante. Não temais, pois *Vossa juventude será renovada como uma águia.*'"[91]

26
MAGNUM OPUS ET ARDUUM

ESCREVENDO A "CIDADE DE DEUS"

No outono de 410, a saúde de Agostinho finalmente lhe faltou. Convalescendo na propriedade de um amigo no interior, ele pôde resgatar momentaneamente o *otium*, o lazer culto de que um dia havia desfrutado em Cassicíaco e Tagaste.[1] Tinha agora lembranças pungentes daqueles tempos: "Ao ler tuas cartas, tanto quanto o tempo mo permite", escreveu a um jovem colega, "vem-me à lembrança meu amigo Nebrídio. (...) Mas és bispo, sobrecarregado com as mesmas preocupações que eu. (...) Já ele era um homem na flor da juventude (...) capaz de discutir problemas comigo como faz um homem ocioso com outro."[2]

No entanto, Agostinho não conseguia escapar de sua reputação anterior de literato. Alípio chegara até a se gabar da mestria de seu amigo como especialista em Cícero, nos círculos universitários de Cartago;[3] e assim, às vésperas da convalescença, Agostinho recebeu um maço inteiro de problemas literários e filosóficos extraídos dos *Diálogos* de Cícero, que lhe foram enviados por Dióscuro, um estudante grego em vias de deixar a universidade de Cartago.[4] Ali estava mais um jovem com a cabeça apinhada de fragmentos de Cícero,[5] apressado em zarpar de Cartago para um mundo mais vasto:[6] dir-se-ia que era o jovem Agostinho! O bispo idoso e cansado aborreceu-se: "Eu gostaria de poder arrancar-te de tuas investigações palpitantes e cravar-te no tipo de preocupações com que tenho de lidar."⁷ Em especial, se Dióscuro tinha algo que valesse a pena dizer, com certeza poderia dizê-lo sem tanto esnobismo literário: "Não é preciso conquistar leitores alardeando conhecimento dos *Diálogos* de Cícero."⁸ Se o jovem Dióscuro lesse a grande obra que começaria a ser publicada três anos depois — a *De Civitate Dei*, de Agostinho —, é bem possível que ficasse surpreso e impressionado, pois nela o velho bispo ostentaria, em inúmeras citações diretas, seu próprio domínio de todos os textos de Cícero.⁹ Uma nova plateia passara a exigir uma nova abordagem: é que os nobres pagãos cultos de Roma haviam começado a fazer sentir sua presença, como refugiados, nos *salons* de Cartago.

O integrante de maior peso nesse grupo era um jovem competente, de cerca de 30 anos, chamado Volusiano.¹⁰ Ele pertencia a uma antiga família romana e seguira obedientemente a orientação de seus antepassados pagãos. No entanto, achava-se numa situação incômoda. Já vivia num mundo "pós-pagão". Agostinho conhecia as mulheres da família como cristãs devotas: Volusiano era filho de Albina e sua sobrinha era Melania, mulher de Piniano, cuja chegada a Hipona causaria grande rebuliço.¹¹ Volusiano servia a imperadores cristãos e, portanto, não tinha liberdade para externar suas opiniões;¹² e, como filho de uma mãe devota, era constantemente abordado por bispos como Agostinho e por leigos entusiásticos, como Flávio Marcelino.¹³

Faltavam até mesmo raízes concretas a seu paganismo. Ele havia crescido quando a rodada de cerimônias pagãs, tão amorosamente praticadas por seu pai e pelos amigos deste, já declinava nas ruas e templos de Roma. Somente nos livros Volusiano conseguia encontrar a velha e querida religião, e foi por isso que pareceu a Agostinho ser o centro de um círculo literário conhecido por "seu estilo culto e refinado, destacado pelo encanto da verdadeira eloquência romana".¹⁴

Havia um livro que revelava com muita clareza as preferências de Volusiano e seus amigos: as *Saturnalia*, de Macróbio.¹⁵ Tratava-se de um livro de "Conversas imaginárias" que retratava os grandes conservadores romanos em seu apogeu, por volta de 380 — lá estava Albino, o pai de Volusiano; lá estavam também o orador Símaco, seu amigo íntimo, e o grande especialista em religião, Pretextato. Eles são mostrados deliciando-se com discussões eruditas durante os feriados das Saturnais. Nessas conversas, entretanto, podemos sentir algo mais do que o deleite elegante com um passado grandioso: trata-se de uma cultura inteira correndo precipitadamente para ficar imóvel. "A Velha Tradição", *Vetustas*, deveria agora ser "sempre adorada".[16] Assim como os homens que depositam seu dinheiro em bancos seguros no exterior, esses últimos pagãos ansiavam por investir suas crenças num passado dourado e distante, não perturbado pela ascensão do cristianismo. Os imperadores cristãos haviam abandonado o título de *Pontifex Maximus*, mas Virgílio poderia substituí-los, exercendo esse ofício para os leitores religiosos.[17] De manual didático, Virgílio poderia transformar-se, como a Bíblia, numa fonte inesgotável de informações religiosas exatas.[18] Até os artistas contratados por esses homens retratavam amorosamente os mais ínfimos detalhes dos sacrifícios de Eneias, uma geração depois de justamente esses sacrifícios terem sido oficialmente abolidos.[19] Vemos aí um estranho fenômeno: a preservação de todo um estilo de vida no presente, transfundindo-o com a segurança inviolável de um passado adorado.

Mas não era só isso. Esses homens eram profundamente religiosos. Podiam competir com os cristãos em sua sólida fé nas recompensas e punições depois da morte. Macróbio também escreveu um comentário sobre o *Sonho de Cipião*: ele mostrava que "as almas daqueles que serviram condignamente à comunidade retornam do corpo para o céu e lá desfrutam da eterna bem-aventurança".[20] Para tais homens, o cristianismo se afigurava, como hoje se afigura a muitos, uma religião incompatível com os pressupostos naturais de uma cultura inteira. Os grandes platônicos de sua época, Plotino e Porfírio, eram capazes de lhes oferecer uma visão profundamente religiosa do mundo, que brotava naturalmente de uma tradição imemorial. As afirmações dos cristãos, em contraste, não tinham fundamento intelectual. Para um homem como Volusiano, aceitar a Encarnação seria como um europeu moderno negar a evolução da espécie: ele teria de abandonar não apenas o conhecimento mais avançado e de maior base racional que estava a seu alcance, mas também, por implicação, toda a cultura permeada por essas realizações. Dito em termos muito simples, os pagãos eram os "sábios", os "peritos", os *prudentes*, e os cristãos eram "estúpidos".[21]

Agostinho estava em boas condições de reconhecer a natureza da ameaça representada por esse neopaganismo literário e filosófico. Por algum tempo, pareceu prestes a ser cooptado pelo círculo pagão: tivera a proteção de Símaco e, em Milão, havia lecionado para filhos de amigos de Símaco, que eram contemporâneos exatos de Volusiano. Esses homens não eram conservadores obstinados e isolados: eram o centro de uma vasta intelectualidade que se espalhava por todas as províncias do Ocidente.[22] Para um homem na posição de Agostinho e com sua experiência em primeira mão do mundo intelectual da época, o verdadeiro perigo, depois de 410, vinha menos da desolação popular com o saque de Roma[23] que do poder desses homens, que seriam capazes de consolidar uma tradição de prestígio contra a disseminação do cristianismo.[24] Vista por esse prisma, *A cidade de Deus* foi o último ato de um extenso drama: escrita por um ex-protegido de Símaco, viria a ser uma rejeição definitiva do paganismo de uma aristocracia que havia afirmado dominar a vida intelectual de sua época.

A chegada dos aristocratas romanos à África deixou muito clara essa questão. Agostinho certamente devia saber o efeito que teria a liderança deles em toda a província. A vida universitária da África ainda era vigorosa, e majoritariamente pagã:[25] um discípulo do próprio Agostinho, Eulógio Favônio, também escreveu um comentário sobre o *Sonho de Cipião*.[26] Um homem como Nectário de Calama reverenciava esse texto, que oferecia a imortalidade na Via Láctea aos homens que, como ele, agissem com correção dentro do estilo tradicional.[27] Por trás desses conservadores estavam os filósofos que Agostinho conhecia de perto — os *Platonici*; como ele, estes eram homens ascéticos, voltados para o outro mundo e, também como ele, interessados na salvação da alma humana, mas que se mantinham distantes das congregações da Igreja católica, vestindo as sóbrias túnicas tradicionais de sua vocação austera.[28]

Esses homens serviram de adversários para *A cidade de Deus*. Dispunham-se até a provocar Agostinho, de um modo digno dos heróis de Macróbio. Este introduziu uma discussão sobre Virgílio, seu clássico religioso, fazendo com que um estranho indesejado levantasse objeções diante de um grupo chocado.[29] Volusiano também introduziu críticas ao cristianismo, exatamente do mesmo modo, num banquete literário que descreveu pormenorizadamente a Agostinho.[30] Nas *Saturnálias*, é claro, foi Símaco o primeiro a se levantar para defender o reverenciado poeta. Agora, era para Agostinho, o decano de uma nova literatura cristã,[31] que se voltava essa plateia meticulosa, um tanto ironicamente,[32] em busca de satisfações.

Agostinho hesitou um pouco antes de se comprometer com a redação de um livro.[33] Tivera a esperança de que Marcelino pudesse circular suas cartas abertas nos salões,[34] porém Marcelino exigiu algo mais, uma "solução esplêndida".[35] E assim, quando saíram os três primeiros livros de *A cidade de Deus*, em 413, Agostinho fez todas as promessas de uma obra monumental: "um grande e árduo trabalho, *magnum opus et arduum*, meu dileto Marcelino".[36] Treze anos depois, Agostinho concluiria essa obra em 22 volumes com uma frase compacta, que resume o tom de deliberação vigorosa em que havia optado por escrever: "Com a ajuda do Senhor, pareço haver pago minha dívida com este livro gigantesco."[37]

Agostinho vivera vinte anos como bispo provincial em Hipona. Agora, sua reputação estava em jogo diante de uma plateia muito diversa e exigente.[38] O resultado é que *A cidade de Deus* é o livro mais formal dentre todos os que ele escreveu. Foi planejado de antemão, em escala maciça: cinco livros versariam sobre os que adoravam os deuses em busca de felicidade na Terra; cinco, sobre os que os adoravam em busca da felicidade eterna; os outros doze desenvolveriam o grande tema de Agostinho: quatro discorreriam sobre a origem das "Duas cidades, uma de Deus, outra do mundo"; quatro, sobre o "desdobramento do curso" dessas cidades no passado, e quatro, sobre seu destino final. Temos até mesmo a carta que Agostinho escreveu a seu agente literário, o padre Firmo: nela, o bispo dá instruções sobre o modo de encadernar o manuscrito desajeitado, de acordo com o projeto básico;[39] e o fluxo livre dos livros é indicado por uma lista de títulos de capítulos.[40] Esse não seria um panfleto transitório para uma plateia simples: era um livro que homens ociosos,[41] homens eruditos, deveriam dispor-se a ler e reler para apreciá-lo.[42]

A cidade de Deus é um monumento à cultura literária do baixo Império Romano, tão característico, à sua maneira, quanto as Saturnálias de Macróbio. Isso se evidencia até nos mais ínfimos detalhes. Supunha-se que o literato fosse um erudito. Como no Renascimento, suas teses tinham de ser desenvolvidas em relação a toda uma gama de autoridades literárias. Em A cidade de Deus, Agostinho constrói seus argumentos, deliberadamente, não segundo o método dialético dos escolásticos de épocas posteriores, mas de modo a mostrar que também ele era capaz de se deslocar por entre os cirros-cúmulos da erudição.[43] Essa é uma abordagem acentuadamente diferente da adotada em seus outros escritos. Seus argumentos contra o fatalismo, por exemplo, seguem o mesmo curso de outros de seus trabalhos,[44] mas, em A cidade de Deus, são inseridos numa estrutura de grandes nomes, fornecidos por Cícero: "Cícero diz de Hipócrates, o mais notável dos médicos (...) Posidônio, o Estoico (...) o notável argumento da roda do oleiro (...) a partir do qual Nigídio foi chamado de Nigídio 'Roda do Oleiro' (...)."[45] O toque final de meticulosidade clássica surge quando Agostinho menciona os gêmeos bíblicos, Esaú e Jacó. Eles não são nominalmente mencionados: antes, são introduzidos num circunlóquio grave, do tipo que deleitaria o esnobismo literário do público agostiniano: "Nasceu certa vez um par de gêmeos, de antiga memória em nossos pais (refiro-me aqui a homens famosos) (...)."[46]

A extrema sensibilidade de Agostinho às preferências de um público específico também determinou a estratégia de seu ataque aos cultos pagãos. *A cidade de Deus* quase não contém referências às formas contemporâneas de culto e sentimento pagãos que interessam aos estudiosos modernos do fim do paganismo — os cultos dos mistérios, as religiões orientais, o mitraísmo. É como se Agostinho estivesse demolindo um paganismo que só existia nas bibliotecas.[47] Na verdade e com muito acerto, ele acreditava que a melhor maneira de acercar-se dos derradeiros pagãos era através de suas bibliotecas. Nesse aspecto, *A cidade de Deus* reflete fielmente a tendência mais significativa do paganismo do início do século V. A geração parcialmente deserdada de homens como Volusiano procurara investir sua religião no passado distante. Eram antiquários fanáticos. Davam preferência a todas as formas de religião e filosofia que pudessem gabar-se de uma *litterata vetustas* — uma origem imemorial, preservada para eles nos clássicos da literatura.[48] Pois foi justamente essa *vetustas* que Agostinho dissecou. Ele interceptou os pagãos em seu derradeiro recuo ao passado: expôs a origem maculada dos cultos mais antigos e que mais apareciam nos clássicos; jogou com as incoerências e insinuou a incredulidade secreta dos autores que preservavam esse passado — o poeta deles, Virgílio, e seu antiquário, Varrão.[49] A discussão agostiniana da história romana também gravitou em torno das origens de Roma. Esses primórdios haviam interessado particularmente aos pagãos cultos do século anterior,[50] e Agostinho seguiu de perto suas preferências. É que esse passado remoto podia ser idealizado em segurança; e assim, foi apenas contra a guerra épica de Roma contra Alba (do século VII a.C.) que Agostinho sentiu-se desafiado a utilizar ao máximo a abordagem de um verdadeiro radical diante dos mitos do conservadorismo — e se entregou ao enorme prazer de chamar pau de pau e pedra de pedra: "Fora com os biombos vãos da opinião leiga"[51] e "Fora com os disfarces!"[52]

A cidade de Deus, portanto, deve ter causado em seus primeiros leitores uma impressão muito diferente daquela produzida pelas *Confissões*. Não lhes foi apresentada nenhuma novidade literária espantosa. Ao contrário, eles puderam desfrutar do que desfrutara Macróbio nas conversas entre os grandes pagãos, especialmente as de Pretextato:

o espetáculo de um homem sério que tinha na ponta da língua toda uma cultura convencional — saber religioso, filosofia e história.[53] Assim, quando Macedônio, o vigário que se estava aposentando e era representante dos prefeitos da África, recebeu seus exemplares dos três primeiros livros de *A cidade de Deus*, enalteceu-os em aspectos que frequentemente escapam ao historiador moderno. Como funcionário leal, recusou-se a ver neles um livro sobre o saque de Roma; essa "calamidade pública" não recebera ali nada além do tratamento estritamente condigno.[54] Ao contrário, Macedônio pôde acomodar-se para desfrutar de um banquete intelectual: "Estou num dilema quanto ao que admirar mais: o rigoroso conhecimento religioso de um prelado, a gama de pareceres filosóficos, o caráter completo das informações históricas ou o encanto de um estilo grandioso."[55]

Mas foram justamente essas qualidades que permitiram que *A cidade de Deus* figurasse na literatura romana como uma obra de "nacionalismo cristão". Como a maioria dos nacionalismos, a forma em que este se expressou foi tomada de empréstimo de seus governantes; mas essa forma foi utilizada apenas para afirmar uma alternativa independente à cultura literária que havia dominado a mente dos homens. Após vinte anos de estudos bíblicos, Agostinho estava convencido de que os cristãos também dispunham de uma literatura de riqueza inesgotável. Ao *"vosso"* Virgílio foram então deliberadamente justapostas, a cada momento, *"nossas"* Escrituras.[56]

A justaposição, aliás, é o recurso literário básico que determina a estrutura de todos os livros de *A cidade de Deus*. Agostinho usou-a deliberadamente, para transmitir um efeito "estereoscópico". As soluções da nova literatura cristã deviam "destacar-se com mais clareza"[57] por serem sempre superpostas a um fundo complexamente construído de respostas pagãs à mesma pergunta. Trata-se de um método concebido para dar uma sensação de riqueza e tensão dramática. Isso explica o grande atrativo de *A cidade de Deus* para os eruditos de eras futuras. É que nele Agostinho se desloca, com deliberação imponente e ostentosa, do mundo clássico para o mundo cristão. Acompanhamos uma discussão convencional sobre o papel das emoções no sábio, passando lentamente de uma anedota sobre "Um estoico num naufrágio", nas *Noites áticas*, de Aulo Gélio, para a descrição ciceroniana das virtudes de Júlio César, até depararmos subitamente, ao cabo dessa via já muito trilhada, com algo novo: a formulação monumental daquilo "que ensinam as Divinas Escrituras, e que contém a síntese do saber cristão".[58] "Em nossa disciplina, *in disciplina nostra*, portanto, não perguntamos meramente se uma alma devota está zangada, mas por quê; não indagamos se está triste, mas por qual razão, nem se sente frio, mas o que ela teme."[59]

Escrever *A cidade de Deus* obrigou Agostinho a tomar uma decisão a respeito de seu passado de homem culto. Podemos ver com clareza a forma que esse passado assumira para ele. O passado do literato, que Agostinho e seus leitores presumiam desde seus tempos de escola, não mais lhe pertencia: era a "*vossa*" literatura, a literatura dos pagãos romanos. Tal não acontecia com os platônicos. Ele os considerava adversários muito mais portentosos do que os homens de letras conservadores.[60] Releu os tratados de Porfírio e Plotino.[61] Evocou o dilema desses homens de maneira tão magistral, que as interpretações modernas do enigmático Porfírio ainda gravitam em torno do décimo livro de *A cidade de Deus*.[62] Porfírio era o bicho-papão do cristão médio: Jerônimo o havia chamado de "canalha, um sujeito impudente, aviltante, sicofanta, lunático, um cão raivoso".[63] Nas mãos de Agostinho, ele adquiriu uma estatura heroica: as formulações finais do bispo são levadas a crescer, majestosamente, a partir de uma crítica pormenorizada da abortiva busca porfiriana de um "modo universal de libertar a alma";[64] assim, a demolição do paganismo, nos dez primeiros livros de *A cidade de Deus*, pode encerrar-se com a evocação generosa de um fracasso magnífico.

Trata-se de uma faceta reveladora: as disputas agostinianas com seus companheiros cristãos raramente elevavam-se acima do nível da guerra panfletária, muito comum na Igreja primitiva; os hereges cristãos continuavam a ser inimigos externos que era preciso demolir. Em contraste, o tratamento agostiniano dos platônicos ao longo de *A cidade de Deus* mostra a que ponto uma parte do passado pagão ainda estava viva no bispo, estimulando o melhor de seu pensamento e desafiando-o para um diálogo interno contínuo, que perduraria até sua morte.

O interesse no passado clássico podia levantar problemas inquietantes para os cristãos. Justamente nessa época, Agostinho escreveu a Evódio: Quem Cristo havia livrado do castigo ao descer ao Inferno?[65]

"Seria difícil declinar quem foi. Se disséssemos que todos os que estavam no Inferno foram livrados, quem não ficaria satisfeito, se pudéssemos prová-lo? Eles ficariam particularmente felizes pelos homens que nos são intimamente conhecidos por suas obras, e cujo estilo e qualidades mentais temos admirado: não só os poetas e oradores que, em muitas passagens de suas obras, expuseram ao ridículo os falsos deuses das nações e, em alguns casos, até confessaram o verdadeiro e único Deus (embora, em geral, seguissem o vulgo em seus ritos supersticiosos), mas também aqueles que sustentaram idênticas opiniões, não na poesia e na retórica, mas como filósofos. Há também aqueles que não deixaram obras póstumas literárias, mas que sabemos pelos clássicos terem levado vidas dignas, com suas luzes próprias. Exceto pelo fato de não haverem servido a Deus, mas errado em cultuar as futilidades que constituíam a religião estabelecida de sua época, (...) eles podem ser justificadamente exibidos como modelos de todas as outras virtudes — frugalidade, abnegação, castidade, sobriedade, coragem frente à morte por seu país, manutenção da palavra dada a seus concidadãos e até a seus inimigos. Todas essas coisas (...), em certo sentido, são inúteis e improfícuas, mas, como sinais de um certo caráter, agradam-nos tanto que gostaríamos de ver livres das dores do Inferno aqueles em quem existiram: mas, é claro, é bem possível que o veredicto do sentimento humano seja uma coisa, e a justiça do Criador, outra bem diferente."[66]

Agostinho via os antigos romanos com a mesma intensa ambivalência com que vemos nossos vitorianos ilustres. Os livros de história os haviam apresentado aos homens de letras como uma fileira de "modelos" idealizados de comportamento, como *exempla*.[67] Em Roma, as famílias dos senadores buscavam um *exemplum*, um ancestral exemplar no passado distante, cuja ascendência pudessem reivindicar.[68] Os cristãos de Roma também haviam aceitado esses *exempla* por seu valor aparente: Paulino, visitado por um clã cristianizado, teceu uma intricada comparação entre esses santos modernos e seus grandiosos ancestrais, e, ao fazê-lo, adotou uma visão favorável do problema das virtudes pagãs.[69]

Agostinho mostrou-se menos inclinado a se impressionar. Sua visão da atitude romana para com o passado fez parte de sua postura mais fundamental perante o que ele chamava de *civitas terrena*, isto é, perante qualquer grupo de pessoas maculado pela Queda e, portanto, "terreno, da Terra". Tais grupos recusavam-se a considerar transitórios e relativos os valores "terrenos" que haviam criado. Comprometidos com o frágil mundo de sua criação, eram obrigados a idealizá-lo; tinham de negar qualquer mal em seu passado e a certeza da morte em seu futuro. Até o mais honesto de seus historiadores, Salústio, havia mentido ao enaltecer os tempos antigos de Roma. E era inevitável que assim fosse, "pois", como disse incisivamente Agostinho, "ele não tinha outra cidade a louvar".[70]

Seria fácil meramente desacreditar como "mito" a visão que os conservadores romanos tinham do passado. Orósio o fizera, certa vez. Agostinho sempre tendeu a fazê-lo. Sentia um prazer cruel, como um livre-pensador oitocentista ao demolir uma crença religiosa, em esvaziar a ideia mais prestigiada, reduzindo-a a sua essência mais elementar: "Fora com todos esses engodos arrogantes; afinal, que são os homens senão homens?"[71] Dessa maneira, recusava-se a considerar a história romana como privilegiada em qualquer sentido. Soube reduzir a ascensão de Roma a um simples denominador comum, compartilhado por todos os Estados: a "ânsia de dominação", que Salústio mencionara "de passagem"[72] como um vício não romano, foi agarrada por Agostinho e generalizada, com o rigor característico, como uma lei que regia a ascensão de todos os Estados. Assim, o banditismo bem-sucedido podia transformar-se no modelo básico de qualquer império,[73] e com isso Agostinho pôde pedir a seus leitores que vissem seu passado idealizado como que num espelho distante, na história de um Estado inteiramente não clássico: o agressivo império dos assírios.[74] Os africanos, aliás, eram notórios desmascaradores.[75] O sarcasmo sempre foi a mais portentosa arma agostiniana;[76] e, ao voltá-la contra o passado romano, Agostinho demonstrou uma completa falta de "gravidade" romana: a esplendorosa "fórmula feita", a *controversia*, na qual ele acumulou insinuações contrárias à castidade de Lucrécia, deve ter-se afigurado de um mau gosto singular. (Afinal, Paulino de Nola, um bom cristão romano, orgulhava-se de chamar sua esposa de "minha Lucrécia"!)[77]

Mas Agostinho não fez apenas desmascarar. Concordou com seus contemporâneos em dois pontos importantes: a história moral do povo romano era mais importante do que as "verdades" cruas das conquistas romanas, e as qualidades morais dos romanos haviam tornado seu império, se não singularmente privilegiado e digno de perdurar para sempre (como acontecia para os pagãos), ao menos melhor do que qualquer de seus predecessores.[78] Assim como ainda pensamos nos sucessos da era vitoriana em termos de vitorianos ilustres, também as qualidades morais dos antigos romanos pareciam fornecer a chave da grandeza passada de Roma.[79] Agostinho aceitou essa atitude e usou-a para estruturar sua própria opinião, sumamente pessoal e provisória,[80] de por que Deus teria permitido que os romanos criassem um império tão grandioso.[81]

Ao se deixar questionar por esses *exempla*, Agostinho transformou a visão que os romanos tinham de seu próprio passado. Vasculhou o que estava por trás das aparências da conduta desses nobres ancestrais, a fim de descobrir por que eles se comportavam como faziam. Atendo-se mais uma vez a uma sugestão fugaz num autor clássico,[82] emergiu com uma explicação única e abrangente: os romanos tinham sido levados a uma exibição extraordinária de virtude unicamente por uma força — o amor exagerado ao louvor: "Portanto, eles eram '*ávidos de elogios e generosos com seu dinheiro; sinceros na busca da riqueza, queriam acumular glórias*'. Era a isso que amavam de todo o coração; por isso viviam e em nome disso não hesitavam em morrer: reforçavam todas as demais ânsias com esse desejo preponderante."[83]

Essa é a alternativa agostiniana para os retratos de família uniformes e idealizados que dominavam os romanos de sua época. Mas, como Agostinho percebeu, as virtudes destes eram as de uma pequena elite.[84] O homem médio agostiniano era uma criatura realmente muito frágil. Era um escravo dos costumes sociais.[85] Até os maiores pensadores do passado pagão, segundo lhe pareceu, haviam capitulado diante dessa força: haviam ocultado suas verdadeiras opiniões,[86] ou sido levados a contemporizar com as crenças da horda.[87] O irracional também estava muito próximo: a devoção das multidões podia fazer com que os ídolos parecessem mover-se;[88] um misterioso "reino inferior dos sentimentos" podia levar o homem a colocar seu sentimento de estar vivo numa cópia morta da forma humana.[89] Os homens necessitavam de "autoridade": precisavam ser sacudidos de seus hábitos e tendências irracionais por um desafio firme persuasivo, vindo de cima.[90] Se essa orientação não viesse de Deus, viria de uma outra fonte.

Isto porque Agostinho acreditava em demônios: uma espécie de seres superiores aos homens, que viviam eternamente, tinham o corpo ativo e sutil como o ar e eram dotados de poderes sobrenaturais de percepção; e, como anjos decaídos, eram inimigos figadais da verdadeira felicidade da raça humana.[91] Enormes eram seus poderes de influência: eles podiam interferir a tal ponto na base física da mente, que produziam ilusões.[92] Lançados à turbulência do ar inferior, abaixo da Lua, esses prisioneiros condenados, à espera da sentença no Juízo Final,[93] estavam sempre prontos a se abater como aves de rapina sobre os fragmentos dispersos de uma humanidade frágil e dissidente.[94]

Na crença popular do baixo Império Romano, os métodos dos demônios eram extremamente toscos: eles simplesmente assumiam a forma humana para desencadear pestes ou tumultos.[95] Em Agostinho, ao contrário, a ligação entre o homem e os demônios era puramente psicológica. O semelhante atraía o semelhante. Os homens tinham os demônios que mereciam; os demônios, por sua vez, perpetuavam essa semelhança, sugerindo deuses imorais e anárquicos às massas, como símbolos do poder divino.[96]

Salústio escrevera a história moral do declínio da República romana: para o público agostiniano, essa história moral era *a* história abalizada da época.⁹⁷ Agostinho viria a transformá-la numa história religiosa, introduzindo duas ideias extrínsecas — a de autoridade⁹⁸ e a dos demônios; e com isso, a história de Roma tornou-se a história de uma comunidade privada da autoridade de Cristo, vagando à mercê de forças que estavam fora do controle da frágil crosta da virtude humana.⁹⁹

O exorcismo agostiniano final do passado pagão, entretanto, não se deteve na revelação de sua contracorrente demoníaca. Ele fez algo muito mais sutil e irreversível. *A cidade de Deus* é um livro sobre a "glória". Nele, Agostinho drena a glória do passado romano a fim de projetá-la muito além do alcance dos homens, na "Gloriosíssima cidade de Deus". As virtudes que os romanos haviam atribuído a seus heróis só se realizariam nos cidadãos dessa outra cidade; e somente dentro dos muros da Jerusalém Celestial é que se poderia alcançar a nobre definição ciceroniana da essência da república romana.¹⁰⁰

Pois é preciso não esquecermos que, ao lado das *Confissões*, *A cidade de Deus* é um dos poucos livros de Agostinho cujo próprio título é significativo: *De civitate Dei*. Como nas *Confissões*, o tema do título cristalizou-se subitamente no espírito de Agostinho e, uma vez formado, inscreveu-se em cada linha do texto.

A cidade de Deus não se pode explicar em termos de sua origem imediata. É particularmente superficial considerá-lo um livro sobre o saque de Roma. Agostinho poderia perfeitamente escrever um livro "Sobre a Cidade de Deus" sem tal acontecimento. O que esse saque fez foi dar-lhe um público questionador e específico em Cartago, donde o saque de Roma assegurou que um livro que poderia ter sido uma obra de pura exegese para outros estudiosos cristãos (mais ou menos como o grande comentário sobre o Gênesis, no qual é levantada a ideia de um livro sobre as "Duas Cidades")¹⁰¹ viesse a tornar-se um confronto deliberado com o paganismo. Em si mesmo, *A cidade de Deus* não é um "tratado de época"; é a elaboração cuidadosa e premeditada, por parte de um ancião, de uma obsessão crescente.

Num sermão feito por Agostinho em Cartago, no mesmo ano em que ele se sentou para redigir *A cidade de Deus*, podemos sentir, melhor do que em qualquer outro texto, a força e a verdadeira direção do impulso que o levaria a compilar essa "obra grande e árdua" com que as futuras gerações se intrigariam. "Assim, quando a morte for tragada na vitória, estas coisas não existirão, e haverá paz — uma paz plena e eterna. Estaremos numa espécie de cidade. Irmãos, quando falo dessa Cidade, e especialmente quando os escândalos daqui tornam-se enormes, não consigo parar..."[102]

27
CIVITAS PEREGRINA[1]

Nos anos que se seguiram a 410, os cristãos que se congregavam na grande basílica de Cartago não estavam seguros de si. Haviam-se gabado da "Era Cristã"[2] e, nesse momento, ela coincidia com desgraças sem paralelo. Após uma geração de sucesso, descobriram-se impopulares.[3] Ansiavam pelos velhos costumes, especialmente pelos espetáculos pagãos do circo, os únicos que, nessa época de crise, pareciam manter a confiança popular na segurança e na opulência do mundo antigo.[4]

Agostinho lhes disse exatamente o que um grupo de ânimo abatido precisava ouvir. Deu-lhes um sentimento de identidade; disse-lhes de onde eram e a que deviam ser leais. Numa série de grandes sermões,[5] dirigiu-se a homens confusos, que se prendiam de mil maneiras às fímbrias do paganismo, com parentes pagãos, vizinhos pagãos e formas de lealdade a sua cidade que só podiam expressar-se em cerimônias pagãs.[6] Disse-lhes que eles eram um povo singular: os "cidadãos de Jerusalém". "Ó, povo de Deus, ó, Corpo de Cristo, Ó raça bem-nascida de estrangeiros na Terra, (...) não sois daqui, sois de outro lugar."[7]

Agostinho usou um tema que já se tornara lugar-comum entre os cristãos africanos:[8] é possível que houvesse deparado com ele pela primeira vez na obra de um donatista, Ticônio.[9] Desde a Queda de Adão, a raça humana sempre se dividira em duas grandes "cidades", ou *civitates*, isto é, em duas grandes pirâmides de lealdade. Uma "cidade" servia a Deus e a Seus anjos fiéis; a outra servia aos anjos rebeldes, ao Diabo e seus demônios.[10] Embora as duas "cidades" parecessem inextricavelmente mescladas, tanto na Igreja quanto no mundo, elas se separariam no Juízo Final.[11] Cristo proferiria as palavras de julgamento, e as duas cidades — Babilônia e Jerusalém — então apareceriam claramente, uma à esquerda, outra à direita.[12]

Nos anos subsequentes a 410, Agostinho tomou esse tema e, com deliberada habilidade dramática, "desdobrou-o" diante de sua plateia.[13]

Os judeus haviam entrado no cativeiro na Babilônia, em certa época. Ali ansiaram por retornar a Jerusalém. Seus profetas lhes anunciaram sua volta, e os salmos deles cantaram a saudade que um povo inteiro sentia da pátria distante e do Templo em ruínas, que era preciso restaurar. Tal como apresentada por Agostinho, essa visão do cativeiro e da libertação, da perda e da reparação,[14] era compartilhada, em termos gerais, pela maioria dos grandes pensadores religiosos da baixa Antiguidade, fossem eles platônicos,[15] maniqueístas[16] ou cristãos. Em suas mãos, porém, nessa época, o tema foi explorado em todas as suas nuanças e ramificações, elaborado em todos os seus detalhes com a paixão de um grande artista, e, ao mesmo tempo, plenamente encarnado num incidente específico da história distante dos judeus: "Também nós devemos primeiro conhecer nosso cativeiro e, depois, nossa libertação: devemos conhecer Babilônia e Jerusalém. (...) Essas duas cidades, no plano dos fatos históricos, foram duas cidades registradas na Bíblia. (...) Foram fundadas, em momentos exatos, para cristalizar sob forma simbólica a realidade das duas 'cidades' que tiveram início no passado remoto, e que persistirão até o fim do mundo."[17]

Os judeus tinham feito muitas coisas em Babilônia e o próprio Agostinho mudou de ideia quanto ao que enfatizar. Eles tinham sido obedientes; haviam-se revelado súditos pacíficos e servidores públicos leais; as orações de seus mártires tinham sido atendidas na conversão do rei — Nabucodonosor.[18] Na fase de lua de mel entre a Igreja e o Estado na África, Agostinho enfatizara esses fatos ao se opor aos pagãos e aos donatistas.[19] Agora, foi à saudade pungente dos Salmos que ele se ateve.

A Babilônia significara a "confusão" — uma fusão da identidade com as coisas mundanas.[20] Os cidadãos de Jerusalém também dependiam deste mundo, mas distinguiram-se de Babilônia por sua capacidade de ansiar por outra coisa: "Ouçamos agora, irmãos, ouçamos e cantemos; ansiemos pela Cidade em que somos cidadãos. (...) Ansiando, já estamos nela; já lançamos nessa costa a nossa esperança, como se fora uma âncora. Canto sobre outra coisa, não sobre isto aqui: pois canto com o coração, e não com a carne. Os cidadãos de Babilônia ouvem o som da carne; o Fundador de Jerusalém ouve a melodia de nosso coração."[21]

Enquanto outros moralistas cristãos desses tempos de crise, em especial Pelágio, haviam enunciado sua mensagem exclusivamente em termos da aproximação inelutável do Dia do Juízo Final,[22] Agostinho optou por um prisma diferente. Afastou-se deliberadamente das ameaças contidas nos Evangelhos, buscando nos Salmos a capacidade de amar o futuro:[23] as exortações que Agostinho escolheu destacar nessa época foram exortações a entoar "cânticos", *ad amatoria quaedam cantica*;[24] a emoção com que jogou não foi o medo, mas o amor a uma terra distante e imemorial: "a antiga Cidade de Deus". "A origem dessa cidade remonta a Abel, assim como a da cidade maléfica remonta a Caim. É antiga, portanto, essa Cidade de Deus: sempre suportando sua existência na terra, sempre suspirando pelo paraíso — cujo nome é também Jerusalém e Sião."[25]

Essa oratória suave não devia comover os pagãos instruídos.[26] Cotejada com a história conhecida por eles, a "religião cristã" era qualquer coisa de muito provinciana. O culto dos deuses, através de Roma, estendia-se retroativamente aos próprios primórdios da raça humana: séculos haviam transcorrido antes do aparecimento de Cristo. E não era possível o cristianismo ampliar sua antiguidade, alegando que Deus havia assegurado o futuro da raça humana na lei judaica: essa lei sempre se restringira a uma pequena faixa de terra na Síria.[27] O conservador romano julgava o cristianismo particularmente difícil de entender, pois, havendo os cristãos recebido de seus ancestrais judeus uma tradição religiosa perfeitamente válida, haviam-na substituído por novos ritos.[28] Essas eram críticas persuasivas, elaboradas apenas cem anos antes, com assombrosa erudição, por ninguém menos do que Porfírio, o grande platônico: uma "via universal da salvação", tal como afirmada pelos cristãos, era ainda "desconhecida do saber histórico", no dizer dele.[29]

Agostinho foi obrigado a aceitar esse desafio. Até então, suas ideias sobre as duas Cidades haviam-se desenvolvido predominantemente em relação à composição humana da Igreja,[30] e sua justificativa sobre a relevância do Velho Testamento contra os maniqueístas havia-se confinado a um pequeno trecho da história judaica. Agora, esses temas teriam que recortar-se contra um pano de fundo diferente: Agostinho foi colocado contra "todo o vasto alcance dos séculos".[31]

Como historiador, Agostinho era superado em muito por Porfírio.[32] Mas enfrentou as críticas de Porfírio em campos diferentes. Por exemplo, censurou imediatamente o pressuposto conservador de que a mudança era sempre mais chocante do que a permanência: de que a história religiosa da raça humana deveria consistir na preservação das tradições imemoriais[33] e, portanto, de que a mudança dos ritos só poderia ser uma mudança para pior. Qualquer homem perspicaz seria capaz de perceber a inverdade disso nas coisas a seu redor.[34] Aliás, como filósofo, Agostinho sempre havia tentado conciliar a mudança e a permanência no mundo da natureza. Seu grande comentário sobre o Gênesis havia adaptado uma solução tradicional desse problema: Deus implantara em cada organismo um princípio organizador constante, uma *ratio seminalis*, capaz de assegurar que a mudança não ocorresse arbitrariamente, mas de acordo com um padrão latente, estabelecido de uma vez por todas na Criação.[35] Do mesmo modo, as mudanças nas instituições religiosas, como as ocorridas ao longo de toda a história de Israel, não precisavam ser vistas como inversões desnecessárias e chocantes de costumes ancestrais; podiam ser apresentadas como marcos significativos, que sugeriam um processo de crescimento.[36] Nesse processo, a raça humana podia ser concebida como um vasto organismo, como um homem isolado,[37] que se modificava de acordo com um padrão de crescimento inacessível à mente humana, mas claro para Deus.

Em sua postura perante a história, Agostinho afirmou ter ido mais longe do que os platônicos pagãos. Eles só conseguiam apreender o imutável: satisfeitos em contemplar uma divindade intemporal, não podiam responder a nenhuma das perguntas formuladas pela "sequência densamente urdida dos séculos. (...) Não sabiam traçar o longo espaço das eras, fincar marcos no processo desdobrável pelo qual a raça humana fluía adiante como um vasto rio, nem apreender a culminância suprema de seus fins designados".[38] Segundo Agostinho, o raro privilégio de vincular a "revolução das eras" à imutável Sabedoria Divina ficara reservado aos profetas hebreus.

Todo o curso da história humana, portanto, podia ser entendido como carregado de significados, passíveis de ser parcialmente apreendidos pelos fiéis e plenamente captados pelos profetas.[39] Certas áreas do passado, situadas muito além do alcance do historiador clássico, poderiam ser o palco de acontecimentos de importância profética e, desse modo, examinadas e defendidas como um território histórico valioso. (Agostinho chegaria até a se transformar em arqueólogo para fazê-lo: vira em Útica um dente molar tão grande, que comprovava ter havido gigantes na terra na época de Caim.)[40] Em sua *Cidade de Deus*, Agostinho foi um dos primeiros a intuir e dar expressão monumental a uma nova forma de exaltação intelectual. Ao escrever sobre a "Providência", Plotino já havia apresentado o mundo natural como uma harmonia de partes minuciosamente articuladas. Esse mesmo sentimento de assombro, que é um traço muito acentuado da maneira como Plotino fala do Universo — do Cosmo[41] —, fluiria para a linguagem agostiniana que discorre sobre a distribuição maravilhosa e perfeitamente ordeira das eras.[42] "Deus é o condutor inalterável e o Criador imutável de todas as coisas que se modificam. Quando acrescenta, abole, restringe, aumenta ou diminui os ritos de qualquer era, Ele ordena todos os acontecimentos de acordo com Sua providência, até que a beleza do curso completo do tempo, cujas partes são as ordenações adequadas a cada período diferente, tenha-se concluído, como a grande melodia de um compositor inefável (...)."[43]

Os homens escolhem palavras com que se comunicar; Deus havia escolhido palavras e acontecimentos.[44] Para Agostinho, no passado Deus Se expressara como um rematado estilista do baixo-império. Comprazia-Se em falar por alusões, em circunlóquios complexos. O tema, sugerido com graus crescentes de explicitação, era sempre o mesmo: Cristo e Sua Igreja.[45] Mas as palavras passam, deixando apenas o sentido que expressam. As grandes "palavras" da linguagem de Deus, nações inteiras e cidades famosas, tinham sido tragadas, todas elas, pela falência das realizações temporais: "Vede agora a cidade (Jerusalém) da qual se disseram essas coisas tão gloriosas. Na terra, está destruída: prostrou-se no chão ante seus inimigos; não é hoje o que foi um dia. Ela delineou uma imagem: essa sombra transmitiu seu significado para outro lugar."[46]

Esses comentários são típicos de Agostinho. Ele não fazia quase nenhuma ideia, ao examinar a vasta extensão da história, de que pudesse haver herdado algo diretamente das realizações puramente humanas das civilizações do Oriente Próximo. Vista como um todo, a história humana nada mais era do que "o intervalo de tempo em que o recém-nascido expulsa o moribundo",[47] um imenso rio que escoa para a morte. O que o fascinava, porém, era a linguagem de Deus, distante e opaca como uma liturgia. Era a significação dessa linguagem, subitamente desvendada no aparecimento de Cristo entre os homens, que derramava sentido em pelo menos uma pequena parte desse vazio inquietante: "Os séculos da história passada teriam rolado como tonéis vazios, se Cristo não Se houvesse profetizado através deles."[48]

Agostinho sempre havia acreditado, com todos os cristãos da Igreja primitiva, que o mais significativo na história era a trilha estreita de ditos e acontecimentos proféticos que haviam culminado no advento de Cristo e na situação presente da Igreja. Como num caleidoscópio, as formas carregadas de importância profética cristalizavam-se subitamente, apenas para se desfazer e ser substituídas por uma formação mais vívida: a Arca de Noé, as Promessas feitas a Abraão, o Êxodo, o Cativeiro da Babilônia. Os vastos intervalos de tempo decorridos entre essas formações — um milênio, por exemplo, separava Noé de Abraão — serviam apenas para acentuar, em contraste com a monótona sucessão de acontecimentos registrados pela "diligência histórica", a significação extramundana dos poucos momentos de "verdade profética".[49] Como bispo, Agostinho ficou absorto em seguir essa trilha estreita, ao longo da qual a história do Velho Testamento apontou para a nova ordenação divina. O livro mais longo de qualquer das obras agostinianas[50] foi escrito sobre esse tema, em oposição a Fausto, o Maniqueu.

Porfírio era um crítico de estatura diferente daquela de Fausto: suas objeções obrigaram Agostinho, em *A cidade de Deus*, a defender o cristianismo como a religião natural e verdadeira de toda a raça humana, como a "via universal" cuja existência fora negada por Porfírio, e não como uma aberração provinciana. A essência do cristianismo tinha de ser apreendida e exposta em termos gerais em *A cidade de Deus*: isso consistiu no restabelecimento da relação correta entre todas as criaturas e seu Criador e, por conseguinte, entre umas e outras. Essa formulação presumia uma alternativa. A natureza da relação perturbada entre criatura e Criador precisou ser analisada; sua origem teve de ser exposta na queda dos anjos, e sua justaposição, apreendida em termos de duas "cidades"; e a raça humana teve de ser apresentada, em *A cidade de Deus*, como dividida entre dois campos de força.[51]

Era intenção de Agostinho, em *A cidade de Deus*, provar a seus leitores que era possível ver indícios de uma separação entre uma cidade "terrena" e uma cidade "celestial" em toda a história da raça humana.

A história "profética", tal como Agostinho a conhecia, podia saltar séculos, concentrando-se nuns poucos oásis de significação; o "desdobrar do curso" das duas cidades, em contraste, perpassava todas as eras. Agostinho fez uma galharda tentativa de reconstituir "vestígios" das duas "cidades", século a século, na narrativa confusa da história bíblica primitiva.[52] A história "profética" era exclusivamente a história religiosa. Seus momentos decisivos eram os grandes sacrifícios, os sacrifícios de Abel, Abraão e Melquisedeque. Neles, o celebrante aparece (como se vê, por exemplo, nos mosaicos cristãos primitivos acima do altar de São Vital, em Ravena) sozinho com seu Deus. Em contraste, as relações entre um homem e outro desempenharam um papel essencial na ideia das duas cidades: em seus incidentes clássicos, é sempre a relação entre dois homens ou dois grupos de homens que se retrata de maneira vívida — por exemplo, a de uma nação inteira numa terra estranha, como no caso dos judeus em Babilônia. E os homens interessam-se por mais do que sacrifícios: buscam todos os "bens" desta terra.[53] Agostinho considerava o bem social da paz, numa comunidade organizada, como o mais representativo desses bens.[54] Assim, a trilha estreita da história religiosa teve de ser alargada: na visão agostiniana do passado, há espaço para a consideração de sociedades inteiras, e não apenas para uma imponente procissão de justos; a *civitas terrena*, "cidade" dos homens que buscam coisas terrenas, precisou ser vista como buscando forças numa história que se estendia muito além da Bíblia.[55] Assim, uma visão da história que se contentara em seguir uma corrente de acontecimentos até sua culminação foi incomensuravelmente enriquecida pela necessidade de verificar, em todas as eras, de que maneira a vida dos homens se havia cristalizado em torno de duas alternativas básicas.

Essa tensão tornou-se "pública"[56] logo no surgimento da raça humana, por se concentrar numa das mais elementares dentre as relações humanas — a relação entre irmão mais novo e irmão mais velho.[57] Agostinho (caçula de Navígio, ele próprio) expôs na plenitude a natureza carregada e paradoxal de toda a história humana, unicamente em termos do incidente entre Caim e Abel.[58] Caim, o mais velho, era o verdadeiro filho de seu pai, Adão. Era o homem "natural" depois da Queda. Era um "cidadão deste mundo", por estar plenamente arraigado e à vontade nele: até seu nome significava "posse plena". Ele não esperava mais do que aquilo que podia ver;[59] assim, fundou a primeira cidade.[60] (Aliás, o moderno historiador da civilização encontraria um interesse absorvente em Caim e seus familiares, entre eles o primeiro ferreiro e o primeiro músico.[61]) Abel, em contraste, não construiu cidade alguma; seu filho, Enoque, contrastava acentuadamente com a vida arraigada de seus primos, homens "não deslocados neste mundo, contentes com a paz e a felicidade do tempo que passa",[62] por ter esperança de outra coisa: *speravit invocare nomen Domini* — ele *"esperava invocar o nome do Senhor"*.[63]

Agostinho tratou como universal a tensão entre Caim e Abel, pois pôde explicá-la em termos aplicáveis a todos os homens. Toda a sociedade humana, no dizer dele, baseava-se no desejo de compartilhar algum bem.[64] Dentre esses bens, o que os seres humanos sentiam mais profundamente era a necessidade de "paz", isto é, de uma resolução das tensões, de um controle ordeiro dos apetites desequilibrados neles mesmos e das vontades discordantes na sociedade.[65] Nenhum homem podia eximir-se dessas necessidades, mas os membros da *civitas terrena*, isto é, os homens decaídos, tendiam a considerar sua realização dessa paz na sociedade como suficiente em si mesma.[66] Faziam dela um sistema fechado, que não admitia objetivos maiores, e viam com inveja aqueles que tinham uma alternativa a seu ideal de felicidade.[67]

A inveja, portanto, é que levara Caim a matar Abel. Agostinho não achou que isso fosse surpreendente. Passou imediatamente para a fundação de Roma: também ali, Rômulo havia assassinado seu irmão, Remo, ainda que, dessa vez, por rivalidade.[68] A fundação do Estado que os leitores agostinianos mais conheciam, portanto, "equiparava-se com exatidão ao primeiro exemplo: era o que se chamava, em grego, de um 'arquétipo', um padrão único de comportamento".[69]

Anteriormente, em seu *Contra Faustum*, Agostinho se contentara em ver o incidente de Caim e Abel como uma alegoria da morte de Cristo pelos judeus.[70] Na ocasião, era a configuração simbólica do acontecimento que o preocupava. Agora, Agostinho extrairia desse incidente um padrão das motivações arquetípicas que dominavam homens reais, em todas as eras e todas as nações — foi como passar das figuras simbólicas e fantasmagóricas de Tipo e Antítipo, que fitam uma à outra nos vitrais das paredes das catedrais góticas, para a densa humanidade de uma pintura religiosa de Rembrandt: "num mundo vasto, habitado por tantos povos diferentes, com religiões e costumes divergentes, infinitamente divididos em sua linguagem, suas armas e seu vestuário, surgiram, contudo, não mais de dois tipos de grupos de seres humanos, que podemos chamar de duas 'cidades', de acordo com o uso especial de nossas Escrituras."[71]

Foi essa, portanto, a contribuição agostiniana para uma nova visão do passado. Um alcance universal, uma explicação universal para as motivações básicas do homem, uma certeza da existência, em todas as eras, de uma única tensão fundamental. Um homem mais superficial teria imediatamente transformado essas intuições numa "História Universal" cristã de padrões nítidos.[72] Agostinho não o fez. Ao abordar os "cursos" das duas "cidades" num livro inteiro, contentou-se apenas em assinalar algumas comparações pouco lisonjeiras entre os princípios refletidos na história dos Estados pagãos conhecidos por seus leitores cultos e a "comunidade consagrada" de Israel;[73] e, ao sugerir alguns pontos em que seus destinos se relacionavam, ele não fez mais do que seguir uma imagem do passado que a maioria dos cristãos instruídos de sua época já passara a aceitar como um fato.[74]

Não deveríamos esperar de Agostinho esse tipo de "História Universal". Em parte o fazemos por esperar que ele tivesse tempo de se interessar por outras cidades que não sua "Cidade de Deus".[75] Agostinho sabia muito bem que não podia dar-se a esse luxo. Para seus leitores pagãos, a única história real era o relato das realizações gloriosas de suas próprias civilizações. Agostinho precisava mostrar que havia uma alternativa para a vida atarefada e arraigada dos Estados que os homens da Antiguidade conheciam.[76] Dentro da "cidade" óbvia dos homens decaídos, com suas necessidades e realizações óbvias e sua história bem registrada, sempre houvera espaço para um outro grupo, para homens como Abel, que podiam ansiar por algo mais, que podiam estar cônscios da transitoriedade da vida convencional de seus semelhantes. Essa era uma mensagem que consolidava ideias profundamente arraigadas. O que estava em jogo, em *A cidade de Deus* e nos sermões agostinianos, era a capacidade de os homens "ansiarem" por algo diferente, examinarem a natureza de sua relação com seu meio imediato e, acima de tudo, estabelecerem sua identidade pela recusa a serem tragados pelos hábitos irrefletidos de seus semelhantes. Com essa mensagem, as partes de *A cidade de Deus* que versam sobre o passado nunca poderiam ser um mero esboço da "História Universal". São uma viagem rápida pelo passado, na qual Agostinho assinala os "vestígios" precisos e vívidos, os *vestigia*[77] de uma alternativa às metas normais e abrangentes dos homens decaídos.

Essa história, é claro, tinha que se concentrar nos símbolos em torno dos quais se formara o sentimento de uma identidade separada: o particularismo compacto de Israel[78] e a união mundial da Igreja católica eram sombras da Cidade Celestial. Mas fazer parte deles, por si só, não podia tornar os homens perfeitos: a linha divisória entre as duas "cidades" era invisível, pois implicava a capacidade de cada homem de amar àquilo que amava.[79]

Para Agostinho, passado e presente continuavam predominantemente opacos, mas em tudo ele conseguia discernir os contornos de uma escolha. Os homens "fundiam-se" inextricavelmente pelas necessidades de sua vida mortal comum.[80] Mas, em última instância, a única coisa importante era transcender essa simbiose insidiosa: os homens deviam preparar-se para ser "distinguidos".[81]

Agostinho era apenas um bispo erudito. Um homem inspirado por Deus havia percebido, por trás dos acontecimentos confusos a que se apegou a mente tenaz de Agostinho, a terrível simplicidade das alternativas entre as quais os homens haviam gravitado ao longo de toda a sua história. Esse homem fora João Evangelista:

"No espírito, ele soube perceber essa divisão: como ser humano, só conseguia discernir uma mistura inseparável. O que ainda não podia ser visto como separado no espaço, ele o separou com sua mente, com o olhar do coração: percebeu apenas dois povos, os fiéis e os infiéis (...)."[82]

A necessidade de salvar a própria identidade como cidadão dos céus, portanto, era o centro de gravidade da ideia agostiniana da relação entre as duas "cidades" deste mundo. A sociedade humana normal tinha que dar espaço a um grupo de homens que deveriam permanecer cônscios de serem diferentes, a uma *civitas* (...) *peregrina*[83] — a residentes estrangeiros.

Peregrinatio é a palavra usada por Agostinho para resumir essa situação. A categoria dos *peregrini*, dos "estrangeiros residentes", era bem conhecida pelos homens da Antiguidade. O próprio Agostinho havia passado por essa situação em Milão: sua tumultuada temporada numa grande capital fora uma *peregrinatio*[84] (e por quão pouco havia o jovem africano escapado de ser absorvido nessa ocasião!).

Quando se consegue captar as nuanças desse termo, tal como empregado por Agostinho, tem-se a impressão de um tema essencial em sua religião quando idoso. O *peregrinus* sensível sentiria saudade de casa, é claro, e seria quase um "cativo" a suspirar pela libertação, como os judeus na Babilônia.[85] Sentir-se-ia desarraigado, um estrangeiro de passagem na vida cômoda e estabelecida a seu redor. Podemos traduzir *peregrinus* por "peregrino", mas somente se compreendermos que Agostinho detestava viajar[86] e que seu "peregrino" estava muito mais próximo, em sua insatisfação e ânsia românticas, do *Der Wanderer* da canção de Schubert que dos joviais viajantes dos *Contos de Cantuária*. Essa imagem, portanto, podia fornecer um homem radicalmente extramundano, com uma linguagem de riqueza e ternura incomparáveis: o "filósofo autêntico" de Plotino, dotado da "alma de um enamorado", que também suspira por uma terra distante,[87] é parente próximo do *peregrinus* agostiniano.

Mas Agostinho foi além de Plotino. Batalhou com um problema que Plotino não se sentira desafiado a enfrentar. É que o *peregrinus* é também um residente temporário. Tem de aceitar uma dependência íntima da vida que o cerca: tem de reconhecer que esta foi criada por homens como ele, para chegar a um "bem" que ele se compraz em repartir com os outros, para melhorar uma situação, para evitar um mal maior;[88] e tem de se sentir sinceramente grato pelas condições favoráveis que esse bem proporciona.[89] Na verdade, Agostinho passara a esperar que o cristão tivesse consciência da persistência dos laços que sempre o ligariam a este mundo. O pensamento de sua meia-idade fora marcado por uma apreciação crescente do valor desses laços.[90] Assim, *A cidade de Deus*, longe de ser um livro sobre uma fuga do mundo, é um texto cujo tema recorrente é "aquilo que nos diz respeito nesta vida mortal comum";[91] é um livro sobre ser extramundano no mundo.

O Agostinho convertido da juventude não poderia ter escrito esse livro. Aliás, nas cartas e sermões de sua meia-idade, podemos ver a que ponto a rispidez do jovem tinha-se atenuado. Ele se tornara muito mais receptivo à realidade dos laços que uniam os homens ao mundo que os cercava. Certa vez, por exemplo, dissera a Nebrídio que o sábio podia "viver sozinho com sua mente";[92] agora, rezava para ter amigos:[93] "Pois, quando formos atormentados pela pobreza, entristecidos pelas privações, e estivermos doentes e com dores (...), possam bons homens visitar-nos — homens que saibam não apenas alegrar-se com os que se alegram, mas também chorar com os que choram, e que saibam dar conselhos úteis e persuadir-nos a expressar nossos sentimentos em conversa (...)."[94] Agostinho havia aprendido o que era exercer a autoridade numa comunidade organizada. O paternalismo comedido que sugeriu como qualidade ideal do governo em *A cidade de Deus* refletiu sua prática como bispo.[95] Suas campanhas ferrenhas haviam-lhe ensinado o quanto ele precisava de paz externa: o homem que um dia chegara a Hipona para convencer um agente imperial a se tornar monge[96] viajaria às profundezas da Numídia, agora, para convencer um general a não fazê-lo.[97]

Os homens dos sermões agostinianos não eram apenas "cinza e pó". Eram pecadores resolutos, que gostavam do que faziam. A simples tenacidade de seus sentimentos assombrava Agostinho: bastava pensar nos salteadores de estrada, que aguentavam qualquer tortura para não revelar os nomes de seus cúmplices: "Eles não poderiam fazê-lo sem uma grande capacidade de amar."[98] "O mundo é um lugar risonho."[99] Não admira que fosse desfrutado sem moderação. "Não vos censuro; não vos critico, ainda que seja esta a vida que amais. (...) Podeis amar esta vida o quanto quiserdes, desde que saibais o que escolher. Portanto, sejamos capazes de escolher nossa vida, se somos capazes de amá-la."[100] O perfeccionismo extremado dos pelagianos desagradava Agostinho: ele também estava tentando ser perfeito; mas, "em suas exortações, possam eles instigar as virtudes superiores, porém sem denegrir as menos elevadas".[101]

Os membros da *civitas peregrina*, portanto, preservavam sua identidade não pelo retraimento, mas por algo muito mais difícil: mantendo uma perspectiva firme e equilibrada de toda a gama de amores de que os homens eram capazes em sua condição atual: "É por isso que a Noiva de Cristo, a Cidade de Deus, entoa no *Cântico dos Cânticos*: '*ordinate in me caritatem*', 'ordena em mim meu amor'."[102]

Agostinho havia chegado a uma ideia solidamente arraigada da bondade essencial das criaturas e, portanto, das realizações humanas. Essas boas coisas eram "dádivas": *bona... dona* é uma expressão-chave em todo o texto de *A cidade de Deus*; e Deus é visto sobretudo como o Criador e, mais ainda, como um *largitor*, um prodigalizador de liberalidades.[103]

O único exemplar de autêntica poesia agostiniana que possuímos versa justamente sobre esse tema. Trata-se de um poema em louvor ao Círio Pascal (e sabemos o quanto Agostinho gostava de todos os tipos de luz).[104] Ele viria a citá-lo em *A cidade de Deus*, ao discorrer, por incrível que o tema se afigure, sobre a beleza excepcional das primeiras mulheres da cidade terrena:

> *São Vossas essas coisas, ó Deus. São boas, porque Vós as criastes.*
> *Não há nelas nada de nosso mal. É nosso o mal se as amamos*
> *Em detrimento de Vós — a essas coisas que refletem o Vosso*
> *desígnio.*[105]

"Suponde, irmãos, que um homem faça uma aliança para sua noiva e que esta ame mais intensamente a aliança do que o noivo que a fez para ela. (...) Sem dúvida, há que deixá-la amar seu presente; mas, se ela dissesse 'Basta a aliança. Não quero tornar a ver o rosto dele', que pensaríamos a seu respeito? (...) O penhor lhe é ofertado pelo noivo para que, nesse penhor, ele mesmo possa ser amado. Pois Deus vos ofertou todas estas coisas. Amai Aquele que as criou."[106]

A relação entre Deus e os bens de que as criaturas desfrutam foi concebida como uma relação entre um doador extremamente generoso e um beneficiário. Agostinho não poderia ter escolhido uma relação mais difícil e ambivalente. O reconhecimento da dependência e, com ele, a capacidade de sentir gratidão não eram nada fáceis, na opinião de Agostinho; e ele expôs a origem e a relação entre as duas "cidades" precisamente em termos dessa relação básica entre aquele que dá e aquele que recebe.

O Diabo desejara desfrutar do que lhe fora dado como se lhe pertencesse: não quisera outra fonte de bondade senão ele mesmo.[107] Essa onipotência usurpada só fez diminuí-lo. Alterou suas relações com seus semelhantes: fez com que ele afirmasse a onipotência pela dominação de seus pares[108] e o levou a olhar com inveja para aqueles que possuíam uma fonte de bondade, uma bênção externa à sua.[109]

Era improvável que Agostinho, que havia observado tão de perto até mesmo o ciúme entre um bebê e outro, subestimasse a força da inveja, ao determinar as relações da "cidade" dos decaídos com a "Cidade" de Deus: a inveja da raça humana, por exemplo, determinava os ataques dos demônios à humanidade e, por conseguinte, o curso da história religiosa do paganismo, que desempenha um enorme papel em *A cidade de Deus*. A "ânsia de dominar" era uma força igualmente poderosa entre os seres decaídos: Agostinho viu-a por toda parte, numa história que, significativamente, tornou-se para ele apenas a história dos grandes impérios do mundo antigo.[110] Acima de tudo, porém, havia o orgulho: a negação onipotente da dependência caracterizava a atitude da "cidade terrena" perante os valores muito genuínos que seus integrantes haviam criado — seus atos de heroísmo, sua cultura, seus períodos de paz. Ao longo de toda *A cidade de Deus*, foi para essa negação básica da dependência, e portanto, da gratidão, que Agostinho apontou, fosse na política,[111] fosse no pensamento ou na religião.[112]

Assim, com uma selvageria intelectual realmente inusitada, Agostinho destruiu toda a antiga tradição ética: "teorias de homens mortais com que eles se esforçaram por criar para si, por si mesmos, uma felicidade completa em meio às misérias desta vida."[113] Em sua opinião, essas teorias levavam a um círculo fechado, destinado a negar a relação entre o dar e o receber. A essa tradição Agostinho opôs uma ideia que implicava justamente esse tipo de relação: a fé e, acima de tudo, a "esperança".[114] Ele vasculhou com afinco os bens verdadeiros de que desfrutavam os homens, à procura de um indício da felicidade por que estes ainda pudessem "*esperar*" nas mãos de um Criador pródigo.[115]

O pensamento agostiniano esteve sempre em estado de tensão. Em *A cidade de Deus*, podemos ver com extrema clareza por que ele se aguçou até um grau tão intenso nos demais escritos da velhice. É que, se o mundo material — e com ele, o corpo humano — fora uma dádiva perfeita de Deus, nunca se poderia tratá-lo como inferior ao que havia de melhor. Ele não havia apenas "decorrido" ineslutavelmente de uma perfeição superior, como pensara Plotino. Assim, Agostinho teve de examinar com novos olhos o problema do mal no mundo. É que, em tempos anteriores, mais ou menos como Plotino, ele havia achado que Adão e Eva tinham "caído" num estado físico:[116] que as virtudes fecundas que eles teriam gerado numa vida puramente "espiritual" haviam declinado, com a Queda, para a simples carne-e-osso literal das famílias humanas.[117] Agora, já não pensava assim. Voltou a olhar para Adão com agudeza particular: também Adão tinha sido um homem de carne e osso, como ele próprio; havia comido, havia desfrutado das paisagens do mundo e construído família, por intermédio da relação sexual com sua mulher;[118] por que os prazeres "naturais" de Adão em seu Paraíso eram acompanhados, em Agostinho, por nuanças emocionais que eram fonte de uma tensão tão insuportável? — "o que foi que em mim semeou esta guerra?"[119]

Opondo-se a Juliano de Eclano, um otimista, Agostinho justificou o castigo coletivo com que Deus havia punido o pecado isolado de Adão no corpo de todos os seus descendentes. Essas páginas terríveis refletem o dilema de Agostinho.[120] Ele era um homem que não mais podia tomar por certo o mal físico. Isso porque, se não era possível supor que a vida dos sentidos ficava num inevitável "segundo lugar", abaixo da vida do "espírito puro", então, as dificuldades do corpo — suas doenças pavorosas e os desagradáveis concomitantes afetivos de seus atos físicos mais normais — também já não podiam ser tomadas por certas. Só se poderia pensar nessas dificuldades como o resultado da perturbação de uma ordem em que o material e o espiritual poderiam ter-se unido harmoniosamente.[121] Tal perturbação, por sua vez, só podia ser tida como o resultado de uma ação unilateral precisa, por parte daquele que recebia as dádivas de Deus; e a miséria inenarrável da raça humana devia ser atribuída a um ato de justiça deliberado e aterrador por parte de Deus, o doador, qualquer que fosse seu preço para os sentimentos humanos. Isso porque só um "pecado indizível" poderia ter levado um Criador tão onipotente e generoso a misturar tamanho sofrimento com o fluxo das coisas boas.

Ao escrever o último livro de *A cidade de Deus*, aos 72 anos, Agostinho incluiu uma passagem que foi a elaboração final de uma tese que ressurgira com frequência no fim desse trabalho. Era uma defesa da esperança.

"'*Senhor, amei a beleza de Tua casa.*' (...) Das dádivas d'Ele, que se espalham igualmente entre os bons e os maus nesta nossa vida sumamente desoladora, tentemos, com Sua ajuda, expressar de modo suficiente aquelas que ainda estamos por experimentar.[122]

"Em sua origem coletiva, partindo dos indícios desta própria vida, uma vida tão repleta de tais e tantos males que mal se pode chamá-la viver, devemos concluir que toda a raça humana está sendo castigada (...)."[123] Havia os horrores da educação das crianças pequenas,[124] os acidentes gratuitos da vida cotidiana,[125] os elementos implacáveis: "Conheço camponeses cuja excelente colheita foi arrastada de seus celeiros por enxurradas repentinas";[126] havia os efeitos bizarros e humilhantes das doenças raras[127] e os terrores súbitos dos sonhos.[128]

Contudo, um bem imenso continuava a fluir ao lado do mal, "como num vasto e caudaloso rio".[129] Bastava pensar nas maravilhas íntimas do corpo humano, ou até no adorno gratuito da barba masculina,[130] e na força da razão que se evidenciava na simples proliferação das invenções;

"E, por último" (isto, vindo de Agostinho, o bispo católico), "quem pode fazer plena justiça ao brilhantismo intelectual exibido por filósofos e hereges na defesa de seus erros e suas opiniões incorretas?"[131]

E havia o mundo a seu redor, um jogo de luz e cores, como sempre: "o extraordinário brilho e os efeitos superficiais da própria luz, no sol, na lua e nas estrelas, nos matizes sombrios de uma clareira, nas cores e aromas das flores, na simples diversidade e abundância de coloridas aves canoras. (...) E" (neste ponto, talvez o velho bispo se voltasse para fitar a vasta baía de Hipona) "existe a grandeza do espetáculo do próprio mar, vestindo e despindo suas múltiplas cores como mantos, ora em todos os tons de verde, ora púrpura, ora azul-celeste. (...) E tudo isso são para nós meros consolos, para nós, desgraçados e punidos homens: não são a recompensa dos abençoados. Qual pode ser esta, portanto, se tais coisas são aqui tão numerosas, tão grandes e de tal qualidade? (...)"[132]

28
A CONQUISTA DA UNIDADE¹

Nos anos desastrosos de 409 e 410, Alarico marchou de um lado para outro pela Itália. O governo romano perdeu o interesse na África, seu apoio foi retirado da Igreja católica e a campanha para reprimir o donatismo fracassou. O bispo donatista retornou a Hipona em triunfo. Agostinho tornou-se um homem marcado, "um lobo a ser morto".² Descobriu-se, dessa vez, diante da perspectiva de terminar sua vida como mártir.³ Somente o erro de um guia, que escolheu a estrada errada, salvou-o de uma emboscada preparada pelos circunceliões.⁴ Seu rebanho ficou com o moral abatido. O bispo iria precisar de toda a sua determinação: "Não tenho medo de vós. Não podeis derrubar o Trono do Juízo de Cristo e erguer o de Donato. Continuarei a chamar de volta os que se extraviaram, buscarei os perdidos. Ainda que os galhos da floresta me dilacerem em minha busca, persistirei em abrir caminho por cada vereda estreita. Enquanto o Senhor, que me impele a esta tarefa com Seu terror, dotar-me de forças, tudo suportarei."⁵

Durante um período dramático, do fim de 409 até agosto de 410, as leis imperiais contra a heresia foram suspensas.⁶ Não poderiam tornar a ser impostas naquele momento sem que houvesse alguma reação popular. Para o imperador católico, era uma questão de *reculer pour mieux sauter*:* somente uma completa investigação oficial sobre a origem do

---

* "Recuar para saltar melhor", em francês no original. [*N. da T.*]

cisma donatista superaria as hesitações da política imperial dos anos anteriores. Assim, em 25 de agosto de 410, ele convocou os bispos de ambas as Igrejas para uma conferência. Ela se chamaria *Collatio*, uma "colação" ou "cotejo" das pretensões legais das duas partes à denominação de verdadeira Igreja católica. A *Collatio* deveria estar concluída em quatro meses. Seria conduzida por Flávio Marcelino, homem que, como vimos, era um católico devoto.[7]

O imperador ordenou o que Agostinho e seus colegas sempre haviam desejado: um confronto público com os líderes donatistas. Tal confronto era particularmente bem-vindo nessa ocasião, pois a Igreja católica passara a abrigar um número exagerado de convertidos do donatismo que não eram muito convictos. Somente um exame definitivo e amplamente divulgado das questões persuadiria esses homens de que a causa do donatismo estava irrecuperavelmente perdida.[8] Na *Collatio* de 411, portanto, os bispos de ambos os lados viriam a discutir apaixonadamente, menos para convencer uns aos outros do que para impressionar esse influente grupo de indecisos.[9]

Agostinho dificilmente teria a expectativa de que a conferência desse ensejo a negociações pacíficas. Tratava-se de uma investigação oficial, na qual se providenciaria para que fosse feita a justiça que já se fizera em favor dos católicos, um século antes. Isso porque, como Agostinho não se cansava de dizer a seus rivais, tinham sido os donatistas que haviam apelado originalmente para Constantino, a fim de que ele arbitrasse o conflito entre sua Igreja e Ceciliano.[10] Constantino havia declarado que a facção de Ceciliano era a Igreja católica, e todas as leis imperiais posteriores contra o donatismo tinham sido meras derivações diretas dessa decisão fatídica.[11] O problema era simples assim.[12]

Os donatistas, é claro, não compareceram para buscar uma decisão legal clara. Consideravam-se a autêntica Igreja cristã na África: a opinião pública e as visões tradicionais da Igreja, e não os documentos jurídicos, eram o esteio de sua defesa. E eles estavam dispostos a representar para a plateia. Em 18 de maio de 411, chegaram até a entrar em Cartago em procissão solene, com 284 bispos vindos de todas as regiões da África.[13]

A massa compacta de bispos donatistas dominou as primeiras sessões da conferência. Seu líder, Petiliano de Constantino, ganhou todas as moções iniciais. Tornou a impor o ônus da prova aos católicos, pois, se a conferência pretendia ser um julgamento adequado, uma *cognitio*, alegou, os católicos teriam de estabelecer sua identidade como acusadores;[14] teriam de provar que eles, e não os donatistas, eram a verdadeira Igreja católica. De um só golpe, a conferência transformou-se num debate geral sobre a natureza da verdadeira Igreja — e, para esse debate, os donatistas haviam preparado um manifesto impressionante.[15] Durante duas sessões e meia, Petiliano conseguiu desviar o curso dos trabalhos do incômodo "processo de Ceciliano".[16] Uma vez levantada a questão estrita da decisão de Constantino a favor de Ceciliano, sua defesa ficaria em destroços. Isso porque ele tinha feito uma avaliação de Marcelino: este era um homem escrupulosamente consciencioso, disposto a tolerar toda e qualquer chicanice e insulto[17] e pronto a fazer concessões substanciais por iniciativa própria,[18] a fim de chegar a uma decisão justa, mas, no fundo, era um bom burocrata romano. O "processo da Igreja" era geral e confuso. Em contraste, o de Ceciliano fora resumido para ele pelos católicos num dossiê de documentos oficiais imponentes.[19] Não admira que, com esse homem na presidência, os donatistas quisessem evitar o aparecimento desse dossiê, "como demônios que recuam, apavorados, ante a aproximação de um exorcista".[20]

A conferência teve três sessões, nos dias 1, 3 e 8 de junho de 411. Foi registrada na íntegra pelos estenógrafos. Na grande parte do material que chegou até nós, podemos acompanhar, palavra por palavra, o latim falado do século V d.C., e podemos ouvir homens inteligentes e obstinados, versados em retórica e na argumentação jurídica, fazendo manobras para obter uma posição vantajosa numa questão da qual dependeriam suas carreiras.[21]

Marcelino havia tomado providências para que apenas duas delegações de sete bispos de cada lado comparecessem a sua presença no grande salão de uma casa de banhos pública, as *Thermae Gargilianae*.[22] Quando a sessão foi aberta, no entanto, todo o episcopado donatista entrou em massa no salão e se postou atrás de seus defensores, imóvel.[23] Marcelino pôs-se de pé para cumprimentar os bispos, com fria polidez, dizendo desejar que não houvesse necessidade de um inquérito.[24] Os bispos donatistas recusaram-se a tomar assento: ficariam de pé, "como Cristo diante de Pilatos". Na condição de leigo, Marcelino não se permitiria sentar-se na presença de bispos eretos — e assim começaram os trabalhos, com o presidente rigidamente de pé, numa postura de humildade desafiadora.[25]

Em seguida, Petiliano só se dispôs a aceitar o processo proposto por Marcelino se os católicos provassem que eram um corpo suficientemente grande para ser representado por uma delegação. Acusou-os de estarem blefando, por haverem criado "episcopados-fantasma" na época da perseguição.[26] Assim, reuniram-se bispos católicos de todos os pontos de Cartago, para se submeterem a um desfile de identificação. Os dois lados ficaram por perto numa tarde quente de verão, enquanto cada bispo donatista reconhecia seu rival católico. Os ânimos não tardaram a se exaltar. Lembranças da violência quebraram a monotonia da chamada nominal. "Aqui estou. Anote aí. Será que Florêncio me reconhece? Deveria, porque me pôs na prisão durante quatro anos e quis mandar executar-me..."[27] "Reconheço meu perseguidor..."[28] "Não tenho rival, pois lá está o cadáver do senhor Marculus, por cujo sangue o Senhor exigirá a punição no Juízo Final."[29] Mas isso disparou o alarme. Um simples incidente ameaçou levar todo o processo a um impasse: teriam os bispos donatistas assinado em nome de um bispo morto? "Morrer é humano", disse Petiliano. "Morrer pode ser humano", retrucou Alípio, asperamente, "mas mentir é indigno do homem."[30]

Dois dias depois, os donatistas obtiveram mais uma vitória. Conseguiram um adiamento de cinco dias para verificar a ata estenografada da primeira sessão: ganharam tempo para preparar sua súmula. Agostinho não havia participado dessas manobras. Nesse momento, insistiu em que Marcelino concedesse esse pedido. *Humanum est*: "era justo" que eles tivessem tempo para se decidir.³¹ Em certa ocasião, ele tratara do mesmo modo um missionário maniqueísta.³² Confiante na vitória, não viu razão para que não se desse aos donatistas corda suficiente com que se enforcarem.

Seus colegas ficaram menos distantes. Possídio agitou-se e foi deliberadamente rude.³³ Alípio, apesar de mais digno, entrara com entusiasmo na prova de força da véspera. Sempre havia julgado a política de repressão por seus resultados. Era um homem orgulhoso e de sucesso: "Quisera eu que outras cidades pudessem rejubilar-se com a união antiga e firme de Tagaste."³⁴

Somente na última sessão, em 8 de junho, foi que Agostinho teve o reconhecimento que lhe cabia. A essa altura, estava decidido a forçar uma decisão sobre o assunto principal: "Por quanto tempo mais terá o povo que esperar? Sua alma está em jogo; no entanto, usamos táticas de adiamento, de modo que, no fim, talvez nunca cheguemos à descoberta da verdade."³⁵ Os católicos finalmente manobraram com persistência para chegar ao âmago da questão. Com toda a defesa católica na ponta da língua, Agostinho respondeu de improviso ao manifesto cuidadosamente preparado pelos donatistas.³⁶ Deve ter sido uma apresentação assombrosa e empolgante. Marcelino, que até então se mantivera distante, tomou as rédeas da situação. Rejeitou os pedidos de um julgamento separado sobre o "processo da Igreja".³⁷ Insistiu em identificar a "causa da dissensão",³⁸ ou seja, rumou para um porto seguro entre os documentos oficiais do "processo de Ceciliano". Coube aos católicos reconstituir, a partir dos documentos, a história exata do cisma em seu primeiro ano.³⁹ Era tudo o que Marcelino queria para chegar a uma decisão final. As delegações voltaram a ser convocadas e, à luz de tochas, no início da madrugada de 9 de junho, Marcelino proferiu o veredicto: os donatistas não tinham como corroborar suas alegações: "Que a falsidade, uma vez detectada, curve-se à verdade manifesta."⁴⁰

Nos anos seguintes, o donatismo seria reprimido com um rigor excepcional. As leis contra os donatistas tornaram-se coercitivas, no verdadeiro sentido da palavra: puniam os leigos por *não* se tornarem católicos. Em 405, a Igreja donatista fora meramente "desbaratada": vira-se privada de seus bispos, suas igrejas e suas verbas, e seus membros tinham perdido alguns direitos civis. A partir de 412, em contraste, uma tabela de multas excepcionalmente altas passou a ser aplicada aos leigos de todas as classes que não se ligassem à Igreja católica.[41]

Nos escritos e sermões agostinianos de 405 a 409, bem como depois de 411,[42] podemos ter vislumbres de uma grande Igreja empurrada para a clandestinidade: os donatistas tiveram que recorrer a dispositivos legais engenhosos para preservar a validade de seus testamentos;[43] os homens temiam oferecer hospitalidade a seus antigos bispos.[44] Como qualquer grupo desesperado, os donatistas recaíram em esperanças fantasiosas e em lendas. Consolavam-se com a ideia de que Simão de Cirene, que fora obrigado pelos romanos a carregar a cruz de Cristo, também tinha sido africano, o que é uma imagem tocante.[45] Lembravam-se de como, em seus dias de glória, seus grandes bispos tinham ouvido vozes dos céus e praticado milagres.[46] O movimento dos circunceliões poderia ter sido a espinha dorsal da resistência donatista,[47] mas, a essa altura, seus bandos estavam privados da liderança dos bispos das cidades e, quem sabe, também do apoio material:[48] a agressão fanática, que um dia se voltara para fora contra os católicos "impuros", voltou-se para dentro nesses homens desesperados, numa terrível epidemia de suicídios.[49]

Agostinho só viria a mencionar esses acontecimentos de passagem. Envolvera-se na controvérsia pelagiana e estava cada vez mais impaciente com a resistência na África. A longa experiência da violência o havia endurecido. Um estranho poderia chocar-se com os suicídios dos circunceliões; para Agostinho, eles faziam "parte de seu comportamento costumeiro".[50] Ativista apaixonado e sensível, o bispo mostrou-se um vencedor implacável.

Em 420, Gaudêncio, sucessor do grande Optatus como bispo donatista de Timgad, recolheu-se a sua magnífica basílica quando da aproximação dos funcionários imperiais e ameaçou incendiar-se, juntamente com sua congregação.⁵¹ O agente imperial, Dulcício, era um homem devoto cujo irmão era padre em Roma.⁵² Como era natural, estarreceu-se com a ferocidade da política eclesiástica na África. Afinal, ali estava uma congregação cristã, que compartilhava com ele a mesma forma de culto, entrincheirada contra ele num esplêndido prédio sagrado. Foi muito fácil para Agostinho responder a esse homem apreensivo; a temível doutrina da predestinação o havia municiado contra os sentimentos: "Ao ver que Deus, por uma determinação oculta, embora justa, predestinou alguns ao castigo supremo (do Fogo do Inferno), sem dúvida podemos considerar melhor que a maciça maioria dos donatistas tenha sido recolhida e reabsorvida (...), enquanto alguns perecem em suas próprias chamas: melhor, na verdade, do que a hipótese de que todos os donatistas ardessem nas chamas do Inferno por sua dissidência sacrílega."⁵³

Depois do saque de Roma, a África se tornara a âncora de emergência do destino do imperador Honório. A lealdade tinha seu preço. Os latifundiários africanos imediatamente extorquiram concessões tributárias.⁵⁴ Os bispos também conseguiram o que queriam: a imposição resoluta da "unidade" católica em todas as províncias.

O que os administradores ganhavam com essa política de repressão era imponderável, mas muito bem-vindo. Numa época de confusão sem paralelo no Império Ocidental, eles chegavam a uma província em que um corpo sumamente bem-articulado de homens julgava estar fazendo exatamente a coisa certa para salvar o Estado. Voltavam para a Itália levando exemplares de *A cidade de Deus* recebidos de presente.⁵⁵ Agostinho lhes dizia que as desgraças do Império Romano não provinham do descaso para com os velhos ritos, mas da tolerância para com o paganismo, a heresia e a imoralidade no novo império cristão.⁵⁶ Esses homens acreditavam nele. Já não eram pagãos, já não eram árbitros neutros em questões religiosas. Essa nova geração de políticos compunha-se de bons "filhos da Igreja", de quem se poderia esperar que partilhassem os mesmos sentimentos de seus bispos.⁵⁷ Agostinho chegou até a exortar um desses homens a se batizar. Os tempos haviam mudado. Na estranha crise motivada pelo interesse extramundano que tantos talentos roubara do governo romano na década de 380, Agostinho e seus amigos haviam claramente tendido a identificar o batismo com o afastamento da vida pública. Agora, o batismo se lhes parecia tão somente uma garantia de que o governador romano se empenharia com mais vigor em impor o catolicismo.[58]

No entanto, esse Império Romano cristão passara a ser governado por um pequeno número de homens violentos, mesquinhos e corruptos. Até cristãos íntegros levavam uma vida dupla. Dárdano, um prefeito aposentado da Gália, deu à aldeia que possuía nos Alpes Marítimos o nome de Teópolis, "Cidade de Deus".[59] Em seu ócio filosófico, recebeu cumprimentos de Jerônimo e esclarecimentos de Agostinho sobre a natureza da presença de Deus.[60] Todavia, alguns anos antes, emboscara e "se desfizera" com as próprias mãos de um prisioneiro político que seguia sob escolta para Ravena.[61]

O devoto Marcelino, justamente ele, foi vítima da violência dos políticos. Uma revolta liderada por Heracliano, conde (comandante em chefe) da África, foi sufocada e, no "expurgo" subsequente, Marcelino foi preso e acabou sendo executado, em 13 de setembro de 413.[62] Foi um golpe cruel para Agostinho, tanto em termos pessoais quanto por mostrar quão pouco a Igreja católica estabelecida na África era capaz de lidar com a sociedade em que vivia. Toda a máquina da Igreja como protetora dos prisioneiros foi acionada, apenas para ser cinicamente escarnecida: um bispo foi enviado a Ravena para pedir clemência; burocratas prestaram juramentos solenes diante do altar; a notícia de que Marcelino fora julgado num processo sumário foi recebida com satisfação, pois o dia seguinte seria o da festa de São Cipriano, ocasião oportuna para uma anistia.[63] Agostinho estivera com Marcelino nos dias anteriores. Este pudera garantir-lhe, sob juramento, que nem por uma única vez deixara de ser casto.[64] No amanhecer do dia da festa, Marcelino foi levado para fora, para um canto da praça pública, e decapitado. A Igreja não conseguira proteger seu filho mais dedicado.

Nesse momento crucial, Agostinho mostrou que nada tinha de Ambrósio: faltava-lhe o traço de obstinação e confiança na capacidade de controlar os acontecimentos que era tão acentuado nos grandes políticos eclesiásticos de sua época. Ele deixou Cartago às pressas, para não ser forçado a se juntar a seus colegas no apelo pela libertação de outros suspeitos políticos que haviam fugido e buscado asilo nas igrejas da cidade. Recusou-se a se diminuir perante o homem que cometera o assassinato judicial de seu amigo.[65]

Assim, apenas três anos após sua vitória na conferência, Agostinho saiu de Cartago, decidido a não voltar por muito tempo.[66] Num nível mais profundo, esse incidente também marcou o término de uma fase de sua vida. É que, paradoxalmente, ele havia perdido o entusiasmo pela aliança entre o Império Romano e a Igreja católica, justamente na ocasião em que ela fora efetivamente cimentada. A aliança continuou a ser uma necessidade prática, uma condição *sine qua non* da vida organizada de sua Igreja; seria invocada contra outros hereges, os pelagianos,[67] mas poucos vestígios restavam da impetuosa confiança da década de 400. É que, agora que já não precisava convencer os outros, o próprio Agostinho pareceu perder a convicção: recaiu em visões mais sombrias. Os bispos de outras províncias talvez ainda se impressionassem indevidamente com a conversão repentina dos imperadores;[68] Agostinho disse a um deles que de modo algum isso significava que o Evangelho tivesse sido pregado "nos confins mais remotos da Terra".[69] Na verdade, a cristianização pública do Império Romano nada fez para minorar as reservas de Agostinho quanto às probabilidades de salvação da maioria da raça humana:[70] essa salvação passara a se apoiar num pequeno núcleo de "eleitos". As congregações cristãs tampouco se haviam beneficiado expressivamente de sua aliança com o Estado: longe de ser uma fonte de aprimoramento, essa aliança era fonte de "maior perigo e tentação".[71]

Agostinho tornara-se mais cauteloso. Em suas cartas datadas mais ou menos de 410, a necessidade de tranquilizar funcionários romanos como Marcelino o levara a fazer a afirmação simplista de que o império cristão existente era o melhor Estado possível, pois as igrejas cristãs do império estavam funcionando como escolas de cidadania, "salas de aula sagradas";[72] seus ensinamentos de honestidade e amor fraterno poderiam produzir homens tão austeros e de tanto espírito público quanto os antigos romanos, com o benefício adicional da vida eterna.[73] Já ao escrever os primeiros livros de *A cidade de Deus*, Agostinho restringiu essas afirmações singularmente temerárias: dada a situação do mundo, o bom cidadão e governador cristãos teriam que "suportar" sua existência atual, sem grande esperança de criar uma sociedade plenamente cristã.[74] Os exemplos dos antigos romanos nunca poderiam ser "atualizados" pelos ensinamentos cristãos: tinham sido usados por Deus unicamente para encorajar os integrantes de uma "Cidade de Deus" estabelecida em outro mundo, e não para promover uma mágica reforma moral no Império Romano existente.[75]

Na verdade, Agostinho sentia-se velho e ineficaz. Retornou a Hipona, para um remanso seguro em meio a seus livros.[76] "Resolvi", escreveu, "dedicar inteiramente o meu tempo, se Deus quiser, à tarefa dos estudos pertinentes ao saber eclesiástico; ao fazê-lo, se assim quiser a misericórdia divina, creio que poderei ter alguma serventia até para as futuras gerações."[77]

Agostinho havia iniciado uma nova fase em sua carreira. Já sabia que não poderia terminar a vida como um recluso bispo provincial. Agarrara uma nova oportunidade de uma controvérsia ativa. Mesmo na época da conferência, já tivera alguns vislumbres do rosto de um homem[78] aproximadamente da sua idade, um "servo de Deus" como ele, muito estimado pelos aristocratas romanos que haviam fugido para Cartago depois do saque dos godos, um homem que diziam ser o inspirador das ideias radicais que já perturbavam os amigos de Marcelino — o monge britânico Pelágio.

29
PELÁGIO E O PELAGIANISMO[1]

I

Depois de 410, o Império Romano ficou cheio de refugiados. As famílias nobres de Roma viram-se momentaneamente empurradas para a porta de Agostinho. Seriam obrigadas a passar alguns anos naquele remanso provincial seguro; para o biógrafo de uma delas, Tagaste pareceu "pequena e paupérrima".[2]

Os moradores da província ficaram devidamente impressionados com esse grupo notável de homens e mulheres. Pela primeira vez, Agostinho conheceu nobres idosas, como Proba, viúva do homem mais rico do império, mãe e tia de cônsules. A geração mais nova não era menos notável. Aos quatorze anos, Demétria, sobrinha-neta de Proba, desprezou a perspectiva de um casamento político para se tornar freira e, desse modo, suplantar os homens da família aos olhos de bispos encantados.[3] Alguns anos antes, um jovem casal de outra família, Melania e Piniano, causara tumulto no senado romano ao liquidar suas vastas propriedades para doá-las aos pobres.[4] E, como vimos, a chegada desses milionários excêntricos causou grande agitação em Hipona.

A chegada desses estrangeiros magníficos agitou uma sociedade que se fechara em si mesma. Em 410-411, Agostinho estava totalmente preocupado com o cisma donatista, uma questão puramente local. Nos anos seguintes, os membros pagãos da aristocracia romana provocariam *A cidade de Deus*;[5] e Pelágio, um homem que se mudara com seus vizinhos e parentes cristãos, levaria Agostinho à controvérsia que viria a lhe garantir uma reputação realmente internacional.

Sabemos muito pouco sobre Pelágio.[6] Como Agostinho, ele vinha de uma província: havia saído da Grã-Bretanha para Roma exatamente na mesma época em que Agostinho pôs os pés na Itália pela primeira vez, em busca de sua sorte. Mas, enquanto Agostinho havia retornado à terra natal depois de apenas quatro anos, Pelágio permanecera em Roma. Agostinho levara a vida de um sério leigo batizado por uns quatro anos, enquanto Pelágio o fizera por mais de trinta. Agostinho se acomodara numa vida dedicada a problemas pastorais locais e, em suas atividades intelectuais, contentara-se com um esplêndido isolamento. Pelágio, ao contrário, continuara a viver numa cidade frequentemente visitada por monges do leste do Mediterrâneo e perturbada por questões teológicas de todas as partes do mundo.[7] Acima de tudo, esse leigo e seus partidários teriam ouvido padres manterem a mente aberta a respeito de questões que um bispo africano teria passado a tratar como encerradas desde muito antes.[8] Assim, exatamente na mesma ocasião em que Agostinho estava para se lançar numa estreita controvérsia eclesiástica, Pelágio, em Roma, chegou ao apogeu num mundo em que os leigos cristãos cultos exerciam mais influência do que em qualquer época anterior.[9] Homens e mulheres leigos tornaram-se apóstolos destacados do novo movimento ascético: eram os destinatários ilustres de cartas de Paulino de Nola, Agostinho e Jerônimo; suas concepções teológicas eram respeitadas, sua proteção era buscada e suas mansões eram postas à disposição de santos e peregrinos vindos do mundo inteiro. Pelágio se havia juntado a esses homens em discussões sobre São Paulo. Tais discussões tinham constituído a base de suas *Exposições das cartas de São Paulo*, a fonte mais segura de suas ideias teológicas;[10] e, dirigindo-se a tais homens, ele havia aperfeiçoado uma arte idealmente apropriada para transmitir suas ideias — a difícil arte de escrever cartas formais de exortação.[11] Essas cartas eram admiradas exatamente nos mesmos círculos que deviam ler Agostinho e Jerônimo. Agostinho sempre rendeu belos tributos às exortações de Pelágio: elas se destacavam por ser "bem redigidas e diretas", por sua "*facundia*" e sua "*acrimonia*".[12] *Le style, c'est l'homme.** Com efeito, passamos a conhecer Pelágio muito melhor pela qualidade literária de suas cartas, sobretudo pela acrimônia que deu o tom de todo o movimento pelagiano, do que o conhecêramos antes, pelas proposições teológicas em função das quais ele ganhou fama de herege.[13]

A longa carta que Pelágio escreveu a Demétria em 413, por ocasião de sua decisão de se tornar freira, foi uma declaração deliberada e fartamente divulgada de sua mensagem.[14] Tal mensagem era simples e apavorante: "Já que a perfeição é possível para o ser humano, ela é obrigatória".[15] Pelágio nunca duvidou, nem por um momento, de que a perfeição fosse obrigatória; seu Deus era, acima de tudo, um Deus que ordenava obediência sem questionamento. Fazia os homens executarem suas ordens e condenaria ao fogo do inferno qualquer um que não cumprisse uma só dentre elas.[16] Mas o que Pelágio estava interessado em defender, com fervor especial, era que a natureza humana fora criada para que se atingisse tal perfeição: "Toda vez que tenho de falar em ditar normas para o comportamento e a conduta de uma vida santa, sempre assinalo, antes de mais nada, o poder e o funcionamento da natureza humana, e mostro o que ela é capaz de fazer (...), para não dar a impressão de estar desperdiçando meu tempo, chamando as pessoas a enveredarem por um caminho que elas considerem impossível percorrer."[17]

Pelágio dispunha-se a lutar por seu ideal e, no mundo gregário do baixo-império, nunca estava sozinho. Atraía protetores, dentre eles Paulino de Nola.[18] Dispensava discípulos, especialmente os jovens de boa família que chegavam a Roma, como ele próprio, para fazer carreira como advogados na burocracia imperial. Esse mundo singular, meio universidade, meio serviço público, era muito mais conhecido de Alípio, que

---

* "O estilo é o homem", em francês no original. [*N. da T.*]

vivera nele, que de Agostinho. A formação jurídica produzia debatedores habilidosos e excelentes especialistas em tática; levava os jovens sérios a se preocuparem sinceramente com os problemas da responsabilidade e da liberdade e, o que não é de surpreender, a se intrigarem com o Deus do Velho Testamento, cuja justiça, em Seus castigos coletivos e Seu "endurecimento" deliberado do coração dos indivíduos, estava longe de ser óbvia.[19] Celéstio, que estava fadado a ser o *enfant terrible* do movimento, era justamente um desses jovens: rapaz de família nobre, cedo se impressionou com Pelágio; abandonou o mundo e escreveu cartas urgentes *Sobre o mosteiro* a seus pais.[20]

Pelágio não tinha paciência com a confusão que parecia imperar a respeito da capacidade da natureza humana. Ele e seus adeptos escreviam para homens "que queriam mudar para melhor".[21] Pelágio recusava-se a considerar que essa capacidade de autoaperfeiçoamento tivesse sido irreversivelmente prejudicada; a ideia de um "pecado original", capaz de tornar os homens incapazes de não pecar ainda mais, parecia-lhe totalmente absurda.[22] Ele se aborreceu com o modo como a obra-prima de Agostinho, as *Confissões*, parecia meramente popularizar a tendência a uma devoção sem vigor. Quase entrou em choque com um bispo — teria sido Paulino? — numa discussão subsequente a uma leitura das ternas passagens do Livro X, "Ordenai o que quiserdes, doai o que ordenardes".[23] Essa frase parecia toldar, por intermédio de atos pessoais de favoritismo, a majestade incorruptível de Deus como Legislador. O sentimento de que a onda da opinião pública estava-se voltando rapidamente contra ele, em favor de uma tolerância do pecado como "extremamente humano", arrancou-lhe um panfleto enraivecido e sem meias palavras, *Sobre a natureza*.[24] Tempos depois, Agostinho tratou esse texto como uma valiosíssima prova em sua argumentação contra Pelágio.

Para Agostinho, no entanto, esses debates ainda estavam muito distantes em 410. Na verdade, ele tinha um contato surpreendentemente pequeno com a vida intelectual das famílias romanas antes do saque praticado pelos godos;[25] e, quando estourou em Cartago o escândalo causado por essas ideias, no fim de 411, ele estava ocupado em Hipona. Suas informações dependiam de cartas do conde Marcelino, sua fonte costumeira, na época, com respeito às queixas e perplexidades dos refugiados romanos.[26]

Pelágio até aportou em Hipona quando de sua chegada à África, mas Agostinho estava fora nessa ocasião.[27] O bispo respondeu com polidez, mas com cautela, à carta que anunciou a chegada do britânico em segurança.[28] Mais tarde, diria que essa breve resposta havia implicado uma advertência a Pelágio e um convite a que ele fosse visitá-lo para um debate.[29] Ficamos a nos perguntar o que teria acontecido se Pelágio se houvesse exposto ao encanto do velho bispo. No espaço de um ano, Pelágio tornou a partir, desta vez para a Terra Santa; ficaria conhecido apenas por seus livros: para Agostinho, principalmente por *Sobre a natureza*, e, para os familiares e amigos de Demétria, por sua *Carta*, que evidentemente os impressionou. Trata-se de uma intrigante imagem dupla: para Agostinho, ele era o teólogo otimista de *Sobre a natureza*; para a família de Demétria, era o asceta ardoroso que escrevera uma admoestação urgente para sua filha.

Foi Celéstio quem provocou a crise na África, não Pelágio. Tão logo chegou a Cartago, ele interveio confiantemente nos debates em curso, que pareciam tocar no mistério perene da origem da alma, e passou aos problemas afins da solidariedade da raça humana no pecado de Adão, pois, por exemplo, como poderia a alma "nova em folha" de um indivíduo ser considerada culpada do ato distante de uma outra pessoa?[30] Essas discussões tocaram na necessidade do batismo infantil. E foi aí que os argumentos pelagianos depararam com seu primeiro obstáculo sério. Os bispos que haviam passado anos defendendo a necessidade absoluta e a singularidade do batismo conferido por eles na Igreja católica, e que, na biblioteca dos bispos de Cartago, podiam consultar uma carta de São Cipriano que insistia no batismo dos bebês recém-nascidos,[31] não estavam dispostos a tolerar tais especulações. Celéstio foi denunciado quando se candidatou ao sacerdócio.[32] As seis proposições condenadas que ele se recusou a retirar³³ viriam a constituir, ao lado de *Sobre a natureza*, de Pelágio, a base da argumentação agostiniana contra Pelágio. Para Agostinho, esses eram os *capitula capitalia*,³⁴ pois tais proposições bastariam para "enforcar" Pelágio, caso se admitisse que o radicalismo de Celéstio, o discípulo, era apenas a extensão lógica das opiniões secretas de seu mestre.³⁵

Agostinho estava em Hipona nessa ocasião e pouco tomou conhecimento da reunião local que condenou Celéstio. Quando Marcelino lhe escreveu, no inverno de 411, essas ideias estavam apenas "no ar" em Cartago, com todas as incertezas e a irritação que ocorrem quando se tem uma obscura sensação de que dois estilos de pensamento acham-se em conflito. É extremamente difícil identificar as opiniões e panfletos que deram a Agostinho o material para sua primeira imagem coerente das ideias que, mais tarde, atribuiria diretamente a Pelágio.³⁶

A carta de Marcelino chegou a Hipona quando Agostinho estava assoberbado com o trabalho posterior à abolição do donatismo: seus escreventes não conseguiam dar conta de suas exigências; ele vinha tendo que resumir para seu rebanho o imenso registro literal da conferência e sendo "pressionado" pelos pedidos de favores e arbitragem feitos pelos homens do lugar.³⁷ Apesar disso, Agostinho respondeu imediatamente à carta. Como de praxe, precipitou-se a tirar conclusões, antes mesmo de ler tudo o que lhe fora remetido.³⁸ Essa resposta mostra uma assombrosa compreensão do novo problema. Aquilo que, em Cartago, havia parecido constituir indícios inquietantes e dispersos reuniu-se pela primeira vez, nesse texto agostiniano, para formar um sistema coerente: "Vede a que leva isto..." é um refrão constante.³⁹ Um refrão que se repetiria ao longo de todos os escritos de Agostinho nos anos subsequentes. Com efeito, o pelagianismo, tal como o conhecemos — como corpo coerente de ideias de consequências momentosas — ganhou vida, porém na mente de Agostinho, e não na de Pelágio.

II

Para Agostinho, o pelagianismo sempre foi um conjunto de ideias, de *disputationes*, "argumentos". Ele não tinha dúvida da qualidade intelectual desses argumentos. Pela primeira vez em sua carreira de bispo, viu-se confrontado com adversários de calibre igual ao seu, perante uma plateia capaz de julgar um caso puramente com base em seus méritos intelectuais: "Essas questões são levantadas por mentes esplêndidas e argutas: de minha parte, seria uma confissão de fracasso evitá-las, não as mencionando, e um sinal de presunção intelectual descartá-las como indignas de nota."[40] Em Roma, no entanto, tais ideias haviam desencadeado um "movimento".[41] Pelágio tinha um corpo de adeptos tenazes e bem situados. Estes se certificavam de que suas cartas circulassem com surpreendente rapidez[42] e de que ele se mostrasse decidido a buscar um lugar para suas ideias dentro da Igreja católica.[43] Supriam-no de entusiastas que compunham "células" pelagianas em locais tão distantes quanto a Sicília, a Grã-Bretanha e Rodes.[44] Hoje podemos apreciar as motivações desses homens e, portanto, podemos avaliar o papel desempenhado pelo pelagianismo numa das crises mais dramáticas da Igreja cristã no Ocidente.

O pelagianismo havia apelado para um tema universal: a necessidade de o indivíduo se definir e sentir-se à vontade para criar seus próprios valores, em meio a uma vida societária convencional e de segunda classe. Em Roma, o peso das convenções era particularmente opressivo. As famílias a cujos membros Pelágio se dirigia tinham resvalado aos poucos para o cristianismo, por intermédio de casamentos mistos e do conformismo político.[45] Isso significava que o "homem honrado" convencional da Roma pagã havia-se transformado, irrefletidamente, no "bom cristão" convencional do século V. As formas exageradas de cortesia da etiqueta romana no baixo-império podiam passar por "humildade cristã",[46] e a generosidade tradicionalmente esperada dos aristocratas, por "caridade cristã". "*É melhor dar do que receber*" era um estribilho popular, mas, tal como todas as citações bíblicas usadas para aplacar a consciência, ninguém se lembrava ao certo de onde vinha ela![47] Mas esses "bons cristãos" e "verdadeiros fiéis" continuavam a fazer parte de uma classe dominante comprometida com a manutenção das leis do império, mediante a imposição de castigos brutais.[48] Estavam dispostos a lutar com unhas e dentes para proteger suas vastas propriedades[49] e, à mesa de jantar, eram capazes de discutir tanto a mais recente opinião teológica, pela qual se orgulhavam como especialistas,[50] quanto o tipo de tortura judicial que houvessem acabado de infligir a algum pobre-diabo.[51]

Nessa confusão, a mensagem dura e firme de Pelágio surgia como uma libertação. Ele oferecia ao indivíduo a certeza absoluta, pela obediência absoluta. Podemos perceber isso na carta de um homem que se viu subitamente sob a influência de uma dama da nobreza, figura dominante de um grupo de entusiastas pelagianos na Sicília. "Quando morava em minha terra, eu pensava ser um adorador de Deus. (...) Agora, pela primeira vez, comecei a saber como posso ser um verdadeiro cristão. (...) É fácil dizer que conheço Deus, creio em Deus, temo a Deus e sirvo a Deus. Mas não se conhece Deus quando não se acredita n'Ele; e não se acredita n'Ele a menos que se o ame; e não se pode dizer que se O ama, quando não se O teme; não se pode dizer que se O teme quando não se O serve; e não se pode dizer que se serve a Deus quando se desobedece a Ele em qualquer aspecto. (...) *Quem crê em Deus obedece a Suas ordens. Isto é amar a Deus: fazer o que Ele ordena.*"[52]

Era uma época séria. Os imperadores, ao insistirem no cumprimento de suas leis, usavam a mesma linguagem desesperada que Pelágio empregava ao falar das leis de seu Deus.[53] Os homens que liam os textos pelagianos haviam acabado de assistir a uma série de acontecimentos que tinham abalado a confiança de toda uma classe: expurgos brutais, a ruína de famílias inteiras, assombrosos assassinatos políticos[54] e, mais tarde, os horrores de uma invasão bárbara.[55] Mas, enquanto alguns eram impelidos para o retraimento por essas catástrofes, os pelagianos pareciam determinados a se voltar para fora, a reformar toda a Igreja cristã.

Este foi o aspecto mais notável de seu movimento: o estreito fluxo de perfeccionismo que empurrara os nobres seguidores de Jerônimo para Belém, levara Paulino para Nola e Agostinho, de Milão, para uma vida de pobreza na África, de repente voltou-se para fora nos escritos pelagianos, de modo a abarcar toda a Igreja cristã: "Decerto não é verdade que a Lei da conduta cristã não foi formulada para todos aqueles que se chamam cristãos. (...) Porventura credes que as fogueiras do Inferno arderão com menos calor para os homens que têm permissão (como governadores) de dar vazão a seu sadismo, e que só ficarão mais quentes para aqueles cujo dever profissional é serem devotos? (...) Não pode haver dois padrões num único e mesmo povo."[56] Em toda a literatura do baixo Império Romano, esse é o protesto mais pungente contra a pressão sutil, experimentada por Agostinho em Hipona, para que se deixasse a vida cristã para os santos reconhecidos e se continuasse a levar a vida de homens comuns, como pagãos.[57] Pelágio queria que todos os cristãos fossem monges.[58]

É que os pelagianos ainda pensavam na Igreja cristã como um pequeno grupo num mundo pagão. Estavam preocupados em dar um bom exemplo: o "sacrifício do louvor", matéria tão íntima para Agostinho, significava, para os pelagianos, o louvor da opinião pública pagã, que seria conquistado pela Igreja cristã como instituição composta por homens perfeitos.[59]

Foi nisso, é claro, que o movimento pelagiano afetou Agostinho intimamente. Para ele, era como se as novas afirmações dos pelagianos de que poderiam chegar a uma Igreja "sem mácula nem imperfeição" meramente dessem continuidade à asserção dos donatistas de que só eles pertenciam justamente a essa Igreja.[60] E Agostinho não estava disposto a tolerar as claques de cristãos "perfeitos" que haviam surgido na Sicília e noutros lugares, sob a influência pelagiana.[61] Por essa razão, a vitória de Agostinho sobre Pelágio foi também uma vitória da média de bons católicos leigos do baixo Império Romano sobre um ideal austero e reformista. Agostinho descreveu exatamente o tipo de homem para o qual havia encontrado lugar na Igreja católica: um homem com poucas boas obras em seu currículo, que dormia com sua esposa, *faute de mieu*, e amiúde apenas pelo prazer; que era melindroso nas questões de honra e propenso a vinganças; que não era um usurpador de terras, mas se mostrava capaz de lutar pela conservação de suas propriedades, ainda que apenas no tribunal do bispo; e que, apesar disso tudo, era um bom cristão no sentido agostiniano, "que se via como indigno e rendia glórias a Deus".[62]

Mas a vitória de Agostinho sobre os pelagianos veio de uma batalha travada em circunstâncias muito diferentes daquelas do cisma donatista. Nessa época, ele estava envolvido numa daquelas misteriosas e dramáticas "crises de devoção" que às vezes afetam os membros de uma classe governante.[63] Entre os refugiados romanos na África, as duas visões rivais se justapunham: Timásio, por exemplo, um rapaz que havia abandonado o mundo sob a influência de Pelágio, era amigo de Piniano, o jovem nobre que quase se tornou padre agostiniano em Hipona.[64]

Pelágio escolhera bem os seus destinatários. Demétria, Melania e Piniano exibiram, todos eles, uma notável força de vontade ao romperem por completo com "o mundo", frente ao opressivo sentimento de família que imperava na sociedade aristocrática do baixo Império Romano.[65] A extraordinária obstinação desses jovens nobres afigurava-se um presságio seguro do futuro progresso na perfeição.[66] Havendo usado sua força de vontade com um efeito tão poderoso, eles poderiam facilmente tornar-se seguidores fervorosos de Pelágio. E teriam dado a esse movimento de reforma a bênção da classe mais influente de leigos cristãos do mundo romano. Isso porque o pelagianismo podia afigurar-se um movimento com um projeto de ação definido. Agostinho, para quem a comunicação sempre foi um mistério imperscrutável e para quem a vida interior de oração e autoexame era o centro da fé cristã, viu-se diante de pessoas que se acreditavam capazes, com exortações urgentes, de exercer uma influência imediata no comportamento da sociedade.[67]

Para os pelagianos, o homem não tinha desculpas para seus pecados nem para os males que o cercavam. Se a natureza humana era essencialmente livre e bem criada, e não perseguida por uma misteriosa fraqueza íntima, a razão da miséria geral dos homens devia ser externa, de algum modo, a seu verdadeiro eu; devia estar, em parte, na força restritiva dos hábitos sociais de um passado pagão. Tais hábitos podiam ser reformados. Assim, poucos autores do baixo-império foram tão francos em suas críticas à sociedade romana. Os trechos mais suaves das frias exortações dos pelagianos são os que descrevem o horror das execuções públicas,[68] instando o cristão a "sentir a dor alheia como se fosse sua e a se comover até as lágrimas com a tristeza de outros homens".[69] Esse traço emotivo era muito diferente do desapego filosófico com que Agostinho era capaz de encarar a inflicção de dores físicas.[70] Jó era o herói dos pelagianos: ali estava um homem subitamente despojado dos artifícios pesados da sociedade, e capaz de mostrar ao mundo o esqueleto nu de uma individualidade heroica.[71]

Não foi por coincidência que essas ideias circularam entre homens que desejavam despojar-se de sua vasta riqueza. As décadas anteriores tinham sido repletas dessas renúncias espetaculares. Mas esse radicalismo foi contido e canalizado assim que os jovens aristocratas entraram em contato com a Igreja estabelecida da África: Aurélio, Agostinho e Alípio conseguiram persuadir Melania e Piniano a dotarem os mosteiros católicos de terras permanentes, em vez de cortarem o nó górdio de sua fortuna cheia de culpa distribuindo-a entre os pobres.[72] Ao dar esse conselho, Agostinho apenas praticou o que vinha pregando contra os pelagianos.[73] A um bispo siciliano, preocupado com as afirmações pelagianas de que os ricos certamente estariam condenados, ele respondeu que, tal como a pesada hierarquia do império, também a Igreja tinha de encontrar espaço para seus "servidores civis superiores" e seus "contribuintes" — neste caso, os ricos latifundiários de cujas doações e influência os monges e o clero tinham passado a depender.[74]

Como muitos reformadores, os pelagianos depositaram no indivíduo o peso assustador da liberdade completa: ele era responsável por todos os seus atos; portanto, todo pecado só podia ser um ato deliberado de desprezo por Deus.[75] Agostinho tinha menos certeza de que a natureza humana decaída pudesse suportar tamanho fardo: "Muitos pecados são cometidos por orgulho, mas nem todos acontecem orgulhosamente (...) muitas vezes, acontecem por ignorância, pela fraqueza humana; muitos são cometidos por homens que choram e gemem de aflição. (...)"[76] A Igreja católica existia para redimir a humanidade desamparada; e, uma vez concedida a graça essencial, ele podia aceitar em sua congregação, com facilidade, os processos lentos e erráticos de cura.[77] Os pelagianos, com sua visão otimista da natureza humana, pareciam a Agostinho embotar a distinção entre a Igreja católica e os bons pagãos,[78] mas faziam-no apenas para consolidar um puritanismo gélido como a única lei da comunidade cristã.[79] Paradoxalmente, portanto, foi Agostinho, com sua ênfase rigorosa no batismo como única via de salvação, quem se afigurou o defensor da tolerância moral, pois, na congregação exclusiva da Igreja católica, soube encontrar espaço para todo um espectro de falhas humanas.[80] Os textos de Agostinho contra os pelagianos seguiram de perto os de sua campanha contra os donatistas. Estes e aqueles constituíram um marco importante no processo pelo qual a Igreja católica passou a abarcar e, portanto, também a tolerar toda a sociedade leiga do mundo romano, com suas desigualdades flagrantes de riqueza e com a resistência deprimente de seus hábitos pagãos.

Nesses anos, Agostinho escreveu a duas damas da nobreza afetadas pelas ideias pelagianas: Proba e Juliana.[81] As cartas são as afirmações mais maduras e compassivas de seu ideal da vida cristã, pois o que lhe interessava eram as tensões internas do indivíduo: ao defender a continência junto a uma viúva rica, ele pôde acrescentar: "Mas tenho muitas vezes observado um fato na conduta humana: é que, em certas pessoas, quando a sexualidade é reprimida, a avareza parece crescer em seu lugar (...)."[82] Em todas as suas denúncias estridentes dos "modos mundanos",[83] os pelagianos não tinham nada de tão sagaz a oferecer.

Mas essa preocupação com a vida interior podia dar a impressão de aceitar com demasiada presteza a situação vigente na sociedade romana como o pano de fundo inalterável da vida de devoção íntima da aristocracia. As cartas de Agostinho a Proba parecem encorajar essa atitude: herdeira de um vasto império agrícola, adquirido por intermédio da rapina[84] e conservado com um egoísmo que havia agravado as misérias e ressentimentos do desastre dos godos,[85] ela teve permissão para se manter inalterada em meio a essa fortuna. Bastava que se sentisse oprimida por ideias referentes à corruptibilidade das coisas humanas[86] e desvinculada da magnificência acumulada a seu redor, com uma orientação tão profunda e misteriosa do eu interior que homem algum poderia julgá-la.[87] Depois de 410, entretanto, a África tornou-se uma das únicas províncias em que se podia contar com o *status quo*. Talvez tenha sido mais do que coincidência o fato de as ideias pelagianas parecerem ter tido o máximo de repercussão justamente nas províncias em que os antigos estilos de vida foram afetados pelas invasões dos bárbaros: na Grã-Bretanha,[88] no Sul da Itália, onde Juliano de Eclano, o brilhante adversário de Agostinho, ganhara fama pelas providências que havia tomado para combater a fome trazida na esteira dos exércitos góticos,[89] e na Gália, onde, após "uma década de matança", um poeta pelagiano pôde fitar uma paisagem destroçada e, ainda assim, saber que a cidadela de sua alma livre se mantivera inabalada.[90]

Como vimos, a diferença entre Agostinho e Pelágio pôde ramificar-se das questões mais abstratas da liberdade e da responsabilidade para o papel efetivo do indivíduo na sociedade do baixo-império. A diferença fundamental entre os dois homens, todavia, encontra-se em duas concepções radicalmente diferentes da relação entre o homem e Deus. E ela foi sucintamente resumida na escolha de linguagem feita por ambos. Fazia muito que Agostinho era fascinado pelos bebês: a extensão do desamparo encontrado neles o impressionara mais e mais desde a redação das *Confissões*;[91] e, nas *Confissões*, ele não havia hesitado em assemelhar sua relação com Deus à do bebê com o seio materno, profundamente dependente e intimamente implicado em tudo que poderia provir, de bom e de ruim, dessa fonte única de vida.[92]

O pelagiano, em contraste, desdenhava os bebês.[93] "Não há admoestação mais premente do que esta: devemos ser chamados *filhos* de Deus."[94] Ser "filho" era tornar-se uma pessoa inteiramente distinta, não mais dependente do pai, porém capaz de seguir por conta própria as boas ações ordenadas por ele. O pelagiano era *emancipatus a deo*[95] — uma imagem brilhante, extraída da linguagem do direito romano de família: libertos dos direitos abrangentes e claustrofóbicos do pai de uma grande família sobre seus filhos, esses filhos teriam "atingido a maioridade". Tinham sido "emancipados", como no direito romano, da dependência em relação ao *pater familias*, e podiam enfim lançar-se ao mundo como indivíduos maduros e livres, capazes de defender com feitos heroicos o bom nome de seus ilustres ancestrais: *"Sede perfeitos, como perfeito é vosso Pai celestial."*[96]

30
CAUSA GRATIAE[1]

Nem todo homem vive para ver questionadas, na velhice, as bases do trabalho de sua vida inteira. Mas foi o que aconteceu com Agostinho durante a controvérsia pelagiana. Na época em que esta teve início, ele havia atingido um período de relativa estabilidade. Já estava às voltas com uma fama que tentava repudiar, com encanto característico: "Cícero, o príncipe dos oradores romanos", escreveu a Marcelino em 412, "disse de alguém que 'Ele nunca proferiu uma palavra que desejasse renegar'. Eis realmente um grande elogio — porém mais aplicável a um perfeito asno do que a um homem autenticamente sábio. (...) Se Deus mo permitir, reunirei e assinalarei, num trabalho especialmente dedicado a esse fim, todas as coisas que me desagradam em meus livros, com justa razão: assim os homens verão que estou longe de ser um juiz parcial em meu caso. (...) Pois sou o tipo de homem que escreve por haver progredido, e progride... por escrever."[2]

Havia por trás dessa franqueza um portentoso sentimento de realização. Agostinho usou com frequência a palavra "progresso" em sua velhice. Mas vimos que, para ele, isso não significava a perspectiva de mudança e adaptação irrestritas; antes, implicava a consciência de ter deixado para trás o supérfluo e de se haver tornado cada vez mais seguro do essencial.[3] Ele percebia estar num rumo seguro, conduzido pelo ímpeto de vinte anos de trabalho intelectual ininterrupto como bispo católico.

O surgimento do pelagianismo como uma ameaça a suas ideias marcou o fim de um período de sua vida intelectual. Por volta de 414, Agostinho percebeu o quanto dera rédeas, em certa época, a seu amor pela especulação: houvera tempo em que tinha "discutido, afastando-se do objetivo usual",[4] quatro visões possíveis da origem da alma; acabara de tentar apreender a essência da Trindade; era conhecido entre os cristãos instruídos por suas opiniões claras sobre a natureza da visão de Deus,[5] bem como por suas discordâncias acadêmicas de outro estudioso, Jerônimo.[6] No entanto, essa especulação lhe impusera um grande esforço. Com a sensibilidade intelectual que lhe era característica, ele hesitara durante anos antes de finalmente tomar a decisão de publicar as grandes obras de sua meia-idade, o *Comentário sobre o Gênesis* e *Sobre a Trindade*; tais livros, em sua opinião, continham um excesso de "problemas extremamente perigosos".[7] E então, com o desafio do pelagianismo, essa especulação deteve-se repentinamente. Evódio, sempre ávido de assuntos eruditos e esotéricos, foi tratado com rispidez: "Pedes muitas coisas a um homem sumamente atarefado",[8] sendo-lhe dito que as especulações profundas incluídas em *Sobre a Trindade* tinham-se tornado subitamente irrelevantes: "Se Cristo morreu apenas por aqueles que podem apreender tais assuntos com segurança, estamos praticamente desperdiçando nosso tempo na Igreja."[9] Jerônimo recebeu um tratamento similar. Ele havia especulado sobre a origem da alma, propondo que ela seria criada como nova em cada indivíduo. As suspeitas de Agostinho foram imediatamente despertadas: não pareceria isso negar a solidariedade de todas as almas humanas no pecado de Adão?[10] Com grande cortesia, ele advertiu firmemente o ancião a abandonar esse assunto: "se essa vossa opinião não se opuser à fé mais bem-fundada, também poderá ser minha; caso se oponha, que não seja a vossa."[11] *Fundatissima fides*, a "fé mais bem-fundada", foi o que Agostinho julgou estar defendendo contra os pelagianos. A questão era inequívoca: *Fundata ista res est*[12] — ele tinha um fundamento imbatível. Assim, após uma década de especulações profundas, inconclusivas e sumamente pessoais, Agostinho de repente verteu suas ideias num molde sólido. Passou a identificá-las inteiramente com a fé inconteste da Igreja católica e tratou de conduzir o que chamou de *causa gratiae*, a "causa da graça". Essa foi uma das misteriosas mudanças internas que tanto caracterizaram esse homem: talvez a tensão interna que o levou a precisar agir como defensor do óbvio, após anos de investigação do desconhecido, fizesse parte do segredo de seu talento de polemista.

A *causa gratiae* viria a ser o divisor de águas da carreira literária de Agostinho. Já em 411, ele havia construído uma imagem coerente do pelagianismo, que ligava Pelágio e Celéstio, duas pessoas amplamente diferentes aos olhos do mundo, num mesmo *corpus* de ideias; e trataria essas ideias, sistematicamente, como uma totalidade que atingia os alicerces da fé católica. Agostinho só conhecia Pelágio como escritor[13] e o combateu por intermédio de livros: a crítica hostil, o exemplar anotado e a concepção de "testes" doutrinais — sinais certeiros da caça à heresia no mundo das ideias — foram as marcas da controvérsia pelagiana, tal como vista de Cartago e Hipona. *Scripta manent*: depois de vencida a *causa gratiae*, o mundo romano ficou atulhado de obras agostinianas: panfletos, declarações formais de fé e cartas que resumiam o "sistema agostiniano" em sua forma mais extrema chegaram a destinatários tão distantes e variados quanto um governador aposentado na Provença,[14] um padre e um advogado em Roma,[15] Paulino, em Nola,[16] um bispo em Siracusa[17] e os *émigrés* latinos em Jerusalém.[18] Considerando-se que, nessa época, ele achava que as únicas pessoas capazes de ler todos os seus livros seriam monges que desfrutassem de completo ócio,[19] é de admirar que Agostinho pudesse escrever tanto. Por que haveria de reter seus leitores numa questão dessas? "Antes de mais nada", disse a Paulino, "porque nenhum assunto me dá maior prazer. Que há de ser mais atraente para nós, homens doentes, do que a graça, a graça pela qual somos curados; para nós, indolentes, do que a graça, a graça pela qual somos sacudidos; para nós, que ansiamos por agir, do que a graça pela qual somos ajudados?"[20]

Agostinho viu o problema do pelagianismo de modo diferente de muitos de seus contemporâneos. Muitos bispos, como os acontecimentos iriam mostrar, queriam tratar Pelágio de acordo com seus méritos. Ali estava um cristão sincero, ansioso por permanecer na Igreja católica:

bastava-lhes certificarem-se de que as opiniões agora expressas por ele eram compatíveis com a ortodoxia tradicional. Pelágio, por seu turno, estava ansioso por tranquilizar esses homens. Como chefe de um movimento reformista dentro da Igreja católica, angustiava-se com a hipótese de que sua mensagem austera fosse proscrita, se declarada herege. Como muitos grupos em situação similar, os pelagianos achavam que a Igreja precisava de seus serviços: cabia mais a eles tolerar a negligência moral da Igreja católica, cujo populacho sempre rotularia de "heresia" qualquer opinião desagradável.[21]

Para o homem médio, era difícil decidir se a linguagem usada por Pelágio era "herege". "Heresia" significava erros quanto à natureza da Trindade, como os que haviam provocado a controvérsia ariana, e, nesse aspecto, os pelagianos eram irrepreensíveis. Os cristãos romanos da nobreza que leram com prazer a *"Carta a Demétria"* ficaram francamente indiferentes às medonhas advertências de Agostinho e Alípio. A mãe de Demétria, Juliana, com firmeza, pôs em seu lugar esses desimportantes bispos provincianos: sua família nunca fora tocada por heresia alguma, "nem mesmo a mais trivial" (!).[22] Como boa cristã do baixo-império, "heresia", para ela, significava os erros dos gregos sobre o Ente Supremo, e não escrúpulos africanos sobre a graça e o livre-arbítrio.[23]

O que estava em jogo nessa controvérsia ia além de duas abordagens diferentes da natureza do erro religioso. Na África, Agostinho sentia-se absolutamente seguro de sua causa: ninguém em Cartago duvidaria, nem por um momento, de que ideias capazes de reivindicar São Cipriano como seu padroeiro pudessem estar erradas. Mas essa própria certeza era uma fonte de fraqueza. Os pelagianos sempre ameaçaram apelar para as igrejas orientais, com suas tradições mais liberais e muito diferentes.[24] Vista de fora, a *fundatissima fides* de Agostinho parecia expressar meramente o rigor tacanho de uma igreja isolada. Ficaria essa impressionante cultura eclesiástica em esplêndido isolamento? Ou passariam as ideias formadas em seu clima característico a dominar o Ocidente latino?[25]

A princípio, pareceu possível ignorar a África sem maiores problemas. Pelágio chegou à Terra Santa como um homem com um passado, mas somente um "perito" habilidoso como Agostinho poderia convencer os bispos locais desse fato. Os aliados de Agostinho que lá se encontravam eram claramente incapazes de fazê-lo. A nova controvérsia recaiu sobre o surpreendente grupo de emigrados latinos instalado em Jerusalém: tratava-se de uma comunidade com um ânimo e uma capacidade de ressentimento semelhantes aos dos russos brancos em Paris na década de 1920.[26] Ela ameaçava transformar os Lugares Santos numa arruaça teológica. Jerônimo havia-se instalado no monte das Oliveiras, numa atitude de hostilidade desdenhosa para com o bispo, João de Jerusalém. Orósio, enviado por Agostinho para se unir a Jerônimo, não falava grego e, como muitos homens incapazes de se entender com estrangeiros, é possível que atribuísse os resultados de sua falta de tato às dificuldades com a língua. Na caça a Pelágio, a ele foram juntar-se dois bispos gauleses, Heros e Lázaro, que haviam "deixado seu país pelo bem do país", uma vez depostos de suas sés por colaborarem com um imperador usurpador. Quando um sínodo de quatorze bispos reuniu-se em Dióspolis (Lod) em 20 de dezembro de 415, ficou claro que eles não estavam ali para "processar" Pelágio, como Orósio havia esperado; queriam apenas tranquilizar-se a respeito dele. Pelágio os acalmou. Com uma falta de escrúpulos comum em homens de princípios elevados, condenou seu próprio discípulo, Celéstio, e justificou os trechos de seus textos que o tinham feito parecer um *enfant terrible* no Ocidente. Ele tinha uma séria missão a cumprir e, desse modo, descartou seus acusadores com desprezo: o distante Agostinho, Jerônimo, cujos ressentimentos pessoais eram notórios, Orósio, "um jovem atirado contra mim por meus inimigos", e os dois bispos ambíguos.[27] Foi uma derrota esmagadora para os "especialistas". "Pouquíssimos são os homens versados na Lei do Senhor", escreveu Agostinho.[28]

Se a aceitação de Pelágio pareceu perfeitamente normal no Oriente, causou grande rebuliço no Ocidente. A misteriosa rede de adeptos de

Pelágio certificou-se então de que seu relato do sínodo de Dióspolis chegasse ao mundo latino com espantosa velocidade. A conspiração destinada a prejudicá-lo fora reduzida a confusão; ele ficara com sua "ficha limpa",[29] e sua opinião de que os homens podiam existir sem pecado fora aprovada por bispos dos Lugares Santos.[30] Agostinho teve de suportar a humilhação de receber um exemplar desse panfleto tendencioso, desacompanhado de qualquer carta pessoal de saudação de seu autor.[31]

Chegou então a vez de a Igreja isolada da África montar sua contrademonstração. E esta foi impressionante. Orósio chegou a Cartago em setembro de 416, encontrando um concílio à sua espera na cidade; outro concílio, dominado por Agostinho e Alípio, reuniu-se rapidamente em Milevis. A disciplina aprendida durante a campanha contra os donatistas dera frutos: somente na África seria possível que trezentos bispos católicos se reunissem e concordassem unanimemente com decretos redigidos por especialistas incontestáveis.[32]

Os bispos africanos temiam que Pelágio tentasse aliciar o apoio de Inocêncio, o bispo de Roma. Era sabido que ele tinha adeptos em posições de peso, inclusive na orgulhosa oligarquia clerical da cidade: dizia-se que Sisto, um futuro papa, era seu protetor.[33] Para os africanos, somente o prestígio de Roma poderia suplantar o julgamento de um sínodo oriental. Assim, no final de 416, Inocêncio recebeu da África uma pilha realmente inusitada de documentos: duas condenações rigorosamente justificadas das ideias pelagianas, provenientes dos dois sínodos católicos de Milevis e Cartago; e uma longa carta pessoal de Aurélio, Agostinho e Alípio.[34] Essa carta anexou um exemplar anotado do notório *Sobre a natureza*[35] e uma carta dirigida a Pelágio, com a implicação de que o leigo orgulhoso não se dignara abrir uma correspondência que lhe fora enviada por Agostinho.[36]

As decisões dos dois sínodos foram formuladas com estudada cortesia. Afirmaram ser apenas *relationes*, ou seja, "relatórios" de autoridades locais que requeriam a sanção de uma autoridade superior.[37] Na verdade, foram preparadas de modo a alarmar Inocêncio. Pela primeira vez, Pelágio e Celéstio foram condenados em conjunto, mostrando que as consequências últimas de suas ideias atingiam as raízes da autoridade episcopal. Se a natureza humana era tão perfeita que não precisava orar para pedir ajuda, que aconteceria com a bênção dos bispos? Que aconteceria, acima de tudo, com a oração especial de Cristo para Pedro, "para que tua fé não vacile"?[38] Os documentos afirmavam que, aplacando os pelagianos, a Igreja católica perderia a vasta autoridade que começara a exercer como a única força capaz de "libertar" os homens deles mesmos.[39]

Esses documentos tinham todos os sinais de uma "caça às bruxas". Os africanos haviam tentado impor uma rígida "prova" de ortodoxia e insinuaram até que havia mais pessoas envolvidas do que "apenas Pelágio" — a rigor, que a sé mais respeitável da cristandade estava sendo minada por um movimento secreto.[40]

Agostinho dispôs-se a abandonar uma das regras de cortesia do baixo Império Romano para expor seu ponto de vista — a regra de que um correspondente não devia impor-se a outro sem a oportunidade preliminar de uma carta formal de cumprimentos. As cartas a Inocêncio, pelo menos, puderam ser disfarçadas de minutas oficiais, mas a carta com que Agostinho então se dirigiu diretamente a João de Jerusalém, a fim de lhe pedir uma cópia da ata de Dióspolis e adverti-lo a amar Pelágio com a devida cautela, beirou a insolência: "Eu não me atreveria a levar a mal o fato de não haver recebido nenhuma carta de Vossa Santidade; prefiro acreditar que não tenha havido um portador para trazê-la a imaginar que Vossa Reverência me haja ignorado deliberadamente."[41]

Inocêncio era um homem idoso, confiante em sua autoridade. Podia dar-se ao luxo de ser generoso com os africanos, sem se comprometer de maneira muito específica. Num linguajar bombástico estudadamente vago, copiado da chancelaria imperial, fez suas as queixas deles:[42] se tais ideias existiam, é claro que deviam ser condenadas. Mas ele preferia crer que ninguém as alimentava! Ao convocar Pelágio e Celéstio, talvez tivesse a expectativa de ser tranquilizado mais uma vez.[43]

Chegou então a vez de os africanos depositarem todas as suas esperanças nesse julgamento ambíguo. Inocêncio morreu em 12 de março de 417. Seu sucessor, Zózimo, era um homem que detestava confusões. Ao contrário de Inocêncio, era um homem fraco, decidido a fazer as coisas do seu jeito, mesmo utilizando favoritismo grosseiro e rudeza.[44] Também é possível que fosse grego e, portanto, talvez se tenha impressionado com o apoio obtido por Pelágio na Terra Santa.[45] O portentoso Celéstio apareceu na cidade. Pelágio apressou-se a obedecer à convocação do bispo romano; foi precedido por uma brilhante carta de apresentação do bispo de Jerusalém. Seus acusadores, os bispos Heros e Lázaro, eram inimigos pessoais de Zózimo,[46] e os dois jovens — Timásio e Jacobus — que um dia tinham denunciado a Agostinho o *Sobre a natureza*, de Pelágio, não foram encontrados em parte alguma.[47] Restou aos africanos apenas ignorar essa mudança agourenta. Agostinho fez uma pregação em Cartago em 23 de setembro: "*Causa finita est*", "o assunto está encerrado".[48] Ele, pelo menos, estava seguro de si. No livro *Dos procedimentos referentes a Pelágio*, já havia reforçado a autoridade de Aurélio com "a pluma de minha industriosa insignificância".[49] Paulo havia falado; Agostinho compreendera. Isso deveria bastar. "Por essa razão, ó abençoado Paulo, grande pregador da graça, posso falar com franqueza. Não terei receios, pois quem há de fazer menos objeções a que eu diga tais coisas do que tu, Paulo, que disseste que elas deviam ser ditas e ensinaste que deviam ser ensinadas?"[50]

Entrementes, Zózimo preparava sua solução para essa história confusa. Celéstio foi interrogado, inicialmente, na nova basílica de São Clemente, escolhida para recordar aos presentes o discípulo de São Pedro que havia "esclarecido" inúmeros erros, como Zózimo pretendia fazer. Numa sessão formal, Zózimo recusou-se a pressionar Celéstio em demasia e, desse modo, pôde declarar-se satisfeito. Pelágio recebeu uma acolhida ainda mais calorosa em meados de setembro. A paz havia retornado à Cidade e ao mundo. "Ah, se ao menos pudésseis ter estado presentes, meus amados irmãos", disse Zózimo aos africanos; "Quão profunda foi a emoção de cada um de nós! Quase nenhum dos presentes pôde reprimir as lágrimas, ante a ideia de que pessoas de tão genuína fé pudessem ter sido caluniadas."[51]

PARTE IV: 410-420

No direito romano, a acusação falsa recaía sobre a cabeça do acusador. Esse era um fato que Agostinho enfatizara com considerável satisfação em seus textos contra os donatistas. Chegou então sua vez de ouvir um sermão: "É sintoma do espírito justo ter dificuldade de acreditar no mal."[52] Quanto ao que Agostinho considerava ser a *fundatissima fides*, Zózimo voltou contra ambos os lados da controvérsia toda a inveterada antipatia do político conservador pelo fanatismo dos homens brilhantes: "esse excesso de minúcias e esses debates inúteis (...) brotam, todos eles, de uma curiosidade contagiosa, na qual cada um abusa de sua capacidade intelectual e dá vazão a sua eloquência descontrolada, às expensas das Escrituras. Nem mesmo as maiores mentes", prosseguiu, "estão imunes a isso. Seus escritos, com o correr do tempo, são afetados pela mesma perigosa falta de critério. E assim, Deus profetizou: '*Com muitas palavras não escaparás ao pecado*', e o sagrado Davi rogou por '*um portão de prudência à frente de sua boca*'."[53]

Só restava aos africanos esperar. Agostinho também teve de escrever ainda mais. Paulino de Nola foi abordado com um tratado teológico passional e totalmente não solicitado,[54] e Dárdano, um prefeito aposentado da Gália, também recebeu um ataque indireto às ideias pelagianas.[55] Dárdano era um cristão devoto, homem de vasto prestígio[56] e de reputação execrada pela população local.[57] Como principal agente dos expurgos políticos ocorridos pouco antes na Gália, após a repressão do usurpador, Constantino III, é bem possível que ele compartilhasse com Zózimo a antipatia pelos pobres bispos Heros e Lázaro, que haviam acusado Pelágio, pois eles também tinham estado envolvidos com Constantino.[58] A carta mais importante dessa época, entretanto, parece não ter tido nada a ver com a controvérsia pelagiana: foi o panfleto *Da correção dos donatistas*,[59] no qual Agostinho persuadiu os indecisos do governo provincial da África a aplicarem o pleno rigor da lei contra os hereges donatistas.[60] Foi uma coincidência simbólica, pois a corte imperial de Ravena, que aplicava essas leis, viria a ser a fonte do passo seguinte para se sair do impasse causado pelo papa Zózimo.

Não há como saber com precisão por que a corte imperial interveio nesse exato momento. Seria enganoso sermos precisos demais. Os pelagianos haviam feito tantos inimigos na Itália quantos eram os adeptos que tinham conquistado.[61] Chegou a notícia do tumulto sangrento em que pareciam ter-se envolvido na comunidade latina de Jerusalém.[62] Na ocasião, um agente íntimo de Agostinho, Firmo, estava funcionando como factótum junto a uma das damas senatoriais do grupo que cercava Jerônimo.[63] Visitou Ravena a negócios e é possível que tenha procurado estabelecer contatos. Outra figura misteriosa havia convergido para a corte: o prefeito pretoriano Paládio. Seria ele o mesmo "filho honrado" que Agostinho recomendara a um bispo siciliano — o político eminente que estava partindo de Hipona para assumir um cargo elevado na Itália e que fora bem instruído por Agostinho sobre "a nova heresia, hostil à graça de Cristo, que vem tentando erguer-se contra a Igreja de Cristo e ainda não foi claramente eliminada dessa Igreja"?[64]

Foi então que eclodiram tumultos repentinos em Roma. Adeptos de Pelágio investiram contra um funcionário aposentado.[65] Aquilo era demais. Na época do saque dos godos, o imperador Honório ficara morando em segurança atrás dos pântanos de Ravena: havia quem acreditasse que ele seria capaz de confundir "Roma" com um galo de estimação do mesmo nome.[66] Passado o desastre, Honório sentira-se na obrigação particular de cuidar de sua "Sacratíssima Cidade": ao menos poderia protegê-la dos tumultos e da heresia.[67] Em 30 de abril de 418, Paládio recebeu uma "lei para suplantar as leis de todas as eras". Foi o édito mais deprimente do baixo Império Romano: Pelágio e Celéstio, os novos perturbadores da fé católica, dizia o texto, "consideram ser uma marca da insignificância da classe baixa concordar com todas as outras pessoas, e julgam-se excepcionalmente doutos por destruir aquilo com que a comunidade inteira concorda".[68] Pelágio e Celéstio deveriam ser expulsos de Roma; qualquer um que se manifestasse a seu favor deveria ser levado à presença das autoridades.[69] Zózimo, já apanhado nessa maré de ressentimento contra os pelagianos, condenou a heresia: sua famosa condenação, a *Epistula tractatoria*, agora reforçada pela postura imperial, teve de ser assinada pelos bispos italianos e tecnicamente promulgada, como a lei imperial, por todo o mundo romano.[70]

Nem isso foi suficiente. A morte de Zózimo, em dezembro de 418, paralisou a Igreja de Roma e, com isso, deu aos defensores de Pelágio a oportunidade de reabrirem o processo. Já então, esse pequeno grupo era brilhantemente liderado por um jovem: Juliano, bispo de Eclano. Compunha-se de bispos respeitáveis de cidades italianas. Eles se uniram para defender a fé católica — a saber, a bondade essencial da criação divina e o valor do esforço humano — e rejeitaram como absurda qualquer forma de determinismo. Resumiram sua mensagem como "Os Cinco Louvores": o louvor à criação, ao casamento, à lei de Deus, ao livre-arbítrio e aos méritos duramente conquistados dos santos de outrora.[71]

Sem a menor hesitação, Agostinho, Alípio e seus agentes voltaram os leigos da corte contra os bispos italianos. O conde Valério, um general da corte, negou o pedido dos pelagianos de que seu processo fosse julgado em Ravena[72] e ajudou a promulgar uma lei para coagir qualquer bispo que fosse suspeito de ter inclinações pelagianas.[73] Esse homem, *plus catholique que le pape*,* leitor das obras agostinianas, orgulhoso de ter bispos entre seus clientes[74] e cuja linhagem inteira era inimiga mortal dos hereges,[75] era parente de um grande latifundiário de Hipona.[76] Seria também africano? E, se era, teriam Agostinho e seus amigos pressionado seus compatriotas na corte? Como quer que tenha sido, sabe-se que esse tipo de diplomacia custava caro. Numa missão, Alípio levou consigo a promessa de oitenta garanhões da Numídia, engordados nas propriedades da Igreja, como *gentilezas* para os oficiais da cavalaria, cujas opiniões sobre a graça revelaram-se decisivas.[77] Mais uma vez, os bispos africanos tiveram o prazer de saber que "*O coração do rei está nas mãos de Deus*".[78]

É bem possível que os italianos tenham-se chocado: o clero romano sentiu-se tratado com intimidação; os bispos cultos ficaram convencidos

---

* "Mais católico do que o papa", em francês no original. [*N. da T.*]

de que esse recurso à força era uma confissão de impotência intelectual.⁷⁹ Agostinho, que tinha em sua bagagem quinze anos de repressão na África, não se comoveu com a recusa da liberdade de discussão: "Longe dos governantes cristãos da comunidade terrena abrigar qualquer dúvida sobre a antiga fé católica (...) seguros e solidamente alicerçados nessa fé, eles devem, antes, impor a homens como vós a disciplina e a punição apropriadas."⁸⁰ Sisto, o padre romano que abandonou a causa perdida de Pelágio, aprendeu com Agostinho o que a vitória podia significar: "Aqueles cujos ferimentos se ocultam nem por isso são preteridos no tratamento do médico. (...) Devem ser ensinados; e, em minha opinião, isso se faz mais facilmente quando o ensino da verdade é auxiliado pelo temor da severidade."⁸¹

Tal como ao lidar com os donatistas, Agostinho revelou-se um vencedor rigoroso. Num sermão que proferiu diante de uma plateia simples, descartou os pelagianos e os celestianos: esses "falastrões cheios de vento", inflados de orgulho, haviam-se atrevido, diante das trovejantes palavras do Apóstolo, a negar a afirmação de que "ninguém nesta carne, ninguém neste corpo corruptível, ninguém na face da terra, nesta vida malévola, nesta vida cheia de tentações, ninguém pode viver sem pecado".⁸² "Que eles e sua limpeza fiquem do lado de fora."⁸³

Era chegado o momento de Agostinho fazer a colheita das congratulações. Jerônimo ficou encantado. Ao longo de toda a *causa gratiae*, Agostinho havia exibido qualidades com que Jerônimo sempre se comprouvera enormemente em si mesmo. Mantivera um isolamento obstinado: "preferiste, na medida do possível, livrar-te sozinho de Sodoma, em vez de te demorares com os que pereceram." Era um homem odiado: "como sinal de glória maior, todos os hereges te detestam." Pela primeira vez na vida, Agostinho foi aclamado como uma figura realmente internacional por outra: *conditorem antiquae rursus fidei* — "recriaste a antiga fé".⁸⁴

Um pequeno incidente mostra o estado de espírito de Agostinho na ocasião. Numa visita à Mauritânia, ele ouvira falar de um jovem, um intelectual provinciano chamado Vincentius Victor, que tinha opiniões muito claras sobre a origem da alma. Agostinho, afirmava ele, ficara em cima do muro no tocante a essa questão. Era verdade: o bispo havia adquirido sua certeza ao enfrentar os pelagianos, pondo de lado essa questão altamente especulativa. Seu silêncio havia preocupado muitos homens cultos, que estavam acostumados, na baixa Antiguidade, a lidar com o problema do destino humano e da origem do mal precisamente em termos da origem da alma e de sua relação com o mundo das coisas materiais.[85] Mas, como insinuou Victor, não se esperava que um bispo, "um homem coberto de honras", fosse inteligente.[86]

A reação imediata de Agostinho foi muito tocante: se o rapaz quisesse ir ter com ele para conversar, haveria muitas coisas que o bispo poderia dizer-lhe sobre suas ideias acerca desse mistério, muitas, muitas mais do que poderia colocar no papel.[87] Mas essa foi também a reação de um bispo idoso, cujo senso de autoridade fora arduamente aprendido. Victor era um donatista recém-convertido; havia até adotado seu prenome, Vincentius, em homenagem ao bispo donatista de Cartennae diante de quem Agostinho justificara pela primeira vez sua atitude perante a coerção religiosa, no ano de 408.[88] Agostinho não podia deixar de lado esse fato. Para ele, os deveres de um bispo não eram apenas "pastorais", mas também se haviam tornado "medicinais".[89] Os leigos que pontificavam junto ao clero fariam bem em recordar esse "tônico" da autoridade. Agostinho pretendia "corrigir" Victor, e não segui-lo.[90]

Essa atitude confere pungência à situação que se viria a desenvolver nos últimos anos da vida de Agostinho. O jovem Victor havia chegado, precipitadamente, quando "meus temores de ancião, meu filho", contiveram o bispo.[91] Depois, porém, um outro jovem, competente, obstinado e inescrupuloso, passou a atacá-lo nas questões de que ele se sentiu mais seguro até a morte — Juliano, bispo de Eclano.

31
FUNDATISSIMA FIDES

Durante todo o curso da controvérsia pelagiana, Agostinho pôde expor, em igrejas abarrotadas, sua alternativa ao ideal de vida cristã que Pelágio havia advogado em cartas dirigidas a indivíduos escolhidos. A convicção básica de Pelágio e seus seguidores consistia em que a natureza do homem era correta e fundamentalmente imutável. Originalmente criados por Deus, reconhecia-se que os poderes da natureza humana tinham sido cerceados pelo peso dos hábitos passados e pela corrupção da sociedade. Mas essa constrição era puramente superficial. A "remissão dos pecados" no batismo podia significar para o cristão a recuperação imediata da plena liberdade de ação, que fora meramente suspensa pela ignorância e pelas convenções.[1]

A plateia de Agostinho, ao contrário, era repetidamente informada de que até o cristão batizado estava fadado a permanecer como um inválido: tal como o homem ferido, encontrado à beira da morte no caminho, na parábola do Bom Samaritano, ele tivera sua vida salva pelo rito do batismo, mas devia contentar-se em suportar, pelo resto da vida, uma convalescença prolongada e precária no "Albergue" da Igreja.[2] Isso porque, para Agostinho, a natureza do homem era um nadir de incertezas: e só seria curada, num futuro igualmente distante, por uma transformação tão completa e gloriosa que, à luz dela, o mais ínfimo sintoma do colapso atual do homem deveria ser sempre encarado como uma causa de profunda tristeza.[3]

Para Agostinho, o indivíduo estava envolvido nesse colapso e nessa recuperação num nível que ia muito além de sua escolha consciente. O homem pelagiano era, essencialmente, um indivíduo separado: o homem agostiniano estava sempre prestes a ser tragado por vastas e misteriosas solidariedades. Para Pelágio, os homens haviam simplesmente resolvido imitar Adão, o primeiro pecador; para Agostinho, eles recebiam sua fraqueza essencial da maneira mais íntima e irreversível que havia: nasciam nela pela mera realidade da descendência física desse pai comum da raça humana.[4] (A ideia de uma obrigação hereditária parecia muito natural aos seguidores de Agostinho, que viviam numa época que passara a encarar a herança inelutável dos deveres sociais, especialmente os mais desagradáveis, como base da comunidade organizada.)[5]

Por trás dessa ominosa degradação do indivíduo, porém, havia um profundo sentimento da natureza do mal humano. Para Pelágio, o pecado humano era essencialmente superficial: era uma questão de escolha. As escolhas erradas podiam acrescentar uma certa "ferrugem" ao metal puro da natureza humana,[6] mas uma escolha, por definição, era reversível.[7] Para Agostinho, a natureza da imperfeição humana era sentida como um deslocamento profundo e permanente: uma *discordia*, uma "tensão" que se esforçava, ainda que da maneira mais perversa, por encontrar sua resolução num todo equilibrado, em alguma *concordia*.[8] Em decorrência dessa visão, a cura do pecado tinha de ser muito mais radical do que a proposta por Pelágio. Para este, o autocontrole era suficiente: bastava defender a cidadela da decisão livre,[9] escolhendo o bem e rejeitando o mal. Agostinho não tinha tanta certeza. O autocontrole era essencial e louvável,[10] mas poderia algum dia ser o bastante? Ora, até as fronteiras desse autocontrole eram perigosamente mal definidas.[11] Nem todo consentimento nas incitações do mal tinha de ser plenamente consciente: na verdade, Agostinho era capaz de imaginar o consentimento inconsciente nos "desejos do pecado" como algo que transparecia nos lapsos de linguagem;[12] e, ao fazê-lo, ele se antecipou a Freud na visão desse fenômeno aparentemente inofensivo como indício da atividade constante de desejos inconscientes. "Mesmo que eu não consinta nisso, ainda assim há em mim algo morto e algo vivo. Não havereis de negar que essa parte morta de vós vos pertence, pois não?"[13] Só a transformação dessa parte morta poderia curar os homens da causa profunda de seus pecados.[14] Por isso, a Ressurreição era uma das preocupações centrais de Agostinho nessa época. O ancião, que não tinha rivais em seu sentimento da fragilidade da carne humana, jamais deixaria de sentir seu próprio corpo, pungentemente ligado a essa província rebelde: "Quero ser completamente curado, pois sou um todo completo."[15] "Afastai a morte, o último inimigo, e minha carne será minha amiga dileta por toda a eternidade."[16]

A vida cristã, portanto, tal como vista por Agostinho, só podia ser um longo processo de cura. Para transmitir a impressão dessa transformação gradativa e precária, Agostinho chegou até a usar o verbo "correr" num sentido técnico inusitado, encontrado no jargão médico romano para descrever o modo como o tecido novo e sadio "corre" sobre a cicatriz.[17] Para ele, as afirmações controvertidas dos pelagianos podiam ser descartadas como uma briga imprópria num sanatório: "Oh, que moléstia ridícula! O Médico chama os homens a irem ter com Ele e o doente fica imerso em suas discussões."[18]

Agostinho era capaz de manter sua plateia fascinada com esses temas. As pessoas identificavam-se com ele a tal ponto que chegavam a explodir em gritos súbitos de terror à menção repentina da ira de Deus.[19] Também em suas cartas ele se sentia seguro da opinião pública: os pelagianos tinham sido "destroçados pela concordância absolutamente unânime de todos os povos cristãos quanto à fé".[20] "Atenhamo-nos ao que todos acabamos de cantar", dizia ele: "'*Tende piedade de mim, Senhor, tende piedade de mim.*'"[21]

Agostinho estava certo em achar que tinha a opinião pública a seu lado. A mentalidade de dependência e a ênfase na necessidade absoluta de humildade, na ideia de um "colapso geral" da raça humana, acima do qual nenhum homem se atreveria a afirmar elevar-se por seus próprios méritos, tudo isso eram ideias que dominariam o começo da Idade Média.[22] É que, por mais conscientemente cristão que fosse o movimento pelagiano, ele se apoiava solidamente no leito dos antigos ideais éticos do paganismo, sobretudo do estoicismo.[23] Suas exortações morais haviam apelado para um sentimento clássico dos recursos e da autonomia da mente humana. Por essa razão, a vitória das ideias de Agostinho sobre as de Pelágio é um dos sintomas mais importantes da mudança profunda a que chamamos "Fim do Mundo Antigo e Começo da Idade Média". Todavia, embora as ideias agostinianas fossem dominantes, o pelagianismo continuou endêmico. Bem no fim do século V, um bispo idoso de Picenum, apropriadamente chamado Sêneca, um homem "não intocado pelo saber clássico", chegou a suas próprias conclusões sem qualquer conhecimento dos grandes autores pelagianos.[24] Também ele achava que os bebês eram criados por Deus e, portanto, eram bons; que não poderiam ser amaldiçoados por não serem batizados; e "que o homem pode chegar à felicidade por seu livre-arbítrio, respaldado pela bondade da natureza humana"; chegou até a pôr à prova sua confiança na natureza humana, recusando-se a segregar os monges e as virgens de sua diocese — "Ao passo", escreveu o papa, indignado, "que a mente dos homens espiritualizados, mesmo quando se evita a companhia mista, é atormentada por (...) fantasias sedutoras."[25]

Pelágio e Agostinho foram gênios religiosos. Ambos deram um sentido inequívoco a um conglomerado de ideias e atitudes que os homens de épocas anteriores tinham-se contentado em deixar indefinidas. Ambos foram revolucionários, e a controvérsia que acompanhou sua discordância, longe de ser um embate puramente acadêmico, foi uma crise em que a paisagem espiritual do cristianismo do Ocidente pôde ser vista com clareza pela primeira vez.[26]

A natureza do batismo proporcionou o grande divisor de águas a separar os dois homens.[27] Nesse aspecto, Pelágio sentia poder falar em nome do convertido cristão adulto convencional. Para tal homem, o batismo era um "recomeço" dramático, o início de uma vida heroica de ação.

O biógrafo de São Cipriano, inconscientemente, fez a "verdadeira" vida de seu herói começar a partir de seu batismo.[28] Foi Agostinho — cujo exame clínico das falhas passadas e presentes, nas *Confissões*, quase pareceu presumir o rito do batismo — quem marcou um novo começo.[29] Entretanto, se nos voltarmos para os textos de seus primeiros cinco anos como católico, ainda poderemos ver uma mentalidade não muito diferente da que Pelágio esperava que seus leitores tivessem: a "conversão" e o batismo significavam um alívio súbito da tensão e um sentimento feliz e desanuviado de seriedade de objetivos. As comunidades pelagianas da Sicília e outros locais não deviam ser muito diferentes dos grupinhos que se formaram em torno de Agostinho em Cassicíaco, Óstia e Tagaste. Suas severas observações ocasionais contra os que pretendiam persuadir os homens, como tinham feito os filósofos pagãos, de que eles poderiam atingir neste mundo uma "vida completa", uma *beata vita*,[30] mostram que Agostinho — autor, ele mesmo, de uma exortação *Da vida completa* derivada de um platônico pagão — compreendia, por sua própria experiência de convertido, o perfeccionismo latente do movimento pelagiano. Nesse ponto, podemos ver uma separação. Foi Agostinho quem veio a abandonar as antigas esperanças do convertido cristão, e a certeza com que destacou os pontos fracos da mensagem idealista de Pelágio talvez tenha sido um sintoma da ferocidade silenciosa com que continuou a criticar seu próprio passado. Vista de fora, entretanto, a alternativa oferecida por Agostinho — suportar heroicamente as tensões não resolvidas — talvez parecesse zombar de todas as esperanças cristãs de uma vida nova. Agostinho talvez pudesse arcar com essa postura na África. Ali, o cristianismo estava bem estabelecido. Mas Pelágio e seus adeptos vinham de províncias em que a Igreja cristã ainda vivia como um grupo "missionário". Os bispos conscienciosos das províncias da Itália e da Gália, predominantemente pagãs, gastavam muito de suas energias suplicando a suas congregações que entrassem no grande "mistério" do batismo. Dificilmente poderiam apoiar ideias que parecessem estimular os convertidos pagãos, que haviam enfim dado o momentoso passo de se tornarem cristãos plenos, a se reacomodarem no torpor moral de um rematado inválido.[31]

Agostinho, na verdade, parecia quase haver presumido como certa a extensão do mal. Tratava-se de uma atitude perigosa, em meio a homens que mal se haviam libertado da extrema passividade gerada pelas crenças astrológicas. A oração desesperada do cristão agostiniano, *"para que a iniquidade não venha porventura exercer o domínio sobre mim"*, parecia admitir mais uma vez uma tirania tão completa e inelutável quanto a que ainda era exercida, na mente dos homens antigos, pelos astros.[32]

Acima de tudo, como poderia a tensão permanente entre a "carne" e o "espírito", a *discordia* enfatizada por Agostinho, deixar de se assemelhar à dicotomia permanente entre a carne má e a mente boa, postulada pelos maniqueus? De modo significativo, os sermões agostinianos contra os seguidores de Pelágio voltam-se abertamente, muitas vezes, contra os maniqueístas. Na África e noutros lugares, a maré se afastara do maniqueísmo entre os homens cultos, sobretudo pela intervenção agostiniana: e havia um perigo verdadeiro de que essa maré voltasse para o maniqueísmo, como resultado das armas perigosas de que Agostinho se muniu contra seus novos adversários.[33] Muitos de seus antigos amigos haviam continuado maniqueístas. Um deles, Honorato, mantivera discussões com Juliano de Eclano por volta de 410.[34] É bem possível que esse conhecimento pessoal do "Problema Maniqueísta" tenha reforçado a resolução do jovem Juliano de não entregar a causa de Pelágio aos africanos. Decerto lhe deu espaço para seus talentos jornalísticos. Juliano brincava brilhantemente com os temores de seus leitores italianos, que tinham um conhecimento direto muito menor do maniqueísmo em si do que teria um bispo africano.[35] No mais notável "furo jornalístico" de toda essa controvérsia com Agostinho, ele chegou até a ter mais sorte do que se deu conta. Encontrou o que supostamente seria uma carta de Mani a uma princesa persa, Menoch.[36] Na verdade, tratava-se de algo muito mais prejudicial, por estar muito mais próximo do mundo agostiniano: era um fragmento de um comentário sobre Paulo por um maniqueu latino, que pretendia provar a partir de Paulo, de maneira tão inambígua quanto o provou Agostinho, que a concupiscência existia como uma força maléfica permanente.[37] Em 405, o maniqueu Secundino havia afirmado que, se Agostinho tivesse continuado maniqueísta, ter-se-ia transformado no "Paulo de nossa época".[38] Juliano e seus leitores, contemplando o vasto edifício erguido por Agostinho com base em sua interpretação do apóstolo, podem muito bem ter achado que as esperanças de Secundino se haviam realizado. Para um homem sensível do século V, o maniqueísmo, o pelagianismo e as ideias agostinianas não eram tão largamente distantes quanto os vemos hoje: parecer-lhe-iam pontos ao longo do mesmo grande círculo de problemas levantados pela religião cristã. Assim, essa chamada "Carta a Menoch", escrita por um latino tão seguro quanto Agostinho de haver compreendido a mensagem de São Paulo, foi uma advertência aos contemporâneos de que eles viviam num mundo redondo e de que, por trás da *fundatissima fides* agostiniana, lá estava, sempre pronto a ressurgir acima do horizonte, o Paulo dos maniqueus.

Outros foram menos alarmistas. Um deles, Aniano de Celeda, mostrou o estado de espírito de um clérigo pelagiano culto. Deprimido e chocado com a mística moderna da incapacidade humana, dispôs-se a traduzir para o latim as homilias de São João Crisóstomo. Ali estavam sermões muito diferentes dos agostinianos: falavam das realizações morais de São Paulo; censuravam todas as ideias da fatalidade do mal e, neste mundo ensombrecido, defendiam a nobreza do homem e a capacidade de sua natureza de realizar a mensagem perfeita do Evangelho.[39]

Mas Agostinho percebia a diferença básica entre ele e Pelágio por um prisma diferente. O que criticava de imediato no pelagianismo era muito menos o otimismo acerca da natureza humana do que o fato de esse otimismo parecer basear-se numa visão cristalinamente inadequada da complexidade das motivações humanas. Os dois homens discordavam radicalmente quanto a uma questão que ainda é relevante, e na qual as linhas divisórias básicas permaneceram as mesmas: quanto à natureza e às fontes de uma ação criadora plenamente boa. Como poderia acontecer tal raridade? Para uma pessoa, uma boa ação podia significar aquela que realizava com êxito algumas condições do comportamento; para outra, poderia ser a que marcasse a culminância de uma evolução interna. A primeira visão era, *grosso modo*, a de Pelágio; a segunda, a de Agostinho.

O bom pelagiano era um "bom cidadão". Era tratado como uma pessoa responsável, capaz de cumprir um código justo de leis. No paraíso, Adão e Eva tinham demonstrado perante Deus uma *devotio*, uma lealdade consciensiosa como a esperada dos contribuintes por um imperador do baixo Império Romano.[40] Os tratados de Pelágio soam, vez por outra, como obras de teoria política racional. Seu Deus é um déspota esclarecido e os cristãos são bem providos de Sua legislação abundante.[41] Pelágio indignava-se com o fato de os homens continuarem a descumprir as ordens de um soberano tão sensato e bem-intencionado: "Depois de tantos avisos a vos chamar a atenção para a virtude, depois da entrega da Lei, depois dos profetas, do Evangelho e dos apóstolos, simplesmente não sei como Deus poderá vos demonstrar indulgência, se quiserdes cometer um crime."[42] Pelágio presumia constantemente que a existência de um bom meio podia influenciar diretamente os homens para melhor. Segundo ele, a vontade dos homens podia ser "impactada" a agir pelo bom exemplo de Cristo e pela terrível sanção do fogo do inferno.[43] Como seria inevitável, essa visão depositava grande ênfase no medo do castigo. Havia um traço de frieza na mentalidade de todo o movimento pelagiano. Adão fora punido com a pena de morte por desrespeitar uma única proibição; e até ele era menos culpado do que nós, pois não tivera o grande benefício da execução anterior de um ser humano para detê-lo.[44] Foi Pelágio, e não Agostinho, quem arengou sobre os terrores do Juízo Final, ao que Agostinho simplesmente comentou que "o homem que teme pecar por causa do fogo do inferno não tem medo do pecado, mas do fogo".[45]

Assim, o livro que o próprio Agostinho considerava sua demolição mais fundamental do pelagianismo intitulou-se *Do espírito e da letra*.[46] O claro código de leis implementadas por intermédio de sanções, que fora bem recebido pelos pelagianos como um estímulo suficiente às boas ações, foi descartado por Agostinho como a *"Letra que mata"*, a Antiga Lei. Somente Deus podia dar o *"Espírito que vivifica"*: a capacidade de amar a bondade por ela mesma, que garante que o homem crescerá, em vez de fenecer, no severo ambiente das ordens de Deus.[47] "Enumeras", disse ele, tempos depois, "muitos modos pelos quais Deus nos ajuda — os ditames das Escrituras, as bênçãos, as curas, os castigos, as excitações e as inspirações, mas, que Ele nos dá *amor* e com isso nos ajuda, isto não dizes."[48]

Assim, chegamos a duas visões muito distintas do modo como os homens ficam aptos a agir e, portanto, a duas concepções diferentes da liberdade. Para Pelágio, a liberdade podia ser admitida como um fato: simplesmente fazia parte de uma descrição do ser humano feita pelo senso comum. Presumia-se que o homem fosse responsável (caso contrário, como poderiam seus pecados ser chamados pecaminosos?) e ele tinha consciência de exercer escolhas; portanto, insistia Pelágio, era livre para determinar seus atos. *"No começo, Deus instalou o homem e o deixou entregue a seu próprio arbítrio. (...) Colocou diante de ti a água e o fogo, para que estendas a mão para o que quiseres."*[49]

Para Agostinho, essa descrição seria adequada a um ser humano ideal. O que lhe interessava não era "planejar a natureza humana, mas como curá-la".[50] Assim, a liberdade, para ele, era algo a ser conquistado. Agostinho sempre falava da liberdade em comparativos: "maior liberdade", "liberdade mais plena", "perfeita liberdade".[51] Pelágio e Celéstio, em contraste, julgavam poder argumentar diretamente a partir das realidades aceitas da escolha e da responsabilidade para completar a autodeterminação humana:[52] "É a coisa mais fácil do mundo", escreveu Celéstio, "mudar nossa vontade por um ato de vontade."[53] Para eles, a diferença entre os homens bons e maus era muito simples: uns escolhiam o bem, outros, o mal.[54] Ao que Agostinho retrucava: "Eu poderia dizer, com absoluta verdade e convicção, (que os homens não são isentos de pecado) por não quererem ser isentos de pecado. Mas, se me perguntásseis *por que* não querem sê-lo, estaríamos entrando em águas muito profundas — *imus in longum*."⁵⁵

Os homens escolhem de um modo mais complexo do que o sugerido pelos sagrados estereótipos do senso comum. É que um ato de escolha não é uma simples questão de saber o que escolher: é uma questão em que estão implicados o amor e o sentimento. E, nos homens, essa capacidade de conhecer e sentir, num todo único e envolvido, foi intimamente perturbada: "O entendimento voa adiante, e com que lentidão é seguido, ou às vezes nem é seguido, por nossa débil capacidade humana de sentir!"⁵⁶ Os homens escolhem porque amam, porém fazia uns vinte anos que Agostinho tinha certeza de que, por si mesmos, não podiam escolher amar.⁵⁷ A capacidade vital de unir o sentimento e o conhecimento provém de uma área externa aos poderes de autodeterminação do homem: "De profundezas não vistas por nós provém tudo o que se pode ver."⁵⁸ *"Bem sei, Senhor, que o caminho do homem não está em seu poder, nem lhe compete andar e dirigir seus próprios passos."*⁵⁹

Assim, para Agostinho, a liberdade só podia ser a culminação de um processo de cura.⁶⁰ Ele transformaria a íntegra do Salmo 118, que parecia ser um salmo totalmente "pelagiano", por conter um código estático de preceitos para a vida do homem reto, num tratado sobre a transformação dinâmica da vontade.⁶¹ A imagem mais apropriada da vontade "livre" seria repleta de movimento: a maleabilidade e a atividade intrigantes de uma grande fogueira, capaz de tornar a arder ao ser açoitada pelos ventos da adversidade.⁶²

O processo de cura pelo qual o amor e o conhecimento se reintegram é possibilitado por um vínculo inseparável entre a autodeterminação crescente e a dependência de uma fonte de vida que sempre escapa à autodeterminação.⁶³ O homem curado desfruta de um sentimento mais agudo de responsabilidade, de um conhecimento mais claro e de maior facilidade de escolha.⁶⁴ Terá tido de conquistar tudo o que Pelágio julgava que ele possuía desde o começo.⁶⁵ A ideia de que, em nossa capacidade de nos determinarmos, dependemos de áreas que nós mesmos não podemos determinar é central na postura "terapêutica" de Agostinho diante da relação entre a "graça" e o "livre arbítrio". Foi a ligação entre os dois, num único processo curativo, que ocupou toda a atenção de Agostinho:[66] qualquer tentativa de dissecar essa relação viva, de discernir um contraste onde ele via apenas uma interdependência vital, intrigava-o francamente: "Alguns homens empenham-se arduamente em descobrir em nossa vontade o bem que se deve particularmente a nós mesmos, que nada deve a Deus; como conseguem descobri-lo, não sei."[67]

Em Agostinho, portanto, a liberdade não pode ser reduzida a um sentimento de escolha: trata-se de uma liberdade de agir plenamente. Tal liberdade deve envolver a transcendência do sentimento de opção. É que o sentimento de opção é sintoma da desintegração da vontade: a união final do conhecimento e do sentimento envolveria de tal maneira o homem no objeto de sua escolha, que qualquer outra alternativa seria inconcebível.

Em todos os seus sermões contra os pelagianos, Agostinho repete isto como a assertiva fundamental da relação entre a graça e a liberdade: o homem sadio é aquele em que o saber e o sentimento se uniram, e somente esse homem é capaz de se deixar "atrair" para a ação pelo simples prazer irresistível do objeto de seu amor. O célebre dito de Virgílio, *Trahit sua quemque voluptas*, "Cada um é arrastado por seu prazer", ocorre, surpreendentemente, num sermão do velho bispo sobre o evangelho de São João: "E terão os sentidos corporais os seus prazeres, enquanto a alma fica desprovida deles? Se a alma não tem prazeres próprios, por que está escrito que *'A alma dos homens esperará à sombra de Vossas asas; eles se embriagarão com a plenitude de Vossa casa; e das torrentes de Vossos prazeres lhes dareis de beber, pois em Vós está a Fonte da Vida e em Vossa Luz veremos a luz'*? Dai-me um homem apaixonado: ele saberá o que quero dizer. Dai-me aquele que anseia; dai-me aquele que tem fome; dai-me o que está distante neste deserto, o que está sedento e suspira pela fonte da pátria eterna. Dai-me esse tipo de homem, e ele saberá o que quero dizer. Mas, se eu falar com um homem frio, ele simplesmente não saberá do que estou falando..."[68]

PARTE V

421-430

TABELA CRONOLÓGICA E

421	Inquérito sobre os maniqueístas em Cartago, mais ou menos em meados do ano.	/22 *Contra Gaudentium Donatistarum episcopum.* 13/6 XVIII Concílio de Cartago. *Contra Julianum.* /23 *Enchiridion ad Laurentium.*
		/24 *De cura pro mortuis gerenda.*
422	4/9 Morte de Bonifácio. Eleição do papa Celestino (-27/7/432).	/25 *De VIII Dulcitii quaestionibus.*
423		Caso de Antônio de Fussala.
424	Eráclio constrói as *memoria* a Santo Estêvão em Hipona.	
425	Valentiniano III torna-se imperador do Ocidente. Os bispos da Gália enfrentam um inquérito para identificar simpatizantes pelagianos.	*De civitate Dei XVIII.* /27 *De civitate Dei XIX-XXII.* Escândalo em Hipona: Sermões 355-6 (dez.-jan.).
426		Morte de Severo de Milevis. Visita Milevis para regulamentar a sucessão. Nomeia seu sucessor, o padre Eráclio. /27 *De gratia et libero arbitrio.* /27 *De correptione et gratia.* /27 *Retractationes.*
427	Revolta de Bonifácio.	/28 *Collatio cum Maximino Arianorum episcopo.*
428		*Contra Maximinum Arianorum episcopum.* *De haeresibus ad Quodvultdeum.* Recebe cartas de Próspero e Hilário. /29 *De praedestinatione sanctorum.* /29 *De dono perseverantiae.*
429	Vândalos da Espanha aproximam-se da costa da Mauritânia (verão). Dario chega à África para reconciliar Bonifácio e a imperatriz.	/30 *Tractatus adversus Judaeos.* /30 *Contra secundum Juliani responsionem opus imperfectum.*
430	Devastação da Numídia pelos vândalos.	28/8 Morte e sepultamento de Agostinho.

P.L. VOL.	COL.	TRADUÇÕES PARA O INGLÊS
43.	707	
44.	641	*Against Julian*, Nova York, 1957.
40.	231	*The Enchiridion*, Edimburgo, 1873; *The Enchidirion to Laurentius*, Oxford, 1885; *Enchiridion of St. Augustine, addressed to Laurentius*, Londres, 1887; *Faith, Hope and Charity*, Nova York, 1947; *Faith, Hope and Charity*, Londres, 1947; *St. Augustine's Enchiridion*, Londres, 1953; *Enchiridion*, Londres, 1955; (*in*) *Seventeen short treatises*, Oxford, 1847; *Basic Writings I*, Nova York, 1948.
40.	591	(*in*) *Seventeen short treatises*, Oxford, 1847; *How to help the dead*, Londres, 1914; *The care to be taken for the dead*, Nova York, 1955.
40.	147	*The eight questions of Dulcitius*, Nova York, 1952.
39.	1568	
44.	881	(*in*) *The anti-Pelagian writings III*, Edimburgo, 1876; *Basic Writings I*, Nova York, 1948.
44.	915	(*in*) *The anti-Pelagian writings III*, Edimburgo, 1876; *Admonition and grace*, Nova York, 1947.
32.	583	
42.	709	
42.	743	
42.	21	
44.	959	*The anti-Pelagian writings III*, Edimburgo, 1876; *Basic Writings I*, Nova York, 1948.
45.	993	(*in*) *The anti-Pelagian writings III*, Edimburgo, 1876.
42.	51	*An answer to the Jews*, Nova York, 1955.
45.	1049	

32
JULIANO DE ECLANO[1]

I

Em 408, Agostinho foi procurado pelo bispo Memor, integrante do círculo de Paulino de Nola.[2] Memor pediu um exemplar de seu *De Musica*. Agostinho considerou ter pouco tempo para "esses brinquedos":[3] oprimido por sua campanha acirrada contra os donatistas da África, a solicitação desse texto didático deve ter-lhe parecido provir de um velho mundo de cristãos cultos e ociosos, com tempo para buscar a formação "liberal" dos fidalgos.[4] Todavia, esse velho mundo ainda estava muito vivo no Sul da Itália. Memor não viu nada de estranho num manual cristianizado de poesia clássica. Tinha um filho brilhante para educar: Juliano, futuro bispo de Eclano, o crítico mais devastador de Agostinho em sua velhice.[5]

Agostinho e Juliano separavam-se por um abismo muito mais profundo que o Mediterrâneo. Pertenciam a mundos diferentes. A família de Juliano orgulhava-se de sua linhagem nobre. Seu pai era bispo; ele mesmo, como padre, casara-se com a filha de outro bispo, Emílio de Benevento. Uma geração antes, Benevento fora uma cidade pagã cuja aristocracia, com seu espírito público, havia impressionado Símaco.[6] Agora, essas virtudes teriam continuidade em novas dinastias clericais: Juliano vendeu suas terras para aliviar um período de fome.[7]

Hospitalidade, palavras sensatas e julgamento imparcial: eram essas as virtudes que tais homens selecionavam nas Escrituras Sagradas para colocar nas inscrições[8] — inscrições muito diferentes dos lemas de luta afixados nas igrejas africanas.[9]

Podemos até ver um toque encantador de "primitivismo" em Juliano. Sua imagem da situação de Adão no Paraíso, o "lavrador inofensivo de uma terra aprazível",[10] que tinha em Deus um senhorio amistoso,[11] é uma de uma longa série de imagens idealizadas da vida campestre, do tipo que atraía os homens sofisticados do mundo antigo: ela era particularmente apropriada num jovem que havia crescido perto da paisagem que inspirara *As Geórgicas*, de Virgílio.[12] Para um pelagiano, esse idílio pastoral era assunto sério. É que os pelagianos acreditavam que a felicidade que existira no passado poderia, mediante um esforço da vontade, ser levada a acontecer de novo no presente. Não havia uma Queda irreversível do Homem,[13] pois apenas uma fina parede de modos corruptos erguia-se entre Juliano e a encantadora inocência do estado inicial do ser humano.[14] Mesmo quando Juliano se casou, Paulino de Nola pôde abençoar esse evento clerical simples, intocado pela vulgaridade das cerimônias de casamento da moda, como uma tentativa de resgatar a *simplicitas*, a inocência sem afetação[15] de Adão e Eva.

Os ideais de Pelágio tomaram de assalto um jovem como esse. Ele se tornou aliado de Celéstio pela vida afora. Quando a condenação de seus heróis foi oficializada em 418, foi Juliano, então com cerca de 35 anos e figura popular entre os monges e nobres de sua vizinhança, quem liderou a resistência de um grupo de dezoito bispos italianos.[16] Forçado a sair da Itália no ano seguinte, ele se descobriu mais à vontade no Leste da Grécia. Isso porque, diferentemente de Agostinho, provinha de uma família metropolitana[17] e havia aprendido grego.[18] Foi recebido com simpatia por Teodoro de Mopsuéstia, na Cilícia;[19] e, ao lado de Celéstio, foi tentar a sorte em Constantinopla. Ainda em 439, quase conseguiu restabelecer-se como bispo na Itália. Morreu na Sicília, depois de passar quase metade da vida no exílio, como um "homem marcado", o "Caim de nossa época", ensinando o alfabeto latino aos filhos de uma família pelagiana. Em seu túmulo, seus amigos inscreveram um último desafio aos que o haviam derrotado: "Aqui jaz Juliano, o bispo católico."[20]

Juliano não era uma pessoa complacente. Ao escrever um comentário bíblico, por exemplo, não media esforços para brilhar à custa do especialista — nesse caso, Jerônimo, já então morto, o que lhe permitia destratá-lo em segurança: o trabalho do ancião, disse Juliano, fora tão "pueril", tão sem iniciativa, tão desprovido de originalidade e tão arbitrário, que "o leitor mal consegue abster-se de rir".[21] Juliano dedicou-se a ridicularizar as ideias dos mais velhos: é bem possível que Agostinho, que o tratava com mão paternal pesada, exortando constantemente o rapaz a se lembrar de seu falecido pai, um bispo católico sem maior projeção, tenha tocado num ponto sensível do caráter de Juliano.[22]

Mas Juliano não estava interessado em ser agradável. Durante vinte anos e quase sozinho, ele sustentou uma hostilidade mortífera contra os homens que haviam impingido suas opiniões à Igreja, que lhe haviam negado a discussão livre de suas próprias ideias e que o haviam exilado de um bispado em que ele fora atuante e popular. "*Cobri-lhes o rosto de ignomínia*" fora o lema franco de Agostinho na condução de sua guerra panfletária contra os donatistas.[23] Agora, essa citação bíblica seria invocada contra ele por Juliano,[24] em ondas repetidas de invectivas bem argumentadas, que ameaçavam lavar as ideias agostinianas da mente dos italianos instruídos: *Patronus asinorum*, o "senhor dos asnos".[25]

Para Juliano, Agostinho sempre foi "o africano" — o *Poenus*. Ele desferiu sua campanha antiagostiniana como uma Guerra Púnica da mente.[26] Certificou-se de fazer com que seus leitores tratassem sua argumentação como uma defesa da Itália contra o *latrocinium*, o *Putsch* através do qual um pequeno grupo de africanos bem organizados, chefiados por Agostinho, assistido por Alípio, impusera à Igreja italiana um conjunto de dogmas genuinamente estranhos ao espírito do cristianismo de sua terra.[27]

Juliano havia escolhido seu alvo com critério. O pelagianismo fora condenado pelo papa e pelos imperadores. Mas uma coisa era condenar uma heresia, e outra, bem diferente, era tentar suprimi-la. Os africanos haviam insistido na supressão: Alípio, em suas missões diplomáticas na corte de Ravena, importara para a Itália os métodos severos que havia aprendido na campanha contra os donatistas na África — a recusa da discussão livre, o exílio de bispos.[28] Uma vez esmagada dessa maneira a oposição organizada, os relutantes receberiam uma "lição" de Agostinho. Sisto, um influente clérigo romano, já havia recebido o tratado agostiniano:[29] mas Juliano providenciou para que houvesse muitos outros urgentemente necessitados de receber lições. Ele tinha defensores atuantes em Roma;[30] Paulino de Nola ainda levava a sério os argumentos de Pelágio,[31] e havia até não cristãos envolvidos: Volusiano, o pagão cético cuja incredulidade refinada muito contribuíra para provocar *A cidade de Deus*, viu-se forçado, como prefeito de Roma, a pôr em prática medidas severas contra os inimigos cristãos de Agostinho![32] Pois Juliano disse a esses homens que "o leme da razão foi arrancado da Igreja, de tal sorte que as opiniões da turba podem seguir navegando com todas as bandeiras desfraldadas";[33] que os defensores dos africanos na Itália eram os inocentes (ou temerosos) companheiros de viagem dos maniqueístas; e que Agostinho, ao "berrar" a doutrina do pecado original em todas as suas ramificações fantasiosas e repulsivas, meramente resgatava da memória os ensinamentos de que fora impregnado por Mani.[34]

Juliano escreveu com vagar num país estrangeiro. (Tratava-se de um meio favorável para um polemista, como havia mostrado o exemplo de Jerônimo.)[35] A partir de 419, produziu cartas abertas, manifestos em favor de seus colegas e quatro grandes volumes que demoliam ostentosamente um pequeno texto de Agostinho. Mais tarde, outros oito volumes tiveram que ser despachados às pressas de Roma, por Alípio, em fascículos.

O "ensino" agostiniano aos italianos aterrorizados logo degenerou num duelo pessoal com Juliano. Esse duelo foi uma história suja e apressada e durou até a morte de Agostinho. Em Nola, Paulino pôde morrer em paz, depois de permitir que os pelagianos de sua região, amigos e aliados de seus velhos amigos Memor e o jovem Juliano, voltassem a se ligar à Igreja.[36] Em Hipona, Agostinho continuou a labutar penosamente, em meio à destruição de seu trabalho de uma vida inteira na África, defendendo-se de um homem moço o bastante para ser seu filho.

Agostinho era calejado nas campanhas. Seus textos contra Juliano têm a fria competência de um homem velho e cansado, que sabia muito bem como se engajar no trabalho árduo da controvérsia eclesiástica. Juliano havia apelado para um público "intelectual".[37] Agostinho, com grande esperteza, deixou-o impotente, apelando para os "anti-intelectuais". Assegurou a seus leitores que Juliano era um "intelectual" determinado a perturbar a crença de militares simples como o conde Valério; que era um homem que se julgava acima dos sentimentos sadios do homem da rua,[38] um diletante secular cuja obra só podia ser compreendida pelos que haviam desfrutado do luxo de uma educação universitária.[39]

Para comover seus leitores dessa maneira, Agostinho recaiu em posturas firmemente entrincheiradas e apelou para camadas perigosamente primitivas de sentimentos. Por exemplo, viu-se mais uma vez defendendo sua própria interpretação do rito concreto do batismo. Fazia muito tempo que os bispos da África estavam acostumados, em suas ferozes controvérsias, a vincular doutrinas precisas e rígidas a um rito que havia cravado raízes profundas nos sentimentos de suas congregações.[40] Juliano intuiu com acerto que a prática disseminada do batismo infantil, "para remissão dos pecados", era o trunfo de Agostinho, o segredo de sua sinistra demagogia.[41] Agostinho apenas respondeu que esse tema não podia "escapar à atenção do povo";[42] e, considerando-se que havia lutado por 25 anos inteiros para convencer as massas africanas de sua visão do batismo católico, ele se dirigiu a seus novos leitores italianos falando por amarga experiência pessoal.

Não longe de Hipona, em Uzalis, já circulavam histórias que mostram que, trabalhando na África, Agostinho passara a explorar níveis de sentimento excepcionalmente primitivos. Um menino morreu como simples catecúmeno, sem o batismo. Desesperada com a possibilidade de sua maldição eterna, sua mãe o levou ao santuário de Santo Estêvão; ele foi erguido dos mortos apenas para ser batizado e tornar a morrer, na certeza de ter evitado "a segunda morte" do inferno.[43] Ainda mais reveladores eram o difundido sentimento de culpa e a insistência em que o homem só poderia ser salvo por intermédio desse rito visível de expiação. Uma dama da nobreza permaneceu doente até sonhar com um dragão negro que pairava, invisível, sobre sua cabeça. Esse dragão era o *reatus*, a culpa duradoura por um pecado há muito esquecido: era, na imagem popular, um eco do componente de culpa invisível e inconsciente que desempenhou um enorme papel na própria doutrina agostiniana do pecado original.[44]

Ao apelar para o católico médio, Agostinho descobriu o ponto fraco de Juliano. Este era inteligente e instruído e conhecia bem as Escrituras, mas pertencia a uma era anterior. Havia-se preparado como filósofo. Tal como o jovem Agostinho (cujas obras filosóficas tinha lido), ele fazia parte de um número considerável de homens de cultura predominantemente secular que haviam encontrado um nicho para si na hierarquia católica, martelando os maniqueístas. Seu sucesso, na verdade, dependia de fazer Agostinho parecer maniqueísta, a fim de demoli-lo com as armas que melhor dominava — a lógica e o conceito de liberdade dos filósofos.[45] É possível que ele tenha convencido alguns estudiosos modernos da veracidade de suas acusações, mas o clérigo italiano médio não se deixou impressionar.

É que os tempos haviam mudado. Agostinho não escrevera à toa o seu *De Doctrina Christiana*. Os bispos do século V tendiam a se impressionar com a autoridade de um grande nome como Ambrósio (que Agostinho citava com frequência). Sentiam-se parte de uma casta profissional detentora de verdades transmitidas e elaboradas por uma cadeia de grandes "especialistas", desde Cipriano, passando por Hilário de Poitiers, até Ambrósio.[46] Quanto aos leigos da corte e da aristocracia, os bispos lhes eram cada vez mais importantes: desempenhavam um papel vital em suas intrigas nas sociedades da Gália e da Itália, dominadas por crises; um homem como Valério orgulhava-se de ter entre seus clientes essas figuras locais de enorme influência, e talvez se preocupasse com elas.[47] Tinha uma confiança irrestrita no que lhe diziam os especialistas. Ele e os bispos sob sua proteção ficaram devidamente chocados ao saber que Juliano, ao discutir música, havia mencionado Pitágoras e não Davi,[48] embora tenha sido Agostinho, autor do *De Musica* — um exercício patentemente pitagórico sob disfarce cristão,[49] do qual o nome de Davi estava notavelmente ausente —, quem chamou atenção para isso! Juliano morreu ensinando os clássicos a crianças pequenas. Para seus adversários arrogantes, o castigo foi adequado ao crime: o saber "mundano" parecia não cair bem num bispo.[50] A verdade é que Agostinho havia ultrapassado Juliano em duas gerações na chegada ao "ouro dos egípcios", à riqueza da filosofia pagã, e, na cultura declinante do Ocidente latino, o pouco que restava dela foi então invejado com ressentimento no maior escritor a defender a causa pelagiana.

Juliano foi um adversário singularmente questionador. Mal começamos a avaliar a extensão de sua cultura e originalidade. Embora ele tenha escrito como latino e para latinos, o "leitor culto" que trazia no coração não existia em Roma, porém em Antioquia e na Cilícia. Em sua utilização de Aristóteles, Juliano antecipou-se a um humanismo cristão que só se viria a materializar setecentos anos depois. O "Concílio dos Aristotélicos", que Agostinho descartou zombeteiramente como o derradeiro tribunal de recursos dos pelagianos,[51] viria a se reunir... na Universidade de Paris, no século XIII — e incluiria Santo Tomás de Aquino, cuja síntese humanista Juliano antecipou em muitos aspectos.[52]

Mas só o estudioso moderno tem distância suficiente dessa controvérsia para lidar com as afirmações sumamente provocadoras de Juliano sem sentir as chicotadas que ele pretendeu infligir originalmente. Agostinho, jogado na defensiva por um ataque tão veemente, só podia salvar-se mediante a recusa a reconhecer o valor das ideias de Juliano.

Perdeu-se uma grande oportunidade. Comparado ao diálogo sensível que Agostinho dispôs-se a manter com os platônicos pagãos em *A cidade de Deus*, diante da mesma plateia culta a que se dirigia Juliano o tratamento que ele deu ao desafio de Juliano, um colega cristão de bispado, foi uma pancadaria pouco inteligente. Há um toque de tragédia nesse encontro. Na história das ideias, raras vezes um homem grandioso como Agostinho, ou tão humano quanto ele, terminou a vida tão à mercê de seus próprios pontos cegos.

II[53]

"Vós me indagais por que me recuso a admitir a ideia de haver um pecado que faça parte da natureza humana", escreveu Juliano sobre a doutrina agostiniana do pecado original; "Respondo: ela é improvável, inverídica, injusta e ímpia; faz parecer que o Diabo seria o criador dos homens. Ela viola e destrói a liberdade do arbítrio (...) ao dizer que os homens são tão incapazes de virtude que, no próprio ventre de suas mães, estão cheios de pecados passados. Imaginais um poder tão grande em tal pecado, que ele não só é capaz de apagar a inocência natural do recém-nascido, como também, para todo o sempre, obrigar o homem, por sua vida afora, a praticar toda sorte de iniquidades. (...) [E], o que é tão repulsivo quanto blasfemo, essa vossa visão prende-se, como sua prova mais conclusiva, à decência comum com que cobrimos nossa genitália."[54]

A ideia de que haveria um grande pecado por trás da miséria da condição humana era compartilhada por pagãos[55] e cristãos[56] na baixa Antiguidade. Agostinho deparara com ela logo no início de sua vida de católico: "O Antigo Pecado: nada é mais obviamente parte de nossa pregação do cristianismo; no entanto, nada é mais impenetrável para o entendimento."[57] Agora que os pelagianos haviam cercado esse mistério de perguntas hostis, Agostinho estava disposto a lhes dar respostas drásticas. Assim, embora muitos católicos da África e da Itália[58] já acreditassem que o "primeiro pecado" de Adão fora herdado por seus descendentes, de algum modo, Agostinho lhes disse exatamente onde deveriam procurar, neles mesmos, os vestígios duradouros desse primeiro pecado. Com a desenvoltura fatal do homem que acredita poder explicar um fenômeno complexo por sua simples redução a suas origens históricas, Agostinho lembrou a sua congregação as circunstâncias exatas da Queda de Adão e Eva. Ao desobedecerem a Deus, comendo o fruto proibido, eles se haviam "envergonhado": tinham coberto sua genitália com folhas de figueira.[59] Isso bastava para Agostinho: *"Ecce unde.* Eis o lugar! É por esse lugar que o primeiro pecado é transmitido."[60] A vergonha diante da inquietação incontrolável dos órgãos genitais era o castigo adequado pelo crime de desobediência.[61] Sumamente minucioso, Agostinho deixou claro o que pretendia dizer, apelando subitamente para o sentimento de vergonha de sua congregação diante das poluções noturnas.[62]

Agostinho viveu numa era ascética, na qual o homem sensível já se sentia humilhado por seu corpo[63] e na qual seus leitores clericais tendiam cada vez mais para o celibato.[64] Comparado à vergonha ardorosa de um homem como Ambrósio,[65] no entanto, Agostinho desenvolveu suas ideias com fria precisão clínica. As sensações sexuais, tais como experimentadas pelos homens, eram um castigo. Por serem um castigo pela desobediência, elas mesmas eram desobedientes, "uma tortura para a vontade":[66] o que ficava isolado, portanto, era o componente de descontrole do ato sexual. Por ser uma punição permanente, ele era apresentado como uma tendência permanente, uma tensão instintiva à qual era possível resistir, mas que, mesmo quando reprimida, continuava atuante,[67] aprisionando o homem no elemento sexual de sua imaginação: manifestava-se em sonhos[68] e mantinha o homem afastado da contemplação de Deus, pela simples qualidade de seus pensamentos, pela "multidão premente de desejos".[69]

Essa era uma visão estritamente psicológica. Enfatizava os elementos subjetivos — as tensões causadas pela vergonha, pela perda de controle ou pela imaginação.[70] Nela, Agostinho evitou meticulosamente parecer um maniqueísta ou um platônico extremado: a vida dos sentidos, insistiu, não era má em si; má era apenas a tensão que surgia quando a vontade, guiada pela razão, entrava em choque com os apetites. Mas, dentre todos os apetites, o único que parecia a Agostinho chocar-se com a razão, de maneira inevitável e permanente, era o desejo sexual. Agostinho sabia ser, potencialmente, um homem muito guloso,[71] mas a gula era controlável; no clima de Mesa dos Professores que prevalecia no mosteiro agostiniano, era possível "contemplar e discutir assuntos sérios" durante o jantar,[72] mas não, julgava Agostinho, na cama — "pois, nessa matéria, que homem é capaz de contemplar qualquer pensamento, muito menos de Sabedoria (...)?"[73] Assim, de um só golpe, Agostinho traçou a fronteira entre os componentes positivos e negativos da natureza humana com uma linha que separava a mente consciente e racional da única "grande força" que escapava ao controle dela.[74]

Agostinho era um polemista decidido a convencer o homem comum. Inevitavelmente, esse tipo de polemista é um aprendiz de feiticeiro, pois é capaz de sacralizar no papel os temores e preconceitos que o homem médio aceita inconscientemente. Assim, escrevendo a um homem casado comum, como o conde Valério, ele afirmou que o isolamento desdenhoso da sexualidade era não apenas demonstrado "pelo raciocínio sutil", mas confirmado pelos "fatos", pela "opinião universalmente aceita".[75] Tais "fatos" incluíam a vergonha que cercava o ato sexual,[76] a frequente condenação da paixão nos autores antigos[77] e até a maneira como os homens cobriam sua genitália quando estavam sozinhos.[78]

Como inúmeros homens que, nas controvérsias públicas, afirmam estar falando como "realistas", Agostinho pautou sua defesa pelos estereótipos veneráveis da opinião popular. Estava acostumado com esses truques. Ao escrever a homens não muito diferentes de Valério para justificar a coerção religiosa, ele defendia que se retirasse a heresia da analogia perigosa com a restrição social em todos os níveis.[79] Agora, Agostinho erigiria uma visão sumamente sofisticada da tensão psicológica entre a razão e o instinto, na sexualidade, sobre os obscuros alicerces das atitudes tradicionais romanas para com o coito no casamento. Em geral, as opiniões sobre esse assunto encontram-se nos recantos menos desempoados das atitudes morais comuns — e em parte alguma se percebem mais do que na estarrecedora insensibilidade de alguns romanos antigos, que tratavam com desprezo a paixão sexual na esposa.[80]

Todavia, dado o severo clima moral da época (na qual, por exemplo, a princesa Gala Placídia, figura dominante da corte de Ravena, tinha opiniões radicais sobre o celibato do clero[81] — fato que Valério dificilmente poderia dar-se ao luxo de ignorar), Agostinho era um homem moderado. Esperava que, idealmente, o coito fosse praticado apenas para fins de procriação, mas isso era não mais do que o exigido pelos pagãos austeros. Ele considerava que as ideias extremadas de alguns cristãos, no sentido de fazer do casamento uma competição de continência, não eram aplicáveis ao homem médio,[82] e sabia muito bem que eram decididamente nocivas, se usadas por um dos cônjuges contra o outro.[83] No entanto, vinte anos antes, no clima brando que havia coincidido com a redação das *Confissões*, Agostinho chegara até a sugerir, com grande sensibilidade, que a qualidade do próprio ato sexual podia ser modificada e transformada pela amizade permanente entre duas pessoas no casamento.[84] Agora, porém, ele isolou a relação sexual como um componente do mal inserido em todo casamento, um componente cuja importância se ampliava grotescamente, por ser cuidadosamente encerrada numa pesada estrutura de virtudes e alegrias do matrimônio católico respeitável: Valério podia ter fidelidade, amizade e filhos, "exceto no que concerne ao ato em si. (...)"[85] Afinal, Agostinho sempre havia isolado esse elemento em si mesmo. Na época em que havia contemplado casar-se, vira-se "não como um admirador da ideia do casamento, mas como um escravo da luxúria": visivelmente, encarava com horror a perspectiva de ser acompanhado ao "reino da esposa" — o *regnum uxorium* — pelo que eram, para ele, hábitos sexuais compulsivos.[86]

Juliano atreveu-se a falar do instinto sexual como um sexto sentido do corpo, uma energia neutra que podia ser bem utilizada, e a falar do homem como um microcosmo delicadamente equilibrado entre a razão e o sentimento animalesco.[87] Agostinho recusou-se a ouvir. Recusou-se a crer que o jovem pudesse deter-se ante o que quer que fosse: esse foi o estilo trágico e sumamente desagradável de um homem cujas convicções baseavam-se numa negação selvagem de tudo o que seu adversário parecia propor: "Realmente, realmente: será essa a vossa experiência? Com que, então, não faríeis os cônjuges restringir esse mal — refiro-me, é claro, a vosso bem favorito? Em outras palavras, vós os deixaríeis atirar-se na cama sempre que lhes aprouvesse, toda vez que se sentissem atiçados pelo desejo. Longe deles adiar essa comichão até a hora de se deitarem: tenhamos vossa *"união legítima dos corpos"* toda vez que vosso *"bem natural"* sentir-se excitado. Se é esse o tipo de vida conjugal que tendes levado, não arrasteis vossa experiência para o debate (...)."[88]

É fácil o homem moderno sentir-se envolvido nesse aspecto do embate entre Agostinho e Juliano. Este último tem sido descartado, com frequência, como uma grande "possibilidade não realizada", como um homem cuja visão otimista da natureza humana o adequaria a qualquer século, exceto o seu.[89] Em certo sentido, esse é um elogio sarcástico a Juliano: tende a minimizar o desafio que ele representou. Isso porque ele falou muito bem a linguagem de sua época e da Igreja latina primitiva num ponto essencial: defendeu com paixão a imparcialidade de Deus. Os dois protagonistas eram homens totalmente religiosos. Ambos tratavam suas opiniões sobre a sexualidade como secundárias:[90] não era apenas a natureza do homem que lhes interessava, mas a natureza de Deus. *Deus Christianorum*,[91] "o Deus dos cristãos", mal se havia firmado na imaginação dos homens da Antiguidade: os cristãos latinos estavam numa encruzilhada, entre Juliano e Agostinho, para decidir que visão ter de seu Deus.

O Deus de Agostinho era um Deus que havia imposto um castigo coletivo pelo pecado de um só homem. "*'Os bebezinhos'*, dizeis, *'não são oprimidos por seu próprio pecado, mas sobrecarregados pelo pecado de outrem.'* Dizei-me, então", perguntou Juliano a Agostinho, "dizei-me:

quem é essa pessoa que inflige um castigo a criaturas inocentes (...)? Vós respondeis: Deus. Deus, dizeis! Deus! Aquele que *nos confiou Seu amor, que nos amou, que não poupou Seu próprio Filho por nós.* (...) É Ele, dizeis, quem julga dessa maneira; é Ele o perseguidor de crianças recém-nascidas; é Ele que envia bebezinhos para as chamas eternas. (...) Seria correto e apropriado tratar-vos como indigno de argumentação: muito vos afastais do sentimento religioso, do pensamento civilizado, muito vos afastais, a rigor, do mero senso comum, ao pensardes que o Senhor vosso Deus é capaz de cometer um crime de tal ordem contra a justiça, que mal se pode concebê-lo sequer entre os bárbaros."[92]

O Senhor é justo, Ele ama a justiça, Seu rosto fita favoravelmente a equanimidade.[93] Isso resume a religião de Juliano. Era a justiça divina que fazia de Deus "o mais sagrado dos seres":[94] uma justiça que ponderava separadamente os atos de cada indivíduo, "sem fraude nem predileção". A justiça era a "virtude suprema". Era a imagem de Deus no homem.[95] Um Deus que não fosse justo, portanto, estaria tão fora da razão natural que não poderia existir:[96] "Muito melhor seria tirarmos o pescoço debaixo do jugo da crença religiosa do que vagarmos, abandonados por todo e qualquer senso de justiça, por essas opiniões desastrosas e odiosas."[97] A punição de terceiros pelo pecado do pai, a condenação de bebês desamparados, a proferição de uma sentença contra homens incapazes de agir de outra maneira: toda a revelação cristã era uma declaração comedida e abalizada contra essa *iniquitas*, essa prática corrupta.[98]

Juliano representa um dos píncaros da civilização romana. O que ele defendia em Deus era a racionalidade e a força universal da lei.[99] Ele via no Deus de Agostinho não o que um homem moderno tenderia a ver — o criador de um inferno repleto de criancinhas;[100] o que Juliano atacou foi o governante tirânico de uma longa tradição romana, um Varrão divino, sendo novamente julgado pela proscrição maciça dos inocentes.[101]

Essa era uma causa que os leitores de Juliano podiam compreender. Ele podia voltar os olhos para os primórdios do cristianismo latino e encontrar uma alma gêmea no grande Tertuliano — "uma das mentes formadoras da civilização europeia"[102] e, tal como Juliano, um defensor apaixonado da natureza legal dos laços entre Deus e o homem.[103] O que Juliano dizia era inteligível e relevante para seus contemporâneos, pois o culto bispo italiano viu-se confrontado não com um humanismo pagão esclarecido, mas com ideias obscuras que roubavam dos homens sua liberdade e sua identidade distinta — com a astrologia, a magia e os maniqueístas.[104] O "raio" de Juliano era capaz de arruinar todo o sistema agostiniano,[105] pois somente um sentimento ardoroso das normas tradicionais de justiça poderia tratar cada homem como livre, como responsável por seus atos, como uma pessoa distinta da massa sinistra em que o Deus de Agostinho havia fundido a raça humana: *"A justiça do justo recairá sobre ele, e a impiedade do ímpio apenas sobre ele recairá."*[106]

"Surpreende-me", escreveu Juliano, "que alguém possa alimentar a menor dúvida sobre a imparcialidade de Deus."[107] "Deveis distinguir", respondeu Agostinho, "deveis distinguir a justiça divina das ideias humanas de justiça."[108] Para Juliano, a Bíblia continha uma única mensagem, profundamente coerente: tal como numa família da nobreza, nenhuma de suas partes era "bastarda ou malnascida";[109] não havia bolsões de vingança primitiva nem respaldo para as teorias de culpa consanguínea. Agostinho não tinha tanta certeza. Muito acima da superfície ensolarada da Bíblia de Juliano, o Deus de Agostinho continuava a ser o Deus inefável do místico neoplatônico. A justiça divina era tão imperscrutável quanto qualquer outro aspecto de Sua natureza,[110] e as ideias humanas de equanimidade eram frágeis como "o orvalho no deserto".[111] Muito abaixo das ideias humanas de inocência, Adão incorrera em culpa por um pecado "inominável", um pecado que "ultrapassava em muito a experiência dos homens de hoje": um pecado além da razão, herdado de um modo, "falando francamente, maravilhoso".[112] Juliano podia usar sua razão para definir como inocente o bebê recém-nascido. Mas os olhos de Deus, nas Escrituras, enxergavam mais fundo. A fina crosta da imparcialidade humana tremia ante afirmações como *"infligirei a iniquidade do pai nos filhos"*:[113] e tudo o que Agostinho sabia era que a onisciência de Deus não errava, como poderia errar a mera vingança humana, quando Ele movia Seu antagonismo de sangue contra a família de Adão.[114]

Juliano acusou Agostinho de ser maniqueísta. Como vimos, isso foi uma boa tática de sua parte, até certo ponto.[115] Na verdade, Juliano não tinha o mesmo domínio de Agostinho sobre a doutrina maniqueísta. A grande *Carta da fundação*, de Mani, estava à mão nas estantes de livros de Hipona, com as margens repletas de anotações críticas:[116] assim equipado, era tão fácil para Agostinho quanto para o estudioso moderno da literatura maniqueísta perceber a diferença entre seu próprio sistema e o de Mani e descartar as acusações de Juliano como uma caricatura de ambos.[117]

No entanto, talvez a qualidade de um sistema religioso dependa menos de sua doutrina específica que da escolha dos problemas que ele considera importantes, das áreas da experiência humana para as quais volta sua atenção. Ao escrever contra Juliano, Agostinho descobriu-se concordando de bom grado com Mani. O cristianismo era uma religião da salvação: fosse apenas para a alma, fosse para a alma e o corpo, Cristo viera como salvador.[118] A vida atual do homem era uma sombra insubstancial, um nadir da existência, inteligível unicamente em termos de um grande Mito da Queda e da Restauração. A Mesopotâmia, terra fértil em mitos que contrastavam o estado inicial do homem com sua miséria presente, tanto fornecera a Agostinho os capítulos iniciais do livro do Gênesis quanto dera a Mani sua visão da raça humana de então, como um desfecho terrível da Guerra dos Dois Reinos. Para justificar essa visão da religião, os dois homens insistiram em que o problema desesperador do sofrimento era a primeira questão a ser enfrentada pelo pensador religioso.[119] "A flagrante miséria da raça humana" impõe-se em primeiro plano nos textos posteriores de Agostinho contra Juliano. Quando ele se volta contra este por haver definido com excessiva brandura a extensão da infelicidade humana, podemos enfim sentir uma onda de emoção autêntica, de ultraje moral, uma recusa a abandonar a esperança de algo melhor, a negar realidades desagradáveis em nome do consolo intelectual que resvalava para o pessimismo em muitos pensadores sensíveis.[120] Se Paulo tivesse sido obrigado a provar suas afirmações sobre o pecado original, Agostinho acreditava que teria chamado a atenção de seus leitores, como ele mesmo fez, para a extensão do sofrimento neste mundo.[121]

Os missionários maniqueístas decerto o tinham feito, no intuito de divulgar seu mito.[122] Talvez seja significativo que Agostinho tenha-se voltado para o *Hortêncio*, de Cícero, na construção de seus argumentos contra Juliano. Ele reconhecia nesse livro a quintessência do saber pagão sobre a miséria da condição humana.[123] Terá Agostinho remontado na memória aos meses em que, quando jovem estudante em Cartago, passara da leitura dessas citações sombrias no *Hortêncio* de Cícero para os conventículos dos maniqueus? Ele ainda continuava a perguntar: *Unde hoc malum?* — "De onde vem todo este mal?"[124]

Uma religião que coloca o problema do sofrimento no centro de sua mensagem ao mundo tem de enfrentar de maneira particularmente aguda o problema da relação entre Deus e o mal. Mani havia cindido Deus do horror da existência humana. Juliano comentou que esse Deus estava, pelo menos, "completamente divorciado de toda a crueldade". Agostinho respondeu de imediato que, ao preservar a inocência de Deus, Mani O tornara "cruelmente fraco".[125] Agostinho jamais se atreveria a se comprometer de novo com os sentimentos de desamparada violação por forças estranhas, de desolação e profunda solidão, que haviam desempenhado um enorme papel nos sentimentos religiosos dos maniqueístas.[126] Para ele, Deus era agora onipotente: esta, lembrou ele a Juliano, era "a declaração inicial de nossa fé".[127] Mas, se Deus é absolutamente onipotente, nada acontece sem que Ele o faça acontecer ou permita que aconteça, e, já que Ele é absolutamente justo, os sofrimentos aterradores da raça humana só podem ser permitidos pelo fato de Ele estar irado.[128] De que outro modo haveria o onipotente de permitir os males que Agostinho via a seu redor?[129] *"Deus lançou contra eles o furor de sua cólera, a indignação, a ira e a tribulação: uma legião de espíritos maléficos."*[130]

Claramente, Deus havia permitido que a raça humana fosse varrida por Sua ira: e essa raça humana, tal como apresentada por Agostinho em seus escritos contra Juliano, é muito semelhante ao universo invadido de Mani. Agostinho sempre havia acreditado no vasto poder do Demônio: Deus mostrara Sua onipotência da maneira mais clara ao refrear essa criatura sobre-humana,[131] cuja força agressiva era tão grande que obliteraria toda a Igreja cristã, se fosse liberada.[132] Ora, esse Demônio lançava sua sombra sobre a humanidade: a raça humana era "a árvore frutífera do Diabo, uma propriedade sua, cujos frutos ele podia colher";[133] era um "joguete dos demônios".[134] E isso era o mal, pensado como uma força persecutória, exatamente como o haviam pensado os maniqueus. Os demônios, nesse momento, podiam ter sido convocados como agentes involuntários de uma justiça superior, mas eles é que eram vistos como atuantes, e o homem, como meramente passivo. As criancinhas ficavam expostas à "invasão" deles sob a forma de acessos, e os homens em geral, sob a forma de toda sorte de tentações, doenças e catástrofes naturais imagináveis.[135] A doença e os desastres diante dos quais os homens ficavam desamparados sempre tinham sido usados pelos maniqueístas como a prova por excelência de uma força maléfica ativa e esmagadora.[136] Assim, quando Agostinho retorna a esse tema do sofrimento como um estado passivo, no "inferno em pequena escala" do mundo,[137] podemos apreender um eco, se não dos grandes mitos do próprio Mani, ao menos das homilias sombrias dos Eleitos maniqueístas.

O mundo, tanto no baixo Império Romano quanto agora, é muito fácil de encher de perseguidores invisíveis. Forças invejosas pairam sobre a criança recém-nascida em muitas sociedades. João Crisóstomo, contemporâneo de Agostinho, nada tinha de otimista, mas teve de insistir em que os bebês eram inocentes, pois sua congregação acreditava que os recém-nascidos podiam ser mortos pela feitiçaria, sendo suas almas possuídas por demônios.[138] O protesto de João Crisóstomo preservou ao menos um minúsculo oásis de responsabilidade pessoal. Mas Agostinho inundaria o mundo de forças incontroláveis, à sombra da justiça de seu Deus.

Isso porque, quando se vê o sofrimento unicamente como a justa punição dos culpados, ele é esvaziado de seu valor. Vinte anos antes, Agostinho atraíra congregações inteiras, abaladas pelo saque de Roma, em bravos sermões sobre a necessidade, o objetivo e a oportunidade de novo crescimento proporcionados pelo sofrimento.[139] Agora, tal sofrimento havia-se tornado vazio e sinistro: para quem não estivesse entre os eleitos (e isso incluía os bebês que morressem sem ser batizados), o sofrimento era uma mera "tortura infligida como castigo",[140] um lembrete visível das futuras punições do inferno,[141] um pavoroso prelúdio do terror do Juízo Final.

É que, em última instância, havia muitas coisas que Agostinho se recusava a aceitar na vida a seu redor: algumas áreas da experiência se lhe haviam tornado insuportáveis, por lhe terem sido negadas por tempo demais. Ele reagiu com horror à sugestão de Juliano de que a vida no paraíso seria muito semelhante à vida tal como era levada naquele momento. Se assim fosse, insistiu Agostinho repetidamente, seria preciso admitir coisas terríveis na área encapsulada e inviolável da inocência passada. Ela incluiria os sofrimentos inexplicáveis das crianças pequenas, os horrores dos deformados e dos doentes mentais; muito pior do que isso, porém, um mundo inteiro de experiências rejeitadas e desvalorizadas cercaria Agostinho sub-repticiamente, tal como ele imaginava esse "paraíso dos pelagianos": as inquietações invisíveis da luxúria, as degradações das mulheres grávidas[142] e o coito irrefreado e — por que não? — sob todas as formas imagináveis.[143] Por último, Juliano "encheria esse jardim protegido, feito de deleite perfeito, comedido e completo, de visões agourentas e repulsivas: funerais de homens mortos (...)".[144]

Agostinho escreveu esta última frase dias antes de ser acometido de uma febre. O último texto contra Juliano ficou inacabado. Suas páginas finais são uma revelação trágica de uma faceta do ancião, da intensidade assustadora com que ele introduziu o problema do mal no cerne do cristianismo: "Esta é a visão católica: uma visão capaz de mostrar um Deus justo em inúmeras dores e em agonias como as de bebês recém-nascidos."[145]

33
PREDESTINAÇÃO[1]

Juliano sabia perfeitamente ser uma voz a gritar num mundo ensurdecido.[2] Seus colegas latinos tinham sido silenciados. Um amigo idoso de Paulino de Nola havia "pecado por falar" a favor dos pelagianos:[3] tratava-se de um "pecado" que, nessa época, os homens julgavam mais prudente evitar. É que Agostinho dispunha, em sua estante, de uma cópia particular de uma lei imperial que ameaçava de deposição e exílio qualquer bispo que fosse condenado por ideias pelagianas,[4] e, no ano de 425, os bispos da Gália meridional tinham sido convocados, por ordem das autoridades italianas, a responder a um inquérito que se destinava a identificar simpatizantes dos pelagianos.[5] Não é de admirar que, nesse clima, os defensores de Juliano em Roma tivessem que se contentar com a tarefa facílima de transformar em caricatura as obras com que Agostinho os havia inundado.[6]

Mas a controvérsia pelagiana fora decidida exclusivamente entre os bispos da Igreja latina. Uma área vital não fora tocada: os mosteiros. O Mediterrâneo era cercado de pequenas comunidades dinâmicas: em Adrumeto, na África, e ao longo do litoral sul da Gália, em Marselha e Lérins. Esses mosteiros costumavam ser dirigidos por homens de origem totalmente diversa daquela de Agostinho. João Cassiano, por exemplo, em Lérins, viera dos Bálcãs, fora monge no Egito e se tornara discípulo de João Crisóstomo em Constantinopla. Era um representante vivo, no centro do mundo latino, de ideias que Agostinho nunca tinha absorvido e das tradições otimistas de Orígenes.[7] Até as bibliotecas desses mosteiros haviam permanecido esplendidamente desconhecedoras das controvérsias entre seus bispos: os grandes documentos diplomáticos — as decisões doutrinárias dos concílios africanos, as respostas dos papas, os manifestos rigorosamente argumentados de Agostinho — não se encontravam nas estantes da abadia de Adrumeto.[8] Os monges desfrutavam da liberdade, do desinteresse pelas questões passadas e até da irresponsabilidade de uma geração que havia crescido após uma Grande Guerra. Tendiam a julgar os textos agostinianos exclusivamente por seus méritos, em termos das implicações que eles tinham para os homens que buscavam uma vida de perfeição. Não se impressionaram quando Agostinho se dirigiu a eles como um veterano da Grande Guerra:[9] quando se justificou, transpondo o espírito desse conflito para os tempos de paz, escrevendo em termos das causas e estratégias de uma luta passada e insistindo em que o inimigo tradicional da fé católica ainda era o pelagianismo, derrotado dez anos antes.

Nove anos depois da decisão oficial contra Pelágio, ou seja, em 427, um monge de Adrumeto, Florus, visitou a biblioteca de Evódio em Uzalis. Retornou a sua comunidade levando uma cópia da longa carta de Agostinho ao padre Sisto (Carta 194), que havia encerrado a controvérsia pelagiana na Igreja romana. Longe de fazer de Florus uma figura popular, esse documento causou uma grita em sinal de protesto.[10] Foi o começo da "revolta dos mosteiros", que ocuparia Agostinho pelo resto de sua vida.[11]

A Carta 194 a Sisto foi um manifesto de rendição incondicional, escrito no calor da controvérsia. Sisto não deveria ter qualquer dúvida quanto às implicações da derrota de Pelágio. Era tão somente Deus quem determinava o destino dos homens, e esse destino só podia ser visto como uma expressão de Sua Sabedoria.[12] A Sabedoria Divina, para o velho Agostinho, feria a razão humana.[13] Os primeiros movimentos da vontade dos homens eram "preparados" por Deus, e Deus, em Sua Sabedoria intemporal, havia decidido "preparar" apenas a vontade de uns poucos.[14]

Era um documento perigoso de levar para monges. Tais homens sempre viviam no limiar da excentricidade, isto porque, na Igreja primitiva, assim como em Bizâncio e na Rússia, a vida dos monges podia facilmente ser tratada como uma preparação para uma passividade completa ante o sobrenatural.[15] Uma sólida tradição de orações "no espírito", por exemplo, já havia estimulado alguns monges africanos a desvalorizar outras atividades mais prosaicas e sensatas: no ano de 400, eles se recusaram a trabalhar;[16] em 427, recusaram-se a ser repreendidos por seu abade, pois os adversários de Florus em Adrumeto alegavam que, se sua vontade dependia de Deus, o abade devia abster-se de repreendê-los e se contentar em orar a Deus para que eles se corrigissem. A passividade ante o sobrenatural costumava ser precedida pelo esforço humano, mas, na doutrina de Agostinho, parecia-se retirar dessa passividade qualquer contexto humano. Se Deus havia decidido de antemão lidar apenas com uma "quota fixa" de homens, Sua atividade afigurava-se profundamente separada das esperanças e esforços dos monges.[17] "Um homem vive mal", dissera Agostinho, "e, talvez, na predestinação de Deus, seja luminoso; outro vive bem e talvez seja negro como a noite."[18]

Numa comunidade monástica, cada monge estava interessado em atingir uma meta superior, em firmar sua identidade como "imitador de Cristo". Agostinho colocava essa identidade futura muito acima do conhecimento humano e, numa comunidade que era particularmente sensível justamente a essa questão, ele parecia condenar os homens à incerteza, ao desespero e a uma angustiante paralisia do esforço: "Certa vez, houve em meu mosteiro um homem", admitiu Agostinho, "que, ao ser repreendido pelos irmãos por ter feito coisas que não deveria fazer e não ter feito as que deveria, respondeu: 'O que quer que eu seja agora, serei o que Deus sabe que serei.'"[19]

Em 428, Agostinho recebeu cartas de dois admiradores preocupados da Gália meridional, Próspero e Hilário.[20] Em suas cartas podemos ver como os escrúpulos naturais dos monges ampliavam seu âmbito ao cruzar o Mediterrâneo. É que monges das comunidades de Lérins e Marselha já se estavam tornando bispos. Por conseguinte, a qualidade do cristianismo na Gália estava em jogo. Esse era um cristianismo que confiava em que o mundo necessitava dele e sentia essa necessidade.[21] Como Cristo, ele confrontava os homens, dizendo: *"Crede e vos tornareis íntegros."*[22] Esses homens, segundo pensavam os monges e bispos gauleses, tinham a liberdade de aceitar esse desafio por livre e espontânea vontade: não, é claro, como os voluntários robustos do exército de Pelágio, mas ao menos à maneira dos enfermos que se haviam comprimido ao redor de Cristo, "aterrorizados, com uma vontade súplice".[23] Dizer que os homens só sentiam necessidade de salvação quando eram exortados por Deus a senti-la, como afirmava Agostinho, e dizer que Ele havia decidido exortar apenas alguns, parecia recomendar o mais tenebroso pessimismo: traçava na raça humana uma linha divisória tão inamovível quanto a divisão entre as naturezas do Bem e do Mal proposta por Mani.[24]

Na Gália meridional, os mosteiros da Côte d'Azur estavam ficando repletos de novos convertidos. Esses convertidos tinham toda a intenção de se tornar "servos" completos de Deus; mas a obediência total perderia seu significado tradicional óbvio se um dia eles não se houvessem sentido livres para abandonar sua liberdade.[25] Sua experiência de conversão talvez não fosse como a de Agostinho. Eles podiam não ter experimentado uma resolução misteriosa de profundos conflitos íntimos. Muitos eram nobres abalados pelas desgraças que haviam atingido seus países, arruinados por bandos guerreiros de bárbaros; tinham ido para os mosteiros como "pecadores suplicantes", mas era claro que tinham ido por vontade própria.[26]

Até as fronteiras do mundo romano haviam-se aberto para esses homens. O cristianismo chegara às tribos que haviam penetrado no Império Romano pelo Norte;[27] nessa geração, ele se espalharia pela Escócia e pela Irlanda. A reação à mensagem do cristianismo por povos completamente estrangeiros reafirmava aos homens que Deus *"deseja que todos os homens sejam salvos".*[28] Agostinho tinha interesse em minimizar essa passagem[29] e Próspero, em tratá-la como uma "objeção banal",[30] mas a confiança simples em sua verdade levaria São Patrício a deixar a Grã-Bretanha romana e ir ao encontro dos terríveis irlandeses.[31]

Na África, a religião de Agostinho não era promovida por atividades missionárias instigantes. Seu mundo havia estagnado. No Sul, o cristianismo nunca chegara a cruzar a fronteira romana.[32] Na próspera África cristã litorânea, fazia muito tempo que as grandes basílicas estavam lotadas: "Que alegria temos com essas multidões? Ouvi-me, vós poucos. Sei que muitos me escutam, mas poucos atentam."[33]

Valentino, o abade de Adrumeto, escreveu a seus vizinhos em busca de conselhos, ao ser desafiado pela primeira vez pelas questões suscitadas entre seus monges pelas ideias agostinianas. As respostas de Evódio de Uzalis e de um padre, Januarianus, chegaram até nós.[34] São documentos deprimentes. Era tarefa do monge, escreveu Evódio, chorar por suas imperfeições, e não fazer perguntas.[35] Era "abominável", "uma instigação diabólica", questionar o que fora estabelecido por um concílio pleno da Igreja africana.[36] "*O servo de Deus não deve discutir*",[37] acrescentou Januarianus, com o conselho sagaz de que, no futuro, conviria a Valentino ser mais cuidadoso ao decidir que livros seus monges deveriam ter permissão de ler.[38] Os dois homens ansiavam por ser "homenzinhos minúsculos", "meros bebês"[39] — em outras palavras, homens medíocres, satisfeitos em fazer eco à opinião dos mais velhos e dos superiores. "*Pergunta a teu pai, e ele te mostrará, e a teus anciãos, e eles te dirão.*"[40]

Agostinho, ao ser abordado por Valentino, reagiu de maneira muito diferente. Admitiu com franqueza haver levantado "um problema particularmente difícil, que só alguns são capazes de compreender".[41] Florus deveria ir a Hipona para receber ajuda.[42] Mais tarde, Agostinho tornou a escrever a Valentino: estivera doente por ocasião da chegada de Florus e lamentava não o ter visto tanto quanto havia desejado; quem sabe se Florus poderia voltar para continuar suas discussões?[43] Era esse o veemente adversário de Juliano de Eclano!

É que Agostinho sentia-se à vontade entre monges católicos. Seus últimos textos para estes foram fruto de conversas pacientes, conduzidas numa época em que, quando não estava acamado, era comum ele estar por demais esgotado fisicamente para receber visitas.⁴⁴ Agostinho respondeu à comunidade de Adrumeto, assim como às perguntas de Próspero e Hilário, com plena confiança em que eles o compreenderiam. Na ocasião, estava resumindo uma vida inteira de especulações teológicas, revendo seus próprios textos e redigindo suas *Retratações*. Tal como se via nessa revisão,⁴⁵ ele sentia haver "progredido" em direção às verdades particulares que os monges haviam contestado. Tinha o profundo sentimento de que *"nossos pensamentos e palavras"* estavam *"nas mãos de Deus"* e, se surgia um problema, ele não era homem de evitar "abordá-lo e resolvê-lo".⁴⁶ Tudo o que tinha feito, segundo disse a seus leitores, fora erguer, com maior urgência e precisão que qualquer de seus predecessores, uma fortificação destinada a proteger as verdades centrais do cristianismo dos ataques sem precedentes de Pelágio: até sua estonteante doutrina da predestinação, exposta com o fervor sóbrio de um grande arquiteto militar, não passava de mais um "bastião inexpugnável" da fé católica.⁴⁷ Evódio podia dizer aos monges que havia muitas perguntas que teriam de ser adiadas para a próxima vida.⁴⁸ Mas esse tipo de resposta era completamente estranho a Agostinho: ele não via razão alguma para que homens bem-intencionados como seus correspondentes devessem contentar-se em se deter diante desse abismo específico; eles já tinham muita coisa em comum; o que faltava lhes seria "revelado", tal como fora "revelado" a Agostinho.⁴⁹ As próprias ideias, admitiu ele, eram excepcionalmente difíceis e passíveis de ser mal utilizadas.⁵⁰ Era o que dissera o apóstolo Pedro sobre as ideias de São Paulo; e, na ocasião em que "tão grandioso apóstolo" fizera "uma advertência tão terrível", tal advertência fora contra os homens que haviam deliberadamente interpretado mal essas verdades,⁵¹ e não — como Agostinho deixou implícito (permitindo entrever o ferro sob as luvas de pelica da cortesia monástica) — contra os homens que as haviam formulado. Era essa a "serena intransigência"⁵² de um homem que estava seguro da essência de sua mensagem.

Em Próspero e seus amigos Agostinho conquistara discípulos que se denominavam "amantes destemidos da graça do tudo ou nada". Esses "amantes destemidos" concordavam com seu mestre em que "os homens erguiam sobre bases precárias a iniciativa de sua salvação quando a colocavam neles mesmos".[53] Eles não foram os últimos homens a sacrificar a iniciativa do indivíduo numa era de desespero. O que ganharam foi a crença em que o mundo a seu redor era inteligível, ainda que num plano que superava a razão humana e exigia muito dos sentimentos humanos, e a certeza de que continuariam atuantes e criativos. Mesmo que fossem meros agentes, ao menos eles eram agentes de forças que garantiam realizações maiores do que jamais conseguiriam obter seus frágeis esforços.[54]

É que a doutrina da predestinação de Agostinho, tal como por ele elaborada, era uma doutrina para homens lutadores. Um monge podia desperdiçar suas horas de lazer preocupando-se com sua identidade última, mas, para Agostinho, essa angústia era desproposital. Uma doutrina da predestinação separada dos atos era-lhe inconcebível. Ele nunca escrevera para negar a liberdade, mas apenas para torná-la mais eficaz no ambiente severo de um mundo decaído. Esse mundo exigia, entre outras coisas, um incessante trabalho intelectual para conquistar a verdade, e repreensões severas para comover os homens. Como bispo, Agostinho se atirara a essas duas atividades. Quando alguns homens afirmaram poder chegar a uma compreensão sobrenatural das Escrituras Sagradas, sem esforço e sem cultura, Agostinho os ridicularizara.[55] E, nesse momento, descartaria da mesma maneira os que julgavam poder viver entre os homens sem o desprazer de ser repreendidos.[56] Sempre sensível aos críticos, Agostinho evitou nesse momento a acusação de passividade, compilando um código meticuloso de boas e más ações a partir das Escrituras: seu "Espelho" para o cristão praticante.[57] Assim, quando um homem como Próspero aliava-se às ideias de Agostinho, não o fazia, como sugeriram alguns,[58] pelo fato de elas deixarem os homens passivos e a salvo, mas porque, numa era que parecia zombar da viabilidade de qualquer objetivo, tais doutrinas ofereciam ao homem criativo a certeza absoluta de fazer parte de um grupo cujo objetivo era eficaz: *"Não digas, pois, em teu coração: minha força e o poder de meus braços produziram estas maravilhas. Antes, lembra-te do Senhor teu Deus, pois que é Ele quem te dá a força para realizar grandes feitos."*[59]

E mais, tais ideias tornavam o mundo prontamente inteligível. A doutrina da predestinação foi desenvolvida por Agostinho, principalmente, como uma doutrina em que todos os acontecimentos eram carregados de um sentido preciso, como deliberados atos divinos de misericórdia para com os eleitos, e de julgamento dos amaldiçoados.[60] Vagas crenças populares sobre o juízo divino[61] ressurgem na obra agostiniana da velhice, como a fibra resistente com que se tece toda a história humana.[62] Se Agostinho pudesse enxergar "no espírito", teria visto a história conturbada de sua época como o profeta Miqueias vira a dele: *"Vi o Senhor assentado sobre Seu trono, com todos os exércitos do céu a Seu redor (...) E o Senhor disse: Quem enganará Acab, rei de Israel, para que ele avance e pereça em Ramot de Galaad?"*[63] O julgamento preciso de Deus era responsável por todas as interrupções da atividade dos agentes humanos de Sua Igreja: uma decisão judicial oculta explicava a longa era de incredulidade pagã;[64] como vimos, até endurecera o coração de Agostinho contra a resistência patética de um punhado de fanáticos donatistas.[65] Do mesmo modo, cada tribulação dos eleitos era uma bênção calculada. E isso, em si mesmo, não era pouca coisa, pois, na antologia dos trabalhos de Agostinho posteriormente compilada por Próspero,[66] o livro inicial de *A cidade de Deus*, com o registro da notícia ainda distante de cadáveres insepultos, freiras estupradas e escravização de prisioneiros de guerra, viria então a se afigurar pertinente à experiência cotidiana dos homens do século V.[67]

Agostinho passara mais de quarenta anos como "servo de Deus". Podia vislumbrar o curso completo da vida de muitos homens. Mas o que vira não o havia tranquilizado: "Pois ninguém é tão intimamente conhecido por outro quanto o é por si mesmo, e, no entanto, ninguém conhece tanto a si mesmo que possa ter certeza de sua conduta no futuro."[68] Ao escrever as *Confissões*, essa ideia de áreas desconhecidas da personalidade parecera a Agostinho uma garantia de humildade.[69] Agora, tal incerteza se endurecera num medo agudo. "Quem não se horroriza"[70] ante as fendas repentinas que podem abrir-se na vida de um homem dedicado?[71]

"Quando eu estava escrevendo este texto [o livro contra Juliano], disseram-nos que um homem de 84 anos, que por 25 anos levara uma vida de continência e observância religiosa com uma esposa devota, havia comprado uma dançarina para seu deleite (...)."[72] Se os anjos ficassem entregues a seu próprio arbítrio, até eles poderiam escorregar, e o mundo se encheria de "novos demônios".[73] O que preocupava Agostinho, portanto, já não era a mobilização amorosa que levava o homem a agir, mas a misteriosa têmpera que permitia a alguns homens conservar esse amor durante todo o curso de sua vida.[74] Muitos não o faziam: "Talvez pareça óbvio aos homens que todo aquele que é claramente um bom e fiel cristão merece receber a dádiva de perseverar até o fim; Deus, no entanto, julgou ser melhor que alguns dos que não perseveram se misturem ao número fixo dos santos."[75] Para o Agostinho idoso, portanto, a ideia de que um decreto divino já havia determinado "um número inabalável de eleitos", de que os filhos de Deus estavam "permanentemente registrados no arquivo do Pai",[76] era desesperadamente bem-vinda, pois proporcionava aos homens o que eles sabiam nunca poder criar para si: um núcleo permanente de identidade, misteriosamente livre dos abismos vertiginosos cuja presença na alma ele sempre sentira com extrema agudeza. Não é de admirar que, nessa época, Agostinho tenha mandado circular suas *Confissões*,[77] que tenha recorrido a elas como sua obra mais popular. É que, nas *Confissões*, já vemos a que ponto esse homem angustiadíssimo precisara ver sua juventude como um processo predeterminado, dominado pela implacável Mônica:[78] as consequências severas dessa atitude não passavam de um pequeno preço a ser pago pelo sentimento de que, em meio à escória amorfa e volátil da raça humana, fora possível a um homem ser uma "minúscula pepita de ouro", requintadamente burilada por um mestre em ourivesaria.[79]

Agostinho afirmou que essa doutrina sempre fora proclamada na Igreja. Num sentido estrito, estava certo, pois, na atitude agostiniana para com a predestinação, podemos sentir a corrente ártica de ideias especificamente africanas sobre a Igreja. Cipriano já a havia apresentado como um grupo de "santos", os quais só Deus podia habilitar a sobreviverem à acerba hostilidade do "mundo".[80] Agostinho voltou a essa ideia. Também para ele, a mais difícil tarefa que o homem enfrentava era a simples sobrevivência. O bispo sempre havia insistido, contrariando os donatistas, em que a sobrevivência da Igreja católica estava garantida; em sua velhice, a férrea espinha dorsal de uma Igreja cuja permanência apoiava-se no "plano predestinado de Deus" foi meramente introjetada, a fim de formar o núcleo da identidade de cada um dos eleitos.[81]

Era uma mensagem dura para uma era difícil. Nesses textos, já podemos sentir uma friagem outonal, quase o presságio de uma grande catástrofe. Os últimos livros de Agostinho, *Da predestinação dos santos* e *Sobre o dom da perseverança*, foram enviados para o outro lado do Mediterrâneo mais ou menos no fim de 429. Durante todo aquele verão, um grande exército de vândalos provenientes da Espanha aproximou-se lentamente da Mauritânia, seguindo a linha costeira. No ano seguinte, eles devastaram a Numídia.[82] Quando os amigos de Agostinho tornaram a se reunir ao redor de sua mesa, fizeram-no como refugiados que tinham visto desaparecer em poucos meses o trabalho de sua vida inteira. Já não precisavam de Agostinho para adverti-los de que os julgamentos de Deus eram "de fazer estremecer a alma".[83]

Um antigo pavor retornara subitamente a esses bispos civilizados: o medo da decadência generalizada dos fiéis, expostos à perseguição, o medo do massacre, da propaganda sutil, da tortura engenhosa. Agostinho ordenou que os bispos permanecessem junto a seus rebanhos; à medida que os vândalos se acercaram de Hipona, rezou para que ele e sua congregação conseguissem perseverar durante o que estava por vir.[84]

O "dom da perseverança", dizia ele, era a maior das dádivas de Deus ao indivíduo. É que ela conferia a frágeis seres humanos a mesma estabilidade inabalável de que desfrutara a natureza humana em Cristo; através desse dom, o homem ligava-se perenemente ao Divino e podia confiar em que a *"mão de Deus"* se estenderia sobre ele para protegê-lo, de maneira infalível, contra o mundo.[85] "A natureza humana não teria como alçar-se a mais elevado nível."[86]

Mas os eleitos recebiam essa dádiva para que também eles pudessem trilhar o árduo caminho de Cristo.[87] Era por isso que precisavam de "uma liberdade (...) protegida e consolidada pelo dom da perseverança, para que este mundo fosse superado, o mundo em todos os seus amores profundos, em todos os seus terrores e em suas inúmeras maneiras de errar".[88]

Nos primeiros meses de 430, Agostinho apareceria na igreja para dizer às multidões, tomadas de pânico, o que já escrevera a um punhado de monges: que elas teriam de "perseverar", embora o amor à vida ainda fosse intenso em seu meio. É que o bispo não perdera nada de sua capacidade de sentir. Nesses últimos sermões, percebemos que o horror do ancião aos males da vida, tão vigorosamente convocado contra Juliano, era o avesso de seus amores profundamente arraigados: ele ainda sabia o que era amar a vida de todo o coração e, por isso, sabia transmitir o quanto custara aos mártires superar esse amor.[89] Tal como os mártires, também os ouvintes de Agostinho poderiam ter de seguir os passos da Paixão de Cristo.[90] A predestinação, empecilho abstrato para as comunidades protegidas de Adrumeto e Marselha, como viria a ser para muitos futuros cristãos, tinha um único significado para Agostinho: era uma doutrina da sobrevivência, uma insistência feroz em que só Deus podia conferir aos homens um núcleo íntimo irredutível.

Misericordiosamente, Agostinho morreu de uma febre súbita. Já dera a seus amigos um modo de compreendê-lo e de entender sua época. Seus últimos trabalhos causaram profunda impressão no círculo agostiniano: Possídio, seu biógrafo, passou a só conseguir pensar em seu amigo morto como "o bispo Agostinho (...) um homem predestinado (...) que se destacou em nossa época (...) um homem entre aqueles que conquistaram seu fim, que perseveraram até o dia de sua morte".[91]

34
VELHICE

Em 26 de setembro de 426, Agostinho reuniu seu clero e uma grande congregação na *Basilica Pacis*, a fim de que testemunhassem uma decisão solene. Nomeou seu sucessor, o padre Eráclio, e providenciou para que, nesse ínterim, Eráclio assumisse as tarefas judiciais que por tanto tempo ele achara sumamente cansativas.[1]

"Nesta vida", disse-lhes, "todos estamos fadados a morrer, e para todos, o último dia é sempre incerto. Quando bebês, podemos ansiar por ser meninos e, quando meninos, por ser rapazes; quando rapazes, ansiamos por ser adultos jovens e, quando adultos jovens, por atingir nosso apogeu e, em nosso apogeu, por envelhecer. É incerto que isso aconteça, mas há sempre algo por que esperar. Já o homem idoso não tem outra etapa de vida pela frente. Quis Deus que eu chegasse a esta cidade em meu apogeu: estava então na flor da idade, mas agora envelheci."[2] Uma vez registrada a decisão, Eráclio adiantou-se para orar, enquanto o velho Agostinho sentava-se atrás dele, em seu trono elevado: "O grilo estridula", disse Eráclio, "o cisne silencia."[3]

Para um clérigo africano como Eráclio, Agostinho não era o autor cujo pensamento havia despertado admiração e interesse ao redor do Mediterrâneo: era, acima de tudo, um bispo que havia praticado o que pregava.[4] Àquela altura, o bispo cristão era uma figura importante em todo o mundo romano: as visitas a sua residência haviam-se tornado uma rotina na vida social da maioria das cidades.[5] Agostinho sentia essa mudança: tinha uma preocupação especial com a "imagem" que um bispo devia exibir ao mundo externo. Seu herói era Ambrósio. Numa ocasião em que ele próprio sentira necessidade de recuperar a confiança, depois da má conduta de um de seus protegidos,[6] Agostinho havia exortado um diácono milanês, Paulino, a escrever uma biografia de Ambrósio.[7] Vinte e cinco anos haviam decorrido desde a morte de Ambrósio e, visto daquela distância por um homem como Paulino, ele se afigurou muito diferente do Ambrósio que encontramos nas *Confissões* agostinianas. O Ambrósio de Paulino é um homem de ação que abriu um fosso entre seus contemporâneos: nada menos de seis pessoas sofreram castigos divinos esmagadores por lhe haverem barrado o caminho ou por terem-no criticado, entre eles alguns padres africanos perfeitamente comuns.[8] Paulino obviamente achava que, no Juízo Final, os homens continuariam divididos entre os que admiravam Ambrósio e os que tinham intenso desapreço por ele.[9] Quando Possídio, amigo de Agostinho, veio a escrever sua *Biografia de Agostinho*,[10] a imagem foi muito diferente. Possídio preferiu discorrer sobre a vida que Agostinho havia criado para si e para os outros em sua casa episcopal: sobre como escrevera versos na mesa para proibir boatos maldosos,[11] sobre como quem praguejasse perdia o direito a sua taça de vinho,[12] e sobre como eles comiam com colheres de prata, mas numa louça simples de barro, "não porque fossem pobres demais, porém deliberadamente".[13]

É fácil descartar Possídio como um simplório que não conseguiu captar a complexidade de seu herói. Na realidade, essa biografia espelha com grande exatidão as angústias de Agostinho e seu círculo na velhice.[14] É que, em circunstâncias modificadas e em meio a homens mais moços, eles tinham de manter os ideais exigentes pelos quais haviam pautado sua vida cotidiana durante quase quarenta anos.

O foco do ideal de Agostinho fora a vida comum, de absoluta pobreza, levada por ele e seu clero na casa episcopal. Os cidadãos de Hipona bem podiam orgulhar-se disto: "Subordinados ao bispo Agostinho, todos os que vivem com ele levam a vida descrita nos Atos dos Apóstolos."[15] Agostinho fizera da aceitação dessa vida uma condição para quem quisesse servi-lo como membro de seu clero: qualquer um que desrespeitasse esse acordo seria privado de suas ordens sacras.[16] Muitos colegas de Agostinho consideravam-no rigoroso demais[17] e, como lhe era característico, o bispo se contentara, depois de impor essa regra, em acreditar que ela não seria descumprida. O escândalo que veio à tona em 424 apanhou-o inteiramente desprevenido. Um de seus clérigos não doara todo o seu dinheiro à Igreja; havia guardado um pouco, sob falsos pretextos, e, ao morrer, seus herdeiros entraram em disputa por seus bens pessoais.[18]

Agostinho lidou com esse episódio com uma mescla característica de encanto e determinação. Fora rigoroso demais, disse a sua congregação; seu clero talvez se visse obrigado a se rebaixar a tais fingimentos, por medo de perder as ordens sacras: "Vede. Ante os olhos de Deus e os vossos, mudo de ideia. Quem quiser recursos pessoais, quem não estiver satisfeito com Deus e Sua Igreja, que resida onde desejar: não o privarei de suas ordens sacras. Não quero hipócritas (...). Se ele se dispuser a viver de Deus, através de Sua Igreja, sem ter nada de seu (...), que permaneça comigo. Que aquele que não o desejar preserve sua liberdade: mas ele descobrirá por si mesmo se pode possuir a felicidade eterna (...)."[19]

"Falei em demasia, perdoai-me. Sou um ancião prolixo e a saúde precária tornou-me ansioso. Como vedes, envelheci com o correr dos anos, mas já faz muito tempo que a falta de saúde fez de mim um velho. Se Deus, porém, comprouver-se com o que acabo de dizer, Ele me dará forças: não vos abandonarei."[20]

Pouco tempo depois, o episódio estava esclarecido. O próprio Agostinho retirou de sua antologia o *codex* dos Atos dos Apóstolos e leu na igreja a passagem em que fora baseada a vida de seu clero.[21] Com o livro sagrado no colo, lançou-se numa exposição assombrosamente exata das operações financeiras de cada membro de seu clero, e esse é um documento vívido sobre a vida de homens de parcos recursos numa cidadezinha do baixo Império Romano.[22] Até a postura de Agostinho perante sua roupa emerge com cativante franqueza: "Alguém me traz de presente uma rica túnica de seda. Talvez ela caia bem num bispo, mas não em Agostinho, não num homem pobre, nascido de pais pobres. Os homens apenas diriam que agora herdei roupas caras, tais como nunca poderia ter na casa de meu pai nem em minha carreira secular. Digo-vos que um hábito dispendioso me embaraçaria: não condiria com minha profissão nem com meus princípios e pareceria estranho sobre estes membros velhos, com meus cabelos brancos."[23]

Depois disso, qualquer um que fosse apanhado fingindo haver renunciado a todos os seus bens seria degradado na mesma hora: "Que ele recorra a mil concílios contra mim, que parta para a corte quando quiser e faça o que puder, quando puder: Deus me ajudará; onde eu for bispo, ele não será padre."[24]

Sua severidade o havia tornado impopular em Hipona, mas Agostinho não desejava tornar-se um mártir perante a opinião pública: "Não queremos conquistar esse grande mérito à vossa custa. Que eu sofra a perda dele aqui, para que possa entrar com todos vós no Reino dos Céus."[25]

Esse escândalo não foi um acontecimento isolado. Muitos incidentes apontam para um vago mal-estar, que derrama tanta luz sobre Agostinho e sua situação na Igreja africana quanto as violentas campanhas de sua meia-idade. Havia um componente pessoal nessa situação. Agostinho e seus amigos estavam velhos. Sempre tinham formado um grupo unido e dominador; agora, corriam o risco de ficar isolados. Severo de Milevis, por exemplo, causara uma inquietação enorme e desnecessária em sua cidade ao manter em segredo entre ele e seu clero a escolha de um sucessor; Agostinho tivera de intervir para apaziguar o conflito criado pelo comportamento do amigo.[26] Antigas lealdades tinham sido minadas: o mosteiro feminino, que fora dirigido pela irmã de Agostinho, parecia haver-se deteriorado depois de rompido o vínculo familiar.[27] Como quer que fosse, seria difícil encontrar bispos capazes de substituir essa brilhante geração. Eráclio, por exemplo, era um homem muito diferente de Agostinho: popular, eficiente e fazendo-se passar por rico, tinha pelas construções uma predileção de que Agostinho jamais partilhou.[28]

O brilhantismo de Agostinho tendeu até mesmo a sufocar os talentos locais. Absorto na controvérsia internacional do pelagianismo, ele se inclinou, na velhice, a descartar a vida intelectual mais próxima de casa. Por exemplo: um bispo que se queixou de que suas opiniões sobre a origem da alma não eram apreciadas pelo "bando de clérigos roceiros" entre os quais era obrigado a viver foi tratado com sarcasmo.[29]

Mas a grande obra de Agostinho sobre a elaboração da erudição cristã, o *De Doctrina Christiana*, logo estaria concluída. Em certo sentido, já era antiquada, pois havia deliberadamente presumido coisas que, depois das invasões bárbaras, não mais podiam ser presumidas. Havia suposto que os homens ainda podiam receber nas escolas romanas uma educação primária suficientemente sólida para poder falar com desenvoltura um bom latim, sem o refinamento afetado dos retóricos. Ansiara por um intercâmbio intelectual permanente entre estudiosos das diferentes partes do mundo cristão.[30] Na verdade, em 420, seria impossível um provinciano seguir a mesma carreira que Agostinho fizera na década de 370. Não havia livrarias clássicas em Hipona,[31] e Agostinho ficava visivelmente satisfeito com qualquer contribuição para sua biblioteca.[32] Mesmo em Cartago, era impossível encontrar um tradutor para um simples texto grego.[33] Pior que tudo, a nova geração do clero africano contentava-se apenas em recorrer a Agostinho. Em 428, Quodvultdeus, diácono (e, mais tarde, bispo) de Cartago,[34] a ele recorreu para obter um mero livreco, um guia breve de heresias.[35] Somente Agostinho, ao que parece, tinha conhecimento de compilações anteriores de heresias em latim e em grego.[36] Enquanto ele fizera uma galante tentativa de adquirir uma cultura cosmopolita, aprendendo um pouco de grego, e se dera ao trabalho de traduzir um pequeno texto em grego para esse livro,[37] Quodvultdeus parecia representar os perigos de uma cultura provinciana estagnada e pretensiosa, escondendo-se atrás de um grande nome: tudo de que ele precisava era o bom "pão africano".[38]

Além disso, em muitas regiões, a Igreja católica não se havia recuperado da violência da repressão do donatismo. Muitos bispos viram-se colocados, por leis imperiais, à testa de comunidades relutantes e passivas.[39] Agostinho pregou um de seus sermões mais prementes sobre os deveres de um bispo num desses lugares, Fussala, que, até pouco antes, fora um violento reduto donatista.[40] E foi justamente em Fussala que se deu outro escândalo terrível.[41] O vilarejo ficava na diocese de Agostinho. Este obtivera de sua comunidade o direito inconteste de escolher bispos para tais lugares. Quando sua primeira escolha foi rejeitada, ele apresentou aos aldeões outro candidato desastroso, Antonino. O jovem Antonino portou-se como um tirano mesquinho e, ao ser condenado, recusou-se a abrir mão de sua sé.[42] Foi discutir seu caso em Roma. Até os bispos africanos ficaram divididos,[43] e Agostinho, sentindo-se responsável, teve de escrever uma carta apaixonada e, ao mesmo tempo, sumamente diplomática ao novo bispo de Roma, Celestino, para anular as maquinações de Antonino,[44] que, obviamente, haviam logrado bastante êxito. Se o rapaz tivesse conseguido seu intuito, ter-se-ia criado uma situação parecida com a de apenas dez anos antes, "Pois as pessoas têm sido ameaçadas (...) de processos judiciais e com autoridades públicas e pressão dos militares (...). Como consequência, essas pobres pessoas, apesar de serem cristãos católicos, têm pavor de receber de um bispo católico uma punição mais pesada do que haviam temido receber das leis dos imperadores católicos na época em que eram hereges".[45] Foi um rude lembrete do preço da união.

Mas Fussala, uma aldeia remota de língua púnica, talvez mais fosse uma exceção: em Hipona, a sólida minoria católica transformou-se aos poucos na maioria. É bem possível que esse processo de absorção tenha afetado a qualidade da vida religiosa com que Agostinho entrou em contato. Há indícios de que a persistente predileção popular que um dia se cristalizara em torno dos líderes donatistas havia recaído sobre Agostinho. Os sonhos que ordenavam o batismo, por exemplo, eram um traço comum do cristianismo popular do mundo antigo, como, aliás, são hoje em muitas regiões missionárias. Certa feita, Agostinho zombara das pretensões donatistas baseadas em tais revelações.[46] Mas agora era ele o objeto desses arroubos: um pobre homem de uma aldeia dos arredores foi a Hipona para ser batizado por ele, justamente como resultado de um desses sonhos.[47] Agostinho sabia haver desempenhado um papel nos sonhos de muita gente.[48] Em sua reação a isso, mostrou-se um filho bem típico de sua mãe, Mônica.[49] No leito de morte, um doente foi levado a ele para ser curado. A primeira reação de Agostinho foi fazer uma pilhéria: "Tivesse eu o dom que me atribuis, seria o primeiro a tentar usá-lo em mim mesmo"; tão logo soube que o homem fora instruído em sonho a procurá-lo, no entanto, deitou as mãos sobre ele.[50]

Com efeito, em seu último ano de vida, Agostinho teve de se haver com milagres à sua porta. Quando Orósio retornara à África em 416, havia levado consigo de Jerusalém algumas relíquias do corpo recém--descoberto de Santo Estêvão. Nos anos seguintes, surgiram *memoriae* — capelinhas contendo pequenas caixas de terra sagrada — em muitas cidades e propriedades rurais ao redor de Hipona: Possídio tinha uma em Calama, outra era de Evódio em Uzalis. Já existiam outras *memoriae*, especialmente as dos mártires milaneses descobertos por Santo Ambrósio: Gervásio e Protásio.[51]

Essas *memoriae* cristalizavam sentimentos que tinham sido intensos tanto nos católicos quanto nos donatistas. Nas cidades do baixo Império Romano, os homens haviam passado a necessitar da proteção de figuras poderosas e a esperar por ela: Santo Estêvão estabeleceu-se em Uzalis como o equivalente espiritual desses patronos terrenos; apareceu a um lavrador, vestido como um senador residente.[52] Acima de tudo, havia o sentimento da presença física carregada de um corpo sagrado:[53] das doze curas realizadas em *memoriae*, nove aconteceram pelo contato direto com o santuário ou com objetos que o haviam tocado.[54]

Agostinho havia falado com sarcasmo dessas crenças populares, sempre que elas lhe haviam parecido baluartes da Igreja donatista. "Eles adoram qualquer pedacinho de chão da Terra Santa",[55] dissera. E eis que se viu pregando para imensas multidões, atraídas justamente por um desses "pedacinhos de chão".[56] Evódio chegou até a se servir dessas novas relíquias para reforçar sua posição. Colocou-as na basílica donatista confiscada, a Basílica "Reconquistada", a fim de consolidar a lealdade de sua antiga congregação.⁵⁷ Também ao redor de Hipona, as novas *memoriae* surgiram em torno de igrejas do interior que, dez anos antes, tinham sido devastadas pelos circunceliões.⁵⁸ Nada disso chega a surpreender. A África sempre fora cheia desses corpos santos.⁵⁹ O que houve de inédito, porém, foi a onda repentina de curas milagrosas associadas a eles: setenta curas ocorreram em Hipona num intervalo de dois anos.⁶⁰

É provável que os historiadores nunca desvendem as raízes dessa crise repentina de sentimentalismo. O que podemos reconstituir, todavia, é o modo como Agostinho reagiu a esses acontecimentos milagrosos.⁶¹ Até 424, não havia nenhuma *memoria* de Santo Estêvão em Hipona. Ela foi construída a expensas do próprio Eráclio,⁶² e decorada com mosaicos que mostravam a morte de Estêvão e com versos escritos por Agostinho.⁶³ Depois que o bispo se envolveu nesse movimento, sua contribuição foi tipicamente rigorosa. Os milagres eram mantidos como uma questão de vago sentimento popular: quem os experimentava tratava-os como revelações pessoais e íntimas;⁶⁴ quem deles ouvia falar esquecia-os rapidamente, ou truncava sua descrição.⁶⁵ Agostinho decidiu examinar e registrar cada caso, dando às curas confirmadas o máximo de publicidade. Em Hipona, insistia em receber um relatório escrito da pessoa curada, um *libellus*, e esse documento era então lido em voz alta na igreja, na presença do autor, e em seguida guardado na biblioteca do bispo.⁶⁶ Agostinho tentou, sem grande eficácia, recomendar esse sistema a seu colega Evódio, cuja coleção de milagres é um registro vívido das trivialidades da vida em Uzalis mas dificilmente seria um argumento impressionante a favor do sobrenatural.⁶⁷ Houve um sentimento de urgência nesse gesto de Agostinho: ele ficou "sinceramente aborrecido" com o fato de uma nobre cartaginesa ter deixado de usar sua posição e influência para divulgar uma cura nela praticada.⁶⁸ Ele tinha o objetivo de reunir esses incidentes dispersos até que formassem um *corpus* único, tão compacto e convincente quanto os milagres que haviam auxiliado o crescimento da

Igreja primitiva.⁶⁹ Essa não foi a primeira vez que Agostinho apelou para as "verdades" da crendice popular. Ele havia arregimentado sentimentos igualmente persistentes em torno do batismo de bebês na África, a fim de "arrasar" os pelagianos.⁷⁰ A meta dessa nova campanha, tal como empregada no último livro de *A cidade de Deus*, foi também "dobrar" a "dureza chocante"⁷¹ dos pagãos sensatos, muitos dos quais eram médicos ilustres,⁷² fazendo um apelo direto às coisas assombrosas que aconteciam nas comunidades cristãs ao redor deles.

No entanto, ao escrever *Da religião verdadeira*, em 390, Agostinho afirmara explicitamente já não ser permitido que ocorressem milagres como os que haviam acontecido na época dos apóstolos,⁷³ e repetira implicitamente essa visão em muitos outros livros e sermões.⁷⁴ Ao mesmo tempo, contudo, de fato testemunhara e aceitara as curas associadas à espetacular descoberta dos corpos de Gervásio e Protásio em Milão. Assim, a súbita decisão de Agostinho de dar o máximo de publicidade às curas milagrosas na África não deve ser considerada uma rendição repentina e despreparada à credulidade popular.⁷⁵ Antes, tratou-se de que, na estrutura imensamente complexa do pensamento agostiniano, o centro de gravidade havia mudado; os milagres modernos, que antes tinham sido periféricos, tornaram-se então urgentemente importantes como esteios da fé.

Nessa evolução, aliás, temos um microcosmo da profunda mudança que separa a religião do jovem Agostinho daquela do bispo idoso. Como a maioria dos homens da baixa Antiguidade, Agostinho era crédulo, sem ser necessariamente supersticioso. Quando sucediam acontecimentos notáveis em lugares sagrados, ele se mostrava perfeitamente armado, como filósofo, contra as interpretações grosseiras dos acontecimentos, mas não contra os acontecimentos em si.⁷⁶ Não se dispunha a negar o que lhe diziam homens confiáveis, mas criticava tenazmente qualquer explicação desses acontecimentos ou qualquer prática religiosa que parecesse indigna de uma visão correta de Deus e da alma.⁷⁷

Até o mundo natural estava repleto de ocorrências singulares e surpreendentes. Já adulto, Agostinho ficara "em grande sobressalto" ao ver um ímã pela primeira vez.[78] Os sábios do mundo antigo não haviam mapeado a totalidade do mundo da natureza. Em sua velhice, Agostinho tinha aguda consciência das falhas deles. Confrontou-se com dois homens que confiavam nas categorias racionais à disposição dos homens da era clássica: o erudito Porfírio, que descartara a Ressurreição e a Ascensão de Cristo como incompatíveis com a física antiga,[79] e Juliano de Eclano, que afirmara que a lógica contradizia a ideia de um pecado original herdado.[80] Em oposição a ambos, Agostinho expôs um catálogo de fatos espantosos e inexplicáveis, entre eles a hereditariedade de caracteres adquiridos[81] e o comportamento das azeitonas enxertadas.[82] Era a revolta silenciosa dos "bolsões de resistência" não abrangidos pela ciência natural:[83]

> *Há mais coisas no céu e na Terra, Horácio,*
> *Do que sonha tua vã filosofia.*[84]

Para Agostinho, um "milagre" era justamente um desses lembretes dos limites impostos à mente pelo hábito. Num universo em que todos os processos ocorriam segundo a vontade de Deus, não era preciso haver nada menos digno de nota nos processos lentos e habituais da natureza. Aceitávamos como fato corriqueiro o lento milagre pelo qual a água da irrigação dos vinhedos transformava-se em vinho; somente quando Cristo transformava a água em vinho, "em movimento acelerado", por assim dizer, é que nos admirávamos.[85]

Os assombros súbitos não haviam desempenhado grande papel nas ideias de Agostinho quando jovem platônico. Naquela ocasião, ele via a essência da religião como um esforço para ir além dos modos de pensar habituais, que eram maculados por nosso contato com o mundo sensível. A constância dos milagres, pensava ele, só faria embotar a consciência da raça humana, porque um milagre deixaria de ser maravilhoso tão logo se tornasse habitual.[86] Para o contemplativo, o maravilhoso, o bizarro e o inesperado tendiam a esmaecer e se transformar no pano de fundo de um universo harmonioso e racional, como luzes pálidas contra o sol. A mente racional podia elevar-se pouco a pouco, numa ascensão ininterrupta, de "leis" da "natureza" que eram o mero registro subjetivo de ocorrências costumeiras para a verdadeira lei, uma lei mais claramente harmoniosa, regular e sensata.[87] No velho Agostinho, essa atitude tornou-se um pouco menos firmemente arraigada. Com paixão e convicção, ele defendeu doutrinas que contrariavam todos os processos habituais de raciocínio. As ideias humanas de equidade, por exemplo, viam-se num conflito não resolvido com a realidade do castigo coletivo da raça humana pelo pecado de um só homem.[88] Agostinho recuou tacitamente as fronteiras da mente humana perante tais problemas: o universo do contemplativo passou a ficar cercado por uma orla de ocorrências incompreensíveis.

Esses milagres locais, além disso, eram curas puramente físicas. Na velhice, Agostinho também abandonou boa parte da preocupação unilateral dos platônicos com a mente. "Curar os olhos do coração" continuou a ser a essência da religião,[89] mas Agostinho rezava pela saúde[90] e esperava que os homens sempre temessem a morte.[91] Um Deus cuja generosidade espalhara pela Terra tantas belezas puramente físicas não poderia desdenhar da doença física.[92] Com efeito, Agostinho foi levado a uma aguda consciência da extensão do sofrimento puramente físico da raça humana. Esses milagres haviam brotado do desespero de homens afligidos "por mais doenças do que poderia conter qualquer livro de medicina".[93] Os horrores evidentes da existência humana, sua *miseria*, presumiam uma necessidade urgente de alívio, de alguns *solacia*.[94] Esses lenitivos eram um ligeiro indício, como tênues raios de sol a penetrar num aposento escuro, da transformação final, da gloriosa ressurreição do corpo dos eleitos.[95]

Pois foi essa necessidade premente de confiar numa transformação distante e inacreditável que determinou a atitude final de Agostinho para com os milagres que o cercavam. Quando bispo mais moço, ele havia considerado que os homens já não precisavam dessas provas espetaculares para ter fé. Na época, seu pensamento girava em torno da união da fé que "reluzia" maravilhosamente na Igreja católica universal.[96] Os milagres da Igreja primitiva tinham iniciado ou até "impulsionado" essa difusão maravilhosa, que estava predominantemente concluída em sua época. Em contraste com a unidade sólida e reservada da Igreja católica, os milagres da crendice popular donatista podiam ser descartados como truques histriônicos.[97] Por trás dessa atitude pairava a suposição de que, com a rápida cristianização do mundo romano, os homens em geral haviam ultrapassado, de algum modo, a incredulidade dos tempos pagãos, de modo que já não precisavam ser impelidos pela força dos milagres.

Na velhice, porém, Agostinho não teve tanta certeza: a raça humana se mantivera basicamente a mesma, sempre frágil, sempre necessitada de uma autoridade convincente. O "Deus de nossos pais é também o nosso Deus":[98] Sua misteriosa onipotência ligava as maravilhas do Velho Testamento ao mundo moderno, assim como, na postura de Agostinho perante a coação, ligara as rigorosas sanções do antigo Israel à união impositiva que se estabelecera na Igreja africana. Deus era plenamente capaz de determinar por Si, sem os conselhos de um platônico, com que frequência os milagres deviam ou não deviam ocorrer.[99] Todas as esperanças do povo de Deus estavam agora apostadas no futuro — na ressurreição do corpo. Os mártires haviam morrido por essa crença impossível; também seus cadáveres poderiam ter permissão de dar testemunho dela.[100] Foi a essa atitude que Agostinho chegou quando, no livro XXII de *A cidade de Deus*, tentou, com um catálogo desajeitado e pitoresco de ocorrências estranhas em Hipona, Cartago, Calama, Uzalis, Fussala e pequenas igrejas do interior, persuadir homens educados na antiga física de que o empíreo de sua imaginação ainda poderia encontrar espaço para a substância de sua carne humana: *"Deus sabe como são vãs as cogitações dos sábios."*[101]

35
O FIM DA ÁFRICA ROMANA[1]

"Não apenas ao longo das fronteiras", escrevera Agostinho certa vez a um senador romano, "mas em todas as províncias (da África), devemos nossa paz aos juramentos feitos pelos bárbaros."[2] Agostinho raramente menciona esse mundo dos "bárbaros africanos".[3] Ao Sul e a Oeste de Hipona, as grandes cadeias de montanhas — as Kabílias, os montes do Hodna, o maciço de Aurès — eram habitadas por tribos seminômades. Vivendo elas perto do nível da inanição, era constante a pressão que exerciam nas planícies civilizadas. A cavalaria de seus destacamentos de assalto assolava imensas regiões: uma sobrinha de Severo de Milevis foi sequestrada perto de Sitifis (Sétif*) num desses ataques.[4] Mais ao Sul e a Leste, os verdadeiros nômades faziam sentir sua presença todas as vezes que a fronteira romana se aproximava do deserto. Era um mundo de fortalezas dispersas, chefes semi-independentes e fazendas fortificadas, com sedes construídas com mais de um pavimento; ao contrário das propriedades pacíficas e esparramadas do litoral, elas montavam guarda, como castelos medievais, nas plantações de oliveiras, precariamente protegidas contra os hábitos do deserto.[5] Esse vasto interior pouco tinha a ver com a África romana conhecida por Agostinho: somente os escravos das propriedades ao redor de Hipona faziam-no lembrar de um mundo que mal era controlado pelas armas romanas e que era impermeável à difusão do cristianismo.[6]

---

* A atual cidade de Stif, na Argélia. [N. da T.]

Como bispo, Agostinho não fizera grandes mudanças em seus hábitos desde os tempos de estudante. Cartago continuava a ser o centro de seu mundo: ele a visitou 33 vezes em trinta anos[7] e fez apenas uma viagem à província mais agreste da Mauritânia.[8] Passava meses inteiros na cidade, empenhado em negociações febris com seus colegas,[9] visitando pessoas importantes e, aparentemente, jantando bem (pavão assado, o que era uma variação de sua dieta vegetariana no mosteiro de Hipona).[10] Em Cartago, a antiga vida persistia. A África dos procônsules mantinha-se como um oásis de prosperidade quase inacreditável, numa época em que o resto do Império do Ocidente fora devastado pelos bárbaros. Era a "âncora de emergência" do destino dos imperadores do Ocidente; seus grandes senhores de terras tinham sido adulados por concessões frequentes, que iam de ajustes favoráveis nos impostos até o direito de caçar leões;[11] as inscrições continuavam a louvar a generosidade e a integridade dos procônsules aristocráticos que chegavam a uma Cartago que ainda era a "Roma da África".[12]

Mas fazia apenas trinta anos que a África desfrutava de uma vida protegida. Era uma sociedade estranhamente dividida e inerte. Os grandes latifundiários locais raramente se colocavam a serviço dos imperadores.[13] Exerciam seu poder fora da máquina normal do governo. Suas grandes preocupações eram suas herdades, a produtividade de suas colheitas,[14] a qualidade de seu vinho[15] e os prazeres da caça.[16] Eles eram isolados e invejados: *"Isti soli vivunt"* — "São os únicos que vivem".[17]

Também os bispos destacavam-se dos demais. Tinham-se tornado cortesãos por excelência. Seus negócios levavam-nos frequentemente a Ravena. Alípio negociou em Roma até o fim da vida de Agostinho: aprendera a se manter sensível às opiniões italianas e sabia abrir caminho entre os cortesãos usando o dinheiro.[18] Os bispos católicos tinham agora a vantagem, aos olhos das autoridades em visita, de estar entre os membros mais antigos e respeitados da sociedade provincial. Não é nenhuma surpresa que as últimas cartas de Agostinho de que dispomos tenham sido polidas notas diplomáticas.[19] Mas os bispos só agiam por si e por seus protegidos.[20] Deixavam os leigos se arranjar sozinhos. Para esses leigos, a manutenção da prosperidade significava também a continuidade da fachada de vida pagã: eles se ligavam a círculos literários pagãos e patrocinavam grandes espetáculos circenses; chegavam até a pedir isenção de impostos aos imperadores católicos, como sacerdotes do culto pagão imperial.[21] Comparados a esses homens, os bispos ainda eram arraia-miúda; em Roma, era perfeitamente possível as pessoas acreditarem que Agostinho era o instrumento de um grande senhor de terras que ansiava por livrar sua propriedade de um bispo problemático.[22] Mas a ligação entre o bispo e o grande latifundiário, que viria a ser tão importante para o moral das populações romanas da Gália, da Espanha e da Itália setentrional, claramente não aconteceu na África. Assim, de modo imperceptível, o controle das províncias africanas passou de seus habitantes civis para as mãos de forasteiros ameaçadores — para a sucessão de comandantes militares que, como condes da África, passaram a proteger o litoral civilizado de seu vasto interior. A organização militar da África era perigosamente pequena, dispersa e universalmente impopular. Agostinho não tinha ilusões a respeito dela: a grande alegria da vida de um soldado era intimidar os lavradores locais.[23] A congregação agostiniana claramente concordava com isso, pois, certa feita, linchou o comandante de sua guarnição.[24] Os oficiais que então surgiram na África foram um lembrete do mundo conturbado ao norte do Mediterrâneo. Um desses homens foi sepultado em Cartennae (Ténès), bem a oeste de Hipona. Havia enriquecido: a túnica de seu uniforme era cravejada de magníficos broches de ouro; mas esses broches tinham sido feitos, talvez por artesãos germânicos e certamente a partir de modelos germânicos, na distante Renânia.[25]

Agostinho não podia evitar o contato com esses homens. O exército era a única força policial eficaz e lhe fora indispensável na aplicação da política de repressão contra os donatistas.[26] Foi justamente essa preocupação com a aplicação das leis contra os hereges e com a segurança da Igreja católica na Mauritânia e na Numídia Meridional que pôs Agostinho em contato com um dos mais pitorescos — e certamente o mais fatídico — dentre os militares profissionais da nova geração: Bonifácio.[27]

Ao depararmos com Bonifácio pela primeira vez, em 418, sua carreira já o levara do Danúbio para Marselha. Ele tinha passado a vida inteira entre os bárbaros. Nessa ocasião, como chefe de um bando de mercenários godos, estava lotado na fronteira meridional da África, talvez perto de Vescera (Biskra). É bem possível que a repressão dos donatistas tenha sido um dever que o intrigou: seus próprios soldados, como godos, eram cristãos arianos e, portanto, tecnicamente, também eram "hereges".[28] No entanto, tendo uma devota esposa católica, ele era um homem de quem Agostinho pôde aproximar-se, levando-lhe uma longa carta aberta para justificar essa repressão.[29] Os bispos tinham urgente necessidade de ter como aliados os comandantes influentes do lugar. Bonifácio parecia ser justamente um desses homens. Quando da morte de sua esposa, por volta de 420, ele pensara até em entrar para um mosteiro.[30] No entanto, por incrível que pareça, foram justamente Agostinho e Alípio que o dissuadiram desse ato. Trinta anos antes, Agostinho viajara de Tagaste a Hipona para convencer um membro do serviço secreto imperial a se tornar monge;[31] agora, empreendeu uma viagem de extensão sem precedentes a Tubunae (Tobna), nas profundezas da Numídia, para manter um general em seu posto.[32] Tinha percebido a necessidade premente de segurança. Em *A cidade de Deus*, havia explorado e justificado o valor da paz puramente "terrena";[33] na Numídia Meridional, é bem possível que tenha reconhecido pela primeira vez o quanto a "paz terrena", tida como um fato corriqueiro em casa, significava naquelas terras agrestes. As comunidades católicas precisavam de um homem forte que agisse como seu protetor contra os ataques-relâmpago dos nômades.[34]

Assim, Agostinho e Alípio apelaram diretamente a um general da fronteira em busca de proteção, como tantas vezes tinham recorrido aos imperadores em Ravena. Mas estavam desatualizados em sua avaliação de um homem como Bonifácio. É possível que o grande general mouro de sua mocidade, Gildo, tivesse sido impopular, mas ao menos fora um homem da região, com grandes propriedades nas províncias que defendia.[35] Bonifácio, ao contrário, era um general de carreira. Sua sorte dependia da participação em acontecimentos em regiões tão distantes quanto o Danúbio e o Sul da Espanha. Ele pertencia a uma classe de homens que se vinham transformando nos criadores de reis dos inglórios imperadores do Ocidente. Permanecer em seu posto, numa longínqua fronteira da África, significaria renunciar tão certeiramente ao mundo quanto se Bonifácio se houvesse tornado monge. Agostinho esperava que ele fizesse esse sacrifício: era simplesmente seu dever, como cristão devoto de inclinações ascéticas, obedecer à orientação episcopal de ser pobre, honrado e celibatário.[36] Na verdade, porém, esse conselho pastoral significava que Bonifácio deveria renunciar a qualquer esperança de progresso.

A influência da esposa falecida não tardou a desaparecer. Em 423, Bonifácio tornou-se na prática o conde da África; em 426, garantiu essa posição mediante uma visita à corte. Essa visita marcou o fim das ilusões de Agostinho. Bonifácio voltou com uma herdeira rica e com concubinas para consolá-lo dessa batalha política.[37] Transigiu até com a religião de inúmeros chefes bárbaros, transformados em generais romanos: sua esposa era ariana e ele permitiu que sua filha fosse batizada pelos hereges.[38] Para a província, o pior de tudo era que ele era um conde da África que tinha de usar seu exército para proteger sua posição dos ataques da Itália. Justamente Cartago, para surpresa geral, foi fortificada[39] contra um ataque de Roma, enquanto, no interior, os "bárbaros africanos" se inquietavam.[40]

Agostinho ficou desolado com isso. Inúmeras províncias tinham pago seus pecados com o flagelo de uma invasão bárbara; na África, pareceu-lhe então, havia pecados em quantidade suficiente — e certamente bárbaros suficientes — para tornar inevitável a tragédia.[41]

Mesmo assim, Bonifácio esperava que os bispos o apoiassem. Afirmou que sua causa era justa;[42] havia frequentado a igreja nas pregações de Agostinho;[43] chegara até a se dar ao trabalho de fazer uma visita respeitosa ao ancião, encontrando-o cansado demais para se comunicar.[44] No inverno de 427/428, entretanto, recebeu uma carta de Agostinho, enviada por um mensageiro altamente confidencial.[45] Essa carta, estudadamente apolítica, foi um lembrete pastoral dos ideais que Bonifácio havia abandonado e uma retirada tácita do apoio do bispo. Agostinho foi civil até o fim. Mostrou-se horrorizado com a notícia de uma rebelião das tribos:⁴⁶ censurou duramente a *atrocitas* — a conduta ultrajante — dos servos armados do conde;⁴⁷ instintivamente leal à corte, recusou-se a julgar a divergência instaurada entre Bonifácio e Ravena.⁴⁸ Como homem idoso, já não estava em condições de oferecer orientação política.⁴⁹ Acabara de reler a história dos reis de Israel no Velho Testamento, e o que mais o havia impressionado nessa história fora a maneira como os desígnios ocultos de Deus tinham levado ao malogro as mais sensatas medidas políticas.⁵⁰ Não haviam suas próprias relações com Bonifácio sido marcadas pela mesma fatalidade? Tudo o que ele recomendava era o amor à paz: uma política que também viria a enaltecer no comissário imperial, Dario, que chegaria no ano seguinte para negociar um acordo com o conde.⁵¹

Essa mescla de chantagem militar e diplomacia ainda fazia parte do antigo mundo protegido da política africana. Mas não por muito tempo. Enquanto o general, os bispos e os homens da corte trocavam cartas criteriosamente ponderadas, suas divisões eram observadas do outro extremo do Mediterrâneo. Apenas o estreito de Gibraltar e a longa e deserta linha costeira da Mauritânia interpunham-se entre o que era a província mais rica do Ocidente e um novo homem, recém-instalado como chefe de uma tribo que sempre se mantivera fora da rede da diplomacia romana. Era coxo, "firme em seus propósitos, de poucas palavras, desdenhoso da luxúria, dado a loucos acessos de raiva, ávido de riqueza e um mestre na arte da intriga entre as tribos, sempre pronto a semear a discórdia e a invocar novos ódios"⁵² — Genserico, o rei dos vândalos.

A tribo inteira, ao cruzar o estreito de Gibraltar, somava oitenta mil pessoas. Os guerreiros formavam "um bando enorme".⁵³ A eles se haviam juntado aventureiros de outras tribos, alanos e godos, pois essa era a conquista com que todos os bárbaros haviam sonhado e nunca tinham logrado alcançar. Os vândalos eram também cristãos arianos que acreditavam que o Deus das Batalhas estava do seu lado. Haviam combatido os romanos com o pensamento voltado para a Bíblia gótica de Úlfilas.⁵⁴

A dominação romana da África simplesmente desmoronou.[55] No verão de 429 e na primavera de 430, súbita e rapidamente, os vândalos infestaram a Mauritânia e a Numídia. Não há registro de resistência da população: nenhuma comunidade católica reuniu-se em torno de seu bispo, como havia acontecido na Espanha, para resistir aos bárbaros e atormentá-los. Os bispos católicos ficaram divididos e desanimados, com seus rebanhos passivos. Confrontados com os "demolidores do mundo romano",[56] perderam o gosto pelo martírio. Agostinho certa vez escarnecera dos donatistas: quando perseguidos, eles deveriam aceitar o conselho do Evangelho e "fugir para outra cidade".[57] A piada de mau gosto repercutiu nessa ocasião: seus colegas usaram esse texto para justificar um pânico contagioso.[58] "Se permanecermos em nossas igrejas", escreveu um deles, "não vejo como possamos ter qualquer serventia para nós mesmos ou para nosso povo: ficaríamos apenas para ver com nossos próprios olhos os homens serem abatidos, as mulheres, estupradas, e as igrejas arderem em chamas; e seríamos torturados até a morte por uma riqueza que não possuímos."[59]

Agostinho respondeu a esses argumentos numa carta tipicamente consciencios a e diferenciada.[60] Sua decisão foi clara: seu ideal estava em jogo; os laços que uniam um bispo a seu rebanho deviam ser mantidos. "Que ninguém sonhe em menosprezar nossa nau a ponto de crer que os marinheiros, e menos ainda o comandante, haveriam de desertá-la em sua hora de perigo..."[61]

Hipona era uma cidade fortificada. Por um golpe paradoxal da sorte, Bonifácio comandou a defesa: o grande conde da África voltou a ser um mero comandante de mercenários godos.[62] Os bispos que haviam fugido ou perdido seus rebanhos entraram em bando na cidade, em busca de segurança. Entre eles estava o pobre Possídio: "E assim fomos todos reunidos, com os aterradores juízos divinos bem diante de nossos olhos; tudo o que podíamos fazer era pensar neles e dizer: '*És justo, Senhor, e teu julgamento é honrado.*'"[63]

Naquele inverno, os vândalos cercaram a cidade; sua frota ficou ao largo. Dezesseis anos antes, com base nas páginas de Lívio, Agostinho descrevera os horrores do cerco de Sagunto e havia perguntado: como se portaria "um povo cristão"?[64] Os vândalos já haviam torturado até a morte dois bispos católicos, do lado de fora de suas cidades capturadas.[65] "Um dia, quando estávamos à mesa com ele e conversávamos, ele nos disse: 'Deveis saber que orei a Deus para que livre esta cidade, sitiada pelo inimigo, ou que, se for outro o Seu desígnio, dê a Seus servos força suficiente para suportar Sua vontade, ou até me receba ao deixar esta vida.'"[66]

Agostinho viveu para ver a violência destruir o trabalho de sua vida inteira na África. *"Aquele que se reveste de sabedoria reveste-se de tristeza; e o coração que compreende corrói os ossos como ferrugem."* "O homem de Deus viu cidades inteiras saqueadas, propriedades rurais arrasadas, com seus donos mortos ou dispersos como refugiados, igrejas privadas de seus bispos e seu clero, e as santas virgens e os ascetas espalhados por toda parte; alguns foram torturados até a morte, alguns, mortos na mesma hora, e outros, como prisioneiros, reduzidos à perda de sua integridade do corpo e da alma, para servir a um inimigo perverso e brutal. Os hinos a Deus e os louvores nas igrejas cessaram; em muitos lugares, o fogo transformou em cinzas os prédios das igrejas; os sacrifícios a Deus não mais puderam ser celebrados no local apropriado e as pessoas deixaram de buscar os santos sacramentos, ou, quando estes eram buscados, não se encontrava ninguém que pudesse ministrá-los. (...)"[67]

"Em meio a esses males, ele foi consolado pelo dito de um certo sábio: 'Nada há de grandioso no homem que julga muito importante que caiam paus e pedras, e que morram os homens que devem morrer.'"[68]

O "certo sábio", é claro, era ninguém menos do que Plotino.[69] Agostinho, o bispo católico, recolheu-se a seu leito de morte com essas palavras de um orgulhoso sábio pagão.

36
MORTE

No inverno anterior à catástrofe — em 428-429 —, Agostinho recebera uma mensagem sumamente enaltecedora do conde Dario, o agente imperial enviado para negociar com Bonifácio.[1] Em sua reação aos rebuscados elogios trazidos por essa carta podemos ter um último vislumbre indireto de Agostinho — polido, com uma cultura excepcional e encantadoramente preocupado com as tentações de sua própria fama.[2] Dario era, claramente, um homem instruído e entoara louvores a Agostinho: "Alguém talvez dissesse: 'Não vos deleitam essas coisas?' Ora, é certo que sim: 'Pois meu coração', como diz o poeta, 'não é de pedra', de tal sorte que eu não as observe ou as observe sem deleite."[3]

As *Confissões*, é claro, tinham sido a resposta agostiniana a reflexões dessa natureza. Ele enviou um exemplar a Dario: "Nestas fitai-me, para que não me elogieis além do que sou; nestas acreditai no que é dito sobre mim, não por outros, mas por mim mesmo; nestas contemplai-me e vede o que fui, em mim e por mim. (...) Pois *'Ele nos criou, e não nós mesmos*'; na verdade, ter-nos-íamos destruído, não nos houvesse refeito Aquele que nos fez (...)."[4]

Agostinho lembrou a Dario que também Temístocles gostara de ouvir seus próprios louvores.[5] Por quê? Ali estava um homem cuja arte consistira em "engrandecer uma pequena cidade".[6] À primeira vista, a referência ao notável ateniense pareceria deslocada nos derradeiros tempos da dominação romana na África. Mas Agostinho havia criado seu próprio império da mente e Dario o havia reconhecido: enviara dinheiro para "minha biblioteca, para que eu possa dispor de meios para editar novos livros e restaurar os antigos".[7]

Nos três anos anteriores, Agostinho conseguira viver em sua biblioteca. Como sempre, tencionava passar suas horas de lazer "exercitando-me nas Escrituras Sagradas".[8] Nessa leitura, parece haver-se concentrado nos livros históricos do Velho Testamento. Em época anterior, sua visão da graça e do livre-arbítrio fora elaborada em termos do pensamento de Paulo — da luta moral pessoal, do poder renovador de Cristo. Agora, Agostinho mostraria que, aos 72 anos, continuava capaz de verter suas ideias num molde novo e ainda mais estranho. Aquilo que, para os pelagianos, tinha sido uma coletânea inequívoca de exemplos de boas e más ações transformou-se, para Agostinho, numa história com um toque de mistério. A intenção consciente humana chegava até certo ponto e não o ultrapassava, tanto nos atos públicos quanto nos privados. Na história de Israel, Agostinho discerniu o pânico em massa que subitamente se apossava de exércitos poderosos, o desfecho imprevisível de medidas políticas sensatas, as mudanças repentinas no coração dos reis.[9]

Esse projeto era sedimentado pelo fluxo contínuo de livros que Agostinho ainda tinha de escrever, em resposta a perguntas imediatas e a ataques: a rebelião silenciosa dos mosteiros,[10] o veneno de Juliano,[11] o desafio permanente das comunidades judaicas[12] e o aparecimento ominoso e repentino, na esteira dos exércitos, de bispos arianos seguros de si, representantes de confiança dos generais germânicos, que agora sabiam haver chegado sua hora.[13]

Mas, acima de tudo, era a biblioteca em si que reivindicava sua atenção. Nas prateleiras e pequenos armários que serviam de estantes para os homens do baixo Império Romano[14] havia 93 de suas próprias obras, compostas de 232 pequenos livros, maços de cartas suas e, talvez, capas repletas de antologias de seus sermões, anotados pelos estenógrafos de seus admiradores.[15]

Alguns desses manuscritos precisavam ser editados;[16] outros eram rascunhos incompletos;[17] muitos faziam-no lembrar de trabalhos cujas cópias ele deixara sair de suas mãos antes que chegassem a sua forma final.[18] Agostinho não viveria muito mais. Assim como tivera o cuidado de nomear um sucessor, agora precisava pôr em ordem sua vasta herança literária.

Trabalhou com afinco nessa tarefa até a morte. Em meio a todas as desgraças, lia seus antigos textos à noite e, durante o dia, continuava na biblioteca, ditando respostas ao importuno Juliano.[19] Temos apenas o resultado de sua leitura de seus livros principais — as *Retractationes*.[20] Estas são um catálogo de títulos dispostos em ordem cronológica. Em geral, Agostinho indica a ocasião e faz uma nota breve sobre o conteúdo do texto, juntamente com seus comentários. Em parte, essas inestimáveis observações do ancião constituem uma autocrítica; porém, com mais frequência, são suas tentativas de se explicar.[21] O trabalho contra Juliano impediu Agostinho de ditar o que nos teria interessado ainda mais: seu comentário sobre suas cartas e, acima de tudo, algum comentário sobre as centenas de sermões, cuja cronologia ainda nos intriga e cuja própria espontaneidade pareceu causar certa inquietação ao velho bispo, uma vez que, na igreja, como ele mesmo admitiu, raras vezes ele era capaz de ser *"rápido na escuta e lento na fala"*.[22]

No prefácio das *Retratações*, Agostinho mostrou-se consciente de estar escrevendo um novo tipo de livro.[23] Suas razões, embora não explicitadas, são bem claras. Ali estava uma enorme biblioteca, cheia de obras cujo impacto entre os católicos ele tivera uma oportunidade recente de aquilatar.[24] "O que está escrito, *'Do pecado do excesso de palavras não escaparás'*, assusta-me consideravelmente. Não que eu tenha escrito tanto assim (...). Deus nos livre de que as coisas que precisaram ser ditas sejam chamadas de *'excesso de palavras'*, ainda que longas e exaustivas; mas temo esse juízo das Escrituras, pois não duvido que dentre minhas palavras, que são inúmeras, seja possível recolher muitas que, apesar de não serem falsas, pareçam ou se revelem desnecessárias."[25]

Agostinho queria ver sua obra como um conjunto que, no futuro, pudesse ser lido por homens que houvessem chegado à mesma certeza que ele, por cristãos católicos maduros. Tais homens deveriam apreciar a longa trajetória percorrida por Agostinho para chegar a suas ideias atuais. É por isso que, em vez de serem dispostos por assunto, os livros são deliberadamente criticados em ordem cronológica.[26] Tais críticas, porém, não constituem comentários autobiográficos profundos. Existe o lampejo ocasional de uma mente ativa, que mostra que, ao menos como filósofo, Agostinho estava ciente de que sua vida o levara a novos horizontes.[27] Mas sua intenção principal era ajudar o leitor a ler "proveitosamente", ou seja, por intermédio do olhar atual do bispo, até o menos satisfatório de seus escritos.[28] Pela mesma razão, muitos livros que ele se inclinara a eliminar, por serem complexos ou incompletos demais, foram poupados, pois talvez contivessem um ou outro argumento que fosse "necessário" e não se encontrasse noutro lugar.[29]

Portanto, Agostinho não era um homem que estivesse vivendo no passado. Tinha os olhos voltados para o presente. Seus contemporâneos, por exemplo, pareciam haver perdido o contato com os problemas que ele havia enfrentado em sua defesa do livre-arbítrio contra os maniqueístas.[30] Aquela extraordinária geração de "companheiros de viagem" maniqueus, entre os intelectuais da África, havia perecido, e era Pelágio, e não Mani, que interessava aos homens da década de 430.

Os colegas de Agostinho compartilhavam claramente essa sensação de urgência, pois exortaram-no a escrever, o mais cedo possível, a parte das *Retratações* que hoje possuímos — o catálogo de seus escritos formais. Nessa ocasião, o futuro era incerto demais para admitir maior hesitação. Agostinho forneceu à Igreja católica aquilo de que, em séculos futuros, ela tanto necessitaria: um oásis de absoluta certeza num mundo conturbado; ali estava a biblioteca de um homem cuja vida podia ser vista como uma progressão contínua para "a norma eclesiástica"[31] da ortodoxia católica.

No cômputo geral, a redação das *Retratações* foi um trabalho árido. Elas mostram a persistência extraordinária e míope que se esperava da obra dos doutos do baixo-império: ao comentar sobre as "criaturas voadoras" do Gênesis, Agostinho se esquecera de mencionar os gafanhotos;[32] ao escrever contra Juliano de Eclano, dera nome a um rei de Chipre, ao passo que Sorano, o manual padrão de medicina, não indicava nenhum.[33] Há apenas um oásis de sentimentos:

"Treze livros de minhas *Confissões*, que enaltecem o Deus justo e generoso em todos os meus bons e maus atos e elevam para Ele o pensamento e os sentimentos dos homens: no que me diz respeito, eles surtiram esse efeito em mim quando os escrevi, e ainda o fazem quando agora os leio. O que pensam os outros é problema deles: ao menos sei que muitos irmãos os apreciaram e ainda apreciam."[34]

O espírito das *Confissões* não está muito longe da superfície desse trabalho meticuloso: "Portanto, o que me resta fazer é julgar a mim mesmo perante meu único Senhor, de cujo Julgamento desejo escapar, por todas as minhas ofensas."[35]

Em seus últimos meses de vida, Agostinho apareceria, ainda ativo na mente e no corpo,[36] numa igreja repleta de remanescentes abatidos de uma sociedade romana que um dia fora esplêndida. Homens ricos, que tinham vivido numa abastança inabordável, misturavam-se agora aos pedintes que os tinham invejado. Através da tortura e da exigência de resgates, os vândalos haviam extorquido toda a riqueza que Cristo e Seus pobres nunca receberam.[37] Isso era tema para um moralista popular, mas não foi o único que Agostinho julgou importante. Os dois sermões notáveis dessa época são muito diferentes de sua reação às catástrofes distantes que um dia haviam afligido Roma. Em 410, ele falara, repetida e coerentemente, do flagelo indiscriminado de Deus, do valor do sofrimento, da inevitável decadência de todas as coisas materiais e da sombria aproximação da velhice do mundo.[38] Agora, bem no seio das desgraças, sua fala foi muito diferente. A súbita incursão de bandos de guerreiros numa província fértil não fizera as pessoas perceberem que o mundo era feio e inseguro, mas as levara a experimentar a pura e desesperada tenacidade de seu amor à vida: era algo que elas haviam aprendido vividamente em si mesmas, ao procurarem com aflição o dinheiro em seus armários trancafiados, ao oferecerem todo o seu patrimônio a homens que as torturavam, e ao chegarem às muralhas seguras de Hipona, nuas e sem vintém, mas vivas.[39] Era a força calejada desse amor ao mundo dos vivos que a desgraça ensinara aos refugiados, e Agostinho estava em pleno contato com os sentimentos dos homens a quem se dirigiu nesse momento:

"*Quando fores velho, estenderás as mãos e outro te cingirá e te levará para onde não queres ir*" (João, 21:18).

O heroísmo dos mártires consistira apenas nisto: "Eles amavam realmente esta vida, mas a puseram na balança. Pensaram no quanto deveriam amar as coisas eternas, já que eram capazes de tamanho amor por coisas transitórias. (...)

"Sei que quereis continuar vivos. Não desejais a morte. E quereis passar desta vida para a outra de modo a vos reerguerdes não como homens mortos, mas plenamente vivos e transformados. Eis o que desejais. Esse é o mais profundo sentimento humano: misteriosamente, a própria alma anseia por isso e instintivamente o almeja. (...)"[40]

Em agosto de 430, Agostinho adoeceu, tomado por uma febre. Sabia que ia morrer. Longe, na Itália, Paulino também agonizava, mas na profunda paz de uma cidade provinciana, recebendo as visitas corteses de seus amigos.[41] Agostinho quis morrer sozinho.

"Que aquele que não quer temer perscrute o seu eu mais íntimo. Não toqueis apenas na superfície, mas aprofundai-vos em vós mesmos, buscai os recônditos mais longínquos do coração. Então, examinai-o com cuidado: vede se nele não pulsa ainda a veia envenenada do desgastante amor ao mundo, se não sois movidos por desejos físicos e apanhados nas leis dos sentidos, se nunca exultais com a vazia vanglória e nunca vos abateis por angústias vãs; só então vos podereis atrever a anunciar que sois puros e límpidos como o cristal, depois de tudo haverdes esquadrinhado nos recônditos mais profundos de vosso eu interior."⁴²

"De fato, esse santo homem (...) teve sempre o hábito de nos dizer, quando conversávamos na intimidade, que nem mesmo os cristãos e bispos louváveis, embora batizados, deviam deixar esta vida sem cumprir a devida e rigorosa penitência. E foi o que fez ele em sua própria doença final, pois ordenou que fossem copiados os quatro salmos de Davi que versam sobre a penitência. De seu leito de enfermo, podia ver diariamente essas folhas de papel, penduradas em suas paredes, e as lia em meio a um pranto constante e profundo. E, para que nada desviasse disso a sua atenção, quase dez dias antes de morrer, pediu-nos que ninguém o visitasse senão nos horários em que os médicos o fossem examinar, ou em que lhe fossem levadas as refeições. Essa instrução foi zelosamente observada, e assim, ele dispôs de todo esse período para orar. (...)"⁴³

Agostinho morreu e foi sepultado em 28 de agosto de 430.

Um ano antes, Hipona fora evacuada e parcialmente incendiada. Mas a biblioteca parece haver escapado maravilhosamente da destruição.⁴⁴ Possídio levou consigo a última carta de Agostinho aos bispos, na qual ele os exortava a permanecerem em seus postos. E veio a incluí-la em sua *Biografia de Agostinho*, pois que era, em suas palavras, "extremamente útil e relevante".⁴⁵ Possídio viveu alguns anos em meio às ruínas. Depois, os novos governantes cristãos arianos de Cartago expulsaram-no de Calama, como um dia Possídio expulsara seu correligionário cristão, o bispo donatista.⁴⁶

De Agostinho nada mais restava senão a biblioteca. Possídio compilou uma lista completa de seus escritos,⁴⁷ julgando que homem algum jamais conseguiria lê-los na íntegra.⁴⁸ E todos os futuros biógrafos de Agostinho sentiram algo do que sentiu Possídio naquele aposento vazio:

"Mas creio que os que mais se beneficiaram dele foram os que de fato puderam vê-lo e ouvi-lo falando na igreja, e, acima de tudo, os que tiveram algum contato com a natureza de sua vida entre os homens."⁴⁹

EPÍLOGO

EPÍLOGO

1
NOVAS PROVAS

Enquanto o cerco dos vândalos se arrastava, entrando pelo inverno de 430, todas as precauções eram tomadas na biblioteca da igreja de Hipona pelos amigos de Agostinho, e especialmente por Possídio, bispo de Calama e futuro autor de sua *Biografia*, para assegurar que, depois de sua morte, Agostinho desfrutasse de uma posteridade literária imediata e não problemática. Seus escritos seriam seu legado para o mundo católico. Seus amigos queriam certificar-se de que nenhum futuro leitor da obra agostiniana tivesse dúvidas sobre quais livros eram dele, qual era o seu conteúdo e quando e por que tinham sido escritos. Como vimos, o próprio Agostinho previra essa necessidade e, em 427, escrevera as *Retratações*.[1]

Nos anos seguintes, quando se dedicou a escrever sua *Biografia de Agostinho*, Possídio tomou o cuidado de nela incluir um *Indiculum*, uma lista dos textos agostinianos originalmente compilados na biblioteca do bispo. Esse *Indiculum* continha indicações sobre as cartas e sermões de Agostinho, bem como sobre seus textos formais. A decisão de Possídio de incluir esse documento, fruto do trabalho determinado e ordeiro de desconhecidos auxiliares de Agostinho em suas labutas literárias (os estenógrafos e copistas ligados ao bispo), revelou-se decisiva. Juntamente com as *Retratações*, o *Indiculum* de Possídio garantiu que o *corpus* da obra teológica formal agostiniana fosse estabelecido na própria fonte, sem a menor sombra de dúvida. A ascensão posterior de Agostinho à condição de autoridade suprema no Ocidente latino deveu muito a esse fato.² Possídio sabia o que estava fazendo ao concluir sua *Biografia de Agostinho*, de modo um tanto surpreendente num bispo cristão, com uma citação tirada do túmulo de um desconhecido poeta pagão:

> *Viajante, não sabes que o poeta pode viver além da sepultura?*
> *Aí estás e lês este verso: sou eu quem falo, portanto.*
> *Ao leres em voz alta esta obra, tua voz viva é a minha.*³

Mas Possídio não logrou êxito completo. As obras formais de Agostinho, cuidadosamente indexadas nas *Retratações* e no *Indiculum*, mantiveram sua ordem impressionante. Mas Agostinho também pretendera trabalhar do mesmo modo com suas cartas, talvez colocando-as em ordem cronológica e tecendo breves comentários sobre sua finalidade, seu conteúdo e seus erros. No fim de 428, tinha lido a maioria das cartas e estava prestes a ditar seus comentários, quando mais oito livros do veemente Juliano de Eclano chegaram a Hipona. Foi uma avalanche. Com a serena certeza de que mais uma vez teria de sacrificar seus interesses ao bem comum da Igreja, Agostinho pôs de lado as cartas — 41 anos de sua vida pregressa. Morreu antes de poder voltar a elas.⁴ Os sermões, do mesmo modo, permaneceram não classificados.

Daí uma diferença crucial entre dois corpos de escritos agostinianos. As cartas e sermões circularam vigorosamente em séculos posteriores, e o fizeram em várias coletâneas menos fáceis de identificar do que suas obras formais. Quando começaram a ser lançadas edições impressas da obra completa de Agostinho, nos séculos XVI e XVII, muitos de seus sermões e cartas não foram incluídos. Os manuscritos de que tinham sido copiados não ficaram imediatamente à disposição dos editores e, sendo assim, não entraram nos novos volumes oficiais. No entanto, sabia-se que haviam existido. Seus títulos tinham sido listados no *Indiculum* de Possídio. Alguns foram mencionados por seus títulos nos catálogos das bibliotecas carolíngias. Outros eram parcialmente conhecidos por intermédio de fragmentos citados por autores medievais.⁵

Essas cartas e sermões mostraram-se notoriamente difíceis de rastrear. As bibliotecas da Europa possuíam mais de quinze mil manuscritos de textos agostinianos. Encontrar sermões e cartas inteiramente novos em meio a tantos manuscritos, a maciça maioria dos quais eram cópias de textos conhecidos, feitas no fim da Idade Média e constantemente reproduzidas ao longo de séculos, era quase tão improvável quanto encontrar uma primeira edição de Shakespeare num sebo local. No entanto, foi exatamente isso que aconteceu em 1975 e tornou a ocorrer em 1990.

É que os tempos haviam mudado. A tecnologia dos computadores possibilitou catalogar, identificar e autenticar textos medievais com uma rapidez sem precedentes. A partir de 1969, a Academia Austríaca de Ciências iniciou a catalogação de todos os manuscritos conhecidos de Agostinho nas bibliotecas da Europa Ocidental. Foi em 1975, na época em que estava empenhado nesse projeto, que Johannes Divjak, de Viena, viajou à França. Na Biblioteca Municipal de Marselha, encontrou uma coleção padrão de cartas agostinianas à qual tinham sido acrescentadas outras 29 cartas. Vinte e sete delas revelaram-se totalmente desconhecidas. Convencionou-se chamá-las as "cartas de Divjak" e elas se distinguem da coleção anterior de cartas agostinianas por um asterisco ao lado de cada número.[6]

O manuscrito em que Divjak fez sua descoberta não era antigo. Datava de 1455-1465. Era um objeto prestigioso, com iluminuras de um artista que se sabia haver trabalhado para a corte do rei René, de Anjou, um monarca abastado, apesar de desventuroso, e autor de um romance palaciano, *História de um coração aprisionado pelo amor.*[7] Presumia-se desde longa data que um elegante manuscrito da baixa Idade Média dificilmente poderia conter algum texto novo de Agostinho. Daí a surpresa de Johannes Divjak ao se descobrir lendo essas cartas até então inéditas. Daí também o deleite dos estudiosos ao saberem que um grande número dessas cartas referia-se a acontecimentos dramáticos, na África setentrional e noutros lugares, dos quais antes não tínhamos nenhum conhecimento, ou dispúnhamos apenas de um conhecimento parcial.

EPÍLOGO

Elas nos levam, com detalhes cativantes, às últimas décadas da vida de Agostinho. Algumas das mais longas e mais vívidas datam do período entre 418 e 428, ou seja, da época em que Agostinho tinha 65 anos até dois anos antes de sua morte.

Em 1990, François Dolbeau, de Paris, percebeu que um manuscrito singularmente sem destaque, recém-catalogado na Stadtbibliothek (Biblioteca Municipal) de Mainz, continha, entre muitos sermões conhecidos, um grupo entre os quais alguns tinham extensão bastante inusitada e dos quais 26 eram totalmente desconhecidos, ou, até aquele momento, conhecidos apenas por excertos. Esses sermões tinham sido copiados por uma dezena de mãos, de modo bastante prosaico, por volta de 1470-1475, talvez para atender às necessidades dos monges cartuxos de Mainz.[8] A princípio, eles foram chamados por seu nome francês, *les sermons de Mayence*, e agora são conhecidos como os "sermões de Dolbeau".[9] Um grupo contém como núcleo um conjunto de sermões pregados por Agostinho em Cartago, provavelmente no fim da primavera e no verão de 397. O número exato dos que datam de 397 ainda não está claro. Tampouco podemos ter plena certeza do tempo que ele passou em Cartago naquele ano. Mas os sermões datáveis de 397 com um certo grau de certeza revelam Agostinho num momento decisivo. Eles marcam sua estreia como bispo, na época em que as *Confissões* já se estavam formando em sua mente.[10] O outro conjunto consiste num grupo de sermões pregados em Cartago e em pequenas cidades do vale do alto Medjerda, que podem ser datados com segurança do fim do inverno e do início da primavera de 403-404. Essa foi a época empolgante em que a Igreja católica da África começou a se reformar e a deixar clara a sua determinação de dominar a vida religiosa da província, desafiando frontalmente a Igreja donatista e um paganismo cada vez mais arraigado.[11] Esses documentos foram complementados por mais sermões de datas diferentes, tanto os da coleção de Mainz quanto outros descobertos para nós pela feliz industriosidade de François Dolbeau.[12] Nas palavras de Dolbeau, ler esses sermões é uma experiência comparável apenas à "emoção que se sente quando uma gravação traz de volta a voz de um amigo há muito falecido".[13]

É que, sem que o soubessem, os cartuxos de Mainz e o copista elegante das cartas de Divjak haviam atingido uma camada "fóssil" e quase que intocada de provas. A característica que fizera essas cartas e sermões específicos circularem com tanta morosidade na Idade Média foi precisamente aquela que as tornou tão cativantes para nós — sua persistente circunstancialidade. As cartas e sermões trazem em si os sons de uma África setentrional que se tornara silenciosa como uma cidade inundada para os que os leram e copiaram na Europa setentrional da Idade Média. Muitas das cartas falam, de maneira aparentemente interminável, de incidentes ocorridos em fazendas e aldeias de nomes estranhos, nas quais ainda se falava o púnico.[14] O trabalho de Agostinho como bispo realizou-se no contexto de um sistema jurídico que ainda presumia que todos os caminhos levavam a Roma: grande parte do material jurídico nelas contido seria inaplicável, ou mesmo ininteligível, para os leitores medievais. E, acima de tudo, elas são cartas prosaicas, quase que exclusivamente voltadas para as atividades cotidianas de homens simples em pequenas cidades norte-africanas. Poucas se dedicaram às verdades eternas da doutrina cristã, para as quais as pessoas da Idade Média poderiam voltar-se com proveito.

No caso dos sermões de Dolbeau, podemos até vislumbrar os primeiros monges medievais, numa longínqua Europa setentrional, trabalhando na leitura deles e buscando passagens que fossem pertinentes a sua época. Por volta de 700, ninguém menos do que o Venerável Beda leu o mais longo desses sermões, pregado por ocasião da Festa de Ano Novo pagã das Calendas de Janeiro.[15] Diante de uma obra-prima de retórica com 1.543 linhas, seus olhos logo se embotaram, pois aquele era um vislumbre de um mundo demasiadamente antigo, distante demais do seu. Falava de um cristianismo ainda imerso no paganismo lamurioso e multifacetado de uma grande cidade do Mediterrâneo. De toda a sua riqueza, Beda extraiu menos de uma centena de linhas. O restante,

EPÍLOGO

deixou de lado. O aroma pungente e preciso de uma cidade pagã do Império Romano, em seus derradeiros dias, não lhe foi de grande interesse. Aquela batalha, ao menos com aquela forma particular de paganismo, já fora travada e vencida em sua época. Desse portentoso sermão, durante 1.500 anos, tivemos que contentarmo-nos com alguns breves excertos, selecionados e circulados para seus próprios fins por clérigos do Norte europeu. Só agora podemos ler tais sermões em sua íntegra e, mais uma vez, deparar com Agostinho num cativante *close*, em sua pregação diante das multidões de Cartago.

De fato, nas palavras de Dolbeau, os sermões de Dolbeau e as cartas de Divjak "trouxeram de volta a voz de um amigo há muito falecido". Captaram Agostinho em dois estágios distintos e cruciais de sua vida. Os sermões de Dolbeau mostram-no em ação como pregador, logo no início de sua carreira episcopal no Norte da África, como um homem na faixa dos 40 anos. As cartas de Divjak revelam um Agostinho muito diferente: é o velho bispo, agora obrigado a arcar com todo o peso das responsabilidades da figura pública e do autor de renome internacional, na última década de sua vida.[16]

Mas, exatamente como é essa voz, e em que difere ela da voz que me esforcei por captar nos escritos de Agostinho ao redigir minha biografia dele, na década de 1960? Não é a voz do Agostinho teólogo nem a do Agostinho pensador. Trata-se, antes, da voz viva do bispo Agostinho, alternadamente captada no que tinha de mais íntimo e mais rotineiro. Nos sermões preservados pelos estenógrafos tal como foram proferidos, podemos realmente captar a voz de Agostinho, dirigindo-se cara a cara às congregações católicas na primeira década de seu episcopado. Quase vinte anos depois, nas cartas de Divjak, vamos encontrá-lo como um bispo idoso, preso às tarefas cotidianas e aparentemente intermináveis da Igreja católica na África.

Foi precisamente essa combinação incomum de intimidade e rotina que veio como uma surpresa para mim. Levou-me a repensar a imagem do bispo Agostinho que minha biografia havia transmitido em diversos pontos. Para dizê-lo em termos sucintos, constatei que o Agostinho dos sermões de Dolbeau e das cartas de Divjak era consideravelmente menos autoritário e severo do que a figura da qual me levara a suspeitar a minha leitura do material disponível nos anos 1960.

Naquela ocasião, o que me interessava era o novo poder que os bispos católicos haviam passado a exercer na sociedade romana. Ao se tornar padre e, mais tarde, bispo, Agostinho se identificara com esse poder. Desde sua ordenação como padre, em 391, até sua morte, em 430, seus escritos e atividades foram predominantemente dedicados a defender a autoridade da Igreja católica. Essa atividade ininterrupta pareceu-me, na época, ser a chave das mudanças no pensamento e no caráter de Agostinho em seus anos mais avançados. A maneira como ele se identificou com a autoridade que exercia como bispo católico formou um dos temas principais da terceira e quarta partes de minha biografia. Com efeito, nas últimas 244 páginas, vi-me seguindo com atenção rigorosa (e não necessariamente com aprovação) os aspectos da vida e das circunstâncias de Agostinho que esclareciam a "adaptação profunda que ele fez", na condição de bispo, "para se tornar uma figura severa e agressiva de autoridade".[17]

As figuras de autoridade, especialmente quando parecem "severas e agressivas", não costumam atrair os jovens estudiosos. Quando realizei meu trabalho sobre Agostinho na década de 1960, no ambiente cavalheiresco e um tanto onírico do All Souls College, em Oxford, a adaptação de Agostinho a seu poder como bispo pareceu-me, para dizer o mínimo, um desdobramento inquietante. Em minha opinião, ela deu um verniz imperceptível à qualidade de seu pensamento e teve consequências pesadas na evolução futura do cristianismo latino. Os sermões de Dolbeau e as cartas de Divjak mostraram-me que meus maus presságios tinham sido um exagero. Eu havia deixado que o incontestável toque de severidade de Agostinho e seu legado para as futuras gerações ocupasse o primeiro plano de minha narrativa. Não havia captado os tons mais em surdina que compunham o pano de fundo de seu dia a dia de bispo.[18] Olhando

EPÍLOGO

para trás, creio ter dado uma importância indevida à assombrosa clareza das obras teológicas formais de Agostinho e não haver prestado atenção suficiente, na época, a seus sermões e cartas. Exatamente em virtude de as novas provas comporem-se de sermões e cartas, isso fez a balança pender, em minha mente, para um exame dos aspectos trabalhosos mais rotineiros, menos bem-sucedidos e mais delicados da vida de Agostinho como bispo no Norte da África.

Por exemplo, os sermões de Dolbeau deixam profusamente claro que, quando Agostinho pregava, suas afirmações nada tinham das assertivas *ex cathedra* do representante de uma hierarquia católica solidamente estabelecida. Brilhantes, urgentes e, vez por outra, intransigentes, seus sermões se descreveriam melhor como "diálogos com a multidão".[19] Muitas vezes, são diálogos inconclusivos. Neles se intui a presença constante do não persuadido, do indiferente e do francamente rebelde. Não escutamos a voz de um homem confiante em que, como bispo católico, tivesse sido convocado a dominar toda uma sociedade. Na verdade, a própria premência e incisividade do tom dos sermões deixa transparecer como era pequena a autoridade que Agostinho de fato exercia sobre seus ouvintes.

Como não tardaremos a ver, um dos mais admiráveis dentre os sermões de Dolbeau intitula-se, apropriadamente, "Da obediência".[20] Nele, Agostinho estendeu-se por uma hora sobre os perigos da desobediência. Mas as circunstâncias em que o sermão foi proferido contrabalançam a impressão transmitida por seu tom autoritário. "Da obediência" foi provocado por um incidente absolutamente tumultuoso. Na véspera, parte da congregação católica de Cartago silenciara Agostinho aos gritos e o obrigara a desistir do sermão que se propusera fazer, por ocasião do festejo de um grande santo católico! Outros sermões de Dolbeau deixam claro que o paganismo, apesar de oficialmente suprimido por leis imperiais e amiúde declarado praticamente inexistente por triunfais autores cristãos, de modo algum se rendera ao cristianismo nas cidades da África setentrional romana. Vejamos as cartas de Divjak: já no fim da vida de Agostinho, numa época em que suas concepções teológicas eram aceitas como a ortodoxia oficial do Império do Ocidente, pungentes novas cartas revelam que ele e seus companheiros ainda batalhavam sem sucesso para cercear os piores abusos do governo imperial. Apesar de nominalmente católicos, os poderes instituídos demonstravam escasso respeito pelas opiniões dos bispos católicos locais, como Agostinho e seus amigos, quando estes intervinham para tornar menos brutal a elevação dos impostos e impedir o tráfico de escravos.

No cômputo geral, esses documentos recém-descobertos fazem mais do que confirmar o que já sabíamos. Introduzem um novo sentimento de indeterminação e incerteza no que, na década de 1960, fui tentado a narrar como a ascensão sumamente previsível de Agostinho e seus companheiros ao poder, na sociedade do baixo Império Romano. A cristandade medieval para a qual o pensamento agostiniano contribuiu tão maciçamente ainda estava muito distante da África setentrional de Agostinho. Sem perder de vista o desafio representado por essa nova imagem do bispo Agostinho, como um homem trabalhando num meio mais inconstante do que havíamos suposto, podemos agora voltar-nos pelo menos para alguns dos pontos altos de seus novos sermões e, em seguida, para algumas das novas cartas mais reveladoras de sua velhice. Primeiro, ouçamos os sermões pregados em Cartago em 397.

CARTAGO, 397

É possível que Agostinho tenha chegado a Cartago já em maio de 397 e permanecido até o fim de setembro (se é, bem entendido, que pregou numa só temporada todos os sermões dos festejos dos santos celebrados em Cartago entre os meses de maio e setembro, indicados no primeiro grupo dos sermões de Dolbeau). Se foi esse o caso, essa terá sido uma de suas temporadas mais longas na cidade. Mas, mesmo que isso não tenha acontecido, Agostinho certamente passou os meses de verão em Cartago em 397, ali fazendo pregações contínuas. Na época, ainda era

EPÍLOGO

uma figura desconhecida para muitos. Pouco tempo se passara desde sua sagração como bispo de Hipona — talvez apenas um ano, no máximo dois.[21] Era um homem doente. Antes da viagem a Cartago, ou em meio a esses meses sobrecarregados, ficou confinado ao leito, com hemorroidas cruciantes, passou noites insones e talvez tenha precisado de uma dolorosa intervenção cirúrgica.[22] Mas, como quer que estivesse sua saúde, continuou a pregar. O que as multidões ouviram foi um homem que encontrara uma nova voz. No ano anterior, ele havia travado uma batalha com o significado da Epístola de São Paulo aos Romanos, em resposta às *Questões* de Simpliciano. Em sua mente, a questão se resolvera em favor da graça divina: *O que possuis que não tenhas recebido?* Assim, ele se aproximou do povo de Cartago, nesse momento, sobretudo como um pregador do arrependimento, da conversão e da graça: ou seja, um pregador da esperança.[23]

Diante de congregações compostas de cristãos batizados e não batizados, de pessoas casadas e aspirantes à vida de continência, de mulheres e homens, Agostinho insistiu em que Deus dera a todas as categorias de pessoas a graça para modificar sua vida. Deus não era um mero espectador distante da batalha do coração. Era a riqueza de Sua graça que permitia que o combate se iniciasse, prosseguisse e se consumasse até a vitória.[24] O arrependimento era sempre possível. Os pagãos podiam criticar a insistência cristã no perdão dos pecados: "Transformais homens em pecadores, vós que prometeis tamanha impunidade aos que se convertem subitamente."[25] Para Agostinho, era precisamente a imensidão desesperadora do pecado que clamava por misericórdia. Seus ouvintes conheciam o lúgubre provérbio dos jogos de gladiadores: *Retro a saucio*, "Afasta-te do ferido".[26] Constantemente feridos que eram pelo pecado, todos eles tinham perto de si a fúria cega do desespero. "Retirai essa misericórdia, retirai essa promessa de perdão, e estareis tirando o único porto seguro nesse tempestuoso mar de iniquidades."[27]

O que viria por intermédio da graça era o crescimento lento e seguro do amor a Deus e aos semelhantes, que, numa vívida imagem extraída da Cartago de sua época, Agostinho assemelhou ao zelo ardoroso dos jovens, que ficavam literalmente "fora de si" em seu entusiasmo comum pelos astros do circo:

> Amas aquele auriga; incitas todos de quem gostas a te acompanhar para vê-lo, a amá-lo contigo, a encorajá-lo com aplausos. E, se eles se recusam, tu os tratas com zombaria e os chamas de idiotas (...). E quando amanhece o dia de um espetáculo com animais selvagens, tu, o aficionado daquele que luta com as feras [o *venator*, equivalente do toureiro no baixo Império Romano, que era jogado aos leões, panteras e ursos, munido apenas de uma lança], não consegues dormir (...) e, quando chega a hora de partir, tornas-te um perfeito incômodo para teu amigo que dorme a sono solto e prefere continuar dormindo a se levantar (...). Se possível fosse, tu o arrancarias da cama e o depositarias no anfiteatro.[28]

Essa era uma faceta de Agostinho que as plateias de Cartago se acostumaram a ouvir, de 397 em diante. Mas ele tinha outro papel a desempenhar, especificamente em 397. Nesse ano, pela primeira vez, fora chamado a falar com autoridade, na condição de bispo, sobre questões em que os cristãos de todo o Mediterrâneo discordavam vivamente uns dos outros. Os primeiros sermões de Dolbeau mostram pouca preocupação com pagãos e hereges. Em vez disso, marcam a estreia de Agostinho como uma nova força intelectual, intervindo pela primeira vez nos debates da época entre católicos. Ao pregar em Cartago, Agostinho posicionou-se num dos nós de uma rede de cristãos latinos "estudiosos", que se estendera por todo o Mediterrâneo.[29] Na vasta "galeria de sussurros" da cristandade latina do fim do século IV, o que Agostinho disse então em Cartago não poderia deixar de ser ouvido, do outro lado das águas, por figuras como Paulino de Nola, no Sul da Itália, e sobretudo pelo venerável Jerônimo, em Belém, bem como pelos admiradores e inimigos deste em Roma.

EPÍLOGO

Agostinho já se fizera conhecer por Jerônimo como o porta-voz do que chamava de "a sociedade douta das igrejas africanas".[30] Em 394, ainda escrevendo como um mero padre, ele questionara Jerônimo em problemas centrais da tradução e interpretação das Escrituras. Não foi um gesto particularmente feliz de sua parte. Acabou levando a uma troca de cartas que "mostra dois homens altamente civilizados conduzindo com estudada cortesia uma correspondência singularmente rancorosa".[31] Agora, um dos sermões de Dolbeau permite-nos ouvir, pela primeira vez, o equivalente a uma entrevista coletiva concedida por Agostinho em Cartago, no verão de 397, sobre uma das questões em que ele divergira de Jerônimo.[32]

Esta dizia respeito à famosa discussão entre São Pedro e São Paulo em Antioquia, à qual Paulo se referiu na Epístola aos Gálatas. Quando Pedro chegou a Antioquia, Paulo "resistiu-lhe face a face, pois que ele se tornara repreensível" (Gal. 2:11), por haver tentado impor costumes judaicos aos convertidos gentios, como a circuncisão. Para os cristãos do século IV, isso não era um incidente distante. Essa prova de um conflito entre os dois principais apóstolos da religião era-lhes constrangedora.[33] A tendência era minimizá-la com justificativas. A maioria dos exegetas cristãos afirmava que o confronto entre Pedro e Paulo não envolvera uma verdadeira diferença de opiniões entre os dois apóstolos. Ao contrário, fora uma simulação caridosa, destinada a manter a união da comunidade cristã. Pedro deixara Paulo fingir repreendê-lo em público por ter imposto a circuncisão aos gentios. Mas é claro que Pedro não tinha feito tal imposição. A censura a Pedro simplesmente dera a Paulo uma oportunidade para condenar, através dele, as práticas de terceiros. Era essa a visão oferecida por Jerônimo e pelas mentes mais poderosas da cristandade oriental. Pensar de outro modo equivalia, implicitamente, a tolerar o judaísmo (admitindo que Pedro não havia abandonado as práticas judaicas) e a sugerir que dois grandes apóstolos pudessem discordar quanto a uma questão séria. Devia haver muitos cristãos "estudiosos" na plateia de Agostinho, que esperavam, com impaciência não propriamente inocente, saber como o novo bispo de Hipona sairia desse dilema particular.

O sermão foi proferido perto da data do festejo conjunto de São Pedro e São Paulo (29 de junho). Agostinho deixou claro que a interpretação vigente o estarrecia. Se fosse possível achar que um apóstolo podia ter mentido ou compactuado com um incidente simulado, seria como se uma traça invadisse o precioso armário das Escrituras. Suas larvas devorariam o texto inteiro da verdade revelada, tão certo quanto destruiriam um armário inteiro de roupas. (Convém lembrar que as pessoas da Antiguidade guardavam suas túnicas e seus livros em baús e armários.)[34]

É claro que Paulo repreendera Pedro a sério, e Pedro realmente havia preservado os costumes judaicos entre seus convertidos judeus. Para Agostinho, isso nada tinha de surpreendente. A circuncisão e a observância da dieta *kosher* eram gestos antigos, amados pelo próprio Deus. Os rituais judaicos, diversamente dos ritos pagãos, não precisavam ser abominados e abruptamente abandonados. Após uma velhice digna, o "espírito" se retirara deles. Era preciso acolhê-los com reverência e, se necessário, conduzi-los lentamente ao túmulo.[35] Tudo o que Paulo havia repreendido em Pedro fora sua tentativa de impor venerandos costumes judaicos também aos gentios, a ponto de deixar implícito que a simples graça de Cristo não era suficiente para sua salvação.

Essa história de um conflito verdadeiro entre dois apóstolos foi uma lição para a época do próprio Agostinho. Podia-se dizer que os bispos eram "irrepreensíveis" (I Tim. 3:2), mas isso não significava que não cometessem erros e não devessem ser censurados por terceiros. O público de Agostinho não deveria duvidar disso. Agostinho contradissera francamente a autoridade de Jerônimo e de um mundo mais amplo, talvez mais sábio. Mas o fizera no intuito de colocar a autoridade das Sagradas Escrituras acima das disputas humanas. Nenhum livro de homem algum deveria ser preferido a elas.

EPÍLOGO

Nós, que pregamos e escrevemos livros, escrevemos de modo totalmente diferente de como foi escrito o cânone das Escrituras. Escrevemos enquanto progredimos. Aprendemos algo novo a cada dia. Ditamos ao mesmo tempo que investigamos. Falamos enquanto ainda nos esforçamos por compreender (...). Rogo a vossa Caridade, em meu nome e em meu próprio caso, para que não tomeis nenhum livro ou pregação anteriores meus como a Escritura Sagrada. (...) Quando alguém me critica por eu ter dito o que é certo, não age bem. Mais aborrecido eu ficaria, no entanto, com aquele que me enaltecesse e tomasse o que escrevo por verdade canônica (*canonicum*) do que com aquele que me critica injustamente.[36]

Parece provável que, pouco mais adiante, no mesmo verão de 397, Agostinho tenha descoberto que precisava opinar sobre mais um tema delicado e potencialmente explosivo: o do intercurso sexual conjugal.[37] Este também fora objeto de uma multiplicidade de opiniões nos círculos cristãos. Muitas dessas opiniões eram estridentes e autoconfiantes. No fim do século IV, o casamento era um tema pesado, a conta certa para provocar, na pena de cristãos radicais, afirmações de animada irresponsabilidade. O movimento ascético pusera o casamento sob uma nuvem.[38] Havia no ar histórias de renúncias dramáticas ao sexo. Os casais eram louvados por fazer votos de castidade perpétua em sua noite de núpcias. A imaginação cristã era alimentada por histórias de virgens heroicas, que tinham defendido sua castidade contra o assédio de maridos lascivos. Muitos autores cristãos, e até pregadores cristãos, não hesitavam em sugerir que o casamento era maculado pela realidade do coito e que este, quando muito, era um simples baluarte contra o adultério. As pessoas casadas eram tratadas como basicamente desinteressantes. Eram os "soldados de infantaria" do exército de Cristo. Em 394, Jerônimo havia sugerido tudo isso e muito mais, num panfleto de tal veemência que até seus amigos tiveram que tirá-lo de circulação, quando apareceu em Roma.[39]

Num clima carregado por esses debates, Agostinho colocou-se com firmeza ao lado dos casados. Os votos unilaterais de continência, que deixavam o parceiro sexualmente insatisfeito, eram-lhe repulsivos, por serem egoístas e perigosos.[40] Ele assinalou que o próprio São Paulo, em sua I Epístola aos Coríntios, estendera-se sobre o assunto de maneira a implicar que os casais deviam praticar o sexo. Aliás, dedicara muita atenção à enumeração das situações em que os cônjuges deveriam abster-se do coito e daquelas em que não deveriam fazê-lo. Esse, como assinalou Agostinho, não era o apóstolo santimonial imaginado pelos críticos ascéticos radicais do casamento.

> *Talvez pareça indecente nos estendermos sobre esse tema (...).*
> *Contudo, quem somos nós, comparados à santidade de Paulo?*
> *Com devota humildade, com palavras de cura e com o remédio*
> *de Deus, Paulo penetrou nos quartos humanos. Uma santidade*
> *como a dele inclina-se sobre o leito dos cônjuges e ali os observa,*
> *deitados.*[41]

As pessoas de hoje talvez não apreciassem um apóstolo, e menos ainda um bispo, bisbilhotando seus leitos conjugais. Mas, para os casais da plateia agostiniana, podemos suspeitar que uma certa dose de regulação clerical fosse bem-vinda. Pelo menos, ela implicava um reconhecimento de sua situação. Era melhor ouvir preleções de um bispo, vez por outra (como a que fez Agostinho nessa ocasião), a respeito de quando o intercurso sexual era permitido e quando não era, do que ser permanentemente ignorados pelos arrogantes — que tratavam todos os casais unidos em matrimônio como marginais à vida da Igreja.

Talvez Agostinho tenha pregado sobre esses temas em concordância com Aurélio e seus outros colegas mais velhos. Seus sermões sobre questões controvertidas, como a interpretação correta da censura de Paulo a Pedro e os ensinamentos de Paulo sobre o casamento, foram uma discreta declaração de independência. Nas questões então debatidas pelos cristãos de todo o Mediterrâneo, a Igreja da África, tendo em Agostinho seu mais eloquente porta-voz, não dançaria conforme nenhuma outra música senão a dele.

EPÍLOGO

Como pessoas modernas, é natural que nos interessemos por problemas de hermenêutica bíblica, e, quando um bispo faz pronunciamentos sobre o sexo, pode-se contar com nossa escuta atenta. Mas, na Cartago do fim do século IV, o culto dos mártires era um assunto de importância muito maior para o cristão médio. Como lembrou Agostinho a seus ouvintes, numa ocasião posterior:

> Irmãos, observai o que acontece quando se menciona uma festa dos mártires ou um local sagrado a que as multidões possam acorrer, para realizar uma celebração solene. Vede como eles animam uns aos outros e dizem: "Vamos, vamos!" E um pergunta a outro: "Aonde?" E eles dizem: "Àquele lugar, àquele local sagrado." Conversam entre si e, como se todos fossem iluminados, eles compõem juntos uma única chama.[42]

Durante todo o verão de 397, Agostinho pregou em muitos desses festejos dos mártires, em igrejas espalhadas pelos arredores de Cartago. E viria a fazê-lo em muitas ocasiões, nos anos seguintes. Se, como é provável, muitos dos sermões de Dolbeau nas celebrações dos mártires datam de 397, podemos ouvir Agostinho, pela primeira vez, levando sua mensagem singular a essas ocasiões. Para seus ouvintes, a celebração de um mártir era um momento de vigílias à luz de tochas, nas cálidas noites de verão. Era um tempo de glória, marcado por uma suspensão do corriqueiro — pelo entoar de cânticos, pelo erguer das taças de bom vinho e até pela dança rítmica. O clima de euforia espelhava a suspensão praticada por Deus, na pessoa de Seu servo, o mártir, das sombrias leis da dor e da morte. Ir a uma celebração dos mártires não era, necessariamente, fazer um esforço para lhes imitar a resistência. Era buscar sustentação na participação profunda, quase não verbal — por intermédio das multidões empolgadas, da bebida, da música e do movimento oscilante —, na exultação da vitória do mártir. A grande animação dessas ocasiões, associada aos ingredientes terrenos de qualquer festival da Antiguidade, comemorava o clarão ofuscante de poder sobrenatural que levava um pouco de esplendor à vida opaca e limitada da média dos cristãos.[43]

Não era exatamente assim que Agostinho via as celebrações dos mártires. Já quando padre, como vimos, suas cartas a Aurélio e Alípio haviam mostrado uma severa determinação de reduzir a *laetitia*, o clima de regozijo eufórico que acompanhava os festejos dos dias santificados. Ele escreveu com ominosa determinação sobre a necessidade de reforma, imposta de cima por ele e seus companheiros de episcopado sobre uma plebe indisciplinada e ignorante.

> É a primeira vez que vemos de que modo Agostinho e seus colegas se empenhariam em modificar os hábitos de comunidades inteiras, por intermédio de uma mescla cuidadosamente meditada de firmeza e persuasão.[44]

Se muitos dos sermões de Dolbeau datam de 397, eles deixam claro que outra razão mais íntima surgira na mente de Agostinho, levando-o a querer reformar a prática católica. Era uma razão cujas raízes se encontravam em sua nova teologia da graça. Ele queria reduzir o clima de participação exuberante na vitória dos mártires, para que o refulgir sobrenatural da graça divina, associado às mortes extraordinárias desses santos, não levasse o cristão comum a ficar cego para as vitórias frequentes e menos espetaculares — embora igualmente extraordinárias — da graça divina em sua própria vida. Agostinho tornou os festejos dos mártires menos dramáticos, a fim de enfatizar o drama cotidiano da ação de Deus no coração dos cristãos comuns.

Ele insistiu em que "Deus não Se compraz com jorros de sangue".[45] No entanto, a iconografia cristã dos mártires, nas lamparinas de terracota que havia em todo lar cristão, indica que a maioria das pessoas não concordava com Agostinho. As representações dos mártires pautavam-se maciçamente pela iconografia dos astros vitoriosos do circo: eles eram exibidos nas lamparinas como atletas musculosos. A memória do sangue

EPÍLOGO

glorioso que deles havia jorrado no anfiteatro acrescentava um *frisson* de deleite ao culto dos santos no século V.[46] Em seus sermões dessa época, Agostinho desviou deliberadamente a atenção da ideologia popular corrente da vitória dos mártires para as pequenas dores e os triunfos da vida cotidiana:

> Deus tem muitos mártires em segredo. Não desejamos um retorno à perseguição sofrida por nossos ancestrais nas mãos das autoridades (...). Mas o mundo não desiste. Há momentos em que tremeis de febre: estais lutando. Encontrai-vos acamados: sois vós os atletas.[47]

Uma dor singular acompanhava muitos dos tratamentos médicos do baixo Império Romano. Além disso, todos, inclusive Agostinho, acreditavam que os amuletos oferecidos por mágicos habilidosos (muitos dos quais eram cristãos) de fato protegiam o sofredor — mas ao preço de ele confiar noutras forças sobrenaturais que não apenas Cristo. Os amuletos funcionavam. Desprezá-los era como desprezar qualquer outra forma de medicamento.[48] Mas os cristãos não deviam usá-los. Para Agostinho, portanto, assemelhar o leito de enfermo de um cristão a uma cena de martírio não era uma comparação forçada. Ele o fazia para introduzir em cada casa cristã a glória de Deus, celebrada em longos e animados banquetes nas igrejas de mártires espalhadas pelos arredores de Cartago.

Esse conjunto específico dos sermões de Dolbeau é parte de uma série de sermões (muitos deles conhecidos desde longa data) dispostos num só grupo no *Indiculum* de Possídio. Não sabemos dizer se todos os desse grupo datam de 397. É possível que alguns tenham sido inseridos depois. Mas, se o núcleo desses sermões remonta ao ano de 397, é bem possível que a campanha de pregação em Cartago nesse ano tenha sido vista por Agostinho, já naquela época, como um acontecimento significativo.[49] Embora tais questões sejam notoriamente delicadas de decidir, ainda assim eu me sentiria tentado a arriscar uma hipótese. Talvez a redação das *Confissões* tenha ocorrido no mesmo ano em que Agostinho pregou em Cartago: 397. Mas, qual dos dois terá vindo primeiro: a redação das *Confissões* ou o sopro renovado da pregação sobre o arrependimento, a graça e a autoridade das Escrituras? Eu sugeriria que a pregação precedeu a redação das *Confissões*. Quando Agostinho retornou a Hipona, ao se aproximar o décimo aniversário da morte de Mônica, estava ciente, por sua experiência em Cartago, de que Deus realmente o havia preparado para ser pregador de Sua Igreja. Agora, precisava explicar exatamente de que modo isso havia sucedido. Ele não se dedicou a redigir as *Confissões* apenas, como sugeri, como um ato de terapia mediante o qual curar a tristeza de um "futuro perdido".[50] Se elas vieram depois de sua pregação em Cartago, no verão de 397, as *Confissões* também foram escritas como uma advertência a ele mesmo e um agradecimento a Deus:

> Quando poderei eu, com a voz de minha pena, enumerar todas as Vossas exortações e terrores, todas as consolações e incitamentos com que me levastes a pregar Vossa palavra em meio ao Vosso povo?[51]

Seis anos depois, um novo conjunto de sermões de Dolbeau, seguramente datado de 403-404, revelou um outro lado, mais ambicioso, do pregador Agostinho.

CARTAGO E O VALE DO MEDJERDA: 403-404

Quando chegou a Cartago, bem no fim do ano de 403, Agostinho já fizera quatro visitas à cidade desde 397. O "povo de Deus" tivera muitas oportunidades de ouvi-lo como "pregador da Palavra". Nem todos tinham gostado do que ouviram. Um dos sermões do grupo dos de Dolbeau, proferido em Cartago em janeiro de 404, mostra a que ponto as tentativas de reforma do culto católico dos mártires, por parte de Agostinho e

EPÍLOGO

seus colegas, haviam-no tornado impopular junto a muitos membros da congregação da Igreja de Cartago. A abolição dos cânticos, da dança e da bebida na sepultura de São Cipriano, combinada com medidas para separar os sexos quando eles entravam nas igrejas repletas e se acotovelavam em volta dos túmulos dos mártires havia provocado ressentimentos.[52]

Esses ressentimentos explodiram em 22 de janeiro de 404.[53] Era dia da festa de São Vicente de Tarragona, realizada na grande basílica e catedral de Aurélio, no centro de Cartago.[54] A convite de Aurélio, Agostinho ergueu-se para falar. Mas conseguiria sua voz fazer-se ouvir num prédio tão vasto? Parte da congregação avançou em direção à abside, para ficar mais perto dele. Outra parte, no entanto, aglomerou-se em volta do altar situado no centro da igreja — como era comum nas primeiras basílicas cristãs. Esses fiéis gritavam para que Agostinho se aproximasse deles, a fim de falar (como fizera antes) bem no centro do prédio, cercado pela congregação por todos os lados. A proposta em si era sensata, mas o grupo que se deslocara em direção à abside parou e começou a voltar. Do grupo em torno do altar ergueu-se um cântico, para que Agostinho se apressasse e fosse até ele. Foi um instante de congestionamento em que as pessoas não conseguiam circular.

Agostinho não aprovou. Ficou visivelmente aborrecido com a gritaria. Num gesto abrupto, deu as costas à congregação, voltou para o banco em que ficavam os bispos e sentou-se. Parte da congregação irritou-se com esse gesto. Ao se recusar a pregar, Agostinho parecia havê-la tratado com desdém. Um canto rítmico de *Missa sint* — "Prossigamos com a Missa" — ergueu-se do centro da igreja. Os fiéis recusaram-se a esperar pelo sermão. Por um gesto aparentemente petulante, Agostinho perdeu a oportunidade de pregar na festa de um grande santo católico.[55]

Raras vezes *vemos* Agostinho com tanta clareza quanto nesse momento. Raro também é captarmos com tanta precisão — como quando ele teve de se explicar no dia seguinte, num longo sermão intitulado "Da obediência" — o tom de voz de um homem comprometido com um sentimento tão intenso de ordem. A obediência não era uma questão trivial. A queda de Adão e Eva, decorrente da desobediência à primeira ordem de Deus, deixava-o patente. Agostinho admitiu haver pregado, em data recente, que o dever do bispo era "servir aos fracos". Mas ele os servia para o bem deles e, por essa razão, esperava ser obedecido. Em sua opinião, Cartago deveria ser, para toda a África, a vitrine de uma nova ordem católica reformada. Quando colocado diante de "pequenas congregações do interior, que criam tumultos e se opõem a seu bispo, eu lhes digo: 'Ide, ide ver a congregação da Igreja de Cartago.'"[56]

De repente, em meio a seu sermão, ouvimos Agostinho falar de si mesmo, do tempo em que fora estudante em Cartago, trinta anos antes:

> *Quando frequentava vigílias, nos tempos de estudante nesta cidade, eu passava a noite encostando-me nas mulheres, junto com outros rapazes que ansiavam por impressionar as moças, nos locais onde, quem sabe, pudesse surgir uma oportunidade de ter um romance com elas.*[57]

Nas *Confissões*, Agostinho insinuou haver iniciado um romance "dentro dos muros de uma igreja".[58] Mas mencionou esse episódio de maneira discretamente condensada. Sem o novo sermão de Dolbeau, nada mais saberíamos sobre tal incidente. Ele é um comentário singularmente franco. Sobre um homem santo da Síria contemporânea, foi dito que ele conservara a castidade "apesar (!) de comparecer com frequência às festas dos mártires".[59] Não se poderia dizer o mesmo do jovem Agostinho. No entanto, o estudante excitado da década de 370 tornara-se agora um bispo católico e o pregador do impressionante sermão "Da obediência", do ano de 404.

Apesar do tom severo do sermão "Da obediência", os outros sermões recém-descobertos dessa época revelam, antes, um Agostinho que lutava, com todos os recursos retóricos e didáticos a seu dispor, para impedir que a congregação cristã fosse reabsorvida num mundo em que, até então, o cristianismo de modo algum havia conquistado a primazia cultural.

EPÍLOGO

Daí a importância do longo sermão "Contra os pagãos", pregado em Cartago nas calendas de janeiro (em 1º de janeiro de 404),[60] e de uma série de pequenos sermões similares, proferidos perante congregações que incluíam ouvintes pagãos, em pequenas cidades do vale de Medjerda, quando ele voltou a Hipona na primavera de 404.[61]

Nessas ocasiões, Agostinho não oferecia nada menos do que o melhor. O sermão "Contra os pagãos" durou duas horas e meia. Foi justificadamente descrito por François Dolbeau como "a joia da coleção de Mayence".[62] Ao lermos esse *tour de force*, devemos lembrar que aquele era um mundo mais acostumado do que nós a longas exibições de retórica. A própria justiça romana era um "esporte dos espectadores". As multidões de Cartago podiam passar horas a fio no fórum, ouvindo o destino de um homem "pender dos lábios" de um defensor habilidoso.[63] Uma ou duas horas de pé na basílica, para escutar Agostinho, eram um sacrifício menor do que poderíamos esperar. Desconfiamos que muitos ouvintes simplesmente entravam e saíam, captando trechos do sermão enquanto o pensamento de Agostinho deslocava-se em grandes círculos e voltava sempre aos mesmos temas, com uma noção impecável do momento oportuno, a fim de decompor o sermão em unidades menores.

É que Agostinho não "pregava" sermões, no sentido de proferir denúncias ferozes contra os deuses. Antes, oferecia a sua congregação o que chamaríamos de um "seminário". Num mundo em que a maciça maioria da população era analfabeta, a doutrina cristã não era primordialmente transmitida por livros. Era comunicada, em detalhe, pelos sermões. Os sermões pregados por Agostinho em 404 foram nada menos que uma série de aulas magnas sobre a natureza das verdadeiras relações entre Deus e os homens. Foram preservados pelos estenógrafos tal como proferidos. Neles ouvimos os principais temas das *Confissões*, do *De Trinitate* e de *A cidade de Deus*, ganhando vida para nós no latim simples das ruas de Cartago e das cidadezinhas do vale do Medjerda. As congregações comuns tiveram seu quinhão pleno da magnífica visão agostiniana da religião cristã.[64]

Nesses sermões, também nos confrontamos com a resistência muda de todo um modo de pensar pagão ao cristianismo. Quase um século depois da conversão de Constantino, o sentimento do insólito poder dos deuses, alimentado por histórias de milagres praticados por seus antigos cultores, ainda se impunha ao cristão comum. Até Agostinho dispunha-se a ter uma atitude receptiva para com pelo menos alguns dos antigos sábios. Sugeriu ele que Pitágoras, por exemplo, teria confiado tão só nos vastos poderes de sua mente, e não nos ritos ilusórios do culto pagão.

> *Daqueles que não adoravam ídolos nem se prendiam aos demônios através de ritos caldeus [teúrgicos] e mágicos, não devemos falar prematuramente, pois que Cristo, o Salvador, Aquele sem o qual ninguém pode ser salvo, talvez Se haja revelado a eles de um modo ou de outro.*[65]

Mas os pagãos ilustres da época de Agostinho eram outra história. Em Cartago, como noutros lugares, os sábios pagãos haviam-se mantido como heróis da cultura. Tinham imitadores na cidade. Estes eram homens de estilo de vida elevado, associado a poderes mágicos. Seu imenso prestígio garantia que os antigos ritos, embora tecnicamente abolidos pelas leis imperiais, nunca fossem prontamente descartados. Muitos cristãos tendiam a crer que devia haver algo neles, uma vez que tinham sido usados por tanto tempo e por pessoas tão doutas.[66] Para o pagão instruído, tornar-se cristão era perder o contato com uma tradição gloriosa: "Haverei eu de me tornar o que é meu *ostiaria*, meu porteiro, e não um Platão ou um Pitágoras?"[67] Agostinho não aceitava nada disso. O caminho de Cristo estava aberto a todos. Sua congregação não devia deslumbrar-se em demasia com as afirmações pagãs de um saber especial.

> *Vós, irmãos, que não tendes o poder de visão para ver o que viram [os sábios pagãos], que não sois capazes, pela simples força do pensamento, de vos elevar acima de todas as criaturas (...), de ver o Deus imutável (...), não vos angustieis, não abandoneis*

EPÍLOGO

> *a esperança (...). Pois que benefício lhes trouxe ver aquela pátria à distância, em seu orgulho? (...) Eles viram essa pátria como que dos píncaros do orgulho, como quem se erguesse numa cordilheira em frente a ela. Mas ninguém pode chegar àquele cume distante sem antes descer até o vale (...)*
> *Pois nosso caminho é a humildade. O próprio Cristo mostrou isso em Si mesmo. Quem se afasta desse caminho vaga por uma encosta feita de trilhas sinuosas, que não levam a parte alguma, e em cujas vertentes espreita o Diabo (...).*[68]

É impossível fazer justiça, no breve espaço de um epílogo, à riqueza e ao virtuosismo retórico dos muitos sermões de Dolbeau de 404. O que convém assinalar, entretanto, é que eles acrescentam um peso considerável a minha suspeita original (verbalizada sobretudo nos capítulos intitulados, significativamente, de *Instantia*, "Insistência", e *Disciplina*, "Punição") de que os anos em torno de 404 marcaram um momento decisivo nas relações entre a Igreja católica e suas rivais religiosas no Norte da África, e o fizeram, na mente do próprio Agostinho, em sua visão da relação entre a Igreja e a sociedade.[69] Esses sermões são apropriadamente designados de "Sermões sobre a conversão de pagãos e donatistas".[70] Quer tenham-se dirigido principalmente contra os pagãos, quer contra os donatistas, eles têm um tema comum: Agostinho desejava que seu público tivesse certeza de uma coisa — de que a Igreja católica era "universal", no sentido mais literal da palavra: o catolicismo era uma religião capaz de se transformar na religião de uma sociedade inteira, ou, no mínimo, da esmagadora maioria de qualquer sociedade. A Igreja católica, já então "plenamente adulta",[71] estava fadada a absorver todos os outros credos. Agostinho expôs isso, repetidamente, como a mais evidente "lição da história" de sua época. Os pagãos ilustres das cidadezinhas do interior de Cartago, como Thignica (Ain Tounga) e Boseth, afluíam obedientemente e em massa à basílica local, para ouvir Agostinho pregar. E ele lhes disse, sem meias palavras, que estavam atrasados:

> *Eles que acordem, desta vez, nem que seja para o fragor do mundo [um fragor como o das multidões no teatro, que as pessoas do baixo-império tendiam a tratar como uma espantosa e insólita demonstração de unanimidade]. O mundo inteiro eleva um grito.*

O catolicismo era uma religião para todos os lugares e todas as classes:

> *Todos se assombram ao ver a raça humana inteira convergir para o Crucificado, de imperadores a mendigos andrajosos (...). Nenhum grupo etário é ignorado, nenhum estilo de vida, nenhuma tradição erudita (...) já vieram pessoas de todas as classes, de todos os níveis de renda e toda forma de riqueza. É mais do que hora de que todo e qualquer um venha para o interior [da Igreja].*[72]

Tão naturais nos parecem esses sentimentos, provindo da boca de um bispo católico do baixo Império Romano, que não nos damos conta de seu ineditismo no ano de 404. A maioria dos cristãos não pensava como Agostinho. Eles se haviam acomodado num estado de espírito que ficaríamos tentados a chamar de "pluralismo arcaico" — para distingui-lo de qualquer ideia moderna de tolerância religiosa. Contentavam-se em se ver como uma minoria privilegiada e até triunfante. A prosperidade de sua Igreja e as graças de que ela gozava junto aos imperadores cristãos haviam demonstrado amplamente o poder superior de seu Deus, cotejado com todos os outros. E eles se satisfaziam em deixar as coisas nesse pé. Os deuses continuavam lá, mesmo que não fosse para eles. Os bons cristãos podiam desprezar o paganismo e fazer o impossível para evitar qualquer forma de "contaminação" dos rituais pagãos, mas não tinham a expectativa de viver numa sociedade em que o paganismo tivesse sido tragado por completo. Antes, mantinham uma distância respeitosa da Antiga Religião: "Não cultues, mas não zombes", esse era o seu lema.[73]

EPÍLOGO

A ideia de uma sociedade totalmente católica continuava fora de seu horizonte de possibilidades.[74]

Não era assim que Agostinho e seus colegas haviam passado a pensar. Como vimos, Agostinho e Aurélio tinham-se comprometido com uma reforma do culto católico, do culto dos mártires, que se destinava a purgar a Igreja das práticas dos "imperitos" — os *imperiti* —, que faziam a adoração católica parecer semelhante ao paganismo. Agostinho se dispunha a condenar atos inocentes de reverência, como o de beijar a porta da igreja ao entrar. Não satisfeito com a reforma interna, fazia pregações vigorosas — e seus colegas chegaram a enviar petições ao imperador — para "dar cabo" da "ignorância" do próprio paganismo.[75]

Quanto aos donatistas, sua pregação contra eles, como mais um grupo destinado a ser "varrido" pela Igreja católica, fizera de Agostinho um homem marcado. Sabemos hoje, a partir de referências nos sermões de Dolbeau, que foi no verão ou outono de 403 que Agostinho escapou por um triz de uma emboscada dos temidos circunceliões. Os donatistas afirmaram que, durante algum tempo, o medo desse raspão na morte lhe impôs o silêncio.[76] Por sua vez, os donatistas nunca esqueceram de que seus bispos e fiéis tinham sido mortos por autoridades católicas na "Época de Macário". Agostinho teve de pregar em público sobre a pavorosa realidade de mártires cristãos que tinham sido mortos por correligionários cristãos. Sua congregação não manifestou nenhuma simpatia por tais "mártires". Ao contrário, o Diabo, aquele antigo monstro, em sua astúcia imortal, havia produzido a suprema ambiguidade dos tempos cristãos: "Com a prática de seis mil anos inteiros submetendo os santos a tentações, (...) por não conseguir criar falsos deuses para os cristãos, ele lhes deu falsos mártires."[77] Tal como exposta por Agostinho, a fidelidade donatista a seus mártires era mais um sinal da "ignorância" empedernida a ser varrida para longe pela Igreja católica, com a mesma brusquidão com que ela havia reformado seus próprios costumes e silenciado a algazarra dos cultos pagãos nas ruas de todas as cidades.

Foi sobre essas consequências desoladoras de uma visão do cristianismo como religião verdadeiramente universal que Agostinho, como pregador, dispôs-se a refletir em voz alta nos anos em torno de 404. Em seu monumental levantamento intitulado *As províncias do Império Romano*, o grande historiador Theodor Mommsen comentou sobre o cristianismo que, "se ele surgiu na Síria, foi na e através da África que se transformou na religião do mundo".[78] Ao ler os sermões de Dolbeau dos anos de 404 e seguintes, passamos a ouvir com perturbadora clareza a voz do homem que, mais do que qualquer outro cristão latino de sua era, atreveu-se a ponderar sobre a ideia impensável de que o cristianismo podia ser a religião de toda uma sociedade.

Não que Agostinho tenha sido poupado da contundência de suas próprias certezas. Um dos últimos sermões de Dolbeau, de outra data que não 404, é uma breve comunicação, de apenas cinco minutos, em que ele justifica a decisão de um bispo local de que um jovem falecido como catecúmeno — isto é, sem ter recebido o batismo — não podia ser sepultado como membro dos "fiéis", junto ao altar em que era celebrada a Eucaristia.[79] No sermão que antecedeu essas poucas palavras dolorosas, os temas usuais da vitória católica universal foram notavelmente contidos. É que a universalidade tinha suas arestas. Todas as pessoas podiam ligar-se à Igreja pelo batismo. Mas isso não significava que todas o fizessem: e ali estava o filho de uma família católica, um homem moço e popular entre todos, que havia morrido sem esse rito salvador. De um modo ou de outro, sua alma deveria continuar "morta", eternamente "fora" da Igreja em permanente expansão. E era o quanto bastava.

> Não quero dizer mais do que isso, irmãos. Trata-se de uma causa suficiente de pavor, sem agravarmos o sofrimento daqueles de nossos companheiros que foram abalados por esse acontecimento. Nem isto eu teria dito, se não fora obrigado por todos vós a oferecer algumas palavras de exortação e orientação.[80]

EPÍLOGO

DE TRANSVERSO HINC ATQUE INDE:

"Não anunciado aqui, ali e acolá"
O velho Agostinho nas cartas de Divjak

As cartas de Divjak foram originalmente publicadas em 1981 e há uma tradução delas para o inglês desde 1989.[81] Elas tiveram tempo de ser elaboradas para entrar no fluxo da erudição agostiniana.[82] Por conseguinte, requerem uma introdução menos extensa. Neste Epílogo, apontarei apenas alguns dos incidentes mais reveladores que pela primeira vez se tornaram conhecidos nessas cartas.

Convém lembrarmos que, como documentos, as cartas de Divjak são muito diferentes dos sermões de Dolbeau. Em 397, e de novo em 404, encontramos o pregador Agostinho numa situação íntima — principalmente em Cartago —, ao se dirigir a multidões atentas, dentro dos muros de basílicas católicas locais. Agora, com as cartas de Divjak, avançamos quinze anos no tempo — a rigor, até a década de 420, a última da vida de Agostinho, quando ele estava com sessenta e tantos a setenta e poucos anos. Encontramo-nos também num cenário muito diferente. Estamos de volta a Hipona e, na companhia de Agostinho, podemos vasculhar com olhos ansiosos toda a extensão do Mediterrâneo romano.

Depois de 413, a controvérsia pelagiana transformou Agostinho, pela primeira vez em sua vida, numa figura realmente internacional. Mesmo ao pregar para seu próprio rebanho em Hipona, ele era obrigado a voltar os olhos para o porto, em busca de notícias de regiões distantes. Já não era um novato no mundo internacional dos cristãos "estudiosos", como fora em 397. Sua autoridade como bispo e seu direito de definir o que era e o que não era heresia eram agora diretamente afetados por acontecimentos ocorridos em todos os cantos do Mediterrâneo.

Outra descoberta de François Dolbeau lança uma luz inesperadamente vívida sobre essa nova situação. Num manuscrito pouco impressionante, copiado em Cesena em 1453, Dolbeau descobriu o texto completo de um sermão pregado por Agostinho contra Pelágio.[83] O fim do sermão era conhecido em toda a Idade Média, por intermédio de uma antologia de excertos da obra agostiniana. Era uma refutação clara e permanente das concepções pelagianas. E foi típico dos extratores de fragmentos da alta Idade Média deixar de fora as vívidas partes iniciais. No texto integral do sermão, podemos agora ouvir a primeira reação pública de Agostinho, no fim da primavera de 416, à notícia "quente" de que Pelágio fora inocentado da acusação de heresia pelos bispos da Palestina, no Sínodo de Dióspolis (Lydda/Lod), em dezembro de 415.[84]

Todos os anos, as tormentas de inverno fechavam o Mediterrâneo e impunham a Hipona um "blecaute de notícias" que só se dissipava na primavera. Os navios voltavam então a entrar no porto, trazendo meses de informações atrasadas. E assim, na primavera de 416, o diácono Palatino, voltando da Terra Santa para visitar seu pai em Hipona, trouxe a notícia surpreendente da absolvição de Pelágio e, junto com ela, um panfleto em que este rechaçava triunfalmente as acusações feitas por seus inimigos. Não foi uma boa notícia para iniciar outro ano de contatos com o mundo externo.

Ao relatar o acontecido a uma congregação alvoroçada, Agostinho mostrou-se firme. Deixou claro que a controvérsia não fora uma questão de personalidades. Explicitou suas relações anteriores com Pelágio. Frisou que sempre tomara o cuidado de nunca atacar a pessoa de Pelágio em nenhum de seus textos. Na verdade, escrevera cartas pessoais e amistosas a ele, destinadas a um correligionário que era "servo de Deus". Chegara até a lhe enviar uma longa mensagem, na Palestina, para alertá-lo sobre as consequências de suas ideias. Verbalmente transmitida como uma admoestação pessoal, essa mensagem se destinara deliberadamente a evitar uma controvérsia escrita entre os dois.[85] O que importava eram as ideias. Era irrelevante que, agora, Pelágio conseguisse ou não ser absolvido por sustentar as ideias de que fora acusado. As ideias perigosas em si, associadas aos ensinamentos dele, continuavam circulando à solta. Os católicos de Hipona deveriam manter-se em guarda contra "uma nova heresia, cuidadosamente ocultada, que se infiltra furtivamente por toda parte".[86]

EPÍLOGO

Esse clima de vigilância dá o tom de muitas das cartas de Divjak. Elas revelam abordagens antes desconhecidas de questões ligadas à controvérsia pelagiana, a Jerônimo em Belém,[87] ao patriarca Cirilo, em Alexandria,[88] e ao patriarca Ático, em Constantinopla.[89] Tais cartas permitem-nos ter um raro vislumbre de Agostinho, tal como ele se afigurava a outros bispos nos extremos do Mediterrâneo.

Visto dessa distância, o bispo de Hipona não era uma figura imponente. Em 417, Agostinho teve de escrever a Cirilo de Alexandria para se defender da acusação de haver negado a realidade do fogo do inferno. Para os leitores de Alexandria, o recente trabalho agostiniano contra os pelagianos parecia haver "afirmado que nem todos os pecadores são punidos com as chamas eternas".[90] Nessa ocasião, ele escreveu a Cirilo para dizer que fora exatamente isso que havia afirmado. Os pelagianos tinham alegado que os cristãos podiam ser perfeitos e que todo pecado era um ato livremente escolhido de desprezo por Deus, automaticamente digno do fogo do inferno. Tal concepção tornava passíveis de condenação eterna todos os fiéis imperfeitos. Nessas questões, Agostinho era, sem sombra de dúvida, a alma mais generosa. Escrevera do modo que escrevera para barrar o implacável perfeccionismo que estava implícito nas ideias de Pelágio:

> por todos os meios deve-se evitar o erro de supor que todos os pecadores, não tendo levado aqui na Terra uma vida inteiramente sem pecado, serão submetidos ao castigo do fogo eterno.[91]

Não é sempre que vemos justamente Agostinho ser acusado de leniência com o pecado!

Alguns personagens ilustres do mundo grego cristão mal deviam tê-lo notado. Em 420, em Constantinopla, havia quem afirmasse julgar que ele já tinha morrido. Ao escrever a Aurélio de Cartago, Ático, o patriarca de Constantinopla, não enviou uma carta similar de saudações a Agostinho. Ático era um ex-burocrata e patriarca da Nova Roma, capital de todo o Império do Oriente. Julgava estar aquém de sua dignidade enviar cumprimentos a outros bispos que não os seus pares exatos. Aurélio de Cartago era importante, Agostinho não. No mundo grego, encontravam-se teólogos a três por dois: não havia necessidade de saudar um simples bispo de Hipona, meramente em virtude de seu prestígio teológico. Deliberadamente imperturbado por essa desconsideração, Agostinho respondeu à carta de Ático com um toque de humor que muito nos faz perdoar no ancião: "que há de mais fácil do que acreditar que um homem, nascido para morrer, de fato já esteja morto?"[92] Mas o bispo de Hipona estava longe de ter morrido. Ático viu-se assim obrigado a ler uma longa carta não solicitada. Nela, Agostinho defendeu suas próprias concepções sobre a sexualidade e o casamento contra a caricatura que deles era circulada, no Oriente, pelos adeptos pelagianos de Juliano de Eclano. Trata-se de uma missiva incomumente cuidadosa, a mais explicitamente "teológica" de todas as cartas de Divjak.[93] Foi a carta de um homem conscientizado de que, por mais autoridade que exercesse na África, só conseguia tocar a opinião de um mundo cristão mais amplo com a ponta dos dedos.

Na última década da vida de Agostinho, as cartas de Divjak lembram-nos que, para sua posição, era importante ser bispo de uma cidade chamada Hipona Régia, pois "Hipona" era o termo púnico correspondente a "porto". Hipona Régia era, na verdade, o "Porto Real". Era o único porto marítimo que ligava o interior da Numídia a Roma. Por ele passavam cereais, impostos e, como veremos, sombrios comboios de escravos. A cada ano, o mar "sorria".[94] A calmaria de verão instalava-se no Mediterrâneo, de março a outubro, e os pequenos navios singravam de costa a costa. *Navigare*, "navegar para a corte" — até a Itália, o papa em Roma e o imperador em Ravena —, é uma expressão que se repete nas cartas de Divjak. Os mensageiros do grande Alípio, bispo de Tagaste e amigo de Agostinho da vida inteira, passavam pelo porto. O próprio Alípio, a essa altura, passava grande parte de sua vida "do outro lado do oceano", em Roma e Ravena. Funcionava como embaixador quase permanente

EPÍLOGO

da Igreja católica da África. Assegurou que as leis contra os pelagianos e outros hereges fossem mantidas. Mas nesse momento, ficamos sabendo pela primeira vez, pelas cartas de Divjak, que, ao mesmo tempo, ele usava sua posição para lutar incessantemente por levar à atenção do imperador muitos males sociais da África.[95]

Tornara-se importante cobrir grandes distâncias. Em 419, uma carta a Possídio levou boas notícias. O emissário de Alípio havia passado por lá. Informou ele que o conde Constâncio (virtual governante do Império do Oriente), então na Gália, expedira uma anistia para o povo de Cartago, após uma grande revolta contra os impostos, da qual ele não tivera nenhum conhecimento até essa carta. A carta oficial de anistia estava a caminho; agora, restava aos bispos apenas interceder pessoalmente a favor dos líderes da rebelião, que tinham fugido e buscado asilo nas igrejas.[96] Esse incidente envolveu Agostinho e seus colegas numa campanha prolongada de correspondência e apelos. No decorrer das negociações, uma delegação de bispos viajou da África até Ravena e, de lá, deslocou-se até o extremo dos Pirineus e retornou à África, percorrendo um grande arco de aproximadamente 2.900 quilômetros. Durante todo esse período, Agostinho esperou em Hipona por notícias do sucesso da delegação. A mesma carta refere-se também a outros acontecimentos que lhe diziam respeito diretamente, em distantes locais situados a oeste na costa da África — em Cesareia da Mauritânia (a moderna Cherchel) e nas imediações de Gibraltar.[97]

No cômputo geral, a impressão que se tem de Agostinho pelas cartas de Divjak é a de um homem que, com indulgente paciência, demarca os limites do que se transformara num vasto império intelectual. Se o talento é "a infinita capacidade de fazer esforços", aproximamo-nos, nessas cartas, do talento do velho Agostinho. Vale a pena nos determos um pouco nesse seu aspecto. Muitos leitores modernos de seus escritos formais não gostam do tom repetitivo e polêmico de seus textos tardios contra os pelagianos. Eu mesmo escrevi sobre eles com severidade. Sua controvérsia com Juliano de Eclano foi descartada por mim como "uma pancadaria pouco inteligente".[98] Olhando para trás, percebo ter deixado meu julgamento colorir-se pela triste conclusão do melhor expositor do pensamento agostiniano de que eu dispunha na época. Ao falar dos últimos textos de Agostinho sobre a graça e a predestinação, John Burnaby afirmara que "quase tudo o que Agostinho escreveu depois dos 70 anos foi obra de um homem cuja energia havia se esgotado e cujo amor esfriara".[99] Diante do julgamento comedido de tamanha autoridade, sucumbi à tentação de estendê-lo a toda a qualidade da velhice de Agostinho.

O juízo de Burnaby é compreensível. Representou a tentativa de um cristão moderno, profundamente leal a Agostinho, de aliviar um pouco o pesado fardo depositado pelo pensamento agostiniano — e especialmente por sua doutrina da predestinação — nos ombros de todas as gerações posteriores. É fácil descartar as últimas afirmações agostinianas como "uma caricatura cruel de [seu] pensamento mais profundo e vital".[100] Com isso, pode-se invalidar a exigência final e impenitente da doutrina agostiniana da graça: ela não passou de um reflexo do trágico empedernir da mente de um homem idoso e cansado. Mas já não tenho tanta certeza de que possamos estender o tom sombrio de suas últimas obras de modo a lançar um sentimento de frieza sobre a totalidade de sua vida, em todos os seus aspectos, durante os últimos dez anos de Agostinho.

Acima de tudo, foram as cartas de Divjak que me fizeram mudar de ideia. Nelas somos postos diante de um lado muito diferente e mais atraente do ancião, por ser tão pungentemente esforçado. As cartas não apenas nos mostram Agostinho sempre agindo, ainda que com um suspiro constante de resignação, como o colega leal de seus correligionários episcopais, quando estes lutavam com casos intermináveis de violência e com o abuso de poder do clero, dos senhores de terras e dos administradores imperiais, mas são também marcadas por uma meticulosidade inspirada e um heroico descomedimento, quando se trata de cuidar das almas em perigo. Não há nada de "esgotado" no septuagenário que se

EPÍLOGO

dispõe a investir tempo para conversar com uma jovem aterrorizada por traficantes de escravos,[101] e que se empenha ao máximo em pedir para examinar os exercícios escolares — as *dictiones* retóricas — de um adolescente (como parte do esforço para estimular seu pai a aceitar o batismo cristão).[102] As cartas deixam claro que o velho Agostinho se dispunha a dedicar uma atenção irrestrita a qualquer problema que pudesse perturbar os fiéis, por mais atarefado que estivesse, por mais trivial ou mal estruturado que parecesse o problema, e por mais distantes de Hipona ou excêntricos que fossem os seus proponentes.

Alguns autores com que Agostinho deparou na época não poderiam ser mais excêntricos. Estavam longe de se deslumbrar com a autoridade do bispo. Por exemplo, as cartas que ele recebeu em 419 de Consentius, um leigo cristão erudito, recém-instalado nas ilhas Baleares, lançam uma luz inteiramente nova sobre como Agostinho era visto por muitos contemporâneos.[103] As preferências deles não eram as nossas. Consentius disse a Agostinho haver comprado um exemplar das *Confissões* doze anos antes. Mas não ficara impressionado com o livro. Examinara algumas páginas e o pusera de lado. O livro era moderno demais. Consentius preferia de longe, como disse a Agostinho, o "estilo claro e elegantemente ordenado" de Lactâncio, cuja prosa clássica lhe granjeara o título de "o Cícero cristão".[104] Podemos desconfiar de que, no início do século V a.C., havia muitos cristãos de gosto antiquado que pensavam como Consentius. E este tampouco estava disposto a aceitar tudo o que Agostinho havia escrito como teólogo: a teologia especulativa, do tipo da agostiniana, deixava-o inquieto:

> ... mesmo se dissermos que os escritos de Agostinho são irrepreensíveis, ainda não sabemos qual será o julgamento da posteridade sobre sua obra. Ninguém tampouco censurou (...) Orígenes durante sua vida — Orígenes que, sem sombra de dúvida, foi condenado após cerca de duzentos anos.[105]

As novas cartas de Divjak levam-nos a perceber a que ponto esses foram anos difíceis para Agostinho, então com sessenta e tantos anos. Suas visitas frequentes a Cartago, a serviço oficial da Igreja da África, haviam cobrado seu tributo. Agostinho perdera o contato com os membros mais jovens de seu clero.[106] Numa época em que tinha a vida pontilhada por viagens de uma extensão sem precedentes (em 418, por exemplo, ele perfez todo o trajeto de Cartago até Cesareia da Mauritânia),[107] Agostinho voltava a Hipona para enfrentar o peso esmagador da correspondência e dos pedidos de sua opinião sobre novas questões.

Em 1º de dezembro de 419, ele escreveu a seu amigo Possídio, de Calama, para lhe informar que, nos três meses decorridos desde que os dois tinham voltado juntos de Cartago, havia ditado 6.000 linhas de texto, ou seja, mais de 60.000 palavras.[108] Dedicara todas as noites de sábado e domingo a ditar os textos finais de seu *Tractatus* sobre o Evangelho de São João.[109] Esses textos viriam a ser enviados a Aurélio, de Cartago, juntamente com dois sermões — um sobre o Natal e um sobre a Epifania —, redigidos "no tempo que roubei de todas as minhas ocupações".[110] Nesses mesmos meses, foi preciso responder a um panfleto de um bispo donatista de Timgad, bem como às objeções de um ariano que lhe foram comunicadas por um padre de uma cidadezinha próxima de Hipona. Um bispo sediado na ponta mais ocidental do Norte da África — um homem que vivia num enclave junto ao Atlântico, num mundo quase totalmente independente de Cartago e até do próprio Império Romano — foi mais uma vez alertado contra as certezas indevidas acerca do problema da origem da alma. Ideias como as dele poderiam favorecer a heresia de Pelágio — da qual o bom bispo talvez ainda nem tivesse ouvido falar![111] Ainda por cima, quando Agostinho estava prestes a se acomodar para concluir *A cidade de Deus*, chegou de Cesareia da Mauritânia um monge trazendo mais dois livros escritos por um leigo, Vincentius Victor, "repreendendo-me por ficar em cima do muro" na mesma questão da origem da alma. Não era possível descartar Victor sem cerimônia.

EPÍLOGO

Seus livros eram escritos com elegância e poderiam prejudicar os fiéis.[112] Assim, mais uma vez, a redação de *A cidade de Deus* teve de esperar:

> Mas aborreço-me com as solicitações de escrever que são lançadas sobre mim, e que chegam daqui, dali e de acolá, sem se fazerem anunciar. Elas interrompem e atrasam todas as outras coisas que alinhamos ordeiramente com tanto cuidado. Parecem não parar nunca.[113]

Nós, é claro, na condição de historiadores, ficamos radiantes por elas não terem parado. É que isso nos mostra um aspecto da vida do velho Agostinho do qual só tínhamos uma ideia imperfeita antes da descoberta das cartas de Divjak. Poucos documentos ilustraram tão vividamente quanto essas cartas (muitas das quais assumem a forma de memorandos jurídicos) a extensão e a premência do envolvimento de Agostinho e seus colegas nos problemas sociais de sua época. E nenhuma das cartas anteriores dera uma impressão tão vívida das dificuldades enfrentadas por Agostinho, até mesmo em sua diocese.[114]

Para ilustrar este último ponto, confio em que os leitores me permitirão um aparte autobiográfico. Fazia muito tempo que sabíamos de uma carta urgente, escrita por Agostinho ao papa Celestino em 422, na qual ele relatou os malfeitos de um bispo do interior, Antonino de Fussala, que Agostinho havia instalado nos arredores da diocese de Hipona, principalmente por força do conhecimento que o rapaz tinha da língua púnica. Li essa carta quando era aluno de história medieval, em 1955, aos 20 anos de idade. Sua vividez prendeu minha atenção. A carta relatava ao papa uma história de "tirania intolerável, rapacidade, opressão e abusos de vários tipos", cometidos a apenas 80 quilômetros de Hipona.[115] Mostrava que o Império Romano na África setentrional não era a estrutura ordeira em que eu fora levado a crer pelos historiadores clássicos. E a Igreja católica também não era uma instituição em perfeito funcionamento. A história do jovem Antonino de Fussala fez-me lembrar, antes, tudo o que eu lera sobre a violência e a desordem do Ocidente "feudal" da Idade Média. Na época, concluí que estudar a África setentrional de Agostinho seria extremamente interessante e nada teria de descabido para um medievalista. Isso porque ali estava uma prova inestimável de como as instituições do baixo-império funcionavam em sua base. Em grande parte, foi por causa dos malfeitos do jovem Antonino de Fussala que me voltei pela primeira vez para o estudo de Agostinho.

Assim, vocês podem imaginar o que senti, quase trinta anos depois, em 1982, ao perceber pela primeira vez, quando abri a edição integral das recém-publicadas cartas de Divjak — para ser exato, aliás, no momento preciso em que as páginas pertinentes foram emergindo devagar na bandeja da máquina Xerox, quando copiei o livro antes de devolvê-lo à Biblioteca da Universidade da Califórnia em Berkeley —, que ali estava uma descrição ainda mais completa dos malfeitos de Antonino, escrita por Agostinho, também em 422, para alertar uma dama senatorial romana, Fabíola, a quem Antonino havia recorrido para solicitar proteção.[116]

Não é comum vermos Agostinho tão desamparado quanto na situação que descreveu minuciosamente a Fabíola. O desfecho das tentativas reiteradas de investigar e disciplinar Antonino foi que, no quente final do verão de 422, Agostinho viu-se preso, durante semanas a fio, no meio de uma região rural em que todos só falavam púnico.[117] Visitou o vilarejo de Fussala, onde os moradores lhe apontaram os buracos feitos nas casas de que Antonino pilhara pedras a fim de construir um novo e magnífico palácio episcopal.[118] Por último, certa manhã, deixaram-no sentado sozinho numa igreja de aldeia, depois de a congregação inteira se haver retirado, enojada — até as freiras, disse ele a Fabíola —, o que levou Agostinho e seus colegas a se perguntarem como e por qual série de erros de julgamento, habilmente explorados por um vigarista sagaz, eles tinham levado "tanta tristeza à gente do interior".[119] Aquele não era o tipo de homem em quem Fabíola devesse confiar: "Buscas a Deus [como cristã devota e abastada] no mundo; ele busca o mundo na Igreja."[120] Mas, nesse caso, que poderia "a Igreja" fazer "no mundo", no *saeculum*? Essa

EPÍLOGO

pergunta continuou a atormentar Agostinho enquanto ele se esforçava por concluir o "grande e árduo trabalho" de *A cidade de Deus*.

Nesse aspecto, as poucas cartas de Divjak que Agostinho escreveu a Alípio em seus últimos anos de vida foram uma surpresa para o historiador do papel da Igreja no Norte da África. Embora chefiado por imperadores católicos em Ravena, o governo imperial continuava opressor e decididamente profano.[121] Uma carta de Divjak escrita a Alípio no começo de 420 revela isso com clareza. Os bispos que deixavam os devedores do fisco refugiarem-se nas igrejas eram perseguidos pelo governo imperial, por obstruírem "a necessidade pública" da tributação.[122] O recrutamento do clero sofreu com isso, já que as classes que costumavam oferecer-lhe recrutas estavam empobrecidas pelas exigências arbitrárias de tributos.[123] Tudo o que Alípio pôde fazer foi enviar uma nova petição ao imperador, para que se instituísse na África um corpo eleito de "defensores da cidade" — um recurso puramente secular, empregado noutras províncias.[124] Afora isso, não havia nada que os bispos pudessem fazer. Comparados às forças do *saeculum*, do "mundo" — ou seja, às autoridades de governo e aos grandes senhores de terras —, os bispos católicos da África continuavam a ser homens insignificantes, dotados de pouco poder. O santuário da Igreja podia proteger algumas vítimas da injustiça, mas as cidades e os pobres continuavam a ser oprimidos, "enquanto gememos em vão e ficamos impotentes para ajudar".[125]

Coisas piores aconteceriam em 422-423.[126] Em conluio com as autoridades locais, a costa africana foi mais escancarada do que nunca a bandos de traficantes de escravos e sequestradores, ávidos de conseguir escravos para as fazendas devastadas da Itália e da Gália meridional, sequestrando camponeses africanos. "Com gritos de guerra ululantes, vestidos de soldados e bárbaros para infundir medo, eles invadem as zonas rurais remotas e pouco povoadas."[127] E levavam romanos livres como escravos. Colunas de cativos perfaziam o trajeto até o litoral, até a própria Hipona, onde os navios negreiros ficavam ancorados bem à vista das autoridades da guarda costeira. Os cristãos de Hipona pagaram resgates por cerca de 120 deles. Agostinho conversou pessoalmente com uma jovem aterrorizada, que lhe contou, por intermédio do irmão, o ataque desferido contra sua fazenda e o assassinato dos que a haviam defendido.[128] No entanto, nesse exato momento, os assistentes do bispo, que tinham tentado interromper esse comércio, estavam sendo processados por perdas e danos por protetores bem-situados dos mercadores.[129]

A raiva não era suficiente nessa situação. Como bispo, Agostinho tinha de trabalhar inteiramente dentro do arcabouço das leis romanas.[130] Os textos dessas leis eram difíceis de obter. Sua interpretação era ambígua. Ele enviou uma cópia de uma das leis a Alípio, mas ela lhe parecia ultrapassada e não inteiramente aplicável ao caso em questão. Além disso, a pena nela contemplada — o açoitamento com chicotes de chumbo, punição atroz — era sabidamente letal, e nenhum bispo poderia invocar tais leis contra os transgressores se as punições delas decorrentes pudessem levar à morte. Alípio deveria procurar leis melhores nas bibliotecas de Roma.[131] De um modo ou de outro, precisava levar o assunto à atenção do imperador. O que Alípio deveria dizer era isto — e, mais uma vez, com a habilidade desenvolta de um grande retórico, Agostinho ditou as imponentes frases adequadas para comover uma corte distante:

> Resiste-se aos bárbaros, quando o exército romano está em boas condições, por temor de que se mantenham romanos no cativeiro bárbaro. Mas, quem resiste a esses mercadores que se encontram por toda parte, que traficam não animais, porém seres humanos, não bárbaros, mas romanos leais? (...) Quem haverá de resistir em nome da liberdade romana — não digo da liberdade comum do Estado romano, mas em nome da liberdade deles mesmos?[132]

E, algum tempo depois desse incidente estarrecedor, em 428, Agostinho recebeu uma carta, a de data mais recente entre as cartas de Divjak, de

EPÍLOGO

um mundo pacífico e mais antigo.[133] Firmo, um aristocrata culto de Cartago, escreveu-lhe enviando um exemplar das declamações estudantis de seu filho, que o velho bispo pedira para ver.[134] Firmo estivera com Agostinho alguns anos antes, na ocasião em que o Livro XVIII de *A cidade de Deus* fora lido em sessão pública, em três tardes consecutivas. Talvez esse tivesse sido o estágio da *emendatio*, ou "revisão", quando os manuscritos eram lidos em voz alta para um grupo de amigos e especialistas, numa combinação de "pré-estreia dissimulada" e editoração oral.[135] Agostinho havia até preparado uma cópia manuscrita da grande obra para Firmo, criteriosamente verificada e acompanhada de instruções sobre a melhor maneira de encadernar os muitos quaterniões (cadernos manuscritos) de que se compunha.[136]

Agora, Firmo concluíra a leitura do Livro X e continuava não convencido. Recusava-se a se batizar. Homem de um mundo antiquíssimo, invocou a tradição pagã da hesitação reverente diante de tão grande mistério.[137] Esperaria um sinal de Deus — um sonho, quem sabe, como Constantino, ou algum outro acontecimento inusitado.[138] Mas sua esposa seria batizada: a despeito de todo o conhecimento que Firmo tinha da literatura cristã, ela, e não o marido, é que detinha o conhecimento místico (o rito do batismo e do acesso à Eucaristia) que salvaria sua alma.

> Assim, embora possas ser mais douto na doutrina, ela está mais segura [de sua salvação], em razão do conhecimento que tem dos mistérios (...). E portanto, a rigor, jogas fora os frutos de todos os livros que amas. Que frutos? Não é que alguns [leitores de *A cidade de Deus*] possam dispor de uma leitura interessante nem aprender algumas coisas que antes não sabiam. Mas é para que os leitores [de *A cidade de Deus*] possam ser convencidos da [verdadeira] "Cidade de Deus" [da realidade da Jerusalém celestial que estava à espera dos fiéis da Igreja católica]; para que possam penetrar sem demora nessa "Cidade de Deus" e, havendo entrado, ser ainda mais impelidos a permanecer nela, penetrando primeiramente pelo

renascimento [no batismo] e, em seguida, nela permanecendo por amor à retidão. Se aqueles por quem são lidos e louvados estes livros não tomarem providências efetivas para fazer essas coisas, de que servirão os livros?[139]

Essa foi a palavra final de Agostinho, para um interlocutor antes desconhecido, sobre a finalidade de sua vida como escritor.

Ele não tardaria a morrer. Mas outros, como sabia, continuariam escrevendo. "Nosso greguinho", como Agostinho chamava o filho de Firmo, havia exibido grande talento em sua declamação. Era uma honra para sua instrução. "Tu, em especial, sabes que essas são coisas boas e sumamente proveitosas."[140] Mas tais dons existiam para ser usados. O menino deveria recordar seus estudos de Cícero:

> A eloquência, combinada com a sabedoria, tem-se revelado de extremo benefício para os Estados; mas a eloquência sem sabedoria é prejudicial e em nada serve a ninguém.[141]

O menino deveria crescer e se transformar no que Cícero dissera que devia ser: "um homem bom, hábil no falar."

> Os antigos sabiam o que estavam dizendo [prosseguiu Agostinho] ao afirmarem que, quando as regras da eloquência são ensinadas a tolos, não se produzem oradores, mas colocam-se armas nas mãos de lunáticos.[142]

Entrementes, Firmo deveria certificar-se de dizer a Agostinho como ia passando o menino e que textos gregos e latinos estava lendo.[143]

Não surgira nenhum historiador para dizer ao velho Agostinho que a Idade das Trevas estava prestes a começar. Ele não tinha ciência, ou simplesmente não se preocupava com a ideia de que mudanças melodramáticas e irrevogáveis pudessem abater-se sobre o mundo a que estava acostumado. Ao que soubesse, a sociedade romana e a cultura romana

EPÍLOGO

poderiam prosseguir, imperturbadas. Ele enfrentou as etapas finais de sua vida praticamente sem duvidar de que, nos anos vindouros, Cícero continuaria a ser decorado por garotinhos e o reluzente arsenal da retórica romana continuaria disponível — para ser esplendidamente bem utilizado por alguns, como ele mesmo se esforçara por fazer ao longo dos anos, e por outros, com toda a franqueza, em sua opinião, "como lunáticos bem armados". Essa é a carta de um ancião que, com serenidade incomum, viera a enfrentar a ambivalência essencial do *saeculum* em que vivia. De fato, uma cultura romana madura e uma ordem social ainda romana e aparentemente sólida muito haviam contribuído para ajudá-lo e ajudar sua Igreja. Mas, ao mesmo tempo, em mãos irresponsáveis, o abuso do poder e da cultura tinham sido fonte de inúmeras crueldades, de inúmeros erros e de imenso sofrimento para ele mesmo e para outros.

2
NOVAS DIREÇÕES

Non vacant tempora: "O tempo não descansa."[1] À parte a descoberta empolgante e basicamente inesperada das cartas de Divjak e dos sermões de Dolbeau, uma geração de estudos contínuos pôs à disposição dos estudiosos de Agostinho uma profusão de abordagens abalizadas de sua vida, seu pensamento e sua situação. Quisera eu ter tido qualquer uma delas à mão quando comecei a redigir a biografia de Agostinho em 1961. Naquela época, como jovem membro docente do All Souls College de Oxford, aproximei-me de Agostinho, em primeiro lugar, entrando no fim do século XVII. Voltei-me para os volumes monumentais e proverbialmente confiáveis a que tivera acesso na Biblioteca Codrington do All Souls College. Fui lendo as *Obras completas* de Agostinho nas grandes páginas da edição dos monges de Saint-Maur, publicadas com anotações generosas entre 1679 e 1700. Sempre iniciei meu trabalho sobre cada parte da vida de Agostinho por uma leitura criteriosa da descrição cronológica (trabalhosamente construída a partir dos próprios textos agostinianos) constante do volume treze das *Mémoires pour servir à l'histoire ecclésiastique*, de Lenain Tillemont, publicadas entre 1693 e 1712. O "honrado Tillemont" havia reconstituído os acontecimentos dos cinco primeiros séculos da Igreja cristã. Fornecera o indispensável arcabouço cronológico de toda a primeira parte de *Declínio e queda do Império Romano*, de Edward Gibbon. Se ele era suficientemente bom para Gibbon, era bom o bastante para mim.

EPÍLOGO

É preciso um certo voo da imaginação historiográfica para perceber que, ainda em 1961, essa continuava a ser uma forma sensata e nada antiquada de iniciar os trabalhos de uma biografia séria de Agostinho. Mas era um modo meio estreito de entrar no que agora se revelou um tema tão vasto. Acima de tudo, era uma abordagem que concentrava minha atenção na vida de Agostinho em todas as suas fases, tal como se podia acompanhá-la por intermédio das provas abundantes contidas na sucessão seguramente datada de seus escritos. Era admirável o quanto se podia aprender dessa maneira. Em contraste com essa abordagem limitada, o que me impressiona, em 1999, são a solidez e sobretudo os vastos horizontes de inúmeras monografias modernas, nem todas as quais se concentram estritamente na vida de Agostinho. Agora elas estão à mão para guiar, inspirar e advertir o futuro biógrafo.

Falemos apenas dos mais notáveis dentre esses guias. O componente mais esquivo na reconstituição de uma biografia de Agostinho continua a ser a cronologia de seus sermões. Essa cronologia foi substancialmente revista por A. M. La Bonnardière. A revisão paciente da cronologia e da localização de inúmeros sermões agostinianos (revisão que é hoje incomensuravelmente auxiliada pelo vasto material novo contido nos sermões de Dolbeau) possibilitou escrever a intrigante história do uso mutável que Agostinho fez de citações bíblicas em seus textos formais e em sua pregação cotidiana.[2] *Les Voyages de Saint Augustin*, de Othmar Perler, forneceu uma descrição completa da vida dele em termos de seu deslocamento constante, como bispo, entre Hipona, Cartago e outras cidades, com belas ilustrações das paisagens por onde ele passou e das ruínas das basílicas em que deve ter pregado.[3] Um retrato biográfico de Agostinho, escrito com exuberante erudição por André Mandouze, num estilo cujo tom e estrutura diferem muito dos meus,[4] foi depois seguido por uma obra-prima da erudição francesa, concluída sob a orientação de Mandouze — a *Prosopographie de l'Afrique chrétienne* (303-533).[5] Nela temos nada menos do que a "biografia coletiva" do cristianismo africano nos tempos agostinianos. Clérigos e leigos, católicos, donatistas e pagãos, todos foram incluídos. Eu mal me atreveria a sonhar com uma obra dessas em 1961.

O mundo secular da África agostiniana também não foi negligenciado. Claude Lepelley fez plena justiça à tenacidade das cidades africanas do baixo Império Romano e ao estilo impenitentemente profano de sua vida pública. Cotejou Agostinho com o inesperado pano de fundo de um mundo robustamente secular, que de modo algum afluía em sua totalidade para os valores da Igreja cristã.[6] Outros fizeram justiça ao amplo interior da Numídia, às montanhas quase sem governo e às orlas desérticas que confinavam as pequenas cidades.[7] O trabalho paciente e prudente de uma extraordinária geração de arqueólogos — em particular o falecido Paul-Albert Février, Noël e Yvette Duval e, com respeito a Cartago, Liliane Ennabli — proporcionou vislumbres fragmentados mas vívidos das basílicas em que Agostinho pregou e da natureza da prática religiosa cristã em sua época.[8]

É importante que o leitor de minha biografia esteja ciente das implicações desse alargamento de nossos horizontes. Eu tinha sido atraído pelo estudo de Agostinho, originalmente, pela brilhante síntese de William Frend, *A Igreja donatista: um movimento de protesto na África do Norte romana*.[9] Nesse livro, as relações de Agostinho com os donatistas foram centrais para uma hipótese grandiosa e sedutora sobre os alicerces sociais e culturais do movimento donatista. No entanto, apesar de toda a amplitude e da insistência no concreto que fizeram do livro de Frend uma obra-prima, *A Igreja donatista* limitou sutilmente nosso campo visual a apenas um aspecto da África do baixo-império. Concentrou-se na suposta base étnica e social do donatismo e nos erros e acertos do modo como Agostinho lidou com ele. Agora, em 1999, desembocamos numa paisagem imensamente mais vasta. Podemos descortinar toda a África cristã, e não apenas as partes dela que nos foram reveladas pela participação agostiniana na controvérsia donatista. Trata-se de um cenário em que a figura de Agostinho torna-se quase insignificante. Sua voz clara e insistente nem sempre se fazia ouvir em toda aquela vastidão de terras.

EPÍLOGO

Tomemos dois exemplos pequenos, mas significativos. Eles nos fazem lembrar que a África romana era um lugar vasto. Mesmo na esfera religiosa, os acontecimentos que disseram respeito a Agostinho não foram os únicos. Em algum momento, quando ele era bispo de Hipona, criou-se um santuário magnífico no túmulo de Santa Crispina, em Theveste (Tebessa). O santuário foi obra de um bispo (quase certamente um colega católico de Agostinho) que conseguiu mobilizar artesãos da mais alta qualidade. Chegava-se a ele por uma imponente via-sacra, na qual se entrava passando por arcos do triunfo romanos, no puro estilo clássico da baixa Antiguidade que era associado ao "Renascimento teodosiano". Mas nem o bispo nem seu notável santuário aparecem em qualquer das obras agostinianas. Este último nos teria permanecido totalmente desconhecido, se suas ruínas não tivessem sido descobertas e interpretadas no século XX.[10] Em outros locais, expressões nas inscrições de sepulturas cristãs e até pilhas de ânforas de vinho espalhadas por entre túmulos cristãos mostram que a reforma da devoção católica, mediante a qual Agostinho e Aurélio tentaram erradicar a bebida e os banquetes realizados junto aos túmulos dos mortos em Hipona e Cartago, pode ter passado despercebida em outras grandes cidades.[11] Nosso conhecimento crescente de grandes áreas do cristianismo norte-africano que tiveram pouco ou nenhum espaço nas obras de Agostinho serve apenas para aguçar nossa consciência de seu próprio perfil singular. Ele nos permite delinear, com mais clareza do que nunca, o caráter exato e os limites da vida de um homem, cotejados com o pano de fundo de sua época e sua região.

Chegamos também a uma visão mais tridimensional do meio religioso e cultural em que se deu a evolução do pensamento de Agostinho quando jovem, entre 370 e 387, e em contraste com o qual ele passou a definir suas opiniões de bispo, tempos depois. Nesse aspecto, fomos abençoados com mais outras descobertas inesperadas. Os estudiosos de Agostinho como jovem maniqueísta podem agora ler uma *Biografia de Mani* num papiro descoberto no Egito em 1969,[12] e podem começar a ler nada menos do que as cartas e textos de uma comunidade maniqueísta (a da aldeia de Kellis), descobertos no oásis de Dakleh, no Egito ocidental, em 1992.[13] Algumas dessas cartas foram escritas por contemporâneos do jovem Agostinho. Elas nos levam o mais perto que já conseguimos chegar do clima de uma "célula" maniqueísta, semelhante às que devem ter-se reunido em torno de Agostinho em Cartago e Tagaste, na década de 370. Certa mãe (também maniqueísta — esta nada tinha de Mônica!) escreveu a seu filho dizendo rezar para que, no outro mundo, "possamos ver abertamente a imagem uns dos outros, com o rosto sorridente".[14] Esses documentos mostram-nos o maniqueísmo como uma religião viva, vista por dentro. Fazem-nos lembrar que o atrativo da "Igreja" maniqueísta não vinha apenas de seus ensinamentos sobre o mal e de sua ênfase na fome incontrolável da carne.[15] A religião também tinha um lugar para a amizade espiritual. Como maniqueu, Agostinho obviamente vivera entre grupos caracterizados por relações intensas e altamente espiritualizadas.[16] Pequenos círculos de almas "redespertas" e "esclarecidas" ansiavam juntos por mergulhar outra vez na doce harmonia do Reino da Luz. Nesse reino, todas as diferenças produzidas pelo aprisionamento da alma na vil matéria — em outras palavras, até mesmo a diferença sexual — seriam abolidas. Sobreviveriam apenas os laços da amizade espiritual, aquela que havia unido os fiéis na Terra.

Passamos também a ter mais conhecimentos sobre o mundo social e político em que Agostinho fez carreira como mestre de retórica, na década de 370 e início da década de 380. Sabemos mais sobre as estruturas e ideais educacionais de sua época e sobre o funcionamento das redes de patronagem que lhe permitiram, quando jovem, mudar-se da África para Roma e, mais tarde, para Milão.[17] E, mais importante que tudo, passamos a conhecer Santo Ambrósio. Como exegeta, pregador, filósofo e político eclesiástico, Ambrósio adquiriu um perfil próprio.[18] Já não existe para nós como um pano de fundo elevado, porém meio inexpressivo, da conversão de Agostinho.

Como resultado do maior conhecimento de Ambrósio e da Milão de sua época, talvez tenhamos de rever nossa imagem do cristianismo milanês dos anos 380. O "círculo milanês" de "platônicos cristãos", que Agostinho supostamente teria encontrado na época de sua conversão, parece agora menos compacto e menos tolerante do que antes se havia pensado.[19] "A maravilhosa sociedade de leigos cristãos" sobre a qual escrevi em 1967, com evidente afeição, perdeu um pouco de sua aura. Já não podemos presumir que, quando esteve em Milão, entre 384 e 387, Agostinho tenha entrado em contato com um meio intelectual em que o cristianismo e o platonismo coexistiam sem conflito, sob a orientação benigna de ninguém menos do que o próprio Ambrósio.[20] Este não admitia nenhum compromisso simplista entre o cristianismo e a sabedoria "mundana".[21] O paganismo tampouco era uma força debilitada nos círculos intelectuais. Assim, quando Agostinho teve seu primeiro contato com os escritos neoplatônicos, em 386-387, precisou fazer escolhas difíceis. E ele teve de fazê-las sozinho. Não contava com o apoio de um grupo já dedicado a uma *bricolage* tolerante de ideias que abarcassem formas cristãs e não cristãs de platonismo. Como resultado, a forma de platonismo adotada por Agostinho em 386 já foi um platonismo preparado para a batalha. Ao situar Cristo no centro de sua visão da religião e insistir em que Ele era o mediador único e necessário entre Deus e a humanidade, Agostinho talvez tenha agido num desafio consciente a alternativas pagãs bem articuladas, possivelmente defendidas por intelectuais pagãos vivos. A filosofia pagã não fora nem um pouco "domesticada", por intermédio de uma síntese simplista, nos círculos cristãos de Milão. Os que haviam partilhado "o banho comum" do platonismo não necessariamente emergiram dele concordando uns com os outros.[22]

A mesma sensação de eles haverem acrescentado uma dimensão adicional aplica-se a estudos recentes sobre os adversários posteriores de Agostinho. Estudos sobre o donatismo e a típica tradição africana da Igreja (que remontava aos ensinamentos de Cipriano sobre o batismo) possibilitaram ouvirmos os donatistas em seus próprios termos.[23] Alguns documentos donatistas cruciais foram compilados num único dossiê.[24]

Relatos e documentos católicos que não os de Agostinho foram competentemente editados e comentados, em especial o vívido registro estenográfico do confronto entre as duas facções na Conferência de Cartago, em 411.[25] Demonstrou-se que alguns sermões de origem africana eram donatistas.[26] Um deles talvez tenha sido proferido depois da repressão da Igreja donatista em 405. Podemos ouvi-lo na voz de uma Igreja posta na servidão. Em um sermão sobre a diferença entre cristãos "verdadeiros" e "falsos", um bispo donatista (possivelmente contemporâneo de Agostinho) assinalou que, embora o faraó houvesse tentado matar os filhos dos israelitas no Egito, ele nunca se atrevera a tentar fazê-los modificarem suas crenças religiosas, como estavam fazendo os católicos com seu próprio rebanho na África![27]

Quanto a Pelágio, heresiarca por excelência da velhice de Agostinho, a partir de 413, um trabalho exemplar sobre manuscritos pouco conhecidos permitiu-nos passar a conhecê-lo em seus próprios termos, quando ele lecionava em Roma no início dos anos 400, como comentarista das epístolas de São Paulo. Nessas novas edições dos escritos de Pelágio, deparamo-nos com um personagem que muitas vezes víramos apenas pelos olhos de Agostinho. Vamos encontrá-lo no trabalho, exercendo a função de um professor cristão entre outros, cercado por uma rede de discípulos e divulgadores de suas ideias.[28] Também passamos a avaliar melhor o efeito das ideias pelagianas noutras pessoas que não Agostinho. As transações de Pelágio com os leigos, o clero e os papas em Roma foram documentadas com precisão exemplar.[29] As cartas de Divjak, como vimos, disseram-nos mais sobre o modo como figuras importantes do Leste do Mediterrâneo encararam a controvérsia pelagiana.[30] Agostinho não foi o único combatente nessa grande batalha, nem foi, ao que parece, o único que se dispôs a ver por trás da pessoa de Pelágio um corpo de ideias que poderiam ser rotuladas de heréticas.[31]

Quanto ao próprio Agostinho, a aplicação contínua de estudos do mais alto nível não deixou intocado nenhum aspecto de seu pensamento e sua atividade.[32] Os estudiosos agostinianos de língua inglesa ficarão

EPÍLOGO

particularmente gratos pelas traduções recentes de obras cruciais que não estavam disponíveis em 1967,[33] pelas retraduções de velhos favoritos, como *A cidade de Deus*,[34] pela reedição da versão musical das *Confissões*, de F. J. Sheed (à qual recorri com gratidão constante na década de 1960),[35] e, por último, mas não menos importante, por uma nova tradução das *Confissões*, feita por Henry Chadwick, mestre no pensamento cristão primitivo. Mais do que qualquer outra, a tradução de Chadwick captou o exato sabor de Agostinho como autor filosófico impregnado de uma visão de mundo austeramente platônica, a qual é notoriamente difícil de apreender em palavras modernas.[36] E, o que talvez seja o melhor de tudo, James O'Donnell forneceu-nos sobre as *Confissões* um comentário em três volumes que mostra que a exatidão filológica, aliada a um vigoroso bom senso, continua a ser, mesmo nesta mais moderna das eras modernas, o caminho mais seguro e mais empolgante para penetrar nesse livro inquietantemente difícil de categorizar.[37]

É importante o leitor saber que esses estudos são muito mais do que "complementações" bem-vindas de uma biografia escrita nos anos 1960. Eles instigam os leitores a perceber a realíssima distância temporal que há entre nós, em 1999, e a era distante e distinta de estudos agostinianos na década de 1960. Com o risco de adotar um tom meio autobiográfico, seria útil o leitor saber em que pontos eu mesmo seria levado, hoje em dia, a escrever de modo diferente do que fiz entre 1961 e 1967, e por quê. Como seria inevitável, tais sugestões são pessoais e fragmentadas. Não devem ser tomadas como um julgamento global sobre o vasto campo dos estudos agostinianos em geral. Ofereço-as à luz das direções tomadas por meu trabalho nos últimos trinta anos, e o faço para que aqueles que leram esta biografia de Agostinho, originalmente publicada em 1967, ainda possam ter razão para mudar de ideia em muitos aspectos, como eu mudei, a respeito desse homem imponente, até fascinante, e irredutivelmente singular.

Para dizê-lo em termos sucintos, se eu tivesse que recomeçar a escrever uma biografia de Agostinho, atentaria mais do que me dispus a fazer quando comecei, em 1961, para o conhecimento do contexto mais amplo de sua vida e seu pensamento, que nos foi possibilitado pelos estudos recentes. Agora é possível situar Agostinho num cenário mais rico e variegado do que nos anos 1960. Passamos a conhecer as ideias daqueles de seus contemporâneos cristãos que, muitas vezes, pensavam de modos diferentes, sem necessariamente se oporem a ele como "hereges". Agora reconhecemos que muitos cristãos, em toda a região do Mediterrâneo, levavam a vida de acordo com tradições e concepções da pessoa humana que não eram compartilhadas por Agostinho. Podemos avaliar a solidez de sistemas de pensamento que, na Europa Ocidental, são hoje obscurecidos pela portentosa síntese agostiniana. No entanto, quanto mais o fazemos, menos Agostinho se funde, na verdade, com a paisagem de sua época. Sua individualidade continua a se destacar, num contraste decisivo com seus contemporâneos.

Mas essa sensação de uma paisagem mais vasta não era muito evidente em 1961. O próprio Agostinho já me bastava. Um traço peculiar de qualquer biografia é que o autor deve voltar-se entusiasticamente — e, às vezes, exclusivamente — para aquele que lhe serve de tema. Essa abordagem traz certos riscos, e não tenho a menor dúvida de que, na década de 1960, acolhi tais riscos com prazer. Agostinho me parecia uma das poucas figuras da baixa Antiguidade sobre quem era possível escrever uma biografia. Seus textos eram longos, vívidos e, o que é mais importante, quase todos datados com segurança. Porém havia mais do que isso. Toda a qualidade do pensamento agostiniano, à medida que passei a conhecê-lo naquela época, fazia dele um modelo singular para a redação de uma biografia; ele mesmo mostrava como se devia redigi-la. Impressionou-me de imediato seu próprio modo de ver o desenrolar de sua vida, não apenas nas *Confissões*, porém em muitos de seus sermões e cartas. Foi isso que me atraiu mais e mais para o estudo de Agostinho no início da década de 1960. Senti-me desafiado por sua preocupação constante com a natureza da motivação e com o problema da continuidade na pessoa humana. Acima de tudo, fui levado a escrever o tipo de

EPÍLOGO

biografia que escrevi pela própria obsessão de Agostinho com a relação entre a inspiração íntima e as circunstâncias externas, tanto em sua vida quanto na de outras pessoas.

Assim, foi com empolgação e um sentimento crescente de determinação (emoções que não devem ser levianamente descartadas num jovem) que descobri, ao ampliar minha leitura dos textos agostinianos e observar as mudanças de tom e conteúdo de seus escritos, em diferentes momentos de sua vida, que meu trabalho sobre esse homem poderia tornar-se uma verdadeira biografia. Eu havia começado de modo convencional, em 1961, com a intenção de escrever um estudo sobre a vida e a época de Agostinho. Em 1963, percebi que poderia fazer algo mais — poderia escrever a história do crescimento interno, numa variedade de circunstâncias mutáveis, de uma pessoa ímpar e em permanente mudança. Acompanhei as "longas jornadas internas" de um homem que vivera uns 1.600 anos antes de minha época, basicamente porque esse homem havia falado de si de um modo que possibilitava uma biografia.

Nas condições dos anos 1960, isso representou, para mim, uma espécie de revolução em minha abordagem da redação da história. A história do baixo Império Romano, assim como a de qualquer outra época ou tema, tal como lecionada e estudada em Oxford naquela época, era sistematicamente vista como que de fora. Os acontecimentos "reais" — a administração do império, as relações entre as classes que o compunham, as manobras das elites e o curso dos reinados, das guerras civis e das invasões bárbaras — tinham mais peso do que a experiência subjetiva "íntima" dos participantes desses acontecimentos. Prestava-se surpreendentemente pouca atenção às expectativas culturais e religiosas trazidas ao mundo pelos contemporâneos que os cercavam. Com o estudo de Agostinho, percebi haver descoberto um caminho para o que eu mais queria — o caminho de uma história "externa" para uma história "interna" do baixo Império Romano. É que poucos grandes acontecimentos daquela era tumultuada não tinham sido interpretados por essa mente vasta, e poucos não se haviam espelhado — de modos inesperados, muitas vezes — em sua extensa obra. Era possível ver todo um período do fim da história romana refratado na visão de uma personalidade que, em si mesma, parecia haver sofrido mudanças profundas com o correr dos anos, vendo o mundo, na velhice, de um modo muito diverso de como o vira quando jovem pensador. Foi essa a minha razão para escrever uma biografia de Agostinho, antes de mais nada, e para escrevê-la da maneira como o fiz.

Convém lembrar que, na década de 1960, alguns dos melhores trabalhos sobre o pensamento de Agostinho frisavam os momentos em que ele parecia haver mudado de ideia sobre questões importantes. Tais estudos examinavam o modo como sua absorção progressiva das Escrituras cristãs, sua experiência pastoral e seu embate com a questão da graça e do livre-arbítrio tinham-no levado a abrir mão de sua visão anterior da natureza da sociedade, do papel da cultura da classe alta e do potencial da natureza humana.[38] Seu pensamento se modificara, de maneira lenta, porém segura, conforme as mudanças de sua situação. Como consequência desses estudos, eu julgava ser possível, numa biografia de Agostinho, apreender a "área crucial em que as mudanças externas e internas se tocam".[39] A ideia do movimento humano, numa figura geralmente identificada com o que havia de mais rígido e imóvel no dogma católico, foi o que minha biografia se esforçou por transmitir.

Essa ênfase nas mudanças no pensamento e na visão agostinianos é contestável. Demonstrou-se que elementos centrais de seu pensamento foram singularmente estáveis. Parecem exibir poucos indícios de descontinuidade. Não se pode dizer que a vida intelectual de Agostinho como bispo tenha sido vivida inteiramente à sombra de um "Futuro Perdido", como sugeri no capítulo de meu livro que leva esse título.[40] Do mesmo modo, as décadas posteriores da reflexão agostiniana sobre a graça, o livre-arbítrio e a predestinação não podem ser levianamente descartadas como desvios de um homem idoso e cansado em relação a um eu anterior "melhor".[41] Como pensador, talvez Agostinho tenha sido

EPÍLOGO

um homem mais *aus einem Guss* — mais inteiriço — e menos dilacerado por descontinuidades fatídicas do que eu havia suposto.

Entretanto, na época em que escrevi, eu não estava muito preocupado com o problema teológico e filosófico da mudança e da continuidade nas estruturas fundamentais do pensamento agostiniano. As mudanças identificadas em seu pensamento interessavam-me mais como historiador. O que eu me empenhava em enfatizar eram as modificações que efetivamente pareciam refletir as mudanças de suas condições de vida. Os deveres de Agostinho como bispo e o novo meio em que ele se descobriu alteraram, de maneira sutil e irreversível, suas concepções da cultura, da sociedade e da natureza humana. Uma biografia de Agostinho escrita em torno desses temas permitiu-me abordar, como que "por dentro", um dos acontecimentos externos mais significativos da história do baixo Império Romano: a ascensão da Igreja cristã na sociedade romana.

Isso porque, em 1961, eu concordava inteiramente — e ainda concordo — com Edward Gibbon e com meu orientador, Arnaldo Momigliano, em que a ascensão da Igreja cristã fora a mais importante mudança isolada a ocorrer nos últimos séculos do mundo antigo. É que se tratava da história da ascensão de uma instituição religiosa em contato com as bases da sociedade romana. A Igreja cristã passou a ditar a lealdade de aristocratas como Ambrósio e intelectuais como Agostinho, ao mesmo tempo em que se voltou para as necessidades das massas — as congregações parcialmente analfabetas para as quais Agostinho pregou em Cartago e Hipona. Como bispo dessa Igreja, ele se viu numa instituição capaz de tocar um número maior de pessoas, e em um nível mais profundo de seu ser, do que jamais tinham feito as estruturas majestosas, porém distantes, do Império Romano. O cristianismo mobilizou-as no coração, ao criar uma nova fidelidade a um império invisível ainda maior, o de Deus.[42] Pareceu-me que uma biografia de Agostinho que atentasse para sua evolução intelectual e pessoal ao longo dos anos abriria uma mina que passava pelo próprio cerne desse processo. Eu examinaria o modo como um homem cuja carreira inicial o levara a buscar o sucesso nas estruturas seculares do Império Romano havia-se adaptado aos novos horizontes, às novas visões da natureza humana e à nova concepção de sociedade que, pouco a pouco, descortinaram-se para ele no decorrer de décadas de trabalho como bispo da Igreja católica.

Com o passar dos anos, não perdi nada de meu fascínio original pela ascensão do cristianismo no mundo romano do baixo-império. Todavia, olhando para trás, eu diria que fiquei indevidamente fascinado com o papel desempenhado nessa evolução pelos bispos cristãos. Eles não foram os únicos agentes de tal processo. Na época, entretanto, era natural que eu me voltasse, antes e acima de tudo, para essa direção. Minha formação de medievalista em Oxford havia situado a questão da autoridade episcopal bem no centro de meus interesses. Para mim, era importante saber de que modo Agostinho havia contribuído para a assombrosa hegemonia da Igreja católica na Europa medieval. Sua forma de lidar com os donatistas e sua pronta aceitação do uso de leis imperiais para reprimi-los, assim como aos pagãos e hereges, levantava o problema de determinar se Agostinho merecia ou não o título desdenhoso de "teórico da Inquisição". Essa pergunta, que todo medievalista precisa formular a respeito de Agostinho num ou noutro momento, desafiou-me a reconstituir, sem preconceito e sem os efeitos deturpadores da visão retrospectiva, as circunstâncias sociais exatas da África do baixo Império Romano. Nesse processo, procurei resgatar as restrições sociais e morais em meio às quais Agostinho exerceu uma autoridade portentosa na teoria, mas muito longe de ser opressiva na prática.[43]

Num nível mais pessoal, conviria eu assinalar que, para um rapaz criado numa família protestante, na Irlanda coercitiva das décadas de 1940 e 1950, não era de se esperar que os bispos — os bispos católicos, bem entendido — fossem figuras tranquilizadoras. Era presumível que um "bispo idoso" fosse uma criatura particularmente assustadora. Há em meus juízos sobre o velho Agostinho uma severidade que o leitor indulgente deve imputar à inexperiência do jovem no mundo. De lá para cá, passei a conhecer vários bispos. Alguns podem ser santos, muitos são extremamente agradáveis, na verdade, e a maioria é ineficaz. Ineficaz, entenda-se, diante de um mundo confiantemente profano — como as cartas de Divjak revelam agora terem sido Agostinho e seus colegas, em sua época. Os textos de Agostinho e o exemplo de suas atividades na África podem ter contribuído decisivamente para a formação da cristandade católica na Europa Ocidental, mas os bispos africanos do século V não viviam nessa cristandade. Estavam longe de ser os líderes espirituais incontestes de uma sociedade "em que a Igreja e o Estado tornaram-se inextricavelmente interdependentes".[44]

Como deixei claro em minha discussão das cartas de Divjak, creio agora que meu interesse unilateral pela relação íntima de Agostinho com sua autoridade episcopal apequenou sutilmente o homem. Foi um interesse que o fez parecer mais severo, e fez sua velhice parecer mais enrijecida do que foi na realidade. Olhando para trás, percebi haver "personalizado" indevidamente o tom dos escritos polêmicos de Agostinho em seu fim de vida. É que eu os vasculhara à procura de sinais reveladores de uma batalha íntima com sua própria agressividade. Como textos combativos, numa sociedade menos reticente do que a nossa na manifestação pública das diferenças religiosas, eles não se prestam a esse "biografismo" instantâneo. O que as cartas de Divjak revelaram tem uma pertinência mais direta à biografia do homem. O que vemos nelas não é uma agressão intelectual. Ao contrário, elas mostram em Agostinho a imensa capacidade de se empenhar diligentemente em qualquer questão que pudesse perturbar a mente dos cristãos. Captam o suspiro mal reprimido de uma velhice cansada, caracterizada por atos constantes e silenciosos de abnegação, à medida que Agostinho emprestava repetidamente sua pena à defesa de sua Igreja, em detrimento dos projetos intelectuais que lhe interessavam mais a fundo.

Embora seu tom retórico não agrade aos leitores modernos, os textos de Agostinho como polemista seriam vistos por seus contemporâneos por um prisma muito diferente. Seriam considerados por eles como reflexo de uma virtude calorosa e sólida, sumamente apreciada pelos antigos romanos. A controvérsia era um sinal de lealdade. Os textos polêmicos de Agostinho contra os maniqueus, os pagãos, os donatistas e os pelagianos foram obra de seu desejo sincero de servir a uma nova *respublica*, a Igreja católica. É que Agostinho viveu num mundo que esperava que os homens defendessem suas ideias com tenacidade e uma certa contundência, como quem defendesse os interesses da pátria contra os inimigos. Esperava-se que ele escrevesse (como lhe pareceu ter escrito São Paulo, em sua época) *tam pugnaciter, tam multipliciter* — "tanto com pugnacidade quanto de muitas maneiras".[45]

Uma carta cuja importância biográfica nos escapara até agora diz tudo o que precisa ser dito sobre essa faceta do velho Agostinho.[46] Foi endereçada a um certo "Cornélio". Uma inscrição recém-reinterpretada de Tagaste revela que "Cornélio" era o outro nome, talvez mais formal, de ninguém menos do que Romaniano de Tagaste, o amigo e protetor do jovem Agostinho. Antes disso, nada sabíamos sobre as relações de Romaniano com Agostinho depois da conversão deste e de seu retorno à África. A última vez que ouvíramos falar dele fora quando se achava novamente a caminho da corte imperial, no mesmo ano em que Agostinho tornou-se bispo de Hipona.[47]

Por essa carta, vê-se agora que Romaniano de Tagaste tinha-se batizado e se casara com uma católica. Por volta de 408, procurou Agostinho. Estava viúvo. Pediu então ao velho amigo que escrevesse um panegírico sobre sua falecida esposa. Mas Romaniano, como soube Agostinho, também havia tomado uma concubina, para consolá-lo por sua perda. O bispo Agostinho foi firme em sua recusa. Não haveria nenhuma oração laudatória enquanto a concubina não saísse da casa de Romaniano. Talvez uma pessoa moderna não goste da severidade do tom de Agostinho ao repreender um velho amigo, num momento de luto, pelo que consideraríamos um assunto particular. Mas essa carta proporciona um vislumbre precioso de Agostinho como figura pública. Ele fora solicitado a fazer um gesto público que comprometeria sua postura contrária ao concubinato. Como bispo, só podia dizer "não". Ele havia aprendido

EPÍLOGO

o que significava a lealdade a uma instituição. E, para um romano, tal lealdade frequentemente significava intransigência. Como um homem idoso escrevendo a outro, ele exortou Romaniano a recordar o que um dia dissera Cícero no senado:

> Desejo, senhores senadores, ser clemente (*clementem*): mas desejo também, ante os perigos que confrontam o Estado, não parecer dissoluto (*dissolutum*).[48]

Romaniano por certo deveria entender. Não cabia a um bispo ser "dissoluto" numa questão sobre a qual havia assumido uma posição pública.

É o que nos basta dizer sobre o bispo Agostinho. E quanto ao Agostinho pensador? Nesse ponto, impressiona-me uma diferença significativa entre os anos sessenta e a erudição de hoje. Se há um aspecto da cultura da década de 1960 de que me lembro com sincera afeição e respeito, trata-se da crença generalizada, alimentada por muitos escritores de então, em que ideias aparentemente inabordáveis, referentes a temas repulsivos para as pessoas modernas, ou que houvessem deixado de interessá-las, poderiam ser "traduzidas". Seria possível torná-las acessíveis, de tal modo que o leitor culto médio (que não seria necessariamente um estudioso, e que se poderia presumir desprovido de cultura religiosa e sem intensos compromissos religiosos) pudesse reviver ao menos parte de sua intensidade original, bem como resgatar algo da pertinência premente que um dia tinham tido essas ideias para pessoas de uma era remota. Tratava-se de uma confiança robusta na possibilidade de um *aggiornamento*,* no verdadeiro sentido. Ela refletia o sentimento geral da necessidade de trazer para o presente a riqueza de um passado distante, por intermédio de uma "tradução" sensível. Essa crença na possibilidade de colocar o pensamento e a visão de mundo de épocas remotas do cristianismo ao alcance das pessoas instruídas era compartilhada por muitos estudiosos cristãos, tanto protestantes quanto

---

* "Atualização", em italiano no original. [*N. da T.*]

católicos, cujo trabalho eu conhecia e por quem nutria a mais sincera admiração. Devotos e descrentes participavam dessa empreitada.

Mas o trabalho de "tradução" era delicado, até um pouquinho arrogante e, com certeza, repleto de armadilhas metodológicas. De modo proposital, eu não escrevia para um público exclusivamente religioso. Aliás, sentia-me chocado — exibindo a admirável pudicícia dos jovens — com o mais leve indício de preconceito religioso no julgamento dos atos de Agostinho. Eu lera muitos trabalhos eruditos que ainda se entregavam a defesas especiais em favor dele. Inclinavam-se a justificar seus atos, quando bispo no Norte da África, mediante uma atribuição de culpa, na totalidade dos casos, à agressividade, à hipocrisia e à falta de inteligência de seus adversários. Em vez de assumir essa postura, eu considerava ser dever do historiador desempenhar o papel do *advocatus diaboli*. E o fazia para permitir que emergisse do baixo Império Romano um ser humano real, enfim liberto das distorções reverentes da posteridade. Por isso eu ficava particularmente irritado com as reivindicações confessionais, fossem elas protestantes ou católicas, de uma familiaridade privilegiada com o pensamento e as motivações agostinianos.

Assim, que devia eu fazer? Ao trazer de volta o pensamento agostiniano para o leitor moderno, vi-me diante de uma operação tão difícil quanto a tentativa de fabricar, com uma habilidosa combinação de substâncias químicas, a reprodução fiel de um odor ou um sabor naturais. Tive de recorrer a elementos da cultura a meu redor que fornecessem ao menos algumas analogias com as preocupações enfrentadas por Agostinho e seus contemporâneos. Foram esses os "equivalentes químicos" que me ajudaram a compreender e a transmitir o sabor característico de alguns aspectos do pensamento agostiniano. Fui particularmente grato a dois desses equivalentes químicos. Eu confiava em que meu interesse na psicanálise me proporcionaria um equivalente razoavelmente adequado para compreender a teoria agostiniana da graça, uma vez que ela confrontava a natureza da motivação humana e o caráter problemático da liberdade humana. Meu interesse pela psicologia social deixava-me

EPÍLOGO

excepcionalmente interessado nas ideias de Agostinho sobre a relação entre o indivíduo, a sociedade e a Igreja, uma vez que ele os defendeu contra os donatistas e os pelagianos. Não é à toa que esses dois temas (sua doutrina da graça e sua ideia da Igreja) foram as duas grandes preocupações da vida de Agostinho nas quais ele pareceu voltar os olhos mais diretamente para o futuro. Elas apontaram para a Igreja católica da Idade Média, para a crise da graça e da liberdade na Reforma e para as continuações laicizadas dessa crise nos tempos modernos. Quanto a outros aspectos muito distintos do universo de pensamento agostiniano, faltaram-me os equivalentes químicos necessários, ou então reproduzi seus perfumes ativos de um modo que não lhes fez justiça. Evitei com prudência o Agostinho metafísico e restringi meu exame de sua teologia basicamente a suas ideias da graça e da Igreja.

Como resultado, minha biografia de Agostinho foi descrita como uma "biografia sem a teologia".[49] Acolho isso como um julgamento justo de Henry Chadwick e o faço com receptividade ainda maior, na medida em que ele corrigiu a falha de meu livro, mediante um estudo sucinto de Agostinho que consegue expor o pensamento do Mestre em apenas 119 páginas, com uma exposição cativante e aparentemente sem esforço de suas principais tensões e consequências. Existem hoje outros guias para o pensamento agostiniano que remediam as lacunas de meu livro.[50]

Olhando para trás, contudo, eu diria as coisas de modo um pouco diferente. O que faltou em meu livro não foi propriamente a "filosofia" ou a "teologia" *tout court*, mas, antes, uma ideia do panorama mais amplo da religião e do pensamento da baixa Antiguidade que conferiu peso e seriedade a muitos temas enfrentados por Agostinho, ainda que estes fossem temas para os quais, na década de 1960, não era muito fácil encontrar equivalentes químicos que os introduzissem em nossa época. Portanto, minha preocupação com os temas passíveis de ser comunicados em termos modernos levou-me a deixar de lado a densidade e a intrigante estranheza de muitos aspectos do universo de pensamento em que Agostinho viveu, no fim da era clássica e início do cristianismo.

NOVAS DIREÇÕES

Agora, porém, estamos em melhores condições do que em 1961 para situá-lo nesse amplo panorama. Em parte, isso se deve a que, no período de 1967 para cá, o estudo de Agostinho foi dominado (e dominado especialmente no mundo de língua inglesa) por uma verdadeira maioridade do estudo do cristianismo da baixa Antiguidade e do politeísmo da baixa Antiguidade como um todo.

Devemos recordar que o saber dos anos 1960 sofria de uma limitação decisiva. Paradoxalmente, essa limitação foi a precondição de suas enormes realizações. Em 1960, havíamos atingido o ponto culminante de um movimento de estudos acadêmicos dedicados a um tema rigorosamente tradicional. Desde o início do Renascimento, as relações de Agostinho com o passado pagão clássico tinham sido um objeto de fascínio para os estudiosos europeus. Nas décadas imediatamente anteriores e posteriores à Segunda Guerra Mundial, esse fascínio foi retomado, com sofisticação e sucesso sem precedentes, por uma brilhante geração de pesquisadores franceses. Nos anos 1960, nós nos apoiávamos nos ombros desses gigantes, e essa era a direção em que os gigantes tendiam a olhar. O antigo interesse pelas relações entre o cristianismo e a cultura clássica foi levado a um nível de precisão e calor humano inteiramente novo pelo trabalho de Henri-Irénée Marrou. Pela primeira vez, tornou-se possível ler o *De Doctrina Christiana*, de Agostinho, como um comentário sobre a cultura clássica viva em que ele tinha crescido, e que deixara marcas permanentes em seus estilos de pensamento e argumentação.[51] A relação entre Agostinho e o platonismo foi situada num novo plano pelos estudos filológicos de Paul Henry e Pierre Courcelle.[52] O discurso vago sobre a relação entre Agostinho e Platão deu lugar a um estudo fascinado sobre a maneira exata como os textos e as doutrinas do neoplatonismo circulavam no Ocidente latino do século IV.

Porém houve mais nessas descobertas do que a recuperação de um capítulo até então desconhecido da história do pensamento latino. Fazia muito tempo que se acolhia de bom grado a ideia de que os cristãos pudessem ter absorvido o que havia de melhor no pensamento pagão.

EPÍLOGO

Daí o prazer com que foi saudada a hipótese de Pierre Courcelle de que justamente Santo Ambrósio — Ambrósio, uma figura antes conhecida por nós como o bispo que representara tudo o que havia de mais intransigente no catolicismo ocidental do século V — teria citado Plotino em seus sermões, e talvez tivesse até sido a pessoa que apresentou Agostinho às ideias neoplatônicas.[53] O "humanismo cristão" estava no ar. Aliás, tal "humanismo" era visto como uma faceta particularmente atraente do período patrístico.[54] Avistar um "humanista cristão" era sempre uma experiência animadora — até o representante mais fugidio dessa espécie valiosa, o senhor de terras e futuro cônsul milanês Mânlio Teodoro, então recém-descoberto por Pierre Courcelle, recebeu uma aclamação (antes de desaparecer de vista, como parece ter feito nos últimos anos).[55]

E o interesse por Agostinho e o passado clássico também não se encerrou em seu primeiro contato com o neoplatonismo. Longe disso. A tensão entre o passado pagão e o presente cristão, no coração de Agostinho, continuou a agitar as longas décadas de sua vida como bispo católico.

"Sombras" da poesia de Virgílio avançaram com ele, seguindo-o em silêncio por toda a sua vida, por mais que ele se houvesse modificado.[56] Pela mesma razão, a atitude agostiniana para com o passado romano, na época em que ele escreveu *A cidade de Deus*, sempre recebeu atenção.[57]

Mas não foram apenas os estudiosos clássicos que acompanharam o olhar retrospectivo de Agostinho para o passado pagão. Historiadores da Igreja primitiva seguiram seu exemplo. Daí a pungência peculiar associada ao conflito teológico entre Agostinho e Pelágio. A controvérsia pelagiana pode ser apresentada como a fase final e conclusiva do longo debate entre o cristianismo e a cultura clássica. Há ainda uma ampla convicção de que a vitória da ideia agostiniana da graça sobre a ideia pelagiana da liberdade (com suas raízes no pensamento estoico clássico) marcou o fim do mundo antigo na Europa Ocidental.

Não fiquei imune a essas concepções ao escrever. Pareceu-me que Agostinho, ao se comprometer com a sombria visão da natureza humana que passou a ver nos ensinamentos de São Paulo sobre a graça e a eleição divina, "deslocou-se imperceptivelmente para um novo mundo" no decorrer da década de 390. Para ele, a apropriação de São Paulo marcou o fim de uma visão distintiva e mais clássica da condição humana, com a qual ele mesmo estivera comprometido na época de sua conversão. Com a vitória de Agostinho sobre Pelágio, nos anos 420, aquilo que fora a sombra de seu "Futuro Perdido" — associada ao triste abandono de uma visão clássica da capacidade humana de autoaprimoramento — recaiu sobre toda a tradição do cristianismo ocidental. Muitos estudiosos dispõem-se agora a afirmar, em parte com base em minha descrição das mudanças de ideia agostinianas na década de 390, que tais mudanças fizeram com que se abrisse uma fissura sinistra entre uma forma mais ensolarada dos primórdios do cristianismo, por ser mais "clássica", e um mundo medieval primitivo, dominado por doutrinas do pecado original e pela insistência na ação onipotente e imperscrutável da graça divina.[58] Pessoalmente, não concordo com essas interpretações extremadas. Mas *scripta manent*. Não me surpreenderia saber que outros chegaram a suas conclusões a partir de páginas que deixaram transparecer meu fascínio, compartilhado por muitos outros estudiosos dos anos 1960, por Agostinho como uma imagem de Janus, elevando-se, para o bem ou para o mal, acima de seus contemporâneos, no limiar entre o mundo antigo e o medieval.

A principal limitação dessa perspectiva era que o interesse absorvente pelas relações de Agostinho com o passado clássico levavam-nos, muitas vezes, a esquecer suas relações com seu presente cristão e com as correntes religiosas de sua própria era. Parecíamos estar sempre vasculhando fontes profundas, esforçando-nos por vislumbrar os antigos pagãos falecidos que ainda estavam vivíssimos na mente de Agostinho — Virgílio e Cícero, Plotino e Porfírio. Era a sua influência no pensamento dele que desejávamos conhecer e cuja capacidade de identificar tínhamos desenvolvido em alto grau. Se Agostinho mudava de ideia

EPÍLOGO

numa questão qualquer, tendíamos a presumir que o fizera por ter abandonado ou repensado uma ideia de Plotino, por haver reformulado um dito de Cícero, ou por haver captado em Virgílio mais um eco de suas próprias preocupações. Era menos interessante saber e, não raro (num estado de erudição ainda dominado pelos estudos clássicos), muito mais difícil provar que Agostinho havia mudado de ideia por ter ouvido uma teoria de Orígenes,[59] ou desejado não ser confundido com Jerônimo.[60] A reticência com que ele encobria as discordâncias com seus correligionários católicos levou-nos, muitas vezes, ao equívoco de falar de seu "esplêndido isolamento" do mundo do cristianismo grego.[61] No entanto, as cartas de Divjak mostram Agostinho em extenso contato com bispos orientais, e os sermões de Dolbeau registram vívidas discordâncias suas com Jerônimo e um diálogo constante com um paganismo vivo, que não existia apenas nos livros de sua biblioteca. O efeito global dessa tendência a privilegiar as relações de Agostinho com o passado clássico foi tratar as ocasiões em que ele discordou de seus companheiros cristãos como só tendo interesse para nós quando tal discordância eclodia numa grande controvérsia com "hereges", como os donatistas e os pelagianos. É irônico que minha própria biografia de Agostinho tenha seguido tão fielmente, nesse aspecto, a estrutura da *Biografia* original que seu amigo Possídio escreveu sobre ele. Meu texto almejava captar as muitas mudanças do pensamento e da personalidade agostinianos de um modo muito moderno, que chocaria o leal Possídio. Mas o fez sobretudo em termos das reações de Agostinho às grandes controvérsias — com os donatistas, os pelagianos e os pagãos — em torno das quais Possídio havia estruturado sua narrativa.

Um dos maiores benefícios dos estudos recentes é que agora é possível vermos a vida episcopal de Agostinho como algo que não mais se reduz a seu papel nessas grandes revoluções. Há espaço para outras "pequenas biografias" na grande biografia de Agostinho e suas controvérsias. Para citar um exemplo, é chegado o momento de escrever um capítulo sobre as relações dele com seus colegas africanos, em termos das relações que estes mantinham com o bispo. Que significou, para eles, descobrir que tinham um gênio em seu meio? Quando se vai, momentaneamente, da Ásia Menor de Basílio de Cesareia para a África de Agostinho, não há como não ficar impressionado com um contraste significativo. No mundo de Basílio, tinha-se tão pouca expectativa de que um bispo se mantivesse em silêncio, como homem de cultura, quanto de que o fizesse um "rouxinol cantando nas noites de primavera".[62] Na Ásia Menor, praticamente não havia uma só cidade digna desse nome em que o bispo não levasse sua pena ao papel, numa ou noutra ocasião, sobre uma multiplicidade de temas. A África setentrional católica, por outro lado, parece-me uma paisagem estranhamente silenciosa. Nela, apenas o "grande cisne" tinha permissão de cantar.[63]

Mesmo dando o devido desconto pelo desaparecimento de provas, esse silêncio aparente é de admirar. De modo algum todos os colegas de Agostinho eram homens sem instrução, e muito menos servis. É bem possível que tenham seguido com entusiasmo a orientação dele nas questões que afetavam seus interesses e suas convicções mais profundas, deixando a cargo de Agostinho elaborar os pensamentos sobre os quais eles mesmos não sentiam necessidade de cogitar. Talvez aquele não fosse o melhor ambiente para uma mente sempre alerta. Um pouco de "fraternização" por parte dos colegas católicos, para usar a expressão dos quacres, teria feito bem a Agostinho. A discussão de suas ideias com homens como Aurélio de Cartago poderia ter moderado as conclusões extremadas a que Agostinho chegou, vez por outra, a partir de uma luta solitária com as Escrituras.[64] Não se trata de que ele pareça ter procurado dominar os que lhe eram próximos. Seria possível montarmos um dossiê interessante sobre os que conviveram com Agostinho sem dar o menor sinal de ser grandemente afetados por ideias que os estudiosos modernos tendem a ver como centrais em seu sistema.[65]

Outras "pequenas biografias" vieram a ser escritas. Elas concernem à maneira como Agostinho lidava com a prática religiosa cristã de sua época. Tendo passado grande parte das últimas décadas, depois de 1967,

EPÍLOGO

voltado para o estudo do movimento ascético em todo o Leste do Mediterrâneo e no Oriente Médio, fico surpreso ao perceber quão pouca ênfase depositei no papel do ascetismo e da organização monástica na vida de Agostinho.[66] Desinteressei-me igualmente da natureza exata da cultura religiosa popular a que ele retornou, ao se tornar bispo de Hipona. Simplesmente presumi que ela era "primitiva" e tendi a assinalar (amiúde com um toque de reprovação) as ocasiões em que ela pareceu haver contribuído com uma textura mais tosca, mais "local", para as opiniões religiosas de Agostinho.[67] O que me interessava mais, como interessava a inúmeros estudiosos da década de 1960, era a lenta transição entre os mundos clássico e cristão, tal como exibida na vida de Agostinho. Esse era um processo digno, conduzido por homens instruídos, num meio confortável. Naquela época, minha formação e minhas inclinações não me haviam preparado, de modo algum, para compreender a força do *tsunami*, da verdadeira vaga impetuosa que varreu a costa do Mediterrâneo em decorrência do choque dos experimentos ascéticos radicais no Egito e na Síria. Isso veio depois, nos anos 1970. Espero haver corrigido essa lacuna em minha abordagem de Agostinho com meus estudos posteriores sobre o papel dos santos ascetas no cristianismo oriental e, em particular, com meu livro *Corpo e sociedade*. Nesse livro, Agostinho foi o último que abordei. Primeiro examinei o tema da renúncia sexual e de seu impacto nas relações entre homens e mulheres e nas concepções da pessoa e da sociedade, da época de São Paulo em diante. Guiei o leitor numa viagem por toda a região do Mediterrâneo e do Oriente Médio, antes de finalmente retornar à África, para fitar a figura antes conhecida de Agostinho com os olhos de um viajante que retornasse de terras estranhas.[68]

Fiquei surpreso com o que encontrei. Boa parte disso contradiz as difundidas ideias modernas sobre o assunto.[69] Percebi também quão pouca atenção havia prestado a esses temas em minha abordagem de Agostinho. Entramos claramente numa era diferente, com outras preocupações prementes. Agora queremos que Agostinho nos fale de sexualidade e casamento, e não sobre a graça e a Igreja. Na década de 1980, percebi que teria de começar de novo, ao estudar esse aspecto do pensamento e da prática agostinianos. O que primeiro me impressionou foi que as concepções de Agostinho desenvolveram-se paralelamente a suas grandes controvérsias. O sermão de Dolbeau de 397 a respeito do casamento confirmou minha impressão de que o ritmo da reflexão agostiniana sobre a sexualidade foi ditado por sua discordância firme, embora cortês, de outros cristãos e defensores de ideais ascéticos radicais, muito particularmente Jerônimo.[70]

Nunca devemos ler Agostinho como se ele fosse nosso contemporâneo. Ele foi contemporâneo de Jerônimo, que falava do casamento como um emaranhado matagal de espinhos, que só servia para produzir, sob a forma de filhos dedicados desde cedo à vida ascética, as "rosas" das novas virgens; de Gregório de Nissa, cujo tom suave nos faz esquecer que ele via a sexualidade com supremo desinteresse, como não passando de um apêndice "animalesco" da "angelical" natureza humana original; e de Ambrósio, que, ao se confrontar com candidatos casados ao episcopado, esperou que seus leitores concordassem, sem questionamento, em que a *voluptas*, a simples sensualidade, expulsara Adão do Paraíso.[71] Vistos contra esse pano de fundo, a pregação e os textos escritos de Agostinho representam, no mínimo, um apelo à moderação. Ele ansiava por um reconhecimento maior dos componentes sexuais físicos da natureza humana e se dispunha a defender sua expressão legítima (ainda que disciplinada) no matrimônio.

O que passei a perceber foi que a própria veemência da defesa agostiniana posterior de suas concepções da sexualidade e do pecado original, em oposição a Juliano de Eclano, foi resultado direto dessa moderação. Agradavelmente altivo e de temperamento liberal (ou assim eu gostava de me mostrar, como fazem muitos estudiosos jovens), perturbou-me bastante a impiedosa carnalidade da insistência agostiniana em que a queda de Adão havia resultado, de maneira instantânea e visível, numa perda do controle sexual. Descartei-a em poucas páginas.[72] Na época, não

EPÍLOGO

reconheci que o debate entre Agostinho e Juliano fora muito acirrado porque o próprio Agostinho já se arriscara, umas duas décadas antes, a entrar no que era basicamente um território desconhecido. De modo muito mais consequente do que muitos de seus contemporâneos cristãos, ele passara a contemplar Adão e Eva como seres plenamente sexuados, capazes de manter relações sexuais no Jardim do Éden — um intercurso glorioso, não dilacerado por desejos conflitantes e sem ter sobre si a sombra do pecado. Retornei a Agostinho por um longo desvio, depois de ler os patriarcas gregos. Para um homem como Gregório de Nissa, Adão e Eva tinham sido seres "angelicais". Sua sexualidade permanecera totalmente adormecida nas profundezas do Paraíso, de um Jardim do Éden cuja glória ofuscante não admitia comparação com a atual condição "animalesca" da humanidade. Ao ler essas obras, percebi que Agostinho fizera mais uma de suas "longas jornadas interiores". Para ele, o Jardim do Éden se transformara num lugar plenamente humano. A carta de Divjak nº 6*, então recém-descoberta, mostrou a distância que ele havia percorrido. Escrevendo a um bispo grego, o patriarca Ático, de Constantinopla, ele explicitou com inusitado cuidado uma visão da sexualidade que teria parecido nitidamente idiossincrática a qualquer leitor dos Padres da Capadócia. A sexualidade fora criada como um grande bem. Os cristãos católicos deviam reconhecer esse fato e se dispor a imaginar como teria sido o intercurso de Adão e Eva no Paraíso, se sua queda não houvesse acontecido. Tal intercurso teria sido um ato de deleite solene, no qual dois corpos plenamente físicos seguiriam os estímulos de sua alma, "tudo num maravilhoso ápice de perfeita paz".[73] Somente o ato puramente mental de orgulho de Adão, seguido pela desobediência a Deus, é que destruíra para sempre uma afortunada harmonia potencial do corpo e da alma. Para Agostinho, o sexo era trágico porque poderia ter sido muito diferente. Para muitos cristãos, o sexo e o casamento eram simples acréscimos "materiais" ou "animalescos" a uma natureza humana originalmente angelical. Não havia termos de comparação entre o estado "angelical" da humanidade no Paraíso e sua condição presente no mundo material. Para Agostinho, o mundo atual era sempre encoberto por uma grande tristeza. Lamentavelmente, os casais unidos em matrimônio tinham de andar por entre as ruínas reconhecíveis de uma sexualidade antes perfeita, devastada pelo orgulho de Adão.

É o que basta dizer sobre Agostinho como escritor. O que os casais ouviam do pregador Agostinho era econômico e deliberadamente banal. Eles precisavam ter cuidado. Idealmente, não deveriam praticar o sexo, exceto para conceber filhos. Se não acreditassem em seu bispo, deveriam consultar a "letra miúda" de seus contratos matrimoniais. O direito romano também insistia em que eles se casassem *para a procriação de filhos*. Se "ultrapassassem as linhas" de seu contrato e praticassem o sexo noutras ocasiões proibidas, eles teriam razão para enrubescer, mas não para se sentir indevidamente culpados. Comparado aos crimes realmente sérios do adultério e da infidelidade conjugal, esse era o menor dos pecados. Era uma manifestação da fraqueza humana, sempre expiada ao se dizer o *Perdoai os nossos pecados* da oração do Senhor, assim como pela doação de óbolos aos mendigos que se acocoravam em volta dos portais da igreja.[74]

Com respeito à questão da sexualidade, devemos tomar muito cuidado para não "demonizar" Agostinho. Falar dele como o "gênio maléfico da Europa"[75] e imputar unicamente a ele os males associados ao manejo do sexo nos círculos cristãos até nossa época é escolher a saída fácil — como se, ao abandonar Agostinho, nos libertássemos magicamente de um mal-estar cujas raízes emaranhadas cravam-se fundo em nossa história. Fizemos nossa cama ao longo de muitos séculos. Agostinho não a fez para nós. As acusações que lhe são feitas costumam representá-lo de maneira equivocada e, de qualquer modo, não nos levam adiante na lenta e séria tarefa de refazer essa cama. Na verdade, é um ato de rematado narcisismo cultural acreditar que todas as nossas insatisfações atuais podem ser vislumbradas no espelho distante do pensamento de um só homem. Ao contrário dos teólogos, os historiadores, infelizmente, têm de arcar com o fardo do sentimento da imensidão do tempo e do espaço. Cientes da lenta e complexa evolução das ideias morais no correr dos séculos, bem como da variedade assumida por essas formas ao serem postas em ação em regiões e sociedades com que Agostinho não poderia ter sonhado, os historiadores não devem tomar parte nessa *Schuldfrage* simplista — nesse exercício fácil de imputação de culpa.

No cômputo geral, quanto mais nos foi possível situar Agostinho no cenário mais amplo da baixa Antiguidade, mais passamos a perceber que muitos dos aspectos de seu pensamento que se afiguram mais próximos das pessoas modernas foram, muitas vezes, os que pareceram mais idiossincráticos a seus contemporâneos. Tomemos um exemplo crucial. Contrastada com o cenário mais amplo da tradição filosófica clássica, a magnífica preocupação de Agostinho com os problemas da pessoa humana e seu fascínio pelo funcionamento da vontade representaram uma mudança decisiva de ênfase. Puseram nitidamente em foco algumas percepções que por certo deviam existir antes dele. Mas, como resultado de seus escritos, elas foram trazidas para o primeiro plano no cristianismo latino. Meus amigos filósofos garantem-me que a descoberta agostiniana do eu representou um notável passo à frente na história do pensamento humano. Sua intervenção revelou-se decisiva para o surgimento de uma ideia distinta do indivíduo na cultura ocidental. Agostinho foi chamado de "inventor de nossa ideia moderna de vontade". É tido como responsável pela passagem decisiva "de uma abordagem ontológica para uma abordagem psicológica da religião e da cultura".[76]

Os historiadores do pensamento antigo precisam decidir se essas afirmações de novidade que favorecem Agostinho são inteiramente justificadas. Todavia, mesmo que sejam apenas parcialmente verdadeiras, elas deixam o biógrafo agostiniano numa espécie de dilema. Como é possível escrever um relato sobre um homem que, em grau inusitado, criou as próprias categorias que hoje usamos ao analisar qualquer tema biográfico? Pois são as categorias de Agostinho que persistem em nossa mente, com insistência, ao escrevermos sobre sua vida e tentarmos avaliar as ideias de sua época. Talvez o maior desafio de todos os estudos agostinianos seja apreender a aguda individualidade do pensamento de Agostinho, quando cotejado com o panorama mais amplo de seus predecessores imediatos e seus diversos contemporâneos. Sem hostilizá-lo e sem ser menos inteligentes do que ele, muitos de seus contemporâneos e predecessores imediatos simplesmente não viam o mundo em termos das categorias inéditas que o próprio Agostinho criou.

Em parte alguma isso é mais verdadeiro do que em sua absorção e transformação do neoplatonismo. Essa absorção foi calorosa e criativa. Mas não devemos permitir que nossa fascinação por esse manejo do sistema platônico absorva por completo nossa atenção. Nunca devemos esquecer que o "platonismo cristão" de Agostinho foi apenas um dentre muitos platonismos. Não foi necessariamente o melhor. Impressiona-me o fato de que os que mais se aprofundaram na visão de mundo do platonismo politeísta tenham sentido isso da maneira mais intensa. Hilary Armstrong chegou mesmo a ser levado a indagar se Agostinho não teria recebido (talvez de intermediários cristãos) "uma versão enrijecida, endurecida e meio empobrecida de Plotino".[77] Trata-se de um julgamento severo, por parte de um estudioso inigualado em seu conhecimento de Plotino e Agostinho.

A extraordinária capacidade agostiniana de construir uma ideia inteiramente nova da vida interior do indivíduo, a partir da leitura do material neoplatônico, foi alcançada por um preço. Agostinho deixou empalidecer o sentido platônico da majestade do *cosmos*. Perdido no labirinto estreito e sempre fascinante de sua preocupação com a vontade humana (preocupação que acompanhei zelosamente em meu relato de sua evolução intelectual), ele voltou as costas para o *mundus*, para a mágica beleza associada ao universo material no platonismo posterior. Essa "grande cidade de deuses e homens" era um mundo imerso no espírito e repleto de fila após fila de presenças amorosas invisíveis. Manteve-se sempre à margem do pensamento agostiniano. Ele estava convencido, é claro, de que a ordem do *mundus* lembrava aos seres humanos a sabedoria e o poder de seu Criador. Porém jamais ergueria os olhos para as estrelas e fitaria o mundo a seu redor com o calafrio de reverência religiosa que se apoderou de Plotino quando ele exclamou "*pas de ho khôros hieros*" — "O lugar inteiro é santo" (como exclamara Édipo em Colono e como fizera Jacó em Betel: *Em verdade, o Senhor está neste lugar* [Gênesis 28:16]). Plotino escreveu então sobre o *cosmos*: "e nada há nele que não seja provido de uma parcela de alma."[78] Agostinho recusou-se incisivamente a compartilhar esse entusiasmo. Viu a ideia platônica de uma Alma do Mundo, a majestosa *anima mundi* que conferia vida e vividez a todo o âmbito da natureza, como uma especulação desinteressante e basicamente desnecessária: se tal entidade existisse, o importante era que não fosse cultuada em lugar de Deus. E isso era tudo o que precisava ser dito sobre a questão.[79] Na cristandade ocidental, alguma coisa se perdeu em função desse juízo incisivo e aparentemente nascido do bom senso. O senso comum dos antigos fora diferente. Setecentos anos tiveram que transcorrer para que os platônicos de Chartres resgatassem, com suas próprias especulações sobre a *anima mundi*, a ideia da densidade e da importância do mundo natural que fora assegurada, no pensamento clássico, pela concepção de uma Alma do Mundo permanentemente ativa.[80]

Considero revelador que dois dos maiores estudiosos da baixa Antiguidade, Henri-Irénée Marrou e Hilary Armstrong, homens capazes de encontrar espaço no coração para o politeísmo e o cristianismo, para Agostinho e para seus contemporâneos cristãos gregos, sejam aqueles que falam mais nostalgicamente do afastamento agostiniano do *cosmos*.[81] Se Agostinho foi o "primeiro homem moderno", trata-se de uma "modernidade" adquirida a um preço muito caro. Ele desalojou o eu, de modo um tanto abrupto e sem levar em conta as consequências, do abraço de um universo repleto de Deus. Para outros pensadores de sua época, como os seguidores de Orígenes, os capadócios e até os sábios Anciãos do Egito, a primorosa concatenação entre o espiritual e o material, no *cosmos* como um todo, proporcionava um arcabouço com que pensar sobre o frágil equilíbrio entre o físico e o mental na pessoa humana. O sentimento da serena grandeza de um universo em que os seres humanos nunca estavam sós, em meio a hostes de anjos, havia instilado uma ideia de paciência divina em seu pensamento. A luta moral do indivíduo podia ser vista como nada além de uma parte do vasto trabalho de toda a criação em seu retorno a Deus. Em contraste com os horizontes amplos que essa visão mais cósmica implicava, Agostinho afigura-se um homem apressado: "Há por certo *uma luz nos homens,* mas que eles caminhem, caminhem depressa, *para que as trevas não os surpreendam.*"[82]

Uma ponta de tristeza pela incapacidade de Agostinho de reagir à serena visão do cosmos que ainda era compartilhada por muitos de seus contemporâneos é uma emoção inteiramente apropriada num historiador das ideias. É que a tristeza faz justiça à particularidade irredutível de qualquer sistema intelectual verdadeiramente criativo. O efeito de uma grande inovação na história das ideias é bloquear todas as visões alternativas de mundo. Ideias pensadas com dignidade e proveito por muitos séculos tornam-se impensáveis. A perda de toda uma visão de mundo não pode deixar de ser acompanhada pela "lixiviação" de muitos nutrientes necessários. Eles ficam perdidos para as eras futuras. E, com isso, cada era transmite à que a segue as deficiências vitamínicas intelectuais e religiosas criadas por suas próprias realizações mais singulares.

Desconfio, porém, que Agostinho não se comoveria com essas lucubrações. Para ele, o *cosmos* era basicamente despojado de significado religioso, porque o centro de gravidade de seu pensamento tinha-se mudado para outro lugar. Agostinho interessava-se por uma questão mais urgente — como poderia Deus estender a mão para salvar a humanidade? Podemos ver isso com clareza noutra feliz descoberta de François Dolbeau — um sermão "Sobre a providência divina", pregado para instruir a congregação sobre como responder às visões dos infiéis sobre o destino e os cuidados de Deus com o mundo.[83] Trata-se de um exercício meio árido. No entanto, a mudança no equilíbrio de sentimentos que há no texto é ainda mais inconfundível por essa razão. Estava claro, disse Agostinho, que a ordenação do mundo falava da presença de Deus como seu criador. O *mundus* era um artefato admirável. Algumas de suas sutilezas mais estranhas assemelhavam-se aos aparelhos produzidos por *mechanici* habilidosos. Estes surpreendiam e intrigavam o observador, até que um exame mais criterioso de seus mecanismos ocultos revelava a suprema engenhosidade de seus criadores.[84] Mas esse era um argumento para os infiéis. Para os cristãos, era um argumento essencialmente externo:

> Pois na criação e na direção de tudo, é clara a providência de Deus (...), porém a extensão de Seu *amor* pela raça humana nunca se evidenciou tanto quanto no momento em que Aquele que criou a humanidade fez de Si mesmo um ser humano (...). Não há prova maior e mais convincente não apenas de que Deus ama a humanidade, mas também do grau desse amor, do que a simples aparição de Cristo (na Terra) como ser humano, Sua resignação na agonia e Seu poder ao se erguer dos mortos.[85]

Para Agostinho, a passagem do *cosmos* para a vontade era coisa pequena, comparada à portentosa substituição de toda uma sensibilidade religiosa, com base numa nova visão do assombroso e ativo amor de Deus pela humanidade. Agostinho não foi o único a viver essa mudança. Muitos teólogos do século IV constataram que o tema que os tomava de profunda excitação religiosa e intelectual já não era o modo como os seres humanos poderiam elevar-se a Deus, galgando os degraus de um *mundus* hierarquicamente ordenado, porém o modo como Deus, em Cristo, inclinara-Se até a parte mais baixa do *mundus* para reerguer uma raça humana decaída.[86] Agostinho, no entanto, rumou mais decididamente por essa direção do que a maioria de seus contemporâneos. Todo o assombro, toda a doçura, todo o sentimento de uma presença divina aproximada da humanidade, que Plotino vira no *cosmos*, Agostinho passou então a ver na união perfeitamente dosada do humano e do divino num único ser humano, Cristo. Era na vida e na pessoa de Cristo que ele via "a aliança entre a beleza e a matéria", no que essa aliança tinha de mais intenso e mais significativo.[87] A única melodia majestosa cujas cadências os fiéis cristãos deviam agora aguçar os ouvidos para apreender não era a explosão harmoniosa do universo, porém a "belíssima melodia" das relações de Deus com a humanidade, estendida por séculos do tempo humano, à medida que Seu povo escolhido abria caminho para a "Cidade de Deus".[88]

A consequência que Agostinho extraiu desse desvio da atenção do *cosmos* para a obra salvadora de Deus, passando por Cristo, foi a mais acaloradamente contestada de suas muitas doutrinas — a doutrina do funcionamento da graça divina. Trata-se de uma doutrina que foi questionada na época, na controvérsia pelagiana. Ela ainda se afigura a muitos leitores modernos o aspecto mais idiossincrático e problemático do pensamento agostiniano. Tornou-se comum falar no sistema agostiniano da graça como se este fosse uma invenção inédita, inteiramente da lavra de Agostinho.

Creio que não precisamos vê-lo dessa maneira. Ao contrário, um exame da religião da baixa Antiguidade, tomada como um todo, poderia levar-nos a concordar com a máxima de Goethe de que "o gênio marca o fim e não o começo de uma era". Vista contra o pano de fundo das ideias religiosas da época, a doutrina agostiniana da graça nada teve de um desvio inédito. O que a tornou nova foi o modo como, nessa doutrina, Agostinho resumiu e redefiniu, de maneira inédita, a experiência religiosa de seu mundo.

Agostinho viveu no fim de uma fase da história antiga que foi descrita por um dos maiores historiadores de Roma, oportunamente, como uma época caracterizada por *la prospettiva carismatica* — a "perspectiva carismática".[89] A luz bruxuleante e dramática de uma visão "carismática" do mundo espalhava-se por sobre todos os atos significativos. Essa visão enfatizava o fato de que as pessoas grandiosas faziam coisas grandiosas por terem sido escolhidas por Deus para fazê-las. Eram instigadas a agir, em primeiro lugar, pelo chamamento e pela inspiração divinos; de Deus extraíam sua força e gozavam da proteção d'Ele no exercício de atividades perigosas e novas. O século de Agostinho foi cheio dessas figuras.[90] Deus tinha enviado visões poderosas para conduzir o imperador Constantino à vitória e guiá-lo em suas decisões, e ensinara a sabedoria "divina" a Santo Antônio, um contemporâneo mais velho de Constantino, no deserto egípcio.[91] Até uma pessoa humilde como Abedrapsas, um lavrador sírio, pôde gabar-se, numa inscrição, de haver aprendido um ofício lucrativo, que lhe permitiu recolher-se a sua propriedade no interior, "em razão de uma visão clara do Deus de meus ancestrais (...) e de Sua intervenção providencial".⁹²

Os que se consideravam divinamente escolhidos e inspirados não falavam de si em termos de liberdade, no plano abstrato. Falavam de "ser libertados". Viam suas atividades em termos da eleição divina e da inspiração divina. Era Deus, ou os deuses, que os habilitava a realizar grandes feitos. O que eles buscavam junto a Deus era a liberdade no sentido definido por Alfred North Whitehead — a liberdade como "viabilidade de propósitos". Acreditavam haver entremeado um fio inquebrável de resolução divina e instigação divina no frágil tecido da vontade humana normal. Os pensadores da baixa Antiguidade podiam divergir consideravelmente em suas opiniões quanto a seu grau de autonomia em relação à vontade de Deus ou dos deuses, mas todos partilhavam de uma cultura religiosa que, durante séculos, havia presumido que os seres humanos atingiam o auge de sua liberdade, e portanto, de sua eficiência, quando eram mais completamente tomados por uma força superior. Durante um longo tempo, antes de Agostinho, cristãos e pagãos haviam considerado líquido e certo que era impossível "ter Deus sem Deus".⁹³

A questão, é claro, eram as conclusões que se podia tirar dessa religiosidade difundida. Nesse aspecto, a intervenção de Agostinho se revelaria realmente decisiva para o futuro da Igreja católica na Europa Ocidental. Isso porque, quando passou a meditar mais plenamente sobre os escritos de São Paulo, depois de 394, em seus primeiros anos como padre e bispo, Agostinho confrontou um mundo religioso que se agitava como um mar revolto com reivindicações rivais de proteção divina, orientação divina e autorização divina de atos dramáticos. Era um mundo ansioso por aclamar pessoas excepcionais e grupos destacados como especialmente eleitos por Deus. O tremeluzir inclemente da "perspectiva carismática" bruxuleava a seu redor. O distante imperador era "escolhido por Deus" e "inspirado por exortações divinas". O homem santo local era "criado" unicamente por Deus, em benefício dos fiéis. Num nível mais humilde, os grupos eram distinguidos na Igreja. A procissão dos recém-batizados saía do batistério local usando luminosas túnicas brancas, que mostravam que eles haviam passado por uma iniciação mística excepcional. Esperava-se que as "virgens da Igreja", freiras e outras mulheres celibatárias, cantassem na igreja atrás de uma balaustrada de mármore branco leitoso que as separava da massa comum dos cristãos. A "perspectiva carismática" atingia seu auge, para os cristãos africanos, no culto dos mártires, considerados, como vimos, como heróis "gloriosos" e inimitáveis. Ninguém duvidava de que a graça divina recaía maciçamente e de maneira palpável sobre os eleitos. Mas, e os outros?

Foi esse o problema que Agostinho veio a enfrentar ao elaborar suas primeiras visões coerentes sobre a graça. Muitos cristãos tinham uma imagem empolgante, mas essencialmente fragmentada, do mundo religioso. Confrontavam a pessoa comum com o que equivalia a uma série de exigências heroicas e com a perspectiva de ter que cruzar uma sucessão de limiares assustadores. Muitos achavam melhor ficar longe de um grupo religioso que reivindicava para si tanto carisma vibrante. O cristianismo era uma religião que afirmava ter produzido santos. Pois que fosse apenas para os santos, então.[94] Quando Firmo se desculpou por adiar seu batismo, estava representando uma atitude muito difundida: "O ônus desse enorme fardo não pode ser suportado pelos fracos sem uma força adicional."[95] Ele esperaria até que Deus lhe desse essa força, numa linguagem apropriada a uma era dominada pela "perspectiva carismática": Deus lhe enviaria um sonho ou outro desses símbolos claros de Sua vontade.

Para os contemporâneos, a questão não era se a graça divina existia ou se era onipotente. Ela era tudo isso. Tratava-se de uma graça exibida, numa medida assombrosa, nos atos dos eleitos. Mas, a quantos outros cristãos comuns se estendia? Numa era em que os esforços humildes do fiel médio corriam o risco de se perder no brilho ofuscante da glória carismática que cercava os eleitos, Agostinho quis estender a esperança

EPÍLOGO

de aperfeiçoamento e progresso na santidade a todos os cristãos. Quando se voltou para São Paulo, depois de 394, apegou-se a duas passagens da I Epístola aos Coríntios: primeiro,

> *Que possuis tu que não tenhas recebido? E, se o recebeste, por que te vanglorias, como se não te fora ofertado como dádiva? (...) e, em seguida, como está escrito: "Aquele que se gloria, glorie-se no Senhor".*[96]

Essas duas frases foram centrais para todas as afirmações posteriores da visão agostiniana da graça. É que nelas Agostinho encontrou "o antídoto contra o elitismo cristão".[97] Agora podemos ver, pelos sermões de Dolbeau que têm maior possibilidade de terem sido proferidos em Cartago em 397, que, nos primeiros anos de episcopado, Agostinho procurou imediatamente aplicar um "antídoto contra o elitismo" em todos os níveis da experiência cristã. Esses foram sermões de esperança e, decididamente, sermões de igualdade. Nenhum grupo deixava de ser tocado pela graça divina. Pois não havia esforço, por mais humilde que fosse, que não dependesse tão rigorosamente da *dádiva* da graça divina quanto a mais espetacular manifestação de "carisma". Todos os fiéis eram iguais, pois todos eram igualmente "pobres". Todos eram também iguais porque, para seu sustento, eram inteiramente dependentes do abundante banquete de Deus.[98]

Não cabe a um mero historiador entrar num exame pormenorizado e muito menos tentar fazer uma defesa de todos os aspectos da doutrina agostiniana da graça e da eleição. Mas é possível ver, com uma concretude satisfatória, de que modo Agostinho pretendia pôr sua doutrina em ação na prática da Igreja. Não é à toa que os sermões pregados por ele nas festas dos mártires foram a base da imposição de sua doutrina da glória da graça divina. É que os mártires eram cristãos cuja *glória* não estava em dúvida. A graça havia operado neles, de maneira plenamente visível e heroica. Sua "predestinação" à glória também já não era duvidosa. A doutrina da predestinação, tal como defendida por Agostinho em seus últimos anos de vida, certamente terá parecido opaca para muitos de seus contemporâneos. No festival de um mártir qualquer, no entanto, era clara como o dia. Todos os mártires tinham sido declarados, na forma heroica de sua morte, membros dos "predestinados". Bastava examinar o passado cristão, seguindo o calendário dos festejos dos santos ao longo do ano, para ver em retrospectiva os "eleitos" — toda sorte de pessoas santificadas, de ambos os sexos e de todas as classes, pessoas casadas e virgens, leigos e o clero, e todos "postos lá no alto", como uma fileira de grandes candelabros ardendo na Igreja.[99]

Agostinho pôs-se a trabalhar para eliminar a distância entre a vitória da graça divina nos mártires — cujo comportamento parecia inimitável e muito "extramundano" para a maioria de seus ouvintes — e a operação menos dramática, porém igualmente decisiva, dessa mesma graça na média dos cristãos, quando eles enfrentavam a dor e a tentação em sua vida. Agostinho dirigiu-se do mesmo modo às freiras. Elas eram a elite da época, as "mais eleitas dentre os eleitos".[100] Mas o bispo alertou-as a não olharem com desdém para as mulheres casadas. A mesma graça que permitira a mulheres casadas e mães de filhos suportar a dor do martírio, como Perpétua e Felicitas, continuava em ação na vida cotidiana de qualquer cristã casada. Um dia, ela poderia ser chamada a ser mais "uma Perpétua", enquanto a virgem orgulhosa poderia não ser "uma Tecla".[101] Os homens também não tinham razão alguma para se orgulhar de ser "o sexo mais forte". No martírio, era uma e a mesma graça que enchia homens e mulheres da força de Cristo.[102]

Acima de tudo, ninguém devia perder a esperança. O progresso na Igreja católica não consistia em saltar por sobre altos limiares, pois limiar algum era alto demais quando a graça estava presente. Agostinho desestimulou vivamente a demora a receber o batismo. Em sua opinião, não havia necessidade de retardo. O leigo cristão não precisava viver como um "catecúmeno permanente", um cidadão de segunda classe, incapaz de arcar com todos os ônus da vida dos batizados. A graça divina

EPÍLOGO

seguiria o cristão em todas as idades, protegendo o fiel batizado até nos períodos mais vulneráveis de sua vida. As crianças batizadas em tenra idade (e Agostinho veio a desejar ter sido batizado quando menino) poderiam preservar sua fé e até sua castidade (como Agostinho não fizera, infelizmente), se rogassem com humildade a graça de fazê-lo e pedissem perdão quando falhassem.[103] Num mundo caracterizado por expectativas elevadas e estruturas cada vez mais hierarquizadas dentro da própria Igreja, Agostinho levou para o funcionamento cotidiano da graça na Igreja uma visão basicamente não histriônica.

No cômputo final, apesar de todo o pessimismo que expressou em seus escritos sobre a condição humana em geral, Agostinho errou por otimismo, se tanto, ao pregar e orientar seus correligionários católicos. Ele sentia estar vivendo num mundo fluido, onde as coisas boas aconteciam com frequência. Podia presumir, por exemplo, que muitos dos leigos que o ouviam pregar, erguendo-se no corpo da igreja, pudessem um dia sentar-se a seu lado como companheiros episcopais.[104] À luz de sua confiança na graça divina, ele se recusava a encarar os problemas da adaptação ao estado clerical, entre os quais se incluía a continência, sob um prisma particularmente dramático. Muitos homens poderiam descobrir-se eleitos à força como bispos e padres de suas comunidades, tal como ele mesmo fora obrigado a se tornar padre em Hipona. Se porventura tais pessoas fossem casadas, o costume da Igreja esperaria que deixassem de se deitar com suas esposas. Isso não era um grande problema, escreveu Agostinho: Deus lhes concederia a graça de fazer essa renúncia. Claramente, Agostinho não esperava que todos tivessem de passar por uma comoção tão intensa quanto a que ele mesmo experimentara ao se preparar para enfrentar a vida de celibato no jardim de Milão. No entanto, era exatamente a *glória* da mesma graça que o libertara da escravidão que se mostrava nas decisões serenas de padres e bispos modestos, ao adotarem a continência esperada de seu ofício.[105]

Essa visão da graça garantia que, em muitas questões que preocupam enormemente os estudiosos modernos de Agostinho, ele mesmo era capaz de ser surpreendentemente terra-a-terra. Por exemplo, o tema do "combate da castidade", que avultava com enorme peso nos textos de ascetas como João Cassiano — tanto, aliás, que chegou a atrair o olhar atento de ninguém menos do que Michel Foucault[106] —, mal aparece na pregação agostiniana.

Um otimismo similar coloriu a atitude de Agostinho para com os que estavam fora da Igreja. A recém-descoberta carta Divjak, a Firmo de Cartago, deixa claro que *A cidade de Deus* foi escrita para os relutantes, e não apenas para denunciar pagãos empedernidos ou tranquilizar cristãos decepcionados com as invasões dos bárbaros.[107] A Jerusalém Celestial de Agostinho era a *cidade de Deus* da qual tinham-se dito *coisas gloriosas* no Salmo 87. Esse salmo deixa claro que Deus já havia registrado todas as nações como *nascidas no Sião*. Todas eram membros em potencial da Igreja católica. *A cidade de Deus* foi um livro escrito, em parte, para afastar os obstáculos que entulhavam desordenadamente o vasto terreno comum entre os pagãos instruídos e seus pares cristãos, a fim de que os pagãos pudessem atravessá-lo, como certamente o fariam, para se juntar à Igreja. Se Deus quisesse, Firmo e seu filho, o "greguinho" por cujos deveres de casa o velho bispo demonstrou tão comovente interesse, haveriam de se integrar, mais cedo ou mais tarde, na "Cidade de Deus", que era sua verdadeira casa.

E, mais importante que tudo, Agostinho apreendeu com clareza, em sua doutrina da graça, as consequências do intenso sentimento da ação validada por uma inspiração sobrenatural, que perpassava toda a cultura religiosa de sua época. Ele domesticou essa ideia de ação ao colocar a *glória* da graça divina à disposição de todos. Num mundo em que ninguém podia *gloriar-se* em si mesmo, Agostinho deixou aberto o caminho para que todos, dentro da Igreja católica, se *gloriassem* na ideia da ação baseada em Deus, pois insistiu em que Deus era capaz de colocar um *peso de glória* (II Coríntios 4:17) em cada coração.[108] Segundo as leis da antiga física — não as ideias modernas da lei da gravidade —, o "peso", o *pondus*, era um momento através do qual todas as partes do universo

EPÍLOGO

buscavam seu lugar de repouso, com a muda insistência do pombo que volta para casa e procura reconquistar seu ninho, ou da chama que bruxuleia para religar-se a sua casa "natural", na poderosa conflagração das estrelas.[109] Fáceis de derrubar como um monte de areia, se deixados por conta própria, os cristãos de todas as classes e condições de vida deviam pensar em si como o *povo pesado*, que era mantido em seu curso, a despeito dos vendavais do mundo, pelo momento cumulativo de uma "gravidade amorosa".[110]

Foi essa intensa noção do *momentum* que Agostinho transmitiu diretamente aos católicos da Itália e da Gália, nos anos imediatamente seguintes a sua morte. Os escritos de um admirador, Próspero de Aquitânia, mostram que as pessoas da Gália e da Itália que se juntaram para defender as concepções agostinianas da graça e do livre-arbítrio fizeram-no por apreciar os homens de ação moldados na forma da baixa Antiguidade.[111] Tais homens mostravam que a graça divina continuava a operar num mundo perigoso. Próspero fez acompanhar seus textos a favor de Agostinho de uma *Crônica* dos acontecimentos contemporâneos no Império Ocidental. Editou-a em etapas, até os desastrosos meados do século V. A *Crônica* deixa claro que a *glória* da graça poderia tornar a luzir, em tempos ainda mais difíceis do que Agostinho seria capaz de imaginar, para produzir uma nova geração de santos. Dessa vez, eles não eram mártires. Eram bispos, "figuras sólidas que podiam domar os poderes injustos do mundo e proteger as comunidades desamparadas da devastação da guerra".[112] Próspero frisou que o papa Leão é que havia rechaçado Átila e seus hunos da Itália setentrional, em 452. E Leão o fizera sem nenhuma ajuda, pois havia "confiado na ajuda de Deus, que devemos saber que nunca falta aos esforços dos devotos".[113]

Naturalmente, na narrativa de Próspero, sentimos falta da ideia daquela multidão infinitamente variegada de homens e mulheres modestos em quem se esperava que a graça funcionasse, em cada um a seu modo, a qual está implícita nos sermões de Agostinho. As províncias do Ocidente romano, destroçadas pela guerra, foram novamente impelidas para a necessidade de heróis, de figuras públicas mais grandiosas do que a vida real. O cristão comum fazia-se menos presente na visão de mundo de Próspero. Mas ele tinha certeza de uma coisa: tal como seu mestre, tomava sempre o cuidado de assinalar que "os eleitos recebem a graça não para que ela lhes permita o ócio (...), mas para que os habilite a trabalhar bem (...)".[114] Esse dito resoluto é um resumo tão bom quanto qualquer outro do legado mais imediato de Agostinho para a construção da Europa da alta Idade Média.

NOTAS

1. ÁFRICA

1. P. Alfaric, *L'Évolution intellectuelle de S. Augustin*, 1918, é a narrativa mais completa e científica da mocidade de Agostinho, e W. H. C. Frend, *The Donatist Church: a movement of protest in Roman North Africa*, 1952, esp. p. 25-75, é um estudo magnífico do meio africano na época de Agostinho.
2. *Corpus Inscript. Lat.* VIII, 5145, 5146, 5150.
3. Ver esp. G. C.-Picard, *La Civilisation de l'Afrique romaine*, 1959, p. 45-102; cf. P. G. Walsh, "Masinissa", *Journ. Rom. Studies*, lv, 1965, p. 151-155 (sobre a situação econômica da Numídia pré-romana).
4. R. Cagnat, *Carthage, Timgad, Tébessa*, 1912, p. 70.
5. *C. Acad.*, iii, p. 6.
6. *Inscriptions latines de la Tunisie*, nº 243; v. esp. Frend, *Donatist Church*, p. 38-47.
7. *Ep.* 7, iii, 6.
8. *Enarr. in Ps.*, 39, 28.
9. *De Gen. ad litt.*, VIII, viii, p. 15-18.
10. *De quant. anim.*, xxi, p. 36.
11. *Confissões*, II, iii, 5.
12. *Serm.* 356, 3.
13. *Confissões*, II, iii, 5.
14. *De beata vita*, i, 6.
15. V. esp. *C. Acad.* II, i, 3, e Alfaric, *L'Évolution*, p. 7.
16. *C. Acad.* I, i, 2.
17. *Confissões*, VI, xi, 19.
18. Aurelius Victor, *De Caesaribus*, XX, 5; ver o interessantíssimo estudo de K. M. Hopkins, "Social Mobility in the Later Roman Empire: the evidence of Ausonius", *Classical Quarterly*, n.s., 11, 1961, p. 239-248.
19. Sobre esse assunto dificílimo, ver os argumentos de W. H. C. Frend, "A note on the Berber background in the life of Augustine", *Journ. Theol. Studies*, xliii, 1942, p. 188-191; C. Courtois, "S. Augustin et la survivance de la punique", *Revue africaine*, 94, 1950, p. 239-282; M. Simon, "Punique ou berbère?", *Annuaire de l'Inst. de Philol. et d'Histoire Orientales et Slaves*, xiii, 1955, p. 613-629 (= *Recherches d'Histoire Judéo--Chrétienne*, 1962, p. 88-100); e os comentários úteis de Picard, *La Civilisation de l'Afrique*, p. 393-395.
20. *Totius orbis descriptio*, 62, org. Müller, *Geographi Graeci minores*, 1861, p. 527.

21. Ver esp. a brilhante caracterização de Picard, *La Civilisation de l'Afrique*, cap. VI, "Le Baroque africain", p. 291-353.
22. Christine Mohrmann, "S. Augustin écrivain", *Rech. augustin.*, i, 1958, p. 43-66, esp. p. 61-65.
23. *C. Jul.* III, xiii, 26.
24. A. Audollent, *Carthage romaine*, 1901, p. 665; J. Leclercq, "Prédication et rhétorique au temps de S. Augustin", *Revue bénédictine*, lvii, 1947, p. 117-131, esp. p. 126, assinala qualidades idênticas num sermão africano.
25. *Confissões*, I, xiii, 20.
26. *Epistula Didonis ad Aeneam*, org. Behrens, *Poetae Latini Minores*, IV, p. 271-277.
27. *Enarr. in Ps.* 136, 3.
28. Gsell e Joly, *Khamissa, Mdourouch, Announa: I, Khamissa*, p. 29.
29. *Op. Imp.* I, 48.
30. Por exemplo, Alan Cameron, "Wandering Poets: a literary movement in Byzantine Egypt", *Historia*, xiv, 1965, p. 470-509.
31. *De util. cred.* vii, 17.
32. *Confissões*, I, xviii, 29.
33. *C. Crescon.* II, 1, 2.
34. B. H. Warmington, *The North African Provinces from Diocletian to the Vandal Conquest*, 1954, p. 111. Devemos contrastar essa avaliação negativa com a alta qualidade dos recursos herdados da África romana, mostrados, acima de tudo, no trabalho dos mosaicos (ver E. Marec, *Libyca*, i, 1953, p. 95-108) e na resistência da erudição pagã (ver adiante, p. 267-270). Sobre um revigoramento significativo das formas "nativas" de arte, ver W. H. C. Frend, "The Revival of Berber Art", *Antiquity*, 1942, p. 341-352.
35. *Ep.* 84, 1.
36. Por ex., *Epp.* 21, 5 e 220, 4; *Serm.* 107, 8.
37. Ver Warmington, *The North African Provinces*, p. 106-108.
38. Ver esp. A. H. M. Jones, *The Later Roman Empire*, 1964 (3 vol.).
39. *Ep.* 103, 3-4.
40. *Année épigraphique*, 1911, nº 217.
41. J. M. Reynolds e J. B. Ward-Perkins, *The Inscriptions of Roman Tripolitania* (British School at Rome), p. 134, nº 475.
42. Optato de Milevis, *De schism. Don.*, II, 3 (P.L. xi, 1000A).
43. Prudêncio, *C. Symmachum*, II, 660.
44. Porfírio, *On the Life of Plotinus*, 1 (trad. S. MacKenna, *Plotinus: The Enneads*, 2ª ed., 1956, p. 1).
45. *Corpus Inscript. Lat.* VI, 1779.
46. Jerônimo, *Ep.* 128, 5.

2. MÔNICA

1. Ver adiante, p. 189-190.
2. *Confissões*, IV, iv, 9.
3. *Confissões*, I, vi, 8.

NOTAS

4. *Confissões*, I, vii, 11.
5. *Confissões*, I, vi, 7-8; cf. *De pecc. mer.* I, xxxv-xxxvii, 65-68.
6. *Confissões*, IX, ix, 21.
7. *Confissões*, IX, ix, 19.
8. *Epis.* 36, xiv, 32 e 54, ii, 3; ver Frend, *Journ. Theol. Studies*, n.s., xv, 1964, p. 414.
9. *Confissões*, VI, ii, 2.
10. *Confissões*, II, iii, 8.
11. *Confissões*, VI, xiii, 23.
12. *Confissões*, V, viii, 15.
13. *Confissões*, IX, ix, 22.
14. *Confissões*, V, ix, 16.
15. *De cura ger. pro mort.* xiii, 16.
16. *Confissões*, V, viii, 15.
17. Por exemplo, *Confissões*, II, iii, 7; III, xi, 19 e xii, 21.
18. *Confissões*, IX, xii, 30.
19. *Confissões*, IX, ix, 19.
20. *Confissões*, II, iii, 5.
21. *Confissões*, II, iii, 6.
22. *Confissões*, II, iii, 8.
23. *Confissões*, III, iv, 7.
24. *Confissões*, IX, ix, 19.
25. *Confissões*, IX, ix, 19.
26. *Confissões*, I, X, 17.
27. Os estudos que conheço — em especial B. Legewie, *Augustinus: eine Psychographie*, 1925; E. R. Dodds, "Augustine's Confessions: a study of spiritual maladjustment", *Hibbert Journal*, 26, 1927-1928, p. 459-473; Rebecca West, *St. Augustine*, 1933; e C. Klegemann, "A psychoanalytic study of the Confessions of St. Augustine", *Journal of the American Psychoanalytical Association*, v, 1957, p. 469-484 — mostram que é tão difícil quanto desejável combinar a competência do historiador com a sensibilidade do psicólogo.
28. *Confissões*, II, iii, 5.
29. *Confissões*, III, xii, 21.
30. *Inscriptions latines de l'Algérie*, II, nº 820.
31. Epitáfio do dançarino Vincentius: *Libyca*, iii, 1955, p. 103-121.
32. Ver esp. Picard, *La Civilisation de l'Afrique*, p. 249-254, quanto às atitudes exibidas nas lápides africanas.
33. *Confissões*, VI, vii, 12 e IX, viii, 18.
34. *Serm.*, 90, 9 e 254, 4.
35. Frend, *Donatist Church*, p. 102-103.
36. Frend, *Donatist Church*, p. 230.
37. Ver esp. J. Toutain, *Les cultes païens dans l'Empire romain*, III, 1920, p. 15-37.
38. Por exemplo, Frend, *Donatist Church*, p. 174-175.
39. Por exemplo, *Serm.*, 151, 4.
40. Por exemplo, *De Gen. ad litt.*, XII, xvii, 35-38.
41. *De Gen. ad litt.*, XII, ii, 4.
42. Por exemplo, *Confissões*, III, xi, 19 e VI, xiii, 15.
43. *De Gen. ad litt.*, X, xxv, 41-43. Ver esp. P. Courcelle, *Les Confessions de S. Augustin dans la tradition littéraire: antécédents et postérité*, 1963, p. 127-132.

44. Por exemplo, *Passio Maximiani et Isaac* (P.L., viii, 779-780).
45. Ver Frend, *Donatist Church*, p. 172-176.
46. Ver adiante, p. 60-61.
47. Vide as observações sensatas de Picard, *La Civilisation de l'Afrique*, p. 293-297.

3. EDUCAÇÃO

1. *Confissões*, I, ix, 14.
2. *De quant. anim.*, xxi, 36.
3. *De quant. anim.*, xxxi, 62.
4. *Enarr. in Ps.*, 76, 20.
5. *Confissões*, X, xxxii, 48.
6. *Enarr. in Ps.*, 25, 9.
7. *Confissões*, VII, xxi, 27.
8. *Confissões*, X, xxxiv, 51.
9. *De civ. Dei*, XV, 22.
10. *De Gen. c. Man.*, II, xxi, 32.
11. *Confissões*, I, xvi, 26.
12. *De Trin.*, VIII, iii, 4.
13. Destacam-se como os melhores estudos o de H. I. Marrou, *S. Augustin et la fin de la culture antique* (1ª ed., 1938), esp. p. 1-104, e *History of Education in the Ancient World* (trad. de 1956).
14. *De anim. et eius orig.*, IV, vii, 9.
15. *Confissões*, I, xiii, 20.
16. Ver adiante, p. 300-303.
17. *Ep.* 118, ii, 10.
18. *De util. cred.*, vii, 16.
19. *Confissões*, I, xvi, 26.
20. *Confissões*, V, vi, 11.
21. *De util. cred.*, vi, 13.
22. *Confissões*, XII, xxvi, 36.
23. *De beata vita*, iv, 31.
24. Ver adiante, p. 281-282 e 287.
25. *De gest. Pel.*, xxv, 51, explicando *Ep.* 146.
26. Por exemplo, *Ep.* 40, iv, 7.
27. Pseudo-Jerônimo, *De virginitate*, 12 (P.L. xxx, 178A).
28. *Confissões*, I, xvii, 27.
29. *De civ. Dei*, I, 3.
30. *Ep.* 138, iv, 19.
31. Como em *De civ. Dei*, livros VIII e IX.
32. *Ep.* 17, 2.
33. Alfaric, *L'Évolution intellectuelle de S. Augustin*, p. 13-15; Warmington, *The North African Provinces*, p. 104 e n. 1.
34. *Confissões*, II, iii, 5.

35. *Confissões*, II, iv, 9ss.
36. *Confissões*, II, iii, 6.
37. *Confissões*, II, iii, 7.
38. *Confissões*, II, ii, 3.
39. *Confissões*, III, i, 1.
40. *Confissões*, III, iii, 6.
41. *Confissões*, III, i, 1.
42. *Confissões*, III, ii, 2; ver Audollent, *Carthage romaine*, p. 683-687, sobre os títulos dessas peças teatrais.
43. *Confissões*, III, ii, 4.
44. *Confissões*, III, iv, 7.
45. Ver adiante, p. 72-75.
46. *Confissões*, II, ii, 3.
47. *Confissões*, IV, ii, 3.
48. *De bono coniug.*, iii, 3.

4. SABEDORIA

1. *Confissões*, III, iv, 7. O estudo fundamental sobre o papel de Cícero na evolução de Agostinho é M. Testard, *S. Augustin et Cicéron*, 2 vols., 1958; ver esp. i, p. 2035, para uma excelente discussão sobre esse incidente.
2. Cícero, *Hortênsio*, fgt. 97 (*Opera*, IV, 3, org. Müller, 1890, p. 325), citado por Agostinho em *De Trin.* XIV, xix, 26.
3. Ver especialmente A. D. Nock, *Conversion: the old and the new in religion from Alexander the Great to Augustine of Hippo*, 1933, p. 164-186.
4. *Confissões*, III, iv, 8.
5. *Confissões*, III, iv, 8 e V, xiv, 25.
6. *De civ. Dei*, II, 4, 14.
7. *Confissões*, I, X, 17.
8. *C. Ep. Fund.* 8.
9. *Confissões*, III, iii, 5.
10. *Serm.* 279, 7.
11. Lactantius, *Divinae Institutiones*, III, 30 (P.L. vi, p. 444-446).
12. *Confissões*, III, v, 9.
13. *Confissões*, III, iv, 8.
14. Ver especialmente Christine Mohrmann, "Le latin commun et le latin des chrétiens", *Vigiliae Christianae*, I, 1974, p. 1-12, esp. p. 1-3.
15. *Confissões*, III, vii, 12.
16. Por exemplo, *Serm.* 51, 5.
17. Ver *C. Faust*, XV, i; ver esp. W. H. C. Frend, *Martyrdom and Persecution in the Early Church*, 1965, p. 374.
18. *Acta Saturnini*, 18 (P.L. viii, 701B).
19. Ver adiante, p. 197-198.

20. Isso ficou particularmente claro no excelente estudo de W. H. C. Frend, "The Gnostic--Manichaean tradition in Roman North Africa", *Journal of Ecclesiastic History*, IV, 1953, p. 13-26.
21. *C. Faust.* IV, 1.
22. *C. Faust.* XIII, 1.
23. *C. Faust.* XX, 3.
24. *De util. cred.*, xiv, 32.
25. *De util. cred.*, i, 3.
26. Por exemplo, *C. Faust.* XXIII, 1.
27. *De util. cred.*, i, 2.
28. Os maniqueus eram mais radicais do que os gnósticos, na medida em que, originalmente, afirmavam-se superiores ao cristianismo, e não apenas os detentores das tradições esotéricas do cristianismo; ver especialmente A. Böhlig, "Christliche Wurzeln im Manichäismus", *Bull. de la soc. d'archéologie copte*, XV, 1960, p. 41-61.
29. *C. Faust.* I, 1.
30. *C. Faust.* XX, 1-2.
31. *De Haeres*, 46, 5.
32. Allberry, *Manichaean Psalmbook*, p. 185, 20.
33. Allberry, *Manichaean Psalmbook*, p. 9; ver especialmente J. Ries, "Jésus-Christ dans la religion de Mani. Quelques éléments d'une confrontation de saint Augustin avec un hymnaire christologique manichéen copte", *Augustiniana*, 14, 1964, p. 437-454.
34. H. C. Puech, *Le Manichéisme: son fondateur, sa doctrine* (Musée Guimet, Bibliothèque de diffusion, lvi), 1949, destaca-se como a melhor avaliação do maniqueísmo. G. Widengren, *Mani and Manichaeism* (trad. Kessler), 1965, é mais pormenorizado, porém menos fidedigno. C. Baur, *Das manichäische Religionssystem*, 1831, predominantemente baseado nos relatos de Agostinho, continua a ser indispensável. G. Bonner, *St. Augustine of Hippo, Life and Controversies*, 1963, p. 157-192, é uma narrativa culta e simpática. J. Ries, "Introduction aux études manichéennes", *Ephemerides Theologicae Lovanienses*, 33, 1957, p. 453-482, e 35, 1959, p. 362-409, é muito útil. A. Adam, *Texte zum Manichäismus* (Kleine Texte für Vorlesungen und Übungen, 175), 1954, é uma proveitosa coleção de documentos.
35. Ver A. Chavannes e P. Pelliot, "Un traité manichéen retrouvé en Chine", *Journal asiatique*, série X, xviii, 1911, p. 499-617, e série XI, i, 1913, p. 99-199 e 261-394.
36. Chavannes e Pelliot, *Journ. asiat.*, série XI, i, 1913, p. 177-196.
37. Ilustrados in Widengren, *Mani*, esp. pranchas 3-8 e capítulo vii, p. 107-116.
38. Chavannes e Pelliot, *Journ. asiat.*, série XI, i, 1913, p. 340-349, relatório de um funcionário, Lu Liu (1125-1209).
39. Ver, especialmente, Chavannes-Pelliot, *Journ. asiat.*, série X, xviii, 1911, p. 499-617.
40. Adam, *Texte*, nº 3 d, p. 6-7.
41. *Confissões*, III, vi, 11.
42. *C. Fort.*, 3.
43. *C. Faust.* XIII, 18.
44. *De beata vita*, i, 4.
45. *De util. cred.*, i, 2.
46. Allberry, *Manichaean Psalmbook*, p. 158.
47. *Confissões*, III, vi, 10.

NOTAS

5. MANIQUEÍSMO

1. A melhor abordagem é H. C. Puech, "Der Begriff der Erlösung im Manichäismus", *Eranos Jahrbuch*, 1936, p. 183-286.
2. *Confissões*, V, x, 19.
3. *De util. cred.*, i, 2.
4. *De lib. arb.*, I, ii, 4.
5. A mais impressionante e reveladora dentre elas é a coletânea de salmos em copta, quase contemporânea de Agostinho e também oriunda de uma província do Império Romano cristão: org. e trad. de C. R. Allberry, *A Manichaean Psalmbook (Part II)* (Manuscritos maniqueístas da Coleção Chester Beatty, vol. II), 1938; ver P.-J. de Menasce, "Augustin manichéen", *Freundesgabe für Ernst Robert Curtius*, 1956, p. 79-93.
6. *C. Ep. Fund.* 5.
7. Allberry, *Manichaean Psalmbook*, p. 219; ver Puech, "Begriff der Erlösung", *Eranos Jahrbuch*, 1936, p. 224-226.
8. *De ii anim.*, 1.
9. *C. Fort.*, 21.
10. *Confissões*, IV, xv, 26.
11. *C. Fort.*, 20.
12. Simplício, *Commentary on the Enchiridion of Epictetus*, 27 (Adam, *Texte*, nº 51, p. 74).
13. Chavannes e Pelliot, *Journ. asiat.*, série XI, i, 1913, p. 114.
14. Por exemplo, *C. Fort.*, 19.
15. *De ii anim.*, 10.
16. *De util. cred.*, vi, 13.
17. *De ii anim.*, 11.
18. *Confissões*, III, iii, 6.
19. *Confissões*, IV, ii, 2.
20. *Confissões*, IV, xvi, 28.
21. Ver L. Minio-Paluello, "The Text of the *Categoriae*: the Latin Tradition", *Classical Quarterly*, 39, 1945, p. 63-74.
22. *Confissões*, IV, xvi, 28.
23. O estudante Agostinho dificilmente se impressionaria com os argumentos de Agostinho, o padre, de que os professores eram indispensáveis: ver *De util. cred.*, vii, 16-17.
24. Allberry, *Manichaean Psalmbook*, p. 56.
25. *C. Faust.*, XII, 1.
26. *C. Faust.*, XVI, 8.
27. *C. Fort.*, 7.
28. *C. Faust.*, XVI, 8.
29. Ver, especialmente, *C. Faust.*, XXI, 1 e 3.
30. *Ep. Secundini ad Aug.* Essas atitudes não se restringiam ao século IV; ver, por exemplo, J. H. Newman, *Loss and Gain*, onde o herói exclama: "Decerto a ideia de um apóstolo solteiro, puro, jejuando na nudez, e por fim um mártir, é superior à ideia de um daqueles velhos israelitas sentado sob sua videira e sua figueira, cheio de deuses temporais e cercado de filhos e netos."
31. In *C. Jul.*, IV, xvi, 72.
32. *Confissões*, VIII, vii, 17.

33. *Confissões*, IV, xvi, 31; cf. IV, xv, 26.
34. *De Haeres*, 46, 6 (Adam, *Texte*, nº 49, p. 70).
35. Allberry, *Manichaean Psalmbook*, p. 99.
36. Allberry, *Manichaean Psalmbook*, p. 97.
37. James Joyce, *A Portrait of the Artist as a Young Man* (Jonathan Cape, 1944, p. 170); cf. Puech, "Begriff der Erlösung", *Eranos Jahrbuch*, 1936, p. 206-207.
38. *Confissões*, V, x, 18.
39. Ver, especialmente, *Op. Imp.* I, 97.
40. Chavannes e Pelliot, *Journ. asiat.*, série X, xviii, 1911, p. 546. O tratado chinês deixa claro que a história maniqueísta da invasão do Reino da Luz pelo Reino das Trevas era tida como espelhando-se com precisão na experiência do indivíduo: sua alma boa e isolada era invadida por uma força alheia e incontrolável do mal.
41. Por exemplo, Adam, *Texte*, nº 7, p. 16, e Alexandre de Licópolis, *De placitis Manichaeorum*, 3: o Deus de bondade era "desprovido do mal necessário para enfrentar a invasão do mal".
42. Adam, *Texte*, nº 5b, p. 13.
43. *Confissões*, IV, xv, 24.
44. *C. Faust.*, XX, 2.
45. *Enarr. in Ps.*, 140, 12.
46. *C. Fort.*, 18; *Enarr. in Ps.*, 140, 12.
47. Allberry, *Manichaean Psalmbook*, p. 54.
48. Mary Boyce, *The Manichaean Hymn Cycle in Parthian*, 1954, p. 83.
49. *C. Fort.*, 33-37.
50. *Confissões*, III, xi, 19.
51. *Confissões*, III, xii, 21.
52. Tanto o imperador Diocleciano, em 297 (Adam, *Texte*, nº 56, p. 82-83), quanto Lu Liu, em 1166 (Chavannes e Pelliot, *Journ. asiat.*, série XI, i, 1913, p. 349), selecionaram esses livros para que fossem queimados. Quanto aos livros, ver Widengren, *Mani*, p. 74-81 e 110-113.
53. Por exemplo, *De util. cred.*, xviii, 36.
54. Ver adiante, p. 103-104.
55. *C. Faust.*, XIII, 1.
56. *C. Faust.*, XIII, 1; Flaciano, que Agostinho conheceu em Cartago nessa época, tinha um exemplar desses Oráculos: *De civ. Dei*, XVIII, 23, 6.
57. *De util. cred.*, vii, 17.
58. *Ep.* 236.
59. *Ep.* 64, 3.
60. Ver J. Ries, "La Bible chez S. Augustin et chez les manichéens", *Rev. études augustin.*, ix, 1963, p. 201-215.
61. Por exemplo, os nomes fornecidos na abjuração de um maniqueísta (in P.L. xlii, p. 518).
62. Adam, *Handbuch der Orientalistik*, I Abt., viii, 2, p. 118-119.
63. Possídio, *Vita*, XV, 5: um rico mercador maniqueísta, Firmus. Ver *Enarr. in Ps.*, 136, 3, sobre a excepcional liberdade de movimento de que desfrutavam os mercadores.
64. *De mor. Man.* (II), xx, 74.
65. Chavannes e Pelliot, *Journ. asiat.*, série X, xviii, 1911, p. 515.
66. *C. Faust.*, XX, i.

67. *De mor. Man.* (II), viii, 13.
68. *C. Fort.*, 3.
69. Plotino, *Enéadas*, II, 9, 5 (MacKenna, 2, p. 136).
70. Plotino, *Enéadas*, II, 9, 4 (MacKenna, 2, p. 135).
71. *C. Faust.*, XX, 1.
72. Allberry, *Manichaean Psalmbook*, p. 215.
73. *C. Fel.*, I, 19.
74. Essa "natureza e causa da mistura" era o cerne do maniqueísmo; é possível que fosse mantida escondida dos neoconvertidos: *De ii anim.*, 16.
75. Mani, por exemplo, distorceu os dados astronômicos tradicionais em que se baseavam as crenças astrológicas; ver Widengren, *Mani*, cap. Iv, 4, p. 69-72, especialmente p. 72.
76. *C. Faust.*, XV, 6.
77. A importância da leitura agostiniana de manuais de segunda mão com opiniões filosóficas foi enfatizada com acerto por A. Solignac, "Doxographies et manuels dans la formation philosophique de S. Augustin", *Rech. augustin.*, i, 1958, p. 113148.
78. Ver, especialmente, Testard, *S. Augustin et Cicéron*, i, p. 64-68. A melhor introdução do possível conteúdo desse livro é a nota de A. Solignac em *Les Confessions*, trad. Tréhorel e Bouissou, *Bibliothèque augustin.*, ii série, 13, p. 671-673. Ver, mais recentemente, Takeshi Katô, "Melodia interior. Sur le traité *De pulchro et apto*", *Rev. études augustin.*, xii, 1966, p. 229-240.
79. Por exemplo, *De civ. Dei*, III, 15, 39, sobre os eclipses solares.
80. *Confissões*, IV, iii, 4.
81. *Confissões*, IV, iii, 5.
82. Eles foram até antecipados, no século VIII, por astrônomos maniqueístas. Chavannes e Pelliot, *Journ. asiat.*, série XI, i, 1913, p. 152-153 e 161.
83. Org. De H. J. Polotsky, *Manichäische Homilien*, 1934, p. 30, 3.
84. *Confissões*, V, iii, 3 e 6; cf. *De doct. christ.*, II, xxi, 32.
85. Ver esp. P. Monceaux, "Le manichéen Fauste de Milev: Restitution de ses 'Capitula'", *Mém. Acad. des Inscript. et Belles-Lettres*, 1924.
86. *Confissões*, V, iii, 3.
87. *Confissões*, V, vi, 11.
88. *Confissões*, V, vii, 12.
89. *C. Faust.*, V, i.
90. *C. Faust.*, V, r.
91. *Confissões*, V, vii, 13.
92. Ver adiante, p. 80.
93. *C. Faust.*, XIII, 17.
94. *Confissões*, V, x, 18.
95. *C. Fel.*, II, 8. Isso foi visto com clareza por Bonner, *St. Augustine*, p. 174-175.
96. Chavannes-Pelliot, *Journ. asiat.*, série X, xviii, 1911, p. 546.
97. *De mor. Man.* (ii), xi, 22.
98. Ver esp. *De mor. eccl. cath.* (i), xxv, 47.
99. *C. Ep. Fund.* 2.

6. AMIGOS

1. *De ii anim.*, 11 e 24; cf. *De mor. Man.* (II), xix, 71.
2. *Confissões*, VI, vi, 12.
3. *Ep.* 259, 3.
4. *De mor. Man.* (II), v, 16; cf. Allberry, *Manichaean Psalmbook*, p. 168, 20.
5. *Confissões*, IV, xii, 20.
6. *Confissões*, VI, vii, 12.
7. *Confissões*, IV, iv, 7.
8. *Confissões*, IV, x, 13.
9. *De Gen. ad litt.*, IX, v, 9.
10. *Confissões*, IX, vi, 14.
11. Ver em *Serm.* 312, 2, a atitude posterior de Agostinho: "Se não tiverdes esposas, não podereis ter concubinas, mulheres a quem depois repudiareis para tomardes uma esposa em casamento." Era justamente o que ele havia feito.
12. Por exemplo, *Confissões*, II, iii, 8, "agrilhoado a uma esposa".
13. Libânio, *Autobiography (Oration I)*, org. e trad. de A. F. Norman, 1965, § 278, p. 143. Ver esp. p. 231 sobre o *status* dela. Como no caso de Agostinho, apenas o filho dessa mulher, Cimon, foi citado pelo nome.
14. Ver adiante, p. 77-78.
15. I. Kajanto, *Onomastic Studies in the Early Christian Inscriptions of Rome and Carthage* (Acta Instituti Romani Finlandiae, II, 1), 1963, p. 102 e 115.
16. *Confissões*, IV, ii, 2.
17. *Ep.* 243, 10.
18. *Sol.* I, x, 17 a xi, 19, é uma afirmação particularmente reveladora do que Agostinho esperava conquistar.
19. *Confissões*, VI, xv, 25; ver adiante, p. 101-102.
20. *Confissões*, IV, iv, 7.
21. *Confissões*, IV, iv, 8.
22. *Confissões*, IV, iv, 8.
23. *Confissões*, IV, vii, 12.
24. *C. Acad.* II, i, 3.

7. SUCESSO

1. *Confissões*, IV, viii, 13.
2. Salviano, *De gubernatione Dei*, VII, 16 (P.L. liii, 143). Sobre Cartago no século IV, ver esp. G. Charles-Picard, *La Carthage de saint Augustin*, 1965.
3. Ver Audollent, *Carthage romaine*, p. 211-223.
4. *Ep.* 102, vi, 31.
5. *De civ. Dei*, XVI, 8.
6. *Retract.* II, 58.
7. *Epis.* 117 e 118, sobre Dióscuro; ver adiante, p. 331.

NOTAS

8. O melhor estudo é o de A. Alföldi, *A Conflict of Ideas in the Later Roman Empire*, 1952, p. 28-95.
9. A. C. Pallu-Lessert, *Fastes des provinces africaines*, ii, 1901, p. 83-88.
10. Pallu-Lessert, *Fastes*, ii, p. 78-80.
11. Naucellius, in *Epigrammata Bobiensia*, ii, nº 5, org. Munari, 1955, p. 55.
12. A propósito das ideias dessa classe, ver esp. Alföldi, *A Conflict*, p. 96-124.
13. Ver Pallu-Lessert, *Fastes*, ii, p. 93-94; K. Deichgräber, verbete "Vindicianus", *Pauly--Wissowa Reallexikon*, IV, A, 1 (ii, xvi), 1961, col. 29-36.
14. Ep. ad Valentinianum, in *Corpus Medicorum Latinorum*, V, org. Wiedermann, 1916, caps. 5 e 9, p. 23-24.
15. *Confissões*, VII, vi, 8.
16. *Confissões*, IV, iii, 5.
17. *Confissões*, IV, xiv, 21.
18. Ver, mais recentemente, L. Herrmann, "Hierius et Domitius", *Latomus*, xiii, 1954, p. 37-39.
19. *Confissões*, VI, vii, 11.
20. *Confissões*, VI, x, 16.
21. *Confissões*, VI, xii, 20.
22. *Confissões*, VIII, xii, 30.
23. *Confissões*, IX, vi, 14.
24. *Confissões*, VIII, vi, 13 e IX, iii, 6.
25. *Confissões*, VI, x, 17.
26. *Ep.* 98, 8.
27. *De mor. Man.* (II), xix, 29.
28. *Confissões*, VI, viii, 13.
29. *Confissões*, V, viii, 14.
30. *Codex Theodosianus*, XIV, 9, 1 (370).
31. *Confissões*, V, viii, 15.
32. *Confissões*, V, ix, 16.
33. *Confissões*, V, xii, 22.
34. Amiano Marcelino, *Res gestae*, XIV, 6, 1; ver esp. A. Cameron, "The Roman Friends of Ammianus", *Journ. Rom. Studies*, liv, 1964, p. 15-28.
35. *Confissões*, V, xiii, 23.
36. Sobre as oportunidades e perigos desse cargo, ver Cameron, "Wandering Poets", *Historia*, xiv, 1965, p. 497-507.
37. *Confissões*, V, xiii, 23.
38. Ver *supra*, p. 61-62.
39. *Ep. Secundini ad Aug.*; ver *supra*, p. 61. Cf. a refutação de Justinus, um culto maniqueísta romano, atribuída a Marius Victorinus, in P.L. viii, 990-1010.
40. Ver esp. A. Ferrua, *Le pitture della nuova catacomba di Via Latina*, 1960.
41. P. Courcelle, *Recherches sur les "Confessions"*, 1950, p. 78-79.
42. Símaco, *Relatio*, III, 10.
43. Ambrósio, *Ep.* 17, 1 e 13.
44. J. Rougé, "Une émeute à Rome au IVe s.", *Rev. études anciennes*, 63, 1963, p. 61. Os alunos de Agostinho estavam sendo preparados para carreiras senatoriais: *De ord.* II, viii, 25.
45. *Ep.* 258. É bem possível que ele seja o Marcianus descrito *in* Chastagnol, *Les Fastes de la Préfecture urbaine*, nº 117, p. 268-269.

46. *Sol.* I, xiii, 23. Ver *Retract.* I, 4, e *De vera religione*, xxviii, 51 (*tam grande secretum*).
47. Courcelle, *Recherches*, p. 79-83.
48. Ver adiante, p. 120-121, e Símaco, *Ep.* I, 99, e V, 32.
49. Símaco, *Ep.* I, 20.
50. Ver esp. L. Ruggini, *Economia e società nell'Italia annonaria*, 1962. A. Piganiol, *L'Empire chrétien* (Histoire romaine, IV, 2), 1947, p. 230-252, fornece um brilhante panorama da situação política e religiosa da década de 380.
51. Claudiano; ver Cameron, "Wandering Poets", *Historia*, xiv, 1965, p. 495-496.
52. Mânlio Teodoro; ver adiante, p. 103-104.
53. *Confissões*, V, xiii, 23.
54. Por exemplo, O. Hiltbrunner, "Die Schrift 'de officiis ministrorum' des hl. Ambrosius und ihr ciceronisches Vorbild", *Gymnasium*, 71, 1964, p. 174-189.
55. O contato de Ambrósio com o neoplatonismo da época talvez fosse ainda maior do que a leitura de Plotino revelada por Courcelle, *Recherches*, p. 93-138. Ver também Courcelle, "Nouveaux aspects du platonisme chez saint Ambroise", *Rev. études latines*, 34, 1956, p. 220-239; "De Platon à Saint Ambroise par Apulée", *Revue de Philologie*, n.s., xxxv, 1961, p. 15-28; e o importante levantamento "Anti-Christian arguments and Christian Platonism", *The Conflict between Paganism and Christianity in the 4th century*, org. Momigliano, 1963, p. 151-192, esp. p. 165.
56. Ver o belo exemplo que sobreviveu em San Ambrogio, em Milão, ilustrado *in* C. Mohrmann e F. Van der Meer, *Atlas of the Early Christian World*, 1958, n° 186, p. 77.
57. *Confissões*, III, i, 1.
58. *Confissões*, V, xiii, 23.

8. AMBRÓSIO

1. O estudo mais abrangente sobre Ambrósio é F. Homes-Dudden, *The Life and Times of St. Ambrose*, 2 vols., 1935. P. Courcelle, *Recherches sur les Confessions de S. Augustin*, 1950, lançou as bases de todas as visões modernas sobre a evolução de Agostinho em Milão; ampliou e defendeu sua posição em *Les Confessions de S. Augustin dans la tradition littéraire: Antécédents et Postérité*, 1963, esp. p. 19-88. A interpretação dos livros V a VIII das *Confissões* é decisiva no tocante a esse período, donde a importância de dois comentários criteriosos: M. Pellegrino, *Les Confessions de S. Augustin*, 1960, e A. Solignac, *in Les Confessions* (trad. Tréhorel e Bouissou), *Bibliothèque augustinienne*, série ii, 13-14, 1962.
2. *Confissões*, V, x, 19; ver Testard, *S. Augustin et Cicéron*, i, p. 81-97.
3. Ver esp. E. R. Dodds, *The Greeks and the Irrational* (Univ. Calif., brochura, 1963), p. 239.
4. A melhor exposição da postura dos acadêmicos é a de R. Holte, *Béatitude et Sagesse: S. Augustin et le problème de la fin de l'homme dans la philosophie ancienne*, 1962, esp. p. 42ss.
5. Ver *supra*, p. 69-70.
6. Cícero, *Academica*, II, iii, 8.
7. Ver a tradução e comentário eruditos de J. O'Meara, *St. Augustine: Against the Academics* (Ancient Christian Writers, 12), 1950, e Holte, *Béatitude et Sagesse*, p. 73-109.

NOTAS

8. Donne, *Sat.* iii. [No original: *"On a huge hill, / Cragged and steep, Truth stands, and he that will / Reach her, about must, and about must go."* (*N. da T.*)]
9. *C. Acad.* III, vii, 15.
10. *De util. cred.*, viii, 20.
11. Ver Cícero, *De natura deorum*, I, xxii, 61: o "acadêmico" Cotta foi também o padre que afirmou "ser um dever manter solenemente os direitos e deveres da religião estabelecida".
12. *Confissões*, V, xiv, 25.
13. Courcelle, *Recherches*, p. 86-87.
14. *Confissões*, VI, xiii, 23.
15. *De util. cred.*, viii, 20.
16. Ver Homes-Dudden, *St. Ambrose*, i, p. 270-293.
17. Ver Homes-Dudden, *St. Ambrose*, i, p. 298-319.
18. Ambrósio, *In Ps.*, cxviii, 20, 48 (P.L. xiv, 1490).
19. *Confissões*, V, xiii, 23.
20. Paulino de Milão, *Vita S. Ambrosii*, 25, org. M. Pellegrino (Verba Seniorum, n.s. i), 1961, p. 88-89.
21. *Confissões*, VI, iii, 3.
22. *Confissões*, VI, iii, 4.
23. Ver A. Ratti, "Il più antico ritratto di S. Ambrogio", *Ambrosiana*, cap. xiv, 1897.
24. Ver Homes-Dudden, *St. Ambrose*, ii, p. 442-476.
25. *Confissões*, IX, vii, 15.
26. Ambrósio, *C. Auxentium*, 34 (P.L. xvi, 1017).
27. Ambrósio, *In Ps.*, lxi, 21 (P.L. xiv, 1175), cf. *Confissões*, VI, iii, 3.
28. Ver M. Tajo, "Un confronto tra s. Ambrogio e s. Agostino a proposito dell'esegesi del Cantico dei Cantici", *Rev. études augustin.*, vii, 1961, p. 127-151.
29. Ambrósio, *De Isaac*, iii, 18 (P.L. xiv, 506).
30. Ambrósio, *Hexaemeron*, III, v, 21 (P.L. xiv, 177).
31. *Confissões*, V, xii, 23.
32. Ver esp. G. Lazzati, *Il valore letterario dell'esegesi ambrosiana* (Archivio Ambrosiano, xi), 1960, e L. F. Pizzolato, *La "Explanatio Psalmorum XII": Studio letterario sulla esegesi di Sant'Ambrogio* (Archivio Ambrosiano, xvii), 1965.
33. Ver Holte, *Béatitude et Sagesse*, p. 119-124.
34. Ver *supra*, p. 68.
35. Não que suas fontes fossem menos de segunda mão: ver J. Pépin, *Théologie cosmique et théologie chrétienne (Ambroise, Exaém.* I, i, 1-4), 1964, p. 45-58.
36. Ver Holte, *Béatitude et Sagesse*, p. 131.
37. *Confissões*, VI, iv, 6.
38. Ver *supra*, p. 60-61.
39. *De beata vita*, i, 4.
40. Ambrósio, *Hexaemeron*, VI, 7, 42 (P.L., xiv, 258).
41. Ambrósio, *Hexaemeron*, I, viii, 31 (P.L., xiv, 140).
42. Esse aspecto do pensamento de Ambrósio foi esplendidamente caracterizado por Holte, *Béatitude et Sagesse*, p. 165-175.
43. Ver o estudo sumamente estimulante de F. Masai, "Les conversions de S. Augustin et les débuts du spiritualisme de l'Occident", *Le Moyen Âge*, 67, 1961, p. 1-40.

44. Ver esp. P. Henry, "Introdução" a MacKenna, *Plotinus, The Enneads* (2ª ed., 1956, p. xxxix): "A crença na imaterialidade da alma estava longe de ser compartilhada por todos os gregos. Nesse aspecto, Platão, Aristóteles e Plotino ficam bastante isolados da principal tradição grega e muito distantes do materialismo rarefeito que Armstrong chamou de 'tipo de pensamento pneumático' e que, considerando a alma como matéria tênue, tem representantes em toda a gama do pensamento grego, desde Homero até os estoicos, para não falar nos maniqueístas (...)."
45. *Confissões*, V, x, 19.
46. *Confissões*, V, x, 20.
47. *Confissões*, VII, ii, 3; ver supra, p. 44.
48. *Confissões*, VII, i, 2.
49. *De mor. eccles. cath.* (I), xxi, 38.
50. Ver Testard, *S. Augustin et Cicéron*, i, p. 111.
51. Masai, "Les conversions de S. Augustin", *Le Moyen Âge*, 67, 1961, p. 29.
52. Ver Courcelle, *Recherches*, p. 98-102 (sobre o *Hexaemeron*) e p. 122-124 (sobre *De Isaac* e *De bono mortis*), é contestado por Theiler, *Gnomon*, 75, 1953, p. 177. Ver também as colocações de Testard, *S. Augustin et Cicéron*, i, esp. p. 85-89.
53. Nas *Confissões* e em *De utilitate credendi*, a falta de qualquer referência aos sermões de Ambrósio como fonte de ideias neoplatônicas é notável; ver esp. J. O'Meara, "Augustine and Neo-Platonism", *Rech. augustin.*, i, 1958, p. 91-111, na p. 100.
54. *Confissões*, VI, xi, 19.
55. *Confissões*, VI, i, 1.
56. *Ep.* 54, ii, 3.

9. OS PLATÔNICOS

1. *De ord.*, II, xvii, 45.
2. Ver G. Lazzati, *Il valore letterario dell'esegesi ambrosiana*, p. 88-91.
3. Ambrósio, *Hexaemeron*, I, viii, 31 (P.L. xiv, 151).
4. *Confissões*, VII, iii, 5.
5. *Confissões*, VI, xv, 25.
6. Leão, *Ep.* 167 (P.L. liv, 1205).
7. Ambrósio, *De Abraham*, I, iii, 19, e iv, 26 (P.L. xiv, 427 e 431-432).
8. *Confissões*, VI, xv, 25.
9. *Confissões*, VI, xv, 25.
10. *De fide et oper.*, xix, 35.
11. K. Holl, "Augustins innere Entwicklung", *Abh. preuss. Akad. d. Wiss.*, 1922 (Philos. Hist. Kl. Nº 4), 1923, p. 11, é severo e justo.
12. *De bono coniug.*, v, 5.
13. *Confissões*, VI, vi, 10.
14. *Confissões*, VI, viii, 17.
15. *Confissões*, VI, xiv, 24.
16. *Confissões*, VIII, vi, 13.
17. *Ep.* 2 e o *De ordine*.
18. *Ep.* 1.

NOTAS

19. *De beata vita.* É um mérito extraordinário de P. Courcelle ter chamado a atenção para a existência de tal grupo em seu livro *Les Lettres grecques en Occident de Macrobe à Cassiodore*, 1948, p. 119-129. A. Solignac, em *Les Confessions, Biblio. augustin.*, série ii, 14, p. 529-536, fornece um resumo proveitoso.
20. Ver esp. Courcelle, *Les Lettres grecques*, p. 122-128, e *Recherches*, p. 153-156.
21. *C. Acad.*, III, xviii, 41.
22. *De civ. Dei*, XVIII, 18, 57-60.
23. Traduzido por S. MacKenna, *Plotinus: The Enneads* (2ª ed., 1956; 3ª ed., 1962), com uma brilhante introdução de P. Henry. O melhor estudo biográfico sobre Plotino é o de R. Harder, *Kleine Schriften*, 1960, p. 257-295. E. R. Dodds, "Tradition and Personal Achievement in the Philosophy of Plotinus", *Journ. Rom. Studies*, I, 1960, p. 1-7, e P. Hadot, *Plotin ou la simplicité du regard*, 1963, oferecem caracterizações brilhantes do pensamento de Plotino.
24. Porfírio, *On the life of Plotinus*, 13 (MacKenna, 2, p. 9).
25. Porfírio, *Life of Plotinus*, 10 (MacKenna, 2, p. 8).
26. Ver Harder, *Kleine Schriften*, p. 260.
27. Ver esp. H. Dörrie, "Porphyrius als Mittler zwischen Plotin und Augustin", *Miscellanea Mediaevalia I: Antike und Orient im Mittelalter*, 1962, p. 26-47, esp. p. 41-43.
28. Ver esp. Courcelle, "Quelques symboles funéraires du néo-platonisme latin", *Rev. études anciennes*, 46, 1944, p. 65-93, esp. p. 66-73.
29. Ver esp. H. Lewy, *Chaldaean Oracles and Theurgy. Mysticism, Magic and Platonism in the Later Roman Empire*, 1956.
30. Sobre a evolução de Porfírio, ver a convincente reconstrução de P. Hadot, "Citations de Porphyre chez Augustin", *Revue des études augustiniennes*, vi, 1960, p. 205244, esp. p. 239-240.
31. Por exemplo, *De civ. Dei*, X, 2, 7.
32. Por exemplo, *De civ. Dei*, X, 24.
33. P. Henry, *Plotin et l'Occident* (Spicilegium Sacrum Lovaniense, 15), 1934, é um texto fundamental.
34. Ver a excelente introdução de P. Hadot *in* Marius Victorinus, *Traités théologiques sur la Trinité* (Sources chrétiennes, 68), 1960, esp. p. 7-76.
35. *Confissões*, VIII, ii, 2.
36. *Confissões*, VIII, ii, 2.
37. Ver esp. Courcelle, *Recherches*, p. 137-138 e 168-174.
38. *C. Acad.*, III, xix, 42. Ver, mais recentemente, R. Walzer, "Porphyry and the Arabic Tradition", *Porphyre* (Entretiens, Fondation Hardt, XII), 1965, p. 275-299, esp. p. 288.
39. *C. Acad.*, III, xix, 42.
40. Ambrósio, *Ep.* 34, 1 (P.L. xvi, 1119). Holte, *Béatitude et Sagesse*, p. 111-164, é uma exposição brilhante dessa tradição nos primeiros autores cristãos.
41. *Confissões*, VII, ix, 13; VIII, ii, 2.
42. Mas ver Courcelle, *Les Confessions*, p. 69-70, sobre o significado muito vago de *"orador"*.
43. Assim é que H. I. Marrou, "Synesius of Cyrene and Alexandrian Neo-Platonism", *The Conflict between Paganism and Christianity in the Fourth Century*, p. 126150, fornece um duplo essencial de Agostinho em Milão.
44. Courcelle, *Recherches*, p. 280 (junho).
45. *Confissões*, VII, ix, 13.
46. Como sugerido por Courcelle, *Les lettres grecques*, p. 126-128; não me sinto convencido.

47. Como sugerido por Courcelle, *Recherches*, p. 133-138; mas ver *supra*, p. 98.
48. Sobre os tratados de Plotino lidos por Agostinho, ver esp. P. Henry, *Plotin et l'Occident*, 1934, p. 78-119; sobre Plotino e Porfírio, ver Courcelle, *Recherches*, p. 157-167, e *Les Confessions*, p. 27-42. Eu concordaria com Hadot, "Citations de Porphyre", *Revue des études augustiniennes*, vi, 1960, p. 241, em situar Plotino, e não Porfírio, no centro da leitura de Agostinho em 386. A. Solignac, em *Les Confessions, Biblio. augustin.*, série ii, 13, p. 683-189, oferece uma justaposição instrutiva, reproduzindo trechos do capítulo VII das *Confissões* paralelamente a passagens das *Enéadas*.
49. Sou grato pela instigante abordagem da absorção agostiniana de Plotino sugerida por R. J. O'Connell, "*Ennead* VI, 4 and 5 in the works of St. Augustine", *Revue des études augustiniennes*, ix, 1963, p. 1-39.
50. *Confissões*, IV, xv, 24; ver *supra*, p. 567, n.78.
51. Ver G. Mathew, *Byzantine Aesthetics*, 1963, p. 17-21, para uma bela apreciação das ideias de Plotino.
52. *Ennead* I, vi, 1 (MacKenna, 2, p. 56-57).
53. *Confissões*, VII, xvii, 23.
54. *Ep.* 4, 2.
55. Dodds, "Tradition and Personal Achievement", *Journ. Rom. Studies*, I, 1960, p. 5.
56. *Ennead* VI, vii, 12 (MacKenna, 2, p. 570-571).
57. Ver esp. Dodds, "Tradition and Personal Achievement", *Journ. Rom. Studies*, I, 1960, p. 2-4.
58. E. Bréhier, *La Philosophie de Plotin*, ed. rev., 1961, p. 35; ver esp. p. 35-45.
59. *Confissões*, VII, ix, 13.
60. *Confissões*, VII, ix, 14.
61. Ver esp. O'Connell, "*Ennead* VI, 4 and 5", *Revue des études augustiniennes*, ix, 1963, p. 13-14.
62. Ver *supra*, p. 57-58 e 63.
63. O'Connell, "*Ennead* VI, 4 and 5", *Revue des études augustiniennes*, ix, 1963, p. 8-11.
64. *Ennead* I, viii, 15 (MacKenna, 2, p. 78).
65. *Ennead* VI, vi, 12 (MacKenna, 2, p. 541). Ver O'Connell, "*Ennead* VI, 4 and 5", *Revue des études augustiniennes*, ix, 1963, p. 18-20.
66. Também Plotino se "convertera" ao helenismo a partir de uma forma de gnosticismo, embora sua evolução tivesse sido menos dramática que a de Agostinho, e seu gnosticismo, menos radical. Ver esp. H. C. Puech, "Plotin et les gnostiques", *Les Sources de Plotin* (Entretiens, Fondation Hardt, V), 1960, p. 161-174, e o importante tratamento dado a essa evolução *in* E. R. Dodds, *Pagan and Christian in an Age of Anxiety*, 1965, p. 24-26.
67. *Confissões*, VII, x, 16.
68. *Confissões*, VII, xiii, 19.

10. "FILOSOFIA"

1. *C. Acad.*, II, ii, 5.
2. *Ep.* 135, 1: não admira que essa fosse a opinião preferida por um círculo literário pagão em 411; ver adiante, p. 332.

NOTAS

3. Essa tensão é esplendidamente documentada por Courcelle, "Anti-Christian Arguments and Christian Platonism", *The Conflict between Paganism and Christianity*, p. 151-192.
4. *De civ. Dei*, X, 29, 99; ver especialmente Courcelle, *Les Confessions*, p. 73-74.
5. *Ep.* 31, 8.
6. Porfírio, *Life of Plotinus*, 2 (MacKenna, 2, p. 2).
7. Dodds, "Tradition and Personal Achievement", *Journ. Rom. Studies*, I, 1960, p. 7.
8. Ver Justino, *Dialogue with Trypho*, ii, 3-6.
9. *Confissões*, VIII, ii, e.
10. *Confissões*, IX, vii, 15.
11. Ver esp. Courcelle, *Recherches*, p. 157-167. G. Madec, "Connaissance de Dieu et action de grâces", *Rech. augustin.*, ii, 1962, p. 273-309, esp. p. 279-282, é uma abordagem perspicaz desse período crucial.
12. *De Trin.*, IV, xv, 20.
13. *Confissões*, VII, xx, 26.
14. Por exemplo, *De quant. anim.*, xxxiii, 75; *De mor. eccles. cath.* (I), vii, 11. Embora seja possível não nos convencermos de que a visão agostiniana de Cristo, nessa época crucial, refletisse exatamente a opinião que Porfírio e seus seguidores pagãos faziam de Cristo (ver Courcelle, "S. Augustin 'plotinien' à Milan, *Conf.* VII, 19, 25", *Richerche di storia religiosa*, i, 1954, p. 225-239; e *Les Confessions*, p. 3342, com as críticas de Hadot, "Citations de Porphyre", *Rev. études augustin.*, vi, 1960, p. 241), não há como negar que ele passou por uma fase de platonismo "autônomo" cujos expoentes se consideravam superiores ao cristianismo; ver esp. Courcelle, "Les sages de Porphyre et les 'viri novi' d'Arnobe", *Rev. études latines*, 31, 1953, p. 257-271, esp. p. 269-270.
15. Ver *supra*, p. 60-61.
16. *Confissões*, VII, xxi, 27.
17. Ambrósio, *Ep.* 37, 1 (P.L. xvi, 1085); ver adiante, p. 172.
18. *Confissões*, VII, xxi, 27.
19. *C. Acad.* II, ii, 5.
20. *Confissões*, VII, xxi, 27.
21. *C. Acad.* II, ii, 5.
22. *Confissões*, VIII, i, 1.
23. *Sol.* I, xiv, 25.
24. *C. Acad.* III, xix, 42; *De ord.*, II, x, 29.
25. Essa tese é defendida de modo persuasivo por J. O'Meara, *The Young Augustine*, 1954, p. 143-155, e *Porphyry's Philosophy from Oracles in Augustine*, 1959; entretanto, ver as importantes reservas de Hadot, "Citations de Porphyre", *Rev. études augustin.*, vi, 1960, p. 205-244 (com um comentário de O'Meara, p. 245-247).
26. *Confissões*, VIII, i, 1-2.
27. *Confissões*, IX, iii, 5.
28. Ambrósio, *De Helia vel de ieiunio*, xxii, 85 (P.L. xiv, 764).
29. *Confissões*, VIII, v, 12.
30. *Confissões*, VIII, vi, 12.
31. *Confissões*, VIII, vi, 15.
32. *Confissões*, VIII, vii, 18.
33. *Confissões*, VIII, viii, 20.
34. *Confissões*, VIII, xi, 27.

35. *Confissões*, VIII, xii, 28-30.
36. *Confissões*, IX, ii, 4.
37. B. Legewie, "Die körperliche Konstitution und Krankheiten Augustins", *Misc. Agostin.*, ii, 1930, p. 5-21, esp. p. 19-20, é devidamente cauteloso.
38. Ver Klegeman, "A psychoanalytic study of the Confessions", *Journal of the American Psychoanalytical Association*, v, 1957, p. 481.
39. *De Gen. c. Man.*, II, xvii, 26.
40. Sobre a localização de Cassicíaco, ver Pellegrino, *Les Confessions de S. Augustin*, p. 191, n. 2.
41. J. Nørregaard, *Augustins Bekehrung*, 1923, apesar de ultrapassado no que concerne às circunstâncias da conversão de Agostinho, continua a ser um estudo inestimável das ideias religiosas que aparecem nos diálogos de Cassicíaco.
42. *Ep.* 1, 3.
43. *De ord.*, II, xx, 52; cf. *De beata vita*, i, 6.
44. Por exemplo, *De ord.*, II, v, 16.
45. Ver esp. Holte, *Béatitude et Sagesse*, p. 303-327.
46. *De beata vita*, i, 4.
47. *De beata vita*, i, 5.
48. *De beata vita*, i, 3.
49. Ver *supra*, p. 107 e 116-117.
50. *De beata vita*, iv, 34.
51. *De beata vita*, iv, 35.
52. *Confissões*, IX, vii, 15.
53. *C. Acad.*, II, iii, 9.
54. *De mor. eccles. cath.* (I), xvii, 31.
55. *C. Acad.*, II, iii, 8.
56. *De mor. eccles. cath.* (I), xxv, 47; ver supra, p. 69-71.
57. *Confissões*, V, x, 18.
58. Ambrósio, *Ep.* 34, 2 (P.L. xvi, 1119).
59. *Confissões*, IX, v, 13.
60. Ambrósio, *De obitu Theodosii*, 51 (P.L. xvi, 1466).
61. Holte, *Béatitude et Sagesse*, p. 177-190, é uma avaliação brilhante.
62. *C. Acad.*, III, xx, 43.
63. Por exemplo, *De ord.*, I, vii, 20; II, v, 15; e xvi, 44.
64. *De ord.*, I, i, 2.
65. Por exemplo, *De ord.*, I, ii, 5.
66. Por exemplo, *De ord.*, I, ii, 5.
67. Ver H. von Campenhausen, *The Fathers of the Latin Church* (trad. de 1964), p. 184-188.

11. *CHRISTIANAE VITAE OTIUM*: CASSICÍACO

1. Para o historiador, é particularmente afortunado dispor de duas análises brilhantes do projeto de Agostinho em Cassicíaco e da posição desse projeto na cultura do fim da Antiguidade, da autoria de H. I. Marrou, *S. Augustin et la fin de la culture antique*,

1938, p. 161-327, esp. p. 161-186, e de R. Holte, *Béatitude et Sagesse*, 1962, em particular p. 73-190 e 303-327.
2. *De ord.*, I, ii, 4.
3. *Retract.*, I, i, 1.
4. Ver A. Ragona, *Il proprietario della villa romana di Piazza Armerina*, 1962, p. 52ss.
5. S. Mazzarino, "Sull'*otium* di Massiminiano Erculio", *Rend. Accad. dei Lincei*, s. 8, viii, 1954, p. 417-421.
6. Ver *supra*, p. 103-104. Ver Courcelle, *Les Confessions*, p. 21-26.
7. Porfírio, *Life of Plotinus*, 12 (MacKenna, 2, p. 9).
8. H. I. Marrou, "Un lieu dit 'Cité de Dieu'", *Aug. Mag.*, i, 1954, p. 101-110.
9. *C. Acad.*, II, ii, 4.
10. *Sol.*, I, x, 17.
11. *De beata vita*, i, 4.
12. Ver *supra*, p. 103-104.
13. *Ep.* 26, 4 (poema de Licêncio).
14. *C. Acad.*, II, ii, 3.
15. *De beata vita*, vii, 16.
16. *De ord.*, I, vii, 20.
17. *C. Acad.*, III, xix, 42.
18. *Sol.*, II, xiv, 26.
19. *De ord.*, I, xi, 31.
20. *De ord.*, I, ii, 4.
21. *De ord.*, I, i, 2 e 4.
22. *De ord.*, I, vii, 20.
23. *Sol.*, II, xiv, 26.
24. *De ord.*, II, xi, 33.
25. *C. Acad.*, II, ii, 6.
26. *C. Acad.*, II, i, 2.
27. *C. Acad.*, III, vii, 15.
28. *De ord.*, I, iii, 6.
29. *De ord.*, I, viii, 22.
30. *De ord.*, I, iii, 6.
31. *De ord.*, I, viii, 25.
32. *C. Acad.*, II, iv, 10.
33. *Sol.*, I, xii, 21.
34. *Sol.*, I, i, 1.
35. *Sol.*, I, xiv, 25-26.
36. *De beata vita*, iii, 16 e 20.
37. Por exemplo, *De beata vita*, ii, 10.
38. *De beata vita*, ii, 14.
39. *De beata vita*, ii, 7.
40. *C. Acad.*, II, iii, 8.
41. *De ord.*, I, viii, 23.
42. *De ord.*, I, iii, 7.
43. *De ord.*, I, ix, 28.
44. Por exemplo, *De ord.*, I, iii, 9 e *C. Acad.*, II, xiii, 29.
45. *Ep.* 26.

46. A. K. Clarke, "Licentius, Carmen ad Augustinium, II. 45 seqq., and the Easter Vigil" (Studia Patristica, viii), *Texte u. Untersuchungen*, 93 (1966), p. 171-175.
47. *De ord.*, I, v, 12, e vii, 24.
48. *De quant. anim.*, xxxi, 62-63.
49. *De beata vita*, i, 6.
50. *De ord.*, I, ii, 5.
51. Por exemplo, *C. Acad.*, I, iii, 8.
52. *De ord.*, I, iii, 6.
53. Por exemplo, *C. Acad.*, II, vii, 17.
54. *C. Acad.*, II, ix, 22.
55. *C. Acad.*, I, i, 4.
56. *De ord.*, I, xi, 31.
57. *C. Acad.*, I, iii, 7.
58. Ver Marrou, *S. Augustin et la fin de la culture antique*, p. 242-243.
59. *C. Acad.*, I, ii, 6.
60. Ver adiante, p. 198.
61. Carta a Firmo, em *Corpus Christianorum*, Série Latina, xlvii, 1955, p. iv. Sobre a continuidade das ideias agostinianas a respeito do conhecimento e da cultura, ver esp. R. Lorenz, "Die Wissenschaftslehre Augustins", *Zeitschrift für Kirchengeschichte*, 67, 1956, p. 29-60 e 213-251.
62. *De ord.*, II, x, 28.
63. Ver esp. Solignac, "Doxographies et manuels", *Rech. augustin.*, i, 1958, p. 122 e n. 26.
64. *De ord.*, I, vii, 20.
65. *Sol.*, I, xiii, 23.
66. *De ord.*, II, v, 17.
67. *Sol.*, II, xiv, 26.
68. *De ord.*, II, xvii, 45.
69. Ver esp. Marrou, *S. Augustin et la fin de la culture antique*, p. 211 (e p. 275: esse mundo também é "medieval" na extensão de suas omissões).
70. *Sol.*, II, xx, 35.
71. *De ord.*, II, xix, 50.
72. *De ord.*, II, v, 15-16.
73. *De ord.*, II, vii, 24.
74. *C. Acad.*, I, i, 3.
75. *Retract.*, I, 3.
76. *De beata vita*, i, 5.
77. Ver esp. O'Connell, "Ennead VI, 4 and 5", *Rev. études augustin.*, ix, 1963, p. 1-2, quanto à importância desse livro como prova da absorção agostiniana de Plotino.
78. *Retract.*, I, 5.
79. *Retract.*, I, 5.
80. *Sol.*, II, vii, 14.
81. *Sol.*, I, i, 3.
82. *Sol.*, I, xv, 30.
83. Paulino, *Vita Ambrosii*, 38 (org. Pellegrino, p. 104-105).
84. Ver esp. B. Parodi, *La catachesi di S. Ambrogio*, 1957, e Homes-Dudden, *Saint Ambrose*, i, p. 336-342.
85. *De fide et oper.*, vi, 9.

86. Parodi, *La catachesi*, p. 66.
87. *De quant. anim.*, xxxiv, 77.
88. Courcelle, *Recherches*, p. 213.
89. Parodi, *La catachesi*, p. 19.
90. *De quant. anim.*, i, 4.
91. *De cat. rud.*, viii, 12.
92. Courcelle, *Recherches*, p. 217.
93. *Confissões*, IX, vii, 16.
94. *Confissões*, VIII, vi, 15, e *De mor. eccles. cath.* (I), xxxiii, 70.
95. Filástrio, *De Haeres.*, c. 115 (P.L. xii, 1239).
96. Courcelle, *Les Lettres grecques*, p. 123. Essa talvez fosse uma questão em aberto entre os cristãos; ver Pépin, *Théologie cosmique et théologie chrétienne*, p. 77-78.
97. *De beata vita*, i, 4.
98. *De beata vita*, i, 4.
99. Embora Courcelle, *Recherches*, p. 106-122, tenha estabelecido o conteúdo plotiniano desses sermões de Ambrósio, sua cronologia continua incerta: ver Theiler, *Gnomon*, 75, 1953, p, 117-118.
100. *Confissões*, IX, vi, 14.
101. *Retract.*, I, 6.
102. *De metris*, org. Keil, *Grammatici Latini*, vi, 1874, p. 585-601.
103. Ver esp. Marrou, *S. Augustin et la fin de la culture antique*, p. 570-579.
104. *Confissões*, IX, vi, 14.
105. *Confissões*, IX, viii, 17.
106. *Confissões*, IX, vii, 17.

12. ÓSTIA

1. Ver esp. o estudo erudito de R. Meiggs, *Roman Ostia*, 1960, sobretudo p. 83-101, 211-213 e 258-262.
2. *Confissões*, IX, x, 23.
3. *Epp.* 92 e 99; ver adiante, p. 589, n.10.
4. Ver Meiggs, *Roman Ostia*, p. 212-213, que a toma por esposa de um certo Faltonius Adelfius.
5. Meiggs, *Roman Ostia*, p. 400.
6. *Ep. Secundini ad Augustinum.* Solignac, in *Les Confessions*, Biblio. augustin., série ii, 14, p. 535, identifica o Hermogeniano da *Ep.* 1 com um membro da família dos Anicii.
7. Ver Meiggs, *Roman Ostia*, p. 393, e H. P. L'Orange, "The Portrait of Plotinus", *Cahiers archéologiques. Fin de l'Antiquité et Moyen-Âge*, v, 1951, p. 15-30.
8. *Confissões*, IX, x, 23-25. P. Henry, *La Vision d'Ostie. Sa place dans la vie et l'oeuvre de S. Augustin*, 1938, é um texto fundamental. Para uma análise instigante da descrição agostiniana, ver A. Mandouze, "L'extase d'Ostie: possibilités et limites de la méthode des parallèles textuels", *Aug. Mag.*, i, 1954, p. 67-84.
9. *Confissões*, IX, xi, 27-28.
10. *Confissões*, IX, xii, 29.

11. *Confissões*, IX, xii, 30.
12. *Confissões*, IX, xii, 31.
13. Meiggs, *Roman Ostia*, p. 475.
14. *Confissões*, IX, xii, 32-33.
15. Meiggs, *Roman Ostia*, p. 525.
16. Meiggs, *Roman Ostia*, p. 400.
17. *De cura ger. pro mort.*, xi, 13.

13. *SERVUS DEI*: TAGASTE

1. Ver J. Burnaby, *Amor Dei: A Study of the Religion of St. Augustine*, 1938, p. 88, sobre o *De moribus ecclesiae catholicae*: "Ele já fizera seus muitos dos textos que viriam a ser os eixos do cristianismo, e já os usava de maneira central."
2. *De civ. Dei*, xxii, 8, 48.
3. *Ep.* 20, 2.
4. *Ep.* 186, i, 1.
5. Ver adiante, p. 375. No que concerne à qualidade da vida de Agostinho nessa época, sou particularmente grato aos estudos sólidos e diferenciados de G. Folliet, em especial "Aux origines de l'ascétisme et du cénobitisme africains", *Studia Anselmiana*, 46, 1961, p. 25-44, esp. p. 35-44.
6. Possídio, *Vita Augustini*, III, 1-2 [doravante citado como *Vita*].
7. *Ep.* 6.
8. *Ep.* 9, 1 e 10, 1.
9. *Ep.* 10, 2; cf. *De vera rel.*, xlvii, 91.
10. Ver G. Folliet, "'Deificari in otio', Augustin, *Epistula* X, 2", *Rech. augustin.*, ii, 1962, p. 225-236.
11. *De div. quaest.*, lxxxiii, 22; *Retract.* I, 26.
12. *Ep.* 10, 2.
13. Ver *Ep.* 26, 3, e 32, 5, sobre o parentesco consanguíneo entre Alípio e Romaniano.
14. *Ep.* 17, 2.
15. *De Gen. c. Man.*, I, i, 1.
16. *Ep.* 15, 1.
17. Por exemplo, *Ep.* 19.
18. *C. litt. Petil.*, III, xxv, 30.
19. *Ep.* 15, 1.
20. *De Mag.*, xi, 38.
21. *Epis.* 11, 2; 12; 14, 4; e *De vera relig.*, I, 99.
22. *Ep.* 13, 1.
23. *Ep.* 8.
24. *De vera relig.*, iv, 7.
25. *Ep.*, 11, 2.
26. *De vera relig.*, vii, 12.
27. *Epis.* 16 e 17.
28. *De Gen. c. Man.*, I, xxv, 43.

29. *De Mag.*, iii, 5, e v, 14.
30. *Op. Imp.*, VI, 22.
31. *Ep.* 10, 1.
32. *Ep.* 18.
33. *De mor. eccles. cath.* (I), xxxiii, 70.
34. *De mor. eccles. cath.* (I), xxxi, 67.
35. *De mor. eccles. cath.* (I), xxxiii, 73.
36. *De mor. eccles. cath.* (I), xxxi, 67.
37. *Ep.* 10, 1.
38. *Vita*, III, 3-5.
39. *Serm.* 355, 2.
40. *Ep.* 21, 3.

14. *PRESBYTER ECCLESIAE CATHOLICAE*: HIPONA

1. *Serm.* 355, 2.
2. J. Gaudemet, *L'Église dans l'Empire romain* (ive-ve s.), *Histoire du droit et des institutions de l'Église en Occident*, III, 1958, p. 108-111.
3. *Vita*, IV, 1.
4. *Vita*, IV, 2.
5. Ver adiante, p. 326-327.
6. *Vita*, IV, 2.
7. *Ep.* 21, 2.
8. *Vita*, V, 3.
9. *Ep. ad Rom. incoh. expos.*, 13.
10. Sobre o donatismo e as relações posteriores de Agostinho com essa Igreja rival, ver adiante, p. 236ss.
11. *C. litt. Petil.* II, lxxxiii, 184.
12. *Vita*, VI, 1.
13. *Vita*, V, 3.
14. *Vita*, VIII, 2.
15. *Ep.* 213, 4.
16. *Vita*, VIII, 1.
17. *Serm.* 355, 2.
18. Em especial Alípio e Fortunato.
19. Ver adiante, p. 227.
20. Frend, *Donatist Church*, p. 245-246.
21. *Ep.* 21, 5.
22. Ver adiante, p. 301-302.
23. Ver adiante, p. 214-215.
24. *Serm.* 214 e 216.
25. *C. Fort.* 1.
26. *Vita*, VI, 2.
27. *C. Fort.* 1.

28. *Vita*, VI, 7-8.
29. Por exemplo, *De ii anim.* ix, 16, e os dados compilados em Brown, "St. Augustine's attitude to religious coercion", *Journ. Rom. Studies*, liv, 1964, p. 109, n. 13.
30. *Ep.* 34, 6.
31. *Ep.* 55, xviii, 34.
32. A esse respeito, ver Bonner, *St. Augustine*, p. 253-258.
33. *Retract.* I, 19.
34. *Confissões*, IV, ii, 3.
35. Talvez a convocação desse concílio e o projeto de reforma em que ele embarcou tenham sido planejados por Agostinho e seu amigo Aurélio, o novo bispo de Cartago. Ver F. L. Cross, "History and Fiction in the African Canons", *Journ. Theol. Studies*, n.s., xii, 1961, p. 227-247, esp. p. 229-230.
36. *Vita*, V, 5; *De serm. Dom. in monte*, I, xvii, 17.
37. *De serm. Dom. in monte*, II, xx, 68.
38. *De serm. Dom. in monte*, I, iv, 12.
39. *Serm.* I, 1.
40. *Enarr. in Ps.*, 18, 2.
41. *De serm. Dom. in monte*, I, xv, 41 (depois revisto por Agostinho: *Retract.* I, 19, 5).
42. *Vita*, V, 1.
43. *De opere mon.*, xxix, 37.
44. *De Gen. ad litt.*, VIII, viii, 16.
45. Ver adiante, p. 447-448.
46. *Ep.* 22, 2.
47. *Ep.* 22, 9.
48. *Ep.* 22, 1.
49. *Vita*, XI, 1-4, menciona um total de dez.
50. Bem caracterizados por P. Monceaux, *Histoire littéraire de l'Afrique chrétienne*, vi, 1922.
51. Por exemplo, Evódio e Alípio; ver esp. Monceaux, *Hist. Littér.*, vii, 1923, p. 35-62.
52. Ver *supra*, p. 144.
53. *Ep.* 2.
54. *Ep.* 24. Sobre Paulino, ver P. Fabre, *S. Paulin de Nole et l'amitié chrétienne*, 1949, e o estudo detalhado das relações de Paulino com Agostinho *in* P. Courcelle, "Les lacunes dans la correspondance entre s. Augustin et Paulin de Nole", *Rev. études anciennes*, 53, 1951, p. 253-300, e *Les Confessions*, p. 559-607.
55. Por exemplo, *Ep.* 27, 6, e 31, 4.
56. Ver O. Perler, "Das Datum der Bischofsweihe des heiligen Augustinus", *Revue des études augustiniennes*, xi, 1965, p. 25-37.
57. *Ep.* 32, 2.

15. O FUTURO PERDIDO

1. Comparadas à erudição recentemente gasta com os dois anos de conversão de Agostinho, as mudanças de seu pensamento na década seguinte receberam uma atenção singularmente pequena. O excelente estudo de A. Pincherle, *La formazione teologica*

di S. Agostino, 1947, é uma notável exceção. Os seguintes artigos também chamaram atenção para algumas das mudanças mais significativas nas ideias agostinianas: E. Cranz, "The Development of Augustine's Ideas on Society before the Donatist Controversy", *Harvard Theol. Rev.*, xlvii, 1954, p. 255-316; M. Löhrer, *Der Glaubensbegriff des heiligen Augustins in seinen ersten Schriften bis zu den Confessiones*, 1955; e G. Folliet, "La typologie du sabbat chez s. Augustin", *Rev. études augustin.*, ii, 1956, p. 371-390. Nesta e nas sucessivas abordagens das ideias religiosas de Agostinho, sou particularmente grato à brilhante exposição de J. Burnaby, *Amor Dei: a Study of the Religion of St. Augustine*, 1938, sobretudo p. 25-82.
2. *Ep.* 10, 2; ver *supra*, p. 164.
3. Por exemplo, G. Rodenwalt, "Zur Kunstgeschichte der Jahre 220 bis 270", *Jahrbuch des deutsch. archäolog. Inst.*, 51, 1936, p. 104-105, e H. P. L'Orange, "PlotinusPaul", *Byzantion*, 25-27, 1955-1957, p. 473-483.
4. *De serm. Dom. in monte*, I, ii, 9.
5. *C. Epp. Pelag.* I, viii, 13.
6. *De cons. evang.*, IV, x, 20.
7. Ver *supra*, p. 138. Essa mudança crucial não deve obscurecer a continuidade do neoplatonismo de Agostinho. Este continuou a ser fundamental para seu pensamento e fornece a chave da compreensão adequada das ideias agostinianas, como foi claramente mostrado por R. Holte, *Béatitude et Sagesse*, e, em época recente, por R. Lorenz, "Gnade und Erkenntnis bei Augustinus", *Zeitschr. für Kirchengesch.*, 75, 1964, p. 21-78.
8. Sobretudo em *De ii anim.*, 13-15.
9. *De lib. arb.*, I, xiii, 29. Essa foi a conclusão óbvia extraída pelo interlocutor de Agostinho; este já lhe respondia lembrando-lhe que o assunto era mais complexo.
10. *De lib. arb.*, III, vi, 18, in *De natura et gratia*, lviii, 69.
11. Ver adiante, p. 633, n. 3.
12. Burnaby, *Amor Dei*, p. 187.
13. *C. Fort.*, 21.
14. *De serm. Dom. in monte*, I, xii, 34.
15. Por exemplo, *De musica*, VI, v, 15.
16. *De serm. Dom. in monte*, I, xii, 35.
17. *De serm. Dom. in monte*, I, xvii, 51; *Ep. ad Gal. expos.*, 9.
18. *Vita*, XXV, 2; *Serm.* 180, 10, e 307, 5.
19. *C. Fort.*, 22.
20. Por exemplo, *De serm. Dom. in monte*, I, iii, 10.
21. *De quant. anim.*, xxxiii, 76.
22. *Confissões*, X, xl, 65.
23. *De vera relig.*, xxxiv, 64.
24. *C. Ep. Fund.*, 2.
25. A *Expositio quarundam propositionum ex Ep. Apostoli ad Romanos*; *Retract.*, I, 22.
26. *Retract.*, I, 24, 1.
27. Por exemplo, *Propp. ex Ep. ad Rom.*, 13 e 49.
28. Ver adiante, p. 375-376.
29. Por exemplo, *De quant. anim.*, xxviii, 55, e *De vera relig.*, lii, 101.
30. *De serm. Dom. in monte*, I, xviii, 55; *Propp. ex Ep. ad Rom.*, 44.
31. *Ep. ad Rom. in incoh. expos.*, 14.
32. *De lib. arb.*, II, xvi, 42.

33. *De lib. arb.*, II, xvi, 41.
34. *De lib. arb.*, II, xvi, 41.
35. Ver adiante, p. 224-225 e p. 234-235.
36. *De lib. arb.*, III, xix, 53.
37. Por exemplo, *De lib. arb.*, III, iii, 7, onde é Evódio, e não Agostinho, quem exclama: "A vontade d'Ele é minha necessidade."
38. Pincherle, *La formazione*, op. cit., p. 175ss, fornece uma discussão particularmente valiosa.
39. *Ad Simplicianum de diversis quaestionibus*, tradução com introdução de G. Bardy, *Bibiliothèque augustinienne*, série i, 10, 1952, p. 383-578.
40. *Ep.* 37, 2.
41. Ver *supra*, p. 105-106.
42. Ambrósio, *Ep.* 37, 1 (P.L. xvi, 1085).
43. Ambrósio, *Ep.* 76, 1 (P.L. xvi, 1314). Ver esp. Lazzati, *Il valore letterario dell'esegesi ambrosiana*, p. 46-47.
44. *De praed. sanct.*, iv, 8; mas ver adiante, p. 311, o significado exato disso.
45. *Retract.*, II, 27.
46. *Ad Simpl. de div. quaest.*, I, questão ii, 2, 5 e 10.
47. *Phil.*, 2, 12 e 13; *Ad Simpl. de div. quaest.*, I questão ii, 12.
48. *Ad Simpl. de div. quaest.*, I, questão ii, 13.
49. Por exemplo, *De musica*, VI, xvii, 59; cf. *Ep.* 4, 2.
50. Por exemplo, *Enéadas* I, vi, 4 (MacKenna 2, p. 59). Isso foi visto com muita clareza por Burnaby, *Amor Dei*, p. 89.
51. *Ad Simpl. de div. quaest.*, I, questão ii, 22.
52. *Ad Simpl. de div. quaest.*, I, questão ii, 21.
53. *Ad Simpl. de div. quaest.*, I, questão ii, 21.
54. *Ad Simpl. de div. quaest.*, I, questão ii, 22.
55. Ver esp. Burnaby, *Amor Dei*, p. 52-73.
56. *Tract. in Joh.*, 40, 10.
57. Compare-se a bela apresentação de Burnaby, *Amor Dei*, p. 52-73, com duas brilhantes evocações de sentimentos paralelos na arte e no pensamento do baixo Império Romano: G. Mathew, *Byzantine Aesthetics*, p. 21-22, e P. Hadot, *Plotin*, p. 73-75.
58. *Confissões*, XII, xvi, 23.

16. AS "CONFISSÕES"

1. P. Courcelle, *Les Confessions de S. Augustin dans la tradition littéraire: Antécédents et postérité*, 1963, fornece uma introdução magistral sobre a influência das *Confissões* na literatura europeia e os vastos recursos de erudição moderna mobilizados em torno desse texto singular. Sou particularmente grato ao excelente estudo de G. N. Knauer, *Die Psalmenzitate in Augustins Konfessionen*, 1955, estudo modelar de um aspecto importante das qualidades e do estilo literários das *Confissões*; aos comentários de M. Pellegrino e A. Solignac (cit. *supra*, p. 570, n.1) e ao texto e notas de J. Gibb e W. Montgomery, *The Confessions of St. Augustine* (Cambridge, Patristic Texts), 1908.

Bonner, *St. Augustine*, p. 42-52, forneceu um resumo criterioso e bem documentado das opiniões conflitantes sobre o valor histórico das *Confissões*.
2. *Ep.* 24, 2 (para Alípio).
3. *Ep.* 31, 2, ver adiante, p. 223-224.
4. *Confissões*, VIII, vi, 14/15.
5. *Passio Ss. Perpetuae et Felicitatis*, 3, org. P. Franchi De'Cavalieri (*Röm. Quartalschrift*, 5, Supplementheft), 1896, p. 110.
6. Pôncio, *Vita Cypriani*, 2 (P.L. iii, 1542).
7. Ver esp. Courcelle, *Les Confessions*, p. 91-100.
8. Por exemplo, *Confissões*, IX, ii, 4.
9. Por exemplo, *Confissões*, V, x, 20. Cf. *Ep.* 30, 2.
10. Por exemplo, *Confissões*, IX, i, 1; cf. *Ep.* 24, 1.
11. Por exemplo, *Confissões*, IX, xiii, 37, e X, iv, 5; cf. *Ep.* 24, 5.
12. *Confissões*, VIII, x, 23, e IX, iv, 10.
13. *Confissões*, VIII, ii, 3-5.
14. *C. Ep. Secundini*, 11 (que o remete a um livro que estava em poder de Paulino).
15. *De dono persev.*, xx, 53.
16. *Ep.* 24, 1, cf. 30, 2.
17. *Ep.* 27, 1.
18. *Ep.* 24, 1.
19. Ver esp. P. Fabre, *S. Paulin de Nole et l'amitié chrétienne*, 1949, p. 137-154, e sobretudo p. 387-390.
20. Por exemplo, *Ep.* 27, 1; ver adiante, p. 239-240.
21. *Ep.* 28, 1.
22. *De div. quaest.*, LXXXIII, 47.
23. Por exemplo, *Ep.* 267.
24. *De cat. rud.*, X, 15.
25. *Enarr. ii in Ps.*, 30, 13.
26. Ver *supra*, p. 175-176.
27. *Confissões*, I, vi, 7.
28. *Ep.* 24, 3.
29. *Ep.* 28; ver adiante, p. 300-301.
30. Ver adiante, p. 229-230; por exemplo, *De mor. eccles. cath.* (I), xxxii, 69.
31. *Ep.* 24, 2.
32. Ver adiante, p. 299-300; ver esp. *Confissões*, XI, ii, 2.
33. Por exemplo, III, v, 9, em contraste com *De lib. arb.*, I, ii, 4.
34. *Confissões*, VI, iv, 6.
35. *Confissões*, VI, iii, 3.
36. *Confissões*, VI, iii, 3: "*quid spei... quid luctaminis... quid solaminis*", cf. *Confissões* X; "*et occultum os eius... quam sapida gaudia de pane tuo*", cf. *Confissões* XI-XIII.
37. *Confissões*, VI, ix, 15; ver adiante, na p. 224-225, as características de Alípio.
38. *Confissões*, VI, ix, 14.
39. *Ep.* 24, 1.
40. *C. litt. Petil.*, III, xvi, 19; *C. Crescon*, III, lxxx, 92; ver adiante, p. 227.
41. *Ep.* 24, 4.
42. *Confissões*, IX, ii, 4.
43. *Ep.* 26, 4.

44. *Ep.* 26, 5.
45. Courcelle, *Les lettres grecques*, p. 132: "*Ce demi-savant qui raille les Platoniciens de son temps* (...)" ["Esse semidouto que zomba dos platônicos de sua época" (*N. da T.*).]
46. *Confissões*, VII, xx, 26.
47. Ver adiante, p. 227-235.
48. Especialmente *Ep.*, 22, 9.
49. *Ep.* 31, 4.
50. *Confissões*, X, xliii, 70.
51. *Confissões*, IV, i, 1.
52. *Confissões*, IX, xii, 33.
53. *Confissões*, IX, xiii, 34; cf. IV, v, 10.
54. *Confissões*, IX, xii, 34.
55. *Confissões*, IX, iii, 5: há aí um jogo de associações particularmente requintado; ver Knauer, *Psalmenzitate*, p. 123.
56. *Confissões*, IV, vi, 14.
57. Ver esp. E. R. Dodds, "Augustine's Confessions", *Hibbert Journal*, 26, 1927-1928, p. 460.
58. *Retract.*, II, 32.
59. Plotino, *Enéadas* V, i, 6 (MacKenna 2, p. 374). A despeito do exemplo, esse tipo de oração não é muito comum nas exposições de Plotino. Essa atitude teve prosseguimento nos tempos árabes: ver R. Walzer, "Platonism in Islamic Philosophy", *Greek into Arabic*, 1962, p. 248-252.
60. *De serm. Dom. in monte*, II, iii, 14; cf. *De Mag.*, i, 2.
61. Por exemplo, *Sol.*, I, 2-6, e a declaração reveladora de *Sol.*, I, ii, 7: "Que queres saber? Eu já disse tudo nas orações."
62. *De Trin.*, XV, xxviii, 51.
63. *Retract.*, II, 32.
64. *Confissões*, I, i; cf. Tiberiano, *Versus Platonis*, org. Baehrens, Poetae Latini Minores, III, p. 268, i, p. 26s, "da nosse volenti".
65. *Confissões*, XI, xxvii, 34.
66. A essa tradição convém acrescentarmos a ideia mais especificamente judaico-cristã do "sacrifício de louvor": louvor a Deus por Suas obras (ver esp. Madec, "Connaissance de Dieu et action de grâces", *Rech. augustin.*, ii, 1962, p. 302-307) e por Seus atos de clemência na libertação de Seu povo: ver J. Ratzinger, "Originalität und Überlieferung in Augustins Begriff der 'Confessio'", *Rev. études augustin.*, iii, 1957, p. 375-392. [Tradução livre de Milton: "Ó tu, Luz celestial, antes brilha internamente e ilumina o espírito em todos os seus poderes, planta-lhe olhos, dele purga e dispersa todas as brumas, para que eu possa ver e falar de coisas invisíveis aos olhos mortais." (*N. da T.*)]
67. Dodds, "Augustine's Confessions", *Hibbert Journal*, 26, 1927-1928, p. 471.
68. *Confissões*, VI, i, 1; ver Knauer, *Psalmenzitate*, p. 55, n. 1.
69. *Confissões*, I, vi, 9.
70. *Confissões*, II, ii, 2; ver esp. Knauer, *Psalmenzitate*, p. 31-74.
71. Por exemplo, *Confissões*, VIII, iii, 6.
72. *Confissões*, VII, iii, 5; cf. *De ii anim.*, 11.
73. Ver *supra*, p. 97 e p. 112-114.
74. Por exemplo, *Confissões*, V, x, 20 a xi, 21.
75. *Confissões*, II, iv, 9.
76. *Confissões*, V, viii, 15.

NOTAS

77. *Confissões*, XI, xxix, 39.
78. *Confissões*, II, iii, 5.
79. *Confissões*, IX, x, 23.
80. *Confissões*, X, viii, 15.
81. *Confissões*, III, vi, 11.
82. *Confissões*, X, vi, 9.
83. *Confissões*, V, ii, 2.
84. Plotino, *Enéadas*, IV, viii, 4 (MacKenna 2, p. 360-361); cf. *Confissões*, II, i, 1.
85. A importância do tema da peregrinação da alma que se afasta de Deus foi enfatizada com acerto por G. N. Knauer, "Peregrinatio Animae. (Zur Frage der Einheit der augustinischen Konfessionen)", *Hermes*, 85, 1957, p. 216-248. Sua base plotiniana foi apresentada num estudo sumamente instigante de R. J. O'Connell, "The Riddle of Augustine's 'Confessions': A Plotinian Key", *International Philosophical Quarterly*, iv, 1964, p. 327-372. Outro tema, "a conversão ao coração", o retorno à vida interior, traço acentuado do Plotino pagão, significativamente ausente do Orígenes cristão (ver P. Aubin, *Le problème de la "conversion"*, 1963, esp. p. 186-187), é crucial para as *Confissões*: por exemplo, *Confissões*, IV, xii, 18.
86. Essa diferença importante é assinalada com clareza por J. Burnaby, *Amor Dei*, p. 119-120.
87. *Confissões*, IV, vii, 12.
88. *Confissões*, III, iv, 8.
89. Ver *supra*, p. 174-175.
90. Ver *supra*, p. 172-176.
91. Por exemplo, *Confissões*, VI, v, 7.
92. *Confissões*, VI, xv, 25; cf. *Ep.* 263, sobre as implicações dessa imagem.
93. *Confissões*, IX, iv, 7.
94. *Confissões*, IX, iv, 7.
95. *Confissões*, II, i, 1.
96. *Confissões*, I, xiv, 22.
97. *Confissões*, III, i, 1.
98. *Confissões*, III, ii, 3.
99. *Confissões*, I, vi, 9ss; ver *supra*, p. 38-39.
100. *Confissões*, VIII, iii, 7.
101. *Confissões*, IV, vi, 11.
102. Ver *supra*, p. 562 n.1.
103. *Confissões*, IV, xiv, 22.
104. *De Gen. ad litt.*, X, xiii, 23.
105. "Que coisa estranha ver um homem fazer uma tempestade em copo d'água por causa do furto de uma pereira na adolescência", carta de Oliver Wendell Holmes a Harold Laski, 5 de janeiro de 1921, *in* M. de W. Howe (org.), *Holmes-Laski Letters* (I), 1935, p. 300.
106. *Confissões*, II, vii, 15.
107. *Confissões*, IV, i, 1.
108. *Confissões*, VIII, v, 10.
109. *Confissões*, VI, viii, 13 e IX, viii, 18.
110. *Confissões*, VIII, v, 10.
111. *Confissões*, VIII, viii, 19.
112. Especialmente *Confissões*, IX, xii, 32.

113. *De div. quaest.*, LXXXIII, 40.
114. *Confissões*, VIII, xi, 26.
115. *Confissões*, IX, viii, 18.
116. *Confissões*, VI, xii, 20.
117. *Confissões*, IX, i, 1.
118. Ver esp. C. Mohrmann, "Comment s. Augustin s'est familiarisé avec le latin des Chrétiens", *Aug. Mag.*, i, 1954, p. 111-116, e "Augustine and the Eloquentia", *Études sur le latin des Chrétiens*, i, 1958, p. 351-370.
119. E. de la Peza, *El significado de "cor" en San Agustín*, 1962, e *Revue des études augustiniennes*, vii, 1961, p. 339-368.
120. Knauer, *Psalmenzitate*, p. 151.
121. *Enarr. in Ps.*, 138, 20.
122. *Confissões*, VI, vi, 9.
123. Por exemplo, *Confissões*, III, xi, 19.
124. Por exemplo, *Passio Marculi* (P.L. viii, 760D e 762-763).
125. Ver esp. Courcelle, *Les Confessions*, p. 127-128.
126. *Serm.* 67, 2.
127. Ver *supra*, p. 139-140.
128. *De ord.*, I, i, 2.
129. Por exemplo, *De lib. arb.*, III, ii, 5.
130. *De lib. arb.*, III, ii, 5.
131. *Confissões*, V, x, 18; cf. IV, iii, 4.
132. *Confissões*, VII, iii, 5; cf. *De vera relig.*, lii, 101.
133. *C. Acad.*, II, ii, 6.
134. *Confissões*, VII, xxi, 27.
135. Nock, *Conversion*, p. 179-180.
136. Cipriano, *Ep.*, I, 14 (a Donato) (P.L. iv, 225).
137. *C. Acad.*, II, i, 1; *De beata vita*, i, 1. Paulino também viu Agostinho nesses termos: por exemplo, *Ep.* 25, 3.
138. *Enarr. in Ps.*, 99, 10.
139. Ver *supra*, p. 167-168.
140. *Serm.* 67, 2.
141. *Enarr. ii in Ps.*, 101, 3; cf. *Enarr. iii in Ps.*, 32, 16.
142. *Confissões*, X, v, 7.
143. *Confissões*, X, xxiv, 35 a xxv, 36.
144. Por exemplo, Plotino, *Enéadas* IV, iii, 30 (MacKenna 2, p. 286); ver Dodds, "Tradition and Personal Achievement in Plotinus", *Journ. Rom. Studies*, I, 1960, p. 5-6.
145. *Confissões*, X, xxiii, 33; cf. *De vera relig.*, lii, 101.
146. *Confissões*, X, xxxv, 56.
147. *Confissões*, X, iii, 3.
148. *Confissões*, X, xxviii, 39.
149. *Confissões*, X, xvi, 25.
150. *Confissões*, X, xxxii, 48.
151. Ver esp. H. Jaeger, "L'Examen de conscience dans les religions non-chrétiennes et avant le Christianisme", *Numen*, vi, 1959, p. 176-233. A qualidade incomparável das *Confissões* levou alguns estudiosos a sugerir que haveria um protótipo maniqueísta na confissão anual da festa de Bema; ver esp. A. Adam, "Das Fortwirken des Manichäismus bei Augustinus", *Zeitschrift für Kirchengeschichte*, 69, 1958, p. 1-25,

em especial p. 6-7. Entretanto, considero decisivas contra essa visão as objeções de J. P. Asmussen, *X^u ASTV ANIFT, Studies in Manichaeism* (Acta Theologica Danica, VII), 1965, especialmente p. 124.
152. *Confissões*, X, xxix, 40; *De dono persev.*, xx, 53.
153. *Confissões*, X, xxxvii, 60.
154. *Confissões*, X, xxxvii, 62.
155. *Confissões*, X, xxviii, 39.
156. *Confissões*, X, xxx, 41.
157. *Confissões*, I, vii, 11.
158. *Confissões*, X, xxxi, 47.
159. *Confissões*, X, xxxii, 49.
160. *Confissões*, X, xxxiv, 51.
161. *Confissões*, X, xxxv, 57.
162. *Confissões*, X, xxxvii, 60.
163. *Confissões*, I, xiv, 23.
164. *Confissões*, IV, vi, 11.
165. *Confissões*, IV, ix, 14.
166. *Confissões*, IV, xiii, 20.
167. *Confissões*, II, ix, 17.
168. *Confissões*, XI, ii, 3.
169. Ver adiante, p. 290-291.
170. *Confissões*, XI, ii, 2.
171. *Confissões*, X, i, 1.

17. HIPONA RÉGIA

1. F. Van der Meer, *Augustine the Bishop* (trad. Battershaw e Lamb), 1961, é uma brilhante evocação de Agostinho e seu meio.
2. Ver esp. E. Marec, *Hippone-la-Royale: antique Hippo Regius*, 1954.
3. Marec, *Hippone*, p. 68.
4. Marec, *Hippone*, p. 71-72.
5. Marec, *Hippone*, p. 79.
6. *Ep.* 118, ii, 9.
7. Marec, *Hippone*, p. 89.
8. Ver esp. E. Marec, *Monuments chrétiens d'Hippone*, 1958; H. I. Marrou, "La Basilique chrétienne d'Hippone", *Rev. études augustin.*, vi, 1960, p. 109-154; e Van der Meer, *Augustine*, p. 19-25.
9. Marec, *Monuments*, p. 43.
10. *Ep.* 99, i, para Itálica. Ver *supra*, p. 145, e P. R. L. Brown, "Aspects of the Christianisation of the Roman Aristocracy", *Journ. Rom. Studies*, li, 1961, p. 5-6, esp. n. 37.
11. Ver Marec, *Libyca*, i, 1953, p. 95-108.
12. *Serm.* 180, 5.
13. *De civ. Dei*, XXII, 8.
14. *Vita*, v, 2. Note-se também que um cidadão de Hipona era diácono de uma igreja oriental: *De gest. Pel.*, xxxii, 57; *Ep.* 177, 15.

15. Por exemplo, *Ep.* 149, 34.
16. Ver esp. O. Perler, "Les voyages de S. Augustin", *Rech. Augustin.*, i, 1958, p. 5-42, esp. p. 36.
17. *Serm.* 64, 5; mas ver *Enarr. in Ps.* 136, 3, sobre as vantagens de ser comerciante.
18. O vinho e o azeite, é claro, eram menos fartos; ver A. H. M. Jones, *The Later Roman Empire*, ii, 1964, p. 845; mas Hipona tinha a vantagem de ser um porto. Sobre a importância do comércio de cereais, ver L. Ruggini, "Ebrei e orientali nell'Italia settentrionale (iv-vi s.)", *Studia et Documenta Historiae et Juris*, XXV, 1959, p. 236-241. Essa prosperidade sobreviveu até à época dos árabes; ver, por exemplo, Ibn Haukal (970 d.C.), citado em Piesse, *Itinéraire de l'Algérie*, 1885, p. 429.
19. *Serm.* 87, 2.
20. *Serm.* 361, 11.
21. *Enarr. in Ps.* 136, 5.
22. *Enarr. in Ps.* 146, 15.
23. *Enarr. in Ps.*, 59, 2.
24. Marec, *Hippone*, p. 16, lâm. 6 (em Duzerville).
25. *Enarr. in Ps.* 70, 17.
26. C. Saumagne, "Ouvriers agricoles ou rôdeurs de celliers? Les circoncellions d'Afrique", *Annales d'hist. écon. et sociale*, 6, 1934, p. 351-364.
27. *Corpus Inscript. Lat.* VIII, 5351, e Marec, *Hippone*, p. 108.
28. *De civ. Dei*, V, 17.
29. *Serm.* 302, 16.
30. *Ep.* 35, 3.
31. *Ep.* 251.
32. *Mai.* 126, 12 (*Misc. Agostín.*, i, p. 366).
33. *Ep.* 209, 2.
34. *De Haeres*, 87.
35. *Enarr. in Ps.* 132, 6.
36. *Epis.* 84 e 209, 2.
37. *Ep.* 224, 3.
38. *De civ. Dei*, XXII, 8. Agostinho parece ter tido menos dificuldade do que outros bispos de sua época para convencer os proprietários de herdades a construir igrejas. O *Serm.* 18, 4 é o único indício de oposição.
39. Ver esp. *Epis.* 58; 89, 8; 139, 2; Brown, "Religious Coercion in the Later Roman Empire", *History*, xlviii, 1963, p. 286, n. 35; p. 290 e 303, esp. n. 196.
40. Ver *infra*, p. 267-268.
41. Ver esp. Perler, "Les voyages", *Rech. augustin.*, i, 1958, p. 26-27.
42. *Ep.* 124, 1; 126, 7.
43. *Ep.* 124, 1.
44. Frend, *Donatist Church*, p. 234.
45. *De doct. christ.*, II, xxv, 39.
46. Por exemplo, *Enarr. in Ps.*, 147, 8: a reação de uma multidão à roupa conspícua de um *servus Dei*.
47. *Serm.* 198, 3.
48. *De doct. christ.* IV, xxiv, 53.
49. *Enarr. in Ps.* 48, 13; *Serm.* 86, 6.
50. *Ep.* 122, 1.

NOTAS

51. *Ep.* 85, 2: "um fardo muito sagrado". Ver M. Jourjon, "'Sarcina', un mot cher à l'évêque d'Hippone", *Rech. sc. Relig.*, 43, 1955, p. 258-262.
52. Por exemplo, *Serm.* 196, 4.
53. Ver *infra*, p. 268-269.
54. Nenhum estudioso do funcionamento das modernas sociedades mediterrâneas tem por que se surpreender com a importância dessa mentalidade no baixo Império Romano: ver esp. J. Davis, "Pasatella: an economic game", *British Journal of Sociology*, xv, 1964, p. 191-205, esp. p. 202-205, sobre o papel dos *Padroni*, da *famiglia* e dos *familiari* numa cidade da Itália meridional. Quanto ao baixo-império, ver sobretudo L. Harmand, *Le Patronat sur les collectivités publiques des origines au Bas-Empire*, 1957, e W. Liebeschuetz, "Did the Pelagian Movement have social aims?", *Historia*, xii, 1963, p. 227-241, esp. p. 227-232 e 241.
55. Por exemplo, *Ep.* 177, i: *familia Christi*.
56. *Vita*, xix, 6-xx.
57. Isso incluía até mesmo a arbitragem de disputas sobre aluguéis entre os proprietários e seus arrendatários: *Ep.* 247.
58. Essa observação se aplica à maioria dos bispos cristãos do século IV: ver, por exemplo, S. Giet, "Basile, était il sénateur?", *Rev. d'Hist. ecclés.*, 60, 1965, p. 429-443, esp. p. 442-443.
59. Símaco, *Ep.* IX, 51.
60. *Serm.* 302, 17.
61. Ver *infra*, p. 251 e 267.
62. *Ep.* 136, 2.
63. Ver esp. F. Martroye, "S. Augustin et la compétence de la juridiction ecclésiastique au Ve siècle", *Mém. soc. nat. des antiquaires de France*, 7ª série, x, 1911, p. 1-78, e J. Gaudemet, *L'Église dans l'Empire romain*, 1958, p. 229-252.
64. *Vita*, xix, 1-5.
65. *Enarr. xxiv in Ps.*, 118, 3-4.
66. Por exemplo, *Ps. c. Don*, 38; *Serm.* 131, 10; cf. *Ep.* 193, ii, 4 e *c. Jul.* III, xxi, 45.
67. Por exemplo, *Ep.* 77, 2 e *Enarr. in Ps.* 25, 13. Ver esp. H. Jaeger, "Justinien et l'episcopalis audientia", *Rev. hist. de droit français et étranger*, 4ª série, xxxviii, 1960, esp. p. 217-231, e "La preuve judiciaire d'après la tradition rabbinique et patristique", *Recueils de la Société Jean Bodin*, xvi, 1964, p. 415-594.
68. Por exemplo, *De cat. rud.*, xiii, 18: num catecismo sucinto, três aspectos — a unidade da Igreja, as tentações e a conduta do cristão — deviam ser "incutidos com vigor, à luz do Juízo que virá".
69. *Confissões* VI, xvi, 26.
70. *De VIII Dulcitii qu.*, vii, 3.
71. *Epis.* 77 e 78.
72. Por exemplo, *Serm.* 17, 2.
73. *Ep.* 104, ii, 9.
74. *Serm.* 137, 14. Tais homens esperavam que o bispo se mancomunasse com eles na apropriação de terras.
75. Ver esp. P. G. Caron, "Les *Seniores Laici* de l'Église africaine", *Rev. intern. des Droits de l'Antiquité*, vi, 1951, p. 7-22, e W. H. C. Frend, "The *Seniores Laici* and the origins of the Church in N. Africa", *Journ. Theol. Studies*, n.s., xii, 1961, p. 280-284.
76. *De div. daem.*, i, 1; ii, 6.

77. *Ep.* 126, 1.
78. *Serm.* 355, 3.
79. *Epis.* 252-255.
80. *Breviarium Hipponense*, xi (P.L. lxvi, 424/5).
81. *Ep.* 208, 2.
82. *Ep.* 125, 1; 126, 7; cf. *Vita*, xxiii, i-xxiv, 7. Ver Jones, *Later Roman Empire*, ii, 904-910.
83. *Ep.* 90.
84. *Enarr. in Ps.*, 39, 26.
85. Ver Van der Meer, *Augustine*, p. 199-234, e agora, o admirável levantamento de R. Lorenz, "Die Anfänge des abendländischen Mönchtums im 4. Jahrhundert", *Zeitschr. für Kirchengesch.*, 77, 1966, p. 1-61, esp. p. 39ss.
86. Ver *infra*, p. 295-296.
87. Ver Frend, *Donatist Church*, p. 246-247.
88. Por exemplo, Claudiano, *In Prob. et Olybr. cons.*, esp. II, 42-49; cf. *Serm.* 355, 5.
89. *Serm.* 259, 5; *Enarr. in Ps.* 75, 26.
90. *Serm.* 339, 3.
91. *Serm.* 355, 5.
92. *Serm.* 198, 2-3.
93. *Enarr. in Ps.* 147, 12.
94. *Frang.* 9, 4 (*Misc. Agostin.*, i, p. 235); *Serm.* 345, 3.
95. *Frang.* 5, 5 (*Misc. Agostin.*, i, p. 216); *Enarr. in Ps.*, 147, 7.
96. *Denis* 24, 13 (*Misc. Agostin.*, i, p. 153); ver *infra*, p. 367.
97. *Ep.* 138, ii, 14.
98. *Vita*, xxvi, 1.
99. *Vita*, xxvi, 1.
100. *Serm.* 356, 3.
101. *Vita*, xxii, 2.
102. *Vita*, xxvi, 1-2.
103. *De nat. e gratia*, xxxviii, 45.
104. Por exemplo, *Confissões* X, xxi, 43-47, sobre a voracidade; *Ep.* 95, 2, sobre o riso.
105. P. Monceaux, "S. Augustin et S. Antoine", *Misc. Agostin.*, ii, 1931, p. 61-89.
106. *Serm.* 356, 10.
107. *Ep.* 48.
108. *De civ. Dei*, XVIII, 52, 59.
109. *De gest. Pel.*, xxii, 46.
110. Por exemplo, *Epis.* 31, 2 e 200; cf. *Ep.* 184, breve *salutatio* do papa Inocêncio.
111. *Vita*, xxii, 6; cf. *C. Jul.* IV, xiv, 71.
112. *Vita*, xxii, 6-7. Ele havia claramente subestimado as virtudes de Mônica de ficar acima dos mexericos, antes de passar a viver entre clérigos: *Confissões*, IX, ix, 21.
113. *De cat. rud.* IV, 7.
114. *De Trin.* VIII, ix, 13.
115. *Ep.* 73, iii, 10.
116. *Confissões*, IV, vi, 11, de Horácio, *Odes*, I, 3, 8; cf. *Ep.* 270. Ver Courcelle, *Les Confessions*, p. 22, n. 5.
117. Por exemplo, *Ep.* 258, citando Cícero. Ver Testard, *S. Augustin et Cicéron*, ii, p. 135; ver esp. M. A. MacNamara, *Friendship in St. Augustine*, Studia Friburgensia, 1958, esp. cap. iv.

118. Qualquer discussão sobre o amor ao próximo começa, em Agostinho, em termos do relacionamento com um amigo: por exemplo, *De doct. christ.*, I, xx, 20-xxiii, 22; cf. *Ep.* 109, 2 (de Severo de Milevis).
119. *Ep.* 109, 1.
120. *Ep.* 110, 1.
121. *Ep.* 110, 4.
122. *Ep.* 44, iii, 6.
123. Ver adiante, p. 259.
124. Ver adiante, p. 398.
125. Ver adiante, p. 326-327.
126. *Ep.* 125, 3, sobre a validade de um juramento forçado.
127. *Ep.* 125, 4.
128. *Enarr. in Ps.*, 119, 6; ver Perler, "Les Voyages", *Rech. augustin.*, i, 1958, p. 35.
129. Ver Perler, "Les Voyages", *Rech. augustin.*, i, 1958, p. 30.
130. *Ep.* 38, 1-2.
131. Por exemplo, *Epis.* 62-63.
132. *Ep.* 261, 1.
133. *Ep.* 84.
134. *Ep.* 40, 1.
135. Ver *supra*, p. 179-181.
136. *Ep.* 84.

18. SALUBERRIMA CONSILIA

1. Ver esp. Bonner, *St. Augustine*, p. 276-278, sobre o culto de São Cipriano na África.
2. Diehl, *Inscriptiones Latinae Christianae veteres*, i, 1961, nº 2435; cf. *C. Ep. Parm.* II, viii, 15.
3. *Ep.* 23, 3.
4. *Enarr. ii in Ps.*, 36, 11.
5. *Vita*, iv, 2.
6. *C. litt. Petil.* III, xvi, 19; *C. Crescon.* III, lxxx, 92.
7. Courcelle, *Les Confessions*, p. 567.
8. *Ep.* 38, 2.
9. Ver *supra*, cap. 15.
10. Ver *De civ. Dei*, XIX, 19, a propósito do contraste de Agostinho entre esses dois estilos de vida. Ver esp. Burnaby, *Amor Dei*, p. 60-73, e A. Wucherer-Huldenfeld, "Mönchtum u. kirchl. Dienst bei Augustinus nach d. Bilde d. Neubekehrtens u. d. Bischofs", *Zeitschr. f. kathol. Theol.*, 82, 1962, p. 182-211.
11. *C. Acad.* I, i, 3.
12. *Ep.* 23, 6.
13. *De ord.* I, x, 29.
14. *De Gen. c. Man.* II, xi, 15, e xvi, 21.
15. *De mor. eccles. cath.* (I), xxxii, 69.
16. *Ep.* 22, ii, 7; cf. *De serm. Dom. in Monte*, II, i, 1; *Ep. ad Gal. expos.* 59, cf. *Serm.* 46, 6.

17. *Ep.* 33, 3.
18. *Confissões*, X, xxxvi, 58.
19. *Confissões*, X, xxxvii, 60; cf. *Ep.* 95, 2-3.
20. Ele certamente considerava universais essas falhas: *Enarr. in Ps.* I, 1.
21. Por exemplo, *Ep.* 23, 3.
22. Ver adiante, p. 342-343.
23. *Ep.* 22, 8.
24. *Ep.* 21, 3.
25. *Ep.* 21, 2.
26. Ver esp. Pincherle, *La formazione teologica di S. Agostino*, p. 70-71.
27. *Ep.* 21, 6.
28. *Ep.* 22, 2; ver *supra*, p. 160-161.
29. *Ep.* 22, 2ss; ver *supra*, p. 582, n. 35.
30. *Ep.* 22, 2.
31. J. Quasten, "'Vetus superstitio et nova religio'", *Harvard Theol. Rev.*, xxxiii, 1940, p. 253-266, e Van der Meer, *Augustine*, p. 498-526.
32. *Ep.* 22, 3.
33. *Ep.* 22, 5. As medidas, na verdade, foram menos drásticas do que as tomadas por Ambrósio: as refeições nos túmulos dos mortos foram controladas, mas não abolidas.
34. *Ep.* 29, 7.
35. *Ep.* 29, 8. Ver Van der Meer, *Augustine*, p. 498-526, e Bonnet, *St. Augustine*, p. 116-119.
36. *Ep.* 22, 5.
37. *Serm.* 129, 4.
38. *Ep.* 23, 2.
39. *Ep.* 23, 3 e 6.
40. T. S. Eliot, *Selected Essays*, p. 21.
41. Ver adiante, p. 303-304.
42. *Ep.* 138, ii, 13.
43. Ver esp. M. Pontet, *L'Exégèse de S. Augustin*, p. 444.
44. *De Bapt.* I, iv, 5.
45. *Enarr. in Ps.* 54, 8 e 9; cf. *Enarr. iii in Ps.* 30, 5, e *Ep. ad Gal. expos.* 35.
46. *Enarr. in Ps.* 54, 8.
47. *Enarr. ii in Ps.* 30, 7; cf. *Enarr. in Ps.* 25, 5.
48. Por exemplo, *De mor. eccles. cath.* (I), xxxiv, 75.
49. *Ep.* 21, 2.
50. Ver adiante, p. 246-247.
51. *De serm. Dom. in Monte*, I, ix, 24, II, ix, 34; *Ep. ad Gal. expos.* 57.
52. *In i Ep. Joh.*, vii, 8.
53. Por exemplo, *Serm.* 88, 19-20. Ver esp. J. Gallay, "'Dilige et quod vis fac'", *Rech. sc. relig.*, xliii, 1955, p. 545-555.
54. *C. Acad.* II, 1, 2.
55. *Ep.* 19.
56. *Enarr. in Ps.* 41, 13; ver Pontet, *L'Exégèse de S. Augustin*, p. 107-108.
57. Ver *supra*, p. 200; cf. *Serm.* 252, 7.
58. *De serm. Dom. in Monte*, I, v, 13; *Serm.* 47, 16.
59. *Serm.* 46, 23.
60. *Enarr. iii in Ps.*, 36, 9 e 14; *De lib. arb.* III, xxii, 65.

61. *Ep.* 124, 1.
62. Por exemplo, *Enarr. in Ps.* 137, 12; ver *supra*, p. 171; ver Perler, "Les Voyages", *Rech. augustin.*, i, 1958, p. 35.
63. *Enarr. iii in Ps.*, 36, 14.
64. Por exemplo, *Ep.* 101, 4.
65. *Ep.* 27, 1.

19. *UBI ECCLESIA?*

1. W. H. C. Frend, *Donatist Church*, cap. xx, p. 315-332, é uma justaposição clássica das atitudes donatistas e católicas; seu *Martyrdom and Persecution in the Early Church*, de 1964, acrescentou mais uma dimensão a esse contraste. P. Monceaux, *Histoire littéraire de l'Afrique chrétienne*, em especial os vols. v-vii, 1920-1923, continua a ser indispensável para a bibliografia dessa controvérsia. R. Crespin, *Ministère et Sainteté: Pastorale du clergé et solution de la crise donatiste dans la vie et la doctrine de S. Augustin*, 1965, é um estudo valioso sobre a reação de Agostinho ao donatismo.
2. *Serm.* 37, 2, citando *Prov.* 31, 10.
3. *Serm.* 37, 1. (Sua plateia conhecia e gostava desse tema: *Serm.* 37, 17.)
4. Cipriano, *De unitate*, 5; cf. Agostinho, *Ep.* 34, 3, sobre um rapaz que havia surrado a mãe e abandonado a Igreja católica.
5. Frend, *Donatist Church*, p. 113.
6. Por exemplo, Diehl, *Inscript. Lat. Christ. vet.*, i, nº 2413, 2415 e 2415A.
7. Optatus de Milevis, *De schism. Don.* III, 2 (P.L. xi, 990).
8. *Ep.* 55, xix, 29.
9. *Cântico, dos Cânticos*, 4:12-13.
10. Diehl, *Inscript. Lat. Christ. vet.*, i, Nº 2421.
11. *De cat. rud.* xxv, 48.
12. Cipriano, *Ep.* 70, 2.
13. *Serm.* 164, 8.
14. Pseudo-Agostinho, *C. Fulgentium*, 26 (P.L. xliii, 774). A abordagem mais esclarecedora das atitudes donatistas para com a Igreja é a de J.-P. Brisson, *Autonomisme et christianisme dans l'Afrique romaine*, 1958, p. 123-153. Panfletos donatistas da época de Agostinho foram reconstituídos por Monceaux, *Hist. littér.*, v, p. 309339.
15. Cipriano, *Ep.* 65, iv, 1; ver a seguir, p. 242-243.
16. *C. litt. Petil.* II, xi, 25. Essa visão ambivalente da comunidade religiosa, na qual o grupo bom é sempre perseguido pela imitação ruim, remonta aos manuscritos do mar Morto (Frend, *Martyrdom and Persecution*, p. 61) e, em períodos mais recentes, às crenças populares da baixa Idade Média e a Lutero: J. Ratzinger, "Beobachtungen z. Kirchenbegriff d. Tyconius", *Rev. études augustin.*, ii, 1958, p. 181, n. 45.
17. Ver esp. Brisson, *Autonomisme et christianisme*, p. 138-153 e 178-187; ver *De Bapt.* I, xviii, 28, e V, xvii, 22.
18. Ver a exposição donatista de sua defesa em 411: *Coll. Carthag.* iii, 258 (P.L. xi, 1408-1414, em 1408B).
19. Ver esp. Brisson, *Autonomisme et christianisme*, p. 153-178, e Crespin, *Ministère et Sainteté*, p. 209-284.

20. *Serm.* 4, 19.
21. *Salmos* 2:7-8.
22. Ver esp. Frend, *Donatist Church*, p. 3-23, 141-168.
23. Monceaux, *Hist. Littér.*, v, p. 18, citando Agostinho, *Ep.* 43, v, 14.
24. Frend, *Donatist Church*, p. 177-192.
25. P.L. viii, 774.
26. Optatus de Milevis, *De schism. Don.* III, 9 (P.L. xi, 1020).
27. Trad. de O. R. Vassall-Philips, *The Work of S. Optatus bishop of Milevis against the Donatists*, 1917. Monceaux, *Hist. Littér.*, v, p. 241-306, ainda é a melhor caracterização.
28. Convincentemente descrita por Frend, *Donatist Church*, p. 191-192.
29. *Enarr. in Ps.* 54, 20.
30. Ver W. H. C. Frend, "Manichaeism in the Struggle between St. Augustine and Petilian of Constantine", *Aug. Mag.*, ii, 1954, p. 859-866.
31. *Retract.* I, 20, 5.
32. Ver esp. Holte, *Béatitude et sagesse*, p. 305-327; Bonner, *St. Augustine*, p. 231235.
33. *Ep.* 43, iii, 6.
34. *Enarr. in Ps.* 54, 16.
35. *C. Ep. Fund.* 4.
36. Essa é sobretudo a visão de Frend, *Donatist Church*, p. 229-238. Não me sinto convencido: ver Brown, "Religious Dissent in the Later Roman Empire: the case of North Africa", *History*, xlvi, 1961, p. 83-101. Muitos aspectos da tese do dr. Frend foram detalhadamente criticados por E. Tengström, *Donatisten u. Katholiken: soziale, wirtschaftliche u. politische Aspekte einer nordafrikanischen Kirchenspaltung* (Studia Graeca et Latina Gothoburgensia, xviii), 1964.
37. Ver esp. J. Ratzinger, *Volk u. Haus Gottes*, 1954.
38. *Monumenta ad Donatistarum historiam pertinentia*, P.L. viii, 673-784.
39. Ver W. H. C. Frend, *Martyrdom and Persecution*, esp. p. 362, sobre os possíveis laços entre o judaísmo e o cristianismo africano.
40. *Macc.* 7, 9: *C. litt. Petil* II, viii, 17 (Monceaux, *Hist. littér.*, v, p. 312).
41. *Acta Saturnini*, 4 (P.L. viii, 692).
42. *C. litt. Petil.* II, xxxviii, 90, e *Coll. Carthag.* iii, 102 (P.L. xi, 1381D).
43. Por exemplo, *C. Ep. Parm.* II, iv, 8; ver adiante, p. 342-343.
44. Ver esp. *Acta Saturnini* 20 (P.L. viii, 702-703).
45. Por exemplo, *C. Ep. Parm.* II, vii, 12; cf. as citações de *Acta Saturnini* 19 (P.L. viii, 702).
46. Por exemplo, *C. Ep. Parm.* II, iii, 6.
47. Brisson, *Autonomisme et christianisme*, p. 89-105.
48. Por exemplo, Isaías, 52:11.
49. Por exemplo, Fulgêncio in Monceaux, *Hist. littér.*, v, p. 335-339.
50. Por exemplo, *Enarr. in Ps.* 145, 16; ver *C. Faustum* XIX, 11.
51. *Enarr. in Ps.* 10, 5.
52. Optatus de Milevis, *De schism. Don.* VI, 1-3 (P.L. xi, 1063-1072); cf. Agostinho, *Ep.* 29, 12.
53. M. Simon, "Le judaïsme berbère dans l'Afrique ancienne", *Rev. d'hist. et de philos. relig.*, xxvi, 1946, p. 1-31 e 105-145 (= *Recherches d'Hist. Judéo-Chrétienne*, 1962, p. 30-87, esp. p. 46-47).
54. *C. Ep. Parm.* II, xviii, 37.

NOTAS

55. Ver R. Crespin, *Ministère et sainteté*, p. 221-225, e A. C. de Veer in *Rech. augustin.* iii, 1965, p. 236-237. Agostinho preferiu desconsiderar essa distinção vital: convenceu inúmeros historiadores modernos do donatismo, mas talvez não tenha convencido seus adversários donatistas. Trata-se, é claro, de uma distinção sutil; um donatista leigo, por exemplo, não conseguiria fazê-la: ver, por exemplo, *C. Crescon.*, III, vii, 7.
56. Ver Brown, "Religious Dissent", *History*, xlvi, 1961, p. 91-92.
57. *Ep.* 53, i, 1.
58. *Confissões*, VIII, xii, 13.
59. *Confissões*, IX, xi, 28.
60. *Coll. Carthag.* iii, 221 (P.L. xi, 1402A).
61. *C. Ep. Parm.* III, vi, 29; ver esp. H. I. Marrou, "Survivances païennes dans les rites funéraires des donatistes", *Extrait de la Collection Latomus*, ii, 1949, p. 193-203.
62. Ver esp. Frend, *Donatist Church*, p. 211-212.
63. *Enarr. in Ps.* 21, 26.
64. Frend, *Donatist Church*, p. 209.
65. Brown, "Religious Dissent", *History*, xlvi, 1961, p. 95.
66. *Année épigraphique*, 1894, 25 e 138; Warmington, *The North African Provinces*, p. 84 e n. 4.
67. *Ep.* 44, vi, 14.
68. *Ep.* 209, 2.
69. Cântico dos Cânticos, 1:7; ver *Serm.* 46, 35.
70. *Ep. ad cath.*, v, 9.
71. Ver esp. *Enarr. in Ps.* 21, 28s., na vivaz tradução de Edmund Hill, *Nine Sermons of St. Augustine on the Psalms*, 1958, p. 56-60.
72. Por exemplo, *Enarr. ii in Ps.* 101, 8.
73. *Enarr. iii in Ps.* 32, 14; cf. *C. Ep. Parm.* I, iv, 6.
74. Por exemplo, *Ep. ad cath.* ix, 23.
75. *Enarr. in Ps.* 95, 11.
76. Por exemplo, *Ep.* 261, 2.
77. Por exemplo, *Confissões*, XII, xi, 12-13. Ver J. Pépin, "'Caelum Caeli'", *Bulletin du Cange*, 23, 1953, esp. p. 267-274, e J. Lamirande, *L'Église céleste selon S. Augustin*, 1963 (com os comentários sugestivos de A. H. Armstrong, *Journ. Theol. Studies*, n.s., xvi, 1965, p. 212-213).
78. A. Wachtel, *Beiträge z. Geschichtstheologie d. Aurelius Augustinus*, 1960, p. 118119.
79. *C. Ep. Parm.* II, iv, 8.
80. *De Bapt.* IV, xxiii, 30.
81. *Confissões*, IV, iv, 8.
82. *Confissões*, III, iv, 8.
83. *De Bapt.* I, xv, 24; III, xiv, 19; e IV, xv-xvi, 23, sobre as concepções teológicas equivocadas do convertido, semelhantes às sustentadas pelo próprio Agostinho em Milão; ver *Confissões*, VII, xix, 25.
84. *C. Ep. Parm.* II, xxi, 40.
85. *C. Ep. Parm.* II, xxi, 41.
86. Por exemplo, *C. Ep. Parm.* III, iv, 25.
87. *C. Ep. Parm.* III, i, 3; cf. *C. Ep. Parm.* III, v, 26.
88. *Ep.* 22, 5.
89. *De Bapt.* IV, ix, 13, e xi, 17.

90. *Serm.* 317, 5.
91. *De Bapt.* I, iv, 5, e III, xix, 25; ver esp. M. C. Pietri, in *Mélanges d'archéol. et d'hist.*, 74, 1962, p. 659-664: um cristão é mostrado em seu sarcófago, "alistando-se" como um soldado.
92. Por exemplo, *C. Gaud.* xx, 23. O próprio destinatário era um oficial; ver adiante, p. 370.
93. Ver esp. *De civ. Dei*, XII, 28; cf. *Serm.* 268, 3.
94. Por exemplo, *De bono coniug.*, i, 1; cf. *Serm.* 90, 7.
95. Por exemplo, *Enarr. in Ps.* 54, 9.
96. *Serm.* 269, 2, e 271; cf. *Enarr. in Ps.* 95, 15.
97. *Serm.* 356, 1.
98. *Ep. ad cath.* Xiii, 33.
99. Ambrósio, *Ep.* 18, 24 (P.L. xvi, 1020).
100. *De util. cred.* vii, 18-19.
101. *De vera relig.* iv, 6.
102. *De mor. eccles. cath.* (I), xxx, 63.

20. INSTANTIA

1. *Serm.* 359, 1; cf. 358, 2, e 47, 21, sobre a exacerbação de ânimos evocada pela contestação de um testamento.
2. *Confissões*, IX, ix, 19.
3. *Serm.* 238, 2-3.
4. *C. litt. Petil.* II, lxxxiii, 184.
5. *Ep.* 35, 1.
6. Ticônio, *Liber Regularum*, org. Burkitt, p. 61 e p. xvii.
7. Ver Monceaux, *Hist. littér.*, v, p. 170.
8. *Ep.* 33, 5.
9. *Serm.* 46, 15.
10. *Serm.* 46, 15.
11. *Ep.* 44, v, 12.
12. *Breviarium Hipponense* (P.L. lxvi, 418).
13. *Serm.* 252, 1.
14. *Enarr. in Ps.* 54, 18; cf. *Serm.* 46, 15.
15. *Brev. Hippon.* xii (P.L. lxvi, 424/5).
16. *Brev. Hippon.* xiv (P.L. lxvi, 425).
17. *Ep.* 52, 4.
18. Ver Brown, "Religious Coercion in the Later Roman Empire: the case of North Africa", *History*, xlviii, 1963, p. 283-305, esp. p. 295-297, e Tengström, *Donatisten u. Katholiken*, esp. p. 66-90.
19. Agostinho teve que justificar essa abordagem jornalística: ver *Enarr. iii in Ps.* 36, 18.
20. Por exemplo, *Ps. c. Don.* 79ss, e *Retract.* II, 55.
21. Ver *supra*, p. 158-159.
22. *C. Ep. Parm.* III, vi, 29.
23. Ver Frend, *Donatist Church*, p. 213-214.

NOTAS

24. Ver a excelente abordagem de A. C. de Veer, "L'Exploitation du schisme maximianiste par S. Augustin dans sa lutte contre le Donatisme", *Rech. augustin.*, iii, 1965, p. 219-237.
25. *C. litt. Petil.* II, xx, 44.
26. *C. Crescon.* III, lviii, 69.
27. Ver *Enarr. ii in Ps.* 36, 19; e *Enarr. in Ps.* 57, 15.
28. Por exemplo, *Enarr. in Ps.* 10, 5.
29. W. H. C. Frend, "The *cellae* of the African Circumcellions", *Journ. Theol. Studies*, n.s., iii, 1952, p. 87-89, é a abordagem mais reveladora desse aspecto do movimento.
30. Sobre esse tema extraordinariamente complexo e obscuro, ver, mais recentemente, Tengström, *Donatisten u. Katholiken*, p. 24-78.
31. Ver adiante, p. 267-268.
32. *Ep.* 111, 1.
33. *Ep.* 105, ii, 3.
34. *Ep.* 108, vi, 19.
35. *Enarr. in Ps.* 21, 31.
36. *Epp.* 23; 33; 34; 35; 49; 51.
37. *Ep.* 44.
38. *Ep.* 44, vi, 13.
39. *Ep.* 23, 7.
40. *Retract.* II, 5.
41. *Ep.* 76, 3; *C. litt. Petil.* II, xcii, 209.
42. Frend, *Donatist Church*, p. 208-229, parece exagerar a importância dessa "aliança"; ver Tengström, *Donatisten u. Katholiken*, p. 75-77 e 84-90.
43. *C. Ep. Parm.* I, xi, 17; compare-se com Claudiano, *De Bello Gildonico*, esp. i, 94 (org. Platnauer, Loeb, i, p. 104).
44. Orósio, *Hist.* vii, 36.
45. *De civ. Dei*, XXI, 4, 92.
46. *De civ. Dei*, XVIII, 54.
47. *Ep.* 50.
48. *Serm.* 62, 13.
49. *Serm.* 24, 6.
50. *Serm.* 62, 18; ver Brown, "St. Augustine's Attitude to Religious Coercion", *Journ. Rom. Studies*, liv, 1964, p. 107-116, nas p. 109-110.
51. *Morin* i (*Misc. Agostin.*, i, p. 589-593).
52. *C. litt. Petil.* II, xvii, 38.
53. *Serm.* 24, 6.
54. *Enarr. in Ps.* 6, 13.
55. *Enarr. in Ps.* 62, 1.
56. Ver *Ep.* 232 e *C. Faust.* XIII, 7 (escrito mais ou menos nessa época; esse era o principal argumento usado para impressionar os pagãos).
57. Ver esp. *Enarr. iii in Ps.* 32, 9ss.
58. *C. Ep. Parm.* I, viii, 15-x, 16.
59. *C. Ep. Parm.* I, viii, 14.

21. DISCIPLINA

1. *Enarr. iii in Ps.* 36, 19.
2. Frend, *Donatist Church*, p. 262-263.
3. *Ep.* 93, v, 16-17.
4. Ao citar o exemplo de Tagaste: *Ep.* 93, v, 16.
5. *Ep.* 93, v, 17. Ver Brown, "St. Augustine's Attitude", *Journ. Rom. Studies*, liv, 1964, p. 111.
6. Por exemplo, *Serm.* 10, 4; *Enarr. in Ps.* 7, 9. As motivações desses pagãos são vividamente descritas no *Serm.* 47, 17.
7. *Ep.* 29, 9.
8. *Commonitorium* do concílio de 404 (P.L. xi, 1203C). Os imperadores foram solicitados a não aplicar as leis que privavam os hereges dos direitos legais, para que não se provocassem falsas conversões entre litigantes em potencial.
9. *Idem* (P.L. xi, 1202-1204).
10. *Ep.* 88, 7.
11. Principalmente *Cod. Theod.* XVI, 5, 38; 6, 4-5 e 11, 2 (in P.L. xi, 1208-1211). Ver Frend, *Donatist Church*, p. 263-265.
12. Ver esp. Brown, "Religious Coercion", *History*, xlviii, 1963, p. 285-287 e 292-293.
13. *Ep.* 185, vii, 26.
14. *Ep.* 80, 3.
15. Petiliano de Cirta em *C. litt. Petil.* II, lxxix, 175-xcvii, 223 (Monceaux, *Hist. littér.*, v, caps. 46-58, p. 323 326).
16. Crescônio, o *grammaticus*; ver esp. *C. Crescon.* III, li, 57.
17. *C. litt. Petil.* II, xciii, 214.
18. Implícita na *Ep.* 93, i, 1 e v, 17.
19. *C. Gaud.* xxv, 28; cf. *Ep.* 89, 7 e *C. mend.* vi, 11.
20. Brown, "St. Augustine's Attitude", *Journ. Rom. Studies*, liv, 1964, p. 111.
21. Por exemplo, *De mor. eccles. cath.* (I), xxxiv, 76.
22. *Ep.* 22, 3.
23. *Ep.* 29, 4, e *Serm.* 5, 4.
24. *Rom.* 12, 23; *Ep.* 87, 9 (anteriormente usado em relação às ordenações dos donatistas, *Ep.* 61, 2); cf. *Ep.* 98, 5.
25. *C. litt. Petil.* II, lxxxiv, 185; *Coll. Carthag.* iii, 258 (P.L. xi, 1413C): *C. Gaud.* xix, 20.
26. Por exemplo, Ecl, 15, 17-18, in *C. litt. Petil.* II, lxxxiv, 185, e Ecl, 15, 14, em *C. Gaud.* xix, 20; cf. de Plinval, *Pélage*, p. 94.
27. Ver esp. *C. litt. Petil.* II, lxxxiv, 185.
28. *Serm.* 112, 8. Ver Brown, "St. Augustine's Attitude", *Journ. Rom. Studies*, liv, 1964, p. 111-112.
29. Ver esp. W. Dürig, "Disciplina: Eine Studie z. Bedeutungsumfang des Wortes i.d. Sprache d. Liturgie u. d. Vater", *Sacris Erudiri*, 4, 1952, p. 245-279.
30. *Enarr.* xvii in Ps. 118, 2; cf. *Ep.* 93, ii, 4. Ver esp. A. M. La Bonnardière, *Recherches de chronologie augustinienne*, 1965, p. 36 e 37, n. 3.
31. *Ep.* 173, 3, cf. *Enarr. in Ps.* 136, 9; *Tract. in Joh.* 5, 2.
32. *Ep.* 105, iv, 12-13.
33. *Prov.* 3, 12.
34. Por exemplo, *De urbis excidio*, 1. Ver adiante, p. 325-326.

35. *De serm. Dom. in Monte*, I, xx, 64; *De util. cred.* iii, 9; *Ep. ad Gal. expos.* 22; *Enarr. in Ps.* 138, 28.
36. *De doct. christ.* III, vi, 10.
37. Por exemplo, *De serm. Dom. in Monte*, I, xx, 63-65; *C. Adim.* 17; *C. Faust.* XXII, 20, cf. *Ep.* 44, iv, 9.
38. *De div. quaest.* lxxxiii, 53; cf. *C. Faust.* XXII, 23.
39. *De vera relig.* xxvi, 48-49. Ver Brown, "St. Augustine's Attitude", *Journ. Rom. Studies*, liv, 1964, p. 112 114.
40. Por exemplo, *De Bapt.* I, xv, 23-24; *Serm.* 4, 12; *De cat. rud.* xix, 33.
41. *C. Faust.* XXXII, 14.
42. H. A. L. Fischer, *History of Europe*, 1936, prefácio.
43. *De civ. Dei*, XXII, 22, 34.
44. *Confissões*, I, xiv, 23.
45. *C. Gaud.* XIX, 20; cf. *Ep. ad cath.* XX, 53.
46. Ver *supra*, p. 193.
47. Por exemplo, Gaudêncio, o bispo donatista de Timgad, traçou com firmeza essa distinção: *C. Gaud.* xxiv, 27.
48. Ver esp. W. H. C. Frend, "The Roman Empire in the eyes of Western Schismatics during the 4th century", *Miscellanea Historiae Ecclesiasticae*, 1961, p. 9-22.
49. Essa foi a ocasião exata da célebre observação de Donato, "Que tem o imperador a ver com a Igreja?": o imperador havia distribuído esmolas por iniciativa própria. Optatus de Milevis, *De schism. Don.* III, 3 (P.L. xi, 998-1000).
50. *C. Ep. Parm.* I, x, 16.
51. *C. Gaud.* xxxiv, 44.
52. *C. Crescon.* I, x, 13.
53. *Ep.* 89, 7, "autoridade humana"; cf. *Enarr. in Ps.* 149, 14.
54. *Serm.* 94.
55. Por exemplo, *Serm.* 182, 2; 302, 19; cf. *Enarr. in Ps.* 85, 16. Quanto às pressões diretas exercidas pelos senhores de terras, ver *supra*, p. 215-216.
56. *Confissões*, III, xi, 19; cf. *C. Ep. Parm.* III, ii, 16.
57. Ver esp. H. Maisonneuve, "Croyance religieuse et contrainte: la doctrine de S. Augustin", *Mél. de science relig.*, xix, 1962, p. 49-68.
58. *Ep.* 93, ii, 3.
59. *C. mend.* Vi, 11.
60. *Ep.* 85 (ao bispo Paulo).
61. *Coll. Carthag.* i, 142 (P.L. xi, 1318A).
62. *Serm.* 359.
63. *Retract.* ii, 27; ver Brown, "Religious Coercion", *History*, xlviii, 1963, p. 293.
64. Ver Brown, "Religious Coercion", *History*, xlviii, 1963, p. 290-292.
65. *Epp.* 56, 57 e 139, 2; ver Marec, *Hippone*, p. 77.
66. A carreira de Romaniano mostra a que ponto um africano abastado precisava defender sua propriedade com litígios e visitas à corte imperial; ver também *Serm.* 107, 8.
67. Por exemplo, Célero, *supra*, nota 65, e Donato, *Ep.* 112, 3.
68. *Ep.* 108, v, 18.
69. *Ep.* 108, v, 14.
70. Ver esp. *Ep.* 108, v, 18.
71. *Ep.* 88, 9.

72. *Epp.* 133; 134; 139, 1-2.
73. Por exemplo, *Ep.* 153, 18.
74. *Ep.* 139, 2.
75. *Ep.* 100; ver Brown, "Religious Coercion", *History*, xlviii, 1963, p. 300-301.
76. Ver Brown, "Religious Coercion", *History*, xlviii, 1963, p. 302-304.
77. *Ep.* 91, 8 e 10; ver adiante, p. 319.
78. Ver *supra*, p. 158-159.
79. *Gesta cum Felice*, i, 12; ver Brown, "Religious Coercion", *History*, xlviii, 1963, p. 304-305.
80. *Ep.* 93.
81. *Ep.* 93, xiii, 51.
82. *Ep.* 93, i, 1.
83. *Ep.* 95, 3.

22. *POPULUS DEI*

1. Sou particularmente grato ao estudo sensível e erudito de M. Pontet, *L'Exégèse de S. Augustin prédicateur*, 1945.
2. *Serm.* 18, 1.
3. Ver esp. E. R. Dodds, *Pagan and Christian in an Age of Anxiety*, 1965, p. 7-8.
4. *De agone christ.*, i, 1; cf. Dodds, *Pagan and Christian*, p. 12-17.
5. *De agone christ.*, i, 1. Ver G. Sanders, *Licht en Duisternis in de christelijke Grafschriften*, ii, 1965, p. 896 903.
6. *Passio Maximiani et Isaac* (P.L. viii, 768C).
7. *Passio Maximiani et Isaac* (P.L. viii, 779D-780A).
8. *Passio Marculi* (P.L. viii, 764A).
9. Por exemplo, *De agone christ.*, iii, 3: o Diabo e seus anjos nunca poderiam viver na região "celestial" das estrelas.
10. *De agone christ.*, ii, 2. Ver esp. A. M. La Bonnardière, "Le combat chrétien", *Rev. études augustin.*, xi, 1965, p. 235-238, quanto ao desenvolvimento desse tema contra os maniqueístas.
11. *De agone christ.*, i, 1 e ii, 2.
12. *Frang.* 5, 5 (*Misc. Agostin.*, i, p. 212ss); cf. *Enarr. in Ps.* 136, 9.
13. *De agone christ.*, i, 1.
14. *Enarr. in Ps.* 147, 3; *Frang.* 5,6 (*Misc. Agostin.*, i, p. 217).
15. E. Bréhier, *La Philosophie de Plotin*, p. 26-32.
16. P. Hadot, *Plotin*, p. 25-39.
17. *Confissões*, III, vi, 11. Ver esp. A. H. Armstrong, "Salvation, Plotinian and Christian", *The Downside Review*, 75, 1957, p. 126-139.
18. *Retract.* II, 29.
19. *De agone christ.*, i, 1.
20. *Enarr. ii in Ps.* 101, 9.
21. *Enarr. in Ps.* 38, 12.
22. *Denis*, 23, 3 (*Misc. Agostin.*, i, p. 139).
23. Bréhier, *La Philosophie de Plotin*, p. 31.
24. *Serm.* 19, 4.

25. *Frang.* 2, 6 (*Misc. Agostin.*, i, p. 196-197).
26. Salmo 41; ver Van der Meer, *Augustine*, p. 347-387.
27. *Enarr. in Ps.* 41, 1.
28. *Enarr. in Ps.* 41, 10; cf. *De agone christ.*, ix, 10.
29. *Serm.* 158, 7.
30. Por exemplo, *Serm.* 161, 4.
31. *Serm.* 161, 10.
32. Ver esp. Van der Meer, *Augustine*, p. 46-75 e 129-198.
33. *Enarr. ii in Ps.* 26, 19.
34. *Enarr. in Ps.* 40, 3.
35. *De fide et oper.*, i, 1.
36. *De serm. Dom. in Monte*, II, ii, 7 (as esposas controlavam o dinheiro da família).
37. Por exemplo, *Serm.* 323, 1.
38. *Serm.* 224, 3.
39. *Serm.* 9, 4.
40. *Serm.* 392, 4 e 6.
41. Ver esp. N. H. Baynes, "The Thought World of East Rome", *Byzantine Studies*, p. 26-27, e Jones, *Later Roman Empire*, ii, p. 979-985.
42. Por exemplo, *Ep.* 94, 3-4. Ver adiante, p. 260-261.
43. *De bono coniug.* (401).
44. *De sancta virg.* (401).
45. *De civ. Dei*, II, 2, 28.
46. *Enarr. in Ps.* 80, 1; cf. *Enarr. in Ps.* 136, 8.
47. *Corpus Inscript. Lat.*, VIII, 17810.
48. *Serm.* 91, 5; *Mai.* 94, 7 (*Misc. Agostin.*, i, p. 339).
49. *Serm.* 232, 8.
50. *Enarr. in Ps.* 134, 20.
51. *De cat. rud.* V, 9; cf. *Enarr. in Ps.* 149, 14 e 85, 17.
52. *Frang.*, 2, 8 (*Misc. Agostin.*, i, p. 199).
53. *Serm.* 302, 19.
54. *Serm.* 224, 2.
55. *Enarr. in Ps.* 127, 11, e *Serm.* 88, 25, e 224, 1: o catálogo de pecados que os batizados deviam evitar.
56. Salmo 72, 3; por exemplo, *Denis* 21, 2 (*Misc. Agostin.*, i, p. 125).
57. *Serm.* 17, 3; cf. *Serm.* 151, 4.
58. Mas ver esp. *Serm.* 61, 13, um apelo espirituoso a favor dos mendigos que ficavam do lado de fora da igreja.
59. Ambrósio, *De Nabuthe*, i, 1 (P.L. xiv, 731).
60. L. Ruggini, *Economia e società nell'Italia annonaria*, 1962, mostra o quanto se pode aprender sobre a vida econômica de Milão nos sermões de Ambrósio (ver esp. p. 10-16).
61. *Enarr. in Ps.* 51, 14; cf. *Enarr. in Ps.* 72, 26.
62. *Enarr. in Ps.* 72, 34; ver esp. H. Rondet, "Richesse et pauvreté dans la prédication de S. Augustin", *Rev. ascét. et myst.*, xxx, 1954, p. 193-231.
63. *C. Ep. Parm.* III, ii, 16.
64. *Enarr. in Ps.* 61, 7; ver adiante, p. 348-349.
65. *De cat. rud.*, xiii, 18-19: conselho a um padre que faz discursos sobre o catecismo.

66. Por exemplo, *Tract. in Joh.* 35, 9.
67. Quanto ao que vem a seguir, ver esp. Van der Meer, *Augustine*, p. 405-467.
68. Ver Van der Meer, *Augustine*, p. 412-432.
69. Por exemplo, *Enarr. in Ps.* 147, 10.
70. Por exemplo, *Serm.* 131, 5.
71. Por exemplo, *Serm.* 151, 8.
72. Ver Pontet, *L'Exégèse de S. Augustin*, p. 43-44.
73. *Serm.* 151, 8. Ver adiante, p. 425-426.
74. *Serm.* 26, 13.
75. Por exemplo, *Serm.* 95, 1.
76. *Confissões*, I, xix, 30.
77. *Frang.* 2, 4 (*Misc. Agostin.*, i, p. 193).
78. *Ep.* 73, ii, 5.
79. *C. Faust.* xxii, 34.
80. Ver esp. Pontet, *L'Exégèse de S. Augustin*, p. 149-194 e 257-383.
81. Por exemplo, *Enarr. in Ps.* 77, 26-27. Ver esp. J. Pépin, *Mythe et Allégorie*, 1958, p. 483-484, e "A propos de l'histoire de l'exégèse allégorique: l'absurdité, signe de l'allégorie" (Studia Patristica, i), *Texte u. Untersuchungen*, 63, 1957, p. 395-413.
82. *De doct. christ.* II, v, 6; cf. *Serm.* 71, 13.
83. *Enarr. in Ps.* 145, 12.
84. Ver adiante, p. 288-290.
85. *C. Faust*, xii, 37.
86. Por exemplo, *Ep. ad Rom. incoh. expos.*, 13; cf. *De cat. rud.* xiii, 18, onde o mesmo recurso é recomendado como uma das únicas maneiras de despertar o interesse de um *grammaticus*.
87. *Enarr.* 49, 9; cf. *Serm.* 249, 3.
88. Por exemplo, *Enarr. ii in Ps.* 26, 8.
89. *De doct. christ.* IV, xxiv, 53.
90. *Enarr. ii in Ps.* 30, 1.
91. *Frang.* 5 (*Misc. Agostin.*, i, p. 212).
92. Ver esp. *De doct. christ.* IV, xx, 39.
93. Quintiliano, *Inst.* XI, 2, 1: a memória é "o tesouro da eloquência".
94. Por exemplo, *Enarr. in Ps.* 121, 8, "Sejamos para eles o livro das Escrituras"; cf. *Enarr. in Ps.* 35, 19 e *Serm.* 232, 1.
95. *De doct. christ.* IV, xxvi, 56.
96. *Enarr. i in Ps.* 70, 1.
97. *Enarr. in Ps.* 147, 2 e 23.
98. *Guelf.* 22, 5 (*Misc. Agostin.*, i, p. 515). Essa exegese, é claro, não se baseava na mera "associação livre". As "associações", nesse caso, eram dadas pelas tradições litúrgicas que cercavam a festa de São João Batista. Assim, muitas alegorias usadas por Agostinho como pregador eram tão conhecidas por sua congregação, por intermédio da pregação tradicional, da liturgia e, no caso da África, da polêmica quanto à natureza da Igreja (por exemplo, *Ep. ad cath.* V, 9), quanto as imagens das charges políticas nos jornais modernos.
99. A. N. Whitehead, *Modes of Thought*, 1938, p. 28.
100. Quanto a isso, ver esp. M. F. Berrouard, "S. Augustin et le ministère de la prédication", *Rech. augustin.*, ii, 1962, p. 447-501, esp. p. 499 n. 131; cf. *Enarr. in Ps.* 139, 15.

101. *Frang.*, 2, 4 (*Misc. Agostin.*, i, p. 193).
102. *De cat. rud.* ii, 3.
103. *De doct. christ.* IV, vii, 21.
104. *De doct. christ.* IV, x, 24-xii, 28.
105. *De doct. christ.* IV, xx, 42.
106. *De cat. rud.*, ii, 4.
107. *De doct. christ.* IV, 20.
108. Por exemplo, comparem-se *Enarr. in Ps.* 9, 3 e *De lib. arb.* II, 35 com *Confissões*, X, vi, 8.
109. Por exemplo, in *Enarr. in Ps.* 136, 18.
110. *Enarr. in Ps.* 71, 2.
111. *De doct. christ.*, IV, vii, 17.
112. *Jeremias* 23, 29, in *De doct. christ.* IV, xiv, 30. Ver esp. H. I. Marrou, *S. Augustin et la fin de la culture antique*, p. 521-540, e E. Auerbach, "Sermo humilis", *Literary Language and its Public in Late Latin Antiquity and in the Middle Ages* (trad. Manheim), 1965, p. 27-66.
113. Ver esp. E. Mersch, *Le corps mystique du Christ*, ii, 3ª ed., 1951, esp. p. 84-138.
114. Por exemplo, *Enarr. in Ps.* 30, 1.
115. Ver Pontet, *L'Exégèse de S. Augustin*, p. 395-411.
116. *Enarr. in Ps.* 93, 19.
117. *Serm.* 37, 2.
118. *Enarr. in Ps.* 6, 11.
119. *Enarr. in Ps.* 42, 1.
120. Por exemplo, *Serm.* 9, 6ss.
121. *Enarr. in Ps.* 132, 1.
122. *Enarr. in Ps.* 64, 3.
123. *Enarr. in Ps.* 32, 8.

23. DOCTRINA CHRISTIANA

1. H. I. Marrou, *S. Augustin et la fin de la culture antique*, p. 331-540, é fundamental; mais recentemente, ver G. Strauss, *Schriftgebrauch, Schriftauslegung und Schriftbeweis bei Augustin* (Beiträge z. Gesh. d. bibl. Hermeneutik, 1), 1959, e R. Holte, *Béatitude et sagesse*, p. 303-386.
2. Ver esp. H. I. Marrou, *MOYCIKOC ANHP. Étude sur les scènes de la vie intellectuelle figurant sur les monuments funéraires romains*, 1939. O retrato de Agostinho é mostrado em cores na *Miscellanea Agostiniana*, ii, ao lado da p. 1, com comentários de G. Wilpert, p. 1-3, e sem observações em Van der Meer, *Augustine*, lâmina 11, ao lado da p. 216.
3. *Serm.* 319, 7.
4. *Enarr. i in Ps.* 103, 1.
5. *Ep.* 55, vii, 13.
6. Quintiliano, *Inst.* VIII, 2, 20, já admite isso.
7. Ver *Confissões*, XII, xxvi, 36.

8. Ver *Ep.* 102, vi, 33.
9. *De civ. Dei*, X, 20.
10. *Confissões*, XIII, xx, 27; *Ep.* 137, 18; *De civ. Dei*, X, 20; ver esp. Marrou, *S. Augustin et la fin de la culture antique*, p. 469-503.
11. Por exemplo, *De Gen. ad litt.*, I, xxi, 41.
12. Ver esp. J. Pépin, *Mythe et Allégorie*, 1958, e "S. Augustin et la fonction protreptique de l'allégorie", *Rech. augustin.*, i, 1958, p. 243-286.
13. *Confissões*, XI, xxxi, 41; cf. *Serm.* 169, 18.
14. *Confissões*, XI, xxii, 28; cf. *Tract. in Joh.*, 14, 5: "Mas, se dizes: 'Isto é tudo o que há por saber', estás perdido." "É essa convicção instintiva, vividamente posta diante da imaginação, que constitui a força motriz da investigação — a convicção de que existe um segredo, um segredo que pode ser desvendado", A. N. Whitehead, *Science and the Modern World*, Lowell Lectures, 1925 (Mentor Books, p. 13).
15. Ambrósio, *In Ps. 118 Expos.*, prólogo (P.L., xv, 1197).
16. *Enarr. in Ps.*, preâmbulo.
17. Ver Pépin, "S. Augustin", *Rech. augustin.*, i, 1958, esp. p. 277-285.
18. Ver esp. R. Holte, *Béatitude et sagesse*, p. 335-343; J. Pépin, *Mythe et Allégorie*, p. 69-71, para uma discussão diferenciada de paralelos modernos.
19. *De Gen. c. Man.*, ii, 32. Ver esp. U. Duchrow, "'Signum' u. 'Superbia' beim jungen Augustin", *Rev. Études augustin.*, vii, 1961, p. 369-372.
20. *De civ. Dei*, IX, 16.
21. *Confissões*, VII, x, 16. Ver esp. P. Courcelle, *Les Confessions*, p. 43-58, a propósito de Filo, através de Ambrósio, como uma possível fonte dessa ideia crucial.
22. *Serm.* 22, 7.
23. Por exemplo, *Confissões*, XIII, xviii, 23; *Enarr. in Ps.* 138, 14. Convém lembrar as intensas associações religiosas do céu noturno para um homem da Antiguidade: esse era um mundo de inteligências divinas que se fazia visível aos olhos humanos.
24. *Confissões*, XI, ii, 2. La Bonnardière, *Rech. de chronologie augustin.*, 1965, p. 180: "*Car si Saint Augustin est un théologicien, il est un théologicien de la Bible: son enseignement sourd directement de l'Écriture. Dans la mesure où l'on ne fait pas sa place à ce fait primordial, on se prive, dans l'étude des oeuvres de Saint Augustin, d'un éclairage qui non seulement a la valeur scientifique que peut posséder tout fait bien attesté, mais surtout fournie le meilleur moyen de compréhension de l'oeuvre augustinienne*" ["Pois, se Santo Agostinho é teólogo, ele é um teólogo da Bíblia: seus ensinamentos brotam diretamente das Escrituras. Na medida em que não se reconhece esse fato primordial, fica-se privado, no estudo dos livros de Santo Agostinho, de um esclarecimento que não apenas tem o valor científico que todo fato bem comprovado pode possuir, mas que, acima de tudo, fornece o melhor meio de compreensão da obra agostiniana." (Em francês no original.) (*N. da T.*)]
25. *Ep.* 55, xi, 21.
26. *Ep.* 137, 3.
27. Ver esp. H. I. Marrou, *S. Augustin et la fin de la culture antique*, esp. p. 375-385 e 549-560.
28. *De doct. christ.*, II, xxxix, 59.
29. Ver esp. Grabmann, "Der Einfluss d. heil. Augustinus auf die Verwertung und Bewertung d. Antike im Mittelalter", *Mittelalterliches Geistesleben*, ii, 1936, p. 124, esp. p. 9-18.

30. O mais antigo manuscrito que existe talvez remonte à época do próprio Agostinho: W. M. Green, "A Fourth Century Manuscript of Saint Augustine?", *Rev. bénédictine*, 69, 1959, p. 191-197.
31. *De Gen. ad litt.*, III, ix, 13.
32. *De doct. christ.*, II, xxxix, 59; ver Marrou, S. *Augustin et la fin de la culture antique*, p. 411-413.
33. Ver *supra*, p. 68-70.
34. *Confissões*, VIII, viii, 19.
35. *C. Acad.*, I, vii, 19-21 — sobre o caso de um clarividente em Cartago.
36. Ver esp. N. H. Baynes, "The Hellenistic Civilisation and East Rome", *Byzantine Studies*, p. 15-16.
37. *De doct. christ.*, preâmbulo, 4; ver esp. U. Duchrow, "Zum Prolog v. Augustinus 'De Doctrina Christiana'", *Vigiliae Christianae*, 17, 1963, p. 165-172.
38. Brilhantemente exposto por H. I. Marrou, S. *Augustin et la fin de la culture antique*, p. 354-356.
39. *De doct. christ.*, preâmbulo, 5ss.
40. Ver P. Antin, "Autour du songe de S. Jérôme", *Rev. études latines*, 41, 1963, p. 350-377.
41. *De doct. christ.*, II, iv, 5; cf. *Confissões*, I, xii, 19-xiii, 21.
42. *De doct. christ.*, II, xiii, 9.
43. *De doct. christ.*, II, xiv, 21.
44. *De doct. christ.*, II, xxiv, 37.
45. *De doct. christ.*, II, xx, 30.
46. *Ep.* 245, 2; cf. *De doct. christ.*, II, xx, 30 e xxv, 38.
47. *De doct. christ.*, II, xl, 60.
48. Ver adiante, p. 325-326.
49. Por exemplo, os comentários chocados de Optatus de Milevis sobre a afirmação de Donato, como bispo, de estar mais perto de Deus que o imperador: *De schism. Don.*, III (P.L., xi, esp. 1101A).
50. *De civ. Dei*, IV, 7; ver adiante, p. 341-342.
51. Por exemplo, *De civ. Dei*, XIX, 17, 47-58.
52. *De beata vita*, i, 6.
53. *Ep.* 101, 1.
54. *Vita*, xxvii, 9-10.
55. *De doct. christ.*, II, ix, 14.
56. *De doct. christ.*, II, xxxvii, 55. Ver esp. Marrou, S. *Augustin et la fin de la culture antique*, p. 515-519.
57. *De doct. christ.*, IV, iii, 5; cf. III, xxix, 40-41.
58. *De doct. christ.*, IV, i, 2.
59. Ver alguns exemplos terríveis citados por Marrou, S. *Augustin et la fin de la culture antique*, p. 528; J. Leclercq, "Prédication et rhétorique au temps de S. Augustin", *Rev. bénédictine*, 57, 1947, p. 117-131, esp. p. 121-125.
60. Por exemplo, *Epis.* 90 e 117.
61. *De Gen. ad litt.*, III, iii, 4.
62. J. Pépin, *Théologie cosmique et théologie chrétienne*, 1964, esp. p. 418-461.
63. Ver esp. P. Courcelle, "Propos antichrétiens rapportés par S. Augustin", *Rech. augustin.*, i, 1958, p. 149 189, esp. p. 185-186.
64. *De doct. christ.*, II, xvi, 25.

65. *De doct. christ.*, II, xvii, 27.
66. Ver *supra*, p. 212-213.
67. *Ep.* 118, ii, 9.

24. "BUSCAI MAIS E MAIS A SUA FACE"

1. Ver *De Bapt.*, III, iv, 6.
2. *De Bapt.*, I, xviii, 28.
3. *Enarr. in Ps.* 146, 15.
4. *Confissões*, XIII, xxiv, 36-37.
5. *De Bapt.*, II, iv, 5.
6. *De doct. christ.*, preâmbulo, 6.
7. Ver, em especial, Marrou, *S. Augustin et la fin de la culture antique*, p. 27-46; Courcelle, *Les Lettres grecques en Occident*, esp. p. 183-194; e B. Altaner, "Augustinus und die griechische Patristik", *Revue bénédictine*, 62, 1952, p. 201215, esp. p. 211-212.
8. *Ep.* 28, ii, 2.
9. Ver adiante, p. 303-304.
10. Ver esp. *Ep.* 41, 2, os juízos constantes em *De doct. christ.*, III, xxx, 41-xxxvii, 56, e *Ep.* 249. A. Pincherle, *La formazione teologica di S. Agostino*, p. 185-188 e 202205, é a melhor discussão sobre a influência de Ticônio. A diferença entre os dois é exposta com extrema clareza por J. Ratzinger, "Beobachtungen z. Kirchenbegriff d. Tyconius", *Rev. études augustin.*, ii, 1958, p. 173-185. Mais recentemente, ver F. Lo Bue, *The Turin Fragments of Tyconius' Commentary on Revelation* (Texts and Studies, n.s., vii), 1963, esp. p. 35-38.
11. *De mor. eccles. cath.* (I), i, 3.
12. Com certeza, não há citações diretas antes dessa época; ver A. Paredi, "Paulinos of Milan", *Sacris Erudiri*, xiv, 1963, esp. p. 212, que deixa claro quão necessário foi o apelo a Ambrósio para combater os pelagianos.
13. *De pecc. mer.*, I, xxiv, 34.
14. *De Trin. III*, preâmbulo, *"credant qui volunt"*.
15. *Retract.*, prólogo, 2.
16. *Ep.* 139, 3.
17. Por exemplo, *De Trinitate* (ver *Ep.* 174) e *De doct. christ.* (ver *supra*, p. 607, n. 30).
18. *Ep.* 161.
19. Ver adiante, p. 436, sobre Florus, um monge de Adrumeto.
20. Por exemplo, *Ep.* 162.
21. *De Trin. III*, preâmbulo.
22. *Ep.* 73, iii, 6.
23. Salmo 83, 16 in *C. litt. Petil.*, I, xxix, 31.
24. Por exemplo, *Retract.*, II, 51.
25. *Ep.* 92, 4.
26. *Ep.* 148, 4.
27. *Ep.* 148, 4.
28. *Ep.* 48, 4.

29. *Ep.* 98, 8; cf. *Ep.* 194, x, 46; ver adiante, p. 634, n. 40.
30. *C. Mend.*, xviii, 36.
31. *De div. daem.*, i, 2.
32. *Ep.* 47, 1.
33. Por exemplo, *Ep.* 28, iv, 6.
34. *Ep.* 40, iv, 7.
35. *Ep.* 73, i, 1.
36. *Ep.* 73, i, 1.
37. *Ep.* 73, i, 1.
38. *Ep.* 73, ii, 3.
39. *Ep.* 82, i, 2. Mais tarde, na verdade, os dois homens inspiraram-se nas ideias um do outro; ver, mais recentemente, Y. M. Duval, "Saint Augustin et le *Commentaire sur Jonas* de saint Jérôme", *Rev. Études augustin.*, xii, 1966, p. 9-40.
40. Por exemplo, *De Bapt.*, II, i, 1.
41. *Ep.* 138, i, 1, antecipando a redação de *A cidade de Deus*.
42. Por exemplo, *De doct. christ.*, IV, xx, 39.
43. Ver esp. B. Altaner, "Augustins Methode der Quellenbenutzung. Sein Studium der Vaterliteratur", *Sacris Erudiri*, 4, 1952, p. 5-17, esp. p. 7. Esse método era notavelmente diferente do método "literário" de Jerônimo, que implicava uma exibição de "autoridades": *Ep.* 75, iii, 5-6.
44. *Ep.* 95, 4.
45. Por exemplo, *infra*, p. 328, a respeito de Orósio.
46. *Ep.* 118, v, 32-33.
47. Por exemplo, *Confissões*, XI, xii, 14. Ver esp. Pépin, "'Caelum Caeli'", *Bulletin du Cange*, 23, 1953, p. 185-274, esp. p. 234.
48. *De Gen. ad litt.*, I, xix, 39.
49. Ver esp. *De Gen. ad litt.*, V, xvi, 34 — uma afirmação vigorosa.
50. Tema que é frequente; ver esp. *De Gen. ad litt.*, I, xxi, 41; II, v, 9; ix, 20 e xvii, 38.
51. Galileu citou *De Gen. ad litt.*, I, x, 18, 19 e 21, e II, v, 9 e 10, na *Lettera a madama Cristina di Lorena* (1615).
52. *Ep.* 119, 1.
53. *Ep.* 120, 3.
54. *Ep.* 120, 13.
55. Ver sua própria opinião sobre o *De Genesi ad litteram* in *Retract.* II, 50.
56. Isso ficou claro no excelente estudo de R. A. Markus, "Two Conceptions of Political Authority: Augustine's *De Civ. Dei*, XIX, 14-15, and some Thirteenth-Century Interpretations", *Journ. Theol. Studies*, n.s., xvi, 1965, p. 68-100, esp. p. 75-76.
57. Ver esp. M. Schmaus, "Die Denkform Augustins in seinem Werk *de Trinitate*", *Sitzungsberichte der bayer. Akad. d. Wiss.*, Philos.-hist. Klasse, 1962, nº 6.
58. Por exemplo, *Ep.* 261, 1; cf. *De lib. arb.*, III, xxi, 60.
59. *Ep.* 101, 4.
60. *De Trin.*, I, iii, 5.
61. *De doct. christ.*, I, i, 1.
62. *De doct. christ.*, II, vii, 11.
63. *De Trin.*, IV, xviii, 24; cf. *Ep.* 242, 4.
64. Ver esp. Burnaby, *Amor Dei*, p. 73-79.

65. As afirmações mais sólidas sobre essa postura são as de F. Cayré, *Initiation à la philosophie de S. Augustin*, 1947, p. 249-250, e Holte, *Béatitude et sagesse*, p. 361386.
66. Por exemplo, *Frang.*, 2, 6 (*Misc. Agostin.*, i, p. 196-197).
67. *De doct. christ.*, IV, v, 8.
68. *Enarr. in Ps.*, 146, 12.
69. *Tract. in Joh.*, 96, 41; cf. esp. *Enarr. xviii in Ps.*, 118, 3.
70. *Ep.* 120, 8.
71. *De Trin.*, VIII, ix, 13.
72. Por exemplo, *De Trin.*, XV, xxiv, 44.
73. Bem colocado por Marrou, *St. Augustine* (Men of Wisdom), 1957, p. 71-72.
74. Um tema comum da etiqueta era tratar os correspondentes como "inspirados": por exemplo, *Epis.* 24, 2 (Paulino sobre Agostinho) e 82, 2 (Agostinho sobre Jerônimo). Algumas iluminuras medievais mostram Agostinho sendo inspirado por um anjo, ou por um anjo e o Espírito Santo: por exemplo, Jeanne e Pierre Courcelle, "Scènes anciennes de l'iconographie augustinienne", *Rev. études augustin.*, x, 1964, lâminas XVII XIX e p. 63-65.
75. A visão agostiniana da natureza da inspiração dos autores da Bíblia é igualmente diferenciada e humana: ver esp. H. Sasse, "*Sacra Scriptura*: Bemerkungen zur Inspirationslehre Augustins", *Festschr. Franz Dornseiff*, 1953, p. 262-273. Assim, quando Agostinho diz que uma ideia lhe foi "revelada", refere-se apenas ao fato de haver chegado à conclusão inevitável de uma série de certezas (por exemplo, *De grat. et lib. arb.*, i, 1, e *De praed. sanct.*, i, 2, citando Phil. 3, 15-16; ver adiante, p. 439-440) — uma experiência que não é desconhecida dos pensadores especulativos de hoje: ver M. L. Cartwright, *The Mathematical Mind*, 1955. Ver esp. A. C. de Veer, "'Revelare', 'Revelatio'. Éléments d'une étude sur l'emploi du mot et sur sa signification chez s. Augustin", *Rech. augustin.*, ii, 1962, p. 331-357, esp. p. 352354.
76. *De Trin.*, I, iii, 5.
77. *De Bapt.*, III, ii, 3: "a mais segura de todas as razões".
78. Por exemplo, *De Bapt.*, V, vi, 7.
79. *De quant. anim.*, xxxvi, 80.
80. Ver adiante, p. 421-422.
81. Por exemplo, *De lib. arb.*, II, xvi, 41.
82. *De Trin.*, III, x, 21.

25. *SENECTUS MUNDI*

1. Os estudos mais confiáveis são F. G. Maier, *Augustine und das antik Rom*, 1955, e P. Courcelle, *Histoire littéraire des grandes invasions germaniques*, 3ª edição, 1965.
2. *Ep.* 95.
3. *Ep.* 94, 4.
4. *Ep.* 95, 2.
5. *Ep.* 95, 5.
6. Efésios 2:19.
7. Por exemplo, *Enarr. in Ps.*, 61, 6.

NOTAS

8. Ver *supra*, p. 255-257.
9. Van der Meer, *Augustine*, p. 37-43.
10. *Ep.* 91, 8-10.
11. *Ep.* 90. É possível que ele tenha abordado Agostinho com sucesso noutra ocasião: *Ep.* 38, 3.
12. *Ep.* 90.
13. *Ep.* 91, 2.
14. Ver esp. Courcelle, *Histoire littéraire*, p. 31-77.
15. E. A. Thompson, "The Visigoths from Fritigern to Euric", *Historia*, xii, 1963, p. 105-126.
16. Orósio, *Hist.* I, 16.
17. Pelágio, *Ep. ad Demetriadem*, 30 (P.L. xxx, 45D).
18. Ver esp. A. Chastagnol, *La Préfecture urbaine à Rome sous le Bas-Empire*, 1960, esp. p. 450-462.
19. Ver esp. N. H. Baynes, "Symmachus", *Byzantine Studies*, p. 361-365, esp. p. 364365.
20. Por exemplo, H. Chadwick, "Pope Damasus and the Peculiar Claim of Rome to St. Peter and St. Paul", *Freundesgabe O. Cullmann (Novum Testamentum*, Supl. 6), 1962, p. 313-318, e M. C. Pietri, "*Concordia apostolorum* et *renovatio urbis* (Culte des martyrs et propagande papale)", *Mélanges d'archéologie et d'histoire*, 73, 1961, p. 275-322. Paulino sempre visitava os *limina Apostolorum* a cada Páscoa: *Ep.* 94, 1.
21. Por exemplo, *Serm.* 81, 8.
22. Ver esp. a pesquisa admirável de F. Vittinghoff, "Zum geschichtlichen Selbstverständnis der Spätantike", *Hist. Zeitschr.*, 198, 1964, p. 529-574, esp. p. 543 e 572.
23. Jerônimo, *Ep.* 123, 16.
24. Ver esp. Maier, *Augustin u. Rom*, p. 48-75; e Courcelle, *Hist. littér.*, p. 65-77.
25. *Serm.* 105, 12, referindo-se a seus amigos em Roma.
26. *Ep.* 99, 1.
27. Ver adiante, p. 364.
28. Ver *Serm.* 296, 12, e uma referência velada à insatisfação em sua congregação na *Ep.* 124, 2.
29. *Frang.* 5, 6 (*Misc. Agostin.*, i, p. 218).
30. *Serm.* 296, 12.
31. *De civ. Dei*, V, 26.
32. *Cod. Theod.* XVI, 5, 51 (*25 de agosto de 410*) e VI, 11, 3 (*14 de outubro de 410*).
33. *Serm.* 105, 12-13.
34. *De civ. Dei*, XVIII, 54.
35. *Serm.* 105, 12.
36. Ver esp. as referências de Agostinho a visitas devotas dos imperadores ao túmulo de São Pedro, em Roma: *Ep.* 232, 3; *Enarr. in Ps.*, 65, 4 (415) e 86, 8.
37. *De civ. Dei*, II, 19, 12 e II, 28.
38. *De civ. Dei*, II, 4, 13. Comparar com os grandes *Sermões* 46 e 47 sobre Ezequiel. Agostinho sugeriu que o clero romano fora castigado por não haver repreendido suficientemente sua comunidade: *De civ. Dei*, I, 9, 37 (citando Ezequiel 33:6).
39. *Ep.* 136, 2.
40. *Ep.* 137, v, 20.
41. *Ep.* 138, iii, 14.

42. Implícito em *De civ. Dei*, II, 7, 23.
43. Ver esp. *Ep.* 151, 8-9 e adiante, p. 371.
44. *Enarr. in Ps.*, 61, 8.
45. Ver adiante, p. 369-370.
46. *Enarr. in Ps.*, 136, 9.
47. Por exemplo, *Denis* 24, 11 (*Misc. Agostin.*, i, p. 151).
48. *Enarr. in Ps.*, 136, 9.
49. *Ep.* 111, 2, e *Serm.* 81, 7.
50. *De civ. Dei*, I, 10, 32: "*experimentorum disciplina*".
51. *Serm.* 296, 10; cf. *Ep.* 99, 3, em que Agostinho expressa a esperança de "correção" de uma família de crianças pequenas nessa ocasião. Ver *supra*, p. 262-263.
52. Ver esp. Salviano, *De gubernatione Dei* (P.L. liii, 25-158), que, apesar do desagrado de muitos historiadores modernos (por exemplo, Courcelle, *Hist. littér.*, p. 146154), continua a ser para eles a fonte mais detalhada sobre os abusos da Gália do século V: ver Jones, *The Later Roman Empire*, i, p. 173.
53. Ver esp. Comodiano, *Carmen de duobus populis*, org. J. Martin, *Corpus Christianorum*, série lat. cxxviii, 1960, por exemplo II, 921ss (p. 107): "Ela costumava regozijar-se, mas a terra inteira gemia. (...) Ela, que se vangloriou de ser Eterna, chora agora por toda a eternidade." A hipótese mais plausível sobre a cronologia e o meio de Comodiano é Courcelle, "Commodien et les invasions du ve siècle", *Rev. études latines*, xxiv, 1946, p. 227-246, e *Hist. littér.*, p. 319-337.
54. *Serm.* 296, 6; cf. *Ep.* 111, 2.
55. *Ep.* 111, 4, citando *Dan.* IX, 3-20.
56. *De civ. Dei*, I, 10, 57-63; por exemplo, *Ep.* 94, 3-4.
57. *Ep.* 124, 2.
58. *Vie de sainte Mélanie*, org. e trad. D. Gorce (Sources chrétiennes, 90), 1962, c. 21, p. 170-172.
59. *Ep.* 124, 2.
60. *Ep.* 126, 7.
61. *Ep.* 125, 3 e 126, 1.
62. *Ep.* 126, 1-2.
63. *Ep.* 125, 4.
64. *Ep.* 126, 4.
65. Daí a importância, em *A cidade de Deus*, de Régulo, que se dispôs a morrer num país estrangeiro, sozinho e longe de casa, por lealdade a seu juramento: *De civ. Dei*, I, 24, 34-40.
66. *Serm.* 296, 9: "que depende de investigações adicionais".
67. *De urbis excidio*, 3.
68. *De civ. Dei*, I, 14, 7; cf. *De civ. Dei*, I, 7, 13: a providência divina transparece no próprio fato de essas "mentes excepcionalmente sanguinárias e brutais" haverem demonstrado respeito pelo cristianismo.
69. *Serm.* 105, 9-10.
70. *Serm.* 81, 9.
71. *De civ. Dei*, IV, 7, 40.
72. *Serm.* 105, 11.
73. Ver *supra*, p. 296-297.

NOTAS

74. *De doct. christ.*, IV, iii, 5.
75. *Salmo* 146, 2, in *Serm.* 105, 9.
76. Orósio, *Historiarum adversus paganos libri vii* (P.L. xxxi, 663-1174, trad. I. W. Raymond, *Seven Books of History against the Pagans*, (Columbia University Records of Civilization, xxii), 1936.
77. Ver esp. o excelente estudo de E. T. Mommsen, "Orosius and Augustine", em Rice (org.), *Medieval and Renaissance Studies*, 1959, p. 325-348. Ver também K. A. Schöndorf, *Die Geschichtstheologie des Orosius* (Diss. Munique), 1952; G. FinkErrera, "San Agustín y Orosio", *Ciudad de Dios*, 167, 1954, p. 455-549; e B. Lachoix, *Orose et ses idées*, (Universidade de Montreal, Publications de l'Institut d'Études Médiévales, xviii), 1965.
78. Por exemplo, sobre o número das perseguições, ver *De civ. Dei*, XVIII, 52, 1-5.
79. Salmo 38, 5, citado na *Ep.* 202A, vii, 16.
80. Ver esp. A. Wachtel, *Beiträge z. Geschichtstheologie*, p. 60-63; Vittinghoff, "Z. geschichtl. Selbstverständnis", *Hist. Zeitschr.*, 198, 1964, p. 557-564; e A. Luneau, *L'Histoire du Salut chez les Pères de l'Église: la doctrine des âges du monde*, 1964, esp. p. 314-321. Mais recentemente, ver K. H. Schwarte, *Die Vorgeschichte der augustinischen Weltalterlehre*, 1966.
81. *De div. quaest.*, LXXXIII, 58, 2. Trata-se de uma atitude que reforçou enormemente a importância da Igreja católica; ela já era o Reino de Deus, o Milênio; ver A. Wachtel, *Beiträge z. Geschichtstheologie*, esp. p. 127, e Luneau, *L'Histoire du Salut*, p. 320.
82. *Ep.* 199, i, 1.
83. *Enarr. in Ps.*, 136, 2.
84. *Epp.* 122, 2 e 137, iv, 16.
85. *Serm.* 81, 7.
86. *Ep.* 103, 2.
87. *Ep.* 103, 2.
88. *Denis*, 24, 13 (*Misc. Agostin.*, i, p. 153).
89. Quanto ao efeito da crise financeira do baixo-império nos padrões tradicionais dos divertimentos públicos, ver G. Ville, "Les jeux de gladiateurs dans l'Empire chrétien", *Mélanges d'archéologie et d'histoire*, 72, 1960, p. 273-335. R. P. Duncan-Jones, "Wealth and Munificence in Roman Africa", *Papers of the British School at Rome*, xxxi, 1963, p. 159-177, é um levantamento notável dos padrões de magnanimidade vigentes até 244 d.C.
90. *Ep.* 109, 3; *Ep.* 118, v, 34; 119, 1; 122, 1; 124, 2. A. M. La Bonnardière, *Rech. de chronologie augustin.*, p. 62, assinala uma suspensão da pregação de Agostinho sobre São João mais ou menos nessa época: "*Saint Augustin va vivre quelques années lourdes*" ["S. Agostinho viveria alguns anos pesados."].
91. *Serm.* 81, 8.

26. MAGNUM OPUS ET ARDUUM

1. *Ep.* 109, 3. Mas não pôde escapar de escrever mais um panfleto contra os donatistas: ver A. C. de Veer, "La date du *de unico baptismo*", *Rev. études augustin.*, x, 1964, p. 35-38.
2. *Ep.* 98, 8.
3. *Ep.* 117. Na Itália, ele era conhecido por seu *De Musica* (ver *supra*, p. 152); *Ep.* 101 e adiante, p. 475.
4. *Ep.* 118.
5. *Ep.* 118, ii, 10.
6. *Ep.* 117.
7. *Ep.* 118, i, 1.
8. *Ep.* 118, ii, 11.
9. Ver esp. Testard, *S. Augustin et Cicéron*, i, esp. p. 195, e ii, p. 36-71 e 122-124 (129 citações).
10. Ver esp. A. Chastagnol, "Le sénateur Volusien et la conversion d'une famille de l'aristocratie romaine au Bas-Empire", *Rev. études anc.*, 58, 1956, p. 240-253. Sua família tinha uma propriedade em Tubursicubure, não muito longe de Hipona: *Corpus Inscript. Lat.*, VIII, 25990.
11. Ver *supra*, p. 326-327.
12. *Ep.* 136, 2.
13. Ver esp. Brown, "Aspects of the Christianisation of the Roman Aristocracy", *Journ. Rom. Studies*, li, 1961, p. 1-11, esp. p. 7-8. Tão polida foi a troca de cartas entre Agostinho e Volusiano, "a quem menciono com estima e afeição" (*Enchiridion*, xxxiv), que podemos desculpar o autor das iluminuras da Carta 132, no século XII, por haver mostrado esse último pagão com uma tonsura de monge e um halo: Jeanne e Pierre Courcelle, "Scènes anciennes de l'iconographie augustinienne", *Rev. études augustin.*, x, 1964, p. 51-96, lâmina II.
14. *Ep.* 136, 1.
15. Ver esp. H. Bloch, "The Pagan Revival in the West at the End of the Fourth Century", in Momigliano (org.), *The Conflict between Paganism and Christianity in the Fourth Century*, 1963, p. 193-218, esp. p. 207-210 (condensação de sua abordagem fundamental em *Harvard Theol. Rev.*, xxxviii, 1945, p. 199-244). Sir Samuel Dill, *Roman Society in the Last Century of the Western Empire*, 1898, Livro I, Meridian Paperbacks, 1958, p. 3-112, continua a ser um texto valioso. Ver agora a abordagem sumamente importante de A. Cameron, "The Date and Identity of Macrobius", *Journ. Rom. Studies*, lvi, 1966, p. 25-38, que, atribuindo uma data posterior às *Saturnálias* — por volta de 430 —, procura minimizar seu conteúdo pagão. Eu concluiria apenas que esse texto lançou mais luz sobre o paganismo de alguém como Volusiano que sobre o de um Símaco.
16. *Saturnalia*, III, xiv, 2.
17. *Saturnalia*, I, xxiv, 16.
18. Bloch, "The Pagan Revival", *The Conflict between Paganism and Christianity*, p. 210.
19. Por exemplo, J. de Wit, *Die Miniaturen des Vergilius Vaticanus*, 1959, lâminas 32, 34 e 37, 1.
20. Trad. W. H. Stahl, *Macrobius, Commentary on the Dream of Scipio*, Records of Civilization, Sources and Studies, 48, 1952. Ver Dill, *Roman Society*, p. 106-111. Até o

NOTAS

sarcástico Jerônimo impressionou-se com a fé manifestada por uma viúva pagã: *Ep.* 39, 3; ver P. Courcelle, *Les Lettres grecques*, p. 35-36.
21. Ps. Augustini, *Quaestiones Veteris et Novi Testamenti*, cxiv, 8 (C.S.E.L. I, p. 306); ver A. Cameron, "Palladas and Christian Polemic", *Journ. Rom. Studies*, lv, 1965, p. 25.
22. Ver *supra*, p. 76; ver *De civ. Dei*, I, 3, 4-6, sobre o financiamento público de cadeiras de literatura pagã.
23. *Ep.* 138, ii, 9; cf. *De civ. Dei*, II, 3, 4-11.
24. Ver esp. a conclusão perspicaz de A. Momigliano, "Pagan and Christian Historiography in the Fourth Century", *The Conflict between Paganism and Christianity*, p. 98-99.
25. Ver P. Monceaux, *Les Africains: Les païens*, 1894, e a pesquisa ricamente documentada de P. Courcelle, *Les Lettres grecques*, p. 195-205.
26. *Disputatio de Somnio Scipionis*, org. e trad. R. E. Weddingen, Col. Latomus XXVII, 1957.
27. Ver *supra*, p. 330.
28. Ver esp. *Ep.* 138, iv, 19: Agostinho discorre especialmente sobre Apuleio, "que, como africano, é mais conhecido por nós, africanos". Em *De civ. Dei*, X, 29, 23, o discurso comovente a Porfírio destina-se a sensibilizar seus admiradores vivos.
29. *Saturnalia*, I, xxiv, 6-8.
30. *Ep.* 135, 2.
31. *Ep.* 135, 2.
32. *Ep.* 136, 2.
33. *Ep.* 132.
34. *Ep.* 138, i, 1. P. Courcelle fez uma sugestão muito provisória de que Evódio de Uzalis teria compensado a hesitação de seu amigo, escrevendo, ele mesmo, um diálogo literário entre um pagão e um cristão, com base na *Ep.* 137 de Agostinho: "Date, source et génèse des '*Consultationes Zacchaei et Apollonii*'", agora incluído em *Hist. littér.*, p. 261-275, esp. p. 271-275.
35. *Ep.* 136, 2.
36. *De civ. Dei*, I, prefácio, 8.
37. *De civ. Dei*, XXII, 30, 149.
38. Rutilius Namatianus, um senador pagão gaulês que era admirador de Volusiano, pode até ter folheado os primeiros livros de *A cidade de Deus*, mas é improvável que tenha escrito seu poema, *De reditu suo*, para responder ao comentário pouco lisonjeiro do livro sobre a história romana: ver Courcelle, *Hist. littér.*, p. 104-107. Escrevendo em meio a homens que, pouco tempo antes, tinham sido forçados a sufocar uma revolta de camponeses, ele tinha suas próprias razões mais prementes para defender a imagem tradicional da Roma Eterna.
39. Carta a Firmo, em *Corpus Christianorum, ser. lat.*, xlvii, 1955, p. III-IV, esp. p. III, 11-12; cf. *Retract.* II, 69. Ver H. I. Marrou, "La technique de l'édition à l'époque patristique", *Vigiliae Christianae*, 3, 1949, esp. p. 217-220. As divisões originais sobreviveram na tradição manuscrita de *A cidade de Deus*: ver B. V. E. Jones, in *Journ. Theol. Studies*, n.s., xvi, 1965, p. 142-245.
40. Breviculus, *Corpus Christianorum, ser. lat.*, xlvii, p. V-XLV. Essa edição, com seu índice separado, reproduz com maior fidelidade o formato original da obra. A inserção de "títulos de capítulos" no fluxo livre de cada livro foi uma inovação desastrosa dos séculos XV e XVI, seguida com demasiada frequência pelos editores modernos: ver

esp. H. I. Marrou, "La division en chapitres des livres de la 'Cité de Dieu'", *Mélanges J. de Ghellinck*, i, 1951, p. 235-249.
41. *Ep.* 184A, i, 1.
42. Carta a Firmo, *Corpus Christianorum*, p. III, 35.
43. Daí o comentário de Gibbon: "Sua erudição não raro é tomada de empréstimo e seus argumentos são frequentemente seus", *Decline and Fall*, cap. xxviii, nota 79. Sobre as qualidades de Agostinho como escritor e as preferências literárias de seu público, ver esp. H. I. Marrou, *S. Augustin et la fin de la culture antique*, esp. p. 37-76 (com belas reconsiderações em sua *Retractatio*, p. 665-672). J. C. Guy, *Unité et structure logique de la "Cité de Dieu"*, 1961, oferece uma investigação clara da estrutura básica de *A cidade de Deus*. Para um tratamento estimulante da relação entre o pensamento de um autor e suas formas de exposição (tema desconsiderado com demasiada frequência quando se discorre sobre *A cidade de Deus*), ver H. A. Wolfson, *The Philosophy of Spinoza*, prefácio e capítulos I e II, Meridian, 1958, p. vi-viii e p. 3-60.
44. Por exemplo, *Confissões*, VII, vi, 8 e *De doct. christ.*, II, xxii, 32-33.
45. *De civ. Dei*, V, 2-3.
46. *De civ. Dei*, V, 4, 1-2.
47. Mas vejam-se as observações importantes de N. H. Baynes, "Lactantius", *Byzantine Studies*, p. 348.
48. *Ep.* 118, iv, 26.
49. Por exemplo, *De civ. Dei*, III, 4, 1-3, sobre Varrão.
50. Ver esp. A. Momigliano, "Some Observations on the 'Origo Gentis Romanae'", *Secondo contributo alla storia degli studi classici*, 1960, p. 145-178, esp. p. 157158.
51. *De civ. Dei*, III, 14, 40.
52. *De civ. Dei*, III, 14, 60.
53. *Saturnalia*, I, xxiv, i; cf. I, iv, 1, sobre Albino: *"quasi vetustatis promptuarium"*.
54. *Ep.* 154, 2.
55. *Ep.* 154, 2.
56. Ver *supra*, p. 291-292.
57. Por exemplo, *De civ. Dei*, XV, 8, 17 e XIX, 1, 9.
58. *De civ. Dei*, IX, 4.
59. *De civ. Dei*, IX, 5, 5.
60. *De civ. Dei*, I, 36, 17-22.
61. Courcelle, *Les Lettres grecques*, p. 168.
62. Por exemplo, J. O'Meara, *Porphyry's Philosophy from Oracles in Augustine*, 1959, e a importante crítica de P. Hadot, "Citations de Porphyre chez Augustin", *Rev. études augustin.*, vi, 1960, p. 205-244.
63. Epítetos coligidos por J. Bidez, *Cambridge Ancient History*, XII, 1939, p. 634.
64. *De civ. Dei*, X, 32.
65. Na época, ele estava sob a influência de um texto apócrifo do *Apocalipse de São Paulo*, trazido da Espanha por Orósio: ver S. Merkle, "Augustin über eine Unterbrechung d. Höllehnstrafen", *Aurelius Augustinus*, 1930, p. 197-202.
66. *Ep.* 164, ii, 4.
67. A abordagem mais sólida é a de Maier, *Augustin u. Rom.*, 1955, p. 84-93. À parte a intromissão dos demônios, os juízos de Agostinho sobre as figuras boas e más da história romana não diferem dos de qualquer de seus contemporâneos que reivindicavam uma formação clássica, a exemplo de Aurélio Victor, *Epitome*, XLVIII, 11-12, sobre o conhecimento histórico de Teodósio I.

NOTAS

68. Ver Brown, "Aspects of Christianisation", *Journ. Rom. Studies*, li, 1961, p. 6, n. 41.
69. Paulino, *Carmen*, XXI, 230-238.
70. *De civ. Dei*, III, 17, 34-37.
71. *De civ. Dei*, V, 17, 28.
72. *De civ. Dei*, III, 14, 47.
73. *De civ. Dei*, IV, 4 e 5. *Latrocinium*, o "banditismo", era usado para descrever qualquer usurpação no baixo-império; ver R. MacMullen, "The Roman Concept of Robber-Pretender", *Rev. intern. des droits de l'Antiquité*, 3ª série, x, 1963, p. 221236.
74. *De civ. Dei*, IV, 7, 38.
75. Ver *supra*, p. 41-42.
76. Por exemplo, *De civ. Dei*, III, 12.
77. *De civ. Dei*, I, 19, 15; cf. Paulino, *Carmen*, X, 192.
78. Vittinghoff, "Z. geschichtl. Selbsverständnis", *Hist. Zeitschr.*, 198, 1964, p. 545546.
79. Por exemplo, *De civ. Dei*, V, 12, 1-3. Essa atitude em relação ao passado era típica de uma época em que a história não passava de um adjuvante da retórica, usado "para apontar uma moral e adornar um relato": ver Marrou, S. *Augustin et la fin de la culture antique*, p. 131-135, e esp. I. Calabi, "Le fonti della storia romana nel 'de civitate Dei' di Sant'Agostino", *Parola del Passato*, 43, 1955, p. 274-294. Até os historiadores de acontecimentos contemporâneos apelavam constantemente para exemplos antigos: por exemplo, J. Vogt, "Ammianus Marcellinus als erzählender Geschichtsschreiber d. Spätzeit", *Mainz. Akad. d. Wiss. u. d. Lit., Abh. d. geistesu. sozialwiss. Kl.*, 1963, nº 8, p. 820-822.
80. *De civ. Dei*, V, 9, 52-54.
81. Ver esp. *De civ. Dei*, V, 12 e 19, 48-60.
82. *De civ. Dei*, V, 12, 16, de Salústio, *Cat.* 7, 6.
83. *De civ. Dei*, V, 12, 15-19.
84. *De civ. Dei*, V, 12, 153.
85. Por exemplo, *Enarr. in Ps.*, 64, 6; 136, 21; 138, 18.
86. *De civ. Dei*, IV, 29, 45 e VI, 6, sobre Varrão.
87. *De civ. Dei*, X, 3, 3-5: os platônicos.
88. *Ep.* 102, iii, 18; cf. *Enarr. ii in Ps.*, 113, 3.
89. *Enarr. ii in Ps.*, 113, 1; ver especialmente o refletido estudo de A. Mandouze, "S. Augustin et la religion romaine", *Rech. augustin.*, i, 1958, p. 187-223; ver também A. M. La Bonnardière, *Rech. de chronologie augustin.*, p. 158-164.
90. *Epis.* 137, iii, 12 e 138, iii, 17.
91. Definida, a partir de Apuleio, em *De civ. Dei*, IX, 8, 1-4.
92. Por exemplo, *Ep.* 9, 3 e as histórias narradas em *De civ. Dei*, XVIII, 18, 12-22.
93. *Ep.* 102, iii, 20; *De civ. Dei*, XI, 33, 1-2.
94. *De civ. Dei*, XVI, 24, 60.
95. Por exemplo, Libânio, *Oratio*, xix, sobre o grande tumulto de Antioquia em 387. Ver N. H. Baynes, "The Hellenistic Civilisation and East Rome", *Byzantine Studies*, p. 6-7. "Parte do medo do homem, a todo dia e toda hora, é o mundo demoníaco que o atormenta por todos os lados."
96. Por exemplo, *De civ. Dei*, II, 25, 5.
97. *De civ. Dei*, I, 5, 32; ver esp. Maier, *Augustin u. Rom.*, p. 80-81.
98. Por exemplo, *De civ. Dei*, I, 31, 28.
99. *De civ. Dei*, II, 8, 58-73.

100. Por exemplo, *De civ. Dei*, II, 21, 116-123.
101. *De Gen. ad litt.*, XI, xv, 20.
102. *Enarr. in Ps.*, 84, 10.

27. CIVITAS PEREGRINA

1. Na imensa bibliografia sobre *A cidade de Deus* (em relação à qual ver C. Andresen, *Bibliographia Augustiniana*, 1962, p. 34-37), apreciei particularmente as cuidadosas traduções comentadas de trechos escolhidos em R. H. Barrow, *Introduction to St. Augustine, "The City of God"*, 1950. Também valiosa é a edição bilíngue anotada da *Bibliothèque augustinienne*, série v, 1959-1960, p. 33-37.
2. *Serm.* 81, 7 e 105, 8.
3. *Serm.* 105, 12. Agostinho obviamente ansiava por não ser acusado de se regozijar com as desgraças ocorridas: *Enarr. in Ps.*, 136, 17.
4. Ver, por exemplo, Rutilius Namatianus, *De reditu suo*, I, 201-204. *Cod. Theod.* XV, 7, 13, de fevereiro de 413, menciona um *"tribunus voluptatum"* em Cartago. Um fragmento de uma placa de marfim mostra uma família senatorial presidindo esses jogos: C. Mohrmann e F. Van der Meer, *Atlas of the Early Christian World*, 1958, ilustração 201, p. 81. O apoio a tais jogos tinha estreita associação com o paganismo conservador, como mostram os mosaicos de uma rica mansão de Cartago: G. Picard, "Un palais du ive siècle à Carthage", *Comptes Rendus de l'Acad. Inscript. et Belles-Lettres*, 1964, p. 101-118.
5. Ver esp. A. Lauras e H. Rondet, "Le thème des deux cités dans l'oeuvre de S. Augustin", Rondet *et al.*, *Études augustiniennes*, 1953, p. 99-162.
6. *Enarr. in Ps.*, 39, 6.
7. *Enarr. in Ps.*, 136, 13.
8. *Enarr. in Ps.*, 136, 1: "que todos os que foram criados nas tradições da santa Igreja devem conhecer."
9. Ver esp. T. Hahn, *Tyconius-Studien*, 1900, p. 29.
10. *De cat. rud.*, xix, 31; *Enarr. in Ps.*, 61, 5-6.
11. *De cat. rud.*, xix, 31.
12. *Enarr. in Ps.*, 64, 2.
13. *Enarr. in Ps.*, 147, 2.
14. *Enarr. in Ps.*, 147, 5.
15. Por exemplo, H. Leisegang, "Der Ursprung d. Lehre Augustins von d. 'Civitas Dei'", *Archiv für Kulturgesch.*, 16, 1925, p. 127-155.
16. A. Adam, "Der manichäische Ursprung d. Lehre von d. zwei Beichen bei Augustin", *Theol. Literaturzeitung*, 77, 1952, p. 385-390.
17. *Enarr. in Ps.*, 64, 1 e 2.
18. *Serm.* 51, ix, 14.
19. *De cat. rud.*, xxi, 37; *C. Faustum*, XII, 36.
20. *Enarr. in Ps.*, 64, 2.
21. *Enarr. in Ps.*, te, 3.

NOTAS

22. O título alternativo do *De gubernatione Dei*, de Salviano, era *De praesenti iudicio*: Genádio, *De vir. ill.*, 67 (P.L. lviii, 1099).
23. *Enarr. in Ps.*, 147, 4; ver *supra*, p. 279.
24. *Enarr. in Ps.*, 64, 3.
25. *Enarr. in Ps.*, 142, 2.
26. *Enarr. in Ps.*, 136, 17: "Que é essa 'Cidade'?".
27. *Ep.* 108, ii, 8.
28. *Ep.* 136, 2.
29. *De civ. Dei*, X, 32, 5-11.
30. Por exemplo, *De cat. rud.*, xix, 31.
31. *Ep.* 102, iii, 21.
32. "O melhor estudioso de sua época (...)", Dodds, *Pagan and Christian*, p. 126; ver esp. W. den Boer, "Porphyrius als historicus in zijn strijd tegen her Christendom", *Varia Historica aangeboden an Professor Doctor A. W. Bijvanck*, 1954, p. 83-96.
33. *Ep.* 136, 2.
34. *Ep.* 138, i, 2-3.
35. Essa ideia levou a um debate meio infrutífero a respeito de Agostinho haver ou não prenunciado a ideia da evolução: por exemplo, H. Woods, *Augustine and Evolution*, 1924, e A. Mitterer, *Die Entwicklungslehre Augustins*, 1956.
36. *Ep.* 138, i, 7-8. Agostinho também usou imagens da medicina, citando um antigo conhecido seu, Vindiciano (*Ep.* 138, i, 3). Essa imagem se compatibiliza com o pouco que conhecemos da doutrina característica de Vindiciano; ver *supra*, p. 78-79.
37. Ver esp. *De civ. Dei*, X, 14, 1-5.
38. *De Trin.*, IV, xvi, 21.
39. Vittinghoff, "Z. geschitchtl. Selbstverständnis", *Hist. Zeitchr.*, 198, 1964, p. 541, destaca essa crença como o traço característico dos autores cristãos da época.
40. *De civ. Dei*, XV, 9, 20.
41. *Enéadas*, 3, 2, 13, citado em *De civ. Dei*, X, 14, 12.
42. *De civ. Dei*, X, 15, 1ss., onde a argumentação partiu diretamente da ideia plotiniana da providência divina no universo para a própria ideia agostiniana da providência divina na história. Compare-se a passagem de J. Burckhardt, *Weltgeschichtliche Betrachtungen*, Berna, 1941, p. 393, muito oportunamente citada por R. Walzer como prova da força permanente das ideias platônicas, em "Platonism in Islamic Philosophy", *Greek into Arabic*, 1962, p. 251.
43. *Ep.* 138, i, 5.
44. *Ep.* 102, vi, 33.
45. *De civ. Dei*, X, 20, 7-13.
46. *Enarr. in Ps.*, 86, 6; cf. *De civ. Dei*, XVII, 13, e XVIII, 45.
47. *De civ. Dei*, XVI, 1, 25; ver esp. H. I. Marrou, *L'Ambivalence du temps de l'histoire chez S. Augustin*, 1950.
48. *Tract. in Joh.*, 9, 6.
49. *De civ. Dei*, XVI, 2, 82-85.
50. *C. Faust.*, XXII; ver *Retract.*, II, 33.
51. *De Gen. ad litt.*, XI, xv, 20; *De civ. Dei*, XIV, 28.
52. Por exemplo, *De civ. Dei*, XVI, 3.
53. *De civ. Dei*, XVIII, 2.
54. Por exemplo, *De civ. Dei*, XV, 4.

55. Em *De civ. Dei*, Livro XVIII.
56. *De civ. Dei*, XV, 21, 5.
57. *De civ. Dei*, XV, 1, 29-41; cf. *Enarr. in Ps.*, 61, 7: "magnum mysterium".
58. *De civ. Dei*, XV, 17-18.
59. *De civ. Dei*, XV, 17, 47; cf. *Enarr. in Ps.*, 136, 2.
60. *De civ. Dei*, XV, 17, 8.
61. Gênesis, 4:18ss, em *De civ. Dei*, XV, 17, 32-38.
62. *De civ. Dei*, XV, 17, 8-10.
63. Gênesis, 4:26; *De civ. Dei*, XV, 18, 2.
64. Por exemplo, *De civ. Dei*, XV, 4, 3.
65. Por exemplo, *De civ. Dei*, XIV, 1, 18.
66. *De civ. Dei*, XV, 4, 27; cf. *Enarr. in Ps.*, 136, 2.
67. *De civ. Dei*, XV, 4, 18, e 5, 24.
68. *De civ. Dei*, XV, 5, 26-35.
69. *De civ. Dei*, XV, 5, 6-7. Ao fazer essa colocação, Agostinho descartou a tradição segundo a qual Rômulo fora apenas indiretamente responsável pela morte de Remo (ver *De civ. Dei*, III, 6, 6-9). Os ilustradores medievais mostravam o assassinato de Remo como um eco exato do assassinato de Abel, até Petrarca restabelecer a tradição que era mais favorável a Rômulo e, por conseguinte, a Roma: ver esp. E. T. Mommsen, "Petrarch and the Decoration of the 'Sala Virorum Illustrium'", in Rice (org.) *Medieval and Renaissance Studies*, 1959, p. 130-174, esp. p. 158-159 e ilustrações 12 e 33.
70. C. *Faust*, XII, 9; *De civ. Dei*, XV, 7, 118.
71. *De civ. Dei*, XIV, 1, 12-18.
72. Como fez Orósio, ver *supra*, p. 328, com isso ganhando o comentário de J. B. Bury: "Talvez ele mereça, mais do que qualquer livro, ser descrito como a primeira tentativa de uma história universal, e é provável que tenha sido a pior", em *History of the Later Roman Empire*, i, 1923, Dover Edition, p. 306.
73. *De civ. Dei*, X, 32, 92, e XV, 8, 17.
74. Por exemplo, *De civ. Dei*, XVIII, 27, 23, sobre Roma e Babilônia.
75. Ele considerava que o Espírito Santo compartilhava suas preferências pelo registro das narrativas do Velho Testamento, como em *De civ. Dei*, XV, 15, 36. Para Agostinho, a Bíblia era o único livro de história realmente confiável, por não ter sido escrito unicamente por homens (*Ep*. 101, 2) e por se haver feito a escolha correta do que era significativo. Contraste-se isso com J. B. Bury, *History of the Later Roman Empire*, i, 1923, Dover, p. 305: "Para um investigador moderno e, possivelmente, também para um antigo, o trabalho de Agostinho seria mais interessante se ele se houvesse dedicado seriamente a um estudo histórico dos impérios babilônico e romano." Mas essa era uma época em que até mesmo a apreensão do passado romano pelo homem culto havia-se tornado extremamente frágil: ver A. Momigliano, "Pagan and Christian Historiography", *The Conflict between Paganism and Christianity*, p. 85-86.
76. Esp. *De civ. Dei*, XV, 8, 7-20.
77. *De civ. Dei*, XVI, I, 1.
78. *Ep*. 102, iii, 15; *De civ. Dei* XV, 8, 10, e XVI, 3, 70.
79. Ver esp. *Enarr. in Ps.*, 64, 2; ver Y. M. J. Congar, "'Civitas Dei' et 'Ecclesia' chez S. Augustin", *Rev. études augustin.*, iii, 1957, p. 1-14.
80. Ver esp. H. I. Marrou, "Civitas Dei, Civitas terrena: num tertium quid?" (Studia Patristica, ii), *Texte und Untersuchungen*, 64, 1957, p. 342-350.

81. *Enarr. in Ps.*, 64, 2: "Eles são distinguidos por uma ânsia sagrada."
82. *Tract. in Joh.*, 14, 8.
83. *De civ. Dei*, XVIII, 1, 3: *etiam ista peregrina*.
84. *Confissões*, V, xiii, 23. Ver a prudente discussão de Guy, *Unité et structure logique*, p. 113-114. Todavia, com a disseminação da cidadania romana, o termo havia perdido seu significado jurídico exato e passara a significar, simplesmente, "estrangeiro", "forasteiro" ou "estranho": ver, por exemplo, *Confissões*, I, xiv, 23: o grego é uma *lingua peregrina*; *Tract. in Joh.*, 40, 7, *peregrini*, "estrangeiros", introduziram crenças arianas em Hipona, a *civitas*; cf. *Coll. Carthag.* iii, 99 (P.L. xi, 1381A), onde *peregrini* significa "não africanos". Ver esp. J. Gaudemet, "L'Étranger au BasEmpire", *Recueils de la Société Jean Bodin*, ix, 1958, p. 207-235.
85. *Enarr. in Ps.*, 61, 6; 85, 11; 148, 4.
86. Ver *supra*, p. 235.
87. Por exemplo, *Enéadas* V, 9, 1-2 (trad. MacKenna, 2, p. 434-435).
88. Ver esp. *De civ. Dei*, XV, 4, 16.
89. Ver esp. *De civ. Dei*, XIX, 17, 11-25, e XIX, 26, 4-10.
90. Por exemplo, *De doct. christ.*, I, xxxv, 39.
91. *De civ. Dei*, XV, 21, 15.
92. *Ep.* 10, 1.
93. *Denis*, 16, 1 (*Misc. Agostin.*, i, p. 75).
94. *Ep.* 130, ii, 4.
95. Por exemplo, *De civ. Dei*, XIX, 14, 35-51.
96. Ver *supra*, p. 153-154.
97. Ver adiante, p. 461-462.
98. *Serm.* 169, 14.
99. *Serm.* 158, 7.
100. *Serm.* 297, 4 e 8.
101. *Ep.* 157, iv, 37.
102. Cant. 2:4, em *De civ. Dei*, XV, 22, 29; cf. *De doct. christ.*, I, xxvii, 28. Ver esp. Burnaby, *Amor Dei*, p. 104-109.
103. Esp. *De civ. Dei*, XIX, 13, 57-75.
104. Por exemplo, *Serm.* 88, 15.
105. *De civ. Dei*, XVII, 15.
106. *Tract. in Ep. Joh.*, 2, 11.
107. *De civ. Dei*, XII, 6, 1-14.
108. *De civ. Dei*, XIV, 28, 3-10, e XIX, 12, 87-89.
109. *De civ. Dei*, XV, 5, 19-32.
110. Por exemplo, *De civ. Dei*, XIV, 28, 7-10. Cf. *De civ. Dei*, XVIII, 2, 16-25: os dois grandes impérios são Roma e a Assíria. Ver R. Drews, "Assyria in Classical Universal Histories", *Historia*, xiv, 1965, p. 129-142, esp. p. 137-138.
111. Por exemplo, *De civ. Dei*, XV, 7, 36-49.
112. Ver esp. G. Madec, "Connaissance de Dieu et action de grâces", *Recherches augustiniennes*, ii, 1962, p. 273-309.
113. *De civ. Dei*, XIX, 1, 4-5.
114. *De civ. Dei*, XIX, 1, 6.
115. *De civ. Dei*, XIX, 11, 26-33 e 20, 11.
116. Ver *Enarr. in Ps.*, 9, 14; ver R. J. O'Connell, "The Plotinian Fall of the Soul in St. Augustine", *Traditio*, 19, 1963, p. 1-35.

117. *De Gen. c. Man.*, II, xix, 29; ver *Retract.*, II, 9, 3.
118. *De civ. Dei*, XIV, 26, 16-22.
119. *C. Jul.*, V, vii, 26.
120. Ver adiante, p. 432-434.
121. *Retract.* I, 10, 2, sobre *De musica*, VI, iv, 7. Mais recentemente, ver H. I. Marrou, *The Resurrection and St. Augustine's Theology of Human Values*, 1966 (= "Le dogme de la résurrection, *Rev. études augustin.*, xii, 1966, p. 111-136, esp. p. 126-129).
122. *De civ. Dei*, XXII, 21, 26.
123. *De civ. Dei*, XXII, 22, 1.
124. *De civ. Dei*, XXII, 22, 34.
125. *De civ. Dei*, XXII, 22, 74.
126. *De civ. Dei*, XXII, 22, 82.
127. *De civ. Dei*, XXII, 22, 94.
128. *De civ. Dei*, XXII, 22, 100.
129. *De civ. Dei*, XXII, 24, 11.
130. *De civ. Dei*, XXII, 24, 160.
131. *De civ. Dei*, XXII, 24, 109.
132. *De civ. Dei*, XXII, 24, 175ss.

28. A CONQUISTA DA UNIDADE

1. As melhores abordagens são as de Frend, *Donatist Church*, p. 275-299, e Crespin, *Ministère et sainteté*, p. 77-103. (E. Grasmück, *Coercitio: Staat und Kirche im Donatistenstreit*, 1964, pouco acrescenta.)
2. *Vita*, IX, 4.
3. *Guelf*, 28, 7-8: sermão possivelmente pregado em Útica, em 14 de setembro de 410 (*Misc. Agostin.*, i, p. 542).
4. *Vita*, XII, 2.
5. *Serm.* 46, 14.
6. Ver esp. Frend, *Donatist Church*, p. 269-274, sobre as oscilações da política entre 408 e 411.
7. *Gesta Collationis Carthaginiensis*, i, 4 (P.L. xi, 1260-1261). O *Edictum* de Marcelino, de maior tato, é a melhor fonte sobre o protocolo contemplado: *Coll. Carth.*, i, 5-10 (P.L. xi, 1261-1266). Ver especialmente Crespin, *Ministère et sainteté*, p. 81-82.
8. *Ep.* 185, vii, 30; cf. *Ep.* 97, 4.
9. Como aconteceria depois em Cesareia, quando Agostinho sustentou um debate com o antigo bispo donatista, a fim de convencer os indecisos: *Gesta cum Emerito*, 2. Convém acrescentar que Agostinho pode ter ficado sinceramente desiludido com os magros resultados da simples repressão nesse período de 405 a 408: ver Crespin, *Ministère et sainteté*, p. 75-76.
10. *Ep.* 89, 2.
11. *Ep.* 88, 5.
12. *Ep.* 88, 10: "Não queremos tomar uma segunda decisão final, mas fazer com que ela seja conhecida como já tomada por aqueles que, entrementes, não sabem que ela aconteceu."

NOTAS

13. *Ad Don. post. Coll.*, XXV, 45. Ver Frend, *Donatist Church*, p. 280-281, sobre o tipo de conferência pretendido pelos donatistas.
14. A argúcia jurídica de Petiliano ficou patente no estudo de A. Steinwenter, "Eine kirchliche Quelle d. nachklassischen Zivilprozesses", *Acta congressus iuridici internationalis*, 2, 1935, p. 123-144.
15. *Coll. Carthag.*, iii, 258 (P.L. xi, 1408-1414).
16. Frend, *Donatist Church*, p. 285-286.
17. Por exemplo, *Coll. Carthag.*, i, 7 (P.L. xi, 1265), onde ele se ofereceu para se retirar, caso não fosse aceito por qualquer das partes.
18. Por exemplo, *Coll. Carthag.*, i, 5 (P.L. xi, 1262): ele havia devolvido basílicas donatistas confiscadas, no aguardo de uma decisão.
19. *Coll. Carthag.*, iii, 144 e 176 (P.L. xi, 1389 e 1394). Tais documentos eram tratados com grande reverência na época do baixo-império e bizantina: ver F. Dölger, "Die Kaiserurkunde der Byzantiner", *Hist. Zeitschrift*, 159, 1938/1939, p. 229-250.
20. *Ad Don. post. Coll.*, xxv, 44.
21. Ver esp. E. Tengström, *Die Protokollierung d. Collatio Carthaginiensis*, Studia Graeca et Latina Gothoburgensia, xiv, 1962.
22. Ver esp. Frend, *Donatist Church*, p. 277 n. 7, que enfatiza, com sua perspicácia característica, a ventilação precária dessas termas.
23. *Coll. Carthag.*, i, 2 e 14 (P.L. xi, 1259 e 1266).
24. *Coll. Carthag.*, i, 3 (P.L. xi, 1259).
25. *Coll. Carthag.*, i, 144-145 (P.L. xi, 1319). Esse incidente repetiu-se na sessão seguinte: ii, 3-7 (P.L. xi, 1354).
26. *Coll. Carthag.*, i, 61 e 65 (P.L. xi, 1274).
27. *Coll. Carthag.*, i, 142 (P.L. xi, 1318A).
28. *Coll. Carthag.*, i, 143 (P.L. xi, 1318A).
29. *Coll. Carthag.*, i, 187 (P.L. xi, 1329A).
30. *Coll. Carthag.*, i, 208 (P.L. xi, 1345B).
31. *Coll. Carthag.*, ii, 56 (P.L. xi, 1361A).
32. *Gesta cum Felice*, I, 20.
33. *Coll. Carthag.*, ii, 29 (P.L. xi, 1336).
34. *Coll. Carthag.*, i, 136 (P.L. xi, 1316A).
35. *Coll. Carthag.*, iii, 20 (P.L. xi, 1366).
36. *Coll. Carthag.*, iii, 267 (P.L. xi, 1415C); ver iii, 261-281 (P.L. xi, 1414-1418).
37. *Brev. Collat.*, III, xi, 23.
38. *Brev. Collat.*, III, xi, 21.
39. *Brev. Collat.*, III, xii, 24-xxiv, 42.
40. *Coll. Carthag.*, Sententia cognitoris (P.L. xi, 1418-1420, 1419A).
41. *Cod. Theod.*, XVI, 5, 52 (412) e 54 (414) (*in* P.L. xi, 1420-1428); ver Brown, "Religious Coercion", *History*, xlviii, 1963, p. 290.
42. Ver esp. A. M. La Bonnardière, *Rech. de chronologie augustin.*, p. 19-62.
43. *Serm.* 47, 13.
44. *C. Gaud.*, I, xviii, 19.
45. *Serm.* 46, 41.
46. *Tract. in Joh.*, 13, 17.
47. Para uma abordagem sumamente estimulante dessa fase da repressão do donatismo, ver E. Tengström, *Donatisten u. Katholiken*, p. 165-184. (Mas ver minhas reservas sobre a tentadora hipótese do dr. Tengström in *Journ. Rom. Studies*, lv, 1965, p. 282.)

48. *Ep.* 185, ix, 36.
49. *Ep.* 185, iii, 12.
50. *Ep. 185*, iii, 12.
51. Ver Frend, *Donatist Church*, p. 296. O *Contra Gaudentium* é, visivelmente, o mais impiedoso dos escritos agostinianos em defesa da eliminação dos donatistas.
52. Laurêncio, destinatário do *Enchiridion: de VIII Dulcitii quaestionibus*, 10.
53. *Ep.* 204, 2.
54. Por exemplo, *Cod. Theod.*, XI, xxviii, 5.
55. Por exemplo, o *Vicarius* Macedonius: *Epp.* 152, 3, e 154, 1.
56. *Ep.* 137, v, 20; e implícito em *De civ. Dei*, XVIII, 41.
57. Ver esp. *Ep.* 96, 1: Agostinho dirige-se ao principal político do Império do Ocidente, Olímpio, como "companheiro servo", enaltecendo sua "obediência religiosa".
58. *Ep.* 151, 14.
59. Ver *supra*, p. 132-134.
60. Ver adiante, p. 396-397.
61. Olimpiodoro, fragmento 19, *Müller, Fragm. Hist. Graec.*, iv, p. 61.
62. Ver esp. Frend, *Donatist Church*, p. 292-293.
63. *Ep.* 151, 5-6.
64. *Ep.* 151, 9.
65. *Ep.* 151, 3.
66. *Ep.* 151, 13.
67. Ver adiante, p. 397-398.
68. *Ep.* 198, 6.
69. *Ep.* 199, xii, 46-47.
70. Por exemplo, *Enarr. in Ps.*, 61, 10.
71. *De perf. just.*, xviii, 35.
72. *Epp.* 91, 2 e 138, ii, 9.
73. *Ep.* 138, ii, 9 e iii, 17. Quanto à importância das esperanças de reforma por intermédio de um retorno às "antigas virtudes", ver Vittinghoff, "Z. geschichtl. Selbstverständnis", *Hist. Zeitschr.*, 198, 1964, p. 566.
74. *De civ. Dei*, II, 19.
75. *De civ. Dei*, V, 18; ver *supra*, p. 343-344.
76. Posteriormente, só conseguiu começar a escrever um livro depois de estar longe de Cartago e em segurança: *De VIII Dulcitii quaestionibus*, Prefácio; cf. *De gratia Christi*, i, 1.
77. *Ep.* 151, 13.
78. *De gest. Pel.*, xxii, 46.

29. PELÁGIO E O PELAGIANISMO

1. As bases do conhecimento moderno de Pelágio foram lançadas por G. de Plinval, *Pélage: ses écrits, sa vie et sa réforme*, 1943. Apesar da tentativa de caracterização feita por Plinval, Pelágio em si continua elusivo: Plinval, *Pélage*, esp. p. 17-46, atribui a maioria dos textos "pelagianos" ao próprio Pelágio, o que devemos contrastar com a lista mais

NOTAS

cautelosa de S. Prete, *Pelagio e il Pelagianesimo*, 1961, p. 191-193, e com os valiosos estudos críticos de R. F. Evans, "Pelagius, Fastidius and the pseudoAugustinian 'De Vita Christiana'", *Journ. Theol. Studies*, n.s., xiii, 1962, p. 72-98, e particularmente de J. Morris, "Pelagian Literature", *Journ. Theol. Studies*, n.s., xvi, 1965, p. 26-60, esp. p. 26-40. As notas críticas de Caspari, *Briefe, Abhandlungen u. Predigten*, 1894, p. 223--389, continuam a ser de grande valor, assim como as *7 Dissertationes* de Jean Garnier (1673), publicadas como o Segundo Apêndice de Marius Mercator, P.L. xlvii, 255-698. A. Hamman, *P.L. Supplementum*, 1958, p. 1101ss, fornece uma edição completa das obras sobreviventes atribuídas a Pelágio e seus seguidores; e R. S. T. Haslehurst, *The Works of Fastidius*, 1927, editou e traduziu os vívidos textos pelagianos descobertos por Caspari.
2. *Vie de Sainte Mélanie*, org. e trad. de Gorce, Sources chrétiennes, 90, c. 21, p. 170.
3. Sobre essa importante família, ver esp. Plinval, *Pélage*, p. 214-216; Brown, "Aspects of Christianisation", *Journ. Rom. Studies*, li, 1961, p. 9; e Chastagnol, *Les Fastes de la Préfecture urbaine*, 1962, p. 291 (árvore genealógica).
4. *Vie de Sainte Mélanie*, c. 19, p. 166.
5. Ver *supra*, p. 332.
6. Ver esp. Plinval, *Pélage*, p. 47-71.
7. Quanto a Rufino, um sírio, ver F. Refoulé, "La datation du premier concile de Carthage contre les Pélagiens et du *Libellus fidei* de Rufin", *Rev. études augustin.*, xi, 1963, p. 41-49, esp. p. 49. Sobre as leituras de Pelágio, ver esp. Plinval, *Pélage*, p. 72-97; e, quanto à importância do ressurgimento do origenismo em Roma, ver esp. T. Bohlin, *Die Theologie d. Pelagius u. ihre Genesis*, Uppsala Universitets Årsskrift, 9, 1957, p. 77-103.
8. *De pecc. orig.*, iii, 3.
9. Ver esp. Plinval, *Pélage*, p. 210-216.
10. A. Souter (org.), *Pelagius' Expositions of 13 Epistles of St. Paul*, Texts and Studies, 9, 2, 1923: Hamman, *P.L. Supplem.* 1110-1374; ver esp. Plinval, *Pélage*, p. 121166.
11. Ver Plinval, *Essai sur le style et la langue de Pélage*, 1947.
12. *Ep.* 188, iii, 13. [Os termos em latim correspondem a "eloquência" e "aspereza" ou "acrimônia". (*N. da T.*)]
13. *De gest. Pel.*, xxv, 50: "exortações veementes e ardorosas, a seu modo, a uma boa vida".
14. *In* P.L. xxx, 15-45.
15. E. Portalié, *A Guide to the Thought of St. Augustine*, trad. Bastian, 1960, p. 188.
16. *De gest. Pel.*, iii, 9 e 11.
17. Pelágio, *Ad Demetriadem*, 2 (P.L. xxx, 17B).
18. Ver adiante, p. 419-420, e Courcelle, *Les Confessions*, p. 590-595. A aristocracia cristã de Roma já estava acerbamente dividida entre Jerônimo e Rufino quanto à controvérsia origenista. Paulino, leal a Rufino e a seus patronos leigos, rompeu com Jerônimo (ver Courcelle, "Paulin de Nole et Saint Jérôme", *Rev. Études lat.*, xxv, 1947, p. 274-279). Os seguidores de Pelágio, homem violentamente atacado por Jerônimo, poderiam muito bem esperar apoio de Paulino.
19. Plinval, *Pélage*, p. 212. O mais bem informado adversário romano deles, Marius Mercator, tinha origem semelhante.
20. Morris, "Pelagian Literature", *Journ. Theol. Studies*, n.s., xvi, 1965, p. 41-43, examinou as provas existentes e concluiu que ele era de origem britânica; Plinval, *Pélage*,

p. 212 e esp. n. 1, concluiu por uma origem na Campânia ou na África. As duas visões são conjecturas.
21. *De induratione cordis Pharaonis, in* Plinval, *Essai,* p. 139, Hamman, *P.L. Supplem.,* 1507.
22. Em *De nat. e gratia,* xx, 23.
23. *De dono persev.,* xx, 53; ver Courcelle, *Les Confessions,* p. 580.
24. Reproduzido em P.L. xlviii, 599-606.
25. Por exemplo, *Ep.* 92, 6, em que ele discute detidamente suas ideias com Italica com grande cautela, ou até com desconfiança.
26. *De gest. Pel.,* xi, 23, e ver *supra,* p. 334-335.
27. Ver esp. J. H. Koopmans, "Augustine's first contact with Pelagius and the Dating of the Condemnation of Caelestius at Carthage", *Vigiliae Christianae,* 8, 1954, p. 149-153, retificado por F. Refoulé, "Datation", *Rev. études augustin.,* ix, 1963, esp. p. 41-44.
28. *Ep.* 146.
29. *De gest. Pel.,* xxv, 51.
30. Por exemplo, *Ep.* 166, iv, 10.
31. *De pecc. mer.,* III, 10: carta 64 de Cipriano a Fido.
32. Não por um africano, entretanto, e sim por Paulino, um diácono de Milão: ver adiante, p. 640, n. 8.
33. *De pecc. orig.,* iii-iv, 3; Bonner, *St. Augustine,* p. 321-322, traduz essa vívida entrevista.
34. *De gest. Pel.,* xiii, 30.
35. *De gest. Pel.,* xxiv, 65; *De gratia Christi,* xxxiii, 36.
36. Ver esp. Refoulé, "Datation", *Rev. études augustin.,* ix, 1963, p. 47-48.
37. *Ep.* 139, 3.
38. *De pecc. mer.,* III, i, 1.
39. Ver esp. Plinval, *Pélage,* p. 261-263.
40. *Ep.* 186, v, 13.
41. É particularmente grande a dívida para com os estudos fascinantes de J. N. L. Myres, "Pelagius and the End of Roman Rule in Britain", *Journ. Rom. Studies,* I, 1960, p. 21-36, e de J. Morris, "Pelagian Literature", *Journ. Theol. Studies,* n.s., xvi, 1965, esp. p. 43-60, por eles haverem chamado a atenção para as possíveis repercussões sociais de certos aspectos do pelagianismo. Todavia, não posso acompanhá-los em sua hipótese principal — a de que os ensinamentos de Pelágio estariam relacionados com um movimento social preciso —, nem estou convencido de que a Grã-Bretanha tenha sido o "olho do furacão" nesse movimento. Para uma crítica arguta da tese de Myres, ver W. Liebeschütz, "Did the Pelagian Movement have Social Aims?", *Historia,* xii, 1963, p. 227-241.
42. *De gest. Pel.,* xx, 45, e xxx, 55; e *Ep.* 183, 3.
43. *De gest. Pel.,* xxx, 54, e *Ep.* 172, 1.
44. A propósito do pelagianismo na Grã-Bretanha, ver esp. J. N. L. Myres, "Pelagius", *Journ. Rom. Studies,* I, 1960, p. 34-36, e Morris, "Pelagian Literature", *Journ. Theol. Studies,* n.s., xvi, 1965, p. 56-59. Em Rodes: Jerônimo, *Comm. in Hierem.,* prefácio, 4; na Sicília, ver esp. *Ep. "Honorificentiae tuae",* 5 (Caspari, p. 12), e *Ep.* 156, em Siracusa. A Sicília, terra de grandes e esplêndidas propriedades, tinha uma longa tradição, no baixo Império Romano, de um *otium* erudito que poderia abrigar tais grupos; ver *supra,* p. 131.

NOTAS

45. Ver Brown, "Aspects of Christianisation", *Journ. Rom. Studies*, li, 1961, p. 9-11.
46. Pelágio, *Ad Dem.*, 20 e 21 (P.L. xxx, 36A e D).
47. *Ep.* "*Honorificentiae tuae*", 4 (Caspari, p. 10). Essa citação aparece numa inscrição em Nola: Diehl, *Inscript. Lat. Christ.*, i, n° 2474.
48. *De divitiis*, vi, 1 (Caspari, p. 31); trad. Haslehurst, p. 30-107.
49. *De divitiis*, iv, 1 (Caspari, p. 27).
50. *De divitiis*, vi, 2 (Caspari, p. 32).
51. *De divitiis*, vi, 2 (Caspari, p. 32).
52. *Ep.* "*Honorificentiae tuae*", 4 (Caspari, p. 4); trad; Haslehurst, p. 2-17.
53. Pelágio, *Ad Dem.*, 16 (P.L. xxx, 31D-32).
54. *De vita Christiana*, 3 (P.L. xl, 1035).
55. Pelágio, *Ad Dem.*, 30 (P.L. xxx, 45).
56. *De divitiis*, vi, 3 (Caspari, p. 32-33).
57. Ver *supra*, p. 275-276.
58. Pelágio, *Ad Dem.*, 10 (P.L. xxx, 26B).
59. *De vita Christiana*, 9 (P.L. xl, 1038).
60. Ver esp. *De gest. Pel.*, xii, 27-28; cf. *Ep.* 185, ix, 38, quanto a uma importação natural de argumentos antipelagianos numa carta antidonatista.
61. Hilário se aproximara de Agostinho em busca de sua opinião sobre a natureza da Igreja "neste mundo": *Ep.* 157, iv, 40.
62. *C. Epp. Pel.*, III, v, 14.
63. Poderíamos citar como exemplo o jansenismo, que também se mostrou atraente para uma classe ameaçada de impotência política, como a aristocracia do baixo Império Romano: ver o tratamento fascinante e diferenciado que L. Goldmann deu a esse tema em *The Hidden God*, trad. Thody, 1964, p. 89-141.
64. *Ep.* 126, 6.
65. Pelágio, *Ad Dem.* 1 (P.L. xxx, 16B): "a espada da vontade".
66. Pelágio, *Ad Dem.* 10 (P.L. xx, 27C).
67. *De bono vid.*, xviii, 22.
68. *De divitiis*, vi, 2 (Caspari, p. 31).
69. *De vita Christiana*, 14 (P.L. xl, 1045).
70. Ver *supra*, p. 257.
71. Pelágio, *Ad Dem.* 6 (P.L. xxx, 22C).
72. *Vie de Ste. Mélanie*, org. Gorce, Sources Chrétiennes, 90, c. 20, p. 170; cf. *Ep.* 157, iv, 38.
73. Por exemplo, *Enarr. in Ps.*, 71, 3.
74. *Ep.* 157, iv, 37.
75. Pelágio, *Ad Dem.* 9 (P.L. xxx, 25B), e *De nat. et gratia*, xxix, 33.
76. *De nat. et gratia*, xxix, 33.
77. *De nat. et gratia*, lxvii, 82.
78. Por exemplo, em *De nat. et gratia*, i, 2.
79. Visto com clareza por E. Portalié, *A Guide to the Thought of S. Augustine*, p. 188-189.
80. Por exemplo, *De spiritu et littera*, xxviii, 48.
81. *Ep.* 130 (412), a Proba, e *De bono viduitatis* (414), a Juliana.
82. *De bono vid.*, xx, 26.
83. Por exemplo, *De castitate* (Caspari, p. 122-167), trad. Haslehurst, p. 200-285.

84. Amiano Marcelino, *Res gestae*, xxx, 5, 4-10.
85. Zózimo, *Historia Nova*, VI, 7.
86. *Ep.* 131.
87. *Ep.* 130, iii, 8.
88. Como foi sugerido por Myres, "Pelagius", *Journ. Rom. Studies*, I, 1960, p. 36.
89. Ver adiante, p. 417.
90. Orientius, *Carmen de Providentia* (P.L. li, 616-638); ver Plinval, *Pélage*, p. 404.
91. Por exemplo, *De pecc. mer.*, I, 65-68, e *De nat. et gratia*, xxi, 23.
92. Por exemplo, *Confissões*, IV, i, 1.
93. Ps. Jerônimo, *Ep.* 32, 3 (P.L. xxx, 247D).
94. Pelágio, *Ad Dem.*, 17 (P.L. xxx, 32C).
95. *Op. Imp.*, I, 78.
96. *Matth.* 5, 48: *Ep. De possibilitate non peccandi*, iv, 2 (Caspari, p. 119).

30. *CAUSA GRATIAE*

1. Ver esp. Plinval, *Pélage*, p. 252-355, e Bonner, *St. Augustine*, p. 320-346, que fornece uma exposição sensata.
2. *Ep.* 143, 2 e 3.
3. Ver *supra*, p. 310-311.
4. *Ep.* 143, 5.
5. Por exemplo, *Epis.* 92, 147 e 148.
6. *Epis.* 143, 5 e 180, 5.
7. *Ep.* 143, 4.
8. *Ep.* 162, 1.
9. *Ep.* 169, i, 4.
10. *Epis.* 166, iv, 10.
11. *Ep.* 166, viii, 25.
12. *Serm.* 294, 20.
13. *De gest. Pel.*, xxi, 46.
14. *Ep.* 187.
15. *Epis.* 194 e 193.
16. *Ep.* 186.
17. *Ep.* 157. A respeito de todos eles, ver o estudo meticuloso de H. Ulbrich, "Augustins Briefe z. entscheidender Phase d. pelagianischen Streites", *Rev. études augustin.*, ix, 1963, p. 51-75 e 235-258.
18. *De gratia Christi* e *De pecc. orig.*, para Piniano e Melania; ver *supra*, p. 325-326.
19. *Ep.* 184A, i, 1.
20. *Ep.* 186, xii, 39.
21. *De malis doctoribus*, xvii, 2 (Caspari, p. 101).
22. *Ep.* 188, i, 3.
23. Pelágio disse a um casal semelhante que seu erro era "cível", e não "penal": *De pecc. orig.*, xxiii, 26.
24. *De gest. Pel.*, xi, 25. Claramente percebido por Bonner, *St. Augustine*, p. 323-324.

25. Agostinho esperava que todos os católicos concordassem com ele contra Pelágio: *De gest. Pel.*, xxxv, 66.
26. Ver esp. Plinval, *Pélage*, p. 271-292 e 306-307, e G. D. Gordini, "Il monachesimo romano a Palestina nel iv sec.", *Studia Anselmiana*, 46, 1961, p. 85-107.
27. Pelágio, *Ep. ad Innocentium papam* (P.L. xlviii, 610B).
28. *De gest. Pel.*, i, 3.
29. *De gest. Pel.*, xix, 45.
30. *De gest. Pel.*, xxx, 54.
31. *De gest. Pel.*, i, 1.
32. Ver Próspero de Aquitânia, *Carmen de ingratis*, i, 72-92 (P.L. li, 100-102).
33. *Ep.* 191, 1.
34. *Ep.* 177.
35. *Ep.* 177, 6.
36. *Ep.* 177, 15.
37. *Ep.* 186, i, 2.
38. *Ep.* 175, 5.
39. *Ep.* 175, 2.
40. *Ep.* 177, 2 e 3.
41. *Ep.* 179, 1.
42. Por exemplo, *Ep.* 181, 4-5.
43. Ver esp. E. Caspar, *Geschichte d. Papsttums*, i, 1930, p. 331-337.
44. Ver esp. E. Caspar, *Geschichte d. Papsttums*, i, p. 344-356. G. Langgärtner, *Die Gallienpolitik d. Päpste in den v u. vi. Jhten.*, Theophaneia, 16, 1964, esp. P. 2452, critica de maneira mais favorável um episódio particularmente questionável na política de Zózimo.
45. Ver Bonner, *St. Augustine*, p. 341.
46. Zózimo, *Ep. "Postquam"*, 2 (P.L. xlv, 1721); ver adiante, p. 629, n. 58.
47. Zózimo, *Ep. "Postquam"*, 3 (P.L. xlv, 1722).
48. *Serm.* 131, x, 10.
49. *De gest. Pel.*, xxxiv, 59.
50. *De gest. Pel.*, xiii, 34.
51. Zózimo, *Ep. "Postquam"*, 1 (P.L. xlv, 1721).
52. Zózimo, *Ep. "Magnum pondus"*, 4 (P.L. xlv, 1720).
53. Zózimo, *Ep. "Magnum pondus"*, 5 (P.L. xlv, 1720). Para uma abordagem que simpatiza com a posição de Zózimo, ver esp. T. G. Jalland, *The Church and the Papacy*, 1944, p. 286-288, e F. Floeri, "Le pape Zosime et la doctrine augustinienne du péché originel", *Aug. Mag.*, ii, 1954, p. 755-761.
54. *Ep.* 186; ver Courcelle, *Les Confessions*, p. 590-595.
55. Por exemplo, *Ep.* 187, xiii, 40.
56. *Ep.* 187, i, 1.
57. Ver esp. J. Sundwall, *Weströmische Studien*, 1915, p. 9-11 e 67-68.
58. Eles se haviam envolvido na usurpação de Constantino III: Zózimo, *Ep.* "*Postquam*", 2 (P.L. xlv, 1721); ver Langgärtner, *Die Gallienpolitik d. Päpste*, p. 24 e 34.
59. *Ep.* 185.
60. *Retract.*, II, 74.
61. Bonner, *St. Augustine*, p. 344-345.
62. Bonner, *St. Augustine*, p. 344.

63. *Ep.* 172, 2. Marrou, "La technique de l'édition", *Vigiliae Christianae*, 3, 1949, p. 218, n. 36.
64. *Ep.* 178, 1. Sobre essa pessoa importante, ver L. Cantarelli, "L'Iscrizione onoraria di Giunio Quinto Palladio", *Bulletino Communale di Roma*, liv, 1926, p. 35-41.
65. Próspero, *Chron.* ad ann. 418 (P.L. li, 592A).
66. Procópio, *De bellis*, III, ii, 25-26.
67. Isso talvez fizesse parte de uma preocupação geral de restabelecer o prestígio de Roma depois do saque dos godos em 410. A vitória oficial de Honório na eliminação de um usurpador havia ocorrido em Roma no ano anterior: Próspero, *Chron.* ad. Ann. 417 (P.L. li, 592A).
68. *In* P.L. xlviii, 379-386, com comentários, 386-392.
69. *In* P.L. xlviii, 392-394. A excepcional severidade dessas leis foi enfatizada por Morris, "Pelagian Literature", *Journ. Theol. Studies*, n.s., xvi, 1965, p. 52-53.
70. Ver Bonner, *St. Augustine*, p. 345.
71. Ver o apelo deles em P.L. xlviii, 509-526; Plinval, *Pélage*, p. 336-341.
72. *Op. Imp.*, I, 10.
73. Édito em *Ep.* 201.
74. *Ep.* 206.
75. *Ep.* 200, 2.
76. O Rômulo da *Ep.* 247; ver Chastagnol, *Les Fastes de la Préfecture urbaine*, p. 290.
77. *Op. Imp.*, I, 42.
78. Carta de Aurélio: P.L., xlviii, 401A.
79. *C. Jul.*, III, 5.
80. *Op. Imp.*, I, 9.
81. *Ep.* 191, 2.
82. *Serm.* 181, 1.
83. *Serm.* 181, 3.
84. *Ep.* 195.
85. Por exemplo, *Ep.* 167, i, 2. Também Agostinho fora afetado por essas especulações: R. J. O'Connell, "The Plotinian Fall of the Souls in St. Augustine", *Traditio*, 19, 1963, p. 1-35.
86. *De anim. et eius orig.*, IV, ii, 2.
87. *De anim. et eius orig.*, III, xiv, 20.
88. *De anim. et eius orig.*, III, i, 2.
89. *De anim. et eius orig.*, III, i, 2.
90. *De anim. et eius orig.*, III, i, 1.
91. *De anim. et eius orig.*, IV, ix, 16.

31. *FUNDATISSIMA FIDES*

1. Ver esp. Bohlin, *Die Theologie d. Pelagius*, p. 29-39, esp. p. 35-37.
2. *Serm.* 131, 6; cf. *Serm.* 151, 4-5.
3. *Serm.* 155, 14.
4. Por exemplo, *De pecc. mer.*, III, viii, 15; *Serm.* 294, 15.

5. Por exemplo, Marius Mercator, *Liber subnotationum*, ii, 2 (P.L. xlviii, 124-125).
6. Pelágio, *Ad. Dem.* 8 (P.L. xxx, 24).
7. Pelágio, *Ad. Dem.* 3 (P.L. xxx, 18C); resumido em *Ep.* 186, x, 34.
8. *Serm.* 151, 4.
9. Pelágio, *Ad Dem.* 4 (P.L. xxx, 20B).
10. *Serm.* 155, 2.
11. Por exemplo, *De pecc. mer.*, II, viii, 10.
12. *De perf. just.*, xxi, 44.
13. *Serm.* 154, 14.
14. *Serm.* 45, 10.
15. *Serm.* 30, 4; cf. 30, 6.
16. *Serm.* 155, 15.
17. *De perf. just.*, xx, 43.
18. *Serm.* 30, 8.
19. Por exemplo, *Serm.* 131, 5; ver *supra*, p. 279.
20. *Ep.* 194, vii, 31.
21. *Serm.* 165, 9.
22. A carta a Demétria atribuída ao papa Leão seria intitulada de "Da humildade": P.L. lv, 161-180.
23. Mas ver os comentários pertinentes de Prete, *Pelagio*, p. 49-53, e de Refoulé, "Julien d'Éclane", *Rech. sc. relig.*, 52, 1964, p. 233-241. Quanto à facilidade com que uma coletânea de ditos pagãos alcançou imensa popularidade numa edição cristianizada, ver o excelente estudo de H. Chadwick, *The Sentences of Sixtus: A Contribution to the History of Early Christian Ethics* (Texts and Studies, n.s., v), 1959, esp. p. 118122 — a propósito do uso dessas máximas por Pelágio — e p. 138.
24. Do papa Gelásio aos bispos de Picenum: c.2 (P.L. xlv, 1766-1767).
25. Idem, c.8 (P.L. xlv, 1770-1771).
26. "Podemos observar aí, melhor do que em qualquer lugar, a 'lógica' da história. Na história da Igreja, talvez nunca tenha havido outra crise de igual importância em que os adversários hajam expressado com tanta clareza e abstração os princípios em debate": A. Harnack, *History of Dogma*, v, Dover, p. 169.
27. O diálogo do *Serm.* 131, 6 é de grande importância.
28. Ver *supra*, p. 198-199: por exemplo, *Ep.* I, 3-4 (P.L. iv, 201-205). Pelágio devia muito a Cipriano: ver Plinval, *Pélage*, p. 78-78. Ver *De gest. Pel.*, vi, 16: a perfeição cristã não seria atingida por uma criança, é claro, mas era possível, insistia Pelágio, para o adulto "convertido de seus pecados pregressos"; cf. *De nat. et gratia*, lii, 60-liv, 64. Sobre um traço marcante de perfeccionismo associado ao "Mistério" do batismo na Igreja primitiva, ver *supra*, p. 198-199, e especialmente os excelentes comentários de K. E. Kirk, *The Vision of God*, 1931, p. 229-234.
29. Ver *supra*, p. 198-199.
30. *Ep.* 186, xi, 37.
31. Por exemplo, *Op. Imp.* II, 8, e IV, 114 e 119.
32. Salmos 118, 133; *De pecc. mer.*, II, vi, 7; cf. *Epp.* 157, ii, 8 e 194, ii, 5: a inescrutável "Sabedoria" divina, essencial para as ideias agostinianas sobre a predestinação, foi sempre apresentada como a antítese do "Destino".
33. Ver esp. *Serm.* 153, 2, onde o maniqueu é apresentado como "encorajado" pelo que Agostinho acabara de dizer.

34. *Op. Imp.* V, 26. Honorato foi o destinatário da *Ep.* 140, na qual foram debatidas ideias antipelagianas, ou do *De utilitate credendi*, de 392 (e, portanto, deve ter-se mantido indiferente aos argumentos antimaniqueístas de seu amigo). Além disso, é bem possível que Firmo, o "agente literário" de Agostinho na Itália nessa época e amigo íntimo do conde Valério, protetor de Agostinho na corte (ver *supra*, p. 615, n. 39), tenha sido o mesmo comerciante maniqueísta convertido por Agostinho: *Vita*, XV, 5.
35. Ver adiante, p. 487.
36. Citado em *Op. Imp.*, III, 136-137. Os argumentos têm, efetivamente, uma notável semelhança com os usados por Agostinho, por se basearem em teses idênticas, sobretudo a respeito das "realidades" da vergonha e da perda de controle no intercurso sexual e da "realidade" do batismo dos bebês. A antítese entre a geração "espiritual" pelo batismo e a procriação "física", sumamente pejorativa, foi usada tanto pelo maniqueísta Fausto (*C. Faust.*, XXIV, 1) quanto, repetidas vezes, pelo próprio Agostinho: por exemplo, *Serm.* 294, 16.
37. Ver G. J. D. Aalders, "L'Êpitre à Menoch attribuée à Mani", *Vigiliae Christianae*, 14, 1960, p. 245-249.
38. *Ep. Secundini ad Aug.*
39. Ver esp. in P.L. xlviii, 626-630.
40. Trata-se de uma virtude exigida em 39 editos do Código Teodosiano.
41. Ver esp. Pelágio, *Ad Dem.*, 16 (P.L. xxx, 31D-32).
42. Ps. Jerônimo, *Ep.* 13, 6 (P.L. xxx, 172D).
43. In *De gratia Christi*, x, 11.
44. *Ep. "Honorificentiae tuae"*, 1 (Caspari, p. 7).
45. *Ep.* 145, 4.
46. *Retract.*, II, 63. Esse texto foi traduzido, com uma excelente introdução, por J. Burnaby: *Augustine: Later Works*, Library of Christian Classics, viii, 1955, p. 182-250.
47. Nas imagens do *Serm.* 155, 6, assim como o povo fica distante do Sinai, a Lei é externa a ele.
48. *Op. Imp.*, III, 106.
49. *Ecl.* 15, 14ss, citado por Celéstio: *De perf. just.*, xix, 40.
50. *De nat. et gratia*, x, 12.
51. Por exemplo, *Ep.* 157, ii, 8.
52. Por exemplo, *De nat. et gratia*, xxx, 34.
53. In *De perf. just.*, vi, 12.
54. Por exemplo, Pelágio, *Ad Dem.*, 8 (P.L. xxx, 24A).
55. *De pecc. mer.*, II, xvii, 26; cf. *De perf. just.*, xix, 41.
56. *Enarr. viii in Ps.*, 118, 4.
57. Ver *supra*, p. 173-174; cf. *De spiritu et littera*, xxxiv, 60.
58. *Serm.* 165, 3.
59. Jeremias 10, 23, in *De pecc. mer.*, II, xvii, 26.
60. Ver esp. o lúcido resumo sob a forma de citações das Escrituras, no qual cada passo segue-se a outro "como elos numa cadeia": *De spiritu et littera*, xxx, 52.
61. Por ex., *Enarr. x in Ps.*, 118, 1 e 6: "a prece do homem em desenvolvimento". Ver esp. C. Kannengiesser, "Enarratio in Psalmum CXVIII: Science de la révélation et progrès spirituel", *Rech. augustin.*, ii, 1962, p. 359-381, e A. M. La Bonnardière, *Rech. de chronologie augustin.*, p. 119-141.
62. *Enarr. xvii in Ps.*, 118, 2.

NOTAS

63. *Enarr. xvii in Ps.*, 118, 2: "e esses dois acham-se tão ligados entre si que um não pode existir sem o outro."
64. *Enarr. xvii in Ps.*, 118, 7.
65. Por exemplo, *De nat. et gratia*, lviii, 68.
66. Por exemplo, *Ep.* 186, iii, 10.
67. *De pecc. mer.*, II, xviii, 28.
68. *Tract. in Joh.*, 26, 4.

32. JULIANO DE ECLANO

1. F. Refoulé, "Julien d'Éclane, théologien et philosophe", *Recherches de sciences religieuses*, 51, 1964, p. 42 84 e 233-247, embora não histórico na abordagem e passível de críticas (ver F.-J. Thonnard in *Rev. Études augustin.*, xi, 1965, p. 296304), assinala o que esperamos ser um novo começo para um tratamento mais perspicaz de Juliano. Ver também A. Bruckner, *Julian v. Eclanum* (Texte u. Untersuchungen, 15, 3), 1897, e a lista de obras atribuídas a Juliano *in* Hamman, P.L. *Supplement*, i, 1571-1572.
2. A *Ep.* 101 responde a essa carta.
3. *Ep.* 101, 3.
4. *Ep.* 101, 1.
5. *Ep.* 101, 4.
6. Símaco, *Ep.* I, 3 (375 d.C.).
7. Genádio, *De viris illustribus*, 45 (P.L. lviii, 1084).
8. Diehl, *Inscript. Lat. Christ. vet.*, i, 2474.
9. Por exemplo, Diehl, *Inscript. Lat. Christ. vet.*, i, 2489.
10. *Op. Imp.*, VI, 12.
11. *Op. Imp.*, VI, 20.
12. Citado com frequência; por exemplo, *Op. Imp.*, III, 129; IV, 38; V, 11.
13. *Op. Imp.*, VI, 26.
14. Daí a citação de Juvenal (*Sat.* I, 5, 119) em *Op. Imp.*, VI, 29.
15. Paulino, *Carmen* XXV, especialmente I, 102.
16. Ver *supra*, p. 398-399.
17. Se é que seu sogro era Emílio de Benevento, que se distinguira numa missão a Constantinopla.
18. Genádio, *De vir. ill.*, 45 (P.L. lviii, 1084). Bruckner, *Julian*, p. 77, encontra poucos vestígios de grego nos escritos dele contra Agostinho.
19. Sobre a simpatia entre os dois homens, que não precisa equivaler a uma influência "pelagiana" em Teodoro, no entanto, ver J. Gross, *Entstehungsgeschichte d. Erbsündendogmas*, i, 1960, p. 190-204. Ver *Op. Imp.*, IV, 88: é Jerônimo, não Agostinho, quem é criticado por Teodoro.
20. Os dados sobre as últimas décadas da vida de Juliano foram reunidos por Vignier em P.L. xlv, 1040-1042, e aceitos por Bruckner, *Julian, op. cit.*, esp. p. 72.
21. Ver Morin, *in Revue bénédictine*, 30, 1916, p. 4.
22. Por exemplo, *C. Jul.*, I, iv, 11, e vii, 35.
23. Salmos, 82:17. Citado em *C. litt. Petil.*, I, xxix, 31.

24. *Op. Imp.*, V, 15.
25. *Op. Imp.*, IV, 46.
26. Por exemplo, *Op. Imp.*, VI, 18.
27. Por exemplo, *Op. Imp.*, I, 42 e 74.
28. Ver Plinval, *Pélage, op. cit.*, p. 341-347.
29. *Ep.* 194, sobre a qual ver adiante, p. 436.
30. Ver esp. H. von Schubert, *Der sogenannte Praedestinatus* (Texte u. Untersuchungen, 24, 4), 1903, esp. p. 82-85.
31. *De cura ger. pro mort.*, 2, que cita II Cor. 5:10 em favor da responsabilidade individual, em contraste com a fé cega na intercessão dos santos.
32. In P.L. xlv, 1750-1751; ver A. Chastagnol, *La Préfecture urbaine à Rome*, p. 170171.
33. *Op. Imp.*, II, 1.
34. *Op. Imp.*, III, 170.
35. Infelizmente, D. S. Wiesen, *St. Jerome as a Satirist*, 1964, é uma decepção.
36. Uranius, *De obitus sancti Paulini* (P.L. iii, 859).
37. *C. Jul.*, II, x, 36, e V, i, 4; *Op. Imp.*, II, 36.
38. Por exemplo, *C. Jul.*, V, i, 2.
39. Por exemplo, *C. Jul.*, VI, xx, 64; *Op. Imp.*, II, 51.
40. Por exemplo, *Op. Imp.*, III, 199, argumento extraído da cerimônia de exorcismo, tão drástico quanto o de Optatus, *De shism. Don.*, IV, 6 (P.L. xi, 1037). Agostinho admitiu ter usado esse argumento por falta de tempo para elaborar outro "mais sutil ou sagaz": *Ep.* 194, x, 46; cf. *Ep.* 193, ii, 4.
41. Por exemplo, *Op. Imp.*, III, 137 e 138.
42. *C. Jul.*, I, vii, 31.
43. *De miraculis sancti Stephani*, I, xv, 1 (P.L. xli, 842). Agostinho repetiu essa história para sua congregação: ver *Serm.* 323, 3 e 324.
44. *De miraculis sancti Stephani*, II, ii, 6 (P.L. xli, 846-847).
45. Ver esp. Refoulé, "Julien d'Éclane", *Rech. sc. relig.*, 52, 1964, esp. p. 241s.: ele estava bem municiado, é claro, com o tratado antimaniqueísta do próprio Agostinho, *De ii animabus*, 14-15.
46. Significativamente, Juliano contornou as citações agostinianas de Ambrósio: *Op. Imp.*, IV, 110-113.
47. *Ep.* 206.
48. *C. Jul.*, V, v, 23.
49. Ver *supra*, p. 142-143. Memor estava ciente dessa omissão quando lhe indagaram sobre a métrica usada por Davi.
50. Fulgêncio, *in* P.L. xlv, 1041-1042.
51. *C. Jul.*, II, x, 37.
52. Refoulé, "Julien d'Éclane", *Rech. sc. relig.*, 52, 1964, esp. p. 72, sobre a "concupiscência" em Juliano e São Tomás, porém com ressalvas (por exemplo, p. 62). Ver os comentários de Thonnard, *Rev. études augustin.*, xi, 1965, p. 298-304.
53. No que concerne à posição de Agostinho, sou particularmente grato à brilhante exposição de Burnaby, *Amor Dei*, esp. p. 184-214.
54. *Op. Imp.*, III, 67s.
55. Por exemplo, Cícero, citado em *C. Jul.*, IV, xiii, 78; ver esp. Dodds, *Pagan and Christian*, p. 23-24.
56. Ver esp. os levantamentos de N. P. Williams, *The Idea of the Fall and of Original Sin*, 1927, e J. Gross, *Entstehungsgeschichte d. Erbsündendogmas*, i, 1960.

57. *De mor. eccles. cath.* (I), xxii, 40.
58. Ver esp. Williams, *The Idea of the Fall,* op. cit., p. 294-310. Num sarcófago gaulês do fim do século III, o rito do batismo é mostrado em estreita relação com uma imagem da Queda de Adão; ver F. Van der Meer, "À propos du sarcophage du Mas d'Aire", *Mélanges Christine Mohrmann,* 1963, p. 169-176.
59. *Serm.* 151, 5.
60. *Serm.* 151, 5.
61. *Serm.* 151, 5.
62. *Serm.* 151, 8.
63. Ver Dodds, *Pagan and Christian,* p. 29-30.
64. Por exemplo, *De grat. et lib. arb.,* iv, 7.
65. Citado em *C. Jul.,* II, vi, 15.
66. *De nupt. et concup.,* I, xxiv, 27.
67. Por exemplo, *C. Jul.,* IV, ii, 10.
68. *C. Jul.,* IV, ii, 10.
69. *C. Jul.,* VI, xviii, 56.
70. Às vezes, Agostinho tem coerência suficiente para tratar a impotência como tão significativa quanto a paixão: por exemplo, *De pecc. mer.,* I, xxix, 57.
71. Ver *supra,* p. 201.
72. *C. Jul.,* IV, xiii, 71.
73. *C. Jul.,* IV, xiii, 71.
74. *C. Jul.,* IV, xiii, 71.
75. *De nupt. et concup.,* I, vii, 8.
76. *De nupt. et concup.,* I, xxi, 24.
77. Por exemplo, *C. Jul.,* IV, xii, 59.
78. *De civ. Dei,* XIV, 17.
79. Ver *supra,* p. 297.
80. Atitude de Catão, citada em *De nupt. et concup.,* I, xv, 17.
81. Por exemplo, *Cod. Theod.,* XVI, 2, 44 de 420.
82. Ver Dodds, *Pagan and Christian,* p. 32. Ele tinha poucas ilusões quanto às dificuldades vividas pelos cônjuges matrimoniais para aderir a essa regra: *De bono coniug.,* xiii, 15.
83. *De bono coniug.,* vii, 6, e *Ep.* 262.
84. *De bono coniug.,* iii, 3.
85. *De nupt. et concup.,* I, xxiii, 27.
86. *Confissões,* VI, xvi, 25.
87. Sobretudo em *Op. Imp.,* IV, 39-41.
88. *C. Jul.,* III, xiv, 28.
89. Por exemplo, Harnack, *History of Dogma,* v (Dover), p. 170.
90. Por exemplo, Juliano in *Op. Imp.,* VI, 1.
91. *Op. Imp.,* V, 64. Significativamente, é esse o título de um excelente estudo de R. Braun sobre Tertuliano, *"Deus Christianorum". Recherches sur le vocabulaire doctrinal de Tertullien,* 1962.
92. *Op. Imp.,* I, 48s.
93. Salmos, 10:8.
94. *Op. Imp.,* I, 49.
95. *Op. Imp.,* I, 37.

96. *Op. Imp.*, I, 28.
97. *Op. Imp.*, III, 27.
98. *Op. Imp.*, I, 14.
99. Ver esp. a linguagem técnica da legislação romana constantemente aplicada à Bíblia: *Op. Imp.*, II, 136; III, 34 e 43.
100. Não sem um certo pesar: por exemplo, *Ep.* 166, vi, 16; e insistindo no "mais leve de todos os castigos": *C. Jul.*, V, xi, 44.
101. *Op. Imp.*, I, 48.
102. W. H. C. Frend, *Martyrdom and Persecution*, p. 366.
103. Ver o estudo sumamente instrutivo de J. H. Baxter, "Notes on the Latin of Julian of Eclanum", *Bulletin du Cange*, 21, 1949, p. 5-54, esp. p. 12.
104. *Op. Imp.*, I, 82.
105. *Op. Imp.*, III, 20.
106. Ezequiel 18:20, citado em *Op. Imp.*, III, 49.
107. *Op. Imp.*, III, 7.
108. *Op. Imp.*, III, 27.
109. *Op. Imp.*, I, 4.
110. *Serm.* 341, 9.
111. *Ad Simplicianum de div. quaest.*, pergunta ii, 16.
112. *De nupt. et concup.*, I, xix, 21; cf. *C. Jul.*, III, xix, 37.
113. Por exemplo, Êxodo, 34:7 e as citações do Velho Testamento em *Op. Imp.*, I, 50, e III, 12-15.
114. Por exemplo, *C. Jul.*, VI, xxv, 82.
115. Ver *supra*, p. 421-422.
116. *Retract.*, II, 28.
117. Por exemplo, *Op. Imp.*, I, 97 corrige Juliano no tocante às implicações do dualismo maniqueísta.
118. *De nupt. et concup.*, II, iii, 9.
119. *De nupt. et concup.*, II, xxix, 50.
120. Por exemplo, *C. Jul.*, IV, xiii, 83.
121. *Op. Imp.*, I, 25.
122. Por exemplo, *De mor. Man.* (II), ix, 14.
123. Por exemplo, *C. Jul.*, IV, xiii, 72.
124. *Op. Imp.*, I, 49.
125. *Op. Imp.*, I, 120.
126. Ver *supra*, p. 62-63.
127. *Op. Imp.*, I, 49.
128. Por exemplo, *De civ. Dei*, XXI, 24, 78: "pois esta vida, para os mortais, é 'A Ira Divina'."
129. Ver o comentário sumamente revelador de que, se os homens estivessem em condições de deter os males a seu redor e não o fizessem, seriam considerados culpados por eles: *C. Jul.*, V, iii, 14.
130. Salmos 77:49, citado em *C. Jul.*, V, iii, 8; cf. *C. Jul.*, VI, viii, 31.
131. Por exemplo, *De civ. Dei*, XX, 8, 41.
132. *Enarr. in Ps.*, 61, 20; e Denis 21, 6 (*Misc. Agostin.*, i, p. 130).
133. *De nupt. et concup.*, I, xxiii, 26.
134. *C. Jul.*, VI, xxi, 67.

135. Ver *De civ. Dei*, XXII, 22.
136. Ver Chavannes-Pelliot, *Journal asiatique*, série X, xviii, 1911, p. 517, nota 2.
137. *Op. Imp.*, VI, 30.
138. João Crisóstomo, *Hom. 28 in Matthaeum* (*Patrologia Graeca*, lvii, 353).
139. Por exemplo, *Enarr. in Ps.*, 136, 9: "uma terapia, não um castigo"; ver esp. *De Gen. ad litt.*, XI, xxxv, 48, onde "toda a labuta extenuante desta vida", inclusive o caráter vergonhoso da sexualidade depois da Queda, é tratada como uma disciplina que leva ao autoconhecimento e à humildade.
140. *De corrept. et gratia*, xiv, 43.
141. *C. Jul.*, III, vi, 12.
142. Por exemplo, *Op. Imp.*, III, 154.
143. *De nupt. et concup.*, II, xxxv, 59.
144. *Op. Imp.*, VI, 41.
145. *Op. Imp.*, I, 22.

33. PREDESTINAÇÃO

1. Tenho uma dívida particular para com as discussões sumamente estimulantes sobre a postura de Agostinho em Burnaby, *Amor Dei*, p. 226-241, e para com R. Lorenz, "Der Augustinismus Prospers v. Aquitanien", *Zeitschr. für Kirchengesch.*, 73, 1962, p. 217-252, esp. p. 238-250.
2. *Op. Imp.*, II, 102.
3. Genádio, *De vir. ill.*, 19 (P.L. lviii, 1073).
4. Em *Ep.* 201.
5. Em P.L. xlv, 1751.
6. Ver Schubert, *Der sogennante Praedestinatus*, esp. p. 21. O Livro III do *Praedestinatus* é uma caricatura brilhante (P.L. liii, 627-672).
7. O. Chadwick, *John Cassian*, 1950, e esp. P. Munz, "John Cassian", *Journ. Eccles. Hist.*, xi, 1960, p. 1-22.
8. *Ep.* 215, 2.
9. Por exemplo, *De dono persev.*, xxi, 55.
10. *Ep.* 216, 3.
11. Ver esp. J. Chéné, "Les origines de la controverse semi-pélagienne", *Année théol. augustin.*, 13, 1953, p. 56 109.
12. A "Sabedoria", antítese do "Destino" ou da "Sorte", é central na ideia agostiniana de predestinação: por exemplo, *Ep.* 194, ii, 5. Sobre a reação de Agostinho à ideia da "profundidade" da Sabedoria Divina, muito diferente daquela de Orígenes e até da ideia de São Paulo, ver esp. M. Pontet, *L'Exégèse de S. Augustin*, p. 499 e esp. p. 513: "'O altitudo' reste chez lui un cri de terreur plus que d'amour débordant et stupéfait" ["Nele, 'Ó, Altíssimo' mais é um grito de terror que de amor transbordante e estupefato" (*N. da T.*)].
13. Como na *Ep.* 190, iii, 12.
14. *Ep.* 194, ii, 3-4. Ver A. Sage, "'Praeparatur voluntas a Deo", *Rev. études augustin.*, x, 1964, p. 1-20. A exposição clássica da postura agostiniana é O. Rottmanner, *Der*

Augustinismus, 1892 (trad. francesa em *Mélanges de science religieuse*, vi, 1949, p. 31-48). Ela foi questionada, em favor de uma interpretação mais otimista, por F.-J. Thonnard, in *Rev. études augustin.*, ix, 1963, p. 259-287, e x, 1964, p. 97123. G. Nygren, *Das Prädestinationsproblem i.d. Theologie Augustins* (Studia Theologica Lundensia, 12), 1956, é uma avaliação muito interessante. Pontet, *L'Exégèse de S. Augustin*, p. 480-501, oferece uma caracterização brilhante dessa ideia nos sermões de Agostinho.

15. "A mente é cativada pela força de um Outro"; Meyendorff e Baynes, "The Byzantine Inheritance in Russia", in Baynes e Moss (orgs.), *Byzantium*, 1948, p. 380 (sobre o pensamento de Nil Sorski).
16. Ver G. Folliet, "Les moines euchites à Carthage en 400-401" (Studia Patristica, ii), *Texte u. Untersuchungen*, 64, 1957, p. 386-399.
17. *Ep.* 225, 3, e *De praed. sanct.*, X, 21.
18. *Guelf* 18, 1 (*Misc. Agostin.*, i, p. 499).
19. *De don. persev.*, xv, 38.
20. *Epis.* 225 e 226. A carta de Próspero e seus outros escritos foram traduzidos e comentados por P. De Letter, *St. Prosper of Aquitaine, Defense of St. Augustine* (Ancient Christian Writers, xxxii), 1963.
21. Ver esp. as observações concisas e sugestivas de J. M. Wallace-Hadrill, "Gothia and Romania", *The Long Haired Kings*, 1962, p. 35-36.
22. *Ep.* 226, 2. Convém lembrar a frequência com que cenas que mostram curas milagrosas de Cristo aparecem nos sarcófagos de cristãos primitivos, como símbolos de cura espiritual.
23. *Ep.* 226, 2.
24. *Ep.* 225, 3.
25. Por exemplo, *Ep.* 225, 6.
26. Por exemplo, o *Epigramma Paulini*, esp. I, 1 (*Corpus Scriptorum Ecclesiae Latinorum*, xvi, p. 503-506).
27. *De vocatione omnium gentium*, ii, 16 (P.L. li, 704A).
28. Por exemplo, *Ep.* 225, 5.
29. Por exemplo, *De corrept. et gratia*, xiv, 44.
30. Próspero, *Ep. ad Rufinum*, xiii, 14 (P.L. li, 85A).
31. Patrício, *Confessio*, 16 (P.L. liii, 809-810).
32. *Ep.* 199, xii, 46.
33. *Serm.* III, 1.
34. Org. G. Morin in *Rev. bénédictine*, 18, 1901, p. 241-256.
35. *Rev. bén.*, 18, 1901, p. 255.
36. *Rev. bén.*, 18, 1901, p. 256.
37. *Rev. bén.*, 18, 1901, p. 247 (2 Tim., 2:24).
38. *Rev. bén.*, 18, 1901, p. 253.
39. *Rev. bén.*, 18, 1901, p. 249.
40. *Rev. bén.*, 18, 1901, p. 256, citando Deuteronômio 32:7; cf. *Ep.* 46, ver *supra*, p. 303-304.
41. *Ep.* 215, 6.
42. *Ep.* 215, 8.
43. *Rev. bén.*, 18, 1901, p. 243.
44. *Ep.* 220, 2.
45. *De dono persev.*, xxi, 56; ver *infra*, p. 382-383.
46. *De corrept. et gratia*, x, 26.

47. *De dono persev.*, xxi, 54.
48. *Rev. bén.*, 18, 1901, p. 254.
49. *De grat. et lib. arb.*, i, 1; *De praed. sanct.*, i, 2, citando Filipenses 3:15-16; ver *supra*, p. 610, n. 75.
50. *Ep.* 215, 2.
51. *Ep.* 214, 6-7.
52. Chéné, "Les origines", *Année théologique augustinienne*, 13, 1953, p. 109.
53. *Ep.* 225, 7.
54. *De corrept. et gratia*, ii, 4.
55. *De doct. christ.*, Proêmio, 5.
56. *De corrept. et gratia*, v, 7; cf. *De doct. christ.*, IV, xvi, 33.
57. *Vita*, XXVIII, 3.
58. Morris, "Pelagian Literature", *Journ. Theol. Studies*, n.s. xvi, 1965, p. 59-60.
59. Deuteronômio 8:17, em *De grat. et lib. arb.*, vii, 16.
60. Por exemplo, *De dono persev.*, xii, 31.
61. *C. Jul.*, VI, xii, 38.
62. Acertadamente enfatizado por Lorenz, "Der Augustinismus Prospers", *Zeitschr. für Kirchengesch.*, 73, 1962, p. 246.
63. I Reis 22:19, in *C. Jul.*, iii, 13.
64. Por exemplo, *De dono persev.*, ix, 22.
65. *Ep.* 204, 2; ver *supra*, p. 369-370.
66. Em P.L. li, 427-496. Ver esp. a análise magistral e as conclusões de Lorenz, "Der Augustinismus Prospers", *Zeitschr. für Kirchengesch.*, 73, 1962, p. 218-232.
67. Por exemplo, *Sent.* 50, 51 e 53.
68. *Ep.* 130, ii, 4.
69. Ver *supra*, p. 200, e *De sancta virg.*, xlii, 43.
70. *De grat. et lib. arb.*, xx, 42.
71. *De corrept. et gratia*, viii, 18, e *De dono persev.*, ix, 21.
72. *C. Jul.*, III, x, 22.
73. *Op. Imp.*, V, 57.
74. Por exemplo, *De corrept. et gratia*, viii, 17.
75. *De dono persev.*, viii, 19.
76. *De corrept. et gratia*, ix, 20.
77. Por exemplo, *Ep.* 231, 6.
78. *De dono persev.*, xx, 53.
79. *Serm.* 15, 5.
80. Por exemplo, *De dono persev.*, iii, 4; vii, 13; e xxii, 60-62.
81. Ver *supra*, p. 271; ver esp. *De dono persev.*, xii, 63.
82. Ver *infra*, p. 463-464.
83. *Vita*, XXVIII, 13.
84. *Vita*, XXIX, 1.
85. *De dono persev.*, vii, 14.
86. *De praed. sanct.*, xiv, 31.
87. Claramente percebido por Pontet, *L'Exégèse de S. Augustin*, p. 502-510.
88. *De corrept. et gratia*, xii, 35.
89. *Serm.* 344, 4 (traduzido adiante, p. 471-472).
90. *Serm.* 345, 6.
91. *Vita*, prefácio, 2.

34. VELHICE

1. *Ep.* 213, 5.
2. *Ep.* 213, 1.
3. Sermão de Eráclio em P.L. xxxix, 1717.
4. P.L. xxxix, 1717-1719.
5. *Guelf* 32, 4 (*Misc. Agostin.*, i, p. 566).
6. Ver adiante, p. 450-451.
7. Sobre a influência do exemplo de Ambrósio em Agostinho, ver Courcelle, *Les Confessions*, p. 617-621, e, em geral, Van der Meer, *Augustine*, p. 570-572.
8. Ver a excelente edição, tradução e introdução de M. Pellegrino, *Paolino di Milano, Vita di S. Ambrogio* (Verba Seniorum, n.s. 1), 1961, e, mais recentemente, A. Paredi, "Paulinus of Milan", *Sacris Erudiri*, xiv, 1963, p. 206-230.
9. Paulino, *Vita*, c. 55 (ed. Pellegrino, p. 128-129).
10. Ver especialmente duas excelentes edições, com tradução e comentários, de H. T. Weisskotten, *Sancti Augustini Vita scripta a Possidio episcopo, Edition with Revised Text, Introduction, Notes and an English Version*, 1919, e M. Pellegrino, *Possidio, Vita di Agostino* (Verba Seniorum, 4), 1955.
11. *Vita*, XXII, 6.
12. *Vita*, XXV, 2.
13. *Vita*, XXII, 5.
14. Por exemplo, *Vita*, XXIV, 1-17, sobre a cautela financeira de Agostinho.
15. *Serm.* 356, 1.
16. *Serm.* 355, 6.
17. *Serm.* 355, 4 e 6.
18. *Serm.* 355, 3.
19. *Serm.* 355, 6.
20. *Serm.* 355, 7.
21. *Serm.* 356, 1.
22. Usado como tal por Jones, *The Later Empire*, ii, p. 771.
23. *Serm.* 356, 13.
24. *Serm.* 356, 14.
25. *Serm.* 356, 15.
26. *Ep.* 213, 1.
27. *Ep.* 211, 4.
28. *Serm.* 356, 4. Ver P. Verbraken, "Les deux sermons du prêtre Éraclius d'Hippone", *Rev. bénédictine*, 71, 1961, p. 3-21.
29. Por exemplo, *Ep.* 202A, iii, 7.
30. Ver *supra*, p.299.
31. *Ep.* 118, ii, 9.
32. *Ep.* 231, 7.
33. *Epis.* 222, 1 e 223, 4.
34. Sobre o qual ver, em especial, a excelente introdução de R. Braun em *Quodvultdeus, Livre des promesses et des prédictions de Dieu*, Sources chrétiennes, 101, 1964, i, p. 88-112.
35. *Ep.* 221, 3.
36. *Ep.* 222, 1.

NOTAS

37. Ver esp. Courcelle, *Les Lettres grecques*, p. 192-194.
38. *Ep.* 223, 3.
39. Ver Brown, "Religious Coercion", *History*, xlviii, 1963, p. 292-293.
40. *Guelf* 32 (*Misc. Agostin.*, i, p. 563-575).
41. *Ep.* 209.
42. *Ep.* 209, 4.
43. *Ep.* 209, 6.
44. *Ep.* 209, 5.
45. *Ep.* 209, 9.
46. *Ep. ad cath.*, xix, 49-50.
47. *De cura ger. pro mort.*, xii, 15.
48. *Serm.* 322 e 323, 2.
49. Ver *supra*, p. 38-42.
50. *Vita*, XXIX, 5.
51. Ver especialmente *De civ. Dei*, XXII, 8.
52. *De miraculis sancti Stephani*, I, 14 (P.L. xli, 841).
53. *Ep.* 78, 3.
54. Em *De civ. Dei*, XXII, 8.
55. *Ep.* 52, 2.
56. *Serm.* 317, 1.
57. *De miraculis sancti Stephani*, I, 7 (P.L. xli, 839).
58. Ver a conveniente tabela de H. J. Diesner, "Die Circumcellionen v. Hippo Regius", *Kirche und Staat im spätrömischen Reich*, 1963, p. 79.
59. *Ep.* 78, 3.
60. Ver em Quodvultdeus, *Livre des promesses*, VI, vi, 11, org. Braun, ii, p. 609, uma descrição católica dos milagres de um curandeiro rival: "truques baseados na pura imaginação", pelos quais "as massas julgavam haver recuperado a visão e a capacidade de andar".
61. Ver o excelente estudo de J. de Vooght, "Les miracles dans la vie de S. Augustin", *Recherches de théologie ancienne et médiévale*, xi, 1939, p. 5-16.
62. *Serm.* 356, 4.
63. *Serm.* 316, 5.
64. Por exemplo, *De civ. Dei*, XXII, 8, 164-168.
65. *De civ. Dei*, XXII, 8, 400.
66. Ver os estudos magistrais de H. Delehaye, "Les premiers 'libelli miraculorum'", *Analecta Bollandiana*, 29, 1910, p. 427-434, e "Les recueils antiques des miracles des saints", *Analecta Bollandiana*, 43, 1925, p. 74-85.
67. Jones, *The Later Empire*, ii, p. 963: "essas histórias tolas..."
68. *De civ. Dei*, XXII, 8, 160.
69. *De civ. Dei*, XXII, 8, 350-353.
70. Ver *supra*, p. 420-421.
71. *De civ. Dei*, XXII, 8, 568. A atitude deles era justificada por todo o clima intelectual da baixa Antiguidade; ver especialmente H. I. Marrou (em colaboração com A. M. La Bonnardière), "Le dogme de la résurrection des corps et la théologie des valeurs humains selon l'enseignement de saint Augustin", *Rev. études augustin*, xii, 1966, p. 111-136, especialmente p. 115-119.
72. *Ep.* 227.

73. *De vera relig.*, XXV, 47.
74. *Retract.* I, 13, 7.
75. Implicado por Jones, *The Later Roman Empire*, ii, p. 963-964.
76. Enfatizado com acerto por Van der Meer, *Augustine*, p. 527-557.
77. Por exemplo, *De cura ger. pro mort.*, xvi, 19.
78. *De civ. Dei*, XXI, 4, 81.
79. *De civ. Dei*, XXII, 11.
80. *C. Jul.* V, xiv, 51.
81. Por exemplo, *C. Jul.* VI, vi, 15.
82. *De nupt. et concup.*, I, xix, 21.
83. Ver especialmente *C. Jul.*, VI, vi, 17-18.
84. Citado por Marrou, *S. Augustin et la fin de la culture antique*, p. 151-157, numa brilhante caracterização dessa atitude.
85. Por exemplo, *Ep.* 137, iii, 10.
86. *De util. cred.*, xvi, 34.
87. *C. Faust.*, XXVI, 3.
88. Ver *supra*, p. 429.
89. *Serm.* 88, 5.
90. Ver especialmente Burnaby, *Amor Dei*, p. 113-114.
91. *Serm.* 299, 8, e 355, 4.
92. *Serm.* 317, 3.
93. *De civ. Dei*, XXII, 22, 90.
94. *De cura ger. pro mort.*, xvi, 20.
95. *Serm.* 317, 1.
96. *Serm.* 88, 2.
97. *Tract. in Joh.*, 13, 17.
98. *De VIII Dulcitii quaest.*, vii, 3.
99. *Serm.* 286, 5.
100. *De civ. Dei*, XXII, 9.
101. Salmo 93: 11, em *De civ. Dei*, XXII, 4.

35. O FIM DA ÁFRICA ROMANA

1. O melhor estudo é, sem sombra de dúvida, o de C. Courtois, *Les Vandales et l'Afrique*, 1955.
2. *Ep.* 47, 2.
3. *Ep.* 220, 7.
4. *Ep.* 111, 7.
5. B. H. Warmington, *The North African Provinces*, p. 20-26.
6. *Ep.* 199, xii, 46.
7. Ver *supra*, p. 171.
8. Ver *supra*, p. 328; ver G. Bonner, "Augustine's Visit to Caesarea in 418", *in* Dugmore e Duggan (orgs.), *Studies in Church History*, 1964, vol. 1, p. 104-113.
9. Ver *supra*, p. 344-345 e p. 372.

10. *De civ. Dei*, XXI, 4, 15.
11. Por exemplo, *Cod. Theod.*, XV, 11, 1.
12. Salviano, *De gubernatione Dei*, VII, 16 (P.L. liii, 143).
13. Ver *supra*, p. 32-33.
14. *Enarr. in Ps.*, 136, 3.
15. *Enarr. in Ps.*, 136, 5; cf. *De miraculis S. Stephani*, II, iii, 9 (P.L. xli, 849).
16. *Mai*, 126, 12 (*Misc. Agostin.*, i, p. 366).
17. *Serm.* 345, 1.
18. Ver *supra*, p. 398 e 418-419.
19. *Epis.* 229-231.
20. Corretamente enfatizado por Frend, *Donatist Church*, p. 329.
21. Por exemplo, *Cod. Theod.*, VII, xiii, 22 (428), significativamente dirigido ao pagão Volusiano (ver *supra*, p. 332); ver o interessante estudo de T. Kotula, *Zgromadzenia prowincjionalne w rzymskiej Afryce w epoce póznego Caesarstwa*, 1965, esp. p. 161166 (resumo em francês: *Les Assemblées provinciales dans l'Afrique romaine sous le Bas--Empire*, p. 171-179), que talvez exagere a decadência dessas instituições nas últimas décadas da África romana. Hoje é possível ver Macróbio, o autor das *Saturnalia*, como um produto desse meio africano: ver *supra*, p. 614, n. 15.
22. *Ep.* 209, 5.
23. *Enarr. in Ps.*, 136, 3; cf. *De div. quaest.*, LXXXIII, 79, 4, sobre a requisição de cavalos.
24. *Serm.* 302, 16.
25. J. Heurgon, *Le Trésor de Ténès*, 1958.
26. Por exemplo, *Cod. Theod.*, XVI, 2, 31; ver Brown, "Religious Coercion", *History*, xlviii, 1963, p. 288.
27. Ver especialmente H. J. Diesner, "Die Laufbahn des *Comes Africae* Bonifatius und seine Beziehungen zu Augustin", *Kirche und Staat im spätrömischen Reich*, 1963, p. 100-126.
28. *Ep.* 185, i, 1. Sobre a súbita disseminação do arianismo na África, em meio a esses militares e seus bispos, ver especialmente La Bonnardière, *Rech. de chronologie augustin.*, p. 94-97.
29. *Retract.*, II, 73.
30. *Ep.* 220, 2 e 12.
31. Ver *supra*, p. 153-154.
32. *Ep.* 220, 3.
33. Ver *supra*, p. 357-358.
34. *Ep.* 220, 3.
35. Warmington, *The North African Provinces*, p. 10-12.
36. *Ep.* 220, 3 e 5.
37. *Ep.* 220, 4.
38. *Ep.* 220, 4.
39. Diesner, "Bonifatius", *Kirche und Staat im spätrömischen Reich*, p. 111.
40. *Ep.* 220, 7.
41. *Ep.* 220, 8.
42. *Ep.* 220, 5.
43. *Serm.* 114.
44. *Ep.* 220, 2.

45. *Ep.* 220, 1-2.
46. *Ep.* 220, 7.
47. *Ep.* 220, 6.
48. *Ep.* 220, 5.
49. *Ep.* 220, 1 e 9.
50. Ver esp. A. M. la Bonnardière, "Quelques remarques sur les citations scripturaires du *de gratia et libero arbitrio*", *Rev. études augustin.*, ix, 1963, p. 77-83.
51. *Ep.* 220, 12; cf. *Ep.* 229, 2.
52. Jordanes, *Getica*, 33.
53. *Vita*, XXVIII, 4.
54. Salviano, *De gubernatione Dei*, VII, 11 (P.L. liii, 138).
55. Ver esp. H. J. Diesner, "Die Lage der nordafrikan. Bevölkerung im Zeitpunkt der Vandaleninvasion", *Historia*, xi, 1962, p. 97-111 (*Kirche und Staat im spätrömischen Reich*, p. 127-139), e P. Courcelle, *Histoire littéraire des grandes invasions*, p. 115-139.
56. *Vita*, XXX, 1.
57. Por exemplo, *C. litt. Petil.*, II, xix, 42-43.
58. *Ep.* 228, 2 e 4.
59. *Ep.* 228, 4.
60. A *Ep.* 228 foi incluída por Possídio em *Vita* (XXX, 3-51).
61. *Ep.* 228, 11.
62. *Vita*, XXVIII, 12.
63. *Vita*, XXVIII, 13.
64. *De civ. Dei*, III, 20, 39.
65. Victor Vitensis, *Historia persecutionis Vandalicae*, I, iii, 10 (P.L. lviii, 185); ver Courtois, *Les Vandales*, p. 163.
66. *Vita*, XXIX, 1.
67. *Vita*, XXVIII, 6-8.
68. *Vita*, XXVIII, 11.
69. Plotino, *Enéadas* I, iv, 7 (MacKenna, 2, p. 46-47); ver Pellegrino, *Possidio*, p. 226, n. 14, e Courcelle, *Histoire littéraire*, p. 277-282.

36. MORTE

1. *Ep.* 230.
2. *Ep.* 231.
3. *Ep.* 231, 2.
4. *Ep.* 231, 6.
5. *Ep.* 231, 3.
6. *Ep.* 231, 3; cf. *Ep.* 118, iii, 13.
7. *Ep.* 231, 7.
8. *Ep.* 231, 1.
9. Ver especialmente La Bonnardière, *in Rev. études augustin.*, ix, 1963, p. 77-83.
10. Ver *supra*, p. 435.

NOTAS

11. Ver *supra*, p. 420-421.
12. Donde o *Tractatus adversus Judaeos*.
13. *Collatio cum Maximino*, especialmente I, 1.
14. Ver B. Altaner, "Die Bibliothek des heiligen Augustinus", *Theologische Revue*, 1948, p. 73-78. Sabemos muito mais sobre outras bibliotecas do baixo-império, por exemplo, por intermédio de H. I. Marrou, "Autour de la bibliothèque du pape Agapet", *Mél. d'archéol. et d'histoire*, 48, 1931, p. 124-169.
15. Por exemplo, *Retract*. II, 39.
16. Por exemplo, *Retract*. II, 30, sobre o *De doctrina christiana*.
17. Por exemplo, *Retract*. I, 17.
18. *Retract*., Prólogo, 3.
19. *Ep.* 224, 3.
20. Ver esp. A. Harnack, "Die Retractationen Augustins", *Sitzungsber. preuss. Akad. der Wiss.*, 1905, 2, p. 1096-1131.
21. Ver especialmente J. Burnaby, "The 'Retractations' of St. Augustine: Self-criticism or Apologia?", *Aug. Mag.*, i, 1964, p. 85-92.
22. *Retract*., Prólogo, 3.
23. *Retract*., Prólogo, 1.
24. Ver *supra*. Próspero de Aquitânia, por exemplo, já recorrera às "Obras completas" de Agostinho contra as meras "leituras" dos semipelagianos: *Ad Rufinum*, iv, 5 (P.L. li, 80).
25. *Retract*., Prólogo, 2.
26. *Retract*., Prólogo, 3.
27. Por exemplo, *Retract*. I, 10, 2, sobre o *De musica*, e II, 41, 2, sobre o *De Trinitate*; ver o estudo interessantíssimo de R. A. Markus, "'Imago' and 'Similitudo' in Augustine", *Rev. études augustin.*, xi, 1964, p. 125-143.
28. Por exemplo, *Retract*., Prólogo, 3, sobre seus escritos em Cassicíaco.
29. Por exemplo, *Retract*. I, 26.
30. Por exemplo, *Retract*. I, 8.
31. *Vita*, XXVIII, 1.
32. *Retract*. II, 41, 3.
33. *Retract*. II, 88, 2.
34. *Retract*. II, 32.
35. *Retract*., Prólogo, 2.
36. *Vita*, XXXI, 4.
37. *Serm.* 345, 2.
38. Ver *supra*, p. 324-325 e 330.
39. *Serm.* 345, 2.
40. *Serm.* 344, 4.
41. Urânio, *De obitu sancti Paulini*, 3 (P.L. liii, 861).
42. *Serm.* 348, 2.
43. *Vita*, XXXI, 1-3.
44. Ver H. V. M. Dennis, "Another note on the Vandal occupation of Hippo", *Journ. Rom. Studies*, xv, 1925, p. 263-268. No intervalo de uma geração, a esposa sueva de um vândalo seria sepultada na grande basílica de Agostinho: Marec, *Les Monuments*, p. 62-63. Frend, *Donatist Church*, p. 229-230, talvez seja indevidamente pessimista a respeito da sobrevivência da memória de Agostinho em Hipona: ver H. I. Marrou, "Épitaphe chrétienne d'Hippone à réminiscences virgiliennes", *Libyca*, i, 1953, p. 215-230.

45. *Vita*, XXX, 1.
46. Próspero, *Chron*., ad ann. 438 (P.L. li, 547).
47. Editada por A. Wilmart, *Misc. Agostin.*, ii, p. 149-233.
48. *Vita*, XVIII, 9.
49. *Vita*, XXXI, 9.

EPÍLOGO
NOVAS PROVAS

1. Ver *supra*, p. 468-470, com Goulven Madec, *Introduction aux "Révisions"*, Paris: Institut d'Études augustiniennes, 1996, p. 9-24.
2. Sobre o *Indiculum*, ver especialmente G. Madec, "Possidius de Calama et les listes des oeuvres d'Augustin", *in* J.-C. Fredouille, M. O. Goulet-Cazé, P. Hoffmann e P. Petitmengin (orgs.), *Titres et articulations du texte dans les oeuvres antiques*, Paris: Institut d'Études augustiniennes, 1997, p. 427-445; e F. Dolbeau, "La survie des oeuvres d'Augustin. Remarques sur l'*Indiculum* attribué à Posside et sur la bibliothèque d'Anségise", *Bibliologia* 18, 1998, p. 3-22. Ver também J. J. O'Donnell, "The Authority of Augustine", *Augustinian Studies* 22, 1991, p. 7-35, na p. 21, e "The Next Life of Augustine", *in* W. Klingshirn e M. Vessey (orgs.), *The End of Ancient Christianity: Essays on Late Antique Thought and Culture presented to R. A. Markus*, Ann Arbor: University of Michigan Press, 1999, p. 215-231, com M. Vessey, "*Opus Imperfectum*: Augustine and His Readers, A.D. 426-435", *Vigiliae Christianae* 52, 1998, p. 264-285.
3. Possídio, *Vita*, XXXI, 8.
4. Agostinho, *Ep.* 224, 2; ver *supra*, p. 417-434.
5. P. Verbraken, *Études critiques sur les sermons authentiques de saint Augustin*, Steenbrugge: Abadia de São Pedro, 1976.
6. J. Divjak (org.), *Corpus Scriptorum Ecclesiasticorum Latinorum* 88, Viena: Tempsky, 1981; editadas com tradução e comentários em *Oeuvres de saint Augustin 46B: Lettres 1*-29**, Bibliothèque augustinienne, Paris: Études augustiniennes, 1987; tradução de Robert B. Eno, *Saint Augustine. Letters VI (1*-29*)*, Fathers of the Church 81, Washington, DC: Catholic University of America Press, 1989. Convém acrescentar que a descoberta de Divjak foi validada pela descoberta adicional de um manuscrito similar, datado do século XII, na Biblioteca Nacional de Paris. Neste capítulo e no próximo, citarei o número da carta, o capítulo, a linha e a página da edição das *Oeuvres de Saint Augustin*, seguidos, entre colchetes, pela página da tradução para o inglês.
7. F. Robin, *La Cour d'Anjou à Provence: la vie artistique sous le règne du roi René*, Paris: Picard, 1985.
8. F. Dolbeau, "Sermons inédits de Saint Augustin dans un manuscrit de Mayence", Stadtbibliothek, I, 9, *Rev. études augustin.* 36, 1990, p. 355-359; e "Le sermonnaire augustinien de Mayence", *Revue bénédictine* 106, 1996, p. 5-52.
9. A maioria dos sermões foi editada em duas séries distintas, que refletem os grupos em que eles foram encontrados e coincidem, não completamente, mas até certo ponto, com os dois principais grupos de ocasiões em que foram proferidos. Quanto aos predominantemente atribuídos a 397 (mas ver a nota 10, a propósito da necessidade de cautela

nessa datação), ler F. Dolbeau, "Sermons inédits de saint Augustin prêchés en 397", *Revue bénédictine* 101, 1991, até 104, 1994, com "Nouveaux sermons de saint Augustin pour les fêtes des martyrs", *Analecta Bollandiana* 110, 1992, p. 267-3 Quanto aos de 403-404, ver F. Dolbeau, "Nouveaux sermons de saint Augustin pour la conversion des païens et des donatistes", *Rev. études augustin.*, 37, 1991, até 40, 1994, com *Recherches augustiniennes* 26, 1992; e "Le sermon 374 de saint Augustin sur l'Épiphanie", *Philologia Sacra. Studien für J. Frede und W. Thiele*, Freiburg im Breisgau: Herder, 1993, vol. 2, p. 523-55 Esses sermões acham-se hoje coligidos, numa edição fotográfica, como *Vingt-Six Sermons au Peuple d'Afrique*, org. de F. Dolbeau, Paris: Institut d'Études augustiniennes, 1996. Foram traduzidos para o inglês por Edmund Hill em *The Complete Works of Saint Augustine: A Translation for the Twenty-First Century. Sermons III/I: Newly Discovered Sermons*, Hyde Park, Nova York: City Press, 1997. Essa tradução só me ficou disponível depois de eu haver concluído o manuscrito deste capítulo. Conservei minhas próprias traduções Neste capítulo e no próximo, citarei esses sermões pelas duas numerações correntes na atualidade, Mayence/Dolbeau, como M./D., junto com o número do sermão, do capítulo e da linha, indicando, quando necessário, o número e a data do periódico em que cada um foi publicado pela primeira vez, seguidos pelo número de página do periódico. O número de página da edição completa, *Vingt-Six Sermons au Peuple*, segue-se entre colchetes e, por último, indico a página da tradução para o inglês, designada como "Hill, *Sermons*". O conteúdo dos sermões foi esplendidamente resumido por H. Chadwick, "New Sermons of Saint Augustine", *Journal of Theological Studies* n.s. 47, 1996, p. 6991. Ver agora esp. G. Madec (org.), *Augustin Prédicateur (395-411)*, Paris: Institut d'Études augustiniennes, 1998, com respeito aos artigos de um colóquio dedicado aos sermões de Dolbeau e realizado em "Les Fontaines", Chantilly, sob os auspícios do Institut d'Études augustiniennes, em 5-7 de setembro de 1996. Ao que eu saiba, a única bibliografia completa de Agostinho que se serviu plenamente das novas descobertas é a de Serge Lancel, *Saint Augustin*, Paris: Fayard, 1999. Trata-se de um trabalho digno de um discípulo ilustre de Henri--Irénée Marrou e conhecedor ímpar da África agostiniana.

10. Ver *supra*, p. 164-176 e 227-235. Sobre a cautela nessa questão, ver esp. F. Dolbeau, *Vingt-Six Sermons*, p. 6. Sou grato pela generosidade singular do professor Dolbeau, que me ajudou a avaliar quais dos sermões seria razoável atribuir a 397. Dito em termos simples, os sermões de Dolbeau em que Agostinho prega sobre a autoridade das Escrituras e o casamento podem ser atribuídos quase com certeza ao ano de 397, por seu contexto no pensamento agostiniano. Os que concernem a temas mais gerais, comuns a todos os períodos da vida de Agostinho, como a graça, a penitência e o martírio, são menos fáceis de situar, mas é bem possível que datem de 397. Nesses casos, refiro-me às páginas em que Dolbeau desenvolveu sua argumentação para sugerir a data de 397. Cabe alertar o leitor, no entanto, para o fato de que a extensão e o conteúdo exatos da pregação agostiniana em Cartago no ano de 397, apesar de indubitavelmente importantes, ainda não foram estabelecidos.

11. Ver *supra*, p. 231-255.

12. F. Dolbeau, "Un sermon inédit de saint Augustin sur la santé corporelle", *Rev. études augustin.* 40, 1994, p. 279-302 (Dolbeau 28); "Sermon inédit de saint Augustin sur la providence divine", *Rev. études augustin.* 41, 1995, p. 267-289 (Dolbeau 29); "Le sermon 348A de saint Augustin contre Pélage", *Recherches augustiniennes*, 28, 1995, p. 37-63 (Dolbeau 30), todos traduzidos em Hill, *Sermons*, nas p. 2936, 55-63 e 310-321, respectivamente.

13. Dolbeau, *Rev. études augustin.* 38, 1992, p. 51 (316).
14. *Ep.* 20*.3.62 e 21.374, *Bibliothèque augustinienne*, p. 298 e 324, trad. Eno, *Letters*, p. 135 e 144, com M.7/D.3.8.126, *Rev. études augustin.* 39, 1993, p. 389 (489), trad. Hill, *Sermons*, p. 257.
15. F. Dolbeau, "Bède lecteur des sermons d'Augustin", *Filologia mediolatina* 3, 1996, p. 105-133.
16. Ver *supra*, especialmente p. 417-457.
17. Ver *supra*, p. 225-226.
18. Hoje eu aceitaria a crítica de meu amigo Gerald Bonner, feita na reedição de seu livro *Saint Augustine: Life and Controversies*, Norwich: Canterbury Press, 1986, p. 2, no sentido de que meu retrato de Agostinho sofreu do descaso para com suas atividades rotineiras de bispo. Ver agora Lancel, *Saint Augustin*, p. 313-381.
19. A. Mandouze, *Saint Augustin. L'Aventure de la Raison et de la Grâce*, Paris: Études augustiniennes, 1968, p. 591-663.
20. Ver adiante, nota 53.
21. Sobre essa questão excepcionalmente delicada, mas importante, os argumentos a favor do verão de 395 como data da sagração episcopal de Agostinho são expostos por O. Perler, *Les Voyages de saint Augustin*, Paris: Études augustiniennes, 1969, p. 164-178. Entretanto, muito depende das provas provenientes da cronologia e da biografia de Paulino de Nola, de modo que a data posterior de 396 pôde ser sustentada por D. Trout, "The dates of the ordination of Paulinus of Bordeaux and of his departure for Nola", *Rev. études augustin.* 37, 1991, p. 237-260, nas p. 242248. Ver agora Lancel, *Saint Augustin*, p. 265, com mais um argumento a favor do ano de 395, e as p. 266-289, sobre o período de 396 a 397.
22. *Ep.* 38.1 e *Sermão de Dolbeau* 28.11.167, *Rev. études augustin.* 40, 1994, p. 298; Hill, *Sermons*, p. 34. Observe-se que Hill, *Sermons*, p. 35, é favorável a uma data posterior desse sermão.
23. Ver *supra*, p. 172-173; ver agora P. M. Hombert, *Gloria Gratiae*, Paris: Institut d'Études augustiniennes, 1996, p. 91-122, e "Augustin, prédicateur de la grâce au début de son épiscopat", *Augustin Prédicateur*, p. 217-245.
24. M.50/D.18.2.8, *Analecta Bollandiana* 110, 1992, p. 297 (211); Hill, *Sermons*, p. 275. Para uma data possível, ver p. 294-295 (208-209).
25. M.44/D.14.6.120, *Revue bénédictine* 103, 1993, p. 317 (111); Hill, *Sermons*, p. 90; para uma data possível, ver especialmente p. 311-312 (105-106). Esse foi um problema sério, que afetou o julgamento dos historiadores pagãos sobre as figuras públicas cristãs. Na opinião deles, os cristãos eram adeptos de um estilo de vida "brando": ver agora T. D. Barnes, *Ammianus Marcellinus and the Representation of Historical Reality*, Ithaca, N.Y.: Cornell University Press, 1998, p. 86.
26. M.44/D.14.6.139.318 (111), Hill, *Sermons*, p. 91.
27. Idem 6.131.317 (111), Hill, *Sermons*, p. 91.
28. M.40/D.11.8.149 e 11.210, *Revue bénédictine* 102, 1992, p. 70 e 72 (63 e 65); Hill, *Sermons*, p. 81 e 82-83; para uma data possível, ver p. 64-65 (57-58).
29. Y.-M. Duval, "Les premiers rapports de Paulin de Nole avec Jérôme", *Studi tardoantichi* 7, 1989, p. 177-216, descreve o caso análogo da tentativa de Paulino de promover uma relação "de estudos" com Jerônimo.

30. *Ep.* 28.2.2-3.5; ver agora R. Hennings, *Der Briefwechsel zwischen Augustinus und Hieronymus*, Suplementos das Vigiliae Christianae 31, Leiden: Brill, 1994, p. 2934 e 110-130, juntamente com M. Vessey, "Conference and Confession: Literary Pragmatics in Augustine's 'Apologia contra Hieronymum'", *Journal of Early Christian Studies*, 1, 1993, p. 175-213.
31. Ver *supra*, p. 303-304.
32. M.27/D.10, *Revue bénédictine* 102, 1992, p. 44-74 (37-67); Hill, *Sermons*, p. 167179. São poucas as minhas dúvidas quanto à data de 397 para esse sermão; entretanto, para que o leitor não fique indevidamente seguro, permito-me acrescentar que H. R. Drobner, "Augustins *sermo Moguntinus* über *Gal.* 2, 11-14", *Theologie und Glaube* 84, 1994, p. 226-242, situa esse sermão em 418.
33. Ver a resenha das opiniões em Henning, *Briefwechsel*, p. 220-291, e Jerônimo, *Ep.* 75, sua eventual resposta sarcástica a Agostinho.
34. M.27/D.10.13.300.61 (54), Hill, *Sermons*, p. 175.
35. *Idem*, 6.140.56 (49), Hill, *Sermons*, p. 170-171.
36. *Ibid.*, 15.347.62 (55), Hill, *Sermons*, p. 176. Ver agora G. Madec, "Augustin évêque (pour un renouvellement de la problématique doctrinale)", *Augustin Prédicateur*, p. 11-32, nas p. 17-30.
37. M.41/D.12, *Rev. bén.* 102 (1992), p. 267-282 (69-84), Hill, *Sermons*, p. 322-330. Não vejo razão para duvidar da data de 397: ver Dolbeau, p. 271-274 (71-76).
38. Ver Peter Brown, *The Body and Society. Men, Women and Sexual Renunciation in Early Christianity*, Nova York: University of Columbia Press, 1988; Londres: Faber & Faber, 1989, p. 285-386 (sobre os contemporâneos latinos de Agostinho) e 387-427 (sobre Agostinho) [*Corpo e sociedade: O homem, a mulher e a renúncia sexual no início do cristianismo*. trad. Vera Ribeiro. Rio de Janeiro: Jorge Zahar, 1990].
39. Sobre Jerônimo nessa época, ver Brown, *Body and Society, op. cit.*, p. 377 [*Corpo e sociedade, op. cit.*]. Convém notar que estava no auge do acirramento o debate sobre o clero casado; mas esse debate também questionou o estatuto do casamento entre os leigos. A visão do casamento como nada além de um "baluarte" contra o adultério foi debatida por João Crisóstomo num de seus estados de ânimo mais retóricos; ver Brown, *Body and Society*, p. 308 [*Corpo e sociedade, op. cit.*]. Ela foi firmemente rejeitada por Agostinho nesse sermão: M.41/D.12.8.124.279 (81), Hill, *Sermons*, p. 325-326.
40. *Idem*, 5.68.277 (79), Hill, *Sermons*, p. 324.
41. *Ibid.*, 4.47.47.277 (79), Hill, *Sermons*, p. 323. Cabe indagar se esta imagem ousada terá sido lida por Gregório, o Grande: *Registrum* 1.24.206, org. D. Norberg, *Corpus Christianorum* 140A, Turnhout: Brepols, 1982, p. 27: *Ecce iam caelestibus secretis inseritur, et tamen per condescensionis viscera carnalium cubile perscrutatur* — Eis que Paulo foi agora introduzido nos segredos celestes, mas, por sentimentos de compaixão, perscrutou também o leito conjugal dos leigos.
42. *Enarr. in Ps.*, 121.1.
43. Peter Brown, *The Cult of the Saints*, Chicago: University of Chicago Press, 1981; Londres: SCM Press, 1981, p. 79-81; e V. Saxer, *Morts, martyrs et reliques en Afrique chrétienne*, Paris: Beauchesne, 1980; ver também A. Dihle, "La fête chrétienne", *Rev. études augustin.*, 38, 1992, p. 323-335.
44. Ver *supra*, p. 231-232, e Brown, *Cult of the Saints, op. cit.*, p. 26-35.

45. M.50/D.18.6.13, *Anal. Boll.* 110, 1992, p. 300 (214), Hill, *Sermons*, p. 277.
46. J. W. H. Salomonson, *Voluptatem spectandi non perdat sed mutet. Observations sur l'iconographie des martyrs en Afrique romaine*, Koninklijke Nederlands Akademie van Wetenschapen. Verhand. Afdel. Letterkunde, n.s. 98, Amsterdã: North Holland, 1979.
47. M.50/D.18.6.13, *Anal. Boll.* 110, 1992, 7.1.301 (215), Hill, *Sermons*, p. 277.
48. *Idem*, 7.6.301 (215), Hill, *Sermons*, p. 277-278.
49. Esse aspecto do *Indiculum* de Possídio já fora percebido por D. de Bruyne, "La chronologie de quelques sermons de saint Augustin", *Revue bénédictine*, 43, 1931, p. 185-193. J. Bouhot, "Augustin prédicateur d'après la *De doctrina christiana*", *Augustin Prédicateur*, p. 49-61, sugere que esses sermões podem ter sido colecionados como um conjunto de sermões-modelo, a serem distribuídos em lugar da análise mais abstrata da pregação que consta do *De doctrina christiana*. Persiste, é claro, a questão de saber se todos os sermões do grupo indicado por Possídio dataram de 397; ver Lancel, *Saint Augustin, op. cit.*, p. 284-289.
50. Ver *supra*, p. 164. Ver o esplêndido comentário de J. J. O'Donnell, *Augustine. Confessions*, Oxford: Clarendon Press, 1992, vol. I, p. xli-l, e Lancel, *Saint Augustin, op. cit.*, p. 292-296.
51. *Confissões*, XI.2.2, trad. [para o inglês] F. J. Sheed, *Augustine's Confessions*, Indianápolis: Hackett, 1993, p. 211; ver a Introdução de Peter Brown, na p. xxii.
52. M.5/D.2.5.77, *Rev. études augustin.* 38, 1992, p. 65 (330), Hill, *Sermons*, p. 333-334.
53. M.5/D.2: *De oboedientia, Rev. études augustin.* 38, 1992, p. 50-79 (315-344), Hill, *Sermons*, p. 331-342. Ver o inestimável comentário de Dolbeau nas p. 53-61 (318326).
54. L. Ennabli, *Carthage. Une métropole chrétienne du ive à la fin du viie siècle*, Études d'antiquités africaines, Paris: CNRS, 1997, p. 29-31.
55. M.5/D.2: *De oboedientia, Rev. études augustin.* 38, 1992, 3.40-4.73.64-5, 20.445.77, e 23.514.79 (329-330, 342 e 344), Hill, *Sermons*, p. 332-333, 349 e 351. Sobre a relação desse incidente com a estrutura das igrejas da África setentrional, ver N. Duval, "Commentaire topographique et archéologique de sept dossiers des nouveaux sermons", *Augustin Prédicateur*, p. 171-214, nas p. 179-190.
56. *Idem* 5.105.66 (331), Hill, *Sermons*, p. 334.
57. *Ibid.*, 5.79.65 (330), Hill, *Sermons*, p. 333. Sobre a tentativa de segregação dos sexos, ver Duval, "Commentaire topographique et archéologique...", *Augustin Prédicateur*, p. 190-193.
58. *Confissões* III.3.5. Ver *supra*, p. 51-52, onde errei ao imaginar que os atos de Agostinho eram consideravelmente mais recatados do que foram na realidade!
59. Teodoreto de Cirro, *History of the Monks of Syria* 20.2, trad. R. M. Price, Cistercian Studies 88, Kalamazoo: Cistercian Publications, 1985, p. 131; ver Brown, *Cult of the Saints, op. cit.*, p. 43-44, sobre o caráter nitidamente remissório dessas ocasiões.
60. M.62/D.26: "Against the Pagans", *Recherches augustiniennes*, 26, 1992, p. 69-141 (345-417), Hill, *Sermons*, p. 180-237.
61. M.61/D.25 (em Boseth), *Rev. études augustin.*, 37, 1991, p. 53-77 (243-267), Hill, *Sermons*, p. 366-386, e M.54/D.21 (em Thignica), *Rev. études augustin.*, 37, 1991, p. 263-288 (271-296), Hill, *Sermons*, p. 146-166.
62. Dolbeau, *Recherches augustiniennes*, 26, 1992, p. 69 (345).
63. Agostinho, *Enarr. in Ps.*, 136.3. Sobre a qualidade do latim usado por Agostinho nessas ocasiões, ver M. Banniard, "Variations langagières et communication dans la prédication de saint Augustin", *Augustin Prédicateur*, p. 73-93.
64. Sobre a questão de Cristo como o único mediador entre Deus e a humanidade, central na defesa agostiniana do cristianismo contra todas as formas de politeísmo, ver Goul-

ven Madec, *La Patrie et la Voie. Le Christ dans la Vie et la Pensée de saint Augustin*, Paris: Desclée, 1989. Esse estudo faz ampla justiça à riqueza do pensamento e da pregação de Agostinho sobre o assunto.
65. M.62/D.26.36.862. *Recherches augustiniennes*, 26, 1992, p. 118 (394), Hill, *Sermons*, p. 208. Ver agora A. Solignac, "Le salut des païens d'après la prédication d'Augustin", *Augustin Prédicateur*, p. 419-428.
66. Ver especialmente *De divinatione daemonum*, 2.5, e G. Madec, "Le Christ des païens d'après le *de consensu evangelistarum* de saint Augustin", *Recherches augustiniennes*, 26, 1992, p. 3-67. Ver também H. Chadwick, "Augustin et les païens", *Augustin Prédicateur*, p. 323-326; C. Lepelley, "L'Aristocratie lettrée païenne: une menace aux yeux d'Augustin", idem, p. 327-342; e J. Scheid, "Les réjouissances des calendes de janvier d'après le sermon Dolbeau 26. Nouvelles lumières sur une fête mal connue", *ibid.*, p. 353-365.
67. M.62/D.26.36.862. *Recherches augustiniennes*, 26, 1992, 59.1437.137 (414), Hill, *Sermons*, p. 225.
68. *Idem*, 59.1428.137 (413), Hill, *Sermons*, p. 225.
69. Ver *supra*, p. 247-270, e Lancel, *Saint Augustin, op. cit.*, p. 388-403 e 430-437.
70. Assim como os sermões contra os pagãos, citados nas notas 60 e 61, outros foram explicitamente dirigidos contra os donatistas, em especial M.60/D.24, *Rev. études augustin.*, 37, 1991, p. 37-52 (229-242), Hill, *Sermons*, p. 354-365; M.63/D.27, *Rev. études augustin.*, 37, 1991, p. 296-306 (304-314), Hill, *Sermons*, p. 387-391; e M.9/D.4, *Rev. études augustin.*, 39, 1993, p. 396-420 (496-520), Hill, *Sermons*, p. 264-273. Os donatistas são longamente mencionados em muitos outros sermões de Dolbeau.
71. M.62/D.26.8.196.131 (407), Hill, *Sermons*, p. 187.
72. M.61/D.25.25.510.76 (266), Hill, *Sermons*, p. 382.
73. M.60/D.24.10.257.50 (240), Hill, *Sermons*, p. 362.
74. A importância dessa mudança de mentalidade já foi percebida por R. A. Markus, *The End of Ancient Christianity*, Cambridge University Press, 1990, p. 107-123, e foi desenvolvida em Peter Brown, *Power and Persuasion in Late Antiquity. Towards a Christian Empire*, Madison, Wisconsin: University of Wisconsin Press, 1992, p. 114-115; *Authority and the Sacred. Aspects of the Christianization of the Roman World*, Cambridge University Press, 1995, p. 16-24; e "Christianization and Religious Conflict", A. Cameron e P. Garnsey (orgs.), *Cambridge Ancient History XIII: The Late Empire*, Cambridge University Press, 1998, p. 632-664. Ver também J. Vanderspoel, "The Background to Augustine's Denial of Religious Plurality", H. A. Meynell (org.), *Grace, Politics and Desire. Essays on Augustine*, Calgary: University of Calgary Press, 1990, p. 179-193.
75. M.62/D.26.10.231.98 e 16.377.103 (374 e 379), Hill, *Sermons*, p. 188 e 193. Ver Peter Brown, "*Qui adorant columnas in ecclesia*. Saint Augustine and a practice of the *imperiti*", *Augustin Prédicateur*, p. 367-375, nas p. 373-374.
76. M.9/D.4.3.51, *Rev. études augustin.*, 39, 1993, p. 413 (513), Hill, *Sermons*, p. 266.
77. M.5/D.2.16.358, *Rev. études augustin.*, 38, 1992, p. 74 (339), Hill, *Sermons*, p. 346.
78. T. Mommsen, *The Provinces of the Roman Empire*, trad. W. P. Dickson, Nova York: Scribner's, 1887, vol. 2, p. 373.
79. M.15/D.7: *De sepultura catechumenorum*, *Rev. études augustin.*, 37, 1991, p. 289295 (297-303), Hill, *Sermons*, p. 131-134. Ver E. Rebillard, "La figure du catéchumène et

le problème du délai du baptême dans la prédication d'Augustin", *Augustin Prédicateur*, p. 285-292, e Duval, "Commentaire topographique e archéologique", *Augustin Prédicateur*, p. 199-200.
80. *Idem*, 3.36.295 (303), Hill, *Sermons*, p. 132.
81. Rever na nota 6 *supra* o método de citação das cartas de Divjak.
82. As cartas receberam de imediato um extenso comentário, boa parte do qual continua a ser valiosa, num colóquio organizado a seu respeito: *Les Lettres de Saint Augustin découvertes par Johannes Divjak*, Paris: Études augustiniennes, 1983. Seu conteúdo foi resumido por Henry Chadwick, "New Letters of Saint Augustine", *Journal of Theological Studies*, n.s. 34, 1983, p. 425-452. O leitor deve observar que o comentário oferecido pela organização e tradução da *Bibliothèque augustinienne* é preferível ao oferecido na tradução de Eno para o inglês. É um prazer assinalar que a maior consciência das fontes negligenciadas, provocada pela descoberta das cartas de Divjak, resultou na publicação de algumas cartas antes não reconhecidas a respeito das atividades de um outro bispo católico, de nome não revelado, na África da época de Agostinho: C. Lepelley, "Trois documents méconnus sur l'histoire sociale et religieuse de l'Afrique romaine", *Antiquités africaines*, 25, 1989, p. 235-262.
83. Dolbeau 30: "Against Pelagius", *Recherches augustiniennes*, 28, 1995, p. 37-63; trad. Hill, *Sermons*, p. 310-321.
84. Sobre Pelágio e o Sínodo de Dióspolis, ver *supra*, p. 391-392.
85. Dolbeau 30.6.81;56, Hill, *Sermons*, p. 312-313. Considerando-se que a declaração que Pelágio fez de sua posição, o *De natura* talvez tivesse sido escrito já em 405-406 (e não, como se costuma supor, em 414), a abstenção de Agostinho — e, a rigor, sua falta de acesso aos escritos pelagianos — é ainda mais notável; ver Lancel, *Saint Augustin*, *op. cit.*, p. 459-469.
86. Dolbeau, 30.5.63.55, Hill, *Sermons*, p. 312.
87. *Ep.* 19*, p. 286-290, com um comentário nas p. 507-516 (128-130).
88. *Ep.* 4*, p. 108-116, comentário nas p. 430-442 (40-43).
89. *Ep.* 6*, p. 126-144, com comentário nas p. 444-456 (53-59).
90. *Ep.* 4*, 3.38.110 (42).
91. Idem, 4.78.114 (43). A carta de Agostinho deixa implícita a crença num "fogo purgativo" transitório, antes do fogo eterno do Juízo Final. Ela pode ser lida como a antecipação de pelo menos um aspecto da doutrina posterior do purgatório: ver Peter Brown, "Vers la naissance du purgatoire. Amnistie et pénitence dans le christianisme occidental de l'Antiquité tardive au Haut Moyen Âge", *Annales*, 52, 1997, p. 1247-1261, e Lancel, *Saint Augustin*, *op. cit.*, p. 623-630.
92. *Ep.* 6*, 1.13.126 (54).
93. Ver Brown, *Body and Society*, op. cit., p. 412-419 e 423-444 e "Sexuality and Society in the Fifth Century A.D.: Augustine and Julian of Eclanum", *in* E. Gabba (org.), *Tria Corda. Scritti in onore di Arnaldo Momigliano*, Biblioteca di Athenaeum 1, Como: New Press, 1983, p. 49-70.
94. Agostinho, *Contra Mendacium*, 1.1.
95. Sobre as atividades de Alípio em 419-420, 422-424 e 428, ver A. Mandouze, *Prosopographie de l'Afrique chrétienne*, Paris: CNRS, 1982, p. 53-65, complementada, a partir das cartas de Divjak, por M.-F. Berrouard, "Deux missions d'Alypius en Italie", *Rev. études augustin.*, 31, 1985, p. 53-65. Ver O. Wermelinger, s.v. Alypius, *Augustinus-Lexikon*, Basileia: Schwabe, 1994, vol. 1, p. 262-266, e Lancel, *Saint Augustin*, *op. cit.*, p. 506 e 580-584.

96. *Ep.* 15*, 2.10.264 (115); 16*, 2.15.270-272 (119); 23A*, 1.1.370 (166); ver R. Delmaire e C. Lepelley, "Du nouveau sur Carthage", *Opus* 2, 1983, p. 473-487.
97. *Ep.* 22*, 5.75.352 (157) e 23A*, 3.223.372 (166-167).
98. Ver *supra*, p. 423. Fui conduzido por meu trabalho posterior e pela descoberta da *Ep.* 6* a levar mais a sério a controvérsia com Juliano de Eclano: ver *supra*, nota 93.
99. John Burnaby, *Amor Dei. A Study of the Religion of Saint Augustine*, 1938, reimpressa em Norwich: Canterbury Press, 1991, p. 231. Esse julgamento é citado e essencialmente refutado por Eiichi Katayanagi, "The Last Congruous Vocation", *in* B. Bruning (org.), *Collectanea Augustiniana. Mélanges T. J. van Bavel*, Louvain: Peeters, 1991, p. 645-657.
100. Burnaby, *Amor Dei, op. cit.*, p. 231.
101. *Ep.* 10*, 3.50.170 (77).
102. *Ep.* 2*, 12.348.88 (28). Quando menino, Agostinho fizera esses mesmos exercícios de retórica: ver *supra*, p. 47.
103. *Epp.* 11* e 12*, p. 184-254 (81-108). É impossível fazer justiça ao material que nos é revelado nessas duas cartas, que concernem sobretudo a uma caça aos hereges e feiticeiros da Espanha; ver V. Burrus, *The Making of a Heretic. Gender, Authority and the Priscillianist Controversy*, Berkeley: University of California Press, 1995, p. 115-122. Consentius já nos era conhecido por seu anti-intelectualismo e sua obsessão com a caça aos hereges: ver *supra*, p. 266, onde me referi a ele como "um padre espanhol". No clima dos anos 1960, isso não pretendia ser uma descrição elogiosa!
104. *Ep.* 12*, 1.18.230 (100). Isso faz de Consentius um dos primeiros leitores conhecidos das *Confissões*; ver C. E. Quillen, "Consentius as a Reader of Augustine's *Confessions*", *Rev. études augustin.*, 37, 1992, p. 87-109, e *Rereading the Renaissance*, Ann Arbor: University of Michigan Press, 1998, p. 35-39 e 51-63.
105. Idem, 11.210.246 (105). A comparação talvez seja mais oportuna do que poderíamos supor. Sobre as repercussões da controvérsia origenista no Ocidente latino e sua ligação com a controvérsia pelagiana, ver E. A. Clark, *The Origenist Controversy*, Princeton: Princeton University Press, 1992, p. 194-247.
106. *Ep.* 20*, 2.33.294 (134-135).
107. Ver especialmente S. Lancel, "Saint Augustin et la Maurétanie Césaréenne", *Rev. études augustin.*, 30, 1984, p. 48-59 e 251-262, e *Saint Augustin, op. cit.*, p. 487497.
108. *Ep.* 23A*, 3.20-55.372-378 (166-168).
109. *Ep.* 23A*, 3.52.376 (168).
110. *Ep.* 16*, 1.6.270 (118).
111. As questões levantadas pelos bispos e leigos da Mauritânia são claramente expostas por A. C. de Veer, "Aux origines du 'De natura et origine animae' de saint Augustin", *Rev. études augustin.*, 19, 1973, p. 121-157. Ver Lancel, *Saint Augustin, op. cit.*, p. 497-500 e 508-514.
112. *Ep.* 23A*, 3.40.374 (167); ver *supra*, p. 399-400.
113. *Idem*, 23A*, 4.64.378 (168-169).
114. Convém ter em mente, no entanto, que as cartas de Divjak assumem comumente a forma de rascunhos de petições e relatórios sobre queixas. Nessas condições, erram pelo lado do exagero retórico dos males abordados; ver P. A. Février, "Discours d'Église en réalité historique dans les nouvelles lettres de saint Augustin", *Les Lettres de saint Augustin découvertes par Johannes Divjak*, p. 101-115.

115. *Ep.* 209.4, trad. J. H. Baxter, *Augustine. Selected Letters*, Loeb Classical Library, Harvard University Press, 1953, p. 358.
116. *Ep.* 20*, p. 292-342, com comentário nas p. 516-520 (131-149). Essa carta tem recebido muitos comentários: ver especialmente J. Desanges e S. Lancel, "L'Apport des nouvelles Lettres à la géographie historique de l'Afrique antique et de l'Église d'Afrique", *Les Lettres de Saint Augustin découvertes par Johannes Divjak*, p. 8799, nas p. 93-94 (com um mapa), e Lancel, *Saint Augustin, op. cit.*, p. 356-365. Sobre os antecedentes do apelo de Antonino ao papa, em Roma, ver agora C. Ocker, "Augustine, Episcopal Interests and the Papacy in Late Roman Africa", *Journal of Ecclesiastical History*, 42, 1991, p. 179-201, e J. Merdinger, *Rome and the African Church in the Time of Augustine*, New Haven, Connecticut: Yale University Press, 1997, p. 154-182.
117. *Ep.* 20*, 21.373.324 (114).
118. *Idem*, 31.566.340 (148).
119. *Ibid.*, 21.380.324 (144).
120. *Ibid.*, 28.514.336 (147).
121. Essa é a conclusão do estudo monumental de C. Lepelley, *Les Cités de l'Afrique romaine au Bas-Empire*, 2 vols., Paris: *Études augustiniennes*, 1979 e 1981, vol. 1, p. 382-408; ver também Brown, *Power and Persuasion, op. cit.*, p. 146-148. Essas considerações me levariam a modificar minhas opiniões sobre a ascensão dos bispos como figuras de poder local na África setentrional romana, que eu havia expressado em meu artigo "Religious Coercion in the Later Roman Empire: the case of North Africa", *History*, 48, 1963, p. 283-305, agora em *Religion and Society in the Age of Saint Augustine*, Londres: Faber, 1972, p. 301-331.
122. *Ep.* 22*, 3.47.350 (157).
123. *Idem*, 2.22.348 (156).
124. *Ibid.*, 2.32.348 e 4.58.350 (156 e 157); ver F. Jacques, "Le défenseur de la cité d'après la lettre 22* de saint Augustin", *Rev. études augustin.*, 32, 1986, p. 56-73.
125. *Ep.* 22*, 2.40.348 (156).
126. *Ep.* 10*, p. 166-182, com comentário nas p. 466-479 (74-80). Ver especialmente C. Lepelley, "Liberté, colonat et esclavage", *Les Lettres de saint Augustin, op. cit.*, p. 329-342; J. Rougé, "Escroquerie et brigandage en Afrique romaine au temps de saint Augustin", *Lettres*, p. 177-188; e Lancel, *Saint Augustin, op. cit.*, p. 371-374. Ver J. Harries, *Law and Empire in Late Antiquity*, Cambridge University Press, 1999, p. 92-93.
127. *Ep.* 10*, 2.41.170 (77).
128. Idem, 3.50.170 (77).
129. *Ibid.*, 8.165.180 (80).
130. Na *Ep.* 24*, p. 382-386 (172-174), Agostinho consultou um advogado sobre as implicações legais exatas da venda de filhos pelos pais e de servos pelos latifundiários. As sentenças do tribunal agostiniano seguiam fielmente as normas do direito romano; ver G. Folliet, "L'Affaire Faventius", *Rev. études augustin.*, 30, 1984, p. 240-250. Ver J. Lamoreaux, "Episcopal Courts in Late Antiquity", *Journal of Early Christian Studies*, 2, 1995, p. 143-167.
131. *Ep.* 10*, 3.65-4.93.172-174 (77-78).
132. *Idem*, 5.112.176 (79).
133. *Ep.* 2*, p. 60-92 (17-30).
134. *Ep.* 2*, 1.15.60 (19).
135. *Idem*, 3.38.62 (20). Devo essa atraente sugestão à gentileza de Goulven Madec.

NOTAS

136. *Ep.* 1A, p. 54-58 (14-16).
137. *Idem*, 6.97.68 (21).
138. *Ibid.*, 7.150.72 (23); ver exemplos em Brown, *Power and Persuasion, op. cit.*, p. 124: Firmo não era o único, de modo algum, a esperar por um sinal.
139. *Ibid.*, 3.45.64 (20).
140. *Ibid.*, 12.341.88 (28).
141. *Ibid.*, 12.371.90 (29).
142. *Ibid.*, 12.379.90 (29).
143. *Ibid.*, 13.393.92 (30)

NOVAS DIREÇÕES

1. *Confissões*, 4.8.13.
2. A. M. La Bonnardière, *Recherches de chronologie augustinienne*, Paris: Études augustiniennes, 1965, e *Biblia Augustiniana: Ancien Testament*, Paris: Études augustiniennes, 1960-1967, *Nouveau Testament*, Paris: Études augustiniennes, 1964; A. M. La Bonnardière (org.), *Saint Augustin et la Bible*, Paris: Beauchesne, 1986. Ver P.-M. Bogaert, "La bible d'Augustin. État des questions et application aux sermons Dolbeau", *in* G. Madec (org.) *Augustin Prédicateur (395-411)*, Paris: Institut d'Études augustiniennes, 1998, p. 33-47.
3. O. Perler, *Les Voyages de Saint Augustin*, Paris: Études augustiniennes, 1969.
4. A. Mandouze, *Saint Augustin. L'Aventure de la Raison et de la Grâce*, Paris: Études augustiniennes, 1968. Ver S. Lancel, *Saint Augustin*, Paris: Fayard, 1999, e o estudo curto mas pungente de Garry Wills, *Saint Augustine*, Penguin Lives, Nova York: Viking; Londres: Weidenfeld & Nicolson, 1999.
5. A. Mandouze com A. M. La Bonnardière, *Prosopographie de l'Afrique chrétienne (303-533)*, Paris: CNRS, 1982.
6. C. Lepelley, *Les Cités de l'Afrique romaine au Bas-Empire*, Paris: Études augustiniennes, 2 vols., 1979 e 1981, e "The Survival and Fall of the Classical City in Late Roman North Africa, *in* J. Rich (org.), *The City in Late Antiquity*, Londres: Routledge, 1992, p. 50-76.
7. A. P. Février, *Aspects du Maghreb romain: pouvoirs, différences et conflits*, La Calade, Aix-en-Provence: Edisud, 2 vols., 1989-1990; B. D. Shaw, *Rulers, Nomads and Christians in Roman North Africa*, Aldershot: Variorum, 1995; G. R. Whittaker, "Land and Labour in North Africa", *Klio*, 60, 1978, p. 331-362.
8. Yvette Duval, *Loca sanctorum. Le culte des martyrs en Afrique du ive au viie siècle*, Collection de l'École française de Rome 58, Roma: Palais Farnèse, 2 vols., 1982; N. Duval, "L'Évêque et sa cathédrale en Afrique du Nord", *Actes du ixe congrès d'archéologie chrétienne*, Collection de l'École française de Rome 123, Roma: Palais Farnèse, 1983, vol. I, p. 345-399; I. Gui, *Basiliques chrétiennes d'Afrique du Nord*, Paris: Études augustiniennes, vol. I, 1992; L. Ennabli, *Carthage. Une métropole chrétienne du ive à la fin du viie siècle*, Paris: CNRS, 1997.
9. W. H. C. Frend, *The Donatist Church: A Movement of Protest in Roman North Africa*, Oxford: Clarendon Press, 1952; ver W. H. C. Frend, "Donatus 'paene totam Africam

decepit'. How?", *Journal of Ecclesiastical History*, 48, 1997, p. 611-627. Quanto a minhas ressalvas, ver "Religious Dissent in the later Roman Empire: the Case of North Africa", *History*, 46, 1961, p. 83-101, e "Christianity and Local Culture in Late Roman Africa", *Journal of Roman Studies*, 58, 1968, p. 85-95, ambos incluídos em *Religion and Society in the Age of Saint Augustine*, Londres: Faber, 1972, p. 237-259 e 279-300.

10. J. Christern, *Das frühchristliche Pilgerheiligtum von Tebessa*, Wiesbaden: F. Steiner, 1976. Cf. Lancel, *Saint Augustin*, op. cit., p. 335-336, sobre quão pouco se construiu em Hipona na época de Agostinho.
11. P. A. Février, "A propos du culte funéraire: Culte et sociabilité", *Cahiers archéologiques*, 26, 1977, p. 29-45; S. Lancel, "Modalités de l'inhumation privilégiée dans la nécropole de Sainte-Salsa à Tipasa (Algérie)", *Comptes-rendus de l'Académie des Inscriptions et Belles-Lettres 1998*, p. 791-812.
12. R. Cameron e A. J. Dewey, *The Cologne Mani-Codex — "Concerning the Origin of his Body": P. Colon. Inv. 4780*, Missoula, Montana: Scholars Press, 1980.
13. I. M. F. Gardner e S. N. C. Lieu, "From Narmouthis (Medinet Madi) to Kellis (Ismant al-Kharab)", *Journal of Roman Studies*, 86, 1996, p. 146-169.
14. Citação extraída de I. Gardner, "The Manichaean Community at Kellis: A Progress Report", in P. Mirecki e J. Be Duhn (orgs.) *Emerging from Darkness*, Nag Hammadi Studies 43, Leiden: Brill, 1997, p. 161-175, na p. 173.
15. Convém observar que, até hoje, nenhum indício maniqueísta corrobora a opinião, largamente sustentada, de que a visão agostiniana posterior da concupiscência e do pecado original derivou diretamente de suas experiências maniqueístas: ver Peter Brown, *The Body and Society. Men, Women and Sexual Renunciation in Early Christianity*, Nova York: Columbia University Press, 1988, Londres: Faber & Faber, 1989, p. 197-202 [*Corpo e sociedade. O homem, a mulher e a renúncia sexual no início do cristianismo*. trad. Vera Ribeiro. Rio de Janeiro: Jorge Zahar, 1990]. Ver também E. Feldmann, *Der Einfluss des Hortensius und des Manichäismus auf das Denken des jungen Augustins von 374*, Diss. Münster-in-Westfalen, 1975.
16. Bem percebido por R. Lim, "Unity and Diversity among Western Manichaeans: A Reconsideration of Mani's *Sancta ecclesia*", *Rev. études augustin.*, 35, 1989, p. 231250. Sobre o maniqueísmo em geral, ver P. Brown, "The Diffusion of Manichaeism in the Roman Empire", *Journal of Roman Studies*, 59, 1969, p. 92-103, em *Religion and Society*, op. cit., p. 94-118; F. Decret, *L'Afrique manichéenne*, Paris: Études augustiniennes, 1978; S. N. C. Lieu, *Manichaeism in the Later Roman Empire and medieval China*, Manchester University Press, 1985, 2ª ed. Tübingen: J. C. B. Mohr, 1992.
17. Em especial, R. Kaster, *Guardians of Language*, Berkeley: University of California Press, 1988. Sobre as relações de Agostinho e Símaco, ver agora T. D. Barnes, "Augustine, Symmachus and Ambrose", in J. McWilliam (org.), *Augustine. From Rhetor to Theologian*, Waterton, Ontário: Wilfrid Laurier University Press, 1992, p. 7-13, que pode corrigir o que foi dito *supra*, nas p. 83.
18. H. Savon, *Saint Ambroise devant l'exégèse de Philon le juif*, 2 vols., Paris: Études augustiniennes, 1977; G. Nauroy, "La méthode de composition et la structure du *De Isaac et beata vita*", in Y.-M. Duval (org.), *Ambroise de Milan*, Paris: Études augustiniennes, 1974, p. 115-153; G. Madec, *Saint Ambroise et la philosophie*, Paris: Études augustiniennes, 1974; e N. McLynn, *Ambrose of Milan: Church and Court in a Christian*

Capital, Berkeley: University of California Press, 1994. Ver H. Savon, *Ambroise de Milan*, Paris: Desclée, 1997.
19. Um levantamento atualizado é fornecido por J. J. O'Donnell, *Augustine: Confessions*, 3 vols., Oxford: Clarendon Press, 1992, vol. 2, p. 413-418.
20. Ver *supra*, p. 98-133.
21. Madec, *Saint Ambroise et la philosophie*, op. cit., p. 96-97 e 339-347.
22. A expressão foi retirada de Lancel, *Saint Augustin*, p. 125. Ver especialmente G. Madec, *La Patrie et la Voie. Le Christ dans la vie et la pensée de Saint Augustin*, Paris: Desclée, 1989, p. 35-82. As anotações feitas por Agostinho durante sua estada em Tagaste, nos anos de 388-391, foram postas à disposição do leitor por F. Dolbeau, "Le Liber XXI Sententiarum (CPL 373): édition d'un texte de travail", *Recherches augustiniennes*, 30, 1997, p. 113-165. Elas incluem até mesmo (nas p. 156 e 160-161) traduções de frases das *Enéadas* de Plotino.
23. A. Schindler, "Die Theologie der Donatisten und Augustins Reaktion", *Internationales Symposium über der Stand der Augustinus-Forschung*, Würzburg: Augustinus Verlag, 1989, p. 131-147; J. Patout Burns, "On Rebaptism: Social Organization in the Third Century", *Journal of Early Christian Studies*, 1, 1993, p. 367-403, e "The Atmosphere of Election: Augustinianism as Common Sense", *Journal of Early Christian Studies*, 2, 1994, p. 325-339; M. A. Tilley, "Sustaining Donatist Self-Identity. From the Church of the Martyrs to the *Collecta* in the Desert", *Journal of Early Christian Studies*, 5, 1997, p. 21-35, e *The Bible in Christian North Africa: The Donatist World*, Minneapolis, Minn.: Fortress Press, 1997.
24. J.-L. Maier, *Le dossier du Donatisme*, 2 vols., *Texte und Untersuchungen*, p. 134135, Berlim: Akademie Verlag, 1987 e 1989, e M. Tilley, *Donatist Martyr Stories: the Church in Conflict in Roman North Africa*, Liverpool: Liverpool University Press, 1996.
25. M. Labrousse (org.), *Optat de Milev: Traité contre les donatistes*, Sources chrétiennes 411-413, Paris: Le Cerf, 1995; S. Lancel, *Actes de la Conférence de Carthage em 411*, Sources chrétiennes 194, 195, 224 e 373, Paris: Le Cerf, 1972, 1975 e 1991; e, sobre a Igreja católica, C. Munier, *Concilia Africae (a. 345-525)*, Corpus Christianorum 149, Turnhout: Brepols, 1974. Ver M. Edwards, *Optatus: Against the Donatists*, Liverpool: Liverpool University Press, 1997. Sobre Agostinho e o donatismo, Lancel, *Saint Augustin*, p. 232-248 e 382-429, como seria de se esperar, é excelente.
26. F. Leroy, "Vingt-deux homélies africaines attribuables à l'un des anonymes du Chrysostomus latinus (PLS 4)", *Revue bénédictine* 104, 1994, p. 123-147.
27. *Codex Escurialensis. Hom.* 18, *Patrologia Latina Supplementum* 4, p. 707-710, na p. 709: ver F. Leroy, "L'Homélie donatiste ignorée du Corpus Escorial", *Revue bénédictine* 107, 1997, p. 250-262.
28. H. J. Frede, *Ein neuer Paulustext und Kommentar*, 2 vols., Freiburg: Herder, 1973; T. de Bruyn (org. e trad.), *Pelagius' Commentary on Saint Paul's Epistle to the Romans*, Oxford: Clarendon Press, 1993; *The Letters of Pelagius and his Followers*, trad. B. Rees, Woodbridge, Suffolk: Boydell Press, 1991. Ver F. Nuvolone, *s.v.*, "Pélage et pélagianisme", *Dictionnaire de la Spiritualité* 12: 2, Paris: Beauchesne, 1986, p. 2889-2942; P. Brown, "Pelagius and his Supporters: Aims and Environment", *Journal of Theological Studies* n.s. 19, 1968, p. 93-134, in *Religion and Society*, p. 183-207; J. Tauer, "Neue Orientierungen zur Paulusexegese des Pelagius", *Augustinianum* 34, 1994, p. 313-358.
29. O. Wermelinger, *Rom und Pelagius*, Päpste und Papsttum 7, Stuttgart: Hiersemann, 1975.

30. Especialmente *Epp.* 4* e 6*, citadas *supra* na p. 653, nas notas 115 e 116.
31. Wermelinger, *Rom und Pelagius,* op. cit., p. 4-18 e 46-67, corrige o texto *supra* da p. 379, onde considerei Agostinho o único responsável por identificar o "pelagianismo" como um corpo de ideias hereges.
32. O Boletim Bibliográfico da *Revue des études augustiniennes* continua a ser o guia indispensável para todos os estudos sobre Agostinho: entre 1968 e 1996, contei quase 9 mil títulos, dedicados, de um modo ou de outro, à vida, ao pensamento e às circunstâncias de Agostinho. O *Augustinus-Lexikon,* organizado por C. Mayer, vol. 1, Basileia: Schwabe, 1986-1994, chegou à letra "D"; ver também *Thesaurus augustinianus,* Turnhout: Brepols, de 1989 em diante. Ver agora A. D. Fitzgerald (org.), *Augustine through the Ages: an Encyclopaedia,* Grand Rapids, Michigan: Eerdmans, 1999.
33. Para citar apenas um exemplo, temos J. H. Taylor, *Saint Augustine: The Literal Meaning of Genesis,* Ancient Christian Writers 41-42, Nova York: Newman Press, 1982. A série norte-americana Ancient Christian Writers and Fathers of the Church produziu traduções mais atualizadas do que aquelas de que eu dispunha na Inglaterra de 1967, às quais me referi em minhas tabelas cronológicas. Elas são hoje complementadas por *The Complete Works of Saint Augustine. A Translation for the Twenty-First Century,* Nova York: New City Press, 1990 em diante, edição da qual *The Confessions,* em tradução de Maria Boulding (Hyde Park, Nova York: New City Press, 1997), é um exemplo destacado. Ver também M. T. Clark, *Augustine of Hippo. Selected Writings,* Nova York: Paulist Press, 1984, onde se encontra uma seleção excelente.
34. *Augustine: Concerning the City of God against the Pagans,* trad. H. Bettenson, Harmondsworth, Middlesex: Penguin, 1972.
35. *Augustine: Confessions, Books I-XIII,* trad. F. J. Sheed, introdução de Peter Brown, Indianápolis, Indiana: Hackett, 1993.
36. *Saint Augustine: Confessions,* trad. H. Chadwick, Oxford: Oxford University Press, 1991.
37. O'Donnell, *Augustine: Confessions* (citado na nota 19). Esse, é claro, não é o único caminho: ver, por exemplo, B. Stock, *Augustine the Reader. Meditation, SelfKnowledge and the Ethics of Interpretation,* Cambridge, Mass.: Harvard University Press, 1996, e "La Connaissance de Soi au Moyen Age", *Collège de France. Chaire internationale: Leçon inaugurale,* Paris: Collège de France, 1998, nas p. 12-15.
38. Deixei claras as minhas dívidas para com esses estudos na p. 582, nota 1. Fui grato sobretudo a John Burnaby, *Amor Dei. A Study of the Religion of Saint Augustine,* reedição de Norwich: Canterbury Press, 1991, especialmente p. 34. Essa tradição teve uma continuidade competente em Robert Markus, *Saeculum: History and Society in the Theology of Saint Augustine,* Cambridge: Cambridge University Press, 1970, 2ª ed., 1989, e *The End of Ancient Christianity,* Cambridge: Cambridge University Press, 1992.
39. Ver *supra,* p. 15-16.
40. Ver *supra,* p. 164-176. Madec, *La Patrie et la Voie, op. cit.,* esp. p. 18-19, é uma exposição convincente de uma visão diferente da minha.
41. Ver J. J. O'Donnell, "The Next Life of Augustine", *in* W. E. Klingshirn e M. Vessey (orgs.), *The End of Ancient Christianity: Essays in Late Antique Thought and Culture presented to R. A. Markus,* Ann Arbor: University of Michigan Press, 1999, p. 215231, para encontrar observações muito apropriadas sobre minha abordagem.
42. A. D. Momigliano, "Introduction. Christianity and the Decline of the Roman Empire", *The Conflict between Paganism and Christianity in the Fourth Century,* Oxford: Clarendon Press, 1963, p. 1-16.

43. Ver *supra*, p. 259-266, juntamente com P. Brown, "St. Augustine's Attitude to Religious Coercion", *Journal of Roman Studies*, 54, 1964, p. 107-116, agora em *Religion and Society, op. cit.*, p. 260-278.
44. Elaine Pagels, *Adam, Eve and the Serpent*, Nova York: Random House, 1988, p. 126.
45. *De spiritu et littera* 7.12.
46. *Ep.* 259: ver A. Gabillon, "Romanianus alias Cornelius", *Rev. études augustiniennes* 24, 1978, p. 58-70.
47. Ver *supra*, p. 161-162.
48. *Ep.* 259.2
49. H. Chadwick, *Augustine*, Past Masters, Oxford: Oxford University Press, 1986, p. 120.
50. J. M. Rist, *Augustine. Ancient Thought Batpized*, Cambridge University Press, 1994.
51. H. I. Marrou, *Saint Augustin et la fin de la culture antique*, Bibliothèque des écoles françaises d'Athènes et de Rome 145, Paris: Boccard, 1949, p. 331-540; ver K. Pollmann, *Doctrina christiana*, Paradosis 41, Freiburg in Schweiz: Universitätsverlag, 1996, p. 66-89, e D. W. H. Arnold e P. Bright (orgs.), *De doctrina christiana. A Classic of Western Culture*, Notre Dame, Indiana: University of Notre Dame Press, 1995.
52. P. Henry, *Plotin et l'Occident*, Louvain: Spicilegium sacrum Lovaniense, 1934, e P. Courcelle, *Les lettres grecques en Occident*, Paris: Boccard, 1948, trad. H. E. Wedeck, *Late Latin Writers and their Greek Sources*, Cambridge, Mass.: Harvard University Press, 1969.
53. Ver *supra*, p. 101-114, especialmente p. 103-104.
54. H. I. Marrou, "Patristique et humanisme", conferência de abertura, Primeira Conferência Internacional de Estudos Patrísticos, Oxford, 1951, agora incluída em *Patristique et humanisme*, Paris: Seuil, 1976, p. 25-34.
55. P. Courcelle, *Recherches sur les Confessions de Saint Augustin*, Paris: Boccard, 1950, p. 153-156; ver McLynn, *Ambrose*, op. cit., p. 240-243, que oferece uma visão muito diferente.
56. S. G. MacCormack, *The Shadows of Poetry. Vergil in the Mind of Augustine*, Berkeley: University of California Press, 1998.
57. Ver M. Vessey, K. Pollmann e A. Fitzgerald (orgs.), *History, Apocalypse and the Secular Imagination. New Essays on Augustine's City of God*, Augustinian Studies 30, Villanova, Pensilvânia: Villanova University Press, 1999.
58. K. Flasch, *Augustin. Einführung in sein Denken*, Stuttgart: P. Reklam, 1994, 2ª ed., p. 224-231 e 424, e Pagels, *Adam, Eve and the Serpent* (citado na nota 44), p. 98126 e 151-154, são defensores eloquentes dessa visão. Para uma crítica a essas opiniões, ver G. Madec, *Rev. études augustin.* 28, 1982, p. 100-111, e *Rev. études augustin.* 35, 1989, p. 416-418. Numa nota mais leve, poderíamos acrescentar que o fascínio com Pelágio chegou até a instigar um autor russo a escrever um vívido romance histórico, no qual Pelágio figura como um personagem kierkegaardiano: Igor Yefimov, *Ne mir, no mech* (*Não a paz, mas a espada*), *Zvezda* 9, São Petersburgo, 1996, p. 19-125, e 10, 1996, p. 39-116, agora editado como *Pelagii Britanets* (*Pelágio, o bretão*), Tainy Istorii, Moscou: Terra, 1998. Tal romance, assim como uma excelente tradução das *Confissões* feita por M. Sergeenko, *Blazhennii Avgustin: Ispoved'*, Moscou: Gendalf, 1992, não são acontecimentos que se pudesse prever na década de 1960!
59. A relação de Agostinho com a obra de Orígenes continua intrigantemente obscura: ver os artigos de Caroline Hammond Bammel, agora coligidos em C. H. Bammel,

Tradition and Exegesis in the Early Christian Tradition, Aldershot: Variorum, 1995, e *Origeniana et Rufiniana*, Vetus Latina 29, Freiburg: Herder, 1996.

60. Ver *supra*, p. 485 e notas 29-30, e p. 488 e nota 38.
61. Ver *supra*, p. 338.
62. Basílio, *Ep.* 20, org. R. Deferrari, *Basil: Letters*, Loeb Classical Library, Cambridge, Mass.: Harvard University Press, 1961, vol. I., p. 124.
63. Sermão de Eráclio perante Agostinho: ver *supra*, p. 446.
64. Sobre a significativa falta de reação à *Resposta às perguntas de Simpliciano* (obra decisiva de Agostinho para o desenvolvimento de suas ideias sobre a graça e o livre arbítrio, cf. *supra*, p. 172-173), ver P.-M. Hombert, *Gloria Gratiae*, Paris: Institut d'Études augustiniennes, 1996, p. 113. Ver agora G. Madec, "Augustin évêque (pour un renouvellement de la problématique doctrinale)", *Augustin Prédicateur*, p. 1132, nas p. 29-30.
65. Evódio talvez tenha sido o bispo que citou as *Confissões* a Pelágio (ver *supra*, p. 376-377) — Y. M. Duval, "La date de la 'de natura' de Pélage", *Rev. études augustin.* 36, 1990, p. 257-283, na p. 283, nota 178; mas suas ideias sobre a natureza da alma e sobre a vida após a morte diferiam das de Agostinho: ver W. Baltes, "Platonisches Gedankengut im Brief des Evodius an Augustinus (Ep. 158)", *Rev. études augustin.* 40, 1980, p. 251-260, e V. Zangara, *Exeuntes de corpore. Discussioni sulle apparizioni dei morti in epoca agostiniana*, Florença: Olschki, 1990. Quodvultdeus, que sucedeu Aurélio como bispo de Cartago, tinha ideias muito diferentes daquelas de Agostinho sobre o Império Romano: ver H. Inglebert, *Les Romains chrétiens face à l'histoire de Rome*, Paris: Institut d'Études augustiniennes, 1996, p. 611-622.
66. Essa lacuna foi prontamente remediada por Mandouze, *Saint Augustin*, p. 165-242. Quanto a edições, traduções e comentários de textos centrais, ver G. Lawless, *Augustine of Hippo and his Rule*, Oxford: Clarendon Press, 1987, e G. Madec, *Saint Augustin: La vie communautaire: traduction annotée des sermons 355-6*, Nouvelle bibliothèque augustinienne 6, Paris: Institut d'Études augustiniennes, 1996.
67. Por exemplo, *supra*, p. 271 e 422. Meus estudos posteriores — "The Rise and Function of the Holy Man in Late Antiquity", *Journal of Roman Studies*, 61, 1971, p. 80-101, hoje incluído em *Society and the Holy in Late Antiquity*, Berkeley: University of California Press, 1982, Londres: Faber & Faber, 1982, p. 103-152, e *The Cult of the Saints: its Rise and Function in Latin Christianity*, Chicago: University of Chicago Press, 1981, Londres, 1981 — representam um novo desvio de minha parte, sobre o qual ver P. Brown, "The World of Late Antiquity Revisited", *Symbolae Osloenses* 71, 1997, p. 5-30, e "The Rise and Function of the Holy Man in Late Antiquity, 1971-1997", *Journal of Early Christian Studies*, 6, 1998, p. 353-376.
68. Brown, *Body and Society* [*Corpo e sociedade*], citado na nota 15, p. 479-528.
69. Por essa razão, considero U. Ranke-Heinemann, *Eunuchs for Heaven: the Catholic Church and Sexuality*, Londres: Deutsch, 1990, p. 62-83, uma caricatura do pensamento e da prática de Agostinho.
70. Ver especialmente D. G. Hunter, "Augustine's Pessimism? A New Look at Augustine's Teaching on Sex, Marriage and Celibacy", *Augustinian Studies* 25, 1994, p. 153-177.
71. Brown, *Body and Society*, p. 375-377, 293-296 e 359-362, respectivamente [*Corpo e sociedade, op. cit.*].
72. Ver *supra*, p. 425-426.

NOTAS

73. *Ep.* 6*.8.201, p. 142, trad. Eno, p. 38; ver Brown, citado na p. 588, n. 93.
74. M.41/D.12.9.132, *Rev. bén.* 102, 1992, p. 279-280, Dolbeau, *Vingt-six sermons*, p. 81-82, trad. Hill, *New Sermons*, p. 326. E. Rebillard, *In hora mortis. L'évolution de la pastorale chrétienne de la mort aux ive e ve siècles*, Bibliothèque des Écoles françaises d'Athènes et de Rome 283, Roma: Palais Farnèse, 1994, p. 160-167, é excelente com respeito à atitude de Agostinho para com a penitência diária.
75. Essa expressão foi escolhida por Goulven Madec para caracterizar e refutar uma forte corrente de opiniões hostis ao pensamento agostiniano em geral, do qual suas concepções da sexualidade formam apenas uma parte: ver G. Madec, "Saint Augustin est-il le malin génie de l'Europe?", *Petites Études augustiniennes*, Paris: Institut d'Études augustiniennes, 1994, p. 319-330.
76. A. Dihle, *The Theory of the Will in Classical Antiquity*, Berkeley: University of California Press, 1982, p. 123-144, nas p. 132 e 144.
77. A. H. Armstrong, "Neo-Platonic Valuations of Nature, Body and Intellect", *Augustinian Studies* 3, 1972, p. 35-59, na p. 39.
78. Plotino, *Enéadas* 1.8[51].14.36, trad. A. H. Armstrong. *Plotinus I*, Loeb Classical Library, Cambridge, Mass.: Harvard University Press, 1978, p. 312. Ver A. H. Armstrong, *Saint Augustine and Christian Platonism*, Villanova, Pensilvânia: Villanova University Press, 1967, especialmente p. 14-18, agora incluído em *Plotinian and Christian Studies*, Londres: Variorum, 1979.
79. *Retractationes* 1.11.3.
80. Ver especialmente M. D. Chenu, *La Théologie au douzième siècle*, Paris: Vrin, 1957, p. 21-34 e 118-128, com uma tradução abreviada para o inglês, *Nature, Man and Society in the Twelfth Century*, Chicago: University of Chicago Press, 1968, p. 1824 e 64-72.
81. H. I. Marrou, *Saint Augustine and his Influence through the Ages*, Nova York: Harper Torchbooks, 1957, p. 72-73, e "Une théologie de la musique chez Grégoire de Nysse?", in J. Fontaine e C. Kannengiesser (orgs.), *Epektasis. Mélanges offerts au cardinal Jean Daniélou*, Paris: Beauchesne, 1972, p. 501-508, na p. 507, agora em *Christiana Tempora*, Collection de l'École française de Rome, 35, Roma: Palais Farnèse, 1978, p. 365-372.
82. *Confissões*, X.23.33, citando João 12:35; ver Peter Brown, "Asceticism, Pagan and Christian", *Cambridge Ancient History XIII: The Late Empire*, Cambridge University Press, 1998, p. 601-631, nas p. 628-630.
83. *Sermão Dolbeau* 29: F. Dolbeau, "Un sermon inédit de Saint Augustin sur la providence divine", *Rev. études augustin.* 41, 1995, p 267-289, trad. Hill, *New Sermons*, p. 55-63. Para apreciar a mudança de perspectiva implícita nesse texto, podemos agora compará-lo com um poema de um filósofo neoplatônico copiado por Agostinho em suas anotações de Tagaste, nos anos de 388-391: F. Dolbeau, "Un poème philosophique de l'Antiquité tardive: *De pulchritudine mundi*", *Rev. études augustin.*, 42, 1996, p. 21-43, também em *Recherches augustiniennes*, 30, 1997, p. 153-156.
84. *Sermão Dolbeau* 29.10.171, p. 287, trad. Hill, *New Sermons*, p. 60.
85. *Sermon Dolbeau* 29.11.188, p. 288, trad. Hill, *New Sermons*, p. 61.
86. Ver especialmente R. Lyman, *Christology and Cosmology. Models of Divine Activity in Origen, Eusebius and Athanasius*, Oxford: Clarendon Press, 1993, p. 124-159.
87. C. Harrison, *Beauty and Revelation in the Thought of Saint Augustine*, Oxford: Clarendon Press, 1992, p. 192-238 e 270-274, na p. 271.

88. *Ep.* 138.i.5: ver *supra*, p. 351. Sobre o universo como *carmen*, ver agora *De pulchritudine mundi*, linha 81: Dolbeau, *Rev. études augustin.* 42, 1996, p. 25.
89. S. Mazzarino, *Trattato di storia romana* 2, Roma: Tumminelli, 1956, p. 419.
90. Ver os comentários de S. Swain em *Portraits. Biographical Representation in the Greek and Latin Literature of the Roman Empire*, Oxford: Clarendon Press, 1997, p. 27-36.
91. Peter Brown, *The Making of Late Antiquity*, Cambridge, Mass.: Harvard University Press, 1978, p. 54-80.
92. L. Jalabert e R. Mouterde (orgs.), *Inscriptions grecques et latines de la Syrie*, nº 1410, Institut français d'archéologie de Beyrouth 61, Paris: P. Geuthner, 1955, p. 150 — de Frîkiya, Jebel Zâouyé, perto de Apamea.
93. *De patientia* 18.15.
94. *Enarr. in Ps.* 103.iii.13.
95. *Ep.* 2*.4.57-9, p. 64, trad. Eno, p. 20.
96. I Cor. 4:7 e 1:31. Esse tema é longamente examinado por Hombert, *Gloria Gratiae* (citado na nota 64): ver nas p. 19-24 uma tabela cronológica completa do uso agostiniano das duas citações. Ver P. M. Hombert, "Augustin, prédicateur de la grâce au début de son épiscopat", *Augustin Prédicateur*, p. 217-245.
97. W. S. Babcock, "Augustine and Tyconius. A Study of the Latin Appropriation of Paul", *Studia Patristica* 17, 1982, p. 1209-1220, na p. 1220.
98. M.24/D.9.5.123, *Rev. bén.*, 101, 1991, p. 254; Dolbeau, *Vingt-six sermons*, p. 33, trad. Hill, *New Sermons*, p. 51.
99. Brown, *The Cult of the Saints, op. cit.*, p. 71-73.
100. *De virginitate* 40.41.
101. *De virginitate* 44.45.
102. *Sermo Guelf.* 30.1, org. G. Morin, *Miscellanea agostiniana*, Roma: Vaticano, 1931, vol. 2, p. 625.
103. S. Poque, "Un souci pastoral d'Augustin. La persévérance des chrétiens baptisés dans leur enfance", *Bulletin de la société de littérature ecclésiastique* 88, 1987, p. 273-286. Ver especialmente E. Rebillard, "La figure du catéchumée et le problème du délai du baptême dans la pastorale de saint Augustin", *Augustin Prédicateur, op. cit.*, p. 285-292 — uma contribuição importante, que enfatiza a raridade do batismo tardio nas congregações da África setentrional.
104. *Sermo* 101.iv.4.
105. *De coniugiis adulterinis* 2.20.22.
106. M. Foucault, "Le combat de la chasteté", *Communications* 35, 1982, p. 15-25, traduzido em P. Ariès e P. Béjin (orgs.), *Western Sexuality: Practice and Precept in Past and Present Times*, Oxford: Blackwell, 1985, p. 14-25; ver Brown, *Body and Society*, p. 420-423 [*Corpo e sociedade, op. cit.*].
107. Bem percebido por T. D. Barnes, "Aspects of the Background of the 'City of God'", *Revue de l'Université d'Ottawa*, 52, 1982, p. 64-80.
108. M.45/D.15.5.6, *Analecta Bollandiana*, 110, 1991, p. 285; Dolbeau, *Vingt-six sermons*, p. 199, trad. Hill, *New Sermons*, p. 248.
109. Cf. *Confissões* 13.9.10, juntamente com D. O'Brien, "'Pondus meum amor meus': Saint Augustin et Jamblique", *Revue de l'Histoire des Religions*, 198, 1981, p. 423-428, e Dolbeau, "Le *Liber XXI Sententiarum*", *Recherches augustiniennes*, 30, 1997, p. 137.
110. M.45/D.15.5.11, p. 110, Dolbeau, *Vingt-six sermons*, p. 199, trad. Hill, *New Sermons*, p. 248.

NOTAS

111. Isso foi visto com clareza por S. Muhlberger, *The Fifth Century Chroniclers*, ARCA Monographs 27, Leeds: F. Cairns, 1990, p. 48-135. Próspero, é claro, não foi influenciado exclusivamente por Agostinho: estava também implicado na ideologia do papado; ver Robert Markus, "Chronicle and Theology: Prosper of Aquitaine", *in* C. Holdsworth e T. P. Wiseman (orgs.), *The Inheritance of Historiography*, Exeter: Exeter University Press, 1986, p. 31-43; T. M. Charles-Edwards, "Palladius, Prosper and Leo the Great: Mission and Primatial Authority", *in* D. Dumville (org.), *Saint Patrick, A.D. 493-1993*, Woolbridge, Suffolk: Boydell Press, 1993, p. 1-12; e Inglebert, *Les Romains chrétiens* (citado na nota 65), p. 635-655.
112. Muhlberger, *Fifth Century Chroniclers, op. cit.*, p. 131.
113. Próspero, *Chronicon 1367*; Muhlberger, *Fifth Century Chroniclers*, op. cit., p. 131.
114. Próspero, *De vocatione omnium gentium* 2.35; ver R. H. Weaver, *Divine Grace and Human Agency. A Study of the Semi-Pelagian Controversy*, Macon, Geórgia: Mercer University Press, 1996, p. 117-154.

BIBLIOGRAFIA

Aalders, G. J. D. "L'Épître à Menoch attribuée à Mani", *Vigiliae Christianae* 14, 1960, p. 245-249.

Adam, A. "Der manichäische Ursprung von den zwei Reichen bei Augustin", *Theologische Literaturzeitung* 77, 1952, p. 385-390.

Adam, A. *Texte zum Manichäismus* (Kleine Texte für Vorlesungen und Übungen, 175), Berlim: W. de Gruyter, 1954. Segunda edição, 1969.

Adam, A. "Das Fortwirken des Manichäismus bei Augustinus", *Zeitschrift für Kirchengeschichte* 69, 1958, p. 1-25.

Adam, A. "Manichäismus", *in* J. Leipoldt *et al.* (orgs.) *Handbuch der Orientalistik. Erste Abteilung. Nahe und der Mittlere Osten. Vol. 8. Religion. 2. Abschnitt, Religionsgeschichte des Orients in der Zeit der Weltreligionem*, Leiden: Brill, 1961, p. 102-119.

Alfaric, P. *L'Évolution intellectuelle de saint Augustin*, Paris: E. Nourry, 1918.

Alföldi, A. *A Conflict of Ideas in the Late Roman Empire: The Clash between the Senate and Valentinian I*, trad. H. Mattingly, Oxford: Clarendon Press, 1952.

Allberry, C. R. C. *A Manichaean Psalmbook. Part II* (Manuscritos maniqueístas da Coleção Chester Beatty, vol. ii), Stuttgart: W. Kohlhammer, 1938.

Altaner, B. "Die Bibliothek des heiligen Augustinus", *Theologische Revue* 44, 1948, p. 73-78.

Altaner, B. "Augustinus und die griechische Patristik. Eine Einführung und Nachlass zu den quellenkritischen Untersuchungen", *Revue bénédictine* 62, 1952, p. 201-215.

Altaner, B. "Augustins Methode der Quellenbenützung. Sein Studium der Vaterliteratur", *Sacris Erudiri* 4, 1952, p. 5-17.

Andresen, C. *Bibliographia Augustiniana* (Wege der Forschung, vol. 5), Darmstadt: Wissenschaftliche Buchgesellschaft, 1962. Segunda edição, 1973.

Antin, P. "Autour du songe de saint Jérôme", *Revue des études latines*, 41, 1963, p. 350-377.

Armstrong, H. "Salvation, Plotinian and Christian", *The Downside Review* 75, 1957, p. 126-139.

Asmussen, J. P. *X^u Astv Anift. Studies in Manichaeism* (Acta Theologica Danica, vii), trad. N. Haislund, Copenhague: Prostant apud Munksgaard, 1965.

Aubin, P. *Le problème de la "conversion": étude sur un terme commun à l'hellénisme et au christianisme des trois premiers siècles*, Paris: Beauchesne, 1963.

Audollent, A. *Carthage romaine*, Paris: A. Fontemoing, 1901.

Auerbach, E. "Sermo humilis", *in Literary Language and its Public in Late Latin Antiquity and in the Middle Ages*, trad. R. Manheim, Nova York: Pantheon Books, 1965, p. 27-66.

Barrow, R. H. *Introduction to St. Augustine, The City of God: being selections from the De Civitate Dei including most of the XIXth book*, Londres: Faber and Faber, 1950.

Baur, F. C. *Das manichäische Religionssystem nach den Quellen neu untersucht und entwickelt*, Tübingen: C. F. Osiander, 1831.

Baxter, J. H. "Notes on the Latin of Julian of Eclanum", *Bulletin du Cange* 21, 1949, p. 5-54.

Baynes, N. H. *Byzantine Studies and Other Essays*, Londres: University of London Athlone Press, 1955. Edição atualizada: Westport, Connecticut: Greenwood Press, 1974.

Berrouard, M. F. "S. Augustin et le ministère de la prédication", *Recherches augustiniennes*, 2, 1962, p. 447-501.

Bloch, H. "The Pagan Revival in the West at the End of the Fourth Century", *in* A. Momigliano (org.), *The Conflict between Paganism and Christianity in the Fourth Century*, Oxford: Clarendon Press, 1963, p. 193-218.

den Boer, W. "Porphyrius als historicus in zijn strijd tegen het Christendom", *in Varia historica, aangeboden aan Professor Doctor A. W. Byvanck*, Assen: Van Gorcum, 1954.

Böhlig, A. "Christliche Wurzeln im Manichäismus", *Bulletin de la société d'archéologie copte*, 15, 1960, p. 41-61.

Bohlin, T. *Die Theologie des Pelagius und ihre Genesis*, Uppsala Universitets Årsskrift, 9, Uppsala: Lundequistska bokhandeln, 1957.

Bonner, G. *St. Augustine of Hippo: Life and Controversies*, Filadélfia, Pensilvânia: Westminster Press, 1963. Edição atualizada, Norwich: Canterbury Press, 1986.

BIBLIOGRAFIA

Bonner, G. "Augustine's Visit to Caesarea in 418", *Studies in Church History*, 1, 1964, p. 104-113.

Boyce, M. *The Manichaean Hymn-Cycles in Parthian*, Londres: Oxford University Press, 1954.

Braun, R. *"Deus Christianorum"*. *Recherches sur le vocabulaire doctrinal de Tertullien*, Paris: Presses Universitaires de France, 1962.

Braun, R. (org.) *Quodvultdeus, Livre des promesses et des prédictions de Dieu* (Sources chrétiennes, p. 101-102), Paris: Éditions du Cerf, 1964.

Bréhier, E. *La philosophie de Plotin* (edição revista), Paris: J. Vrin, 1961. Edição atualizada, 1968.

Brisson, J. P. *Autonomisme et christianisme dans l'Afrique romaine de Septime Sévère à l'invasion vandale*, Paris: E. de Boccard, 1958.

Brown, P. R. L. "Religious Dissent in the Later Roman Empire: the case of North Africa", *History*, 46, 1961, p. 83-101.

Brown, P. R. L. "Aspects of the Christianisation of the Roman Aristocracy", *Journal of Roman Studies* 51, 1961, p. 1-11.

Brown, P. R. L. "Religious Coercion in the Later Roman Empire: the case of North Africa", *History* 48, 1963, p. 283-305.

Brown, P. R. L. "St. Augustine's Attitude to Religious Coercion", *Journal of Roman Studies*, 54, 1964, p. 107-116.

Bruckner, A. *Julian von Eclanum, sein Leben und seine Lehre: ein Beitrag zur Geschichte des Pelagianusmus* (Texte und Untersuchungen 15, vol. 3), Leipzig: J. C. Hinrichs, 1897.

Burnaby, J. *Amor Dei: A Study of the Religion of St. Augustine*, Londres: Hodder & Stoughton, 1938. Edição atualizada, Norwich: Canterbury Press, 1991.

Burnaby, J. "The Retractations of St. Augustine: Self-criticism or Apologia?", in *Augustinus Magister*, Vol. I (Congresso Internacional Agostiniano, Paris, 1954), Paris: Études augustiniennes, 1954-1955, p. 85-92.

Burnaby, J. *Augustine: Later Works*, Library of Christian Classics, 8, Filadélfia: Westminster Press, 1955.

Bury, J. *History of the Later Roman Empire from the death of Theodosius I to the death of Justinian (A.D. 395 to A.D. 565)*, Vol. 1, Londres: Macmillan and Co., Ltd., 1923. Reedição: Nova York: Dover Publications, 1958.

Calabi, I. "Le fonti della storia romana nel 'de civitate Dei' di Sant'Agostino", *Parola del Passato*, 43, 1955, p. 274-294.

Cameron, A. "The Roman Friends of Ammianus", *Journal of Roman Studies*, 54, 1964, p. 15-28.

Cameron, A. "Palladas and Christian Polemic", *Journal of Roman Studies*, 55, 1965, p. 17-30.

Cameron, A. "Wandering Poets: A literary movement in Byzantine Egypt", *Historia*, 14, 1965, p. 470-509.

Cameron, A. "The Date and Identity of Macrobius", *Journal of Roman Studies*, 56, 1966, p. 25-38.

von Campenhausen, H. *The Fathers of the Latin Church*, trad. M. Hoffman, Londres: A. & C. Black, 1964.

Cantarelli, L. "L'Iscrizione onoraria di Giunio Quarto Palladio", *Bulletino Comunale di Roma*, 54, 1926, p. 35-41.

Caron, P. G. "Les *Seniores Laici* de l'Église africaine", *Revue internationale des droits de l'Antiquité*, 6, 1951, p. 7-22.

Caspar, E. *Geschichte des Papsstums von de Anfängen bis zur Höhe der Weltherrschaft*, vol. 1, Tübingen: J. C. B. Mohr, 1930-1933.

Caspari, C. P. *Briefe, Abhandlungen, und Predigten aus den zwei letzten Jahrhunderten des kirchlichen Alterhums und dem Anfang des Mittelalters*, Christiania: Mallingsche Buchdurckerei, 1890.

Cayré, F. *Initiation à la philosophie de saint Augustin*, Paris: Études augustiniennes, 1947.

Chadwick, H. *The Sentences of Sixtus. A Contribution to the History of Christian Ethics*, Texts and Studies, n.s., 5, Cambridge, Reino Unido: Cambridge University Press, 1959.

Chadwick, H. "Pope Damasus and the Peculiar Claim of Rome to St. Peter and St. Paul", *in Neotestamentica et patristica: eine Freundesgabe, Herrn. Professor Dr. Oscar Cullmann zu seinem 60. Geburtstag überreicht*, Novum Testamentum, Supl. 6, 1962, p. 313-318.

Chadwick, O. *John Cassian: A Study in Primitive Monasticism*, Cambridge, Reino Unido: Cambridge University Press, 1950. Edição atualizada, 1968.

Chastagnol, A. "Le sénateur Volusien et la conversion d'une famille de l'aristocratie romaine au Bas-Empire", *Revue des études anciennes*, 58, 1956, p. 240-253.

Chastagnol, A. *La préfecture urbaine à Rome sous le Bas-Empire*, Paris: Presses Universitaires de France, 1960.

Chastagnol, A. *Les fastes de la préfecture urbaine de Rome au Bas-Empire*, Paris: Nouvelles éditions latines, 1962.

Chavannes, A. e P. Pelliot, "Un traité manichéen retrouvé en Chine", *Journal asiatique*, série 10, vol. 18, 1911, p. 99-199, e série 11, vol. 1, 1913, p. 177-196.

Charles-Picard, G. *La Civilisation de l'Afrique romaine*, Paris: Plon, 1959; reedição: Paris: Études augustiniennes, 1990.

Charles-Picard, G. "Un palais du IVe s. à Carthage", *L'Académie des inscriptions et belles-lettres. Comptes-rendus des séances de l'année 1964*, 1965, p. 101-118.

Charles-Picard, G. *La Carthage de saint Augustin*, Paris: Fayard, 1965.

Chéné, J. "Les origines de la controverse semi-pélagienne", *Année théologique augustinienne*, 13, 1953, p. 56-109.

Clarke, A. K. "Licentius, *Carmen ad Augustinum*, II. 45 seqq., and the Easter Vigil", Studia Patristica, 8, *Texte und Untersuchungen*, 93, 1966, p. 171-175.

Congar, Y. M. J. "'Civitas Dei" et 'Ecclesia' chez saint Augustin", *Revue des études augustiniennes*, 3, 1957, p. 1-14.

Courcelle, P. "Quelques symboles funéraires du néoplatonisme latin", *Revue des études anciennes*, 46, 1944, p. 65-93.

Courcelle, P. "Commodien et les invasions du ve siècle", *Revue des études latines*, 24, 1946, p. 227-246.

Courcelle, P. "Paulin de Nole et saint Jérôme", *Revue des études latines*, 25, 1947, p. 274-279.

Courcelle, P. *Les Lettres grecques en Occident de Macrobe à Cassiodore*, segunda edição, Paris: E. de Boccard, 1948. Versão em inglês: *Late Latin Writers and their Greek Sources*, trad. H. E. Wedeck, Cambridge, Mass.: Harvard University Press, 1969.

Courcelle, P. *Recherches sur les "Confessions" de saint Augustin*, Paris: E. de Boccard, 1950. Edição atualizada, 1968.

Courcelle, P. "Les lacunes dans la correspondance entre saint Augustin et Paulin de Nole", *Revue des études anciennes*, 53, 1951, p. 253-300.

Courcelle, P. "W. Theiler, *Recherches sur les 'Confessions'*" (resenha do livro), *Gnomon*, 75, 1953, p. 113-122.

Courcelle, P. "Les sages de Porphyre et les 'viri novi' d'Arnobe", *Revue des études latines*, 31, 1953, p. 257-271.

Courcelle, P. "Saint Augustin 'photinien' à Milan: *Conf.* VII, 19, 25", *Richerche di storia religiosa*, 1, 1954, p. 225-239.

Courcelle, P. "Nouveaux aspects du platonisme chez saint Ambroise", *Revue des études latines*, 34, 1956, p. 220-239.

Courcelle, P. "Propos antichrétiens rapportés par saint Augustin", *Recherches augustiniennes*, 1, 1958, p. 149-189.

Courcelle, P. "De Platon à saint Ambroise par Apulée", *Revue de philologie*, n.s., 35, 1961, p. 15-28.

Courcelle, P. "Anti-Christian arguments and Christian Platonism", in A. Momigliano (org.), *The Conflict between Paganism and Christianity in the Fourth Century*, Oxford: Clarendon Press, 1963, p. 151-192.

Courcelle, P. *Les Confessions de saint Augustin dans la tradition littéraire: antécédents et postérité*, Paris: Études augustiniennes, 1963.

Courcelle, P. *Histoire littéraire des grandes invasions germaniques*, 3ª edição, Paris: Études augustiniennes, 1964.

Courcelle, J. e P. Courcelle, "Scènes anciennes de l'iconographie augustinienne", *Revue des études augustiniennes*, 10, 1964, p. 51-96.

Courtois, C. "Saint Augustin et la survivance de la Punique", *Revue africaine*, 94, 1950, p. 239-282.

Courtois, C. *Les Vandales et l'Afrique*, Paris: Arts et métiers graphiques, 1955.

Cranz, E. "The Development of Augustine's ideas on Society before the Donatist Controversy", *Harvard Theological Review*, 47, 1954, p. 255-316.

Crespin, R. *Ministère et sainteté: pastorale du clergé et solution de la crise donatiste dans la vie et la doctrine de saint Augustin*, Paris: Études augustiniennes, 1965.

Cross, F. L. "History and Fiction in the African Canons", *Journal of Theological Studies*, n.s., 12, 1961, p. 227-247.

Deichgräber, K. "Vindicianus", *Paulys Realencyclopädie der classischen Altertumswissenschaft*, série 2, 9, parte 1: Vindelici bis Vulca, Stuttgart: Alfred Druckenmüller Verlag, 1961, p. 29-36.

Delehaye, H. "Les premiers 'libelli miraculorum'", *Analecta Bollandiana*, 29, 1910, p. 427-434.

Delehaye, H. "Les recueils antiques des miracles des saints", *Analecta Bollandiana*, 43, 1925, p. 74-85.

Dennis, H. V. M. "Another note on the Vandal occupation of Hippo", *Journal of Roman Studies*, 15, 1925, p. 263-268.

Diesner, H. J. "Die Lage der nordafrikanischen Bevölkerung im Zeitpunkt der Vandaleninvasion", *Historia*, 11, 1962, p. 97-111 [= *Kirche und Staat im spätrömischen Reich*, Berlin: Evangelische Verlagsanstalt, 1963, p. 127-139].

Diesner, H. J. "Die Laufbahn des *Comes Africae* Bonifatius und seine Beziehungen zu Augustin", in *Kirche und Staat im spätrömischen Reich*, Berlin: Evangelische Verlagsanstalt, 1963, p. 100-126.

BIBLIOGRAFIA

Diesner, H. J. "Die Circumcellionen von Hippo Regius", *Kirche und Staat im spätrömischen Reich*, Berlim: Evangelische Verlagsanstalt, 1963, p. 78-90.

Dill, S. *Roman Society in the Last Century of the Western Empire*, Londres: Macmillan and Co., 1898; edição atualizada, 1933.

Dodds, E. R. "Augustine's Confessions: a study of spiritual maladjustment", *Hibbert Journal*, 26, 1927-1928, p. 459-473.

Dodds, E. R. "Tradition and Personal Achievement in the Philosophy of Plotinus", *Journal of Roman Studies*, 50, 1960, p. 1-7.

Dodds, E. R. *Pagan and Christian in an Age of Anxiety*, Cambridge, Reino Unido: Cambridge University Press, 1965; reedição: Nova York: Norton, 1970.

Dölger, F. "Die Kaiserurkunde der Byzantiner", *Historische Zeitschrift*, 159, 1938/1939, p. 229-250.

Dörrie, H. "Porphyrius als Mittler zwischen Plotin und Augustin", in P. Wilpert e W. P. Eckert (orgs.), *Antike und Orient im Mittelalter*, Miscellanea Medievalia, vol. 1, Berlim: De Gruyter, 1962, p. 26-47.

Drews, R. "Assyria in Classical Universal Histories", *Historia*, 14, 1965, p. 129-142.

Duchrow, U. "'SIGNUM' und 'SUPERBIA' bei jungen Augustin", *Revue des études augustiniennes*, 7, 1961, p. 369-372.

Duchrow, U. "Zum Prolog v. Augustins 'De Doctrina Christiana'", *Vigiliae Christianae*, 17, 1963, p. 165-172.

Duncan-Jones, R. P. "Wealth and Munificence in Roman Africa", *Papers of the British School at Rome*, 31, 1963, p. 159-177.

Duval, Y. M. "Saint Augustin et le *Commentaire sur Jonas* de saint Jérôme", *Revue des études augustiniennes*, 12, 1966, p. 9-40.

Evans, R. F. "Pelagius, Fastidius, and the pseudo-Augustinian 'de Vita Christiana'", *Journal of Theological Studies*, n.s., 13, 1962, p. 72-98.

Fabre, P. *Saint Paulin de Nole et l'amitié chrétienne*, Paris, E. de Boccard, 1949. Favonius Eulogius, *Disputatio de Somnio Scipiones*, col. Latomus, 27, org. e trad. R. E. van Weddingen, Bruxelas: Latomus revue d'études latines, 1957.

Fink-Errera, G. "San Agustín y Orosio", *Ciudad de Dios*, 167, 1954, p. 455-549.

Floeri, F. "Le pape Zosime et la doctrine augustinienne du péché originel", in *Augustinus Magister*, vol. 2, Congresso Internacional Agostiniano, Paris, 1954, Paris: Études augustiniennes, 1954-1955, p. 755-761.

Folliet, G. "La typologie du sabbat chez s. Augustin", *Revue des études augustiniennes*, 2, 1956, p. 371-390.

Folliet, G. 'Les moines euchites à Carthage en 400-401", Studia Patristica, 2, *Texte und Untersuchungen*, 64, 1957, p. 386-399.

Folliet, G. "Aux origines de l'ascétisme et du cénobitisme africain", *Studia Anselmiana*, 46, 1961, p. 25-44.

Folliet, G. "'Deificari in otio', Augustin, *Epistula*, X, 2", *Recherches augustiniennes*, 2, 1962, p. 225-236.

Frend, W. H. C. "The Revival of Berber Art", *Antiquity*, 16, 1942, p. 342-352.

Frend, W. H. C. "A note on the Berber background in the life of Augustine", *Journal of Theological Studies*, 43, 1942, p. 188-191.

Frend, W. H. C. *The Donatist Church: a movement of protest in Roman North Africa*, Oxford: Clarendon Press, 1952; edição atualizada, 1985.

Frend, W. H. C. "The *cellae* of the African Circumcellions", *Journal of Theological Studies*, n.s., 3, 1952, p. 87-89.

Frend, W. H. C. "The Gnostic-Manichaean Tradition in Roman North Africa", *Journal of Ecclesiastical History*, 4, 1953, p. 13-26.

Frend, W. H. C. "Manichaeism in the Struggle between St. Augustine and Petilian of Constantine", *in Augustinus Magister*, vol. 2, Congresso Internacional Agostiniano, Paris, 1954, Paris: Études augustiniennes, 1954-1955, p. 859-866.

Frend, W. H. C. "The *Seniores Laici* and the origins of the Church in North Africa", *Journal of Theological Studies*, n.s., 12, 1961, p. 280-284.

Frend, W. H. C. "The Roman Empire in the eyes of Western Schismatics during the 4th century", *Miscellanea Historiae Ecclesiasticae*, 1, 1961, p. 9-22.

Frend, W. H. C. *Martyrdom and Persecution in the Early Church: A study of conflict from the Maccabees to Donatus*, Oxford: Blackwell, 1965; edição atualizada: Grand Rapids, Michigan: Baker Book House, 1981.

Gallay, J. "'Dilige et quod vis fac'", *Recherches de sciences religieuses*, 43, 1955, p. 545555.

Gaudemet, J. *L'Église dans l'Empire romain: IVe-Ve siècles*, Paris: Sirey, 1958; reedição, 1989.

Gaudemet, J. "L'Étranger au Bas-Empire", *Recueils de la Société Jean Bodin*, 9, 1958, p. 207235.

Gibb, J. e W. Montgomery (orgs.), *The Confessions of Saint Augustine* (Cambridge Patristic Texts), Cambridge, Reino Unido: Cambridge University Press, 1908; reedição: Nova York: Garland Publications, 1980.

Giet, S. "Basile, était-il sénateur?", *Revue d'histoire ecclésiastique*, 60, 1965, p. 429443.

Gordini, G. D. "Il monachesimo romano in Palestina nel IV secolo", *Studia Anselmiana*, 46, 1961, p. 85-107.

Grabmann, M. "Der Einfluss des heiligen Augustinus auf die Verwertung und Bewertung der Antike im Mittelalter", in *Mittelalterliches Geistesleben: Abhandlungen zur Geschichte der Scholastik und Mystik*, vol. 2, Munique: M. Hueber, 1926-1956, p. 1-24.

Grasmück, E. L. *Coercitio: Staat und Kirche im Donatistenstreit*, Bonn: L. Röhrscheid, 1964.

Green, W. M. "A Fourth Century Manuscript of Saint Augustine?", *Revue bénédictine*, 69, 1959, p. 191-197.

Gross, J. *Enstehungsgeschichte des Erbsündendogmas, von der Bibel bis Augustinus*, Munique, E. Reinhardt, 1960.

Guy, J. C. *Unité et structure logique de La Cité de Dieu*, Paris: Études augustiniennes, 1961.

Hadot, P. "Citations de Porphyre chez Augustin (à propos d'un livre récent)", *Revue des études augustiniennes*, 6, 1960, p. 205-244.

Hadot, P. Introdução: *Marius Victorinus, Traités théologiques sur la Trinité*, Sources chrétiennes, 68, Paris: Éditions du Cerf, 1960.

Hadot, P. *Plotin ou la simplicité du regard*, Paris: Plon, 1963; edição atualizada: Gallimard, 1997. Edição em inglês: *Plotinus, or the Simplicity of Vision*, trad. M. Chase, Chicago: Chicago University of Press, 1993.

Hahn, T. *Tyconius-Studien*, Leipzig: Dieterich, 1900; reedição: Aalen: Scientia Verlag, 1971.

Harder, R. *Kleine Schriften*, org. W. Marg, Munique: Beck, 1960.

Harmand, L. *Le Patronat sur les collectivités publiques des origines au Bas-Empire: un aspect social et politique du monde romain*, Paris: Presses Universitaires de France, 1957.

Harnack, A. "Die Retractationen Augustins", *Sitzungsberichte der preussischen Akademie der Wissenschaften*, 2, 1905, p. 1096-1131.

Harnack, A. *History of Dogma*, Vol. 5, trad. N. Buchanan, 3ª edição, Nova York: Dover Books, 1961.

Haslehurst, R. S. T. *The Works of Fastidius*, Londres: The Society of Saints Peter and Paul, 1927.

Henry, P. *Plotin et l'Occident. Firmicus Maternus, Marius Victorinus, Saint Augustin et Macrobe*, Spicilegium Sacrum Lovaniense, 13, Louvain: "Spicilegium Sacrum Lovaniense" Bureaux, 1934.

Henry, P. *La vision d'Ostie. Sa place dans la vie et l'oeuvre de saint Augustin*, Paris: J. Vrin, 1938.

Herrmann, L. "Hierius et Domitius", *Latomus*, 13, 1954, p. 37-39.

Heurgon, J. *Le Trésor de Ténès*, Paris: Arts et métiers graphiques, 1958.

Hiltbrunner, O. "Die Schrift 'de officiis ministrorum' des hl. Ambrosius und ihr ciceronisches Vorbild", *Gymnasium*, 71, 1964, p. 174-189.

Holl, K. "Augustins innere Entwicklung", *Abhandlungen der preussischen Akademie der Wissenschaften, Philosophische-historische Klasse* Jahrgang 1922, nº 4, 1923, p. 151 (= *Gesammelte Aufsätze zur Kirchengeschichte*, 3, 1928, p. 54-116).

Holte, K. R. *Béatitude et sagesse: saint Augustin et le problème de la fin de l'homme dans la philosophie ancienne*, Paris: Études augustiniennes, 1962.

Homes-Dudden, F. *The Life and Times of St. Ambrose*, 2 vols., Oxford: Clarendon Press, 1935.

Jaeger, H. "L'Examen de conscience dans les religions non-chrétiennes et avant le Christianisme", *Numen*, 6, 1959, p. 176-233.

Jaeger, H. "Justinien et l'episcopalis audientia", *Revue historique de droit français et étranger*, 4ª série, 38, 1960, p. 214-262.

Jaeger, H. "La preuve judiciaire d'après la tradition rabbinique et patristique", *Recueils de la Société Jean Bodin*, 16, 1964, p. 415-594.

Jalland, T. G. *The Church and the Papacy*, Londres: Society for Promoting Christian Knowledge, 1944.

Jones, A. H. M. *The Later Roman Empire 284-602*, 3 vols., Oxford: Blackwell, 1964.

Jones, B. V. E. "The Manuscript Tradition of Augustine's *De Civitate Dei*", *Journal of Theological Studies*, n.s., 16, 1965, p. 142-145.

Kajanto, I. *Onomastic Studies in the Early Christian Inscriptions of Rome and Carthage*, Acta Instituti Romani Finlandiae, ii, 1, Helsinque, 1963.

Kannengiesser, C. "Enarratio in Psalmum CXVIII: Science de la révélation et progrès spirituel", *Recherches augustiniennes*, 2, 1962, p. 359-381.

Katô, T. "Melodia interior. Sur le traité *De pulchro et apto*", *Revue des études augustiniennes*, 12, 1966, p. 229-240.

Kirk, K. E. *The Vision of God: the Christian doctrine of the summum bonum*, 2ª edição, Londres: Longmans, Green and Co., 1932; edição atualizada: Nova York: Harper & Row, 1966.

Klegeman, C. "A psychoanalytic study of the Confessions of St. Augustine", *Journal of the American Psychoanalytical Association*, 5, 1957, p. 469-484.

Knauer, G. N. *Die Psalmenzitate in Augustins Konfessionen*, Göttingen; Vandenhoeck & Ruprecht, 1955.

Knauer, G. N. "Peregrinatio Animae. (Zur Frage der Einheit der augustinischen Konfessionen)", *Hermes*, 85, 1957, p. 216-248.

Koopmans, J. H. "Augustine's first contact with Pelagius and the Dating of the Condemnation of Caelestius at Carthage", *Vigiliae Christianae*, 8, 1954, p. 149-153.

Kotula, T. *Zgromadzenia prowincjionalne w rzymskiej Afryce w epoce póznego Cesarstwa* (resumo francês: *Les assemblées provinciales dans l'Afrique romaine sous le BasEmpire*), Wroclaw, 1965.

La Bonnardière, A. M. "Quelques remarques sur les citations scripturaires du *de gratia et libero arbitrio*", *Revue des études augustiniennes*, 9, 1963, p. 77-83.

La Bonnardière, A. M. *Recherches de chronologie augustinienne*, Paris: Études augustiniennes, 1965.

La Bonnardière, A. M. "Le combat chrétien. Exégèse augustinienne d'*Éphés.* 6, 12", *Revue des études augustiniennes*, 11, 1965, p. 235-238.

Lacroix, B. *Orose et ses idées*, Universidade de Montreal, Publications de l'Institut d'études médiévales, 18, Montreal: Institut d'études médiévales, 1965.

Lamirande, E. "Un siècle et demi d'études sur l'ecclésiologie de saint Augustin", *Revue des études augustiniennes*, 8, 1962, p. 1-124.

Lamirande, E. *L'Église céleste selon saint Augustin*, Paris: Études augustiniennes, 1963.

Langgärtner, G. *Die Gallienpolitik der Päpste im 5. und 6. Jahrhundert: eine Studie über den apostolischen Vikariat von Arles*, Theophaneia, 16, Bonn: P. Hanstein, 1964.

Lauras, A. e H. Rondet, "La thème des deux cités dans l'oeuvre de saint Augustin", in H. Rondet *et al.* (orgs.), *Études augustiniennes*, Paris: Aubier, 1953, p. 99-162.

Lazzati, G. *Il valore letterario dell'esegesi ambrosiana*, Archivio ambrosiano, 11, Milão, 1960.

Leclercq, J. "Prédication et rhétorique au temps de saint Augustin", *Revue bénédictine*, 67, 1947, p. 117-131.

Legewie, B. *Augustinus: eine Psychographie*, Bonn: A. Marcus & E. Webers Verlag (A. Ahn), 1925.

Legewie, B. "Die körperliche Konstitution und Krankheiten Augustins", *in* A. Casamassa (org.), *Miscellanea Agostiniana*, Vol. 2, Roma: Tipografia Poliglotta Vaticana, 1935, p. 5-21.

Leisegang, H. "Der Ursprung der Lehre Augustins von der 'Civitas Dei'", *Archiv für Kulturgeschichte*, 16, 1925, p. 127-155.

Lewy, H. *Chaldaean Oracles and Theurgy. Mysticism, Magic and Platonism in the Later Roman Empire*, Cairo: L'Institut français d'archéologie orientale, 1956; edição atualizada: Paris: Études augustiniennes, 1978.

Libânio, *Autobiography: (Oration I)*, org. e trad. A. F. Norman, Londres: Oxford University Press, 1965.

Liebeschütz, W. "Did the Pelagian Movement have social aims?", *Historia*, 12, 1963, p. 227-241.

Lo Bue, F. *The Turin Fragments of Tyconius' Commentary on Revelation*, Texts and Studies, n.s., 7, Cambridge, Reino Unido: Cambridge University Press, 1963.

Löhrer, M. *Der Glaubensbegriff des hl. Augustinus in seinen ersten Schriften bis zu den "Confessiones"*, Einsiedeln: Benziger, 1955.

L'Orange, H. P. "The Portrait of Plotinus", *Cahiers archéologiques: fin de l'antiquité et Moyen-âge*, 5, 1951, p. 15-30.

L'Orange, H. P. "Plotinus-Paul", *Byzantion*, 25-27, 1955-1957, p. 473-483.

Lorenz, R. "Die Wissenschaftslehre Augustins", *Zeitschrift für Kirchengeschichte*, 67, 1956, p. 29-60.

Lorenz, R. "Der Augustinismus Prospers von Aquitanien", *Zeitschrift für Kirchengeschichte* 73, 1962, p. 217-252.

Lorenz, R. "Gnade und Erkenntnis bei Augustinus", *Zeitschrift für Kirchengeschichte*, 75, 1964, p. 21-78.

Lorenz, R. "Die Anfänge des abendländischen Mönchtums im 4. Jahrhundert", *Zeitschrift für Kirchengeschichte*, 77, 1966, p. 1-61.

Luneau, A. *L'Histoire du salut chez les Pères de l'Église; la doctrine des âges du monde*, Théologie historique, 2, Paris: Beauchesne, 1964.

MacMullen, R. "The Roman Concept of Robber-Pretender", *Revue internationale des droits de l'antiquité*, 3ª série, 10, 1963, p. 221-226.

McNamara, M. A. *Friendship in St. Augustine*, Studia Friburgensia, n.s., 20, Fribourg, Suíça: The University Press, 1958.

Macróbio, *Macrobius' Commentary on the Dream of Scipio*, trad. W. H. Stahl, Records of Civilisation; sources and studies, 48, Nova York: Columbia University Press, 1952; reedição, 1990.

Madec, G. "Connaissance de Dieu et action de grâces", *Recherches augustiniennes*, 2, 1962, p. 273-309.

Maier, F. G. *Augustin und das antike Rom*, Stuttgart: W. Kohlhammer, 1955.

Maisonneuve, H. "Croyance religieuse et contrainte: la doctrine de saint Augustin", *Mélanges de science religieuse*, 19, 1962, p. 49-68.

Mandouze, A. "L'Extase d'Ostie: possibilités et limites de la méthode de parallèles textuels", in *Augustinus Magister*, Vol. 1, Congresso Internacional Agostiniano, Paris, 1954, Paris: Études augustiniennes, 1954-1955, p. 67-84.

Mandouze, A. "Saint Augustin et la religion romaine", *Recherches augustiniennes*, 1, 1958, p. 187-223.

Marec, E. "Deux mosaïques d'Hippone", *Libyca*, 1, 1953, p. 95-108.

Marec, E. *Hippone la Royale, antique Hippo Regius*, Argélia, Diretoria do Interior e de Belas Artes, Serviço de Antiguidades, 1954.

Marec, E. *Monuments chrétiens d'Hippone, ville épiscopale de Saint Augustin*, Paris: Arts et métiers graphiques, 1958.

Markus, R. A. "'Imago' and 'Similitudo' in Augustine", *Revue des études augustiniennes*, 11, 1964, p. 125-143.

Markus, R. A. "Two Conceptions of Political Authority: Augustine's *De Civ. Dei*, XIX, 14-15, and some Thirteenth-Century Interpretations", *Journal of Theological Studies*, n.s., 16, 1965, p. 68-100.

Marrou, H. I. "Autour de la bibliothèque du pape Agapet", *Mélanges d'archéologie et d'histoire*, 48, 1931, p. 124-169.

Marrou, H. I. *Moycikoc Anhp. Étude sur les scènes de la vie intellectuelle figurant sur les monuments funéraires romains*, Grenoble: Didier & Richard, 1938.

Marrou, H. I. *Saint Augustin et la fin de la culture antique*, 1ª edição, e *Retractatio* (Vol. 2), Paris: E. de Boccard, 1938-1949.

Marrou, H. I. "Survivances païennes dans les rites funéraires des donatistes", in *Hommages à Joseph Bidez et à Franz Cumont*, Col. Latomus, 2, Bruxelas: *Latomus, Revue d'études latines*, 1949, p. 193-203.

Marrou, H. I. "La technique de l'édition à l'époque patristique", *Vigiliae Christianae*, 3, 1949, p. 217-224.

Marrou, H. I. *L'Ambivalence du temps de l'histoire chez saint Augustin*, Montreal: Institut d'études médiévales, 1950.

Marrou, H. I. "La division en chapitres des livres de la 'Cité de Dieu'", in *Mélanges Joseph de Ghellinck*, vol. 1, Gembloux: J. Duculot, 1951, p. 235-249.

Marrou, H. I. "Épitaphe chrétienne d'Hippone à réminiscences virgiliennes", *Libyca*, 1, 1953, p. 215-230.

Marrou, H. I. "Un lieu dit 'Cité de Dieu'", in *Augustinus Magister*, vol. 1, Congresso Internacional Agostiniano, Paris, 1954, Paris: Études augustiniennes, 1954-1955, p. 101-110.

Marrou, H. I. *History of Education in Antiquity*, trad. G. Lamb, Nova York: Sheed and Ward, 1956; edição atualizada: Madison: Wisconsin, University of Wisconsin Press, 1982.

Marrou, H. I. *St. Augustine and his influence through the ages*, Men of Wisdom, 2, trad. P. Hepburne-Scott e E. Hill, Nova York: Harper Torchbooks, 1957.

Marrou, H. I. "Civitas Dei, civitas terrena: num tertium quid?", Studia Patristica, 2, *Texte und Untersuchungen*, 64, 1957, p. 342-350.

Marrou, H. I."La Basilique chrétienne d'Hippone d'après le résultat des dernières fouilles", *Revue des études augustiniennes*, 6, 1960, p. 109-154.

Marrou, H. I. "Synesius of Cyrene and Alexandrian Neo-Platonism", *in* A. Momigliano, *The Conflict between Paganism and Christianity in the Fourth Century*, Oxford: Clarendon Press, 1963, p. 126-150.

Marrou, H. I. e A. M. La Bonnardière, "Le dogme de la résurrection et la théologie des valeurs humains selon l'enseignement de saint Augustin", *Revue des études augustiniennes*, 12, 1966, p. 111-136 (= *The Resurrection and St. Augustine's Theology of Human Values*, Villanova, Pensilvânia: Villanova University Press, 1966).

Martroye, F. "Saint Augustin et la compétence de la juridiction ecclésiastique au Ve siècle", *Mémoire de la société nationale des antiquaires de France*, 7ª série, 10, 1911, p. 1-78.

Mathew, G. *Byzantine Aesthetics*, Londres: J. Murray, 1963.

Masai, F. "Les conversions de s. Augustin et les débuts du spiritualisme de l'Occident", *Le Moyen Âge*, 67, 1961, p. 1-40.

Mazzarino, S. "Sull'*otium* di Massiminiano Erculio", *Rendiconti dell'Accademia dei Lincei*, série 8, 8, 1954, p. 417-421.

Meiggs, R. *Roman Ostia*, Oxford: Clarendon Press, 1960; segunda edição, 1973.

Melania, *Vie de sainte Mélanie*, org. e trad. D. Gorce, Sources chrétiennes, 90, Paris: Éditions du Cerf, 1962.

Menasce, P. J. "Augustin manichéen", *in Freundesgabe für Ernst Robert Curtius*, Berna: Francke, 1956, p. 79-93.

Merkle, S. "Augustin über eine Unterbrechung der Höllenstrafen", *in* Görres--Gesellschaft (org.), *Aurelius Augustinus*, Colônia: J. P. Bachem, 1930, p. 197-202.

Mersch, E. *Le corps mystique du Christ: études de théologie historique*, vol. 2, 3ª edição, Paris: Desclée de Brouwer, 1951.

Minio-Paluello, L. "The Text of the *Categoriae*: the Latin Tradition", *Classical Quarterly*, 39, 1945, p. 63-74.

Mitterer, A. *Die Entwicklungslehre Augustins*, Viena: Herder, 1956.

Mohrmann, C. "Le latin commun et le latin des chrétiens", *Vigiliae Christianae*, 1, 1947, p. 1-12.

Mohrmann, C. "Comment saint Augustin s'est familiarisé avec le latin des chrétiens", in *Augustinus Magister*, vol. 1, Congresso Internacional Agostiniano, Paris, 1954, Paris: Études augustiniennes, 1954-1955, p. 111-116.
Mohrmann, C. e F. van der Meer, *Atlas of the Early Christian World*, org. e trad. M. F. Hedlund e H. H. Rowley, Londres: Nelson, 1958.
Mohrmann, C. "Augustine and the Eloquentia", in *Études sur le latin des chrétiens*, vol. I, Roma: Edizioni di Storia e Letteratura, 1958, p. 351-370.
Mohrmann, C. "Saint Augustin écrivain", *Recherches augustiniennes*, 1, 1958, p. 43-66.
Momigliano, A. "Some Observations on the 'Origo Gentis Romanae'", in *Secondo contributo alla storia degli studi classici*, Roma: Edizioni di Storia e Letteratura, 1960, p. 145-178.
Momigliano, A. "Pagan and Christian Historiography in the Fourth Century", in *The Conflict between Paganism and Christianity in the Fourth Century*, Oxford: Clarendon Press, 1963, p. 79-99.
Mommsen, T. "Petrarch and the Decoration of the 'Sala Virorum Illustrium' in Padua", in E. Rice (org.), *Medieval and Renaissance Studies*, Ithaca, N.Y.: Cornell University Press, 1959, p. 130-174.
Mommsen, T. "Orosius and Augustine", in E. Rice (org.), *Medieval and Renaissance Studies*, Ithaca, N.Y.: Cornell University Press, 1959, p. 325-348.
Monceaux, P. *Les Africains: étude sur la littérature latine d'Afrique: les païens*, Paris: Lecène, Oudin, 1894.
Monceaux, P. *Histoire littéraire de l'Afrique chrétienne depuis les origines jusqu'à l'invasion arabe*, vols. 5-7, Paris: E. Leroux, 1920-1923.
Monceaux, P. *Le Manichéen Fauste de Milev: restitution de ses "capitula"*, Paris: Imprimerie Nationale, 1924.
Monceaux, P. "Saint Augustin et saint Antoine", in A. Casamassa (org.) *Miscellanea Agostiniana*, vol. 2, Roma: Tipografia Poliglotta Vaticana, 1931, p. 61-89.
Morris, J. "Pelagian Literature", *Journal of Theological Studies*, n.s., 16, 1965, p. 2660.
Munz, P. "John Cassian", *Journal of Ecclesiastical History*, 11, 1960, p. 1-22.
Myres, J. N. L. "Pelagius and the End of Roman Rule in Britain", *Journal of Roman Studies*, 50, 1960, p. 21-36.
Nock, A. D. *Conversion: the old and the new in religion from Alexander the Great to Augustine of Hippo*, Londres: Oxford University Press, 1933; reedição: Lanham, Maryland: University Press of America, 1988.

Nørregaard, J. *Augustins Bekehrung*, Tübingen: Mohr, 1923.

Nygren, G. *Das Prädestinationsproblem in der Theologie Augustins: eine systematischtheologische Studie*, Studia Theologica Lundensia, 12, Lund: C. W. K. Gleerup, 1956.

O'Connell, R. J. "Ennead VI, 4 and 5 in the Works of St. Augustine", *Revue des études augustiniennes*, 9, 1963, p. 1-39.

O'Connell, R. J. "The Plotinian Fall of the Soul in St. Augustine", *Traditio*, 19, 1963, p. 1-35.

O'Connell, R. J. "The Riddle of Augustine's 'Confessions': A Plotinian Key", *International Philosophical Quarterly*, 4, 1964, p. 327-372.

O'Meara, J. *St. Augustine: Against the Academics*, Ancient Christian Writers, 12, Westminster, Maryland: Newman Press, 1950.

O'Meara, J. *The Young Augustine*, Londres: Longmans, 1954.

O'Meara, J. *Porphyry's Philosophy from Oracles in Augustine*, Paris: Études augustiniennes, 1959.

Orósio, *Seven Books of History against the Pagans*, trad. I. W. Raymond, Columbia University Records of Civilization, 22, Nova York: Columbia University Press, 1936.

Parodi, B. *La catachesi di s. Ambrogio*, Gênova, 1957.

Paredi, A. "Paulinus of Milan", *Sacris Erudiri*, 14, 1963, p. 206-230.

Pellegrino, M. *Possidio, Vita di Agostino*, Verba Seniorum, 4, Alba: Edizioni Paoline, 1955.

Pellegrino, M. *Les Confessions de saint Augustin*, Paris: Éditions Alsatia, 1961.

Pellegrino, M. *Paulino di Milano, Vita di S. Ambrogio*, Roma: Editrice Studium, 1961.

Pépin, J. "Recherches sur le sens et les origines de l'expression 'caelum caeli' dans le livre XII des Confessions de saint Augustin", *Bulletin du Cange*, 23, 1953, p. 185-274.

Pépin, J. "À propos de l'histoire de l'exégèse allégorique: l'absurdité, signe de l'allégorie", Studia Patristica, 1, *Texte und Untersuchungen*, 63, 1957, p. 395-413.

Pépin, J. *Mythe et allégorie: les origines grecques et les contestations judéo-chrétiennes*, Paris: Éditions Montaigne, 1958.

Pépin, J. "Saint Augustin et la fonction protreptique de l'allégorie", *Recherches augustiniennes*, 1, 1958, p. 243-286.

Pépin, J. *Théologie cosmique e théologie chrétienne (Ambroise, Exam. I, i, 1-4)*, Paris: Presses Universitaires de France, 1964.

Perler, O. "Les voyages de saint Augustin", *Recherches augustiniennes*, 1, 1958, p. 5-42.

Perler, O. "Das Datum der Bischofsweihe des heiligen Augustinus", *Revue des études augustiniennes*, 11, 1965, p. 25-37.

de la Peza, E., "El significado de 'cor' en San Agustín", *Revue des études augustiniennes*, 7, 1961, p. 339-368.

Pietri, C. "*Concordia apostolorum* et *renovatio urbis*. (Culte des martyres et propagande papale)", *Mélanges d'archéologie et d'histoire*, 73, 1961, p. 275-322.

Pietri, C. "Le Serment du Soldat chrétien", *Mélanges d'archéologie et d'histoire*, 74, 1962, p. 649-664.

Piganiol, A. *L'Empire chrétien, 325-395*, Histoire romaine, IV, 2, Paris: Presses Universitaires de France, 1947.

Pincherle, A. *La formazione teologica di Sant'Agostino*, Roma: Edizioni italiane, 1947.

Pizzolato, L. F. *La "explanatio psalmorum XII". Studio letterario sull'esegesi di Sant'Ambrogio*, Archivio Ambrosiano, 17, Milão, 1965.

de Plinval, G. *Pélage, ses écrits, sa vie et sa réforme*, Lausanne: Payot, 1943.

de Plinval, G. *Essai sur le style et la langue de Pélage*, Fribourg, Suíça: Librairie de l'Université, 1947.

Plotino, *Enneads*, trad. S. MacKenna, 2ª edição, Londres: Faber and Faber, 1956.

Polotsky, H. J. *Manichäische Homilien*, Stuttgart: W. Kohlhammer, 1934.

Pontet, M. *L'Exégèse de s. Augustin prédicateur*, Paris: Aubier, 1944.

Portalié, E. *A Guide to the Thought of St. Augustine*, trad. R. J. Bastian, Chicago: H. Regnery Co., 1960.

Prete, S. *Pelagio e il pelagianesimo*, Brescia: Morcelliana, 1961.

Próspero, *St. Prosper of Aquitaine: Defense of St. Augustine*, trad. P. de Letter, Ancient Christian Writers, 32, Westminster, Maryland: Newman Press, 1963.

Puech, H. C. "Der Begriff der Erlösung im Manichäismus", *Eranos Jahrbuch*, 4, 1936, p. 183-286.

Puech, H. C. *Le Manichéisme: son fondateur, sa doctrine*, Museu Guimet, Bibliothèque de diffusion, 56, Paris: Civilisations du Sud, 1949.

Puech, H. C. "Plotin et les gnostiques", *in Les Sources de Plotin*, Entretiens, Fondation Hardt, 5; Genebra: Fondation Hardt, 1960, p. 161-174.

Quasten, J. "'Vetus superstitio et nova religio'", *Harvard Theological Review*, 33, 1940, p. 253-266.

Ragona, A. *Il proprietario della Villa romana di Piazza Armerina*, Caltagirone, 1962.

Ratti, A. "Il più antico ritratto di s. Ambrogio", *in Ambrosiana*, Milão: L. F. Cogliati, 1897, cap. 14.

Ratzinger, J. *Volk und Haus Gottes in Augustins Lehre von der Kirche*, Munique: K. Zink, 1954.

Ratzinger, J. "Originalität und Überlieferung in Augustins Begriff der 'Confessio'", *Revue des études augustiniennes*, 3, 1957, p. 375-392.

Ratzinger, J. "Beobachtungen zum Kirchenbegriff des Tyconius", *Revue des études augustiniennes*, 4, 1958, p. 173-185.

Refoulé, F. "La datation du premier concile de Carthage contre les Pélagiens et du *Libellus fidei* de Rufin", *Revue des études augustiniennes*, 9, 1963, p. 41-49.

Refoulé, F. "Julien d'Éclane, théologien et philosophe", *Recherches de sciences religieuses*, 52, 1964, p. 42-84 e 233-247.

Ries, J. "Introduction aux études manichéennes", *Ephemerides Theologicae Lovanienses*, 33, 1957, p. 453-482; 35, 1959, p. 362-409.

Ries, J. "La Bible chez s. Augustin et chez les manichéens", *Revue des études augustiniennes*, 9, 1963, p. 201-215.

Ries, J. "Jésus-Christ dans la religion de Mani. Quelques éléments d'une confrontation de saint Augustin avec un hymnaire christologique manichéen copte", *Augustiniana*, 14, 1964, p. 437-454.

Rondet, H. "Richesse et pauvreté dans la prédication de s. Augustin", *Revue d'ascétisme et mystique*, 30, 1954, p. 193-231.

Rottmanner, O. *Der Augustinismus: eine dogmengeschichtliche Studie*, Munique: J. J. Lentner, 1892; trad. Liebaert, "L'Augustinisme", *Mélanges de science religieuse*, 6, 1949, p. 31-48.

Rougé, J. "Une émeute à Rome au IVe s.", *Revue des études anciennes*, 63, 1963, p. 5977.

Ruggini, L. "Ebrei et orientali nell'Italia settentrionale (iv-vi s.)", *Studia et Documenta Historiae et Juris*, 25, 1959, p. 186-308.

Ruggini, L. *Economia e società nell'Italia annonaria*, Milão: Giuffre, 1961.

Sage, A. "'Praeparatur voluntas a Deo'", *Revue des études augustiniennes*, 10, 1964, p. 1-20.

Sanders, G. *Licht en duisternis in de christelijke grafschriften*, 2 vols., Verhandelingen van de Koninklijke Vlaamse Academie voor Wetenschappen, Letteren en Schone Kunsten van België. Klasse der Letteren, jaarg. 27, nr. 56, Bruxelas: Paleis der Academien, 1965.

Sasse, H. "*Sacra Scriptura*: Bemerkungen zur Inspirationslehre Augustins", *in* H. Kusch (org.), *Festschrift Franz Dornseiff*, Leipzig: Bibliographisches Institut, 1953, p. 262273.

Saumagne, C. "Ouvriers agricoles ou rôdeurs de celliers? Les circoncellions d'Afrique", *Annales d'histoire économique et sociale*, 6, 1934, p. 351-364.

Schmaus, M. *Die Denkform Augustins in seinem Werk de Trinitate*, Bayerische Akademie der Wissenschaften. Philosophisch-Historische Klasse. Sitzungsberichte; Jahr, 1962; Heft 6, Munique: Verlag der Bayerischen Akademie der Wissenschaften in Kommission bei C. H. Beck, 1962.

Schöndorf, K. A. *Die Geschichtstheologie des Orosius: eine Studie zur Historia adversus paganos des Orosius*, dissertação de doutorado, Munique: M. Hueber, 1952.

Schubert, H. v. *Der sogenannte Praedestinatus: ein Beitrag zur Geschichte des Pelagianismus*, Texte und Untersuchungen, 24, 4, Leipzig: J. C. Hinrichs, 1903.

Schwarte, K. H. *Die Vorgeschichte der augustinischen Weltalterlehre*, Bonn: R. Habelt, 1966.

Simon, M. "Le judaïsme berbère dans l'Afrique ancienne", *Revue d'histoire et de philosophie religieuses*, 26, 1946, p. 1-31 e 105-145 (= *Recherches d'histoire judéochrétienne*, Paris: Mouton, 1962, p. 30-87).

Simon, M. "Punique ou berbère?", *Annuaire de l'Institut de philologie et d'histoire orientales et slaves*, 13, 1955, p. 613-629 (= *Recherches d'histoire judéo-chrétienne*, Paris: Mouton, 1962, p. 88-100).

Solignac, A. "Doxographies et manuels dans la formation philosophique de s. Augustin", *Recherches augustiniennes*, 1, 1958, p. 113-148.

Solignac, A. Introdução e notas de *Les Confessions*, trad. E. Tréhorel e G. Bouissou, Bibliothèque augustinienne, série ii, 13-14, Bruges: Desclée de Brouwer, 1962.

Steinwenter, A. "Eine kirchliche Quelle des nachklassischen Zivilprozesses", in *Acta congressus iuridici internationalis VII saeculo a decretalibus Gregorii IX e XIV a codice Iustiniano promulgatis Romae 12-17 Novembris 1934*, vol. 2, Roma: Apud Custodiam Librariam Pont. Instituti Utriusque Iuris, 1935, p. 123-144.

Strauss, G. *Schriftgebrauch, Schriftauslegung und Schriftbeweis bei Augustin*, Beiträge zur Geschichte der biblischen Hermeneutik, 1, Tübingen: Mohr, 1959.

Sundwall, J. *Weströmische Studien*, Berlim: Mayer & Muller, 1915.

Tajo, M. "Un confronto tra s. Ambrogio e s. Agostino proposito dell'esegesi del Cantico dei Cantici", *Revue des études augustiniennes*, 7, 1961, p. 127-151.

Tengström, E. *Die Protokollierung der Collatio Carthaginiensis*, Studia Graeca et Latina Gothoburgensia, 14, Göteborg, 1962.

Tengström, E. *Donatisten und Katholiken: soziale, wirtschaftliche und politische Aspekte einer nordafrikanischen Kirchenspaltung*, Studia Graeca et Latina Gothoburgensia, 18, Estocolmo: Almqvist & Wiksell, 1964.

Testard, M. *Saint Augustin et Cicéron*, 2 vols, Paris: Études augustiniennes, 1958.

Thompson, E. A. "The Settlement of the Barbarians in Southern Gaul", *Journal of Roman Studies*, 46, 1956, p. 65-75.

Thompson, E. A. "The Visigoths from Fritigern to Euric", *Historia*, 12, 1963, p. 105-126.

Thonnard, F. J. "La prédestination augustinienne et l'interprétation de O. Rottmanner", *Revue des études augustiniennes*, 9, 1963, p. 259-287.

Thonnard, F. J. "La prédestination augustinienne. Sa place en philosophie augustinienne", *Revue des études augustiniennes*, 10, 1964, p. 97-123.

Thonnard, F. J. "L'Aristotélisme de Julien d'Éclane et saint Augustin", *Revue des études augustiniennes*, 11, 1965, p. 296-304.

Toutain, J. *Les cultes païens dans l'Empire romain*, vol. 3, Paris: E. Leroux, 1917.

Ulbrich, H. "Augustins Briefe zur entscheidender Phase des pelagianischen Streites", *Revue des études augustiniennes*, 9, 1963, p. 51-75 e 235-258.

van Bavel, T. e F. van der Zande, *Répertoire bibliographique de saint Augustin, 19501960*, Instrumenta patristica, 3, Steenbrugge: In Abbatia Sancti Petri, 1963.

van der Meer, F. *Augustine the Bishop*, trad. B. Battershaw e G. Lamb, Londres: Sheed and Ward, 1961.

van der Meer, F. "À propos du sarcophage de Mas d'Aire", *in Mélanges offerts à Mademoiselle Christine Mohrmann*, Utrecht: Spectrum, 1963, p. 169-176.

de Veer, A. C. "'Revelare', 'Revelatio'. Éléments d'une étude sur l'emploi du mot et sur sa signification chez s. Augustin", *Recherches augustiniennes*, 2, 1962, p. 331-357.

de Veer, A. C. "La date du *de unico baptismo*", *Revue des études augustiniennes*, 10, 1964, p. 35-38.

de Veer, A. C. "L'Exploitation du schisme maximianiste par s. Augustin dans sa lutte contre le Donatisme", *Recherches augustiniennes*, 3, 1965, p. 219-237.

Verbraken, P. "Les deux sermons du prêtre Éraclius d'Hippone", *Revue bénédictine*, 71, 1961, p. 3-21.

Ville, G. "Les jeux de gladiateurs dans l'Empire chrétien", *Mélanges d'archéologie et d'histoire*, 72, 1960, p. 273-335.

Vittinghoff, F. "Zum geschichtlichen Selbstverständnis der Spätantike", *Historische Zeitschrift*, 198, 1964, p. 529-574.

Vogt, J. *Ammianus Marcellinus als erzählender Geschichsschreiber der Spätzeit*, Abhandlungen der Geistesund Sozialwissenschaftlichen Klasse, Jahrg. 1963, nº 8, Mainz: Verlag der Akademie der Wissenschaften un der Literatur; *in* Kommission bei F. Steiner, Wiesbaden, 1963.

de Vooght, J. "Les miracles dans la vie de saint Augustin", *Recherches de théologie ancienne et médiévale*, 11, 1939, p. 5-16.

Wachtel, A. *Beiträge zur Geschichstheologie des Aurelius Augustinus*, Bonn: L. Röhrscheid, 1960.

Walsh, P. G. "Masinissa", *Journal of Roman Studies*, 55, 1965, p. 149-160.

Walzer, R. "Platonism in Islamic Philosophy", *in Greek into Arabic: Essays on Islamic Philosophy*, Cambridge, Mass.: Harvard University Press, 1961, p. 236-252.

Walzer, R. "Porphyry and the Arabic Tradition", *in* H. Dorrie *et al.* (orgs.), *Porphyre*, Entretiens, Fondation Hardt, 12, Genebra: Vandoeuvres, 1965.

Warmington, B. H. *The North African Provinces from Diocletian to the Vandal Conquest*, Cambridge, Reino Unido: Cambridge University Press, 1954.

Weisskotten, H. T. *Sancti Augustini Vita scripta a Possidio episcopo*, edição com texto revisado, introdução, notas e versão em inglês, Princeton: Princeton University Press, 1919.

West, R. *St. Augustine*, Londres: P. Davies, Ltd., 1933.

Widengren, G. *Mani and Manichaeism*, trad. C. Kessler, Londres: Weidenfeld and Nicolson, 1965.

Williams, N. P. *The Ideas of the Fall and of Original Sin*, Londres: Longmans, Green and Co., Ltd., 1927.

de Wit, J. *Die Miniaturen des Vergilius Vaticanus*, Amsterdã: Swets & Zeitlinger, 1959.

Woods, H., *Augustine and Evolution*, Nova York: The Universal Knowledge Foundation, 1924.

Wucherer-Huldenfield, A., "Mönchtum und kirchlicher Dienst bei Augustinus nach dem Bilde des Neubekehrtens und des Bischofs", *Zeitschrift für katholische Theologie*, 82, 1962, p. 182-211.

ÍNDICE

A
Abedrapsas, lavrador sírio, 549-50
Abel, o Justo, pecadilhos de, 223
Adão e Eva:
    casamento simples de, enaltecido por Paulino de Nola, 418
    conhecimento indireto depois da Queda, 289-90
    culpa "inominável" de, 430
    descrição idílica de, por Juliano de Eclano, 418
    desobediência, 495
    Eva como parte "ativa" e Adão como parte "contemplativa" da alma, 229
    Eva não oferecida a Adão como companhia, 43
    Eva, a tentadora em todas as mulheres, 74
    felizes por trabalhar num jardim, 160
    parentesco comum de Adão, 249
    Pelágio e Agostinho sobre o pecado de Adão, 402
    pena capital de Adão, 408
    Queda de, num sarcófago do século III, 635n58
    relações sexuais no Jardim do Éden, 542
    sensualidade expulsando Adão do Paraíso, 542
    situação antes da Queda, 361
    vergonha de, depois da Queda, 425
Adeodato, filho de Agostinho, 49, 73-74, 135, 141, 147, 151-53
África:
    azeitonas, 28, 213, 325, 458
    cultura clássica pagã na, 31-31, 333-34, 460, 560n34
    cultura eclesiástica da, 31-32, 161, 181, 301
    escravidão, 512-13
    exército na, 214, 460
    extensão do cristianismo na, 439, 458
    Itália e, 33, 163, 420-21, 459-60
    lealdade da, depois de 410, 323-24, 370
    prosperidade da, 27-28, 459-60
    senhores de terras/latifundiários, 28-29, 213-15, 268, 370, 398, 459
africanos:
    advogados, 31
    crenças cristãs populares, 43, 219, 450-51
    crenças religiosas pagãs, 42
    gosto por trocadilhos e acrósticos, 31, 282
    ironia/sarcasmo, 41-42, 342
    mau olhado, 42
    na corte, 33, 398, 459

posição das mães, 275
relacionamentos pessoais, 41-42
senso de honradez, 227
sotaque africano de Agostinho, 101
Agostinho:
amigos, 72-75, 202-03, 222-26, 449
amor à luz, 44-45, 202, 359, 363
anseio de, 176, 180, 235
atitude perante seu progresso intelectual, 71, 126, 308-11, 388-89, 469
beleza natural e, 44, 134, 287, 363
como polemista, 151-52, 158-59, 218-19, 240, 253, 389-90, 420, 426, 530-21
como pregador, 157, 160, 256, 259, 279-85, 324-25, 346-48, 395, 403, 470-71, 479-501, 518-19, 528, 540, 552-53
conhecimento de filosofia, 108, 305-06, 339, 567n77
conhecimento de grego, 45, 300-01, 450
família pobre de, 29-30, 449
ideal da autoridade episcopal, 229-30
instrução/educação, 44-49
interpretações psicológicas de, 561n27
inverno e, 235
lembrança de, em Hipona, 645n44
mudanças no pensamento agostiniano:
a Queda, 361, 541-42
amizade, 175, 184, 235, 358
coerção, 255, 261-64
ideais (d.C. 386-396), 161-66
Igreja e Estado, 256-58, 260-61, 372-73
instrução/educação, 292-98
medo da morte, 150, 456, 471-72
milagres, 453-57
na meia-idade, 308-10
papel do sentimento, 174, 286
progresso espiritual da raça humana, 263-64, 456-57
projeto intelectual em Tagaste, 151-52
sofrimento, 325, 360
vida contemplativa e ativa, 228-29, 357-58
música, cantos e poesia e, 44-45, 72, 78, 133, 135-36, 143-44, 158-59, 201-02, 359
opiniões dos inimigos e críticos, 31-32, 218, 227, 259, 269, 364, 419
pensamento:
autoridade, 53, 59-60, 65-66, 92, 240-41, 264, 301, 306, 308-09, 343, 457, 481, 485, 487
casamento, 47-48, 160, 275-76, 426-28
"Cidade de Deus" (e temas correlatos), 180, 279, 319-20, 327-30, 346-63, 373, 514-15, 555
disciplina, 263, 325
fé e razão, 126, 307, 309-10
graça e livre-arbítrio, 173-74, 262, 391, 411, 527, 556, 660n66
graça e predestinação, 507
hábito, 167-68, 194, 231, 278, 343, 455-56
história geral, 348-56
história romana, 340-45
inferno (e fogo do inferno), 275, 340, 370, 408, 429, 433-34, 504
Juízo Final, 277, 279, 347-48, 408, 434
livre-arbítrio, 166-67
predestinação, 196-97, 245, 261, 370, 437, 441-45
Tagaste, 151-52
unidade da raça humana, 249
primos sem instrução, 26, 136, 295
relações estreitas com os parentes, 42, 224, 252, 449
sarcasmo, 38, 135, 232, 303, 342
saúde, 125, 134, 330-31, 439-40, 448, 456, 462, 471-72, 484
sobre a comunicação, 180-81, 284-85
sobre a escravidão, 513
sobre a gula/voracidade, 201-02, 426

sobre a inveja, 42, 360
sobre a raiva, 64, 229-30, 233-34
sobre jardinagem/cultivo, 29, 160
sobre o casamento, 488-89, 505, 540-41
sobre o *cosmos*, 545-49
sobre o culto dos mártires, 490-92
sobre o gosto pelos elogios, 40, 230, 466-67
sobre o luto, 192
sobre o traje, 216, 448-49
sobre os bebês, 37-38, 192, 360, 386-87
sobre os sonhos, 451-52
sobre seus tempos de estudante, 45, 48, 192, 264, 362
teatro e, 48, 192
viagens e, 171, 213, 225
Alarico, rei dos godos, 320, 364
alegoria, 173, 281, 288-92
Alípio, amigo de Agostinho, depois bispo de Tagaste, 41-42, 65, 78-80, 82, 103, 122-25, 149-50, 161-63, 181-82, 194-95, 224-25, 255, 260, 331, 367-68, 376-77, 384, 391, 393, 398, 419-20, 459, 461, 491, 505-06, 512-13, 581n18
Ambrósio, bispo de Milão, 35, 78, 82-83, 91-102, 106-08, 117-19, 121, 126-28, 141-43, 172-73, 181, 289, 301, 372, 422, 425, 447, 521-22, 528, 536, 541
Amiano Marcelino, último historiador de Roma, 80-81, 569n34, 628n84
Antonino de Fussala, bispo, 510
Antônio, Santo, 549
Armstrong, Hilary, 545-46
astrologia, 69, 78, 406, 430
Ático de Constantinopla, patriarca, 504-05, 542
Átila, 556
Aurélio, bispo de Cartago, 161-63, 183, 231, 252, 384, 393, 395, 489, 491, 494, 500, 504-05, 509, 520, 539, 582n35
Ausônio, 35, 77

B
Basílio de Cesareia, 539
batismo:
Agostinho, imagem de convalescença, 401
Associação do Batismo, Milão, 121
conversão e, 199
de Agostinho, 141
destino dos não batizados, 501
dos bebês, 378, 404, 422, 554
efeito num amigo, 75
ensinamentos de Cipriano, 522
governador exortado ao, 370
milagres em torno do, em Uzalis, 421-22
na África, 236
na Itália e na Gália, 405
nas *Confissões*, 246
Pelágio e Agostinho sobre o, 404-05
previamente associado ao afastamento, 371
progresso na compreensão de, 299
Queda e, 425
remissão dos pecados e o, 401
repetição do, 310
resposta de Agostinho a Firmo, 514-15
visão de Ambrósio sobre, 121
Beda, São, o Venerável, 479
Belém, 225, 382
Biografia de Agostinho, 447, 472, 475-76, 538
bispos:
Escrituras Sagradas e, 53, 128, 157, 181
"irrepreensíveis", 487
poder na sociedade romana, 481
posição na Igreja africana, 157-58, 161-62, 227, 235-36, 244, 446, 450-51, 464
posição na sociedade africana, 43, 150-51, 217-21, 269, 446-47, 459, 483-84, 512, 530

Bonifácio, conde da África, 560-64
Boseth, perto de Cartago, 498
Burnaby, John, 507

C
Caim e Abel, 348, 353-54
camponeses:
  na diocese de Agostinho, 156
  repressão do donatismo e, 267-68
  revolta dos, 29
Cartago:
  Agostinho come pavão assado em, 459
  Agostinho frequentando a igreja católica em, 51
  Agostinho ocupado demais para escrever em, 624n76
  Agostinho pregando em, 256-57, 478, 483-96, 528, 552
  Agostinho retornando da Itália para, 148
  Agostinho vê Pelágio em, 373
  anistia depois da revolta contra os impostos, 506
  atrasos em, no ano de 410, 323
  chegada de Agostinho a, em 403, 259
  chegada de Celéstio a, 378-79
  Collatio com os donatistas em 411, 365-69
  como "caldeirão", 47-48, 76, 83
  Concílio de, em 416, 393
  conhecida quando Agostinho era estudante, 269-70
  culto dos mártires, 490
  estantes de livros, 76
  fortificação de, 462
  ideais pelagianos em 399, 378-79
  maniqueus em, 54, 64, 151
  no século IV, 76
  paganismo, 347, 480, 497
  partida de Agostinho em 413, 371
  primeira ida de Agostinho a, 48
  procônsules, 76-77, 459
  salões pagãos em, depois de 410, 332
  segunda chegada de Agostinho a, 75
  viagens de Hipona a, 215, 458-59

cartas de Divjak, 477, 479-82, 502-16, 517, 523, 530, 538, 542, 555
Cassiano, João, 435, 555
Cassicíaco: Cassiago (?), perto do lago Como:
  como imagem do Paraíso, 236
  comparada à vida de Agostinho em Tagaste (388-391 A.D.), 149
  descrita por Licêncio, 132, 182-83
  livros didáticos em, 128-30
  retiro culto em, 131-35
  retiro de Agostinho em, no outono de 386, 125
  semelhança com grupos pelagianos, 405
  tal como relembrada, 331
Ceciliano, bispo de Cartago, 239-40, 365-66
Célero, proprietário de terras donatista, 267
Celestino, papa, 510
Celéstio, discípulo de Pelágio, 377-79, 392-95, 397, 409, 418
Cesareia (Cherchel), 506, 509
Cesena, 502
Chadwick, Henry, 524, 534
Cícero, 532, 537-38
  conhecimento agostiniano de, 45, 68-69, 331-32
  Hortêncio, 51, 122, 432
  Jerônimo e, 293-94
  "Nova Academia" e, 91-92
  obras não vendidas em Hipona, 212
  Queda da alma, 425
  religião estabelecida e, 92
  sobre a eloquência, 515
  sobre a miséria do homem, 432
  sobre os prazeres do corpo, 60-61
  sobre pais e filhos, 153
Cipriano, São, 172, 178, 199, 227, 237, 240, 243, 250, 279, 371, 378, 391, 405, 443-44, 494, 522, 595n4
circunceliões, 215, 254, 256, 267-68, 364, 369, 453, 500
Cirilo de Alexandria, patriarca, 504
Claudiano, poeta, 135, 570n51, 592n88, 599n43

concubina de Agostinho, 39-40, 49, 61, 73-74, 101-03
concubinato, 73, 275
Confissões:
    abordagem da adolescência nas, 193
    Ad Simplicianum de diversis quaestionibus e, 584n48
    Ambrósio tal como visto nas, 182
    Apuleio e, 31
    autorrevelação de Agostinho nas, 203
    biografias tradicionais e, 194
    como história dos sentimentos de Agostinho, 190-92
    conscientia nas, 234-35
    Consentius sobre as, 508
    conversão ao maniqueísmo, tal como vista nas, 181-82
    descrição da conversão de Agostinho nas, comparada a seus primeiros escritos, 129-30
    enviadas ao conde Dario, 466
    estilo das, influenciado pela pregação agostiniana, 284-85
    estudos psicológicos sobre as, 561n27
    evolução das ideias agostinianas sobre a substância espiritual, tal como descrita nas, 98, 187
    força do hábito nas, 196
    ideal do bispo monástico nas, 181
    ideia tradicional da conversão e, 199-200
    importância do uso dos Salmos, 196
    influência de Plotino nas, 189, 200
    julgamento sobre as, nas *Retratações*, 469-70
    leitura de livros neoplatônicos descrita nas, 107
    motivos para escrever, 183-84, 225
    oração do filósofo nas, 185-86
    perambulação da alma nas, 189
    perspectiva das, após o batismo em Milão, 143
    perspectiva questionadora das, 37
    predestinação nas, 196-97, 443-44
    problema do mal nas, comparado ao *De ordine*, 197
    público das, 179
    revelando a atividade intelectual de Agostinho como bispo, 181-82, 203, 290-91
    significado de *confessio*, 197
    surgimento dos temas principais das, 187-88
    traduções, 523-24
    valor histórico das, 584-85n1
Consentius, 266-67, 508
Constâncio, conde, 506
Constantino, imperador, 121, 239, 365-66, 497, 514, 549
Courcelle, Pierre, 535-36
Crispina, Santa, túmulo de, 520
Cristo:
    como "Sabedoria divina", 52
    crucificação de, nos sermões de Agostinho, 273, 286
    interior da alma, 272
    maniqueísmo e, 54, 63
    predestinação, 445

D

Dárdano, prefeito da Gália, 132, 371, 396
Dario, conde, embaixador imperial, 463, 466-67
Demétria, sobrinha-neta de Proba, destinatária de uma carta de Pelágio, 374, 376, 378, 383, 391, 631n22
demônios:
    João Crisóstomo sobre, 433
    mundo compartilhado entre o homem e os, 51, 271
    paganismo e, 344
Diabo:
    como "Senhor deste Mundo", 271
    homem como "seu próprio diabo", 271-72
    Queda do, 360
    vasto poder do, 433
Dióscuro, estudante grego em Cartago, 331-32, 568n7

Dióspolis (Lydda/Lod), sínodo de, 392-93, 503
Divjak, Johannes, 477
    ver também cartas de Divjak
Dolbeau, François, 478-80, 496, 502-03, 547
    ver também sermões de Dolbeau
donatismo, donatistas:
    atitude de Agostinho perante o(s), 232-33, 240-41, 251-52, 500, 519, 538
    atitudes reveladas nos *Atos* de seus mártires, 242
    bispos, 162
    cristianismo como "Lei" no, 242, 265
    criticando Agostinho, 262
    efeitos da repressão do(s), 450-51
    explicações modernas do, 596n37
    ideia de Igreja, comparada à de Agostinho, 237-38, 245-50, 265
    ideia de pureza ritual no(s), 243-44
    imagem da Arca de Noé no, 245, 248-49
    inexistência de pecado na Igreja, 237
    métodos de repressão estendidos aos pelagianos, 420
    predominante em Hipona e seus arredores, 158, 251-52
    questionado(s) pela Igreja católica, 478
    recusa a coexistir com colegas "impuros", 233, 247
    repressão do, 260-61, 267-69, 367-69, 396, 460-61, 522-23, 529
    uso de canções populares, 158-59
Dulcício, agente imperial, 316, 370, 624n76
Duval, Noël, 519
Duval, Yvette, 519

E

educação/instrução:
    de Agostinho, 39, 44-49
    em Cartago, 76
    em Roma, 79-80
    ideias de Agostinho sobre, 292
    no mosteiro agostiniano em Hipona, 221, 295
    no projeto de Agostinho em Milão, 128-29, 137, 139-40
    paganismo e, 334, 337-38
    progresso social e, 29-30
    sobrevivência da, presumida por Agostinho, 297, 450
Ennabli, Liliane, 519
Eráclio, padre e sucessor de Agostinho em Hipona, 446, 449, 453
Escrituras Sagradas:
    autoridade dos bispos africanos e, 53, 157
    como a "Palavra de Deus", 280
    como base da cultura, 291, 299-300
    como único livro fidedigno de história, 620n75
    compreensão das, como atividade intelectual, 181, 203, 290
    contrapostas à literatura pagã, 339
    "Espelho" agostiniano da conduta cristã e, 441
    estudo agostiniano das, nos últimos anos de vida, 463, 468-69
    Igreja africana e, 53
    latim clássico e, 53
    pregação e, 280
    veladas por Deus, 290
Eulógio Favônio, discípulo de Agostinho, 148, 334
Evódio, bispo de Uzalis, 144, 147-48, 154, 161, 171, 225, 230, 302, 340, 389, 439, 440, 452-53, 584n37, 615n34, 660n67

F

Fabíola, dama senatorial romana, 511
Fausto de Milevis, líder maniqueísta, 69-70, 99, 293, 352, 632n36
Félix, missionário maniqueísta, 269, 368
Février, Paul-Albert, 519
Filástrio, bispo de Brescia, 143
Firmo, nobre cartaginês, 514, 515, 551, 555
Firmo, padre, agente literário de Agostinho, 336, 397

possivelmente convertido do maniqueísmo, 632n34
Flávio Marcelino, comissário imperial, 324-25, 332, 335, 365-68, 371-73, 378-79
Florus, monge de Adrumeto, 436-37, 439, 608n19
Fonteius, platônico pagão de Cartago, 150
Fortunato, amigo maniqueísta de Agostinho, 156, 158, 166-68, 269, 581n18
Foucault, Michel, 555
Frend, William, 519
Freud, Sigmund:
Agostinho, sobre a "queda" da consciência e, 289
sobre os lapsos de linguagem, 402-03
Fu-Kien, maniqueísmo em, 54, 65
Fussala, vilarejo da diocese de Agostinho, 451, 510-11

G
Galileu, citando Agostinho, 306
Gaudêncio, bispo donatista de Timgad, 369
Genserico, rei dos vândalos, 463
Gibbon, Edward, 517, 528, 616n43
Gibraltar, 463, 506
Gildo, conde mouro da África, 256, 461
Goethe, Johann Wolfgang von, 549
Grã-Bretanha, 323, 375, 380, 386, 626n41
Gregório de Nissa, 541-42

H
Henry, Paul, 535
Heracliano, conde da África, 371
Hermogeniano, 104, 579n6
Heros, bispo da Gália, 392, 395-96
Hipona Diarrhytos (Bizerta), 267
Hipona Régia [Hippo Regius]:
Agostinho viaja a, 154
basílica cristã de, 212
congregação agostiniana em:
Agostinho como árbitro na, 217-19, 251, 447-48
atitudes morais da, 275-79
atitudes perante a riqueza e a pobreza, 221-22, 278-79
construções romanas de, 211
costumes religiosos populares da, 231, 260
linchamento do comandante da guarnição, 214, 460
reação ao saque de Roma, 323, 325
"senhores" leigos da, 220
depois da morte de Agostinho, 472
economia da, 213-14
mosteiro de Agostinho em, 154, 157, 160-62, 221-23, 249, 295
porto marítimo, 505
relações com a zona rural, 213-15, 267, 453
relações com o mar, 213
sitiada pelos vândalos, 464, 475
situação da comunidade católica em, 156-57, 211-12, 216-17, 251-53, 260, 268-69
visitantes de Agostinho em, 177-78, 223-24
Honório, imperador, 256, 323, 370, 397, 630n67
humanismo cristão, 536
hunos, 556

I
imperador(es), 34, 65, 81-83, 93, 248, 250, 267, 332-33, 364-65, 370, 372, 397, 459-60
atitude dos donatistas perante o, 265
estabelecimento e expansão do cristianismo e, 256-57, 262, 323-24, 372-73
Indiculum, 475-76, 492
Inocêncio, papa, 393-95, 592n110
instrução *ver* educação/instrução

J
Jacobus, ex-discípulo de Pelágio, 395
jansenismo, 627n63

Januarianus, padre, 439
Jerônimo, 36, 130, 181, 225, 232, 293-94, 301-02, 322, 339, 375-76, 389, 392, 399, 419, 484-85, 488, 504, 538, 541
　conflito entre São Pedro e São Paulo, 486-87
　correspondência ríspida com Agostinho, 304-05
Jerusalém, emigrados latinos em, 392, 397
João, bispo de Jerusalém, 392, 394-95
Juliana, mãe de Demétria, padroeira de Pelágio, 385, 391
Juliano, bispo pelagiano de Eclano:
　acusando Agostinho de maniqueísmo, 406-07, 423, 429-30
　Agostinho e, sobre o castigo coletivo da raça humana, 361
　antecipando-se a Santo Tomás de Aquino, 423
　apelando a um público "intelectualizado", enquanto Agostinho apelava a um público "médio", 420-21
　casamento de, celebrado por Paulino de Nola, 418
　cultura de, 423
　direito romano e, 429-30
　família e origens de, 417-18
　guerra panfletária com Agostinho, 419-20
　preocupando os últimos anos de vida de Agostinho, 467-68, 506-07
　reunindo bispos pelagianos, 398, 418-19
　sobre a imparcialidade de Deus, 430
　sobre a visão agostiniana de Deus, 428-29
　sobre Adão e Eva, 418, 541-42
　sobre as visões agostinianas do pecado original, 424, 455
　sobre o instinto sexual, 427-28
　Tertuliano e, 429-30
　vende propriedade para aliviar um período de fome, 386, 417

Justina, mãe de Valentiniano II, 93
Justino, convertido cristão do século II, atraído pelo platonismo, 117

K
Kellis, no Egito, 520-21

L
La Bonnardière, A. M., 518
Lactâncio, 508
Lázaro, bispo da Gália, 392, 395-96
Lázaro, imagem do homem sob o "peso do hábito", 168, 199-200
Leão, papa, 102, 556
Leôncio, São, primeiro bispo-mártir de Hipona, 231
Lepelley, Claude, 519
Libânio:
　sobre os demônios, 617n95
　sobre sua concubina, 73-74
Licêncio, discípulo de Agostinho, filho de Romaniano, 104, 135-36, 163, 182-83

M
Macário, conde, reprimindo o donatismo por volta de, 239-40, 254-55, 260, 500
Macróbio, autor das *Saturnalia*, 332-33, 335-37, 643n21
Madaura (Madauros), cidade universitária, 29, 47, 152
Mandouze, André, 518
maniqueísmo:
　Agostinho acusado de, 227-28, 407, 422, 431
　astrologia e, 69, 567n75
　como cristianismo radical, 54, 66-67, 69-70
　como gnose, 71, 91
　como reação à Igreja africana, 54
　composição social do, 66-67, 521
　concepções do universo físico, 67-68
　descoberta de liturgias maniqueístas, 56-57
　documentos descobertos (1969 e 1992), 520-21

ÍNDICE

dualismo no, 58, 406-07, 636n117
escrituras do, 66
expansão do, 54
passividade do bem no, 62-63, 113, 433
problema do sofrimento e, 432
propaganda em Cartago, 52, 64-65
racionalismo do, 58
rejeição de Jeová e da severidade paterna de Deus no, 60, 64, 432-33
resposta ao problema do mal, 56-58, 166, 170
uso de debates religiosos, 52-53, 58, 158
maniqueus/maniqueístas *ver* maniqueísmo
Mânlio Teodoro, platônico milanês, 104-05, 125-26, 132-33, 135, 143-44, 536, 570n52
Mário Vitorino, professor em Roma, tradutor de livros neoplatônicos, 106-08, 117, 170
Marrou, Henri-Irénée, 535, 546
Mauritânia, 399, 444, 459-60, 463-64
Máximo, professor pagão em Madaura, 152
Máximo, usurpador, 145
Medjerda, vale do, 478, 496
Megálio, bispo de Calama, 227-28
Melania, nobre romana, 326, 332, 374, 383-84
milagres:
  Agostinho divulgando curas milagrosas, 453-54
  Agostinho sobre a função dos, 455-56
  credulidade, mas não superstição de Agostinho, 454
  cura e Ressurreição, 456
  curas milagrosas, 638n22, 641n60
  familiarização de Agostinho com, em Milão, 454
  necessidade permanente de, 456-57
  produzidos pelo contato físico com relíquias, 452
Milão, 30, 81-83, 91, 93, 98, 100-03, 105-06, 116-18, 121, 125, 127, 130, 132-33, 141-45, 149-50, 152-53, 172, 182, 191, 195, 198, 203, 219, 229, 231, 234, 240, 250, 301, 357, 454, 521-22, 554, 626n32
Milton, John, e a tradição da oração dos filósofos, 186
Momigliano, Arnaldo, 528
Mommsen, Theodor, 501
Mônica, mãe de Agostinho, 38-43, 47-49, 61-62, 64, 74, 80, 92-93, 99-100, 120, 124-26, 134-35, 138, 143-46, 148, 184, 188, 194-96, 244, 251, 266, 293, 443, 452, 493, 592n112
mosaicos:
  em Hipona, 212, 220, 287
  estética dos, 133, 197
  na África, 28, 31, 560n34
  não notados por Agostinho, 298

N

Navígio, irmão de Agostinho, 38, 135, 146, 353
Nebrídio, amigo de Agostinho, 78-79, 103, 110, 150, 152-54, 331, 358
Nectário, cidadão ilustre de Calama, 320, 329-30, 334
neoplatonismo, 104, 106, 108, 112, 114, 139, 165, 185, 187-90, 272, 286, 301, 430, 522, 535-36, 545, 570n55, 572n53, 583n7, 661n85
Newman, J. H, cardeal:
  comentários maniqueístas de, 199
  imagem do "porto" na conversão, 565n30

O

oásis de Dakleh, Egito, 521
O'Donnell, James, 524
Optatus, bispo de Milevis, 240, 595n7, 596n53, 607n49
Optatus, bispo donatista de Timgad, 256, 369, 634n40
Orientius, poeta gaulês, 628n90
Orígenes de Alexandria, 128, 173, 301, 435, 508, 538, 546, 587n85, 660n61
origenismo e Pelágio, 625n7
  controvérsia origenista, 302, 625n18, 653n111
Orósio, padre espanhol, 328, 341, 392-93, 452, 599n44, 609n45, 611n16, 616n65, 620n72

P

paganismo:
   Ambrósio usando autores pagãos, 128
   atitude dos cristãos perante o, 499-500
   batalhas com o cristianismo em Cartago, 480, 497
   círculo de Símaco e, 78
   conflito entre o neoplatonismo pagão e o cristão, 116-17
   conversões políticas de pagãos, 256-57, 260
   críticas pagãs ao cristianismo, 297-98, 347-48
   em *Cidade de Deus*, 331-45
   em Milão, 522
   espetáculos circenses e, 222, 618n4
   fechamento de templos, 256
   filósofos pagãos e santos cristãos, 164
   "fundamentalismo" pagão e os clássicos e, 293
   jovem Agostinho e, 51
   maniqueístas e, 56, 64-65, 81
   privilégios dos sacerdotes pagãos, 460
   questionado pela Igreja católica, 478
   sentimento religioso pagão, 150
   sobrevivência de deuses pagãos, 274
   tumultos pagãos em Calama em 408, 319-20
Paládio, prefeito pretoriano, 397
Palatino, diácono, 503
Patrício, pai de Agostinho, 29-30, 40-41, 180-81, 232
Paulino, bispo de Nola:
   abordado por Agostinho e Alípio, 162
   Agostinho desejoso de conversar com, 184
   "anseios" agostinianos de estar com, 235
   atitude de Agostinho perante sua conversão, 183
   atitude para com a amizade, comparada à de Agostinho, 180-81
   atitude perante os bispos monásticos, 181
   chamando sua esposa de "minha Lucrécia", 342
   como protetor de Pelágio, 376
   correspondência de Agostinho com, sobre o pelagianismo, 390, 396
   deixando Aquitânia para se tornar monge, 35
   dois amigos de, visitam Hipona, 177
   fragilidade humana e, 172
   morte de, 471
   opiniões favoráveis sobre a virtude pagã, 341
   relações com Juliano de Eclano, 417-18, 420-21
   rompimento de relações com Agostinho, 228
   sermões de Agostinho em Cartago e, 485
   vida de recluso invejada por Agostinho, 319
Paulino, diácono de Milão, 447, 608n12, 626n32
Paulo, São:
   Agostinho e os exegetas africanos de, 172, 301
   Agostinho leciona sobre, em 394, 169-70
   Ambrósio e, 172-73
   conflito com Pedro, 486-87, 489
   ensinando sobre o casamento, 489
   exegese de, no século IV, 169-70
   graça divina e, 484, 537
   ideal agostiniano da autoridade e, 231
   maniqueus e, 66, 119-20, 170, 406-07
   nos *Solilóquios*, 140
   Pelágio e, 170, 375
   primeira impressão que Agostinho tem de, 119-20, 551-52
   prova do pecado original e, 432

ÍNDICE

pecado original (e Queda):
  apelo de Agostinho às atitudes populares para isolar a sexualidade no, 425-26
  associado ao batismo num sarcófago do século III, 635n58
  experiências maniqueístas de Agostinho e, 656n15
  ideia generalizada do, na baixa Antiguidade, 424-25
  ideias de Agostinho sobre a sociedade e, 264
  isolamento da sexualidade no, por Agostinho, 425-26
  mito mesopotâmico da Queda, no maniqueísmo e no *Gênesis*, 431

Pedro, São, conflito com Paulo, 486-87, 489

pelagianismo:
  Alípio contrário ao, 505-06
  atitude de Agostinho para com o, 389-90, 502-04, 538
  atitude de Agostinho, não compartilhada pelos monges, 436
  atitude de outros bispos para com o, 392
  no fim do século V, 405
  tal como apresentado ao papa Inocêncio, 393-94
  tal como finalmente descartado por Agostinho, 399
  tal como inicialmente apresentado por Agostinho, 379-80
  tradução de João Crisóstomo para o latim, 407

Pelágio, 509
  Agostinho e, sobre o Salmo 118, 632n61
  atitude perante a "heresia", 391
  atrativo das ideias de, 380-87
  carreira em Roma, 375-76
  citando *Do livre-arbítrio*, de Agostinho, 167
  como *servus Dei*, 149
  crítica agostiniana a, 407
  dia do Juízo Final e, 348
  divergência de Agostinho sobre a motivação, 407
  expulso de Roma em 418, 397
  irritado com as *Confissões*, 199, 377
  leciona sobre São Paulo em Roma, 170, 375, 523
  no Sínodo de Dióspolis, 392-93, 503
  ouve as *Confissões* de Agostinho, 179
  perfeccionismo de, 358-59
  protetores de, em Roma, 393
  queda de Roma e, 321
  retornando a Roma em 417, 395
  sobre a natureza humana, 400
  sobre o batismo, 404-05
  sobre o fogo do inferno, 408
  tradição eclesiástica africana e, 301-02, 391-92
  vitória de Agostinho sobre, 536-37

Perler, Othmar, 518
Petiliano, bispo donatista de Cirta, 257, 366-67
Piniano, nobre romano, 364, 425, 433, 326-27, 332, 374, 383-84, 628n18
Pitágoras, 497
Platão, 83, 104-07, 250, 535, 572n44
platonismo, 522, 535, 545
Plotino, filósofo grego, 537-38, 545
  autonomia espiritual e, 117, 119
  citado por Ambrósio, 536
  comentários finais de Agostinho e, 465
  Confissões e, 189
  "convertido" do gnosticismo, 574n66
  ideia agostiniana da história e, 350
  ideia agostiniana da Igreja e, 246
  ideias espirituais de Agostinho e, 272-73
  leitura agostiniana em Cassicíaco e, 143
  mundo interior e, 200
  peregrinus de Agostinho e, 357
  preparação de *A cidade de Deus e*, 339
  problema do mal e, 361
  retrato de, em Óstia, 146
  Sobre a beleza, 109-13

sobre o bem como elemento ativo, 200
sobre o *cosmos*, 545-46, 548
sobre o intelecto como princípio mediador, 112
vida e caráter de, 35, 104-05
Pôncio, biógrafo de São Cipriano, 585n6
Ponticiano, agente imperial, 82, 122, 178
Porfírio, filósofo grego, 537
"caminho universal" e, 105-06, 120, 349
crítica ao *Gênesis*, 297
crítica histórica do cristianismo, 349, 352
inspirando a resistência pagã ao cristianismo, 333, 615n28
retiro na Sicília, 131
tratamento agostiniano de, comparado ao de Jerônimo, 339
vida e caráter de, 104-05
Possídio, bispo de Calama, biógrafo de Agostinho, 161, 225, 269, 294-95, 297, 320, 368, 445, 447, 452, 464, 472, 475-76, 492, 506, 509, 538
Pretextato, senador pagão, 35, 333, 337-38
Proba, tia-avó de Demétria, 374, 385-86
Profúturo, amigo de Agostinho, 162, 225
Próspero de Aquitânia, 556
púnico (língua), 156, 214, 285, 451, 479, 505, 510-11, 559n19

Q
Quintiliano, 604n93, 606n6
Quodvultdeus, bispo de Cartago, 450, 660n67

R
Ravena, 323, 353, 396-98, 505-06, 512
René, rei de Anjou, 477
Retratações, 440, 468-69, 476
juízo sobre as *Confissões* nas, 469-70
propósito da redação das, 475
Rodes, 380

Roma:
Agostinho em, 70, 80-81, 148-49, 521
atitude de Agostinho perante o saque de, 322-23, 325-27
poder dos bispos em, 481
protegida por São Pedro e São Paulo, 321
refugiados de, na África, 325, 332, 374
relações de Agostinho com a aristocracia cristã de, 145, 213, 302-03, 322-23, 326, 377-78
repercussões do saque de, 322-23
retórica romana, 516
Romaniano e Licêncio voltam a, 163
saque de, 320-21
saque de, e repressão do donatismo, 325
senadores romanos como protetores do talento, 77
Romaniano, protetor de Agostinho, 29-30, 33, 59, 65, 75, 103-04, 115, 125, 127, 131-35, 151, 159, 163, 531-32, 601n66

S
sacramentos, como "tatuagens" militares, 248
Saint-Maur, monges de, 517
Salústio, 45, 341, 344
sarcófagos, iconografia cristã dos, 52, 83, 164, 598n92, 635n58, 638n22
Secundino, maniqueu romano, 81, 179, 407
Sêneca, bispo pelagiano de Picenum, 404
sermões de Dolbeau, 478-83, 485-86, 490-95, 498, 500-02, 517-18, 538, 541, 547, 552
Severo, bispo de Milevis, 162, 224-25, 253, 256, 449, 458
Sheed, F. J., 524
Sicília, 131, 380-82, 405, 418, 626n44
Símaco, senador pagão, 77-78, 80-83, 218, 333-35, 417

Simpliciano, padre, depois bispo de Milão, 106, 117, 119-20, 172-73, 484
sonhos, 39, 42-43, 64, 104, 135, 148, 196, 425, 451-52
Stadtbibliothek de Mainz, 478

T

Tagaste, 26-30, 32-33, 41, 45, 47, 74, 149-54, 158, 213, 215, 240, 301, 308, 326-27, 368, 405, 521, 531, 600n4, 657n22, 661n85
Teodósio I, imperador, 145, 323, 616n67
Theveste (Tebessa), 520
Thignica (Ain Tounga), perto de Cartago, 498
Thysdrus, 27
Ticônio, leigo e exegeta donatista, 158, 170, 172, 301, 346, 608n10
Tillemont, Lenain, 517
Timásio, discípulo de Pelágio, 383, 395
Timgad, 27, 244, 256, 369, 509
Tubursicubure, 255, 614n10
Turfan, 54

V

Valério, bispo de Hipona, 156-58, 213, 230
Valério, conde, 398, 421, 423, 426-27, 632n34
Verecundo, professor milanês, 103, 121, 125, 132
Vicente de Tarragona, São, 494
Vicente, bispo donatista de Cartena, 269-70
Victor, Vincentius, 399-400, 509-10
Vindiciano, 78, 619n36
Virgílio, 31, 45-47, 138, 291, 294, 333, 335, 337-38, 411, 418, 536-38
Volusiano, senador romano pagão, 332-35, 337, 420, 614n13, 614n15, 643n21

W

Whitehead, Alfred North, 550

Z

Zenóbio, amigo milanês de Agostinho, 104, 125, 129, 133
Zózimo, papa, 395-98

Este livro foi composto na tipografia Minion Pro,
em corpo 11,5/16, e impresso em
papel off-white no Sistema Cameron da
Divisão Gráfica da Distribuidora Record.